중국통사간본

중국통사간본

초판 1쇄 인쇄 2016년 11월 3일
초판 1쇄 발행 2016년 11월 7일
저　　자 판원란(范文瀾)·채미표(蔡美彪)
발 행 인 김승일
펴 낸 곳 경지출판사
출판등록 제2015-000026호

판매 및 공급처 / 도서출판 징검다리/경기도 파주시 산남로 85-8
Tel : 031-957-3890~1 Fax : 031-957-3889
E-mail : zinggumdari@hanmail.net

ISBN 979-11-86819-32-6　　　03300

중국통사간본

판원란(范文瀾) · 채미표(蔡美彪) 공저

김승일 · 전영매 옮김

Korea Wisdom China
경지출판사

목 차

제1장 상고대 – 진(秦)의 통일

제2장 진(秦)한(漢)에서 수(隋)의 통일까지

제3장 수당오대(隋唐五代)

제4장　송(宋) · 요(遼) · 금(金) · 원(元)

제5장 명(明)·청(淸)

제6장 청(淸)의 멸망

일러두기

이 책은 범문란(范文瀾)·채미표(蔡美彪) 등이 저술한 《중국통사(中國通史)》총 12권의 축소판이다. '현재와 가까운 역사는 상세하게, 오래된 역사는 간략하게' 라는 원칙에 따라 원작의 일부 장절을 생략했거나 종합했다. 그러나 기본 구조와 기본 관점에는 변함이 없다.

본 도서의 축소 편집작업은 편집자들이 각각 분담했다. 제1장부터 제3장까지는 나균균(羅筠筠)이, 제4장은 수효파(修曉波)[송(宋)원(元)]·한지원(韓志遠)[요(遼)하(夏)금(金)]이, 제5장은 유덕홍(劉德鴻)이, 제6장은 유소맹(劉小萌)이 각각 분담 편집했다. 그들은 모두 원작의 일부 내용에 대한 집필과 편집 교열 작업에 참가한 적이 있다. 축소 편집 원고가 나온 뒤 필자가 일부 장절에 대해 조절하고 수정했다.

《중국통사》총 12권 전권은 약 4백만 자에 이르지만 축소판은 겨우 40만 자이다. 비록 여러 편집자가 원작의 기본 내용을 유지하려고 애를 쓰긴 했지만 내용에 대한 취사가 부당하거나 경중이 적합하지 않거나 한 경우가 불가피하게 있을 수 있다. 여기서 원작 저자와 독자들의 아낌없는 비평과 지적을 바란다. 그래서 수정을 거쳐 바로잡을 수 있기를 바라마지 않는다.

이 책 출판에 맞춰 편집자들을 대표해 원 저자 여러분에게 경의와 감사의 뜻을 표한다.

채미표(蔡美彪)

2016년 10월

제 1 장
상고대 – 진(秦)의 통일

1. 중국 경내의 원시인

1929년 북경(北京) 주구점(周口店)의 산굴에서 40~50만 년 전 원시인의 두개골과 치아·하악골·몸통뼈 화석이 잇따라 발견됐다. 이들을 "북경원인(猿人)"이라고 부른다. 베이징 원인은 이미 간단한 생산도구와 무기를 만들 줄 알았으며, 장작으로 불을 지펴 음식을 익혀 먹을 줄도 알았다. 따라서 이때의 북경원인은 짐승을 잡아 날 것으로 먹던 동물의 단계에서 벗어났음을 알 수 있다.

내몽골(內蒙), 영하(寧夏), 감숙(甘肅), 산서(山西), 사천(四川) 등 지역에서도 구석기 유적과 고생물 화석이 잇따라 발견됐다. 이를 '하투문화(河套文化)'라 하는데, 하투문화는 구석기시대 중기에 속했다.

주구점의 원인 동굴의 산정동(山頂洞)에서는 또 약 5만 년 전의 인골 화석, 석기, 골기와 장식품도 발견됐다. 석기에는 화석(火石)·석영석으로 만든 괄삭기, 짐승뼈를 갈아 만든 바늘과 구멍이 뚫린 짐승의 이, 물고기 뼈, 갑각, 조개껍데기, 적철광가루 물감을 들인 석주 등이 포함되어 있었다. 이를 '산정동문화'라 부른다.

흑룡강(黑龍江)과 서북·화북·서남·동북의 여러 지역에서도 구석기 혹은 중석기시대의 유적이 발견됐다. 이는 40~50만 년 전부터 중국 경내에 인류가 거주하면서 문화를 창조했음을 말해준다.

2. 원시공동체 사회의 유적

길고 긴 구석기와 중석기시대에 사람들은 돌을 갈아 정교한 도구를 만드는 법을 점차 배우게 됐다. 신석기시대에 들어선 후 목축업과 원시농업이 수렵경제를 대체하면서 떠돌이 생활을 하던 유목민들이 점차 정착생활을 하기 시작했다. 또 남자의 경제적 지위가 높아지고 모계 씨족중심사회가 점차 부계 씨족중심사회로 넘어갔다. 신석기문화는 지금으로부터 약 1만 년 전에 시작됐으며, 중국의 여러 곳에서 신석기시대의 문화유적이 발견됐다.

앙소문화 하남(河南)성 민지(澠池)현 앙소(仰韶) 마을에서 마모된 돌도끼·검은꽃이 그려져 있는 적색 도자기 파편(陶片) 등 선사시대의 인류유적이 발견됐다. 이를 '앙소문화'라고 부른다. 감숙과 청해(靑海)에서도 앙소마을 유물과 비슷한 채도(彩陶)가 발견됐다. 훗날 산서, 섬서, 신강(新疆), 하투(河套), 열하(熱河) 등 지역에서도 채도가 발견됐다. 이런 유적과 유물에서 그 당시 사람들의 생활모습을 추리해낼 수 있다.

이 때는 농업생산이 중요한 위치를 차지했다. 반파(半坡)유적에는 돌도끼, 뼈 호미 등 생산도구와 조(粟) 류의 농작물이 발견됐다. 목축업도 중요한 생산 부분이었다. 앙소유적에서는 대량의 돼지, 말 소의 골격이 발견됐다. 이외에도 상당 규모의 도자기, 도편, 골침, 뼈송곳, 돌칼, 돌도끼가 발견됐다. 이는 그 당시 수공업의 발전이 있었음을 말해준다. 돌살촉, 뼈살촉 등 화살 종류에 속하는 무기의 발전은 그때 이미 원시수렵단계에서 목축업단계로 과도했음을 말해준다. 감숙지역의 유적에서는 마제 옥편(玉片), 옥원(玉瑗), 바다조개(海貝) 등의 유물이 출토됐다. 현지에서 옥이 생산되지 않고 바다조개가 자라지 않은 점으로 미뤄볼 때, 그 당시 이미 물물교환이 이루어 지고 있었음을 말해준다. 앙소문화의 도기는 정교하게 만들어지고 무늬가 복잡해졌으며 짐승과 인류 모습이 담긴 무늬의 장식도 있었다.

용산문화 산동성 용산(龍山, 역성[歷城]현) 성자애(城子崖) 고대 인류유적에서는 흑색 도편과 골각기 그리고 석기 등의 유물이 출토됐다. 학자들을 이를 '용산문화' 혹은 '흑토문화'라고 명명했다. 흑토문화의 분포지역은 아주 넓은데 산동성, 섬서성, 절강성(浙江省)과 요동반도(遼東半島) 등 지역에서 모두 그 흔적이 발견됐다.

3. 전설 속의 중국 주민

상고대 신화와 전설에는 동방에 '이족(夷族)', 북방에 '적족(狄族)', 서방에 '융족(戎族)', 남방에 '만족(蠻族)', 그리고 중부지역에 '염제(炎帝)족', 서북지역에 '황제(黃帝)족'이 거주하고 있었다고 전해지고 있다.

남방의 만족 가운데서 최초로 중부지역에 진입한 '구려족(九黎族)'은 9개 부락의 연맹이며 부락마다 9개 형제 씨족이 포함됐다고 전해지고 있다. 우두머리인 치우(蚩尤)가 구려족을 이끌고 염제족과 탁록(涿鹿)에서 전쟁을 치렀다. 염제가 황제족과 힘을 합쳐 싸웠기 때문에 치우는 결국 패배하고 살해당했다. 구려족이 남방으로 물러나는 과정에 일부는 그곳에 남아 여국(黎國)을 세웠다. 염제족의 포로로 된 사람을 '여민(黎民)'이라 불렀다.

염제는 강(姜) 씨이다. 전설에 따르면 염제는 소머리에 사람 몸을 가진 형상으로, 서융(西戎) 강족(羌族)의 한 갈래라고 한다. 서방에서 유목생활을 하면서 중부로 들어왔고 황제와 힘을 합쳐 치우를 무너뜨린 후 황제족과 세 차례의 큰 전쟁을 치렀으며 결국 황제족에게 패했다.

황제는 희(姬)씨이고 호가 헌원씨(軒轅氏) 또는 웅씨(雄氏)이다. 황제족은 서북쪽에 살고 있다가 훗날 한동안 탁록 삼만리(山灣里)에서 유목생활을 했었다. 웅(熊)·비(羆)·비(貔)·휴(貅)·추(貙)·호(虎)를 토템으로 믿는 여러 민족을 거느리고 염제를 토벌해 중원지역에 정착했다. 황제 때에 배와 수레, 활과 화살을 만들고 오색으로 의복을 염색한 외에도, 누에를 치고 문자를 창조한 것으로 전해지고 있다. 고대 학자들은 황제가 화족(華族)의 시조라고 주장하며 모든 문물제도의 근원을 황제 때에서 찾고 있다.

전설 속의 요(堯), 순(舜), 우(禹)는 모두 황제족이다. 요는 호가 도당씨(陶唐氏)이고 도읍을 평양(平陽, 산서 임분[臨汾])으로 정했다. 순은 호가 우씨(虞氏)이며 동방(산동성 하남 일대)에 거주했다. 우의 거주지는 숭(崇, 즉 숭[嵩])이다. 원 거주지는 양성(陽城)이지만 훗날 도읍을 양적(陽翟, 하남성 우[禹]현)으로 옮겼다. 그들은 차례로 부락연맹의 대추장(大酋長)으로 추대됐다. 대추장은 제천, 순수(巡狩) 외에도 죄를 지은 추장을 처벌하고 백성을 이끌어 적대 부락과 싸우는 일을 책임졌다.

요, 순, 우의 황위 계승은 부락의 추대로 이어졌는데 이를 '선양(禪讓)'이라 했다. 요가 황위에 올랐을 때, 사악(四岳)에게 묻자 사악은 우순을 계승자로 추대했다. 그 후 순은 다양한 시험을 거친 후 황위 대행으로 나라를 관리했다. 요가 죽고 순이 정식으로 황위를 이어받았다. 순도 마찬가지로 많은 사람들에게 자문한 후 우를 천거했고 자신을 대신해 국정을 살피게 했다. 훗날 순이 죽고 우가 황위를 계승했다. 우가 죽자 우의 아들 계(啓)가 황위를 빼앗았다. 그로부터 선양제도가 폐지됐다.

4. 원시공동체 사회제도

중화민족도 세계 다른 민족과 마찬가지로 사회발전 법칙을 따랐으며 원시공동체 사회제도가 존재했다. 원시공동체 사회제도는 생산재에 대한 원시인들의 사회 공유제를 말한다. 그때는 생산재 사유제도, 착취도, 계급도 없었다. 《예기·예운(禮記·禮運)》에 우임금 전의 사회 상황을 묘사한 구절이 있다.

큰 진리가 행해지면 천하가 모두의 것이 된다. 어질고 유능한 자를 뽑아서 그들로 하여금 사람들을 미덥게 만들고 화목하도록 유도하게 했다. 그리하여 사람들은 자기의 부모만을 부모로 여기지 않고, 자기의 자녀만을 자녀로 여기지 않았다. 그래서 모든 노인은 삶을 잘 마감할 수 있었고, 젊은 사람들은 모두 일자리가 있어 일을 할 수 있었으며, 어린이들은 모두 잘 자랄 수 있었다. 홀아비와 과부와 고아와 자녀 없는 노인들, 그리고 병에 걸린 자들까지 모두 잘 봉양 받을 수 있었다. 남자들은 모두 어울리는 직분을 가지고 있었고, 시집가지 않은 여자가 없었다. 돈이나 재물이 땅에 떨어져 버려지는 것은 싫어하지만, 그것을 주워 가지는 일은 없었다. 힘든 일은 자기가 먼저 나서서 하지만, 자기를 위해서 하는 것은 아니었다. 그러므로 불만을 토로하는 모의들이 일어나지 않고, 남의 물건을 훔치는 자와 사회를 어지럽히는 자가 없었다. 그래서 문을 열어두고 닫지 않았다. 대동(大同)사회라 할 수 있었다.

원시공동체사회 말기에 이르러 생산재 사유제가 점차 형성되면서 노예가 목축업, 수공업에 종사하게 됐다. 농업생산 도구와 기술이 개진된 후로는 노예가 농업생산에 종사하기도 했다. 이는 사회생산력이 크게 발전했음을 말해주며 원시공동체 사회제도가 노예제도로 바뀌고 있었음을 의미했다.

1. 하(夏) 왕조의 전설

우임금은 원시 대동사회의 마지막 대 추장이었다. 우의 아들 계(啓)가 선양제를 폐지한 것으로 보아 사유재산제도가 우임금 시기에 이미 성숙되어 있었음을 알 수 있다. 《예기 · 예운》에는 계 이후의 시기를 '소강(小康)사회'라 언급한 구절이 있다.

"지금 큰 도는 행해지지 않고 있으며 천하는 천자의 사유물이 됐다. 백성은 자기 부모만을 공경하고 부모는 자기 자녀만을 생각하며, 재화와 노동력은 오로지 자신만을 위한 것으로 만들어 버렸다. 제후의 자리는 세습이 관례처럼 됐고, 아버지가 아들에게, 형님이 동생에게 물려주는 제도가 성행했다. 내성, 외성 사이에 해자를 파서 방어를 굳게 했다. 군신, 부자, 형제, 부부관계는 예의를 바탕으로 바로잡았다. 제도를 창안하여 용기와 지혜에 따라 전지와 택지를 제공했다. 그리하여 신하는 자기 자신을 위하여 능력을 발휘하게 되었으며 그에 따라 모략이 생겨나고 전쟁이 일어났다. 따라서 하우(夏禹), 상탕(商湯), 주의 문왕, 무왕, 성왕(成王), 주공(周公) 등 밝은 임금은 예의를 바탕으로 나라를 다스렸다. …… 이러한 사회를 '소강사회'라 했다."

하 왕조 때는 사유재산 제도가 확립되고 백성(노예주)과 민(노예) 2개 계급이 나타났으며, 원시공동체 사회제도가 점차 와해됐다. 하지만 하 왕조를 노예제 국가가 형성된 시기로 간주할 수는 없고 원시공동체사회가 노예제 국가로 과도하는 시기로만 볼 수 있다.

하 왕조 때, 황위 세습제를 실시했기 때문에 우임금부터 걸(桀)임금에 이르는 17대 왕(14세)까지 가계(世系)가 분명했고, 제도가 갈수록 공고해져 다른 작은 나라보다 우월한 원시 정치기구를 형성했다. 따라서 하 왕조가 중국 역사상 첫 번째 왕조가 됐다.

계가 왕위를 물려받은 후 부락의 추장을 불러 모아 조대(釣台, 하남성 우현 북쪽문 밖) 대회에서 정식으로 왕위에 올랐다. 하지만 이족의 심한 반대가 이어지자 서쪽의 대하(大夏, 분하[汾], 회하[澮]유역)로 옮기고 도성을 안읍(安邑)에 정했다. 그 후 반대파 부락의 유호씨(有扈氏, 섬서성 호현에 거주함)를 물리쳤다.

계는 음주와 가무, 사냥을 좋아했다. 계가 죽자 그보다 더욱 음탕한 계의 아들 태강(太康)이 왕위를 물려받았다. 태강이 밖으로 사냥을 떠난 틈을 타 이족의 추장인 후예(后羿)가 하민(노예)의 원한을 이용해 안읍을 점령한 후 태강이 돌아오지 못하도록 하고 군장 자리에 올랐다. 후예는 활쏘기에 명수였으나 그 후 후예는 그의 심복인 한착(寒浞)에게 살해당했다.

태강이 자리를 빼앗긴 후 동성(同姓) 부락인 짐심(斟鄩, 하남성 공[鞏]현 서남)으로 도망쳤다. 후예가 짐심을 멸한 후 왕위에는 오르지 못하고 중강(仲康)을 왕위에 앉혔다. 중강의 아들 상(相)은 상구(商丘, 하남성 상구현)로 도망쳤는데 이족의 공격을 받아 또 다시 제구(帝丘, 하남성 복양[濮陽])로 도망쳐 동성 부락인 곤오(昆吾) 등에 의탁해 살아갔다. 상이 한착에게 살해당하자 상의 부인이 간신히 도주해 친정인 유잉씨(有仍氏)로 돌아가 아들 소강(少康)을 낳았다. 소강은 유잉씨의 목관(牧官)으로 있다가 또 다시 순임금의 후예인 유우씨(有虞氏)에게로 도주해 주방관(廚官)으로 일했다. 그 후 소강은 자신의 재능으로 부락 사람들을 한 데 단합시켜 자기 대오를 만들었으며 마침내 한착을 멸하고 태강 때부터 수십 년간 잃었던 황위를 되찾았다. 그리고 우(禹)의 옛 수도인 양적(양翟)을 도읍으로 정했는데 역사상 이때를 '소강중흥(少康中興)'시대라고 한다. 소강의 아들 제저(帝杼)가 황하를 건너 북으로 향했다가 다시 강을 건너 남하해 도성을 노구(老丘, 하남성 진류[陳留])로 정했다. 제윤갑(帝胤甲)이 왕위에 올랐을 때 하 왕조는 국력이 약해져 서하(西河, 하남성 낙양[洛陽]에서 섬서성 화음[華陰]을 통칭해 서하라 함)로 물러나 거주했다. 제고(帝皋) 때의 도읍은 면지(澠池) 부근이었다. 제걸(帝桀)은 도성을 낙양으로 옮겼는데 상탕(商湯)의 공격으로 멸망했다.

《사기·하본기(史記·夏本紀)》에 기록된 하 왕조의 가계(世系)를 보면 계에서 걸에 이르기까지 총 16명의 제왕이 있었고 13대를 거쳤다.

하 왕조 문화유적에서는 확실하게 증명되지 않았지만 용산문화가 앙소문화보다는 우수했고, 은상(殷商) 문화권보다는 낙후했다는 사실만은 확실하다. 용산문화 유적에서 당시의 사회상황을 추리할 수 있다. 성자애(城子崖)에서 발견된 대량의 짐승의 뼈는 당시 농업이 뚜렷하게 발전하지 못했고 목축업이 생산에서 여전히 아주 중요한 위치에 있었다는 점을 말해준다. 용산문화에서 널리 알려진 흑도는 윤제(輪制)가 대부분이었으며 기술이 앙소문화보다 크게 발전했다.

2. 상(商) 왕조의 사적

상왕(商王)은 성이 자(子)씨이고 설(契)의 자손으로 알려져 있다. 요·순 때 설(契)은 백성의 교화를 담당하는 사도(司徒)직을 맡았으며 상 왕조의 시조이다.

설에서 탕(湯)까지 총 14대에 거치는 사이 도읍을 8차례나 옮겼다. 탕의 7대 선조인 왕해(王亥)가 유역씨(有易氏) 부락에 의해 살해당한 것으로 전해지고 있다. 탕은 도읍을 상구에서 호(亳)로 옮겼다. 이윤(伊尹)을 우상(右相)으로, 중훼(仲虺)를 좌상(左相)으로 임용해 국력이 나날이 강성해졌다. 탕이 대군을 거느리고 하 왕조의 걸(桀)을 토벌했다. 그 당시 낙양에 거주했던 걸은 하 왕조의 마지막 폭군이었다. 하 왕조의 백성은 태양을 가리키며 걸왕을 다음과 같이 욕했다. "이 놈의 태양은 언제 없어지는가! 너 죽고 나 죽을 수만 있다면 소원이 없겠다." 상(商) 왕조의 탕(湯) 왕이 공격해오자 하 왕조의 걸왕은 명나라(鳴條)로 나가 맞받아 싸웠으나 결국 크게 패하고 남방으로 도망쳤다. 상탕은 스스로 '무왕'이라 칭하면서 호에 상 왕조를 세웠다.

하 왕조의 제6대 왕 중정(中丁)에서 제10대 왕 양갑(陽甲)에 이르기까지 형제간의 왕위 쟁탈이 끊이지 않아 정치가 매우 어지러웠다. 양갑이 죽자 아우 반경(盤庚)이 왕위에 올랐다. 반경이 귀족과 대중을 거느리고 강을 건너 은(殷, 하남성 안양[安陽])으로 자리를 옮긴 후 중흥현왕(中興賢王)이 됐다. 반경을 기준으로 상 왕조는 은(殷) 혹은 은상(殷商)이라고도 부른다. 반경에서 주(紂)에 이르기까지 8대에 거쳐 총 12명의 왕이 왕위에 올랐다. 그중 무정(武丁)과 조갑(祖甲)만이 그나마 현명한 편이었다. 무정은 59년 조갑은

33년 동안 왕권을 잡았다. 나머지 왕은 길게는 10년 짧게는 3, 4년 정도 밖에 왕위를 지키지 못했다. 마지막 왕인 주(紂)는 여러 번 동이(東夷)를 공격해 수많은 노예를 포로로 잡았다. 하지만 국내 불안감만 조장하는 결과를 초래했으며 결국 주무왕의 공격으로 멸망했다.

탕왕이 집권해서부터 상 왕조가 멸망에 이르기까지 총 17대 30명의 왕을 거쳤다.

상 왕조의 생산방식 : 상 왕조는 노예제도가 중요한 지위를 차지하는 시대였다. 상 왕조 때의 생산도구는 이미 돌이 아닌 금속 도구가 다수였다. 하남성 안양 은허 (殷墟)에서 화살촉, 굽은 병기, 창, 칼, 창칼, 도끼, 자귀(锛), 술잔, 작(爵) 등 대량의 동기(銅器)가 발견됐다. 금속 원료가 가장 저렴할 때에만 화살촉으로 만들 수 있었기 때문에 당시 금속이 보편적으로 사용되었다는 점을 알 수 있다. 당시의 농작물과 토지명칭에서 상 왕조의 농업발전 수준을 엿볼 수 있다.

산물과 토지 명칭에서 알 수 있다시피 문자를 보면 곡물류에 조, 보리, 기장(黍), 피(稷), 벼 등이 있었고, 농업과 관련된 토지에는 전(田), 정(井), 강(疆), 무(畝), 포(圃) 등이 포함됐다. 목축업이 상당히 높은 수준까지 발전했으며 훗날 모든 가축 종류가 이때 이미 있었다. 제사와 순장에 사용되는 짐승이 최고로 수백 마리에 달할 때도 있었다. 수공업 종류가 다양하고 분공이 아주 세분화됐다. 은허에서 석공(石工), 옥공(玉工), 골공(骨工), 동공(銅工)들이 이용했던 장소가 발견됐다. 동공은 병기와 예기(禮器)를, 골공은 골 화살촉과 골기(骨器)를, 석공과 옥공은 주로 예술품과 귀족들의 놀이에 공급되는 물품을 만들었다. 은허에서 발견된 갑골문에 피혁, 주조, 배와 수레, 토목공사, 양잠, 견직, 재봉, 갑옷을 만드는 직종이 기록돼 있다. 백공(百工)의 우두머리인 백성은 원료를 관리하는 한편, 노동자의 신체를 소유했다. 상 왕조는 일찍이 상업이 발전했다. 바다의 조개, 서방의 옥은 모두 상 왕조 사람들에 의해 거래됐다.

상 왕조의 제도와 문화 : 지하 발굴과 갑골문 문자가 증명하다시피, 상 왕조는 백성(귀족과 자유민 포함)과 민(재[宰]와 다양한 종류의 노예를 포함) 등 두 계급으로 구성됐다. 따라서 이 시기를 노예제도사회라 확정지을 수 있다. 하 왕조는 국가기구가 점차 형성되는 조대였고, 상 왕조는 국가기구가 이미 형성된 조대였다. 이른바 하 왕의 예(夏

禮)와 은의 예(殷禮)가 곧 그들의 정치제도였다. 《논어·위정(論語·爲政)》에는 공자의 어구가 다음과 같이 기록돼 있다. "은 나라는 하 왕조의 예를 따랐는데 무엇을 폐지하고 무엇을 늘렸는지 알 수 있으며, 주는 은의 예를 따랐는데 무엇을 폐지하고 무엇을 늘렸는지 알 수 있다. 만약 어떤 사람이 주의 뒤를 잇는다면 설사 백 세대 이후라고 할지라도 알 수 있다." 이는 하, 은, 주의 예가 서로 이어지면서도 내용면에서 폐지한 것과 보충하는 것이 있음을 말해준다.

왕위 계승제도에서 하제(夏帝)와 상선공(商先公)은 모두 부자간에 왕위를 계승했다. 형제간의 왕위 계승은 결코 흔하지 않다. 하지만 상탕 이후 형제간의 왕위 계승자는 14명에 달했다. 큰 형의 아들과 동생의 아들 간의 왕위 쟁탈이 치열해짐에 따라 상 왕조의 마지막 4세 즉 무을(武乙)에서 주(紂)에 이르기까지는 형제간의 계승제를 폐지하고 아들에게 물려주는 제도를 확립했다. 상 왕조의 이 같은 제도를 세습한 주나라는 이를 더욱 엄격하게 실행했다.

동성 통혼제도에서 상 왕조는 통혼을 크게 제한하지 않았다. 하지만 주나라에 와서는 멀고 가깝고를 떠나 무릇 동성이면 통혼을 못하도록 제한했다.

분봉제에서 상왕의 적자는 왕위 계승권이 있고 일부 서자에게는 분봉권이 주어졌다. 《사기·은본기(史記·殷本紀)》에는 이런 구절이 있다. "상왕의 자손에게는 분봉 받을 권리가 있으며 나라에는 은씨, 내(來)씨, 송씨, 공동(空桐)씨, 치(稚)씨, 북은(北殷)씨, 목이(目夷)씨가 있다." 주(周) 왕조 초기 형제와 동성을 나라의 수장으로 봉한 것은 상 왕조 분봉제도의 연장으로 볼 수 있다.

하 왕조에 비해 상 왕조의 문화가 뚜렷하게 발전했다. 서민(최하층 백성과 만민[萬民])이 노동하는 가운데서 지식수준이 높은 인물인 무(巫)와 사(史)를 육성했다. 무와 사는 귀신을 대변해 국가정치와 국왕의 행위를 가르쳤다. 무는 귀신으로, 사는 사람의 일에 치우치는 경향이 있었다. 무는 가무음악을 다룰 줄 알고 질병을 치료할 수 있었다. 사는 사람의 일을 기록하고 천문현상을 관찰하며 옛 법전을 익숙하게 관리했다. 문학, 음악, 예술, 의약, 문자, 천문, 역법, 역사 등 문화 분야에서 상 왕조 때 모두 기반을 다졌다.

은허에서 출토한 사모무정(司母戊鼎)과 대석반(大石磐)은 상 왕조의 공예문화가 아주 발달했음을 말해준다. 사모무정은 무게가 약 875kg이고, 높이가 137cm, 길이가 110cm, 폭이 77cm이다. 정의 바탕무늬는 뇌문(雷紋)이고 위에는 용무늬, 사각받침에는 짐승문양인 도철문(饕餮紋)이 새겨져 있다. 세밀한 분공과 뛰어난 기술이 없이는 이 같은 대정(大鼎)을 만들 수 없었다. 대석반은 길이가 84cm, 높이가 42cm, 정면에는 호랑이가 엎드려 있는 무늬(伏虎紋)가 새겨져 있다. 이 같은 큰 종(大磬)은 발달한 음악과 정교한 기술(琢工)이 뒷받침되어야 제조가 가능하다.

1. 고공(古公)이 주(周)나라를 세우다

주나라의 왕은 성이 희(姬)이고 제곡(帝嚳)의 후예인 기(棄)의 자손인 것으로 전해지고 있다. 유태씨(有邰氏, 섬서성 무공[武功]현)의 딸 강원(姜嫄)이 기를 낳았다. 기는 선양제도가 성행하던 시기에 농관(農官)을 지낸 적이 있다. 주나라의 전설에 의하면, 처음에 기가 피와 보리를 심는 일을 했기 때문에 농신으로 불렸으며, "후직(后稷)"으로 널리 알려졌다. 기의 자손은 대대손손 농사일을 했다. 공류(公劉)가 빈(豳, 섬서성 순읍[旬邑]현)으로 옮겨 농업을 발전시켜 대량의 재부를 축적했으며 그에 따라 부락도 점차 방대해졌다. 공류에서 고공단부(古公亶父)에 이르기까지 총 10대가 모두 빈에서 살았다.

고공단부가 오랑캐의 공격을 받아 부득이하게 기산(岐山) 기슭의 주원(周原, 섬서성 기산현)으로 거처를 옮겼다. 상당한 규모의 귀순자들에 의해 생기는 내부 모순을 완화하기 위해 고공은 조경제(助耕制)를 실행했다. 그는 또 주원에 곽실옥(郭室屋)을 건설하고 귀순자들이 읍을 단위로 살게 했으며, 관사(官司)를 설치해 초보적인 규모를 갖춘 주나라를 형성했다. 고공에게는 태백(太伯), 우중[虞仲, 중옹(仲雍), 계력(季歷) 등 세 아들이 있었다. 계력이 아들 창(昌)을 낳았다. 태백, 우중이 장강 하류(춘추시기 오[吳]나라 즉 우중의 후예)로 도주하고 계력이 주나라의 왕위를 물려받았다. 계력이 왕권을 잡으면서 주나라 국력이 갈수록 강성해지자 상왕은 계력을 서부의 패주로 인정하고 '서백(西伯)'이라 불렀다. 상왕 문정(文丁)은 점차 강대해지는 계력이 주나라에 위협이 될 것이라 생각하고는 계력을 죽였다. 희창(姬昌)이 주나라 왕으로 봉해지고 왕권을 잡은 50년간 은을 멸하는 대업을 이뤘다.

2. 상(商)의 멸망과 주(周)의 대봉건시대

상나라 왕 반경(盤庚)이 도읍을 은(殷)으로 옮긴 것은 귀족들의 부패와 타락한 생활을 바로잡기 위해서였다. 하지만 무정(武丁) 이후 부패현상은 더욱 심각해졌다. 특히 주(紂)왕 때 이르러서는 부패가 극에 달했다. 사냥에 빠져 놀기만 하고 음탕한 생활을 즐겼다. 또 경작지를 버리고 농사일을 하지 않는 것은 물론 혹형을 가하고 재물을 착취했으며, 밤낮을 가리지 않고 술에 취해 허송세월만 보냈다. 심지어 신에게 올린 제물을 훔쳐 향락을 누렸기 때문에 노예와 최하층 백성들의 반대가 극심했다.

주문왕(周文王) 창(昌)은 음주와 사냥을 금하고 백성들의 풍요로운 생활을 위한 정치를 펼쳤다. 주나라는 나날이 강대해졌다. 문왕이 서융(西戎), 혼이(混夷)와 몇몇 인근 작은 나라를 공격해 패망시키면서 세력이 점차 커져 주의 도읍인 조가(朝歌)를 공격할 태세였다. 세력이 장강 한수(漢水) 여수(汝水) 유역까지 확장됐으며, 만이를 교화해 주남(周南)과 소남(召南)이라 불렀다. 문왕은 말년에 이미 천하의 3분의 2를 장악하고 있었기 때문에 상 왕조를 멸할 조건을 갖췄다.

문왕이 죽자 아들인 무왕 발(發)이 왕위를 물려받았다. 무왕이 주(紂)를 토벌하기에 앞서 간첩을 상나라에 파견해 상황을 살폈다. 간첩이 돌아와 상나라는 어리석은 자가 정치를 하고 사회가 극도로 어지럽다고 전했으나, 무왕은 아직 때가 아니라고 여겼다. 간첩이 또 훌륭한 사람들이 배척을 받고 쫓겨났다고 전했지만 무왕은 여전히 때가 되지 않았다고 말했다. 마지막으로 간첩이 백성들은 이제는 말을 할 엄두도 내지 못하고 있다고 전했다. 그해 주나라가 흉년이 들어 농부들은 전쟁에 참가하기를 원했다. 무왕은 군사를 파견해 주를 정벌했다. 그때 전차 3백 대, 군사 4만 5천 명, 정예무사인 호분(虎賁, 선봉대) 3천 명을 파견했다. 행군 도중 군사들의 사기가 대단했다. 무왕이 목야(牧野)에서 장엄하게 맹세하고 주의 죄행을 낱낱이 밝혔다. 여러 나라에서 모두 징집에 응해 한 마음으로 적과 싸우려 했다. 주(紂)의 군사 17만(70만이라는 설도 있음)이 반격해왔다. 정월에 출정한 주나라 군사가 2월 말에는 이미 상의 도읍인 조가(朝歌)까지 쳐들어갔다. 상나라 군사들은 총부리를 돌려 자국을 공격하며 주나라가 구제해주는 걸 환영했다. 이로써 상 왕조가 멸망했다.

주(周)나라 군이 주(紂)의 도읍에 진입한 후 관례에 따라 상 왕조의 제사 풍속을 그대로 보존했다. 무왕은 주의 아들인 무경을 제후로 봉했다. 또 상 왕조의 영토를 세부분으로 나눠 자신의 형제들인 관숙(管叔), 채숙(蔡叔), 곽숙(霍叔)이 각각 관리하도록 했다. 또한 이들은 무경(武庚)을 감시함으로써 3감(三監) 체제를 구축했다. 무왕이 상 왕조를 멸하고 2년 후 병으로 죽자 무왕의 아들인 성왕(成王) 송(誦)이 왕위를 계승했다. 무왕의 이부동모(異父同母) 아우인 주공단(周公旦)이 대신 국정을 살폈다. 주공은 대내적으로는 성왕과 삼숙(三叔)의 의심을 받았고, 대외적으로는 무경과 상 왕조 옛 부하의 위협을 받았다. 그는 내부를 안정시키기 위해 군사를 거느리고 두 차례 동부 정벌에 나서 무경을 죽이고 삼숙을 파면했다. 또 엄(奄) 등 17개 나라를 공격해 멸했으며, 포로가 된 상 왕조의 노예주를 낙양으로 옮겨 관리통제하기 편리하도록 했다.

무왕이 상 왕조를 멸한 후 제후를 분봉하기 시작했다. 주공이 무경을 죽이고 동방의 17개국을 멸한 후에 대봉건제를 시행하기 시작했다. 무왕, 주공, 성왕이 차례로 71개 나라를 세웠다. 그들 자손은 모두 봉지(封地)를 받고 제후가 됐다. 상 왕조의 작위제도를 바탕으로 공(公), 후(侯), 백(伯), 자(子), 남(男) 등 작위를 설치했다.

서주(西周)의 봉건제도는 종법과 밀접한 연관이 있다. 주나라 천자는 스스로를 하늘의 원자(元子, 장남)라 자칭하면서 하늘이 그에게 영토와 신화·백성을 주어 모든 권리를 행사하도록 했다고 주장했다. 천자는 천하의 대종(大宗)이고 같은 성씨인 제후는 그를 대종자로 존봉(尊奉·존경하여 높이 떠 받듦)해야 하며 그가 땅과 신화·백성을 제후와 경대부(卿大夫)에게 나눠줘야 한다고 여겼다. 예를 들면, 대 후국(侯國)인 노(魯), 위(衛), 진(晉) 등을 인근에다 같은 성씨의 소국으로 봉했으며, 소국 군이 대국 군을 종자(宗子)라 하여 존봉했다. 이밖에 천자는 이성(異姓)인 제후를 분봉했고, 그들은 또한 국내에서 토지를 이성 경대부에게 분봉했다. 주나라 제도에 따르면, 동성은 대대손손 서로 통혼하지 못했다. 하지만 각국 간의 동성은 모두 형제였고 이성의 다수가 생구(甥舅: 외숙과 조카) 사이였기에 서로 간에 모두 혈연관계가 있기 때문에 서로 간의 연결이 더욱 밀접해질 수 있었다. 따라서 천자에서 서민에 이르기까지 종법과 혼인에서 봉건사상이 고스란히 드러났다. 이때의 경제적 토대는 봉건토지소유제였다.

토지를 중추로 하여 토지를 수여한 자는 받은 자로부터 공물을 징수할 수가 있었다. 또한 토지를 받은 자는 수여한 자에게 공물을 바치고 노역에 종사해야 할 의무가 있었다. 천자는 최고의 토지소유자로서 이 땅에서 살아가는 귀족과 서민들에게 공물을 요구할 권리가 있었다. 또한 토지를 거둬들이는 것은 물론, 무력과 형법을 행사할 권리도 갖고 있었다. 주공 때에 와서는 문왕 때부터 추진하던 유민(裕民)정치가 더욱 널리 실행됐다. 새로운 생산관계가 형성됨에 따라 농업 종사자가 소나 말처럼 일만 하던 노예에서 사유경제생활을 누리는 농노로 신분이 상승하자 생산력이 보다 향상됐다. 서주 초기, '성강지세(成康之世)'를 이루면서 정치나 경제적으로 모두 전에 없이 큰 발전을 가져왔다.《시경·주송(시경·周頌)》에는 그러한 발전 상황에 대해 서술하고 있다.

3. 서주의 경제구조

계급 구성 : 서주는 호경(鎬京, 섬서성 장안[長安]현) 동도(東都)를 중심으로 왕기(王畿) 사방에 약 천리의 땅을 갖고 있었다. 호경을 중심으로 한 위수(渭水) 유역은 서주 사람들이 경영하여 농산물이 풍부해 서주 경제의 주요한 기반 역할을 했다. 서주 사회의 계급과 계층의 구성은 대체적으로 아래와 같다.

통치계급 : 백성(百姓)

백성은 선양시대 때부터 전해져 내려온 구족(舊族)으로, 군려(群黎, 민중)와는 서로 대립되는 귀족의 통칭이었다. 상 왕조 때에는 노예주 계급이었고, 주나라 때는 봉건 영주 계급이었다. 춘추시기 후반기에 종족이 점차 파괴되면서 토지를 적자가 세습하던 영주계급을 지주계급이 대신했다. 백성이 점차 귀족의 의미를 잃어가 결국에는 사회적 지위가 일반 서민과 별반 차이가 없게 되었다.

백성에게도 귀천의 차이가 있다. 왕과 같은 희(姬)씨 성을 가진 왕족은 주나라 초기 제후에 봉해졌다. 이들이 상당한 수를 차지했다. 희씨를 제외한 옛 성, 예를 들면, 왕기(王畿) 내에서 채읍(采邑)을 받은 왕관(王官)과 상 왕조 때 이미 존재한 옛 나라(舊國)도 꽤나 많았다. 하지만 정치세력이 모두 희씨에게는 뒤졌다. 수공업 기술을 알고 있는 백공은 공노(工奴)를 관리하는 하급 백성이었다.

피 통치계급 : 서민(庶民)

민(民)의 본 뜻은 노예였다. 또한 여민(黎民), 군려(群黎), 묘민(苗民), 중인(眾人), 서인(庶人), 서민(庶民), 중(眾) 등으로도 불렸다. 서주의 서민에는 상층의 자유민, 중층의 농노, 하층의 노예가 포함되어 있었는데, 그중 농노계급의 규모가 가장 컸다. 상층의 서민, 상 왕조 때의 '소인(小人)'은 농사를 짓거나 혹은 장사를 해 부모를 봉양하고 효도했다. 이밖에 일부 귀순은 했으나 완고한 은상(殷商)의 유민들에 대해서도 주공은 집을 짓고 농사를 짓는 것을 허락했다.

주나라 초기, 대봉건 시기에 농노가 석방되면서 중층의 서민은 농노의 지위를 얻었다. 하층의 서민인 노예는 서주 시기 여전히 규모가 큰 계층이었다. 노예의 다수가 포로, 죄인과 그들의 아내 그리고 노예의 자손이었다. 널리 분포된 농업생산을 발전시키는 과정에서 노예를 농노로 석방하는 것이 유리했지만, 수공업, 상업, 목축업과 복역(服役, 공역이나 징병에 종사하는 것– 역자 주) 등에서는 노예를 쓰는 것이 더욱 이로웠다.

왕에서 대부에 이르기까지는 각 급의 영주였으며, 그들은 모두 토지 소유자였다. 서민 중의 자유민은 주로 농사일을 생업으로 삼았으며 일부는 상업을 경영하기도 했다. 자유민과 농노가 분배받은 토지를 사전(私田)이라 불렀다. 사전은 소유권이 없어 매매가 불가능하지만 장남이 물려받을 수 있었다. 그 당시 농부들은 토지에 의지해 살아갔다.

토지제도 : 주나라의 토지법은 1전(田, 100무[畝])를 단위로 했다. 전국(戰國)시기 전에는 비료를 사용할 줄 몰랐으며, 논밭을 번갈아 휴작하며 경작했다. 농부의 한 가정에 25무의 땅이 있다고 가정할 때, 윤작을 해야 했으므로 매년 10무의 소득을 얻을 수 있었다. 그중 일부를 세금으로 내도 한 가족의 생활을 보장할 수 있었다.

전(田)과 전 사이 : 큰 면적의 전 사이에는 경계를 확정지어야 했다. 이 같은 경계는 우마차가 지나가는 큰 길이나 행인들이 이용하는 작은 길이었다. 큰 길과 작은 길이 서로 교차되면서 마치 '정(井)'자와 같았다.

읍은 사람들이 거주하는 성이었다. 영주가 대읍, 농부가 소읍에 거주했다. 소읍은 10가구가 거주한다고 해서 '열실지읍(十室之邑)'이라 불렀다. 논밭은 읍 밖에 있고 한 읍에는 논밭 10전(田)이 있었다. 영주에게는 읍이 여러 개 있으며 한 읍에는 농부 10가구, 논밭 10개가 있었다. 음수문제를 해결하기 위해 읍에 반드시 우물을 파야 했다. "고을은 바꾸어도 우물은 고치지 않는다. 잃을 것도 없고 얻을 것도 없다"《역 · 정괘 · 괘사(易 · 井卦 · 卦辭)》. 따라서 한 읍을 '한 정(一井)'이라고도 불렀다.

주나라 천자에게는 공전(公田)이 아주 많았는데 이를 대전(大田), 보전(甫田), 남무(南畝)라 불렀다. 해마다 생산되는 곡물은 천자의 주요 소득이기도 했다.《시경(詩經)》의《주송(周頌)》과《소아(小雅)》시편에서 서주 때 영주와 농노 간의 봉건관계를 엿볼 수 있다. 예를 들면 천자는 해마다 농부 1만 명을 공전에 파견해 일을 시켰으며, 나머지 사람들은 세금을 내야했고, 매 가구 당 한 명씩을 공전에 나가 농사를 짓도록 했으며, 농부가 먹을 식량과 생산은 스스로 마련해야 했고, 또 공전을 경작하면서도 사전(私田)을 돌봐야 했으며, 농부들이 사전을 일구는 것을 격려하였다. 서주 경제가 소왕(昭王)과 목왕(穆王) 때부터 일정한 변화가 생기기 시작했다. 즉 부역으로 지조(地租)를 내던 공전제가 물품으로 지조를 내는 세무제(稅畝制)로 대체된 것이다.

4. 서주의 멸망

서주 후기 여러 민족 간의 전쟁이 끊이질 않았다. 화하족(華夏族)이 서융과 북적의 침입에 저항하기 위한 전쟁이 주를 이루었고 그다음은 동이와 남만에 대한 정벌 전쟁이었다.

주목왕(周穆王) 때, 서이(徐夷)의 군주가 강대해지면서 왕을 칭했으며, 호는 언왕(偃王)이었다. 그가 구이(九夷)와 힘을 합쳐 주나라를 토벌하자 목왕은 하는 수 없이 동방의 패주 자리를 내주었다. 훗날 선왕(宣王)이 여러 차례 서이(徐夷), 회이(淮夷)를 토벌했지만, 언왕의 자손은 여전히 왕을 자칭하면서 주나라 천자와 대립했다. 소왕(昭王)이 남만을 정벌할 때 군대가 전멸해 소왕과 신하들이 모두 한수(漢水)에 빠져 죽었다. 이때 주나라 천자의 명성과 위엄이 크게 떨어졌다. 주나라는 도읍을 호경(鎬京)에 정해 융적과 가까운 거리에 있었다. 주나라 때 제왕들이 이들과 여러 차례 전쟁을 치렀는데 승전할 때도 있었고 패전할 때도 있었다. 주나라 선왕을 '중흥현왕(中興賢王)'이라 불렀다. 그는 외족을 토벌해 물리치면서 수많은 승리를 거두는 공적을 세웠다. 그러나 해마다 군대를 움직여야 했기에 군사비용이 만만치 않았다. 그는 그 부분의 비용을 농부들에게 부담시켰다. 엄청난 부담을 느낀 농부들이 주나라 왕실을 위해 힘을 바치려 하지 않았다. 그 아들 주유왕(周幽王) 때에 와서는 정치가 더욱 어지러워지고 착취가 보다 심각해져 주나라 왕실 자체가 위기 상황에 빠졌다.

포사(褒姒)를 유난히 총애했던 유왕은 태자 의구(宜臼, 동주[東周] 평왕[平王])을 죽이고 포사의 아들인 백복(伯服)을 태자로 세우려 했다. 의구의 어머니는 신후(申侯)의 딸이었다. 신후는 견융(犬戎)과 결탁해 주나라를 토벌했으며 유왕이 결국 여산(驪山) 기슭에서 살해되면서 서주가 멸망했다. 평왕은 도읍을 낙읍(洛邑)으로 옮기고 동주를 세웠다.

무왕이 상 왕조를 멸하고 유왕 때에 나라가 멸망하기까지 서주는 총 11대 12명 의 왕을 거쳤다.

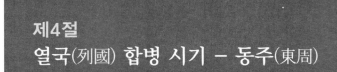

서주가 멸망하면서 종주(宗周)제도도 따라서 사라졌다. 평왕(平王)은 도읍을 낙읍으로 옮겼으나 왕실이 부실했기 때문에 더 이상 제후를 통제할 수 있는 힘이 없었다. 제후국의 합병으로 대국이 나타나기 시작하자 제후들의 지위가 비슷해지면서 왕실만 유아독존하던 국면이 철저하게 파괴됐다. 합병 과정에서 서주의 낡은 제도가 점차 무너졌다. 특히 종자 세습을 할 수 있을 뿐 거래할 수 없었던 종족 토지 소유제가 개인이 소유하고 거래할 수 있는 가정 토지소유제로 바뀌었다. 이는 동주의 다양한 사회 변화 가운데서 가장 기본적인 변화라 할 수 있다. 동주의 정세가 불안하던 시기, 꾸준히 이어지는 합병 전쟁으로 백성들의 고통이 깊어갔지만 사회적 발전은 어느 정도 이루어지기도 했다.

1. 동주의 사회구조

동주의 동란 시기에 여러 계급, 계층에 모두 변화가 일어났다. 특히 가정제도를 주로 한 지주계급이 나타나기 시작했으며 정치, 경제, 문화는 갈수록 지주계급의 지배를 받았다. 그리하여 지주가 통치하는 봉건사회가 형성되게 되었다.

동주와 전국(戰國)은 서주 때 영주 통치와 진한(秦漢)시기 지주 통치가 교차되던 시기에 존재했다. 동주의 사회구조는 왕국의 귀족, 제후, 경대부, 사(士, 선비), 대상인 등으로 구성된 통치계급과 서민, 하층 서민, 상공인, 노예들로 구성된 피 통치계급이 포함됐다.

통치계급 : 왕국의 귀족, 제후, 경대부, 사, 대상인 등으로 구성됐다.

왕국의 귀족은 평왕이 동쪽으로 옮기면서 7개 이성(異姓)의 소 종족이 평왕에게 복종하고 제물을 바치자 평왕이 그들의 직위를 대대로 보장해 주기로 하면서 생겨났다. 서주의 일부 대 종족인 주(周), 소(召), 필(畢), 모(毛) 등은 세력이 크지 못했다. 동주의 왕실이 점차 쇠락해져 천자와 왕국 귀족의 지위가 모두 떨어졌다.

동주의 제후국은 세력 범위 내에서 권위가 가장 컸다. 서주 때 "예와 악을 정하고 정벌 명을 내릴 수 있는 권리가 천자에게 있었기에(禮樂征伐自天子出)"《논어 · 계씨(論語 · 季氏)》, "정령을 반포하고 토벌할 수 있는 권리가 모두 제후에게 있는 쪽(政令攻戰自諸侯出)"으로 점차 바뀌어 갔다. 주나라 천자를 위수로 한 제1등급 종족이 정치에서 제후국들로 구성된 제2등급 종족에 의해 대체됐다.

경대부와 사가 제3등급 종족을 구성했다. 동주 후반기 제하(諸夏) 각국의 "정권은 모두 대부들이 장악하고 있었다(政逮于大夫)". 제후들은 토지를 점차 일부 강종(强宗)에게 빼앗기면서 주나라 왕실처럼 존귀한 명분만 가지고 있을 뿐이었다. 강종을 뒷받침하는 세력은 주로 사였다. 강종은 경대부 집에서 직무를 맡고 있는 가신(家臣)으로 주인에게만 충성을 다하고 군주는 안중에도 없었다.

사는 여러 가지 유형으로 분류되었다. 국가를 보위하는 전차전사인 '갑사(甲士)'가 그중 하나다. 동주 전쟁 때는 전차를 주로 사용했다. 진(晉)나라, 초(楚)나라 등 대국은 전차가 많게는 4~5천 대에 달했으며 중등 수준 정도의 나라의 경우에도 천 대 정도는 보유하고 있었다. 전차마다 갑사 3명을 배치했는데 한 나라에만 '갑사'가 수천 내지 수만 명에 달했다.

이밖에 문학과 예술을 연구하는 '사'도 있었다. 예를 들면 제후국의 소(小) 관리와 채읍(采邑, '채'는 관[官]의 의미로, 관직에 대해 그 조세수입을 군주로부터 부여받은 토지를 말한다 - 역자 주)관리 그리고 강종에게 의존해 주인 대신 일처리를 해주며 이득을 취하는 식객(食客)이 바로 그 부류다. 그들 부류 '사'의 대다수가 6예(예[禮] · 악[樂] · 사[射] · 어[御] · 서[書] · 수[數]) 교육을 받았기 때문에 군사나 정치에서 반드시 필요한 인물들이었다. '사'는 주로 '식전(食田)'에 의존해 살아갔는데 즉 여러 논밭의 조세를 받는 것을 말한다. 동주 후반기에는 전쟁이 더욱 치열해짐에 따라 공적을 세운 군인을 장려하기 위해 '사'는 밭을 상으로 내줘야 했다. 식전을 상으로 주면서부터 소규모 밭을 소유한 신흥 지주가 대량으로 나타나게 되었다.

서주 시기 왕국의 상업이 제후국보다 더욱 발달했다. 동주 때, 제후국에 크고 작은 도읍이 생겨났다. 그중 대 도읍이 당시의 상업중심으로 되었다.

위문공(衛文公)이 위나라를 부흥시키고 제환공(齊桓公)과 진문공(晉文公)이 패업을 이어나가는 과정에서 모두 상업을 중시했다. 제환공은 상인 출신인 관중(管仲)을 재상(宰相)으로 임용했다. 진나라의 대상인은 의복이 화려하고 금과 옥으로 마차를 장식했으며, 제후 경대부와도 왕래했기에 정치적으로 일정한 지위가 있었다. 동주 후기, 대상인의 지위가 갈수록 높아졌다. 월(越)나라 장군이었던 범려(範蠡)가 관직을 포기하고 상업에 종사했다. 공자의 제자인 자공(子貢)도 물건을 싸게 사들여 비싸게 팔았다. 이들은 모두 전국적으로 유명한 부자로 됐다. 토지 합병으로 상인들도 신흥 지주계급의 한 부류로 됐다.

피통치계급 : 서민, 하층 서민, 상공인, 노예로 구성됐다.

서민 : 종족제도를 보면 토지는 반드시 적장자가 세습해야 했다. 그 밖의 방계 자손, 근친 가족은 모두 서민으로 신분이 떨어졌다. 그들은 6예의 교육을 받았는데 능력이 있으면 '사'로 신분이 상승할 수도 있었다. 귀족에서 서민으로 신분이 낮아지는 수량이 상당히 많았기 때문에 서민을 백성이라고도 불렀으며 따라서 귀족의 의미가 점차 사라졌다.

하층 서민 : 농노 신분이었으며 벼슬을 할 수 없었고 '사'가 될 수 없었다.

상공인 : 민간 백공과 소상인·귀족이 점유한 상공업 노예를 말한다. 도읍의 크고 작은 시장에서 물품을 만들어 파는 '공사지인(工肆之人, 상공인)'이기도 하다. 그들이 물품을 만들 때는 공인이었다가 물품을 팔 때는 상인 신분이었기 때문에 상공인이라고 불렀다. 이들도 하층 서민과 똑같이 벼슬을 할 수 없고 '사'로 승급할 수 없었다.

노예 : 서주부터 서민, 하층 서민, 민간 상공인은 국가 혹은 종족이 공유된 사람들로 간주되었다. 그들에게서 착취한 조세와 부역은 국가 혹은 종족의 군비(軍備), 장례와 제사, 공헌(貢獻), 건축 등에 주로 사용됐다. 노예는 짐승 같은 존재로 주인이 소유한 개인 재산이었다. 그 당시 노예는 아래와 같은 3가지 유형으로 분류됐다. 첫째, 전혀 생산에 종사하지 않는 소신(小臣), 복시(僕侍), 첩비(妾婢), 문인(閽人), 시인(寺人) 등 귀족

집안에서 여러 가지 심부름을 하는 노예. 둘째, 관리의 감독 아래 수공업 생산에 종사하고 생산한 물품을 귀족들에게 제공하는 노예. 셋째, 귀족 소유의 산·바다·삼림·늪(薮)·하천·호수·논밭·원포(園圃, 밭)에서 채소 관리·채광과 야금·가축 기르기·제염·물고기 잡기·경작 등에 종사하는 노예. 이들의 노동으로 생산된 물품은 모두 귀족의 소유로 되며 귀족의 손을 거쳐 매매되었다.

2. 왕실의 쇠락과 대국의 패권 다툼

주평왕이 동쪽 낙읍으로 옮겼을 때 약 6백 평방리(平方里)의 땅을 소유하고 있었다. 그런데 그 후 공을 세운 제후에게 일부를 하사하고 일부는 제후들에게 침략 당했다. 또 일부는 융족에게 빼앗기고 일부는 왕족과 공경에게 채읍으로 내주기도 했기 때문에 천자가 소유한 토지와 백성이 별로 남지 않았다. 제후들의 정기적인 조빙(朝聘, 알현하고 조공을 바치는 것 – 역자 주)은 왕실의 주요 소득이지만 동주 왕실은 이 부분의 수입이 없었다. 왕실이 쇠락함에 따라 수많은 관리를 거느릴 수 없게 됐기 때문이었다. 특별한 지식과 기술을 가진 왕관백공이 제후국으로 퍼지면서 문화 전파가 활발해지고 제후국의 발전도 촉진되었다. 왕실은 제후들 간의 합병을 막을 힘이 없었고 더욱이 경제가 발전함에 따라 제후들이 다른 나라 토지와 백성을 점유하려는 욕망이 더욱 커졌다. 따라서 합병 전쟁이 꾸준히 이어졌는바 결론적으로는 초(楚), 제(齊), 진(秦), 진(晉), 오(吳), 월(越) 6개 대국이 나타났다.

초(楚)나라 서주 성왕시기 문왕·무왕을 분봉하고부터 공신의 후예들을 분봉했다. 웅역(熊繹)은 자작(子爵)에 봉해져 단양(丹陽, 하북성 자귀[秭归]현)에 거주했는데 그의 선조는 문왕에게 귀순했으며 무왕이 주를 토벌할 때부터 묘인(苗人) 추장을 지냈다. 서주 때, 웅역의 자손이 영토를 꾸준히 넓히면서 국호를 초로 정했다. 동주 초기, 초가 갈수록 강대해졌다. 기원전 704년 초의 웅통(熊通)은 스스로를 무왕이라 칭했으며 아들 웅자(熊赀)를 문왕에 봉했다. 그리고 도읍을 영(郢, 호북성 강릉[江陵]현)으로 옮겨 천리의 영토를 차지하고 있었다. 춘추시기 초가 45개국을 차례로 합병함으로써 그 당시 최대 규모의 강토를 보유하게 되었다. 전쟁 치르기를 좋아하는 초나라가 (초나라 왕은 5년 동안

전쟁을 치르지 않으면 큰 수치로 생각했다) 늘 전쟁에서 승리했다. 따라서 국토를 갈수록 늘렸다. 장강(長江)유역의 만인, 회하유역의 이족(夷族), 그리고 귀순한 화하 제후국 백성들이 오랜 문화교류를 거쳐 나중에는 무문화(巫文化)에 화하문화가 서로 융합된 초나라 문화를 형성했다.

제(齊)나라 여상(呂尙)은 염제족 사악(四岳)의 후손이다. 주문왕이 그를 스승으로 모시면서 상나라를 멸하고 주나라를 부흥시키려고 함께 도모했다. 여상의 딸 읍강(邑姜)은 주무왕의 정실이며 주성왕과 진(晉) 나라를 세운 당숙우(唐叔虞)를 낳았다. 성왕은 여상을 제후(齊侯)에 봉하고 죄를 지은 제후(諸侯)를 토벌할 수 있는 특권을 부여했다. 서주 여왕(厲王) 때, 제헌공이 도읍을 임치(臨淄, 산둥성 임치현)로 옮겼다. 춘추시기 제나라가 10개국을 합병하고 제환공이 35개국을 합병했다. 제나라는 원래부터 동방대국이었는데 환공의 적극적인 합병으로 화하(華夏) 여러 나라 가운데서 가장 부강한 나라가 됐다. 제환공은 정치가 관중(管仲)을 내세워 국가 정치를 바로잡고 부국강병의 길을 가면서 패권을 잡기 시작했다. 기원전 656년 환공이 제(齊)·노(魯)·송(宋)·진(陳)·위(衛)·정(鄭)·허(許)·조(曹) 8개국의 대군을 직접 거느리고 초나라를 토벌하자 초나라의 성왕이 사람을 파견해 화해를 요청했다. 화하의 제후들이 처음으로 연합작전을 펴 초나라에 대항함으로써 초나라가 잠시 북으로 진군하지 못하도록 한 것이다. 관중·환공이 죽자 제나라에 내란이 발발했으며 초나라 세력이 또 북쪽으로 밀고 들어갔다. 기원전 567년 제나라가 동이족 대래(大萊)를 멸했다. 제나라의 영토가 두 배로 확장돼 진정한 해양국이 되었다.

진(秦)나라 진(秦)은 원래 서방의 소국이었는데 융족과 싸우는 과정에서 점차 강대해졌다. 주평왕이 동천(東遷)하여 진대 왕인 양공(襄公)을 제후에 봉했다. 기원전 753년 진문공이 사관(史官)을 두고 역사를 기록하기 시작했다. 기원전 746년 서융의 야만적인 법률(삼족을 멸하는 법)을 채용했다. 기원전 678년 진무공이 죽자 처음으로 산 사람을 순장(殉葬)했다. 기원전 677년 진덕공(秦德公)이 도읍을 옹(雍, 섬서성 봉상[鳳翔]현)에 세웠다. 진목공(秦穆公)은 모사 백리해(百里奚)를 기용해 진나라(晉國)와 싸워 이기고 영토를 황하까지 넓혔다. 또 모사 유여(由余)를 기용해 12개 융국을 멸하고 강토를 천리나 개척해 서융의 패주로 우뚝 섰다. 진(秦)나라는 줄곧 후진 제도와 문화를 고집했다. 진나라가 서방대국으로 부상했다고는 하지만 화하의 제후들로부터 융적국(戎狄國)의 대우를 받아 맹회(盟會)에 참여하지 못했다. 하지만 진나라가 서방에서 융적을 쫓아내고 종주(宗周)의 옛 땅을 되찾음으로써 화하 서익(西翼)을 보위해 제(齊) · 진(晉) 2대 패권국이 힘을 합쳐 초나라에 대항할 수 있게 됐다. 강인(羌人) 애검(愛劍)이 진여공(秦厲公) 때(기원전 476년—기원전 443년) 포로로 잡혀 노예로 전락했다. 그는 농업지식을 배워 훗날 강지(羌地)로 도망쳐 백성들에게 농사짓는 법과 가축 기르는 법을 가르쳤다. 그 때문에 그는 추장으로 추대됐으며, 그때부터 점차 서방 강족(強族)이 되었다.

진(晉)나라 진(晉)나라는 원래 융적의 유목지역이다. 주성왕이 이부동모(異父同母)의 아우 숙우(叔虞)를 당후(唐侯)에 봉하고 숙우의 아들인 섭부(燮父)가 국호를 진(晉)으로 바꿨다. 동주 초기, 진헌공(晉獻公)이 도읍을 강(絳, 산서성 익성[翼城]현)으로 정하고 합병을 적극적으로 추진해 곽(霍) · 위(魏) · 우(虞) · 괵(虢) 등 나라를 멸하고 분하(汾河)유역을 통일시킴으로써 황하 양안을 넘나드는 드넓은 영토를 보유한 지세가 험준하고 많은 말을 소유한 대국을 세웠다. 헌공은 국내 동성(同姓)의 종족을 모두 멸했다. 심지어 아들 이오(夷吾, 혜공[惠公]) · 중이(重耳, 문공[文公])마저도 나라에서 쫓아내고 공실의 권력을 강화함으로써 정권이 상대적으로 집중된 강국을 건립했다. 기원전 636년 19년간 외직에 파견되어 여러 나라를 돌면서 풍부한 정치 경험을 쌓은 진문공(晉文公)이 귀국해 즉위했다. 군주와 신하가 한 마음이 되어 국정을 바로잡았다. 진(晉)나라 경내에 살고 있던 융적국을 차례로 소멸하고 동성 · 이성(異姓)국 20여 개를 멸하고 초나라와 함께 동주시기의 최대 국가가 되었다. 기원전 632년에는 진(晉), 송, 제, 진(秦) 4개국의 연합군을 직접 인솔해 초 진(陳), 채(蔡) 3개국과 위나라 땅인 성복(城濮, 하남성 복양濮陽]현 동쪽)에서 크게 싸워 초나라 군사를 물리쳤다. 이때부터 진대가 화하의 패주로 군림했다.

오(吳)나라 주태왕 고공단부(古公亶父)의 장자 태백(太伯) · 차남 중옹(仲雍)은 계력(季歷)에게 자리를 내주고 매리(梅里, 강소성 무석[無錫]현 동쪽)로 도주했는데 만인(蠻人) 천 여 가구가 그에게 귀순했다. 태백 · 중옹이 머리를 자르고 문신을 한 후 차례로 만인의 군장에 올라 국호를 오(吳)로 정했다. 원래 오는 초나라의 속국이었다. 오나라는 수몽(壽夢)이 군왕으로 있을 때, 점차 강대해졌다. 오나라 사람들은 진(晉)과 연합해 초나라를 토벌할 때 전차를 이용해 전투를 치르는 법을 배웠다. 초나라와 연속적으로 몇 년간 전쟁을 치르는 과정에서 초나라 군은 도주하기에 급급했다. 수몽의 넷째 아들인 계찰(季扎)은 문화수준이 높아 노, 제, 정, 위, 진(晉) 여러 나라에 임용됐다. 제번(諸樊)이 즉위한 후 도읍을 오(吳, 강소성 오현)로 옮겼다. 오왕(吳王) 합려(闔閭) 때, 초나라 망명 대신 오자서(伍子胥)를 책사로, 군사가인 제나라 사람 손무(孫武)를 대장군으로 임용했다. 기원전 506년에 초나라를 대거 토벌했다. 5전 5승의 군사력으로 건립한 지 2백여 년의 역사를 가진 초나라 도읍 영도(郢都)를 점령했다. 그때 대량의 백성, 문물, 재물을 포획했는데 이는 동주가 치른 첫 대전이었다.

월(越)나라　월나라의 도읍은 회계(會稽, 절강성 소흥[紹興] 현)이다. 머리를 자르고 몸에 문신을 했으며 문화수준이 오나라보다 뒤졌다. 초령왕(楚靈王) 때(기원전 540년—기원전 529년)에도 여전히 초나라 속국이었다. 하지만 훗날 오의 도움을 받아 점차 초나라의 강적으로 성장했다. 훗날 초나라가 자국의 유명한 재사 문종(文種), 범려(範蠡)를 월나라로 파견해 월나라를 도와 오나라를 토벌하고자 했다. 월왕(越王) 윤상(允常)이 초나라의 도움을 받아 왕을 칭했으며 오왕 합려와 전쟁을 치르면서 깊은 원한을 쌓았다. 윤상의 아들 구천(句踐)이 왕위에 올랐을 때, 합려가 군사를 일으켜 월나라를 토벌했다. 하지만 전쟁에 패하여 합려가 죽자 그의 아들 부차(夫差)가 즉위해 부친의 원수를 갚겠다고 맹세했다. 기원전 494년 부차가 월나라를 공격해 승리를 거두고 월나라를 속국으로 삼았다. 부차가 월나라를 이긴 후 계속 북쪽으로 토벌해 패주의 지위를 얻으려 했다. 기원전 482년 대군을 거느리고 황지(黃池)에서 제후들을 만나 진과 맹주 자리를 두고 치열하게 다퉜다. 그런데 월나라 군이 오나라 도읍을 점령하자 진(晉)에 맹주의 자리를 양보하고 국내로 돌아와 월에 화해를 구했다. 기원전 473년 월나라가 오나라를 멸했다.

월왕 구천이 승세를 타고 북쪽으로 진격해 올라가 서(徐, 산동성 등[騰]현)에 이르렀으며, 제(齊), 진(晉) 등 나라의 제후들과 만나 주(周)의 천자(天子)를 떠받들기로 하고 패주라 일컬었다. 구천은 월나라가 강대해지는 걸 초나라가 결코 가만두지 않을 것이라는 점을 잘 알고 있었기 때문에 문종(文種)을 죽였다. 그때 범려는 관직을 버리고 장사를 하기 시작했다. 전국시기 월나라는 세력이 쇠약해져 결국 초위왕(威王)에게 참패했다. 기원전 222년 진시황(秦始皇)이 대장군 왕전(王翦)을 시켜 강남(江南)을 평정하고 월나라 왕은 진(秦)에 투항했다.

오랫동안 이어진 합병전쟁으로 백성들은 고통 속에 허덕였지만 동주 사회에는 천지개벽의 변화가 일어났다. 소국이 몇몇 대국으로 합병되고 많은 융적(戎狄), 만이(蠻夷)가 화하문화를 받아들였으며 종족제도가 거의 사라졌다. 또 공전(公田)제가 세무(稅畝)제로 바뀌고 사와 서민 계층에서 생겨난 신흥 지주가 정치적으로 중요한 지위를 얻게 되었다.

3. 동주(東周)의 경제

　　주(周)는 원래 서방의 소국이었는데 생산력이 점차 발전하면서 대국인 상(商)을 계승했다. 동주시기에 이르러 종족 합병으로 대국(大國)·강종(强宗)이 나타났다. 기존에는 실행 가능했던 공전제(公田制)가 잦은 전쟁으로 군비가 엄청나게 소비되는 새로운 국면에 적응하지 못해 반드시 개혁해야 하는 지경에 이르렀다. 노(魯)나라의 개혁이 바로 대표적인 예이다. 기원전 594년(노선공[魯宣公] 15년) 노나라가 공전제를 무(畝)에 따라 세금을 징수하는 제도인 '초세무(初稅畝)'로 바꾸었다. '세무제(稅畝制)'를 실행한 후 영주들은 논밭 소유자들에게 토지 규모나 소유자를 묻지 않고 그저 무(畝)에 따라 세금을 징수했다. 그 후 다른 제후국들도 공전제를 유지할 수 없게 됐다. 제 나라는 제환공 때 공전제를 폐지했다.

　　조세제도의 변화는 곧 토지소유제의 변화를 뜻한다. 농촌에 영주와 구별되는 지주계급과 땅을 많이 소유하고 있거나 혹은 적게 소유하고 있거나 아예 땅이 없는 농민계급이 나타났다. 이 같은 거대한 변화는 철제 농기구의 사용으로 나날이 커져갔다. 동주의 생산력이 서주 때보다 훨씬 제고됐다. 철광석 제련은 동방 이족이 가장 먼저 발명한 제련 기술이다. 훗날 회하족이 철광석 제련기술을 사용한 것으로 전해졌다. 《국어·제어(國語·齊語)》의 기록에 따르면 관자(管子)가 말하기를 "미금(美金, 청동기)은 무기를 제조하고 악금(惡金, 철)은 농기구를 만든다"고 했다. 철은 땅을 깊이 가는 심경(深耕)을 위한 조건을 마련해줬다.

　　동주의 농업생산력 향상은 수공업과 상업이 여러 제후국 사이에서 널리 발전할 수 있도록 추진했다. 상업분야에서의 물품 교환에는 화폐가 있어야 했다. 그리하여 서주 때에는 동패(銅貝), 동원(銅爰)이, 동주 때에는 동전(농기구 모양이었음) 혹은 구리칼(칼 모양이었음)이 나타났다. 화폐의 발전은 농업, 수공업, 상업의 발전을 반영했다. 동주는 그 발전의 시작이었다.

4. 신구제도의 변천

　　동주는 제후·대부 간의 합병이 활발했던 시기이자 화(華)족과 남방 만(蠻)국이 서로 패권을 쟁탈하던 때였다. 연일 지속된 전쟁으로 인해 낡은 제도가 파괴되고 새로운 제도가 생겨났다. 즉 낡은 종족제도가 파괴되고 새로운 가족제도가 갈수록 발전했다. 또한 낡은 영주계급이 새로운 지주계급에 의해 교체되는 등 신구제도에 새로운 변화가 나타났다. 제도의 변화발전은 아래와 같은 3가지 면에서 반영되었다.

　　세경(世卿) 동주 후반기 군왕의 정권은 몇몇 대부들이 장악했다. 대부들은 대대손손으로 이 같은 권력을 누렸다. 제후들은 나라의 정치를 이끌어가는 세경(世卿)인 셈이었다. 세경은 종족 내에서 사(士)를 가신(家臣)으로 임용했다. 그러나 가신은 세습제가 아니었다. 제후국 내에서 세경제도가 성행한 반면, 세경들 집안에서는 가신제(家臣制)가 성행했다. 시대가 발전함에 따라 가신제가 전국시기에 이르러서는 객경제(客卿制)로, 진한시기에는 관료제로 바뀌었다.

　　양사(養士, 선비 배양) 사(士)는 의식(衣食)을 해결해 주는 사람을 위해 일했다. 이 또한 '사'의 특징이었다. 제환공이 패주 지위에 오른 후 유사(游士) 80명을 두었다. 제환공은 그들에게 차와 말 옷과 가축, 화폐를 주면서 천하의 능력 있는 현사들이 모두 제나라에 올 것을 호소했다. 대부의 채읍이 확대되면서 이에 따라 '사'에 대한 수요도 꾸준히 늘어났다. 이로 인해 전문적으로 '사'를 훈련시키는 대사(大師)도 나타났다. 공자(孔子)가 '사'를 모아놓고 지식을 가르쳤는데 그때 제자가 72명에 달했다. 그 당시 공자 또한 '사'의 신분이었기 때문에 여러 나라를 두루 돌아다니며 관직을 얻고자 했다. 동주 말년 묵자(墨子)는 '사'의 대사였다. '사'는 경제적으로 지주였으며 정치적으로는 재능 있고 자유로운 관료였다.

　　군현(郡縣) 동주시기 합병전쟁의 발전에 따라 국경이 확대되고 대부의 채읍도 늘어났다. 그 당시 '사'를 파견해 이를 관리하도록 했는데 그들을 읍재(邑宰)라 불렀다. 군주가 살고 있는 도읍 이외의 대읍 중 일부는 여전히 읍(邑)이라 불렀고 일부는 현(縣)이라 불렀다. 현은 군주에게 직속된 하나의 행정구역이었다. 현의 행정장관을 대부라 했고, 일부는 수(守) 혹은 윤(尹)이라 불렀으며, 지위가 읍재보다 높았다. 초나라가 9개국을 멸한 뒤 이를 9개현으로 고쳤다. 진(晉)·제 등 나라는 전차 수량에 따라 현을 분류하는 방법을 적용했다. 즉 전차 100대를 제공할 수 있는 지역을 하나의 현으로 정했다. 군(郡)도 진(晉)나라 지방제도의 한 종류였다. 나라의 도읍과 멀리 떨어진 곳에 특별히 '군'이란 행정구역을 설치했으며 군주는 군대부가 돌발사건을 처리할 수 있도록 그들에게 상당한 권력을 부여했다. 군 대부의 관직이 현 대부보다 낮았지만 권력은 오히려 현 대부보다 컸다. 군현제의 설립은 군주의 통치력을 강화하고 분봉제도의 붕괴를 가속화했으며 국가통일의 가능성을 한층 높였다. 진시황이 중국을 통일한 후 군현제는 역대로 답습하는 지방제도가 됐다.

5. 고대 문화의 창조

지하에서 발굴한 유물로부터 중국문화의 기원을 추리한다면 수십만 년 전으로 거슬러 올라가야 한다. 서적의 기록에 따르면, 하상(夏商) 시기가 그 시작이라고 주장하고 있지만 반경(盤庚)이 은(殷)으로 천도하기 전까지 믿을만한 역사자료가 없으며 선진(先秦)시기의 전설에서만 희미하게 그 그림자를 추리해 볼 수 있다.

하 왕조 때 하늘의 명을 따르고 귀신을 공경하면서도 가까이 하지 않았으며, 백성을 너그럽게 대하고 형벌을 많이 적용하지 않았다. 하 왕조는 소박한 풍속을 유지하면서 화려한 장식을 하지 않았다. 은상(殷商)은 신을 공경하면서 백성들이 귀신에 복종하도록 교화시켰다. 형벌 또한 잔혹하기 이를 데 없었으며 예법과 도덕을 소홀히 했다. 은나라 때는 약탈이 끊이질 않았으며 싸워 이기는 것을 추구함에 있어서 무치할 정도였다. 주나라는 예를 중히 여기고 귀신을 공경했지만 가까이 하지 않았으며 백성을 너그럽게 대하고 등급의 높고 낮음을 기준으로 상과 벌을 내렸다. 주나라의 풍속을 보면 교활한 수단을 이용해 이익을 추구하면서 화려한 장식을 수치라 생각하지 않았고 악행을 저질러도 은폐할 수 있었다. 하 왕조의 존명(尊命, 천명을 받드는 것)문화, 상 왕조의 존신(尊神, 귀신을 공경하는 것)문화, 서주의 존례(尊禮, 예를 떠받드는 것)문화 등은 그 당시 사회의 발전과 일맥상통하는 문화였다.

동주는 진보했지만 여전히 간단했던 서주 문화를 바탕으로 하여 엄청난 창조성을 보여줬다. 그때 뛰어난 정치가, 군사가, 사상가들이 우후죽순처럼 쏟아져 나왔다. 그들의 저작과 지금까지 전해진 언론은 매우 풍부했는데, 이는 훗날의 봉건문화에 길을 개척해주고 든든한 기반을 다져줬다.

　동주의 사상가는 "하늘의 뜻을 받아 군주의 통치에 복종하고 백성들의 기본적인 생활요구를 만족시킨다"는 서주의 '경천보민(敬天保民)' 사상을 이어받았다. 하늘의 명이나 귀신의 존재를 감히 직접적으로 부인하지는 못했지만, 이런 것들이 그 당시 민(民)에게 귀속된 지위에 놓였던 것만은 확실하다. 물론 '민'에는 통치계급도 포함됐다. '민'이 주체이고 '신'이 귀속된 존재라는 점을 인식한 것 자체가 사상적으로는 큰 기여라 할 수 있다. 게다가 이때 '민'에게 유리한 사람과 물품만이 '신'으로 존경받았다. 대체로 아래와 같은 3가지 유형으로 분류되었다. 첫째, 일월성신, 명산대천, 고양이와 호랑이 등 자연계에 존재하는 자연 사물. 둘째, 유(霤), 문(門), 행(行), 호(戶), 조(竈) 등 일상생활에 필요한 물품. 셋째, 신농, 주기(周棄, 직신[稷神]), 후토(后土, 사신[社神]), 제곡(帝嚳, 요, 순, 곤[鯀]), 우, 황제, 전욱(顓頊), 설(契), 명(冥), 탕, 문왕, 무왕 등이 민을 위해 신법을 설립하고 재난을 막아내고 백성을 위해 최선을 다하며 무력으로 폭군을 내쫓은 옛 사람들 등이었다. 《맹자·만장(孟子·萬章)》이 《태서(泰誓)》를 인용해 "하늘이 본 것은 백성이 본 것에서 왔고, 하늘이 들은 것은 백성이 들은 것에서 왔다"고 했다. 이로부터 동주와 서주의 사상가들은 하늘이 사람의 뜻에 따라 움직이고 하늘의 명이 바로 민생과 백성의 뜻이라고 주장하면서 그 자체는 독립적인 의지가 없다고 여겼다.

　농업은 반드시 역법에 맞춰야 한다. 역법의 발전은 곧 농업의 발전을 뜻했다. 하 왕조의 《하소정(夏小正)》때부터 중국의 고대 역법은 꾸준히 발전했다. 주나라의 역학자들은 토규(土圭)법으로 해의 그림자를 측정하고, 황도와 적도 인근의 별자리를 관측했는데 28숙(宿)으로 분류했다. 이로부터 동지점이 11월에 있다는 점을 알아냈다. 그 후 11월을 새해 첫 시작인 정월로 바꾸었다. 서주 후기에는 일월의 교차점을 추리해내고 비(朏, 초승달이 빛을 발하기 시작하는 날 – 역자 주) 대신 삭(朔)을 사용했다. 춘추시기 노선공(魯宣公) 이후 동지가 자월(子月)로 명확히 확정됐고, 삭일(朔日)이 대체로 틀리지 않았으며, 절기도 거의 정확하게 농업에 응용됐다. 천문현상을 관측하는 것 외에도 명의들이 약으로 환자를 치료하고 전쟁은 사람들의 힘을 빌려 계략을 도모하는 등 더는 귀신에 의지해 길흉을 판단하지 않았다.

　동주시기 여러 나라에 정치가들이 많았다. 그중 가장 널리 알려진 정치가로는 제나라의 관중(管仲)과 정나라의 자산(子産)이었다. 관중은 상인 출신으로 환공 때 재상을 지냈다. 전국을 사향(士鄕, 즉 농향)과 상공향(工商鄕)으로 분류했다. 상공은 특혜를 누려 병역을 면할 수 있었으며 전문 직업이 될 수 있었다. 그 당시 갑사들도 특혜를 누렸다. 그들은 논밭을 소유하고 있어도 경작하지 않았고 무예만 연마했다. 이들은 환공을 보필해 패업을 이뤄냈다. 정(鄭)나라는 진(晉)·초(楚) 등 2개의 패국(覇國) 사이에 위치해 있다. 정나라는 소유한 영토가 작은데다 자력갱생도 할 수 없었기 때문에 나라가 멸망하지 않기 위해서는 내정외교(內政外交)의 책략을 펼쳐야 했다. 이 때문에 국법과 종횡 2개의 사상이 나타났다. 자산(子産)이 바로 위 두 가지 사상의 창시자였다. 자산은 기원전 543년에서 기원전 522년까지 20여 년간 국정을 살피며 뛰어난 정치적 재능을 펼쳤다. 어떤 행동을 하기에 앞서 모두 고민을 거듭하며 심사숙고했기 때문에 실패를 해본 적이 없었다. 그는 '맹정(猛政)'으로 나라를 다스릴 것을 주장했다. 다시 말해, 엄격한 형법을 통해 감히 법을 어기지 못하게 하려는 것이었다. 그는 군부제도를 개혁하는 과정에서 심한 반대에 부딪히고 비난을 받았지만, 나라에 이로운 일이라면 결코 의지를 굽히지 않았다. 《논어·헌문(論語·憲問)》에는 이런 구절이 있다. "공자께서 말씀하시길, 정나라에서 외교사령을 작성할 때는 비심(裨諶)이 작성하고, 세숙(世叔)이 검토하고, 행인 자우(子羽)가 수정하고, 동리의 자산이 윤색했다." 이는 언사의 신중성을 말해주는 것이다. 이처럼 전국시기 뛰어난 언변으로 정치 분야에서 활발하게 활동했던 자들을 종횡가라고 했는데, 이 종횡가의 창시자가 바로 자산(子産)이었다.

동주시기 빈번한 전쟁으로 수많은 군사가가 나타나고 풍부한 군사적 경험도 쌓았다. 그중 가장 대표적인 인물은 오나라 장군 손무(孫武)였다. 그는 군사적 경험을 바탕으로 병법 13편을 저술했는데 이는 후세 군사가들의 경전이 됐다.

정나라 자산이 법가(法家)를, 제나라 손무가 병가(兵家)를, 노나라 공구(孔丘)가 유가(儒家)를, 송대부 묵적(墨翟)이 묵가(墨家)를 창설했다. 중요한 고대 학파 가운데서 도가(道家)를 제외한 나머지 학파는 모두 동주 후기에 창설됐다. 흥기한 경제를 기반으로 창조적인 학술사상을 보여줬던 것이다.

6. 공자(孔子)와 유가(儒家)

　　동주 때 나타난 사상가, 정치가 가운데서 공자와 그가 창설한 유가학설이 중국 전통사상에 가장 큰 영향을 미쳤다고 할 수 있다. 공자 생전에 사람들은 그를 "성인"으로 떠받들었다. 공자는 중국 고대문화의 위대한 대표자였다.

　　공자(孔子, 기원전 552년–기원전 479년)의 이름은 구(丘)이고, 자(字)는 중니(仲尼)이며, 노나라 곡부(曲阜)사람이다. 공자의 선조는 송나라의 귀족이었는데 증조부 때 노나라로 도망을 갔다. 송나라는 상나라 이후의 왕조이고, 노나라는 주공의 예전 봉지(封地)였다. 춘추시기에는 모두 송나라와 노나라로 오는 것이 하나의 관례(觀禮, 경축 퍼레이드 – 역자 주)였다. 왜냐하면 이곳들이 상주(商周)의 문화가 가장 많이 보존된 옛 나라였기 때문이다. 공자가 생활했던 동주 후반기는 대부의 합병이 이어지고 종족제도가 와해되는 등 사회에 천지개벽의 변화가 일어난 시기였다. 그러한 연고로 사회적으로 '사'에 대한 수요가 상당했다. '사'는 군사상 작전을 맡은 중견역할을 했으며' 정치적으로는 중하급의 관리직을 맡았다. 또 과거와 현재의 지식에 모두 통달했으며, 경제적으로는 개인 논밭과 가옥 등을 소유하고 있었다. 사회적 지위가 중요했지만 높지는 않았고, 관직을 얻으려면 국정을 장악하고 있는 세경 귀족에 의지해야 했다. '사'는 통치계급 가운데서 최하층에 속했다. 관직을 얻으려고 할 때는 상층 귀족의 이익에 영합했고, 어려운 상황에 처했을 때는 서민을 동정하는 진보적인 사상을 드러냈다. 하지만 '사'들이 관직을 얻으려고 노력할 때가 더 많았기 때문에 진보적이기보다는 보수적이었고, 저항적이기보다는 타협적인 성향이 더 강했다. 공자학설이 바로 '사' 계층 사상의 결정체였다.

　　공자학설은 "중도에 서서 조금도 한쪽으로 기울지 말아야 한다(中立而不倚)"는 중용사상을 관철했다. 그는 중용이 도달하기 어려운 아주 높은 경지의 미덕이라고 찬탄해마지 않았다. "중용은 도덕의 최고 경지가 아니겠는가! 백성 중에 이같은 경지에 이른 사람이 드물게 된 지 오래다(中庸之为德也, 其至矣乎！民鮮久矣.)"《논어 · 옹야(論語 · 雍也)》. 공자는 중용사상으로 사람과 귀신의 관계를 설명했다. 예를 들면 "우리는 인간을 섬기는 일도 다 못하는데, 어찌 귀신을 섬기겠는가(未能事人 焉能事鬼)?", "삶의 도리도 모르는데 어찌 죽음을 안단 말이냐(未知生, 焉知死)"《논어 · 선진(論語 · 先進)》. "귀신을 공경하지만 멀리해야 한다(敬鬼神而遠之)"《논어 · 옹야》. 공자가 창설한 유가학설의 주요 내용에는 예악과 인이 항상 포함되었다. "덕과 예로써 백성을 이끌어야 한다(道之以德, 齊之以禮)."《논어·위정(論語·爲政)》는 것은 공자 최고의 정치사상이었다. 덕은 인의를 가리키고, 예는 통치계급이 정한 질서를 말했다. 가족과 가깝게 지내고 어른을 존경하고 연장자를 잘 모시고 남녀 간에 구별이 있다는 것을 예의 근본이라고 했다. 이처럼 변치 않는 근본에 따라 수많은 예문을 만들어내 인간 사이의 복잡한 관계를 구별했으며, 사람마다 본분을 지키고 그 선을 넘지 못하도록 했다. 하지만 공자는 예를 지키라고 요구하는 것만으로는 중용의 도리에 어울리지 않기 때문에 반드시 예에 악(樂)을 더해야 한다고 주장했다. '악'은 감정적으로 사람들이 서로 간에 타협하고 조화롭게 지내며 본분을 지킬 수 있도록 할 것을 요구했다. 이른바 "예로 차이점을 가리고 악으로 동일함을 추구해야 한다(禮辨異, 樂和同)"는 것이었다. 즉 예로써 차이점을 분별해 귀천의 등급을 나누고 악으로 같은 점을 찾아 상하 모순을 완화하자는 것이었다. 예는 사람으로 하여금 서로 존경하게 하고, 악은 사람 사이를 더욱 사랑하고 친해지게 하기 때문이었다. 예는 겉으로는 엄숙한 것으로 보이고, 악은 온화하면서 마음속에 존재케 하였다.

그러나 예와 악만 있고 도덕이 뒷받침되지 못한다면 정치적 필요성에 어울리지 않았기에 공자는 또한 말했다. "사람이 어질지 못하면 예를 어찌 따르며 사람이 어질지 못하면 어찌 악을 따를 수 있겠는가?(人而不仁, 如禮何！人而不仁, 如樂何！)"《논어·팔일(論語·八佾)》, 어질다는 것은 사람답다는 말이다(仁者人也)《예기·중용 (禮記·中庸)》.

그의 첫 번째 대 제자인 안연(顏淵)이 '인'에 대해서 묻자 그는 이렇게 대답했다. "자기의 욕심을 누르고 예의범절을 따르는 것을 예로 간주한다(克己復禮爲仁)." 구체적으로는 "예가 아닌 것은 보지 말고, 예가 아닌 것은 듣지 말아야 하며, 예가 아니면 말하지 말고, 예가 아니면 행하지 말아야 한다(非禮勿視, 非禮勿聽, 百禮勿言, 非禮勿動)"고 했다《논어·안연(論語·顏淵)》.

비록 공자학설이 저항적이고 진보적이기보다는 타협적이고 보수적인 면이 더 많지만, 그는 터무니없이 무거운 세금을 징수하는 것을 반대해 백성을 사랑하는 사상을 보여줬다. 그는 유능한 인재를 선발하고 형벌을 신중히 하며 세금을 적게 징수하고 교화를 중히 여길 것을 주장했으며, 또 "미리 교화하지 않고 죄를 지은 뒤에 죽이는 것은 잔학한 짓이고, 미리 타이르지 않고 성공할 것을 요구하는 것은 포악한 짓이며, 사전에 태만했다가 기한 내에 완성하도록 다그치는 것은 도적이다(不敎而殺謂之虐, 不戒視成謂之暴,

慢令致期謂之賊)"라고 하면서 일부 국정을 살피는 자들을 비난했다. 하지만 그도 백성을 어리석고 무지한 사람으로 간주하면서 우민정책을 주장했다. "백성을 (도리에) 따르게 할 수는 있어도, 그 이유를 알게 할 수는 없다(民可使由之, 不可使知之)"《논어·태백(論語·泰伯)》.

공자는 주공이 주성왕을 보좌해 예와 악으로 나라를 다스린 것을 숭배했으며 주나라의 도를 부흥시키려 했다. 그는 천자가 천하를 다스리고 제후가 나라를 다스릴 것을 주장했다. 그가 생각하는 이상적인 정치는 바로 "천하에 도가 있으면 예악과 정벌에 관한 의사가 천자에 의해 결정되고, 천하에 도가 없으면 천자에게 권한이 없어져 예악과 정벌에 관한 의사가 제후에 의하여 결정된다. 대개 예악과 정벌에 관한 의사가 제후에 의하여 결정되면, 10대에 거쳐 나라를 잃지 않는 일이 드물고, 대부에 의하여 결정되면 5대에 거쳐 나라를 잃지 않는 일이 드물며, 대부의 가신이 나라의 운명을 쥐고 있으면 3대에 거쳐 나라를 잃지 않는 일이 드물다. 천하에 도가 있으면 정치가 대부의 손에 있지 않고, 천하에 도가 있으면 서민들이 정치를 논하지 않는다"《논어·계씨》. 사실상 서주의 이 같은 제도가 이미 동주시기의 제후 합병으로 파괴된 지 오래였다. 따라서 이런 이상을 실현하기 위해 공자는 복고주의 성향을 보였던 것이다.

박식한 공자는 '육경(六經)'을 삭제하고 정정하는 외에도 3대 구전(舊典)을 보존해 중국 고대문화의 보존에 크게 기여했다. 공자는 유학을 창조해 중국 봉건문화의 핵심을 형성했다. 공자는 대교육가로서 일생을 꾸준히 생각하고 배웠으며, 옛 것을 익히고 그것을 미루어 새 것을 익혔으며, 가르침에 게을리 하지 않았다. 중국 고대문화에 대한 공자의 공헌은 그 누구도 대체할 수 없는 위대한 존재였다.

7. 유학(儒學)과 유경(儒經)

공자는 배움에 스승이 없다고 생각했다. 그는 예와 악이나 기예 그리고 사소한 일일지라도 모두 세심하게 배우고 허심탄회하게 가르침을 받았다. 공자가 말했다. "세 사람이 함께 길을 가면 거기에는 반드시 나의 스승이 있다. 그 가운데 나보다 나은 사람의 좋은 점을 골라 그것을 따르고, 나보다 못한 사람의 좋지 않은 점을 골라 그것을 바로 잡는다(三人行, 必有我師焉。擇其善者而從之, 其不善者而改之。)"《논어·술이(論語·述而)》. 공자는 늘 꾸준히 배워야 한다고 생각했다. 공자는 또 이렇게 말했다. "내가 하루 종일 밥도 먹지 않고 밤새도록 잠도 자지 않고 생각만 해보니 아무 이익이 없었다. 배우는 것보다는 못한 것 같았다(吾嘗終日不食, 終夜不寢, 以思, 無益, 不如學也)"《논어·위령공(論語·衛靈公)》. 배우면서 생각도 해야 한다고 공자는 주장했던 것이다. "배우기만 하고 생각하지 않으면 얻는 것이 없고, 생각만 하고 배우지 않으면 위태롭다(學而不思則罔, 思而不學則殆)"가 그것이었다《논어·위정》. 따라서 꾸준히 배워야 할 뿐만 아니라 늘 실천에 옮겨야 한다고 공자는 말했던 것이다. "배우고 때때로 익히면 또한 기쁘지 아니한가(學而時習之, 不亦悅乎)?"가 그것이다《논어·학이(論語·學而)》. 이밖에도 많이 묻고 많이 듣고 잘못이 있으면 바로잡고 부지런히 공부하는 것 등등은 모두 공자가 제창한 학습태도였다.

처음으로 상당한 규모를 갖춘 사립학교를 세운 교육자도 공자이다. 공자는 덕행, 언행, 정사(政事), 문학 4개 학과로 나눠 학생을 가르쳤으며, 학생의 특징에 따라 질문에 답해주곤 했다. 공자는 제자들을 가르침에 있어서 게을리 하지 않았다. 공자가 가르친 제자가 총 3천 여 명에 달하는데, 그중 공자가 가장 자랑스러워 한 제자는 72명인 것으로 전해지고 있다. 그의 제자 다수가 노·위·오·진·제·송·초·진(晉)·진(秦) 등 나라의 사람이다. 이중에는 덕행이 가장 훌륭한 안연(顔淵), 민자건(閔子騫)·염백우(冉伯牛)·중궁(仲弓) 외에도 언어에 뛰어난 재아(宰我)·자공(子貢), 그리고 정사에 능한 염유(冉有)·자로(子路), 문학에 재능이 있는 자유(子遊)·자하(子夏) 등이 있었다.

공자가 죽은 뒤 그의 제자 그리고 그 제자의 제자들 중에서 대국의 재상(예를 들면 자공)을 지낸 이도 있었고, 귀족의 스승(예를 들면 자하의 제자)이 된 자도 있었다. 그들은 지위가 높아 유가학설의 전파에 적극적인 촉진제 역할을 발휘했다.

공자는 배운 것이 많고 학식이 넓었다. 그는 노(魯), 주(周), 송(宋), 기(杞) 등 고국의 문헌을 수집해 《역(易)》·《서(書)》·《시(詩)》·《예》·《악》·《춘추(春秋)》등 6개 교본을 정리해냈다. 이들 교본을 2자 4치 길이의 죽간에 적었는데, 이를 경(經)이라 하여 존칭했다. 공자와 다른 유가들이 경서를 해석한 문자를 짧은 죽간이나 나무판에 적었는데, 이를 전(傳)이라 했다. 유학 경전이 생기고 유학이 성행함에 따라 육경 이외의 서적은 점차 사라졌다. 공자 이후 봉건시대 정치와 생활 그리고 사상과 생활면에서 유가가 지도적인 역할을 했다. 따라서 중국 봉건사회 상층의 건축을 알려면 우선 먼저 유학경전을 연구해야 했다.

《주역》 《주역》은 점복책의 하나로, 64괘(卦)가 있고, 괘마다 6효(爻)가 있는데, 효 또한 양효(⚊) 또는 음효(－)로 나뉜다. 양효는 단위(單位, 1, 3, 5)에 있고, 음효는 우위(耦位, 2, 4, 6. 모두 아래에서 위로 셈)에 있는데, 이를 당위(當位)라 했으며, 이와 반대이면 부당위(不當位)라 했다. 효의 당위 위치 여부라는 복잡한 관계에 근거해 경중(輕重)의 정도가 다른 길흉을 보았다. 괘마다 괘사(卦辭)가 있었으며 본 괘의 성질을 설명했다. 그리고 효마다 효사(爻辭)가 있었는데, 효가 본 괘 안에 있는 성질을 의미했다. 괘사와 효사는 문자가 간단하면서도 의미가 명확하지 않아 알기가 어려웠다. 점쟁이와 서인(筮人)은 다양한 해석으로 길흉을 설명했다. 공자가 괘사와 효사를 연구해 이를 유가 철학사상으로 삼아 제자들에게 가르쳤다. 공자가 가르친 기록과 훗날 《역》의 대가들이 보충한 부분을 통틀어 《역전(易傳)》혹인 《십익(十翼)》이라고 불렀다. 《역전》은 단사(彖辭)를 통해 《괘사》보다 많은 어구로 한 괘의 대체적인 뜻을 판단했다. 《상사(象辭)》는 한 괘의 대체적인 뜻에 따라 사람들이 어떻게 행동해야 할지를 간단한 어구로 알려줬다. 《계사(系辭)》는 모든 《역》의 이치를 총괄했으며, 공자 철학의 기본사상을 서술했다. 《문언(文言)》은 건(乾), 곤(坤) 2개의 괘에 대해 전문적으로 논했다. 이밖에 《설괘(說卦)》·《서괘(序卦)》·《잡괘(雜卦)》등 3편이 있는데 중요한 의미가 포함되지는 않았다.

모든 《역》의 도리를 논술한 《계사》는 주로 "변화의 도리"를 설명했다. 예를 들면, 천지(天地)·일월(日月)·사시(四時)·주야(晝夜)·한서(寒暑)·남녀(男女) 등은 모두 양(陽)·강(剛)·동(動)과 음(陰), 유(柔), 정(靜)이라는 두 가지 반대되는 성질 사이에서 변화한다고 했다. 변화하는 목적은 이익을 얻고자 하는데 있었다. 이익을 얻는 것을 길하다 하고 손해 보는 것을 흉하다고 했다. 길(얻음)흉(잃음)이 고정불변한 것은 아니었다. 64괘는 천지간의 만사만물을 대표하며, 괘마다 모두 변화한다고 보았다. 다시 말해 만사만물이 모두 변화하고 있다는 것이다. 하지만 변화가 음양의 투쟁이 아닌 음양의 조화로 나타나며, 앞으로 발전하는 것이 아니라 순환적으로 반복한다고 보았다. 이는 공자의 중용사상과 일치하며 공자 철학의 근본이기도 했다. 훗날 유가학파 사상가인 동중서(董仲舒), 왕충(王充)도 이러한 사상 경계를 뛰어넘지는 못했다.

《상서》 《상서(尚書)》는 역대 정치 논문집이다. 공자가 선정한 사관들이 소장한 역대의 중요한 서적으로 위로는《요전(堯典)》, 아래로는《진서(秦誓)》가 있는데, 총 100편이 전해지고 있지만, 사실상 그중 일부는 훗날의 유가학자들이 보충한 것이다. 《상서》는 2가지 역할을 했다. 첫째는 우·하·상·주의 역사적 정통사상을 수립했다는 점이다. 둘째는 상 왕조와 주나라 2개 조대의 중요한 역사자료를 보존했다는 점이다. 특히 서주 초기《대고(大誥)》·《강고 (康誥)》·《주고(酒誥)》·《재재(梓材)》·《소고(召誥)》·《낙고(洛誥)》등에 보존된 글에서 상·주 2개 왕조의 정치적 상황을 엿볼 수 있다. 즉《주송(周頌)》·《빈풍(豳風)》·《주남(周南)》·《소남(召南)》과 잘 맞추면 서주사회의 생산관계와 의식형태를 엿볼 수 있다는 것과 같은 이치다.

《시》 《시(詩)》는 서주 시가의 명작 선집이다. 그중 6편이 망일(亡逸)되고 현재는 305편이 보존되어 있다. 이를 "삼백편"이라고 부른다. 음악 성질에 따라《국풍(國風)》·《소아(小雅)》·《대아(大雅)》·《송(頌)》 등 4개 부분으로 나뉘는데, 《주남》과 《소남》은 《풍》시의 첫 시작으로, 주무왕이 상주(商周)를 물리치기 전에 지은 것이다. 《주송》과《빈풍》은 서주 초기에, 《소아》와 《대아》는 서주시기에 창작됐으며, 《국풍》의 다수는 동주시기의 작품이다. 《풍(風)》시는 지방 음악으로, 민간생활을 바탕으로 시편을 창작했기 때문에 문학적 가치가 가장 높다. 《대아》, 《소아》는 서부 음악으로, 문학적 가치가 풍에 견줄 수는 없지만, 서주 정치의 흥망과 성쇠를 서술한 시사임은 확실하다. 《주송》은 주나라 천자의 종묘 제사와 관련된 시편으로 음악의 절주가 아주 느리고 큰 감동을 주지는 못하는 반면, 역사적 의미는 아주 크다. 《노송(魯頌)》, 《상송(商頌)》은 동주 사람의 창작품이다.

《예》 주나라 때의 상문(尙文)으로, 오랜 세월을 거쳐 복잡하고도 풍부한 예법을 쌓았다. 공자가 선발하는 '사'는 반드시 예법 17편을 배워야 했는데, 이를《예》혹은《사례(士禮)》, 《의례(儀禮)》라고 불렀다. 그 중 《상복편(喪服篇)》이 가장 중요했는데, 봉건제도 중의 "친친(親親, 혈연관계가 있는 사람과 친함)", "존존(尊尊: 지체 높은 사람을 존경함)", "장장(長長, 어른을 공경함)", "남녀유별(男女有別)"의 사상을 가장 구체적이고 뚜렷하게 표현했다. 《주례(周禮)》는 전국시기 유학자들이 주·노·송 등 중요한 나라의 관직제도를 종합한 뒤 유학자의 정치사상을 추가해 작성한 관직제도의 종합이다. 서한시기 예를 전파하는 유생인 대덕(戴德)·대성(戴聖)이 칠십자(공자의 72명 출중한 제자를 말함) 후학들이 기록한 예를 논한 문자를 널리 수집했다. 그중 대덕이 85편을 선택하여 모아놓은 것을《대대예기(大戴禮記)》라 불렀다. 대성이 선택한 49편은 《소대예기(小戴禮

記)》(《예기》라 약칭함)라 불렀다. 이들《의례》, 《주례》, 《예기(禮記)》를 합쳐 《삼례(三禮)》라 했다. 이는 유가사상과 전국시대 이전의 제도와 기물(器物)을 고찰할 수 있는 중요한 서적이다.

《춘추》 《춘추》는 편년체 사서이다. 편년체 사서의 기원은 서주 공화(共和)시기이다. 동주시기에 문화수준이 상대적으로 높은 제후국에는 모두 사관의 기록이 있었다. 예를 들면 진사(晉史)는《승(乘)》, 초사(楚史)는 《도올(檮杌)》, 노사(魯史)는 《춘추》라고 이름을 지었다. 사관은 대대손손으로 직위를 물려받을 수 있었다. 이들은 서법(書法)에 따라 직무를 충실히 수행했는데 일부 훌륭한 관리들은 심지어 목숨 바쳐 서법을 보호하기도 했다. 중국 역사는 기원전 841년 공화(共和) 원년부터 시작된다. 1년 내내 꾸준히 사료와 저서를 배열하고 기록한 것이 사관들의 공헌이라 할 수 있다. 공자는 노나라 사관이 기록한 《춘추》를 바탕으로, 위로는 음공(陰公) 원년(기원전 772년), 아래로는 애공(哀公) 14년(기원전 481년) 총 242년간의 이야기를 정리해냈는데, 이것이 유가 경전인《춘추》이다. 공자가 《춘추》를 수정할 때의 목적은 명분을 바로 세우고 좋고 나쁨을 가름으로써 역당들이 두려움을 느끼게 하려는 것이었다. 《춘추》는 유가 정치사상의 최고 기준으로서 봉건 등급제도의 사상이 《춘추》 서법에 충분히 반영되었다.

《춘추》는 어구가 간단하고 뜻이 명확하지 않아 역사로 간주하기에는 그 역할이 제한돼 있다고 할 수 있다. 공자가 활동하던 시기에 노나라 태사(太史) 좌구명(左丘明)이 여러 나라의 사기(史記)로써 지은《좌씨전(左氏傳)》을 기술해 사실을 활용하여《춘추》서법을 해석했다.

그중에는 대량의 고대 사료가 보존돼 있어 중국 역사학자들에게 본보기를 세워주었으므로 아주 높은 사학적 위치를 점하고 있다. 《공양전(公羊傳)》과 《곡량전(谷梁傳)》도 《춘추》를 해석했다. 《공양전》과 《곡량전》은 구두로 전해져 오다가 서한(西漢) 때에 이르러서야 문자로 작성됐다. 서한시기에 성행한 《공양》학은 정치적으로 위치가 아주 높았지만, 《좌전》과 비교할 때 공론이 많고 억지로 둘러맞춘 부분도 있었다. 《곡량전》도 대체로 이와 비슷했으나 서술 태도 면에서《공양전》보다 신중했다고 할 수 있다.

8. 묵자(墨子)와 묵가(墨家)학설

공자가 죽고 묵학(墨學) 창시자인 묵자(墨子)가 그 뒤를 이어 흥기했다. 공자와 묵자 양대 학파가 모두 동주 후기에 나타났다. 공자의 유학에는 예와 악이 주요한 부분을 차지한 반면, 묵가는 예와 악을 공격하며 서민 관점으로 인의학설을 어필해 유가의 반대 학파로 됐다.

묵자(墨子), 이름은 적(翟)이고 노나라(일설에는 송나라)사람이다. 송나라 대부를 지냈으며 기원전 468년에 태어나 기원전 376년에 생을 마감했다. 묵자가 생활했던 시대에 극소수의 종족 가정이 국가로 돼 점차 지주계급의 '사(士)' 계층으로 발전하면서 정치 참여권을 얻었을 뿐만 아니라, 심지어 제후 '사(師)'와 '상(相)'으로까지 신분이 상승했다. 하지만 사(士) 계층 아래의 서민, 즉 묵자가 말하는 "농민과 상공인"이 사회의 대변혁 가운데서 일정한 정치적 지위를 얻어 자신들의 경제적 이익을 보호하려 했다. 묵자와 그가 창설한 묵가는 서민을 대표해 "손 위 사람을 설득하고 손아래 사람을 가르치는 타협적인 방법"을 통치계급에 요구한 학파였다. 서민은 진정으로 생산에 종사하는 광범한 대중이다. 국군과 귀족이 서로 전쟁을 치르면서 서민들에 대해 어느 정도 양보를 하지 않으면 안 되었고, 서민 대표에게도 발언할 권리를 줬다. 따라서 묵학은 유학과 함께 현학(顯學)으로 불렸다.

유가와 달리 묵가는 통치계급의 이익과 일치하지는 않았지만 통치계급에 충실하고 그들을 위해 봉사했다. 묵가는 유가를 맹렬하게 공격해 그들의 정치적 지위를 뺏으려고 시도하는 한편, 국군과 귀족에게 충성을 다했으며 그들의 믿음을 얻는 것을 통해 자신의 학설을 펼치려 했다. 그럼에도 유가가 여전히 국군과 귀족의 존중을 받은 반면, 묵가는 경(卿)이나 상(相)과 뜻을 함께 할 수 있는 기회를 얻지 못했다.

《묵자》의 저서는 한(漢)나라 때에 71편, 조송(趙宋) 때에 63편 보존됐지만, 송나라 이후부터는 53편 밖에 보존되지 못했다. 묵가는 문장 솜씨보다는 실행을, 책을 쓰는 것보다는 구두 표현을 중히 여겼다. 《묵자》에서 《경상(經上)》과 《경하(經下)》의 2편, 179조가 묵자 자신의 창작이다. 《묵경(墨經)》은 어구가 아주 간단했는데, 적게는 세 글자이고 가장 많아도 20여 글자를 초과하지 않았다. 하지만 그 당시 사회·생산과 관련된 중요한 지식에 대해서는 거의 전면적으로 총괄했다고 볼 수 있다. 《경설(經說)》상·하편은 묵자가 경전을 강의하고 제자가 기록한 것이다. 묵가는 3개 유파로 분류되는데 모두《묵경》을 믿었다.《상현(尙賢)》·《상동(尙同)》·《겸애(兼愛)》·《비공(非攻)》·《절용(節用)》·《절장(節葬)》·《천지(天志)》·《명귀(明鬼)》·《비악(非樂)》·《비명(非命)》·《비유(非儒)》11제(題)는 각각 상중하 3편(그중《비유》는 상·하 2편으로 나뉨)으로 분류된다. 글귀가 조금씩 차이가 있긴 했지만 뜻은 대체로 비슷했다. 묵자가 강의하고 제자가 기록한 것으로 공자 문하의《논어》와 유사했다.

《상현》에서《비명》에 이르기까지의 10편은 묵가의 정치이론을 서술했다. 어리석고 무능한 군주에게는《상현》·《상동》을, 잔폭하고 호전적인 군주에게는《겸애》·《비공》을, 사치를 추구하는 군주에게는《절용》과《절장》을, 그리고 술과 향락에 빠져 사는 군주에게는《비악》과《비명》을, 제멋대로 권리를 행사하는 군주에게는《천지》와《명귀》를 강의했다. 하지만 군주들은 하나같이 묵가의 치국책을 받아들이려 하지 않았다.《비성문(備城門)》에서《잡수(雜守)》에 이르기까지의 20편은 묵자의 제자 금활리(禽滑厘)가 다룬 수성기(守成記)로, 묵학에서 중요한 지위를 차지하고 있다.《친토(親土)》·《삼변(三辯)》·《대취(大取)》·《공수(公輸)》등 14편은 묵자 문하의 후학자들이 기록한 것으로 유가의 대소《대기(戴記)》와 비슷하다. 오늘날까지 전해져 내려온《묵자》53편은 묵가의 전체 학설을 기본상 보존하고 있다고 할 수 있다.

유가를 공격한 묵가의 관점은 모두《비유(非儒)》편에 집중돼 있다. 유가의 등급 제도를 겨냥해 묵가는 겸애·절장·상현·상동을 주장했다. 또한 유가의 천명론을 겨냥해 묵가는 천지·명귀·비명을 주장했다. 이밖에도 유가가 예와 악을 중시한 반면, 묵가는 일하지 않고 남의 성과를 차지하는 것을 반대하면서 절용과 비악을 주장했다. 유가가 복고를 제창했다면 묵가는 보수적인 사상을 반대하며 혁신을 주장했다. 유가는 직언하지 않고 군주가 물어보기를 기다릴 것을 주장한 반면, 묵가는 평범한 말과 행동을 반대하며 "잘못이 있으면 바로잡도록 말할 것"을 주장했다.

사실상, 유가와 묵가 모두 공상 정치의 대표이다. 하지만 공자는 '사' 계층의 대표이고 묵가는 서민계층의 대표라는 점에 차이가 있다. 공자와 묵자 모두 재능이 뛰어났다. 공자는 '사' 계층의 육례(六禮)를 대표했고, 묵자는 지식을 중시했다.《묵경(墨經)》에는 형학·역학·광학 등 지식에 대한 기록이 있다. 공자와 묵자는 설명을 중히 여겼다. 공자는 고상하면서도 예의가 반듯해야 하는 것을 주장했고, 묵자는 소박한 서민 언어를 사용할 것을 주장했다. 이들은 뜻 표현을 중히 여기면서 화려한 언어구사를 고집하지 않았다. 공자와 묵자 또한 논리학을 주장했다. 공자는 정명(正名)을, 묵자는 '근본(本)'·'근거(原)'·'실용(用)'을 기준으로 하는 '삼표법(三表法)'을 주장했다. 여기서 '근본'은 역사를 고찰하고, '근거'는 백성들이 보고 들은 것을 고찰하며, '실용'은 정령의 실제 효과가 국가나 백성에 이로운지에 대해 고찰하는 것을 말한다.

묵자 학설은 서민들 속에서 유행이었다. 묵가의 후학, 예를 들면 질비(跌鼻), 소노삼(索盧參), 전계(田系), 팽경생(彭輕生), 고획(苦獲) 등은 모두 하층 서민 출신들이다. 서민이 정치적 지위를 요구하기가 아주 어려웠기 때문에, 묵자는 종교성을 띤 정치단체를 창설했다. 묵자가 죽자 '거자(巨子)'가 대대로 전해졌는데, 이는 교주와 흡사했다. 원시적인 조직성이 있었으며, 거자를 성인으로 받들었다. 무릇 거자가 내린 명이라면 묵자(墨者)들은 반드시 복종해야 했다. 묵자의 문하에는 용사가 많았는데 이들은 위험을 마다하고 죽음을 두려워하지 않았다. 예를 들면, 진(秦)나라에 살던 거자(巨子) 복돈(腹黃享)의 외동아들이 사람을 죽였다. 진왕이 그 사실을 알고 그를 사형에 처하지 않고 사면해주었지만, 복돈은 진왕의 권고에도 아랑곳 않고 아들을 죽였다. 묵자의 제자인 승작(勝綽)이 제(齊)나라에서 벼슬을 할 때 용감하게 전쟁을 치르곤 했는데 묵자는 그들이 비공 교의를 어겼다고 주장하며 그를 비난했으며, 그들이 관직에게 물러날 것을 요구했다. 묵가는 재산을 나누고 서로 도와줄 것을 제창했다.

제5절
치열한 각축시대—전국(戰國)

동주시기에 합병전쟁이 계속해서 진전됐다. "삼가분진(三家分晉, 진나라가 셋으로 나뉘다)"을 기점으로 전쟁이 더욱 치열해진 전국시기에 들어섰다. 전국시기의 전쟁이 겉으로는 7대 영주의 영역 쟁탈처럼 보였지만, 실질적으로는 신흥 지주계급과 대상인(大商賈), 그리고 유사(游士)들이 지주정권을 확립하기 위해 펼친 전쟁이었다.

1. 전국(戰國)의 형세

전국은 7개의 독립적인 강국이 최선을 다해 서로 간에 공격하거나 방어하는 전쟁을 치른 시대를 말한다. 전쟁에서 승리한 나라는 꾸준히 영토를 확장하고 패한 나라의 영토는 꾸준히 줄어들었기 때문에 강역 범위가 자주 변했다. 7개국의 위치를 보면 서방에 진(秦)나라, 동방에 제(齊)나라, 남방에 초(楚)나라, 북방에 연(燕)나라, 중부에 한(韓)·조(趙)·위(魏) 3개국이 위치해 있었다(조는 북쪽에, 한은 서쪽과 가까운 곳에, 위는 중간에 위치해 있었다).

진나라 진(秦)은 동주시기에는 문화가 뒤진 후진국이었다. 기원전 361년 진효공(秦孝公)이 왕위에 올라 널리 인재를 구한다는 명을 내렸다. 위나라 공손앙(公孫鞅)이 그 소식을 듣고 진나라에 입성, 효공의 마음을 얻어 구법을 바꾸고 신법을 창설했다. 이때부터 진은 7개국 중 최대 강국이 됐다. 이에 앞서, 이리(李悝)가 위나라에서, 오기(吳起)가 초나라에서 차례로 신법을 추진했지만 결국 낡은 세력의 반대에 부딪혔다. 상앙 변법이 성공하면서 상앙은 전국시기 변법의 대표인물이 됐다. 상앙은 총 2차례 변법을 실시했다.

제1차 변법은 기원전 359년에 실시했다. 요점은 아래와 같다.

(1) 호적을 정비하고 농호를 조직했다. 5가구를 오(伍)로, 10가구를 십(什)으로 조직해 서로 연대책임을 지게 했다. 어느 한 가구에서 죄를 범했음에도 범법자를 고발하지 않을 때에는 5가구와 10가구 모두 같은 죄로 다스렸다.

(2) 노동력을 강화했다. 아들이 일정한 연령이 되면 반드시 분가해서 독립해야 했다. 때가 돼도 독립하지 않을 시에는 조세를 배로 내야 했다. 이 같은 조치는 생산 과정에서의 능동성을 최대한 발휘할 수 있게 했다. 따라서 한 가정에서 일하는 사람만 일하고 노는 사람은 계속 노는 현상을 막았다.

(3) 군사 공적을 장려했다. 군사 공적에 따라 작위를 수여하였는데, 진나라는 작위를 총 20급으로 정했다.

(4) 경작을 숭상하고 상공을 억제했다. 경작하면 장려하고 곡식과 비단을 많이 생산하면 부역을 면할 수 있었다. 상공업자와 할 일이 없는 가난한 백성들은 아내와 함께 관부의 노예로 들어가야 했다. 이는 상인, 고리대금업자들의 토지 합병을 방지하기 위한 목적에서 실시되었다.

(5) 영주가 지주로 되고 군사 공적이 없는 종실은 지위가 폐지돼 귀족 특권이 없어지며 백성 중의 부호로 신분이 강등되었다. 군사 공적이 있는 종실은 최고로 제후에까지 봉해질 수 있었으며 식읍 내의 조세만 받을 수 있을 뿐 민사를 직접적으로 관리하지는 않았다. 영주제도를 실시하던 진나라가 이때부터 지주제도로 바뀌었다.

이러한 개혁은 진의 태자를 위수로 한 귀족의 반대에 부딪혔다. 이 때문에 상앙이 태자의 스승인 공자건(公子虔)과 공손가(公孫賈)를 처리하면서 신법이 바로 실행됐다. 진나라가 신법을 실행한 10년간, 백성들은 행복하게 생활했으며 길거리에 물건이 떨어져도 주워 갖는 일이 없었고, 또 도둑이 없고 집집마다 살림이 넉넉해 사람마다 의식이 풍족했다. 나라에 전쟁이 발생하면 백성들이 용감하게 앞장섰고,, 개인적인 다툼을 피했기 때문에 향읍이 잘 다스려진 강국으로 거듭날 수 있었다.

기원전 350년 상앙이 제2차 변법을 실시했다. 소도시, 향읍을 큰 현에 포함시키고 전국을 총 41개 현으로 편성했다. 매 현마다 하나의 현령을 두고 현의 사무를 관리하도록 했다. 천맥(阡陌: 밭 사이의 길로 남북을 阡, 동서를 陌이라 함)을 개척해 국토를 정했으며 개인이 새로 개척한 토지의 소유권을 인정해주고 땅의 면적에 따라 조세를 정했다. 두(斗)·통(桶, 곡[斛])·권(權)·형(衡)·장(丈)·척(尺)을 통일해 전국의 물품거래에 통일적으로 적용하는 도량형제도가 생겨났다. 부자와 형제가 한 방에서 생활하는 것을 금지했으며 남아 있던 융적의 낡은 풍속을 없애버렸다.

상앙변법으로 인해 진나라는 통일된 부유국으로 성장했다. 효공이 죽자 태자(진혜왕[秦惠王])이 즉위해 상앙을 죽였지만 신법은 그대로 답습됐으며 바뀌지 않았다. 기원전 387년 진이 촉을 정벌하고 남정(南鄭)을 취했다. 기원전 316년 촉을 멸하고 만 명에 달하는 진의 백성을 촉으로 이주시켰다. 진나라 강역을 보면 북쪽에 상군(上郡), 남쪽에 파촉(巴蜀)이 있었으며, 지세가 험난하고 수비가 견고해 공격하기 어려웠기 때문에 천부웅국(天府雄國)이라 불렸다.

한(韓)나라 동쪽으로는 위나라, 서쪽으로는 진나라와 가까운 한(韓)나라는 양쪽으로 적의 공격을 받아 전쟁의 피해가 끊이질 않았다. 기원전 375년 한애후(韓哀侯)가 정나라를 멸하고 도읍을 평양(平陽, 산서성[山西省] 임분[臨汾])에서 정나라의 도읍인 신정(新鄭, 하남성[河南省] 신정)으로 옮겼다가 다시 양적(阳翟)으로 옮겼다. 한소후(韓昭侯)는 신불해(申不害)를 재상으로 세워 혹독한 정치를 펼쳤다. 그 당시에는 국력이 잠시 강해졌지만 신불해가 죽자 한나라는 곧바로 정벌 대상이 됐다. 한나라는 산이 많고 평원이 적은데다 자원이 빈약하고 인구가 적어 7개국 가운데서도 가장 약한 나라였다.

위나라 진효공(秦孝公)이 변법을 시행하기 전, 위(魏)나라는 가장 강대한 나라였다. 기원전 424년 위문후(魏文侯)가 왕위에 올랐다. 위문후는 유술(儒術)을 배웠으며 6편의 책을 썼다. 그는 전자방(田子方), 단간목(段干木)을 존경했으며 서문표(西門豹), 이리, 악양(樂羊)과 군사가 오기를 중용해 제후들 가운데서 명성이 상당했다. 위나라는 평원이 많고 땅이 기름지며 인구가 많은데다 방어하기 유리한 지세가 아니었으므로 사방에서 적들의 공격을 받았다. 기원전 340년 위혜왕이 진의 군대가 두려워 도읍을 안읍(安邑, 산서성 안읍)에서 대량(大梁, 하남성 개봉[開封])으로 옮겼다.

조나라 조나라는 도읍을 한단(邯鄲)에 정했다. 서쪽에는 황하, 남쪽에는 장하(漳河)가 위나라와의 경계를 이루었다. 동쪽은 청하(淸河)가 제나라와 경계를 이루었고 북쪽에는 역수(易水)를 사이에 두고 연나라와 국경이 맞닿아 있었으며, 남북쪽에는 음산(陰山)에 의지해 장성을 건설함으로써 흉노, 누번(樓煩), 임호(林胡)와 경계를 이뤘다. 조무령왕(趙武靈王)은 오랑캐처럼 호복(胡服)을 입고 말을 타고 활을 쏘면서 북쪽으로 영토를 확장해 북방 변경을 공고히 했다.

연나라 연(燕)나라는 도읍을 계(薊, 북경시)로 세우고 훗날에는 도읍을 하도(下都, 하북성[河北省] 역[易]현)로 옮겼다. 연나라 군주는 서주 초기 소공석(召公奭)의 후예였다. 동주시기 연나라가 약했던 탓에 늘 산융(山戎)의 공격과 약탈을 당했다. 연소왕(燕昭王)은 유능한 인재를 모으는 과정에서 악의(樂毅)를 얻어 군사를 파견해 제나라를 정벌했으며 이에 따라 연나라가 북방 강국으로 우뚝 섰다. 연나라의 강역은 동북이 요동·조선과 인접해 있었고, 북으로는 장성을 쌓아 동호(東胡), 임호(林胡), 노번과의 경계로 삼았다. 서쪽에는 운중(雲中), 구원(九原)이 있었고 조나라와 이웃으로 지냈다. 남쪽에는 장성을 쌓아 제나라와의 경계로 삼았다. 연나라가 진나라와 멀리 떨어져 있었기 때문에 전쟁 피해가 적어 요하(遼河) 유역을 개척할 여력이 있었다. 이로써 고대 동북방의 강역을 개척할 수 있는 기반을 다졌던 거이

제나라 제(薺)나라는 임치(臨淄, 산동성 임치)에 나라를 세워 서주와 동주 때는 대국이었다. 기원전 386년 세경 전화(田和)가 강씨를 대체해 군주에 오르면서 제나라가 더욱 강성해졌다. 나라가 부유하고 군사가 강대한 제나라가 진나라와 떨어져 있었기 때문에 위협을 크게 받지 않았다. 제선왕(齊宣王)이 천하의 문학사 수백, 수천 명을 모집해 후한 대우를 해줬으며 그들이 자유롭게 논술하고 사상을 펼치도록 했다. 도성 직문(稷門) 밖에 거주한 이들은 "직하선생(稷下先生)"으로 불리었다. 선왕 이후 '사'를 육성하는 기풍이 계속해서 이어졌다. 여러 가지 학파가 제나라에 모이면서 임치가 전국시기의 문화 도시로 자리매김했다.

초나라 초(楚)나라는 서주 이후로 소국을 가장 많이 합병한 나라였다. 전국시기, 초나라는 농업이 뒤떨어지고 병력이 약했지만 영토 확장에는 게을리 하지 않았다. 기원전 334년 초위왕(楚威王)이 월나라 국토였던 절강성 서쪽의 땅을 점령한 외에도 군사를 운남성에 파견해 전지(滇池, 운남성 곤명[昆明])을 중심으로 수천 리의 영토를 확장했다. 초나라는 땅이 넓고 물산이 풍부했다. 묘(苗)족과 화(華)족 외에도 기타 소족(小族)들이 한데 어우러져 사는 과정에서 활발한 문화교류가 이어져 무(巫)문화와 화하문화가 융합

된 초(楚)나라 문화가 형성됐다. 초나라는 800여 년의 확장과 경영을 통해 진한(秦漢)의 위대한 봉건제국의 설립을 위한 기반을 다졌다. 초나라의 옛 도읍은 영(郢)이었다. 훗날 약(鄀)으로 도읍을 옮겼다가 그 후에는 또 진(陳)으로 옮겼다. 그러다가 기원전 241년에는 도읍을 또다시 수춘(壽春, 안휘성 수[壽]현)으로 옮겼다.

7개국의 영토를 살펴보면 초나라가 가장 크고 진(秦)·조가 그 다음이었다. 제·위·연이 그 다음 다음이고 한나라가 가장 작았다. 인구는 초(약 5백만 명)와 위(약 3~4백만 명)가 가장 많았고 진과 조가 그 다음이었다. 7개국의 인구를 합치면 약 2천만 명 정도였다.

2. 경제상황

전국시기, 각국이 변법개혁을 통해 생산력을 증강시킴에 따라 사회에는 전에 없던 번영한 모습이 나타났다. 주로 아래와 같은 면에서 표현되었다.

인구의 급증 전국시기 각국은 인구가 뚜렷하게 늘었다. 특히 대도시의 증가세가 더욱 뚜렷했다. 제나라 도성 임치에 7만 가구가 거주했으며, 한나라 의양(宜陽)현에는 사방 8리에 군사 10만 명을 주둔시킬 수 있었다. 《전국책·조책(戰國策·趙策)》에는 이런 구절이 있다. "고대에는 국내가 만국으로 나뉘었다. 큰 성도 3백장(丈)이 넘지 않았고 인구가 많아도 3천 가구를 초과하지 못했다.……하지만 지금은 1천장이 넘는 도시, 1만 가구가 넘는 도읍을 곳곳에서 볼 수 있다." 풍부한 인력과 농업 수공업 도구, 그리고 기술 개진이 서로 배합되면서 생산력이 크게 향상됐다.

철제도구의 사용 동주시기에 철은 악금(惡金)으로 불렸으며 농기구로만 사용됐다. 그러나 전국시기에는 철의 용도 범위가 확대됐다. 농기구의 쟁기(기)·가래(銚)·낫(鎌)·호미(耨)·낫(銍) 등과 목공 도구의 도끼(斧)·톱(鋸)·집게(게)·끌(鑿), 여공(女工)의 도구인 칼(刀), 송곳(錐), 침(針) 등은 모두 쇠붙이로 만들어졌다. 이밖에 칼날이 없는 무기 예를 들면 철갑(鐵甲), 철장(鐵杖), 철지팡이(鐵殳)도 쇠붙이로 만들어졌다. 춘추시기 오나라의 유능한 간부 장수·그의 아내 막사(莫邪) 부부와 오나라의 구야자(歐冶子)가 가장 먼저 철검을 주조한 것으로 전해지고 있다. 당시 제련기술의 제한으로 말미암아 생철로 철을 제련할 수 없었기 때문에 여기서 말하는 주조는 청동검을 말한다. 훗날 연철에 탄소가 함유된 물질을 첨가해 담금질과 단조 등을 통해 철로 된 도검을 만들었다. 사실상 그것이 바로 최초 철강(鋼)이었다. 이 같은 기술이 점차 개선되면서 가장 먼저 초나라에 전파됐다. 초나라 완(宛)지역에서 철강이 생산됐다. 이때 생산된 창은 아주 날카로웠다. 그 당시 한나라에서도 보검을 생산했다. 전국시기 일부 지역에서 강철을 제련할 수 있었지만 무기제조에서 청동기의 지위를 대체할 수는 없었다.

농업의 진보 전국시기 토지가 대규모로 개간됐다. 동주시기 이미 우경(牛耕)이 있었고 전국시기에는 더욱 보편화됐다. 상앙은 주척(周尺, 6치 4분)을 진척(秦尺, 7치 2분)으로 고치고, 주무(周畝, 백방보[百方步])를 진무(秦畝, 240방보[方步])로 고쳤다. 이처럼 논밭의 면적을 확대한 것은 우경을 제창하고 지주 부농경제를 장려하기 위하는데 목적이 있었다. 맹자, 순자(荀子)의 저술에서 모두 심경(深耕)과 분전(糞田)을 언급했는데 이는 당시 농업기술의 진보를 말해주었다. 고대 역사에 따르면 우(禹)·익(益)임금 때 벌써 하천과 도랑 그리고 관개수로, 우물을 이용해 논밭과 원포(園圃)를 관개했다는 기록이 있다. 전국시기에 들어서서는 논밭에 대한 관개가 더욱 중시를 받았다. 널리 알려진 수리 공정으로는 위문후(魏文侯)시기의 서문표(西門豹,) 양왕(襄王) 때의 사기(史起)가 장수(漳水)를 끌어들여 예전(邺田)을 관개한 것 등이다.

수공업의 발달 동주시기, 노나라와 제나라의 수공업이 여러 제후국들 가운데서 가장 발달했다. 전국시기, 산동 각국의 수공업이 가장 뚜렷하게 발전했다. 《주례·고공기(周禮·考工記)》에는 당시 여러 노동 종류가 있었다고 상세하게 기록돼 있다. 예를 들면 목공 7부, 금공 6부, 구두공 5부, 설색(設色)공 5부, 괄마(刮磨)공 5부, 도(陶)공 5부 등이다. 이밖에도 청동을 제조하는 6가지 방법을 서술했다. 관부에서 수공업으로 대량의 병기와 군사용품을 제조했기 때문에 상당한 인력과 장소가 필요했다. 따라서 민간 기물은 부득이하게 민간의 백공들이 자유롭게 제조하도록 했으며 그에 따라 자유로운 거래가 이뤄졌다. 전국시기 철제 농기구를 이용한 경작이 성행했으며 철광 제련업종에 대부호들이 대거 나타났다. 예를 들면 한단의 곽종(郭縱)·부적(富敵) 국왕 등이다. 이밖에도 조나라의 탁씨(卓氏)가 제철로 부자가 됐으며 위나라의 공씨(孔氏), 노나라의 병씨(丙氏)도 제철로 집안을 일으켜 백만 부자가 됐다. 그 당시 제철이 민간 수공업에서 가장 중요한 부분으로 됐다.

상업의 흥성 동주시기 상업은 관부와 개인에 따른 차이가 있었다. 전국시기에는 개인 상업이 더욱 흥성하게 발전했다. 당시 대 도읍의 예를 들면, 제나라 도읍 임치, 조나라 도읍 한단, 그리고 대량(大梁), 낙양은 모두 유명한 대 상업 도시였다. 중, 소읍에도 작은 규모의 시장이나 일정한 규모의 시장이 있었다. 전국시기, 자유로 거래할 수 있는 토지 사유제가 이미 확립됐다. 수많은 농민들이 땅을 잃은 데다 끊임없는 착취에 시달리다 못해 결국 본업을 스스로 포기하고 상공업에 종사해 생계를 유지하려 했다. "재부를 추구하려면 농업이 공업보다 못하고 공업이 상업보다 못하다"《사기 · 화식열전(史記 · 貨殖列傳)》. 상앙은 농업을 중시하고 상업을 억제했다. 하지만 산동 6개국에서 실행되지 못한 것은 물론, 진 나라에서도 상업을 중시하는 추세를 억제하지는 못했다. 전국 말기에 이르러 대상인 여불위(呂不韋)가 마침내 진(秦)나라 정권에 참여하게 됐다.

전국시기 생산력이 보다 큰 발전을 가져오면서 사회 각 계층에도 변화가 찾아왔다. 통치계급이 영주, 지주, 사와 대상인으로 구성됐으며 피통치계급에는 농민, 상공인, 노예가 포함됐다.

영주(領主) 진나라 귀족 영주들이 정치적으로 특권을 잃었다. 상앙이 변법을 실시한 후로 공손연(公孫衍) · 장의(張儀) · 감무(甘茂) · 저리자(樗裏子) · 위염(魏冉) · 범저(範雎) · 채택(蔡澤) · 여불위 · 이사(李斯) 등 여러 사람 중에서 진나라 종실인 저리자를 제외하고는 모두 이성(異姓)인 객경(客卿)출신이었다. 산동의 여러 나라에도 모두 이성인 객경이 있었다. 산동의 대영주를 예로 들면 제나라의 맹상군(孟嘗君) 전문(田文)이 천하의 협객과 유민 6만여 호를 자신의 봉읍(封邑)인 설(薛)로 끌어들였지만 제왕은 감히 간섭하지 못했다. 조나라 평원군 조승(趙勝)의 집에는 땅이 많았고 관리자가 최고 9만 명까지 됐지만, 조왕에게 전조(田租, 토지세)를 바치려 하지 않았다. 이는 6국의 잔여 영주 세력이 정치나 경제적으로 모두 진나라보다 뒤처졌음을 말해준다.

지주 전국시기, 토지 소유권은 거래를 통해 얻었으며 부자들은 지주들처럼 향락을 누릴 수 있었다. 지주 중에는 장수와 재상 등 벼슬을 지내는 지주가 있는가 하면 전택(田宅)을 가진 지주도 있었다. 지주는 조정 정치 참여권이 생겼으며 농촌에서도 여러 모로 향락을 누렸다. 영주제도를 파괴하는 차원에서 보면 지주계급의 흥기가 진보적이긴 하지만 농민이 땅을 잃는 현상은 갈수록 악화됐다.

사(士) '사'에는 가(家)와 상공인을 대표하는 묵가를 제외하고 대체로 정치활동에 참여하는 지주계급 대표가 포함되어 있었다. 춘추시기 제후와 경대부들이 '사'를 육성하는 기풍이 이미 형성됐다. 전국시기 산동 각국의 군주들은 서로 '사'를 육성했는데, 그때는 '사'가 사회에서 가장 활약하는 부류였다. 영주는 '사'에 의지해 통치적 지위를 공고히 했고, '사' 또한 영주에 의지해 부귀영화를 누렸기 때문에 양자의 관계는 아주 밀접했다. 전국시기 말기, 영주가 자세를 낮춰 비굴할 정도로 아첨하며 천하에서 '사'를 모집하려 했다. '사'가 자신에게 순종하지 않을까봐 두려웠던 것이다. 맹상군(孟嘗君)·평원군(平原君)과 위나라 신릉군(信陵君) 무기(無忌)·초나라 춘신군(春申君) 황헐(黃歇) 등 네 귀족이 육성한 '사'의 규모는 모두 3천명 이상이었다.

'사'는 대체로 4가지 부류로 나뉘었다. 첫 번째 부류는 학사(學士)였다. 예를 들면 유가·묵가·도가·명가·법가·농가 등이 그것인데, 그들은 저서를 편찬해 학설을 세움으로써 당시 사회 각 계층의 사상을 반영했으며, 여러 가지 정치적 주장을 제기해 문화 면에 크게 기여했다. 이 부류의 사람들은 명성이 높고 높은 대우를 받았다. 예를 들면 유가의 큰 스승인 맹자는 보유한 후차(後車)가 수십 대에 달하였고 시종이 수백 명에 이르렀다. 또 이들이 방문하는 나라마다 국왕이 황금을 하사하고 먹고 입을 것을 풍족하게 줬을 뿐만 아니라 그들의 견해에 귀를 기울였다. 두 번째 부류는 책사(策士), 즉 종횡가들이었다. 이런 부류의 사람들은 정론(政論)에 능하고 재능이 많았으며 언어능력이 뛰어났다. 이 같은 재능으로 이들은 관직을 얻고 부귀영화를 누렸다. 그중 소진(蘇秦)과 장의(張儀)가 가장 대표적이었다. 세 번째 부류는 방사(方士)와 술사(術士)였다. 그중에는 천문·역산·지리·의약·농업·기예 등 방면의 전문가는 물론, 음양조화·복서(卜筮)·해몽·신선·방중술(房中術) 등으로 사기를 쳐 의식을 해결하는 유객(遊客)들도 있었다. 네 번째 부류는 식객이었다. 이 부류의 규모가 가장 크며 도둑·임협(任俠, 악질 토호)·간인(奸人)·범죄자·도박꾼·도살업자·자객 등으로 출신도 다양했다. 이들은 귀족의 힘을 비러 백성을 억압했다.

대상인 전국시기 호상(豪商), 대상인도 '사'와 같이 사회에서 가장 활약하는 부류였다. 대상인은 3가지 유형으로 분류됐다. 첫째는 정치에 참여하는 상인, 그중에서 여불위가 대표적이었다. 둘째는 농업과 목축업을 겸해서 경영하는 상인. 세 번째는 수공업을 겸해서 경영하는 상인이었는데, 이들 중에서 수많은 부자가 나타났다.

농민 농민이 차지하는 인구수가 가장 많았다. 농민은 생산과정에서 중요한 위치를 차지하는 대 계급이었으며, 통치계급도 농민에 의지해야만 생존할 수 있었다. 전국시기 각국 개혁가들이 일련의 방안을 제기했다. 토지를 계속해서 확장한데다 흉년과 길년(吉年)을 가리지 않고 농민은 계속 생산할 수 있기 때문에 유랑생활을 하지 않아도 된다는 것이었다. 농민계급은 또 부농과 빈농 그리고 고용농(雇農) 등 다양한 계층으로 분화됐다.

상공인 전국시기 민간의 소상공업이 동주시기보다 훨씬 발달했다. 산동 각국에서 상당한 규모의 사람들이 소상공업에 종사했다. 이들은 자체적으로 만든 기물을 자유롭게 거래했으며 자유경영하는 소상공업은 생산에서 중요한 지위를 차지했기 때문에 농민생산에서 주요한 협조자 역할을 하게 됐다.

노예 당시 노예의 숫자도 상당히 많았다. 주로 포로, 죄인과 빈민이 노예로 전락되는 경우가 많았다. 관부와 귀족 가정에서는 노예를 두고 가사 일을 돕게 했다. 그러면서 노예의 대다수를 수공업 생산에 투입시켰다. 대상인은 노예의 노동력을 빌어 광석을 채굴하고 철광석을 제련했기 때문에 노예의 노동이 농민과 소상공인들을 돕는 역할을 했다.

전국시기 봉건사회를 구성하는 계급은 영주와 농노가 아닌 지주와 농민이었다. 그러나 산동 각국의 영주가 정치적으로는 여전히 통치적 지위를 점하고 있었다.

3. 7국의 멸망과 진(秦)의 통일

전국시기, 대국 간의 영토 확장, 인구 증가, 타국 합병, 대외 정벌이 끊이질 않았다. 각국은 너도나도 다투어 장성을 쌓아 타국의 공격을 방어했다.

상앙이 진효공에 의해 재상(相)에 발탁되면서 후진국인 진나라를 선진국으로 발전시켰다. 상앙은 먼저 위나라를 패배시켜 위나라가 동쪽으로 옮기도록 압박하는 계책을 내놓았다. 진나라는 황하, 함곡(函穀)이라는 천연요새에 의지해 산동의 여러나라를 정벌함으로써 통일대업을 실현했다. 효공에서 진시황에 이르기까지 모두 이 같은 목적에 이르기 위해 전쟁을 치렀다.

위나라는 효공 이전까지 천하에서 가장 강한 나라였다. 도읍은 안읍이었는데, 진나라에 점차 접근하게 되면서 그 당시 진이 동쪽으로 발전하는 가장 큰 걸림돌 같은 존재가 되었다. 기원전 353년 위나라가 대장 방연(龐涓)을 파견해 군사를 거느리고 조나라 도읍 한단을 포위하자, 조나라는 제나라에 도움을 청했다. 제나라는 전기(田忌)를 장군으로, 손빈(孫臏)을 참모로 임명해 군사 8만 명을 거느리고 조나라를 구하러 떠났다. 방연이 군사를 거느리고 계릉(桂陵, 하남성 장원[長垣] 서쪽)에 이르러 싸웠지만 제나라 군에게 패했다. 기원전 341년 위나라가 한나라를 정벌하자 한나라가 제나라에게 위급한 상황을 알렸다. 제나라가 한나라를 구하기 위해 전기·전영(田嬰)·손빈을 파견해 위나라를 정벌했다. 마릉산(馬陵山)에서 위나라 군이 크게 패하자 방연은 자살하고 위의 태자는 포로로 잡혔다. 그로부터 위나라는 병력이 큰 손실을 보면서 강국의 지위를 잃게 되었다.

기원전 340년 상앙이 군사를 거느리고 위나라를 정벌했다. 위나라 군이 크게 패하자 위혜왕이 도읍인 안읍을 포기했다. 기원전 332년 위나라가 음진(隱晉, 섬서성 화음[華陰]현)을 양보했다. 이듬해 진(秦)나라 군이 위나라 군사를 크게 패배시키고 8만 명을 참수에 처했다. 기원전 334년 위나라가 황하 서안의 땅을 양보하며 화해를 도모했다. 기원전 328년 위나라가 또 다시 15개현을 내주었다. 이로써 진은 황하 서안에 위치했던 위의 땅을 모두 차지하게 됐다.

진과 위가 해마다 전쟁을 치르고 있을 때 산동의 여러 나라들은 진을 어찌 방어해야 할지 몰라 두려움에 떨었다. 이때 낙양 책사 소진(蘇秦)이 합종설(合縱說)을 제기했다. 연문후(燕文侯)가 소진에게 차와 말 그리고 황금과 비단을 하사하며 여러 나라를 연합하도록 했다. 그는 결국 조·한·위·제·초 등 국의 합종(合縱)에 성공했다. 조나라가 종장(縱長)으로 나서고, 소진 혼자서 6국의 상인(相印, 재상의 인장)을 가지게 되었다. 이른바 합종이란 연나라에서 초나라에 이르기까지 남과 북이 한 직선으로 합쳐서 서방의 진에 함께 대항한다는 것이었다. 소진이 추진한 합종의 규정은 다음과 같다.

"진이 초를 공격할 경우 제·위가 군사를 파견해 지원한다. 진에 양곡을 운송하는 길을 한이 차단하고 조와 연이 지원한다. 진이 한과 위를 공격할 경우 초가 진의 퇴로를 차단하고 제가 군사를 파견해 초를 돕고 조와 연이 지원한다. 진이 제를 공격할 경우 초가 진의 퇴로를 차단한다. 또 한이 성고(成皋)를 지키고 위는 진이 전진하는 길에 장애를 설치해 음해한다. 그리고 연이 군사를 파견해 제를 구하고 조가 지원한다. 진이 연을 공격할 경우 조가 상산(常山, 하북성 정정[正定])을 지키고, 초가 무관(武關, 섬서성[陝西省] 상(商)현 동쪽)에 주둔하는 외에 제가 발해를 건너 연을 구조하고 한과 위가 군사를 파견한다. 진이 나라를 공격할 경우 한이 의양(宜陽)을 지키고, 초가 무관(武關), 위가 황하 남안에 주둔한다. 또 제가 청하(淸河)를 건너고, 연이 군사를 파견해 조를 구원한다"

는 것 등이었다. 산동 6국의 영토를 합치면 진보다 5배나 더 크고 병력 규모도 10배나 더 컸다. 기원전 318년 6국이 처음으로 합종해 진을 공략했다. 진이 함곡(函穀)에 군사를 파견해 한군을 패배시키자 6국이 물러났다. 이듬해, 한·조·위·연·제가 흉노와 연합해 진을 공격했다. 진이 한과 조의 군사를 패배시키고 8만 2천 명을 참수했다. 이로써 6국의 합종은 3년 만에 해산됐다.

진나라가 합종을 파괴하는 방법은 '연횡(連橫)'이었다. 즉 산동 임의의 한 나라와 합쳐 횡선을 이뤄 다른 나라를 공격하는 방식이었다. 진소왕(秦昭王) 때, 범수(範雎)를 재상에 임명한 후 먼 나라와 협력하고 가까운 나라를 공격하는 '원교근공(遠交近攻)'의 계책을 정해 줄곧 연횡을 견지했다.

초와 제는 동맹국이었다. 진 나라의 재상(相)인 장의(張儀)가 초나라로 가서 연횡을 제안했다. 그는 만약 초나라가 제나라와 절교하면 진(秦)이 상어(商於)의 6백리 땅을 초나라에 돌려주겠다며 설득했다. 초회왕(楚懷王)이 크게 기뻐하며 제나라와 왕래를 끊고 장의를 따라 진에 입성해 토지를 받을 사절을 파견했다. 사절이 진에 당도한 후 장의는 초나라 사절에게 6백 리가 아니라 봉읍 6리만 초왕에게 준다고 말했다. 이에 대노한 회왕이 군사를 파견해 진을 공격했다. 그러나 단양(丹陽)에서 진과 제의 연합군에 크게 패하면서 70여 명에 이르는 장수가 전부 포로로 잡히고 8만 명에 이르는 갑사(甲士)가 살해됐으며 한중군(漢中郡)까지 잃었다. 이에 더욱 화가 난 초회왕은 모든 병력을 동원해 진을 정벌했다. 하지만 남전(藍田)에서 또 진의 군대에 크게 패했다. 기원전 299년 초회왕이 초청을 받고 진으로 갔다가 억류돼 훗날 진에서 죽었다. 기원전 280년 진나라 장군 사마착(司馬錯)이 초나라를 정벌했다. 초나라가 패하면서 초의 상용(上庸, 현재 호북성[湖北省] 방[房]현과 균[均]현)과 한수 이북 지역을 진나라가 차지하게 됐다. 기원전 278년 진나라 장수 백기(白起)가 초나라를 정벌해 영도(郢都)을 점령하자 초양왕(楚襄王)이 도읍을 진(陳, 현재 하남성 회양[淮陽])으로 옮겼다. 이듬해 진이 또 초의 무군(巫郡)과 검중(黔中)군을 점령했다. 초가 전쟁에서 잇따라 패배하면서 원래 백만을 헤아리던 대군이 10여 만 명밖에 남지 않아 예전의 기세를 다시 떨칠 수 없게 됐다.

진이 초를 크게 패배시킨 후 주력을 한·조·위가 있는 북방으로 옮겼다. 기원전 270년 진이 군사를 파견해 조를 공격하자 조의 대장 조사(趙奢)가 연(閼)과 하북성 무안(武安)을 격파했다. 그 후 진은 잠시 조에 대한 공격을 포기하고 방향을 돌려 한을 공격했다. 진의 명장 백기(白起)가 한의 야왕(野王, 현재 하남성 심양[沁陽])을 점령하고 한나라와 상당(上黨)과의 연계를 끊어버렸다. 상당의 군수가 조에 항복하고 조가 대장 염파(廉頗)를 파견해 장평(長平, 산서성 고평[高平]현)에 주둔시켰으며 요새를 쌓아 방어하게 했다. 진이 상당을 공격하자 염파가 든든한 요새를 쌓아 방어했다. 진이 여러 차례 도발했지만 조의 군사는 방어만 할 뿐 전쟁에 응하지 않았다. 진 나라 재상 범수가 간첩을 조에 파견해 황금 천 근으로 조나라 권신을 매수했다. 조왕이 계략에 빠져 염파 대신 조괄(趙括)을 장수로 임명했다. 조괄은 병법을 능숙하게 알고 있다고는 하지만 모두 탁상공론일 뿐 전혀 실전 경험이 없었다. 진의 계략이 성공하자 조괄이 군사를 파견해 진군을 공격했고 진군은 진 것처럼 가장해 퇴각하면서 조군을 유인해 진나라 벽하(壁下)까지 쫓아오게 했다. 그리고는 기병을 파견해 조군의 양도(糧道)를 끊고 퇴로를 차단했다. 조군이 곤경에 빠졌다. 진소왕이 직접 하북으로 향해 15세 이상 남자를 징집한 후 장평으로 파견해 조 군의 지원군과 군량 운송통로를 차단했다. 조괄은 46일간 견뎌내다가 식량이 떨어지자 사람까지 잡아먹었다. 조괄이 정예 군사를 거느리고 출격하다가 진군의 화살에 맞아 죽자 조군은 진에 투항했다. 조군이 기회를 엿봐 저항할까 두려워진 백기는 항복한 40여만 명의 군사를 장평(長平)에서 생매장해 죽였다. 장평전쟁은 전국시기 가장 참혹한 전쟁으로 꼽힐 정도로 참혹했다. 조나라는 40~50만 명이 사망했고 진군도 절반이나 죽었다. 기원전 258년 진이 조의 도읍 한단을 포위한 지 1년여 만에 위나라 신릉군과 초나라 군이 조나라를 지원해 진군을 물리쳐 마침내 한단을 지켜냈다.

기원전 246년 영정(嬴政, 진시황)이 진왕으로 등극했다. 기원전 230년 영정이 한나라를 멸했다. 그 후 10년간 위·초·조·연 등의 나라를 차례로 멸했다. 기원전 221년 마지막으로 제 나라를 멸하고 통일 대업을 이뤘다.

진 나라가 통일된 이유 진나라는 원래 아주 외진 서방에 위치한 문화가 후진적인 나라였다. 전국시기 선진 강국으로 발전하면서 산동 여러 나라들보다 우위를 점했다. 6개국을 멸할 수 있었던 것도 그 당시 형세가 통일의 조건을 갖췄기 때문이다.

수륙 교통─서주시기, 종주(宗周)를 중심으로 육로가 사방 각국까지 뻗었다. 동주시기, 또 해상과 내륙 하천 수상교통이 생겨났으며 전국시기에는 더욱 발달했다. 특히 내하 교통에 대해《우공(禹貢)》에는 공로(貢道, 장삿길)은 황하를 주 간선으로, 여러 하천과 연결돼 전국 9주와 모두 통했다고 기록했다.《사기·하거의 서》에는 이런 구절이 있다. "내하 교통을 보면 형양(滎阳)에서 황하 강물을 끌어들여 남으로 흐르게 해 홍구를 건설했으며 제수(濟水)·여수(汝水)·회수(淮水)·사수(泗水)를 합류시켜 중원지역의 송(宋)·정(鄭)·진(陳)·채(蔡)·조(曹)·위(衛) 등지와 수상 교통이 모두 통하게 했다. 초나라 서부에 한수(漢水), 동부에 한구(邗溝)가 흘렀으며 장강과 회수 2대 수계를 관통하고 북쪽으로는 제수·기수(沂水)와 연결시켰다. 오나라와 월나라에 강 3개와 호수 5개가 있었다. 인공수로를 파 밖으로는 바다로 나갈 수 있었고 안으로는 한구까지 이어졌다. 제(齊)에서는 치수(淄水)와 제수가 연결됐다." 이처럼 크고 작은 하천들이 남북 수로 교통망을 형성해 전국 통일에 유리했다.

상업─전국시기 때 상업이 발달했다. 그 당시 각지는 물물교환을 통해 호수가 사는 사람도 목재를 얻을 수 있었고 산에서 생활하는 사람들도 물고기와 식염을 얻을 수 있었다. 경제적으로 서로 의존하며 섰았기에 서로 갈라질 수가 없었다.《예기·월령(禮記·月令)》에는 이런 구절이 있다. "중추 8월 ……세관과 시장의 세금 징수를 줄여 외지 상인들을 대거 모여들게 해 다양한 물품들이 시장에 흘러들게 함으로써 백성들의 생산과 생활에 유리하도록 했다. 전국 각지에서 상인들이 모여들었는데 심지어 멀리 떨어진 외진 향읍에서도 모두 찾아왔다. 그러니 재물이 충족하고 나라의 비용도 충분했기 때문에 많은 일들을 성공시킬 수 있었다." 이는 상업의 발달해 여러 지역 간의 경제적 연계가 촉진됐었음을 말해준다.

백성들이 통일을 요구 ─ 동주 전기에 크고 작은 나라가 100여 개에 달했다. 소국에서는 전차 1천 승을 준비해 대국에 공물로 바치고 노역을 제공해야 했다. 귀족의 사치와 낭비는 소국 백성들에게 심각한 부담이 됐다. 상대적으로, 대국 백성들은 부담이 적었다. 때문에 백성들은 소국에서 살기보다는 대국에서 생활하는 편이 낫고 대국의 백성으로 살아가는 것보다는 전국 통일을 실현해 평화를 얻는 것이 낫다고 인식했다. 해마다 전쟁이 끊이지 않았던 탓에 평화와 통일을 실현하는 것은 이미 백성들의 절박한 요구사항으로 되어 있었던 것이다.

공동 문화의 통일 요구 — 동주 후기, 화(華)족의 생산력이 진보하고 문화수준이 향상되면서 중원지역과 주변 변두리지역에서 살고 있던 여러 민족이 점차 융합됐다. 묘족이 세운 초나라가 남방을 통일하고 문화가 발전하면서 화족과의 차이가 점차 없어졌다. 동이의 여러 민족은 오랫동안 화족문화를 접촉하면서 차례로 제(齊)·노(魯)·초(楚) 등 여러 나라에 융합됐다. 진나라는 서방에서 융족의 영향을 받았기 때문에 동방의 제후들은 진을 융적으로 보기도 했다. 전국 초기 진은 문화가 발전해 점차 화하 문화국으로 부상했다. 북방과 동방의 여러 민족이 조와 연 등 나라와 전쟁을 치르고 문화를 교류하는 과정을 거쳐 일부는 화족에 융합되고 대다수는 장성 밖으로 퇴각했다. 전국시기 북쪽의 진(秦)·조(趙)·연(燕) 등 3국의 장성부터 남쪽의 옛 오(吳)·월(越)의 해변에 이르기까지 대체적으로 화하문화가 존재했다. 다시 말해 광범한 경내에 거주하는 2천만 명의 인구가 접하는 문화와 그들의 심리상태가 공통적이 되었으며 이는 전국 통일의 기반이 되었던 것이다.

4. 전국시기의 사상가

맹자(孟子)와 추연(鄒衍) 맹자는 이름이 가(軻)이고 노나라 추인(鄒人)이며 공자의 재전 제자(再傳弟子)이다. 공자학설은 증삼(曾參)에게 물려줬고 증삼이 자사(子思)에게 전했으며, 자사가 또 맹자에게 전했다. 맹자는 제선왕, 양혜왕과 함께 전차 수십 승과 신하 수백 명을 거느리고 여러 나라를 주유했다. 이는 당시 사상계에 큰 영향을 일으켰다. 노년에 집으로 돌아와 저서를 편찬했으며 공자 이후로 가장 위대한 유학의 대가가 돼 '아성(亞조)'으로 존경받았다.

《맹자》는 총 7편으로 되어 있으며, 국왕이 어진 정치를 펼쳐 통일 목표를 이루도록 타이르는 것이 가장 기본적인 정치사상이었다. 어진 정치를 펼치기 위해서는 우선 정전제(井田制)를 실시해 농민들에게 필요한 토지를 줌으로써 그들이 성실하게 본분을 지키며 생활하도록 해야 한다고 했다. 그중에는 일부 진보적인 조치도 있었다. 예를 들면 "백성이 가장 귀중하고, 국가는 그 다음이며, 임금은 가볍다.(民爲貴, 社稷次之, 君爲輕)"《맹자·진천하(孟子·盡天下)》고 주장했다. 그는 또 제선왕에게 말했다. "군주가 신하를 수족처럼 대하면 신하는 군주를 심복처럼 대하고, 군주가 신하를 개와 말처럼 대하면 신하는 군주를 행인처럼 대하며, 군주가 신하를 흙과 지푸라기처럼 대하면 신하는 군주를 원수처럼 여긴다(君待臣如手足, 臣待君如腹心; 君待臣如犬馬, 臣待君如路人; 群待臣如土芥, 臣待君如仇敵)." 맹자의 철학사상은 '성선론(性善論)'이었다. 이는 인의학설의 출발점이기도 하다. 통치계급으로 볼 때 계급의 성은 착하고 피통치 계급이 순종할 때의 성도 착하다. 반대 의사를 표시할 때에야 성이 악하다고 본다.

맹자는 오행학설의 창시자로 인정받고 있다. 맹자보다 좀 늦은 시대의 추연은 오행학설의 범위를 확대하면서 음양오행가가 됐다. 진한시기, 맹자의 유학과 음양오행가가 서로 결합해 통치자의 존경과 신임을 얻었다.

추연은 제나라 사람이다. 그는《주역(周易)》의 음양학설과《상서·홍범(尙書·洪範)》의 오행학설을 결부시켜 신비성을 더한 음양오행학설을 창설했다. 또 56편, 10만여 자에 달하는 책을 저술했다. 추연은 그 당시의 일부 지리지식을 바탕으로 작은데서 검증을 받은 후 다시 세상만사에 적용하는 방법으로 중국 구주(九州)의 명산·큰 강·도로·짐승·물산·진기한 물건에 대해 상세하게 서술했으며, 이를 각기 적현신주(赤縣神州)라고 불렀다. 그리고 또 이 같은 적현신주 총 9곳을 널리 보급해 구주(九州)로 칭했다. 그리고 그 밖을 작은 바다가 둘러싸고 있다 하여 일주(一州)라 불렀으며, 이 같은 주가 또 9개에 달한다고 했다. 그리고 그 밖은 또 대해가 둘러싸고 있으며 더 밖으로 나아가면 천지의 변두리라고 했다. 그는 같은 방법으로 황제시대의 제도와 성쇠, 더 올라가 천지부판(天地剖判)과 천지미생(天地未生) 때까지 추리했다. 추연의 학설은 공간과 시간관념을 확대했다. 그는 또 음양소장(陰陽消長)과 오행상극(五行相勝)을 결부시켜 오덕종시(五德終始)의 순환(循環論)론과 명정론(命定論)을 만들어냈다.

노자(老子)와 장주(庄周)《도덕경》5천언은 전국시기의 저술이다.《사기·노자열전(史記·老子列傳)》에는《도덕경》이 초나라 고현(苦縣, 산동성 녹읍[鹿邑]현)사람인 이이(李耳)의 작품이라고 했다. 또 노담(老聃)의 작품이라는 설도 있다. 한비(韓非)가《해로(解老)》,《유로(喩老)》를 써냈다. 이로부터 당시 노자사상이 이미 전파되어 있었다는 점을 엿볼 수 있다. 노자는 지혜가 지극히 뛰어난 고대 철학가였다. 그는 자연 방면에서 천지만물의 변화와 정황을, 사회방면에서 역사·정치의 성공과 실패, 화와 복 그리고 고대와 현재 간의 관계와 인과관계를 관찰해 사물의 모순성을 발견해냈다. 그러한 정도는 어느 고대 철학자들보다도 넓고 투철했다.

노자 철학의 근본은 '도(道)'였다. 도는 모든 구체적인 사물에서 추상적으로 추론해 낸 자연법칙 혹은 규율이었다. 《노자》에는 '일(一)'을 많이 사용했는데 이는 도를 대표하였다. '덕(德)'은 우주에 구체적으로 존재하는 모든 사물이 함유하고 있는 특성을 가리켰는데, 덕은 구체적인 사물을 벗어나 독립적으로 존재하지 못하며 덕이 포함하고 있는 사물을 득(得)이라 했다. 노자는 사물이 서로 상반대인 두 면이 있으며 양자는 서로 전환된다는 사실을 발견했다. 이는 노자학설의 핵심이며 정치와 인사(人事)에 응용되었다. 주로 아래와 같은 4가지 면이 포함되었다. 첫째는 만물이 하나를 껴안는다는 '포일(抱一)'이다. '무위(無爲)'·'호정(好靜)'·'무사(無事)'·'무욕(無慾)'을 제창하며 사물을 기존의 모습 그대로를 유지하게 함으로써 모순이 발전하지 못하게 하였던 것이다. 둘째는 '취(取)'이다. "무엇인가가 일그러지려 한다는 것은 반드시 활짝 펼쳤기 때문이고 약해지고자 한다는 것은 반드시 강하기 때문이며 없어지려 한다는 것은 반드시 흥하기 때문이고 어떤 것을 취하려 한다면 틀림없이 주었기 때문이다(將欲歙(縮小)之, 必固張之；將欲弱之, 必固廢之；將欲廢之, 必固興之；將欲取之, 必固與之)." 자신이 약소한 지위에 있을 때 상대방을 강한 위치에 처하게 한다면 강함이 극에 달해 오히려 그 반대로 전환해 실패한다는 것이다. 셋째는 '수(守)'이다. 서로 반대되는 두 면의 위치가 바뀔 수 있으니 이미 아래에 있는 사람이라 하여 어찌 늘 얻고 잃는 것이 없으며 이익만 있고 해가 없겠는가? 그렇기 때문에 반드시 "지지(知止, 적당한 시점에서 멈출 줄 알아야 함)"·"지족(知足, 만족을 알아야 함)"·"거심(去甚, 극단적인 것을 폐지해야 함)"·"거사(去奢, 사치스러운 것을 폐지해야 함)"·"거태(去泰, 지나친 것을 폐지해야 함)"를 견지해야 한다. 넷째는 '무(無)'이다. '무'의 신묘한 작용을 서술하는 것이 노자 학설의 독특한 견해이다. 노자는 "유와 무는 상생하는 것(有無相生)", "유는 무에서 생겨난다(有生于無)"고 주장했다. 아무것도 하지 않아야만 아무것도 하지 않는 것이 아닌 무불위를 실현할 수 있다는 것이다. 따라서 천하를 가지려거든 아무것도 하지 않는 무위의 경지에 이르러야 한다고 주장했다.

노자가 주장하는 정치의 이상적인 국면은 '소국과민(小國寡民)'의 원시사회로 돌아가는 것으로, 반역사적인 성질을 띠고 있다. 그가 발견한 여러 변증법적인 법칙은 아주 진귀한 것이었다.

장자는 노자학설의 계승자이자 선양자였다. 장자는 이름이 주(周)이고 송나라 몽인(蒙人, 하남의 상구[商丘]현 동북])이며 송왕언(宋王偃, 기원전 328년에서 기원전 286년) 사람이다. 현존하는《장자》총 33편 가운데서《내편》7편이 장주의 작품이고,《외편》·《잡편》26편은 도가를 바탕으로 했기 때문에 장자의 본 뜻에 온전히 부합되지는 않았다.

노자는 무위를 주장했지만 궁극적인 목적은 '유위'와 '무불위'였다. "자연에 맡기는 것(任自然)"을 주장했지만 자연을 본 따 나라를 다스리고 백성의 마음을 얻고 자리를 공고히 하고 자신을 지키는 것이 목적이었다. 장자는 "사물의 변화가 자연의 힘을 넘어설 수 없다(物不勝天)"《대종사(大宗師)》)는 중심사상을 주장했다. 그는 무위를 무시비·무승패·무몽성(吳夢醒)·무생사·무공간·무시간이라 여기면서 모든 것을 '무'로 귀결시켰다. 또한 자연에 맡겨야 한다는 주장에 대해서는 인간세상을 포기하고 어지럽게 살아가며 보지도 않고 듣지도 않고 먹지도 않고 숨마저 쉬지 않는 것이라고 말하면서 인류가 생기기 전의 어지러운 세계로 돌아가는 것이라고 여겼다. 장자사상의 근본은 노자에게서 찾을 수 있다. 유파가 달랐기 때문에 양한시기 노장(老莊)이라 부르지 않고 황로(黃老)라고 불렀다.

순자(荀子)와 한비 순자는 이름이 황(況)이고 조(趙)나라 사람이다. 제선왕이 천하의 재능 있는 학사들을 제나라로 불러들여 직하(稷下)에 살게 했다. 이들은 대부의 봉록을 받았으며 열대부(列大夫)로 불렸다. 또한 저서를 써 이론을 펼쳤으며 정사는 다스리지 않았다. 제혼왕(齊湣王) 때, 직하의 학사가 최고로 수만 명까지 이르렀다. 혼왕 만년에 순자가 직하로 와 유학했으며 후에 남쪽의 초나라로 유학을 갔다. 제양왕 때 직하에 사(士)들이 많아지자 순자가 다시 제나라로 돌아왔다. 그때 순자가 열대부 중 "최고의 스승"으로 불리면서 '경'으로써 존경받았다. 기원전 286년부터 기원전 238년까지 순자가 활발하게 활동했다. 그는 저서《순자》에서 하늘에는 도가 있고 인간 세상에는 법이 있으며 길흉화복은 하늘이 아닌 사람에게 달렸다고 주장했다. 사람은 자연계에 순종하고 두려워할 것이 아니라 천지만물이 인간에 의해 통제되고 이용되게 해야 한다는 것이다. 공자가 주장한 "천명을 두려워해야 한다(畏天命)"는 사상부터 노장이 주장한 "자연에 맡겨야 한다(任自然)"는 사상에 이르기까지 선진 제자들 중에서 인간과 자연의 관계를 정확하게 설명한 이는 오직 순자뿐이었다.

순자는 인간이 천지만물의 영장일 수 있는 것은 한데 모일 수 있기 때문이고 이처럼 한데 모일 수 있는 것 또한 생산물을 합리적으로 배분했기 때문이라고 주장했다. 배분이 고르지 못하면 반드시 쟁탈이 생기고 분란이 따르고 서로 간에 갈라지게 된다. 그러니 갈라지면 쇠약해지고 쇠약해지면 만물을 이길 수 없다고 다. 즉 "귀하고 천한 것에는 등급이 있고 노인과 어린이 사이에는 차별이 있다(貴賤有等, 長幼有差)"라는 말이 도리에 맞는다고 여겼다. 순자는 이를 예(禮)라 부르면서 예를 정한 사람은 성인이고, 예를 행하는 사람은 왕공과 사대부이며, 서민 백성들이 예를 모르면 반드시 형법으로 다스려야 한다고 주장했다. 순자는 무릇 사람이면 욕심이 있고 욕심이 생기면 쟁탈이 뒤따른다고 여겼다. 또 인성은 원래 악하지만 예를 배우면서 선해질 수 있다고 주장했다. 이로부터 일련의 완벽한 예에 대한 학설을 만들어냈는데 후세에 심원한 영향을 미쳤다. 순자는 유가 경전의 대가였는데, 진한의 유생들 사이에 전해진 《시》·《예》·《역》·《춘추》등 경설의 대 다수는 순자가 창작한 것이다.

한비는 한(韓)나라의 귀족 출신으로 이사(李斯)와 함께 순자 문하의 대 제자였다. 한비는 한왕(韓王)에게 유능한 인재를 임용해 나라를 부강으로 이끌고 병력을 강하게 키울 것을 간언했지만 왕은 이를 받아들이지 않았다. 한비는 10만 마디의 글을 지어 《한비자》란 책을 만들어냈는데, 그의 학술 관점과 사상을 집중적으로 논했다. 기원전 233년 한비가 진나라에 갔는데 이사가 참언을 넣어 그를 살해됐다.

한비는 전국 말년에 제자학설을 종합한 대 사상가였다. 그는 순자의 유가학설, 노자의 도가학설 그리고 동주 이후의 법가와 명가학설을 받아들여 형명법술지학(刑名法術之學)을 이뤘다. 순자는 "지위가 낮은 서민에게는 예를 적용하지 않고, 지위가 높은 대부에게는 형벌을 적용하지 말아야 한다"고 주장했다. 한비는 군주라면 관리와 백성들에게는 일률적으로 형벌을 가하고 모든 권리를 군주에게 집중할 것을 주장했다. 이로써 그는 완벽한 전제주의 정치이론을 만들어냈으며, 중앙집권의 전제주의로써 국가 통일을 실현하고자 했다.

5. 문학과 과학기술

산문시부(散文詩賦) 황염족(黃炎族)은 문화를 장악하고 있는 사람을 사(史)라 불렀고, 묘족과 이족은 문화학을 장악하고 있는 사람을 무(巫)라 불렀다. 황염족과 일부 묘족, 이족이 한데 어우러져 화족(華族)을 구성했으며, '무'와 '사' 두 가지 문화가 공존하면서 서로 간에 영향을 주었다. 주(周)나라 때는 '무'보다는 '사'를 중요시했으며, 사관이 역사 기술과 시가 제작을 겸해 담당했다. 유가에서 전해져 내려오는 경서에서 원시 부분은 다수가 양주(양周) 사관이 소장한 전책이었다. 경서 문사(文辭)는 산문(散文)과 시가(詩歌) 두 가지 유형으로 나뉜다. 산문은 또 질언(質言, 예를 들면《대고(大誥)》·《강고(康誥)》와 같이 수식을 거치지 않은 글)·문언(文言, 예를 들면《홍범(洪範)》·《의례(儀禮)》와 같이 사관들이 심혈을 기울여 제작한 것으로 조리가 섬세하고 문자가 명확함)의 두 가지로 분류된다. 시가는 기본적으로 4글자가 구절을 이루어 사언시라고 불렀으며, 풍(風)·아(雅)·송(頌) 등 3가지 유형의 체제가 있다. 동·서주시기의 산문과 시가는 공자에 의해 삭제와 수정을 거쳐 유가의 전문적인 경학으로 됐다. 동주시기 열국이 조빙(朝聘)을 할 때 손님과 주인은 시를 지어 의사를 표현했다. 부(賦)는 일종의 성조(聲調, 음절 안에서 소리 높이의 차이)로서 노래와 다르고 송(誦)과 비슷하다. 다만 입에서 나오는 대로 낭독하며 음악을 배합하지는 않는다.

전국시기 제자의 저술이나《좌전》·《전국책》등은 모두 산문의 대표형식이었다. 시가에서 가장 중요한 혁신은 남방 초나라의 초사(楚辭)였다. 그중 대표적인 창시자가 굴원(屈原)이다. 굴원은 이름이 평(平)이고 초나라 귀족 출신이다. 전에 초회왕 좌도(左徒)와 삼려대부(三閭大夫, 귀족 사무를 담당한 작은 관리)를 지냈다. 무능한 임금인 회왕과 경양왕(頃襄王), 그리고 간신의 박해를 받아 면직 당하고 추방당했는데, 이들에게 나라를 맡겨야 하는 우울함에 멱라강(汨羅江)에서 투신자살했다. 굴원의 명작인《이소(離騷)》에는 초나라의 방언을 사용했으며 성조가 있어 '부'와는 다른 새로운 문체였다. 이는 중국 고대 문학이 크게 진보했음을 말해준다. 굴원의 작품으로는《구가(九歌)》·《천문(天問)》·《구장(九章)》이 전해지고 있다. 초사 작자에는 또 송옥(宋玉)·당륵(唐勒), 경차(景差) 등이 있다.

천문학 전국시기 제자 중의 음양가는 인간과 자연의 관계를 논하는 학파였다. 언변이 좋은 사람들은 다양한 방법을 제시해 지형이 둥글다는 점을 증명하려 했으며 하늘이 둥글고 땅이 네모나다는 개천론(蓋天論)을 반대했다. 초나라 감덕(甘德)과 위나라 석신(石申)이 120여 개 항성의 위치를 측정했는데 이는 세계적으로 가장 이른 항성표였다.

지리학 서주에서 전국시기에 이르기까지 무릇 화하문화가 전파된 곳은 모두 중국 혹은 해내(海內)라 일컬어졌다. 강토가 넓어지면서 풍부한 지리지식을 축적하게 됐다. 지리책은 대체로 2가지 유형으로 분류된다. 첫 번째 부류는 상대적으로 확실한 지지(地志)였다. 《산해경(山海經)》의 《산경(山經)》·《주례》의 《직방씨(職方氏)》·《상서》의 《우공(禹貢)》이 이 부류에 속했다. 두 번째 부류는 진짜와 가짜가 한데 뒤섞이고 거짓이 진실보다 많은 소문에 속한다. 예를 들면 《목천자전(穆天子傳)》·《일주서(逸周书)》의 《왕회해(王會解)》·《산해경》의 《해외경(海外經)》·《대황경(大荒經)》 등이 그것이었다.

의학 의학은 무술(巫術)에서 시작되었다. 저명한 의사인 제나라 사람 편작(扁鵲)은 성이 진(秦)이고 이름이 초인(超人)이며 춘추 말년에 태어났다. 맥리(脈理)를 발명해 시진하고 소리를 듣고 형태를 쓰는 것으로써 병의 경중을 알아냈다. 편작은 《난경(難經)》을 제작해 인체 해부로 맥리와 병리를 서술함으로써 귀신미신의 영향에서 온전히 벗어났다. 전국시기 의학가가 황제란 이름을 빌려 《내경》 18권을 써냈는데 현존하는 《소문(素問)》과 《영추(靈樞)》는 《내경》의 온전하지 못한 내용이다.

농학 전국 제자 중에는 농가가 있었는데 이들은 농업 경험을 종합했다. 《여씨춘추(呂氏春秋)》의 《상농(上農)》·《임지(任地)》·《변토(辨土)》·《심시(審時)》 4편은 농가학설의 일부분이었다.

기물제조 기술 《주례》에 기록된 기물이 수백 가지에 이르는데 모두 실제로 존재하는 것들이다. 《고공기(考工記)》에는 전국시기 기물 제조법의 일부가 기록돼 있다. 전국시기에는 자성(磁性)이 언제나 남쪽을 가리키는 원리를 바탕으로 방향의(方向儀)를 만들었는데 이를 '사남(司南)'이라 불렀다. 이는 세계 최초의 지남의(指南儀)이기도 하다.

군사학 병법에는 전쟁 지휘자들의 뛰어난 지혜가 담겨 있다. 군사학자들은 전쟁 경험을 종합해 병법서를 써냈는데 이는 문화 차원에서 중요한 기여라고 볼 수 있다. 동주시기 손무(孫武)가 병법 13편을 저술했다. 제나라 손빈(孫臏)이 써낸 병서가 가장 대표적인데 그는 병서에서 기병을 전쟁에 투입시킬 것을 주장했다. 제경공(齊景公) 때 대부 양저(穰苴)가 《사마법(司馬法)》을 지었고 제위왕(齊威王)은 대부를 시켜 고대 병법을 논하게 함으로써 《사마양저병법(司馬穰苴著兵法)》155편을 편찬했다. 한나라 초기 장량(張良)과 한신(韓信)이 총 182가(家)의 병서를 정리했는데 그중 다수가 전국시기의 병가로 알려졌다.

제 2 장
진(秦)한(漢)에서 수(隋)의 통일까지

1. 한(漢)족의 통일국가 창립

기원전 221년(진시황 26년), 제후가 할거하며 군림하던 봉건국가시대가 끝나고 전제주의를 기반으로 하는 중앙집권의 한족 통일국가가 건립됐다. 이는 고대 역사에서 아주 위대한 사건으로, 진나라부터 시작해 중국은 한족을 주체로 하는 통일된 대국을 형성하게 되었다.

황제라는 말은 진시황이 새로 지어낸 단어로, 지주계급의 총영수란 뜻이었다. 황제는 독재통치를 실시했으며 자신을 짐(朕)이라 불렀다. 무릇 정치와 관련된 사무는 모두 황제가 결정했다. 진시황은 하루에 장주(章奏, 죽간[竹簡]) 120근(현재의 무게로 환산하면 60근 즉 30킬로그램이다)씩 봐야 했으며 다 보지 못할 경우 휴식하지 못한다는 규정까지 내렸다. 그는 천하를 36개 군(郡)으로 나눴으며 훗날 다시 40개 군으로 늘렸다. 군수와 현령은 조정에서 임명하며 수시로 인사변동이 가능하였다. 중앙의 관제(官制)에는 좌우 승상(丞相)·어사대부(御史大夫)·태위(太尉)·장군(將軍)·연위(延尉)·치속내사(治粟內史)·소부(少府)·박사(博士) 등 관직이 포함되었고, 지방관리는 군수(郡守)·군위(郡尉)·감어사(監御史)·현령장(縣令長)으로 분류되었다. 그리고 현 아래의 지방 행정조직인 향관(鄕官)에는 삼로(三老)·색부(嗇夫)·유요(游徼, 치안 담당)·정장(亭長)이 있었다. 현리(縣吏)·향관·정장은 현지 여러 곳에 산업을 갖고 있는 사람들이었다. 상부의 조정으로부터 아래의 향, 정(亭)에 이르기까지 거대한 지주계급의 통치기구를 구축했다.

서동문(書同文) — "논밭의 면적을 계산하는 방법이 다르고, 차바퀴의 궤도가 다르고, 법령과 조례가 다르고, 옷차림새가 다르고, 언어의 발음이 다르고, 문자의 형식이 달랐다." 이는 전국시기, 봉건적 할거상황을 자세하게 설명한 구절이다. 진나라가 통일을 실현하면서 수많은 '차이(異)'가 모두 동일함으로 바뀌었다. 주(周)나라의 문자는 획수가 복잡했는데, 이를 대전(大篆) 혹은 주문(籀文)이라 불렀다. 전국시기 동방의 제·노 등 나라의 지방문화가 발달해 비교적 간편한 글자체가 통행했는데 한(漢)나라 사람들은 이를 고문 혹은 과두문(蝌蚪文)이라 불렀다. 이사(李斯)는 문자를 창작하고 주문과 고문을 바탕으로 필획을 줄였는데 이를 진전(秦篆) 혹은 소전(小篆)이라 불렀다. 이사가 지은 《창힐편(倉頡篇)》· 조고(趙高)가 지은《애력편(愛歷篇)》· 호모경(胡母敬)이 지은 《박학편(博學篇)》은 모두 소전으로 돼 있다. 전해지는 말에 의하면 옥리(獄吏) 정막(程邈)이 죄를 지어 감옥에 수감됐을 때, 필획이 편리한 문자를 개발했는데, 이를 예서(隸書)라 부르게 되었다고 한다. 예서는 글자체가 네모나 쓰기에 편리해 한나라 때 널리 보급됐다.

　　차동궤(車同軌) — 진시황은 경제발전을 위한 다양한 조치를 취했는데 그 의미가 아주 컸다. 첫째, 치도(馳道)를 건설했다. 진나라 수도인 함양(咸陽)을 중심으로 전국에 치도를 건설했다. 치도의 너비는 50보(步)였으며 견고하게 하려고 쇠몽치로 흙을 단단히 다졌다. 중앙의 너비가 3장(丈)인 치도는 황제만이 이용할 수 있는 전용도로였다. 이곳에 소나무를 심어 노선을 명시했으며 전용도로 양쪽에 살고 있는 백성들은 마음대로 다닐 수 없도록 했다. 둘째, 수로를 개통했다. 전국시기 여러 나라가 둑을 쌓고 수로를 막았다. 진시황은 이를 모두 헐고 물줄기를 준설해 수로를중심으로 제수(濟水)·여수(汝水)·회하·사수(泗水)와 통하게 했다. 오(吳)·초(楚)·제(齊)·촉(蜀) 등 지역에서도 수리공사를 크게 벌여, 행선(行船)과 관개를 크게 발전시켰다. 특히 사록(史祿)이 인공수로를 뚫어 위대한 창조력을 보였다.

　　진시황은 방사(方士) 서시(徐市)를 시켜 수천 명의 소년 소녀를 거느리고 항행해 삼신산(三神山)으로 가게 했다. 이로부터 그 당시 항해기술을 바탕으로 해안을 따라 남북을 왕래했을 뿐만 아니라, 대규모로 바다에서 항해할 수 있었다는 점을 충분히 엿볼 수 있다. 해상 내하와 육지의 치도가 상대적으로 발달한 교통망을 이뤘는데 이는 경제의 폐쇄상태를 개선하는데 큰 도움이 됐다. 셋째, 강토를 가로 막던 장애물들을 없앴다. 전국시기 각국은 험준한 지형을 빌어 성곽을 쌓았다. 또 제·한·초·위나라의 경계선에는 장성과 거대한 해자가 자리하고 있어 강토가 분열되고 교통이 가로막혔다. 진(秦)나라가 통일을 실현한 후 국내 장성과 거대한 해자 그리고 성도를 한꺼번에 허물면서 할거하던 당시의 여러 장애 요소가 줄어들었다. 넷째, 화폐제도와 기기를 통일했다. 진시황은 진나라의 제도에 따라 전국의 도량형을 통일시켰다. 전국시기에는 화폐제도가 아주 어지러웠다. 진나라에 이르러서는 화폐를 2개 등급으로 분류했다. 황금은 상폐(上幣)로 무게가 1일(鎰, 20냥)이었고, 동전은 하폐(河幣)로 무게가 반냥(半兩) 정도였다. 전국시기 논밭의 크기가 달랐는데 진나라에 이르러 240방보를 1무(畝)로 정했다. 후에는 대대로 진나라의 무제(畝制)를 그대로 답습했다. 다섯째, 대규모의 이민을 추진했다. 진시황이 6국을 멸한 후, 바로 천하의 부호 12만 가구를 함양으로 이주시켰고, 일부는 파촉(巴蜀) 등 지역으로 분산시켰다. 여섯째, 토지의 개인 사유제도를 확정했다. 동주 후반기부터 2가지 토지사유제도가 존재했다. 오랜 세월의 전쟁을 거쳐 기원전 216년(진시황 31년)에 이르러 "논밭을 가진 자는 반드시 소유하고 있는 토지규모를 조정에 보고할 것을 명령했다." 이때부터 토지의 개인소유제 즉 봉건지주들의 토지점유제가 법률 형식으로 확정됐다.

행동론(行同論) — 한족 문화지역에서 사람들의 공동 심리상태를 대표한 것은 주로 가족제도에 적응된 공자와 맹자의 정통파 유가학설이었다. 진시황은 유가의 지파인 음양오행학설에 맞춰 수덕(水德)으로 이념을 삼았으며, 10월(해월 해는 수에 속함)을 연초로 정했다. 또 의복과 정기(旌旗)는 검은색을 가장 귀한 것으로 여겼다. 서민은 검은색 천으로 머리를 감싸야 했는데 이를 가리켜 검수(黔首)라 불렀다. 진시황이 여러 지역을 다섯 번이나 순시하며 전국 범위 내에서 '행동론'을 추진했다.

진시황이 군현제를 추진하자 일부 유생들이 이를 반대하며 여전히 고대법에 따라 황족을 분봉할 것을 주장했다. 승상 이사가 유생들이 현재의 학문과 학설을 숭상하지 않고 오히려 고대의 학문이나 학설을 배운다고 하자 진시황은 이사의 건의를 받아들여 유가 경서와 자서(子書)를 갖고 있으면 모두 태워버리게 했다. 또 "옛 것은 옳고 오늘날의 것은 그르다고 여기는" 사람은 멸족에 처했다. 일부 도사들이 신선에게 도움을 청할 수 있다고 주장했지만 실현되지 않자 죄가 두려워 도망쳤다. 진시황은 도사 460여 명을 생매장했다. 훗날 사람들은 이 사건을 '분서갱유(焚書坑儒)'라 불렀다.

2. 농민 대봉기와 초(楚)·한(漢) 전쟁

　　진시황은 재위 12년 만에 순시하러 나갔다가 도중에 병으로 죽었다. 진시황의 둘째 아들인 호해(胡亥, 진 2세)가 황위를 빼앗고 환관 조고(趙高)와 모의해 맏형 부소(扶蘇)와 진시황의 자녀 22명을 죽였다. 그리고 장군 몽념(蒙恬)·몽의(蒙毅)와 승상 이사를 죽였다. 중앙집권을 실현한 진 조정에는 진대 2세와 조고만 남았다. 기원전 209년(진대 2세 원년), 양성(陽城, 하남성 등봉[登封]현) 사람 진승(陳勝)·양하(陽夏, 하남성 태강[太康]현) 사람 오광(吳廣)이 징집한 빈민 9백 명을 거느리고 대택향(大澤鄉, 안휘성 숙[宿]현)에서 봉기를 일으켰다. 그들은 공자(公子) 부소(扶蘇)와 초(楚)의 대장 항연(項燕)의 이름을 도용해 백성들이 진에 저항할 것을 호소했다. 진승은 '용경(傭耕)'출신으로, 지주의 논밭을 경작해주는 고농이었다. 따라서 그의 사회적 지위는 아주 낮았고, 명성은 물론 정치적 군사재능도 없었다. 하지만 그가 봉기를 일으키자 전차 6, 7백 승, 기병 천여 명, 보병 수만 명이 그와 함께 봉기에 가담했다. 진(陳, 하남성 회양[淮陽]현)성을 점령한 후, 진승은 왕을 자칭하고 국호를 초(楚)로 정했다. 그리고 부하를 파견해 사방으로 토지를 약탈했다. 여러 군현의 호강(豪强)과 민중들이 진의 관리를 죽이고 무리 지어 그에 호응하면서 그를 봉기의 수령으로 인정했다. 심지어 공불(孔鮒, 공자의 8세 적손)마저도 그에게 의탁해 박사관(博士官)으로 지냈다. 장령 중에서 오직 주장(周章)만이 항연(項燕)군의 '시일(視日, 시간의 길흉 추산함)직을 지낸 적이 있어 그중에서 그나마 병법을 가장 잘 아는 사람으로 꼽혔다. 진승은 주장에게 장군 인장을 주며 군사를 거느리고 서부의 진을 공격할 것을 명령했다. 그 당시 백만 군사를 거느리고 함곡관(函穀關)을 공격해 희수(戱水, 섬서성 임동[臨潼]현 경내)에 군사를 주둔시켰다. 진 2세가 장군 장한(章邯)에게 주장을 공격할 것을 명했다. 주장의 군사는 크게 패하자 동북으로 도망쳤는데 민지([澠池], 하남성 혼지[混池]현)에서 또 크게 패했다. 주장은 자살하고 자만하고 무능한 오광은 부하에게 살해당했다. 장한(章邯)이 봉기군을 하나씩 격파했다. 기원전 208년 진승이 패해 도주했는데 어자(御者) 장가(莊賈)가 진승을 죽이고 진에 투항했다. 진승이 처음 봉기를 일으켜서부터 패해 죽기까지 겨우 6개월밖에 안 되었다. 그러나 진에 저항하는 물결이 결국에는 진의 통치를 무너뜨렸다.

　　진승이 패한 뒤 농민을 대표하는, 그러나 주로 영주의 잔여세력을 대변하는 항적(項

籍)군과 농민봉기를 대표하는 유방(劉邦)군이 나타났다.

　초의 명장인 항연의 아들 항량(項梁)은 진승이 진조에 반기를 들었다는 소문을 듣고 조카 항적(項籍)과 함께 봉기를 일으켜 진의 회계(會稽) 군수를 죽이고 오(吳)에서 무장 투쟁을 일으켰는데 정병이 8천 명에 달했다. 항량은 책사 범증(範增)의 계책을 받아들여 초회왕 손심(孫心)을 초왕 자리에 올리고 호는 여전히 초회왕으로 했다. 그리고 항량은 군대를 이끌고 정도(定陶, 산동성 정도현)로 갔다. 전쟁에서 여러 번 승리를 거둔 항량은 자만해져 진군을 얕잡아봤다. 그는 대군을 거느리고 강을 건너 조(趙)를 공략하고 거록(鉅鹿, 하북성 평향[平鄕]현)을 포위했다. 기원전 207년 항적이 거록을 구했으며 진군과 9차례의 전쟁을 치러 진군을 격파하고 각 나라의 군사를 모두 그의 부하로 끌어들여 "제후상장군(諸侯上將軍)"으로 불렸다. 초나라 군이 지속적으로 공격하자 장한이 전군을 이끌고 투항했다. 항적은 군사를 거느리고 진을 공격했다. 그리고 투항한 군사들이 입관한 후 반란을 일으킬까 두려워 신안(新安, 하남성 민지현)의 성 남부에서 진군 20여만 명을 생매장해 죽였다. 진의 주력군이 모두 소멸됐다. 거록대전(鉅鹿大戰)은 진의 멸망과 한(漢)의 흥기를 결정한 결정적인 전투였다. 관중(關中)은 진나라 백성들이 항적의 잔폭함을 극도로 증오했기에 유방(劉邦)을 옹호했다.

　패(沛, 강소성 패현) 지역 사람인 유방은 정장(亭長)이었고, 아내 여추(呂錐)가 자녀를 키우며 집에서 농사일을 했다. 진승이 봉기를 일으키자 각지에서 호응했다. 유방이 수십 명을 모아 진나라 패현의 현령을 죽였다. 패현의 현관 소하(蕭何)·조삼(曹參) 등은 유방을 패공(沛公)으로 추대하고 패현의 자제들에게서 군사 3천 명을 징집했다. 항량이 군사를 이끌고 설(薛, 산동성 등[滕]현 경내)에 이르자 유방이 무리를 이끌고 항량의 편에 섰다. 항량에게서 군사 5천 명, 소장 10명을 파견 받은 유방은 항적과 함께 항량 부하의 주력군이 됐다. 초회왕은 진나라를 먼저 멸하는 장군을 관중왕에 앉히겠노라고 여러 장군과 약조한 바 있었다. 기원전 206년 유방이 무관(武關)에서 진에 입성했다. 이때 진 2세가 조고에게 살해당하고 진왕 자영(子嬰)이 또 조고를 죽였다. 유방은 책사 장량의 계책에 따라 함양을 공격했다. 자영이 성에서 나와 투항했다. 함양에 입성한 후 유방은 군사 기율을 엄격히 하고 진나라의 참혹한 형벌과 가혹한 정치를 폐지했다. 그리고 진의 백성과 약법삼장(살인죄는 사형에 처하고, 남을 다치게 하거나 물건을 훔치면 정도의 경중에 따라 죄를 묻는)을 약속했다. 진의 백성들은 모두 기뻐하며 유방이 관중왕이 되기를 간절히 바랐다. 한단 군을 크게 격파한 항적이 대군 40만 명을 이끌고 입관해서는 함양을 약탈하는 한편, 자영을 죽이고 진의 궁정에 불을 질렀다. 그 불길이 3개월간 지속됐다고 한다. 항적은 천하가 이미 정해졌다고 생각하고는 초회왕을 쫓아내고 스스로 호를 서초패왕(西楚霸王)으로 정했다. 그는 9개성을 취하고 도읍을 팽성(彭城, 강소성 서주[徐州]시)으로 정했다. 그리고 유방을 한왕(漢王)에 올리고 도읍을 남정(南鄭, 섬서성 남정현)에 정했다. 그런 다음 관중을 세 곳으로 나눠 장한(章邯) 등 3명의 투항 장군을 각각 왕에 봉하여 유방이 관중으로 돌아오는 길을 막아버렸다. 항적은 진나라의 궁실 여성과 재물을 약탈해 동부로 돌아갔고, 제후들은 각자 분봉지로 가서 부귀영화를 누리게 했다. 분봉을 받았거나 혹은 분봉을 받지 못한 영주의 잔여세력들은 분봉이 공정하지 않다고 여겨 군사를 일으켜 서로 싸웠다. 이에 따라 제·조·연·위·한 등 지역에서 새롭게 어지러운 국면이 나타났다.

유방은 이런 기회를 틈타 군사를 일으켜 장한 등 3명의 왕을 공격했다. 이들 3명의 왕을 뼛속까지 증오하고 있던 진의 백성들은 유방이 그들을 격파하는데 도움을 줬다. 그 덕분에 유방은 관중을 통일할 수 있었다. 진나라 백성들의 옹호를 받은 유방은 또 제후들과 힘을 합쳐 항적과 4, 5년 동안 힘든 전쟁을 치렀다. 기원전 202년 해하(垓下)결전에서 항적이 패하고 죽음을 맞았다. 그리하여 유방은 스스로 황제로 칭하면서 중국을 통일하고 역사상 유명한 한(漢)나라를 세웠다.

1. 서한의 정치 개황

기원전 202년 항적을 물리친 한고조 유방이 제후왕의 추대를 받아 황제(고제[高帝])가 됐다. 그는 국호를 한(漢)으로 하고, 도읍을 장안(長安, 섬서성 서안시 서북)에 정했다. 습관적으로 이 시대를 전한(前漢) 혹은 서한(西漢)이라 부른다. 한(漢) 조정에서 직접적으로 통치하는 영토는 오직 15군 밖에 안 됐고 나머지 토지는 모두 제후왕에게 분봉해 전국시기의 분할국면을 거의 회복했다고 볼 수 있었다. 하지만 그들에게 땅을 분봉하지 않았다면 유방이 항적을 물리치는데 그들의 도움을 받지 못했을 것이고 이들이 유방을 한의 황제로 인정하지도 않았을 것이다. 따라서 통일되고 평화로운 세상을 얻을 수도 없었을 것이다. 뛰어난 정치적 재능을 가진 한 고제는 재위 7년간, "사회를 안정시키고 경제력을 회복하는데" 여러 가지 조건을 마련했다.

소하(蕭何)가 율령을, 한신(韓信)이 군법을, 장창(張蒼)이 역법과 도량형 공식을, 숙손통(叔孫通)이 예의를 정하면서 한나라의 제도가 빠르게 구축됐다. 한고제는 천하의 '현사대부(賢士大夫)'를 수도로 불러 크고 작은 관직에 임명하고 저택과 논밭을 내줬다. 선비들이 관직에 오르면서 관리기구를 풍부히 했을 뿐만 아니라 실의에 빠져 반란을 일으키는 것도 막을 수 있었다. 관리가 악을 적게 저지를수록 백성들을 안정시키는 데 더욱 이로운 법이다. 진나라 때는 요역이 아주 심했다. 상인들은 피징발자들이 급한 상황에 처한 기회를 엿보고 사정없이 착취했는데 저택과 논밭, 그리고 자녀를 전부 약탈했다. 유방이 즉위한 후 상인들이 비단옷을 입고 자위 수단으로 병기를 휴대하는 걸 금지했다.

또한 차를 타거나 말을 타지 못하며 관직에 오를 수 없도록 했다. 그리고 상인이 가난한 백성의 자녀를 사들여 노비로 부리고 있다면 무상으로 풀어주게 했으며 조세도 일반 백성들보다 배로 더 내야 한다고 규정했다. 이처럼 보복적 성질을 띤 법령으로 인해 호상과 대상들은 엄청난 처벌을 받게 됐다. 상인들이 처벌을 받으면 받을수록 백성들의 평화로운 생활에는 더욱 이로웠다.

진한시기 세력이 강성한 흉노 모돈단어(冒頓單于)가 한나라 변경을 침입했다. 기원전 200년 한고제는 직접 32만 대군을 거느리고 평성(平城, 산서성 대동[大同]현 동쪽)으로 흉노를 정벌하려고 준비했다. 그러나 모돈이 기병 40만 명을 거느리고 평성을 일주일간 포위하자 한나라의 군대는 싸우지도 않고 퇴각했다. 그때부터 흉노가 더욱 창궐해 늘 한나라의 변경을 침략하곤 했다. 한은 반격할 힘이 없었기 때문에 그저 화친정책으로 일시적인 안녕을 유지할 뿐이었다. 이른바 화친이란 흉노의 도발과 침입에 늘 참고 양보하는 것이었다. 하지만 이 같은 조치가 당시 백성들의 평화로운 생활에는 유리했다.

이러한 조치를 실시함과 동시에 한고제는 지방 할거세력을 없애는데 주력해 중앙집권의 전제통치를 강화했다.

이성(異姓)의 왕을 소멸시키다 ─ 한고제가 해하(垓下)결전에서 이길 수 있었던 것은 한신, 팽월(彭越), 영포(英布) 등 세 맹장이 합류했기 때문이었다. 항적이 죽은 후, 당시 영토를 점령하고 왕으로 된 자로는 초왕 한신·양왕 팽월·회남왕 영포·한왕 신·장사왕 오예(吳芮)·조왕 장오(張敖)·연왕 장도(臧茶)·민월왕 무제(無諸)·남월왕 조타(趙佗) 등이었다. 한 고제는 다양한 방법을 동원해 수년에 거쳐 그들을 하나씩 없앴다. 초왕 한신이 폐위된 후 억울함을 호소하며 "교활한 토끼를 다 잡고 나면 사냥개를 삶아 먹고, 새 사냥이 끝나면 좋은 활이 자취를 감추며, 적국이 타파되면 모신(謀臣)도 망한다. 천하가 평정되고 나니 나도 마땅히 '팽' 당해야겠구나"라고 한탄했다.

동성(同姓)의 왕에게 분봉하다 ─ 새로 세워진 한 조정의 세력이 전국에까지 미칠 수 없기 때문에 제왕을 분봉해야 했다. 한 고제는 아들 유비(劉肥)를 제왕(齊王)에, 유장(劉長)을 회남왕에, 유건(劉建)을 연왕에, 유여의(劉如意)를 조왕에, 유회(劉恢)를 양왕(梁王)에, 유항(劉恒)을 대왕(代王)에, 유우(劉友)를 회양왕에 각각 봉하고 또 아우 유교(劉交)를 초왕(楚王)에, 조카 유연(劉濞)을 오왕(吳王)에 봉했다. 이들 왕국에서 중요한 직무를 맡은 관리는 한 조정에서 파견됐을 뿐만 아니라 실행할 법령도 한 조정이 제정했다. 제왕의 다수가 어린아이였기 때문에 분봉지에서의 권력이 이성 왕에는 미치지 못했다. 이 때문에 한 조정은 자신의 통치력을 강화할 수 있는 시간을 벌었으며 일정한 시기에 반 할거 상태에 처한 동성의 왕국을 없앨 수 있는 능력을 키웠다.

호강들을 이주시키다 — 한고제가 6국 왕의 후예, 호걸, 명가, 그리고 제나라의 전씨(田氏)·초나라의 소씨(昭氏)·굴씨(屈氏)·경씨(景氏)·회씨(懷氏) 등 5대 씨족 총 10여 만 명을 이주시켜 입관시킨 뒤 양질의 논밭과 주택을 줘 관중에서 새로운 가업을 일으키도록 했다.

한고제 재위 7년 백성들이 휴양 생식할 수 있는 정치적 방침을 규정해 성대한 한조를 건설하기 위한 기반을 다졌다. 한고제 이후 서한의 흥망과 성쇠는 전기, 중기, 후기 3개의 시기로 나눌 수 있다.

전기 한혜제(漢惠帝) 원년(기원전 194년)부터 한 경제(漢景帝) 후 3년(기원전 141년)까지를 초기라 한다. 한고제의 아들 혜제(惠帝)가 제위에 오른 후 조삼(曹參)을 상국(相國)에 등용하고 일률적으로 소하가 정한 법령을 따르게 했다. 또한 "죄악이나 번뇌로부터 멀리 벗어나 인위적인 작위 없이 자연의 순리에 맡기고", "백성들이 휴양 생식할 수 있는 정치"를 펼쳤다. 전국시기에는 만호 대읍이 곳곳에 나타났었는데, 한나라 초기에는 만호 대읍이 2, 3천 가구 밖에 남지 않아 인구가 놀랄 정도로 줄어들었다. 한혜제 때에 이르러 인구성장과 토지개간을 장려하는 조치를 취하는 것 외에 경작하면 부역을 면제해주는 정책을 병행하여 실행했다. 한문제(漢文帝, 고제의 아들)는 검소한 황제로서 유명했다. 한경제(문제의 아들)는 백성들의 전조(田租)를 절반으로 줄여 소득의 30분의 1만 세금으로 바치라고 규정했는데 이는 지극히 적은 조세부담이었다. 황무지가 점차 개간되고 떠돌이생활을 하던 백성들이 다시 고향으로 돌아오면서 경제 번영이 실현됐다.

반 할거 국면에 처한 제 왕국들도 따라서 부유해졌다. 기원전 154년 오(吳)·교서(膠西)·초·조·제남(濟南)·치주(淄州)·교동(膠東) 등 7개 국의 국왕이 힘을 합쳐 반란을 일으켰다(오초칠국의 난). 한문제가 대장 주아부(周亞夫)를 파견해 7개국의 반란군을 평정하고 이들 나라를 멸했다. 이로써 중앙집권의 통치세력을 강화하게 되었다.

중기 한무제 건원(建元) 원년(기원전 140년)부터 한 선제 황룡(黃龍) 원년(기원전 49년)까지를 중기라 한다.

한무제(경제의 아들)는 전기에 쌓은 재부를 바탕으로 제위에 오른 54년간 대외적으로 정벌전쟁을 일으켜 영토를 확장했으며 무위(無爲)정치가 다욕(多慾)정치로 바뀌었다.

흉노를 토벌했다 — 서한 전기에는 흉노에 대해 양보하며 화해를 도모하는 정책을 펼쳤다. 무제 때에 이르러 국력이 강성해지자 흉노에 대해 3차례의 대규모 토벌전쟁을 발동했다. 첫 번째 전쟁은 기원전 127년에 치렀다. 장군 위청(衛靑)이 대군을 거느리고 흉노를 격파해 하남 지역을 수복했다. 두 번째 토벌전쟁은 기원전 121년에 치렀다. 장군 곽거병(霍去病)이 농서(隴西)에서 두 차례의 정벌전쟁을 일으켜 흉노 4만여 명을 살상하거나 포로로 잡았다. 한조는 하서지역에 무위(武威)·주천(酒泉)·장액(張掖)·돈황(敦煌) 4개 군(郡)을 설치했다. 세 번째 토벌전쟁은 기원전 119년에 치렀다. 한무제가 위청, 곽거병에게 기병 5만 명, 치중병(輜重兵) 수십만 명을 거느리고 막북(漠北)으로 쳐들어가 흉노를 정벌하라는 명령을 내렸다. 이번 전쟁으로 쌍방 모두 수만 명에 달하는 전사자가 발생해 손실이 막심했다. 한 선제 때는 흉노 호한사단우(胡韓邪單于)가 한에 투항하면서 다시 평화를 찾았다.

서역을 열다 – 옥문관(玉門關, 감숙성[甘肅省] 돈황[敦煌] 서쪽) 서쪽에서 서아시아에 이르는 지역을 한나라 사람들은 서역(西域)이라 불렀다. 천산(天山) 이남 곤륜산(崑崙山) 이북 지역에 36개 소국(小國, 부락)이 있었는데 인구가 많은 나라도 2~3만 명을 초과하지 않았고, 적은 나라는 1~2천 명 정도 밖에 안 됐다. 흉노가 서쪽으로 옮기면서 소국을 정복해 통치했다. 기원전 138년 한무제가 한중 출신인 장건(張騫)을 사절로 파견해 규수(嬀水, 아모하[阿姆河])지역의 대월씨(大月氏) 국에 보냄으로써 대월씨국과 연합해 흉노를 협공하고자 꾀했다. 하지만 장건이 사절로 대월씨국으로 가던 도중 흉노에게 감금됐다가 10년 후에야 도망쳐 다시 대월씨국에 당도했으며 그로부터 1년 뒤 귀국했다. 기원전 119년 한무제는 장건에게 3만 명에 달하는 사절단을 이끌고 1만만전(1萬萬錢)에 달하는 황금과 비단에, 소와 양 1만 마리를 준비해 이리하(伊犁河) 유역의 오손국(烏孫國)으로 가라고 했다. 오손은 부사를 서방의 대원(大宛, 비얼간[費爾干])·강거(康居, 파륵카스호[巴勒喀什湖] 일대)·대하(大夏, 아모하 남쪽)과 대월씨 등 나라에 파견해 선물을 주고 관계를 맺었다. 그 후 한 무제는 안식(安息, 페르시아)·신독(身毒, 인도)·엄채(奄蔡, 아랄해와 카스피해 사이)·조지(條支, 페르시아만 서북안)·여헌(黎軒, 알렉산더) 등의 나라로 사신을 계속 파견했다. 이로부터 한나라와 서방제국 사이의 경제 문화 교류가 이뤄졌다. 한무제가 흉노를 격파하고 하서지역에 4개 군을 설립한 후 계속해서 흉노에 의탁했던 누란(樓蘭, 신강 뤄부호 서북)·고사(姑師, 신강 투루판[吐魯番]분지)를 격파했다. 한선제 때 '서역도호(西域都護)'를 세워 통치했다.

　　남방으로의 확장 — 한나라 초기, 용천(龍川) 현령 조타(趙佗)가 영남(岺南)의 여러 군에서 할거 하며 남월왕(南粵王)으로 칭했다. 기원전 112년 한무제는 군사를 파견하여 남월을 멸했다. 현재 사천(四川)성 서남·서강(西康) 남부·운남(云南)과 귀주(貴州) 지역의 소수민족을 한나라 초기에는 통틀어 서남이(西南夷)라 불렀다. 한무제가 남월을 멸한 후인 기원전 111년 군사를 파견해 서남·전국(滇國)·야랑(夜郎) 등의 소국을 복종케 했다. 민월(閩粵)이 현재의 복주에서 나라를 세웠는데 기원전 110년 한에 의해 멸망했다. 한무제가 남해군에서 현재 사천 서남지역에 이르기까지의 지역에서 군현제를 본 따 '초군(初郡)' 17개를 설치했으며, 한족 관리를 파견 임명하고 조세를 면제해 주었다. 그 당시 여러 민족은 여전히 본 민족의 풍속습관을 유지했으며 한족 관리는 간섭하지 않았다.

　　한무제가 해마다 전쟁을 치러 강토를 확장하면서 수많은 군사가 사망했다. 또한 전쟁에 들어가는 엄청난 규모의 군사비용은 모두 농민들이 감당해야 했다. 그는 만년에 조서를 내려 참회하면서 전쟁을 멈추고 현재 농업에 종사하는 것이 가장 중요한 일이라고 밝혔다. 한소제(漢昭帝) 때 무위정치를 펼쳐 백성들이 휴양 생식할 수 있도록 도움을 줬다. 한선제는 관리의 품행과 치적을 중요시하고 실효를 고찰했으므로 농업생산이 다시 회복되고 수준이 제고됐다.

　　후기 한원제 초원(初元) 원년(기원전 48년)부터 한나라가 멸망하기까지(기원 8년)를 후기라 한다. 한소제·한선제가 재위한 총 38년간 농업생산이 갈수록 흥성하고 호강들의 세력이 커진 반면, 조정의 권력은 오히려 쇠약해졌다. 종실·외척·왕후·대관들은 새롭게 세력을 얻은 상층 호강들이었다. 기존의 대지주, 대상인은 정치세력이 약해 하층 호강으로 불렸다. 호강들은 서로 싸웠으며 상층 호강들의 대표인 외척 왕망(王莽)이 정권을 탈취해 서한을 대체했다.

2. 몇 가지 중요한 제도

　　서한의 조정은 중기까지 발전해서야 여러 가지 제도를 수립했다.

제왕 분봉 한고제가 할거 상태였던 이성의 왕들을 모두 멸한 후, 반 할거 상태인 동성의 왕들이 기존의 국면을 대체했다. 한경제가 7개 반란국을 멸하고 왕국제도를 바꿔 국왕의 권력을 모두 없앴다. 기원전 127년 한무제가 추은법(推恩法)을 실시했다. 이른바 추은법이란 국왕이 성읍을 자제에게 나눠주는 것을 말한다. 그 후부터 대 왕국이 여러 개의 소왕국과 후국(侯國)으로 나뉘었다. 한경제부터 황자는 분봉 받은 나라의 왕을 칭 했지만 군사를 보유하고 할거할 수 있는 권력은 주어지지 않았다. 이처럼 영토를 나누고 백성을 다스리지 않는 제도가 나라의 통일을 공고히 하는 데는 유리했다.

조정의 주전(鑄錢) 한 나라 때 진의 제도를 바꿔, 황금은 1근(현재로 환산하면 반 근, 즉 500그램)을 단위로(1근을 1금이라고도 함) 정했다. 한무제 때에 이르러서야 오수 전(五銖錢)을 사용하기로 확정지었다. 그 전에는 동전의 무게가 서로 다르고 개인적으로 주전하는 현상이 크게 성행했을 뿐만 아니라 전법(錢法)도 서로 달랐다. 한고제는 진(秦) 나라 때의 반냥전(半兩錢)을 없애고 유협전(楡莢錢)을 유통시켰으며 3수(銖, 한 냥은 24 수, 1수를 현재 수준으로 환산하면 약 2전)를 중요시하고, 민간(호강)에서 자체적으로 주 조하도록 했다. 기원전 193년(혜제[惠帝] 2년)에서 기원전 113년(한무제 원정[元鼎] 4 년)에 이르기까지 전법을 총 9차례나 바꿨다. 이는 주전하는 문제에서 조정이 호강들과 9차례에 거쳐 투쟁을 벌였다는 것을 의미하며 9번째 만에 조정이 승리했다는 것을 말해 준다. 호강들은 가난한 백성들을 부려 동광과 석광을 채굴하고 연과 철을 동에 넣어 질 이 나쁜 동전을 주조해 큰 이익을 챙겼다. 기원전 113년 한무제는 여러 가지 동전을 폐 지하고 수형도위(水衡都尉)에게 명해 수도에서 오수전을 주조해 천하에 유통시키도록 했 다. 그 후 조정은 해마다 인력 10만 명을 동원해 동을 채굴하고 동전을 주조했다. 서한 말기까지 총 280억 전을 주조했다. 오수전은 무게가 적당해 한나라부터 수(隋)나라에 이 르기까지의 7백여 년간 폐지되는 일 없이 유통됐다. 조정이 주전권을 얻은 것은 나라의 통일을 공고히 하는데 이로웠다.

제염과 제철에 대한 관영(官營)을 실현 제철과 제염, 주전 등 이 세 가지 이익이 큰 분야가 조정의 관영(官营)으로 되기 전까지는 그 이익을 모두 호강 대성(大姓)들이 독점 했다. 전국 이후 유명한 대상인들이 염철업을 경영했는데, 이들은 모두 지방의 1등급 대 호강들이었다. 한고제 때 호강들에게 양보해 3개 분야를 민간에서 경영하는 걸 허락했 었다. 그때 가장 많은 재부를 축적한 염철 상인은 그 규모가 만금에 달하기도 했다. 한

무제 때 다양한 염전법을 실시하긴 했지만 염철상들에게서 재물을 얻지는 못했다. 기원전 119년 한 무제가 상홍양(桑弘羊) 등 대상인을 이재관(理財官)에 임용해 상인들에게서 염철업을 빼앗았다. 한무제는 형벌을 가하고 기물을 몰수하는 등 수단을 이용해 사적으로 철기를 주조하고 소금을 만드는 걸 금지했다. 또 휴업하는 염철 상인을 염철관(鹽鐵官)에 올려 염철 상인들과의 협력을 추진했다. 철이 생산되는 군국에 철관(鐵官)을 설치했는데 전국에 철관이 44곳에 달했다. 소금을 생산하는 곳에는 염관(鹽官)을 설치했는데 전국에 염관이 총 32곳에 달했다. 염철업이 관영으로 바뀌면서 조정에 엄청난 수입이 들어왔는데 이는 나라의 통일을 공고히 하는데 유리했다.

조세 조정에서 정한 세금과 요역은 주로 아래와 같은 몇 가지로 분류되었다.

구부(口賦) – 무릇 백성이 7~14살이 되면 남녀를 불문하고 1인당 해마다 구부 20전씩을 바치게 했다. 한무제 때에는 3살부터 구부를 바치도록 규정을 수정하고 20전을 23전으로 올린다고 규정을 수정했다. 한원제(漢元帝) 때에는 구부 징수 연령을 3살에서 7살로 바꾸었다.

산부(算賦) – 무릇 백성이 15살이 넘으면 남녀를 불문하고 1인당 해마다 산부 120전을 바쳐야 하는데, 이를 1산(一算)이라 불렀다. 화물과 노비는 1인당 산부가 배로 늘어났다.

경부(更賦) – 경은 부역 중의 하나다. 남자가 23살부터 56살까지는 모두 복역해야 했다. 사람마다 매년 본 군 혹은 본 현에서 1개월을 복역해야 했는데, 이들을 경졸(更卒) 혹은 졸리(卒吏)라 불렀다. 누구나 일정한 순서에 따라 번갈아 경사에서 1년간 복역해야 하는데 이를 정졸(正卒)이라 불렀다.

호부(戶賦) – 가구당 해마다 호부 2백전씩을 내야 했다.

헌비(獻費) – 1인당 해마다 황제에게 63전을 바쳐야 했다.

당시 농민은 상인, 부자를 대신해 요역에 참가해 돈을 벌고 마지막에 총 소득은 관부에 바쳐야 했다. 지주는 돈이 많으니 조세 부담이 별로 크지 않은데다 조정은 그들에게 조세와 복역을 피할 수 있는 특권까지 줬다.

유학을 존중하고 관학을 설치하였다 한고조는 태뢰(太牢)를 갖춰 공자에 대해 제를 지내고, 학설에서 유학의 정통적 지위를 인정했다. 서한 초기, 정치를 지도하는 학설은 황로형명지학이고, 그 다음은 음양오행지학이었으며, 유학박사는 조정의 중시를 받지 못했다. 한무제는 학술을 통일하는 엄청난 일을 했다. 그는 도·명·법·음·양 등 오행의 여러 학파를 유가에 통일시켰다. 한무제는 책문(策問)이라는 시험방법을 적용해 무릇 황로형명종횡을 논술하는 자는 모두 면직시켰으며, 유독 동중서(董仲舒)·공손홍(公孫弘) 등 유생들에게만 관직을 줬다. 동중서와 공손홍은 춘추공양학을 주장했다. 동중서는 서한 금문경학의 최대 유학자이고, 공손홍은 훗날 승상을 지내고 제후에 봉해졌다. 이때부터 제자백가가 면직당하고 유학이 크게 존중받았는데 특히 춘추공양학이 가장 출세한 유학이 됐다.

수도에 있는 학교는 태학(太学)으로 불렸으며 오경(五经)박사가 교관으로 있었다. 학교에 정식 학생수가 50명에 달했는데 이들을 박사 제자라 불렀다. 전국의 여러 군에서는 박사처(博士處)에 학생을 보증 추천했다. 이런 학생은 박사 제자와 동일한 대우를 받았으며 정원은 정해지지 않았다. 황제·승상부터 지방관리에 이르기까지 모두 경학을 주장하면서 정치사상이 통일됐다. 이때부터 유가학파 간의 논쟁만 있을 뿐 유가와 유가가 아닌 다른 학파와의 학술 논쟁은 사라졌다.

3. 왕망(王莽)의 신(新)나라

서한 후기, 착취자와 피 착취자, 그리고 압박자와 피압박자 간의 모순이 갈수록 치열해지고 첨예해졌다. 토지가 무제한으로 집중되고 농민이 대규모로 노예로 전락하는 것이 가장 기본적인 문제로 대두했다. 통치계급은 농민이 대봉기를 일으킬까 두려워 일부 방법들도 제기했지만 모두 근본적인 문제를 해결하지는 못했다. 상층계급 호강의 대표인 왕망은 두 번에 거쳐 방법을 제시했다. 첫 번째 방법은 통치계급의 옹호를 받았는데 서한을 멸하고 황제가 되는 것. 두 번째 방법은 모든 방법이 모두 실패했을 경우 농민 대봉기의 징벌을 받는 것이었다.

왕망의 고모인 왕정군(王政君)은 한원제(漢元帝)의 황후이자 한성제(漢成帝)의 생모였다. 한 성제 때부터 왕 씨 집안에서 9명이 제후에 봉해지고 5명이 대사마(大司馬)의 관직을 지내면서 조정의 대권은 거의 왕 씨 집안에서 장악했다. 지방관, 예를 들면 군태수(郡太守)·국상(國相)·주자사(州刺史) 등은 모두 왕 씨 집안의 사람을 임용했다. 기원전 1

년 왕망이 대사마 녹상서사(錄尙書事)를 지내면서 정치적으로 최고의 직권을 얻었다. 왕망은 한나라 종실 외에 한나라 초기부터의 공신 자손 그리고 조정에서의 대 관리를 왕후(王侯), 관내후(官內侯)에 봉했을 뿐만 아니라 심복 수백 명을 각급 귀족에 봉했다. 또 작위(爵位)를 봉하면서 유파·왕파라는 두 상층 호강의 지지를 받았다. 왕망이 천하에서 고문과 금문경학 그리고 천문·역산·병법·문자·방술(의학)·본초(약학)에 통달한 선비 수백 명을 수도로 불러들이고 대학생 정원을 대폭 늘렸다. 그 당시 기숙사는 1만 8천 명을 용납할 수 있는 규모였다. 선비와 대학생을 통해 시적(市籍)이 없는 지주들의 지지도 받았다. 이민(吏民) 48만 명이 왕정군(王政君)에게 상서를 올려 왕망의 공덕을 높이 사 큰 상을 내릴 것을 요청했다. 이로부터 왕망이 통치계급을 확실하게 장악했음을 알 수 있다. 왕망이 통치계급의 지지를 받아내면서 백성들에게도 긍정적인 영향을 미쳤다. 이로써 그의 첫 번째 계획이 실현됐다. 기원 8년 왕망이 한나라의 유씨 정권을 전복시키고 신(新)이라는 국호를 정하고 왕씨 나라를 세웠다.

왕망은 신나라를 건립하고 나서 가장 기본적인 문제인 토지와 노예문제를 해결해야 했다. 기원 9년 변법을 실시할 것을 명했는데 주로 아래와 같은 2가지 조항이 포함되었다. 즉 "황제의 소유인 왕전(王田). 민간전을 모두 왕전으로 개칭하고 조정의 소유로 삼으며 개인은 매매할 수 없다. 만약 가구당 남성이 8명 미만인데 논밭이 9백무를 초과할 경우 나머지 여분의 논밭은 논밭이 없는 본 족이나 이웃에게 나눠줘야 한다. 논밭이 없는 자를 상대로 가구당 한 남성에게 논밭 1백무를 준다. 민간의 노비를 사속(私屬, 조정에서 소유하고 있는 황궁 노비와는 구별됨)이라 불렀으며 사속은 매매할 수 없다"고 했다. 그러나 기원 12년 이러한 조치에 불만이 고조되자 왕망은 왕전 사속과 관련된 금지령을 없애고 왕전을 팔아도 범죄가 아니고 노비를 매매해도 죄를 묻지 않을 것이라고 했다. 이로써 변법의 주요한 부분은 모두 실패하고 말았다.

왕망은 상층 호강을 대표하는 한편 또 시적(市籍)이 없는 하층 호강도 대표했다. 농민의 대봉기를 두려워하는 부분에서 그는 반드시 방법을 제시해야 했다. 시적이 없는 호강과 시적이 있는 호강(상인)들 사이에는 줄곧 모순(상업무역, 논밭구입과 관리에 오르는 걸 금지했음)이 있었다. 이 때문에 왕망은 상업무역 부분에서 방법을 찾았는데 결론적으로는 소상공인이 대상인보다 훨씬 더 많은 손해를 보게 되었다. 그러자 왕망은 상인의 합병을 제한했다. 이는 상인들에게서 이익을 나눠가져 조정이 더 많은 재물을 얻을 수 있도록 하기 위한 조치였다. 기원 10년에 "육관법(六管法)"의 실행을 명한 뒤 신나라가 멸망되기까지 이는 줄곧 실시됐으며 신나라가 멸망된 후에야 실행을 멈췄다. 서한 시기 장안을 비롯해 전국에 총 6개 대 중심 도시가 있었다. 왕망은 장안 동시(東市)를 경시(京市)로 고치고, 서시(西市)를 기시(畿市)로, 낙양을 중시(中市)로, 한단을 북시(北市)로, 임치를 동시(東市)로, 완(宛)을 남시(南市)로, 성두를 서시로 고쳤다. 기존의 시령(市令, 장안 동·서 시령)·시장(낙양 등 5개 시)을 오균(五均) 사시사(司市師)라고 개칭했다. 각 군현에 사시(司市)를 설치했는데 거의 지방관리가 겸했다. 사시사 혹은 사시를 통틀어 시관(市官)이라 불렀다. 이들은 시장 물가와 대출 외에도 소금, 술, 철(주로는 농기구)의 관영매매를 관리했다. 이밖에도 산림과 강에 관한 생산세를 받고 관부에서 동전을 주조하는 걸 관리했는데 오균사대(五均賒貸)와 함께 통틀어 육관(六管)이라 불렀다. 육관을 맡아 주관하는 대관을 희화(羲和)라 불렀다. 희화는 명사(命士)를 각 군에 파견해 육관을 감독하게 했으며 매개 군에 여러 명을 파견했다. 명사(命士)는 모두 대상인 출신이었다. 왕망은 소수 대상인의 힘을 비러 수량은 많지만 경영규모가 작은 소상인을 억제하려 했다. 잠깐 실행했다가 바로 폐지된 왕전·사속과 영구적으로 실행한 육관에 의거해 일부 호강들을 억제하고 백성들이 봉기를 일으키는 걸 막으려 했지만, 결과적으로는 대봉기의 발발을 가속케 하는 꼴이 되었다. 왕망이 연달아 대외 침략전쟁을 도발해 국내 백성들에게 위엄을 보여주고 계급모순을 완화하려 했지만, 결국은 대봉기의 발발을 추진하는 꼴이 되고 말았던 것이다. 그러자 왕망의 통치기반이었던 상층 호강과 시적이 없는 하층 호강들이 점차 왕망에게 등을 돌렸다. 기원후 10년 왕망이 한나라의 제후왕을 민으로 신분을 강등시킨 뒤 유파 상층 호강들이 점차 분리됐다. 기원후 12년 공후(公侯) 아래 2천여 명을 작위에 봉했다. 이들은 매달 1인당 월전(月錢) 수천씩밖에 받지 못해 생활이 아주 가난했다. 일부 사람들은 심지어 남에게 고용돼 일을 해야 했기에 왕파의 상층 호강들의 태도는 아주 소극적이었다. 왕망은 임용한 관리에게 봉록을 주지 않았으며 관리들이 탐욕과 흉포로 치부하는 걸 허용했다. 기원 17년 왕망이 관리들의 가정 재산의 5분의 4를 몰수하라는 명을 내렸다. 또 부하가 장관을 고발하고 노비가 주인을 고발하는 것을 허락함에 따라 시적이 없는 하층 호강들의 원한을 불러왔다. 이로써 왕망의 통치가 기반을 잃게 되어 기원후 23년 봉기군이 장안성을 점령함으로써 신나라의 통치는 끝나고 말았다.

4. 농민 대봉기

　　서한의 농민봉기는 한성제 때부터 시작됐다. 압박을 가장 심하게 받은 죄수들이 제일 먼저 무장봉기를 일으켰다. 죄수들이 일으킨 봉기는 규모가 크지 않아 빠르게 진압되긴 했지만 우발적인 것이 아니라 대중들이 현실에 불안감을 느껴 일으킨 봉기였기 때문에 아래와 같은 뚜렷한 몇 가지 징조가 있었다.

　　왕망이 잔혹한 정치를 펼쳤기 때문에 오랫동안 준비 상태로 기다리고 있던 전국적인 대봉기가 결국 발발했던 것이다. 굶주림에 허덕이던 백성들은 극도로 불안해졌고 살아갈 길이 막막해진 것이 봉기가 발발한 원인이었다. 이들은 처음에는 양곡을 약탈해 임시적으로 먹고 살면서 풍년이 들면 다시 고향으로 돌아갈 수 있기를 바라는 마음으로 봉기를 일으켰다. 봉기의 조직도 아주 원시적인 상태였다. 리더자 한 명이 수천 명 혹은 수만 명에 달하는 부하를 거느렸으며, 각 부서를 병법에 따라 배치하지 않은 것은 물론 서로 연락도 하지 않았다. 청주(青州)와 서주(徐州)의 봉기군은 최고로 수십만 명에 달했는데 그중 적미군(赤眉軍)의 규모가 가장 컸다. 하지만 영수는 삼로(三老)·종사(從事)·졸리(卒吏) 등 마을 내 작은 관리의 이름을 사용했을 뿐 장군과 같은 대 호칭을 쓰지 않았으며 문서나 기치도 사용하지 않았다. 봉기를 영도하는 방식은 두 가지였다. 첫째는 농민들이 자체적으로 영도하는 유형이었는데 적미군이 그 대표적이었다. 둘째는 지주 호강들이 영도하는 유형인데 유수군(劉秀軍)이 그 대표였다. 두 번째 유형의 조직력이 워낙 강했기에 왕망정권을 무너뜨리는 전쟁에서 보다 큰 역할을 하였다. 이밖에도 지주 호강들이 농민봉기를 빌미로 일부 사람을 모아 국토를 분열시키고 할거하면서 군림함으로써 어지러운 국면을 초래했다. 유수는 전쟁을 10여 년이나 치러서야 할거 국면을 없애고 다시 중국 통일을 회복했다.

　　기원후 22년 남양군 용릉향(舂陵鄉, 호북 조양[棗陽]현 동쪽) 사람인 유연(劉縯)·유수 형제가 왕망 정권을 전복시키는 봉기를 일으켰다. 유연·유수는 한나라 종실이자 남양에서 널리 알려진 대 호강이었다. 유연은 족인과 빈객 7~8천 명을 동원해 봉기를 일으켰는데 스스로 주천도부(柱天都部, 도통[都統])이라 칭했으며 부하에게는 장군 등의 명호를 붙여 주었다. 23년 한나라 군사는 이미 10여 만 명에 이르렀으며 장군들은 유씨 성을 가진 자를 황제로 올리자고 논의했다. 남양 호강과 하강(下江)의 사령관인 왕상(王

常)은 유연을 황제로 올리자고 했지만, 신시(新市) 평림(平林)의 여러 장군들은 유연이 엄격하고 현명해 재물을 약탈하는 걸 막을까 걱정돼 나약하고 무능한 유현(劉玄)을 한나라 황제로 올리고 경시제(更始帝)라고 칭했다. 곤양(昆陽)에서 큰 승리를 거둔 후 경시제는 두 곳으로 대군을 파견했다. 왕광(王匡)은 군사를 거느리고 낙양을, 신도건(申屠建)은 군사를 거느리고 무관(武關)을 각각 공격하자 관중이 크게 흔들렸다. 신도건 군이 무관에 진입하자 관중 여러 현의 호강들이 군사를 일으켜 한나라 장군을 자칭하며 신도건 군이 장안성을 공격하는데 도움을 줬다. 장안 백성들이 봉기를 일으켜 호응했으며, 왕망이 거주하는 궁전까지 쳐들어가 왕망을 살해했다.

적미군은 영천(潁川)군에 모였다가 2개 부(部)로 나뉘었다. 번숭(樊崇)과 방안(逢安)이 한 군을, 서선(徐宣) · 사록(謝祿) · 양음(楊音)이 다른 한 군을 통솔했다. 적미군은 순수한 농민조직인 만큼 여러 번 전쟁에서 이기긴 했지만 군사들이 계속 종군하려 하지 않고 고향에 돌아갈 생각만 했다. 번숭 등은 군대가 해산될까 두려워 서쪽으로 장안을 공격할 계획을 짰다. 25년 적미군의 2개 군이 하나로 합병된 후 30개 영(營, 한 개 영에 1만 명)으로 나뉘어 경시군(更始軍)을 격파했다. 경시군 장군들은 장안성을 대거 약탈하려는 계획을 갖고 남양 일대로 도망쳐 와서는 도둑질을 일삼았다. 경시제가 그들의 계획에 따르지 않자 장군들이 내란을 일으켜 서로 공격하고 살해했다. 적미군이 장안으로 곧 쳐들어오려고 하자 삼로와 종사들은 소를 방목하던 목동 유분자(劉盆子)를 한나라 황제로 앉혔다. 서선은 승상이, 번숭은 어사대부가 되고 기타 영수들도 각자의 문무관 호를 가져 조정을 구성했다. 적미군이 장안에 진입하자 경시제와 일부 관리들이 적미군에게 투항했다.

기원 22년 유수가 하북에 도착해 여러 군현을 돌아보면서 죄수를 석방하고 왕망의 정책을 폐지했다. 또 서한의 관직명을 회복하고 관리들이 유수에게 선물을 줬지만 모두 받지 않았다. 그가 정한 천하를 얻는 방침은 다음과 같았다. 즉 "군사 기율을 엄숙히 하고 상과 벌을 분명히 하는 외에 정치적으로 인재를 모아 민심을 얻는다"는 것이었다. 궁극적인 목적은 천하를 얻는 것이었다. 25년 유수가 황제(광무제[光武帝])로 등극했다. 등우(鄧禹)가 강을 건너 관중으로 들어와 경시군의 10만 대군을 격파했다. 구순(寇恂) 등이 낙양을 함락시키자 유수가 낙양을 도읍으로 정하고 한나라를 재건했다. 26년 대장 풍이(馮異)가 등우를 대신해 군사를 거느리고 적미군을 공격했다. 27년 풍이가 적미군을 크게 격파시켰다. 적미군은 의양(宜陽)현으로 도주했고 유수가 직접 대군을 거느리고 그들이 도주로를 차단했다. 유분자, 번숭 아래의 10여 만 명이 모두 투항했다. 농민이 이끄는 봉기군은 호강들이 이끄는 농민군에 의해 소멸됐다. 당시 호강들의 할거로 전국이 분열 상태에 처했다. 최대 실력을 가진 호강들로는 동방의 장보(張步) · 북방의 팽총(彭寵) · 서방의 외효(隗囂) · 서남의 공손술(公孫述) · 남방의 경시군 잔여세력들이 포함됐다. 장보는 청주 12개 군을 점령하고 팽총은 어양(漁陽) 등 군을, 외효는 천수(天水) 등 군을, 공손술은 익주(益州)를, 경시군 잔여세력은 언(郾) · 완(宛) · 등(鄧) · 회양(淮陽) 등 지역을 점령했다. 규모가 작은 할거자와 마을의 영보(營堡)는 그 수가 헤아릴 수 없이 많았다. 유수는 천하를 통일하기 위해 전쟁을 치렀으며 차례로 할거하던 자들을 없애고 수많은 영보를 허물었다. 36년 대장 오한(吳漢)이 성도를 성공적으로 공격해 공손술을 살해했다. 이로써 호강의 할거 국면은 끝이 났고 다시 통일을 회복하게 되었다.

5. 경학 · 사학 · 문학

경학 전국시기부터 여러 학설 그리고 유가 각 파가 동중서를 거쳐 공자의 명의 아래에 통일됐다. "때를 알맞게 맞추지 못하면서 옛 것이 옳고 지금의 것이 그르다 하기를 좋아하던 유학"이 "황로형명과 유가를 함께 섞어 사용하는 것"으로 바뀌면서 한나라 제도에 어울리는 유학으로 됐다.

동중서가 제기한 여러 가지 건의를 한무제가 모두 받아들여 시행했다. 동중서는 '대통일'을 제창했으며 공자가《춘추》를 수정하는 과정에서 통일을 가장 큰 대사로 간주했다면서 이는 천지의 도리이자 고금에 통하는 도리이고 법칙이기 때문이라고 말했다. 학사들이 각자 다른 학설을 주장하는 가운데 조정에서는 통일을 실현할 수 없어 법제가 자주 바뀌었기 때문에 관리와 백성들은 어찌 할 바를 몰라 했다.《육경》에 속하지 않고 공자학설에 어울리지 않으면 일률적으로 쓰지 못하도록 하고 유술만 전문적으로 사용하게 했다. 법가 정치를 펼친 진(秦)나라 때는 형벌이 지나치게 잔혹했다. 한나라는 진대 법률의 다수를 그대로 답습했다. 그 당시 동중서는 "경화(更化, 제도개혁)을 주장했다. 즉 인과 덕으로 엄격한 형벌을 대체하고 유가학설로 법가학설을 대신하자는 것이었다. 그는 한

전(限田)을 경화의 결정이라고 여겼다. 그는 또 《춘추》에 기록된 천변재이(天變災異), 천착부회(穿鑿附會)를 주장하며 "춘추공양설"을 음양오행화 했다. 덕치를 주장하는 유가는 예로부터 법가 형명지학과 대립되는 존재였다. 동중서가 《춘추》경서를 근거로 한나라 법률에 맞춰 의문스럽고 난해한 사건을 판결했으며 유가와 법가가 합류했다.

한무제 때 관학에 오경(《역》·《서》·《시》·《예》·《춘추》)박사가 있었다. 훗날 박사가 점차 많아지면서 《역경》은 4개, 《서경》은 3개, 《시경》은 3개, 《의례》 2개, 《공양춘추》가 2개, 총 14개로 분류됐는데 이를 5경 14박사라 불렀다. 한무제 때부터 서한이 멸망되기까지 100여 년간, 경학이 극히 성행하고 대사가 최고로 많을 때는 천여 명에 이르기도 했다. 그 당시 해석이 100여 만 자로 많아진 경서도 있었다. 예를 들면, 《서경》대사인 진연군(秦延君)은 10여 만 자로 《요전(堯典)》 두 글자를 설명했으며, 3만 자로 "왈약계고(曰若稽古)" 4자를 설명할 정도였다. 선비는 어려서부터 하나의 경서를 배우기 시작해 노년이 돼서야 경서를 해석할 수 있게 된다. 즉 이른바 늙어서도 부지런히 공부해야 함을 이르는 "호수궁경(皓首窮空)"인 셈이었다. 경학(經學)을 배우는 길이 고되고 힘들었지만, 태학에는 늘 수많은 학생들이 모여 배웠으며 아무리 힘들고 어려워도 대사에게서 배우려 했다. 선비들이 재물과 녹봉을 얻는 유일한 방법이 경학을 배우는 길뿐이었기 때문이다. 무릇 박사가 제자에게 가르치는 경서는 모두 한나라에서 보편적으로 사용하는 예서체였다. 그래서 금문경(今文經, 금한문자경[今漢文字經])이라 불렀다. 음양오행화 된 금문경학은 억지로 둘러맞췄기 때문에 학술가치가 극히 낮았다.

전문(篆文, 전국시기 문자 및 진의 소전)으로 쓴 경서를 고문경(古文經)이라 부른다. 고문경을 전수하는 학설을 고문경학이라 불렀다. 특징은 아래와 같았다. (1)박학의 전통을 보존하고 글자의 뜻에 따라 경문을 해석했다. 고서의 자구를 간단하게 해석했으며 터무니없는 억설을 퍼뜨리지 않아 번잡한 금문경학과는 방향이 서로 달랐다. (2) 미신적 요소가 극히 적거나 미신을 배척해 음양오행화 된 금문경학과는 방향이 달랐다. (3) 소수의 유생들이 서로 간에 가르치며 정치상에서 복고를 주장하고 박사학(博士學)에 맞추려 했기에 금문경학과는 방향이 달랐다.

사학 유가의 육경은 원래 주(周)나라 사관이 소장한 여러 가지 역사기록이었다. 훗날 공자가 삭제와 수정 과정을 거치고 해석해 스승과 제자를 통해 전수되면서 이른바 경학으로 됐다. 그러나 역사학은 경학의 성행으로 자체의 발전을 멈춘 적이 없었다. 만약 전 단계에서 공자 좌구명이 가장 위대한 역사 저술가였다면 상당히 발전한 단계에서는 태사공 사마천이 더욱 위대한 역사 저술가라 할 수 있다. 사마천이 《사기》를 편찬해서부터 중국에 규모가 상당하고 조직이 완벽한 역사 저술이 나타나기 시작했기 때문이다.

사마천의 아버지인 사마담(司馬談)은 한무제의 태사(太史)였다. 사마천은 아주 박식해 천문학, 《역》학, 황로학에 정통했다. 그는 황로학을 위주로 유·묵·명·법·음양 여러 학설을 비판했는데, 그 당시의 보통 유생과 비교하면 탁월한 사상가였음에 틀림없었다. 사마천은 10살 전에 농사와 목축에 대해 배웠고, 10살에 고문서적을 읽었으며, 20살 후에는 전국의 유명 도시와 대읍을 돌며 잘 알려지지 않은 재미있는 이야기들을 수집했다. 사마담이 죽은 후, 사마천이 아버지의 관직을 이어받아 태사에 올랐으며, 석실금궤에 소장된 책을 전부 읽었다. 때문에 그는 서한시기에 드문 박식가였다. 사마천은 사마담의 가학을 계승해 고금문경학에도 통달했다. 특히 동중서의 《공양학》에 통달했다. 그러나 서한의 경학을 배척했고 음양오행설의 영향도 받지 않았다. 기원전 99년 사마천이 48세가 되던 해, 한무제의 잔혹한 궁형을 받았다. 이는 그에게 크나큰 모욕을 안기는 일이었다. 사마천은 자신의 벼슬길에 더 이상 미래가 없을 것이라는 것을 알고는 분발해서 《사기》를 쓰기 시작했다. 그는 공자가 《춘추》를 지은 것처럼 자신도 "후세의 성인 군자"로서 전해지거자 했던 것이다. 그가 《사기》를 집필한 것은 세상에 아부하기 위해서가 아니었기 때문에 사실대로 기록할 수 있었고 칭찬 받기 위해서가 아니었기 때문에 아주 진솔하게 썼다. 그는 "자신의 독특한 견해를 써내(成一家之言)", 경전과 우위를 가리기 위해 《사기》를 쓴 것이기에 모든 지식과 재능을 집필에 쏟아 부을 수 있었다.

사마천은 20여 년의 노력을 거쳐 《사기》 130편(서한 때 이미 10편이 소실됐음)을 완성했다. 황제(黃帝)에서 한무제에 이르기까지 그 당시 있었던 사료를 모두 종합해 《사기》에 기록함으로써 12본기·10표·8서·30세가·70열전을 편찬할 수 있었다. 세가에는 서주에서 전국에 이르기까지의 17개 중요한 후국사(본기 중 《진본기[秦本紀]》도 후국사였다)가 포함됐다. 열전은 중요한 인물을 서술함에 있어 그 범위가 아주 광범위했다. 서한 경학의 제한을 받지 않아 사회에서 활동하는 다양한 부류의 인물·명의·협객·대상인·우령(優伶)·자객·복자(占卜人)를 위해 전기를 썼다. 그리고 혹리를 위해 일대기를 쓰고 호강의 합병을 언급하며 잔혹한 형벌로 그들의 세력을 악화시켜야 한다고 강조했다. 혹리·유협·화식(貨殖) 등의 열전에서 사마천은 피착취자와 피압박자에 대한 동정심을 특별히 뚜렷하게 표현했다. 위의 8서는 천문지리 등 다양한 분야의 전문지식을 기록했다는 데서 특히 큰 의미가 있다. 서한 후기 사마천에 이어 나타난 박학가인 유향(劉向), 유흠(劉歆) 부자가 완성한《칠략(七略)》은 고대문화에 크게 기여했다. 한성제가 유향(劉向)에게는 제자의 시부(詩賦)를, 임굉(任宏)에게는 병서를, 윤함(尹咸)에게는 수산(數算, 점복서)을, 이주국(李柱國)에게는 방지(方枝, 의약서)를 교정할 것을 각각 명했다. 매 한 권에 대한 교정을 마치고 나면 유향은 그 책자의 요점을 적어 정본과 함께 한성제에게 바쳤다. 유향은 우선 몇몇 책의 교정을 보고 바로잡은 후 죽간에다 기록했다. 이를 살청서(殺靑書, 죽간은 불에 구워 말려 죽간의 수분을 없앰으로써 썩는 걸 막기 위함)라 불렀다. 그 후 또 다시 교정을 거쳐 마지막에 흰 비단에다 써 정본을 완성했다. 유향은 20여 년간 서책 교정에 종사했다. 그가 죽은 뒤 유흠이 아버지의 직업을 물려받아《칠략》(유향이 저작한 책의 이름은《별록(別錄)》임)을 완성했다.《칠략》은 아래와 같은 7개 부분으로 분류된다. (1)《집략(輯略)》, 여러 서책의 총론과 분론이 포함된다. (2)《문예략(文藝略)》, 유가경전에는 소학(문자학) 등 총 9가지가 포함된다. (3)《제자략(諸子略)》, 유·도·음양·법·명·묵·종횡·잡·농·소설 등 10개 학파가 포함된다. (4)《시부략(詩賦略)》, 부가 4가지, 시가 1가지 포함된다. (5)《병서략(兵書略)》, 권모·형세·음양(천상기후 겸 미신)·기교 총 4가지가 포함된다. (6)《수술략(數術略)》, 천문·역보(산술포함)·오행·시귀(蓍龜, 복서[卜筮])·잡점(雜占, 주로 점몽[占夢])·형법(形法, 지형과 사람·사물의 형상을 보는 것)의 6가지가 포함된다. (7)《방지략(方技略)》, 의경·경방·방중·신선의 4가지 종류가 포함된다.《칠략》은 이미 산실됐다. 반고(班固)의《한서(漢書)》에서《칠략》을 바탕으로《예문지(藝文志)》지었는데 총 1만 3천 269권에 달했다.《칠략》은 서주에서 전국시기까지의 문화유산을 종합해 학설적인 총론과 분론을 펼쳤다. 이는 목록학과 교감학의 시작에 불과한 것이 아니라 아주 진귀한 고대 문화사이기도 했다.

문학 서한의 문학은 마치 서한이라는 나라처럼 규모가 방대하고 창조력이 무한해 여러 문체가 모두 서한시기에 발전했다.

초사(楚辭, 혹은 소체[騷體]라고도 함) ─ 굴원이 초사를 창작할 때 이 문체는 이미 최고봉에 이르렀다. 훗날 송옥(宋玉)·당륵(唐勒)·경차(景差) 등이 뒤를 이어 창작하면서 초사가 최고로 성행하는 경계에 달했다. 초사는 초나라의 지방음이자 지방조이기도 하다. 항우(項羽)·유방은 문학가가 아니지만《해하가(垓下歌)》,《대풍가(大風歌)》등 아주 훌륭한 초사를 지었다. 그들이 초나라에서 생활했기 때문에 자국의 음과 조를 당연히 잘 알고 있었다. 초나라의 음과 조를 모르는 문사들은 초사를 창작할 만한 기술조건이 없었을 뿐만 아니라 굴원처럼 깊은 정감이 없어 형체나 글귀만 본 따는 것 외에 별다른 새로운 내용이 없었다. 서한시기 문사들이 창작한 초사 가운데서 현재까지 보존된 편수는 적지 않지만, 그중 가의(賈誼)의 《조굴원문(吊屈原文)》· 회남왕 유안(劉安)의 《조음사(招隱士)》· 한무제의 《추풍사(秋風辭)》만이 그나마 새로운 내용이 들어있을 뿐이다. 서한시기에 초사 작가와 편수가 대폭 늘어났지만 이미 쇠퇴단계에 들어섰다.

한부(漢賦, 혹은 고부[古賦]라고도 함) ― 굴원 초사의 영향을 받아 북방의 문사들이 부(賦)라는 문체를 창작했다. 순경(荀卿)은 부 10편을 지었으며 진(秦)나라 때에는 잡부가 9편에 달했다. 그러나 한부는 주로 초사에 근원을 두었다. 서한시기의 부는 약 천편에 달했다. 이는 부가 서한 문학 체제의 대표이자 서한 문학가의 전공이었다는 점을 말해준다. 서한 전기, 매승(枚乘)· 가의(賈嘉誼)는 저명한 작가였다. 중기에 극히 성행하는 단계에 이르러서는 사마상여(司馬相如)가 최고의 사부가 됐으며 후기에는 양웅(楊雄)이 깊이 있고 정교한 구사를 해 사부대가로 불렸다. 서한에서 육조에 이르기까지 오랜 세월동안 부는 아주 중요한 문학 체제의 하나로 되었다. 아름다운 어구와 섬세하고도 객관적으로 크고 작은 사물을 묘사했기 때문에 새로운 사물이 자주 나타나고 훌륭한 작가의 붓끝에서 새로운 부가 만들어지기도 했다. 따라서 글로써 그림을 보는 듯 아름답고 웅장한 모습을 표현했는데 이 또한 부가 문학이 일으킨 역할이었다.

악부가시(樂府歌詩, 오언육시[五言六詩]) ― 가시(歌詩, 노랫말)의 형체가 어떻게 변화하든 영원히 문학의 한 주류라는 점만은 바뀌지 않는다. 한무제는 주나라 때 민요를 수집하던 구례를 본 따 악부를 설립하고 민간에서 널리 가시를 모았다. 대음악가 이연년(李延年)을 협률(協律, 조해음률[調諧音律]) 도위(都尉)로 올려 악부를 주관하게 했다. 음악가 장중춘(張仲春)이 악가를 창작하는데 참여했다. 구중(丘仲)이 피리를 만들어 협률 악기로 사용했다. 악부에서 제작한 가시는 아래와 같은 두 부류로 나뉘었다. 한 부류는 조정에서만 사용할 수 있는 가시였다. 이런 시를 쓰는 사람들은 모두 저명한 문학가였다. 예를 들면 사마상여 등으로 많을 때는 수십 명에 달했다. 이런 가시는 황제가 천지귀신에 대해 표하는 자신의 의지나 포부이기 때문에 백성들의 의지와는 거리가 멀었다. 다른 한 부류는 민간 가시로 가장 중요한 부류이기도 했다. 이런 가시는 원래는 "길거리가요"와 지방 음악이었는데 악부의 가공과 재창작을 거쳐 길거리 가요에서 고급 문학으로 상승했으며, 음악도 '상화조(相和調)'로 상승했다. '청상조(淸商調)'는 현존하는 한나라의 가시이다. 양한 시기의 창작이 서로 섞여지는 바람에 대체 어떤 것이 서한 악부의 유작인지를 명확하게 가려내지 못하고 있다. 하지만 양한 시기의 가시라면 진실 된 내용이 있고 모방이 아닌 진정한 창작품이라는 점만은 확실하다.

　　산문(散文) ― 서한 이전에 언어와 문사에는 뚜렷한 구별이 없었다. 초(楚)나라 언어를 사용한 한고제의 조서·제(齊)나라 언어를 사용한 《춘추공양전》을 보면 일부 방언을 제외하고 보통 문사와 크게 차이가 없었다. 서한시기 산문은 전국 제자의 생동스럽고 자연스러운 기풍을 그대로 유지했다. 사마천의 《사기》가 바로 서한시기 산문의 최고 대표이다. 이밖에도 가의·조착(晁錯)·가연지(賈捐之)·유향 등이 정치를 논한 문편도 모두 유명한 산문에 속한다. 당나라 이후의 이른 바 고문은 서한까지 거슬러 올라가 기원을 찾을 수 있으며, 《사기》는 흔히 고문학자들이 모습(摹習)에 사용하는 주요한 저본이 되었다.

　　변려문(騈文) ― 동일한 수의 글로 구(句)를 지으면 변려구(騈句)가 되고, 구(句)가 문장을 이르면 변려체가 된다. 《시》 3백 편, 그리고 초사의 경우 무릇 운문(韻文)에 속하면 구법은 모두 아주 정연했다. 경전 제자 등 산체문에 변려문 혹은 운문을 다양하게 활용했다. 서한 문사들이 의식적으로 변려문을 창작하기 시작했다. 즉 정연한 구법을 변려문에 활용해 형식상의 미감을 더욱 높였다. 사마상여의 《봉선문(封禪文)》·양웅(楊雄)의 《극진미신(劇秦美新)》 등은 서한시기 변려문의 대표라 할 수 있다. 그 후 변려문이 점차 발전함에 따라 언어와 문사도 점차 분리되기 시작했다. 동한 이후의 문사는 구두어가 아닌 일부 사람들의 문장어로 되었다. 미사여구와 형식미를 추구한 변려문은 사상을 표현하는 역할이 갈수록 줄어들어 나중에는 사상을 표현할 수 없는 지경에 이르렀다. 당나라 한유(韓愈)가 고문을 제창한 것은 이 같은 형식의 문사에 대해 철저하지 못했던 문학혁명이라 할 수 있다

1. 동한 전기의 개황(광무제[光武帝]에서 장제[章帝]까지)

통치집단의 건립 광무제 유수가 한나라의 통치를 다시 수립하고 도읍을 낙양으로 정했다. 사학자들은 이 시기를 동한(東漢)이라 부른다.

광무제는 대 호강이었다. 그는 남양(南陽) 호강을 근본으로 하는 집단에 의탁해 통치를 실현했다. 그 집단은 처음부터 합병성과 할거성을 드러냈다. 동한 초기의 조정은 호강들의 이익에 손해를 주지 않는 범위 내에서 그들을 통제했다. 광무제는 권력을 집중시킨 후 상서(尙書) 6명을 두어 정치 사무를 각각 담당하게 했다. 상서는 관직이 아주 낮았지만 "천하의 가장 핵심적인 관직은 상서"였기 때문에 직권이 아주 컸다. 조정에서의 최고 관리를 삼공[(三公, 태위[太衛] · 사도[司徒] · 사공[司空])이라 불렀다. 그러나 이들은 실제로 권리가 없었기 때문에 그저 명망 있는 대신들에게 존귀함과 영예를 누릴 수 있는 명분을 준 것뿐이었다. 궁에 중상시(中常侍) · 소황문(小黃門) · 중황문(中黃門) 등 여러 명의 환관을 설치해 황제의 구두 명령을 전달하고 상서가 올린 문서를 열독하게 했다. 환관은 대개 흉악하고 교활한 무뢰한 출신들이 많았다. 따라서 황제 측근이 된 그들은 그 지위를 이용해 하층 호강을 대표하는 정치적 역할을 했다.

중소지주의 벼슬길은 대체로 아래와 같았다. (1)공부벽소(公府辟召) – 삼공 등 대 관리들이 유명한 선비를 특별히 본관부의 소속 관리로 임용한다. (2)군국천거(郡國薦舉) – 군 태수 · 국상(國相)이 해마다 효행이 있고 청렴한 사람 여러 명을 조정에 추천하는데 시험에 합격하면 관직을 맡게 된다. (3)조연(曹椽)으로부터 점차 경험을 쌓아 승진한다. 경

(京) 내외 장관(현령 포함)이 선비를 본관부의 하급 관리로 임명해 하급관리에서 점차 큰 관직에 오른다. 위의 벼슬길을 걷는 사람은 반드시 (1)은 선비, (2)는 경학에 능통하거나 주장을 올릴 수 있는 선비, (3)은 효행이 있고 청렴하다고 불리는 선비여야 했다. 중소 지주가 관직에 오르려면 무엇보다 공부를 열심히 해야 했다. 따라서 동한 때 태학·지방 관학·사학이 모두 상당수준 발달했다. 대관들이 해마다 선비를 추천하는 과정에서 수많은 크고 작은 개인 집단이 생겨났다. 일부 명문세가는 제자와 옛 부하가 방방곡곡에 분포된 거대한 집단을 이루기도 했다.

서역을 또다시 개통하다 서한 말년 서역 36개국이 55개 국으로 분할됐다. 왕망의 재위시기에, 흉노가 기회를 틈 타 서역의 여러 나라를 정복했다. 73년 한 명제(漢明帝)가 두고(竇固)에게 대군을 거느리고 북쪽의 흉노를 공격해 이오(伊吾)지역을 취하라는 명을 내렸다. 그리고 또 반초(班超)에게는 사신을 거느리고 서역으로 가 선선(鄯善)국의 흉노 사관(使官, 사신)을 죽이라고 명했다. 우전(于闐) 등 나라가 또 다시 한나라와 서로 통하게 됐다. 76년 흉노가 군사를 파견해 이오를 되찾았다. 80년 한장제(漢章帝)가 서한(徐韓)을 파견해 군사 1천명을 거느리고 반초를 지원했다. 87년 반초가 한나라를 전복시키려는 구자국(龜玆國)과의 전쟁에서 승리를 거뒀다. 그 후 6, 7년간 월씨와 언기(焉耆)를 잇따라 격파했다. 사령(蔥岺) 이동(以東)의 50여 개 나라를 모두 속국으로 만들었다. 102년 반초가 부름을 받고 다시 조정으로 돌아왔으나 얼마 가지 않아 병으로 죽었다 그 당시 그의 나이는 71세였다.

북쪽의 흉노가 해마다 국경을 침범했다. 123년 한안제(漢安帝)가 반초의 아들 반용(班勇)에게 군사를 거느리고 서역을 공격하라는 명을 내렸다. 126년 반용이 소속된 서역 여러 나라의 군사를 이끌고 북흉노 호연왕(呼衍王)을 크게 격파하자 북흉노가 서쪽으로 도망쳤다.

2. 동한 후기의 개황(화제[和帝]에서 영제[靈帝]까지)

외척과 환관 동한 후기의 정치적 국면을 살펴보면, 통치계급은 외척·환관 두 대 집단이 주를 이루었고 거기에다 관료집단의 활동·충돌·변화가 부차적으로 포함됐다.

위의 세 집단이 동한 초기에 점차 육성됐다. 하지만 광무제(光武帝)와 그의 후계자인 명제(明帝)가 그나마 황제의 권력을 장악하고 있어 외척, 특히 환관이 감히 공개적으로 횡포를 부리고 나쁜 짓을 하지 못했다. 그들이 재위하는 동안은 불법을 저지르는 관리를 엄하게 징벌했을 뿐만 아니라 부세와 요역 부담이 전보다 훨씬 줄어들었고 대외전쟁도 적어졌다. 따라서 사학자들은 명제시기를 "천하가 태평하고 백성이 부유한 시기"였다고 평가했다. 장제(章帝)는 광무제와 명제의 '엄격한' 정치를 바꾸면서 "관대한 장자"로 불렸다. 외척·환관은 관대한 대우를 받게 되자 나쁜 짓을 하기 시작했다. 장제가 죽자 동한 정치는 암흑기에 들어서게 되었다.

88년 장제가 죽자 10살의 화제(和帝)가 황위를 물려받았다. 그러자 두태후(竇太后)가 조정에 나와 수렴정치를 하며 황제를 자칭하자 외척 두헌(竇憲)이 대권을 장악했다. 두태후가 "소금과 철에 대한 금지 조치를 풀고 백성들이 마음대로 소금을 만들고 철을 제련할 수 있도록 허락했다." 조정은 염철업을 통해 엄청난 이익을 호강들의 손에 쥐어줌으로써 그들이 두씨 정권을 묵인하도록 했다. 그 후부터 권력이 있고 재산이 많은 호강들이 크게 늘어났다. 두헌이 정권을 얻은 후 두씨 집안의 수많은 도당들이 조정의 관리와 지방관이 됐으며 관직이 낮은 자도 현령 정도는 됐다. 이런 도당들은 백성들에게서 재산을 갈취해 두헌에게 바치는 것으로써 그 은혜에 보답했다. 두 씨 집안은 수많은 자객을 육성해 복종하려 하지 않는 관료집단을 학대했다. 92년 화제가 환관 정중(鄭衆)과 밀모해 두헌을 죽이고 두 씨 집안의 도당들을 모두 면직시킨 다음 그 죄를 물어 감옥에 가두었다. 정중은 공로를 크게 인정받아 제후에 봉해졌으며, 이때부터 환관이 정치에 참여하게 됐다.

105년 화제가 죽었다. 107년 13살의 안제가 황위를 물려받자 등태후(鄧太后)가 조정에 나와 정사에 관여했고 이를 등즐(鄧騭)이 보좌했다. 등태후는 외척과 환관을 함께 등용했으며 형식적으로는 외척에 편중되지 않는 태도를 취했다. 121년 등태후가 죽자 안제는 환관들과 결탁해 등씨 집안의 사람을 차례로 죽였다. 새로 득세한 환관이 실의에 빠진 관료와 하층 호강을 관리로 임용해 도당으로 끌어들였다. 125년 안제가 죽자 어린 북향후(北鄕侯)가 황위를 물려받고 염태후(閻太后)가 조정 사무에 관여했다. 대권을 장악한 염현(閻顯)이 안제가 총애하고 신임했던 환관을 차례로 죽였다. 염씨 집안에서 정권을 장악한 지 몇 개월 밖에 안 되어 북향후가 병으로 죽었다. 그러자 환관 손정(孫程)

등 19명이 염헌을 죽이고 순제(漢順帝, 11살)를 황위에 앉혔다. 19명이 모두 후(侯)에 봉해짐에 따라 환관 세력이 한층 더 커졌다. 그들은 조정의 관리를 겸하고 작위를 양자에게 물려줄 수 있으며 관리를 천거할 수 있는 권력을 쥐게 되자 선비들이 크게 격노했다. 성격이 곧은 관료들로 구성된 이고(李固)파는 환관과 대항하려 했다. 144년 순제가 죽고, 146년 환제(漢桓帝) 15살의 나이로 즉위했다. 양태후(梁太后)가 조정에 나와 정사에 관여하고 양익(梁翼)이 조정을 장악한 후 이고를 죽이고 호광(胡廣)을 위수로 한 관료를 임용했다. 이들 관료들이 외척·환관들과 각자 자기 주장을 펼치며 3개 집단이 균형을 이뤘다. 이 때문에 양씨 집안 정권도 약 20년간 유지될 수 있었다. 159년 환제가 일부 환관과 결탁해 양익을 죽이고 양씨 집안의 중요한 도당들을 모두 죽였다. 삼공·구경부터 주자사·군태수 수십 명을 죽이고 차등(次等) 도당 3백여 명을 쫓아내 조정은 관리가 거의 없어지다시피 됐다. 159년 양익이 죽은 후부터 167년 환제가 죽기까지, 8~9년간 환관세력이 거의 정권을 독점했다. 전에 환관 도당 대다수가 지방 관리직을 맡았다면, 이 8~9년 동안에는 조정의 관리직을 맡았고, 전에 지방 관리의 대다수가 현관이었다면, 이 8~9년 동안에는 주자사나 군태수가 됐다. 대내외로 중요한 관직을 모두 그들이 장악하고 있었기 때문에 관료집단으로 향하는 길은 양익이 죽기 전보다 더 좁아졌다. 그러자 정직파 관료·명사·대학생 그리고 지방관 학생·사문 학생들이 방대한 선비집단을 결성해 환관들의 "횡포가 이뤄지지 않는 곳이 없어 백성들은 살아갈 길이 없다"는 이유로 환관들과 투쟁을 벌였다.

곽태(郭泰)·가표(賈彪)를 위수로 한 태학생 3만여 명이 진번(陳蕃), 이응(李膺) 등 관료와 결합해 조정을 평가하고 인물의 좋고 나쁨을 평가했으므로 공경대신들은 극구 선비를 받들며 악평을 면할 수 있기를 희망했다. 주와 군에 관학(官學)이 있었으며 태학생과 주·군 관학생이 서로 연계해 전국 범위 내에서의 정치단체를 형성했다. 환관과 그의 도당들은 황궁·조정, 혹은 지방관리를 지내고 있었기에 모두 맹렬한 공격을 받았다. 166년 환제가 유명한 선비인 이응 등 2백여 명에게 당인이란 죄를 씌워 감옥으로 보내고 죄를 물었다. 167년 당인들을 면죄시키고 집으로 보냈으며 다시는 벼슬을 하지 못하도록 금고(禁錮)했다. 이를 제1차 '당고(黨錮)의 난'이라고 부른다.

167년 환제가 죽고 영제(漢靈帝)가 12살에 즉위했다. 두태후가 조정에 나와 정무를 보고 두무(竇武)가 조정을 장악했다. 두무는 진번, 이응 등과 합심해서 환관을 죽이려고 계획했다. 168년 환관이 두무 · 진번은 물론, 두파와 진파의 조정 관리들을 모두 죽였다. 이때 환관의 권력이 절정에 달했다. 영제는 당인을 감옥에 가두거나 죽이는데 열을 올렸다. 그는 이응 등 백여 명을 죽이고, 6~7백 명을 금고한 외에도 태학생 1천여 명을 체포했다. 오복(五服, 천자가 살고 있는 왕기[王畿] 밖을 말함 – 역자 주) 내 당인의 친척, 문생, 고리(故吏) 등 무릇 관직이 있는 자는 모두 면직시키고 금고했다. 이를 '제2차 금고의 난'이라 한다. 그 시기 환관집단이 거의 모든 내외의 관직을 장악했다.

황건군(黃巾軍)의 봉기　동한 후기, 암흑정치는 갈수록 심각해져 농민들의 생활은 더욱 어려워졌다. 안제부터 영제에 이르기까지 각지에서 백성들의 봉기가 67차례(실제로는 이보다 훨씬 많음)나 일어났다. 봉기에 참여하는 사람과 지역이 꾸준히 늘어났는데, 봉기가 일어나면 관리를 죽이고 성읍에 불을 질렀다. 영수에게는 황제 · 천자 · 태상황 · 무상(無上)장군 · 평천(平天)장군 · 주천(柱天)장군 등의 칭호를 붙였다. 이같은 칭호를 풀이해 보면 유씨 성을 가진 자를 황제로 두지 않겠다는 의미였다. 이는 서한 말기의 봉기군이 유씨 성을 가진 자를 반드시 황제에 앉히려 한 것과 비교하면 큰 진보라고 할 수 있다.

하북 거록(鉅鹿) 사람 장각(張角)이 태평도(太平道)를 창설하고 대현량사(大賢良師)라 자칭했다. 그는 제자를 여러 지방으로 보내 병을 치료해주고 선교했다. 10여 년간 청(靑) · 서(徐) · 곡(曲) · 기(冀) · 형(荊) · 양(揚) · 연(兗) · 예(豫) 8개 주(州)에서 신도가 수십만 명까지 늘어났다. 장각은 신도를 36개 방(方)으로 나누고 대방에 만 여명, 소방에 6 · 7천여 명을 포함시켰으며, 장군이라는 직책을 세워 대 · 소방을 통솔하게 했다. 또 일부 환관을 매수해 황궁과 내통했으며 일부 황궁 호위병들도 호응할 준비를 하도록 했다. 장각은 갑자세(甲子歲, 184년 영제 중평[中平] 원년) 3월 5일(갑자일)에 수도 안팎에서 동시에 봉기를 일으킬 생각이었다. 그래서 사전에 봉기군을 동원하는 구호를 발표했다. "푸른 하늘(한 나라)은 이미 죽고, 누른 하늘(장각이 스스로를 칭하는 말)이 열리려 한다. 때는 바로 갑자년이니 천하가 크게 길하리라." 이를 간략히 하면 "황천태평(黃天泰平)"이었다. 수도와 주 · 군의 여러 궁부의 문 위에 모두 백토로 '갑자'라는 두 글자를 써놓았다. 대방의 장군인 마원의(馬元義)가 수도에 도착해 봉기군을 배치했으며, 낙양에서 멀리 떨어져 있는 형주와 양주의 신도 수만 명을 업성(鄴城, 하북성 임장[臨漳])에 집결시킨 후 낙양 인근의 여러 주와 군의 봉기군과 협력해 낙양을 공격하려 했다. 그러나 장각의 한 제자가 배신해 영제에게 이런 사실을 밀고했다. 영제는 마원의를 체포해 죽이고, 또 호위병과 수도 내 태평도 신도 천여 명을 죽였을 뿐만 아니라, 기주(冀州) 관리에게 장각을 체포하라는 명을 내렸다. 장각은 급히 사람을 파견해 여러 봉기군에 소식을 알리고 즉시 봉기를 일으킬 것을 지시했다. 봉기군은 황건을 착용하는 걸 표식으로 했기 때문에 이들을 '황건군'이라 불렀다. 장각·장보(張寶)·장량(張梁) 등 삼 형제가 봉기를 일으켜 관부에 불을 지르고 관리를 죽이고 지주의 성을 허물자 주와 군의 관리들이 뿔뿔이 도망쳤다. 각지의 황건군이 폭풍처럼 호응하면서 밀고 들어오자 전 통치계급은 크게 흔들렸다. 황건군이 불시에 봉기를 일으키자 이들을 두려워 한 영제는 당인의 죄를 전부 면제해주었으므로 통치계급이 동원되기 시작했다. 대 호강 출신인 황포숭(皇甫嵩)·유생 출신인 노식(盧植)·소호강 출신인 주준(朱俊)과 동탁(董卓)·조조(曹操)·유비·손견(孫堅) 등 수많은 도당(徒黨)들이 한결같이 황건군을 향해 공격했다. 여러 차례의 큰 전쟁을 치른 후인 음력 11월 장각 형제가 황포숭 등에게 살해당했다. 황포숭 혼자서 황건군 20여 만 명을 학살했는데 매 군(郡)에서 학살된 자가 적어도 수천 명에 달했다. 황건군의 봉기는 심각한 타격을 받아 1년도 못가 실패로 끝났다. 그러나 청·서·예 등 주와 군의 황건군은 계속해서 전쟁을 치렀다. 청주의 황건군은 전사가 30만 명이며 여기에 남녀노소까지 합치면 백여만 명이나 되었다.

189년 영제가 죽자 황자인 유변(劉辯)이 황위에 올랐다. 하태후가 조정에 나와 정무를 보고 하진(何进)이 조정을 장악했다. 사회 하층(도호[屠戶]) 출신인 하진이 하층 호강인 동탁(董卓)의 힘을 빌려 환관을 죽이려 했지만 오히려 하진이 환관에게 살해당하는 생각지 못한 일이 벌어졌다. 그러자 사족(士族, 선비 가문)의 대 호강 출신인 원소(袁紹)가 출병해 환관 2천여 명을 죽임으로써 환관 집단을 뿌리 채 뽑아버렸다. 동탁이 군사를 이끌고 낙양에 도착해 원소를 쫓아낸 후 황자 유변을 폐위시켰다. 그리고 하태후를 죽이고 헌제(獻帝)를 황위에 앉혔다. 수많은 죄를 지은 외척과 환관이 함께 사라지면서 동한 조정도 사실상 함께 없어진 셈이었다. 동시에 호강들이 공개적으로 전쟁을 치르기 시작하면서 사회는 크게 파괴되는 분열시대로 들어서게 되었다.

3. 분열시기(헌제에서 동한 멸망까지)

동탁은 양주(涼州)의 하층 호강이었다. 그의 부하는 모두 지방의 지주나 강족(羌族)과 호족(胡族)의 추장이었다. 동탁이 군사를 이끌고 낙양으로 쳐들어간 후 황제가 되려는 생각을 감추지 않았다. 각자 다른 속셈이 있는 사족과 조관들은 왕윤(王允)을 위수로 하고, 외관은 '도둑 토벌'을 구호로 삼은 원소를 위수로 해 서로 호응하면서 동탁에 반대했다. 192년 왕윤이 동탁을 죽였다. 동탁의 부하였던 이각(李傕)·곽사(郭汜) 등이 왕윤과 조관을 죽이고 장안성을 점령한 후 노소를 가리지 않고 백성을 학살했다. 헌제가 지지자를 잃으면서 황제의 명호도 유명무실해졌다. 원소의 집안은 4대에 거쳐 5명이 삼공을 지냈으며, 사족 가운데서는 최고의 명문귀족이었다. 원씨 집안의 문생과 옛 관리가 천하에 널리 퍼져 있어 최대 규모의 개인단체를 이루었다. 원소가 출병해 동탁을 토벌하자고 호소할 때부터 각지 대 호강들은 이미 할거와 혼전을 시작하고 있었다. 원소의 동생인 원술(袁術)이 남양을, 유표(劉表)가 형주를, 공손도(公孫度)가 요동(遼東)을, 원소가 기주(冀州)를, 공손찬(公孫瓚)이 유주(幽州), 유연(劉焉)이 익주(益州)를, 조조가 연주(兗州)를 각각 차지했다. 동탁이 살해되기 전에는, 동탁을 정벌하겠다던 이른바 의병들이 이미 할거 혹은 혼전을 시작했거나 준비 중이었다. 동탁이 살해된 후 원소가 기·청·유·병(并)의 4개 주를 점령해 북방에서 가장 강한 할거자가 됐다. 원술도 원씨 집안의 세력을 등에 업고 강회(江淮) 일대에서 황제를 자칭하며 도읍을 수춘(壽春)으로 정하고 남방의 최대 할거자가 됐다. 190년부터 208년까지 19년 동안, 황하유역은 도살장이나 다름없었다. 동탁파에 속하는 호강은 낙양 이서 지역에서, 원소 파에 속하는 호강들은 낙양 이동지역에서, 그 외의 대 호강들이나 지방의 수많은 소 호강들이 수시로 사처에서 혼전을 치렀다.

19년 동안 호강들이 혼전을 겪는 와중에도 통일을 실현하려는 백성들의 의지가 여전히 그 힘을 발휘했다. 할거세력이 점차 억제되면서 사회는 나날이 통일의 방향으로 나아갔다. 그 당시 통일 추세를 대표한 자가 바로 최대의 정치가이자 군사가(천문학자이기도 함)이며 사족들로부터 '난세의 간웅'라 불리던 조조(曹操)였다. 조숭(曹嵩)의 아들인 조조는 환관 가족 출신으로 사족에 속하지는 못했다. 처음에는 작은 관리를 지냈으며, 영제 말년에 영천군의 황건군을 진압한 바 있었다. 동탁이 반란을 일으킬 당시, 그는 조·하후(夏

侯, 조숭의 본성은 하후임) 두 집안의 몇몇 형제와 조카를 골간으로 해 군사들을 모집해 원소를 맹주로 한 동탁 토벌군에 참가했다. 192년 조조가 연주를 점령하고 청주 황건군을 격파해 투항 졸병 30만 명을 얻게 되었다. 그중 정예병을 뽑아 청주병(靑州兵)이라 불렀다. 이때부터 조조는 독립적인 세력을 형성해 점차 원소에게서 분리돼 나갔다. 196년 헌제가 낙양에서 곤경에 빠졌다. 이 때 조조는 예주의 황건군을 격파한 후 여남군(汝南郡)과 영천군(穎川郡)을 얻었다. 그는 직접 군사를 거느리고 헌제가 영천군의 허창(許昌)에 오는 걸 맞이했다. 그리고 그는 헌제의 명의로 시행령을 발표하고 정치적으로 주도권을 장악하면서 강대한 세력을 자랑하던 원소와 나머지 할거자들이 모두 피동적 위치에 처하게 됐다. 같은 해, 좃는 전관(田官)을 설치하고 유민을 모집해 허창에서 농지를 개간하게 했다. 또 농업과 뽕나무 산업을 회복하고 연주와 예(豫)주의 군들도 농지를 개간하고 양곡을 축적하도록 했다. 그리하여 튼튼한 군사적 기반이 점차 다져졌다. 조조는 "황제의 명의로 말을 듣지 않는 제후들을 호령하고, 농업생산을 발전시켜 군용 물자를 축적하는 2가지 방침"을 실행하면서 정치적으로나 군사적으로 엄청난 재능을 보였다.

북방의 사족 중 일부는 호강의 혼전 과정에서 죽고 또 일부는 옛 주인에게 의탁했는데 다수가 원소에게로 갔다. 일부는 강동으로 도망쳐 손책(孫策)에게 고용되기도 했으며, 또 일부는 형주로 찾아가 유명한 선비인 유표에게 의탁하기도 했다. 그리고 요동과 극남(極南)의 교주(交州)로 멀리 도망친 자도 있었다. 이처럼 도망치고 남은 사족이 얼마 되지 않은 데다 조조가 환관 가정 출신이었기 때문에 사족을 불러 모으기가 더욱 어려웠다. 하지만 다양한 방법과 수단을 동원해 순욱(荀彧)·사마의(司馬懿) 등의 마음을 얻었다. 197년부터 전쟁을 계획 있게 추진했다. 먼저 종요(鍾繇)를 파견해 조정의 명에 따라 관중에 도착한 후 한수(韓遂)·마등(馬騰) 등 상당한 규모를 갖춘 대 할거자 10여 명을 안정시키게 했다. 조조가 군을 거느리고 황제를 자칭하는 원술을 격파하자 원술이 회수를 건너 남쪽으로 도망쳤다. 198년 조조가 용맹스럽고 전쟁에 능한 여포(呂布)를 죽이고 서주(徐州)를 얻었다. 200년 1대 10의 연약한 병력으로 관도(官渡)에서 땅이 넓고 군사가 강한 원소를 격파했다. 그 후 해마다 공격해 205년에는 원소 군이 전부 궤멸됐다. 이로써 조조는 기·청·유·병의 4개 주를 얻었다. 11년간의 전쟁을 통해 북방의 대 할거자가 죽거나 투항하면서 황하유역이 통일되었다. 208년 조조가 유표를 정벌해 형주를 얻었다. 조조와 대항할만한 병력을 가진 자는 오와 회계 등 6개 군을 점령하고 있는 손권

(孫權)과 명성이 높고 정예병 만여 명을 보유한 유비(劉備)뿐이었다.

원술 파의 대장인 오군 출신 손견이 191년 원술을 위해 형주의 유표를 죽이려 했다가 오히려 유표 군에 사살됐다. 손견이 죽은 후 그의 아들인 손책(孫策)이 원술에게서 손견의 옛 장군과 부하 총 천여 명을 데려왔다. 195년 원술의 허락을 받은 후, 군사를 이끌고 강동으로 쳐들어가 크고 작은 할거자를 격파하고 회계 등 5개 군을 얻었다. 이어 여강(廬江)군의 격파에도 성공하여 원술 부곡(部曲)의 3만여 명을 얻었다. 손책은 주유(周瑜)의 의견을 받아들여 주유가 거느린 강회 사족을 골간으로 내세우고 장소(张昭)를 위수로 한 북방 사족들과 결합해 6개 군의 땅에 유력한 손씨 정권을 세웠다. 200년 손책이 죽자 동생 손권(孫權)이 즉위했다. 조조가 형주를 점령했을 때 손씨 정권은 이미 아주 확고한 기반을 조성하고 있었다.

유비는 저명한 유학자인 노식(盧植)의 학생이자 한 황제의 동족으로, 호강들의 혼전 과정에 큰 명성과 덕망을 세우면서 무사는 강하나 책사가 약한 유비집단을 형성했다. 조조는 자신과 유비를 당시 사회의 천하 영웅으로 인정했다. 사족에 대한 유비의 호소력이 더 높았기 때문이었다. 조조에 쫓긴 유비가 형주로 도망쳐 유표에게 의탁했다. 이 때 뛰어난 책사인 제갈량(諸葛亮)과 북방으로 망명한 사족이 유비 집단에 가입하면서 유비의 세력이 전에 없이 확대됐다.

유표가 죽자 유표의 아들 유종(劉蹤)이 형주의 군사를 거느리고 조조에게 투항했다. 북방군 15~16만 명, 형주의 투항병 7~8만 명을 포함해 조조 군은 80만 대군으로 불렸으며 군사적으로 절대적인 우세를 장악했다. 하지만 조조 군에도 약점이 많았다. (1)형주 군사가 부득이하게 투항하면서 군대의 투지가 크게 동요됐다. (2)북방 군사가 남방의 수토(水土)에 적응하지 못해 전투력이 떨어졌다. (3)조조 군의 후방이 견고하지 못했다. 특히 마초(馬超)·한수 등의 군대가 관서를 할거하며 허창(許昌)을 위협했다. (4)조관(朝官, 조신) 가운데 적잖은 사족들이 조조를 반대했다. 조조 군에 많은 약점이 있는 만큼 장기전보다는 속전속결을 하는 것이 더욱 유리했다. 그러니 유종(劉琮)이 투항하자 교만해진 조조는 자신의 세력이 강하다고 여기면서 손권이 반드시 투항하러 올 것이라 믿었다. 따라서 군사 배치에서 실패할 수 있는 빈틈을 보였다. 손권은 땅이 작고 군사가 적었고 정예병도 3만 명에 불과해 장기전은 더욱 할 수 없었다. 유비는 유기(劉琦)의 군사까지 합쳐도 2만 명이 되지 않았기 때문에 필사적으로 싸우지 않으면 살 길이 없었다. 조조

군이라는 강적의 압력 하에 손권과 유비는 동맹을 결성했다. 208년 주유(周瑜)가 적벽(赤壁, 호북 가어[嘉魚]현)에 진군해 화공법으로 조조 군을 격파했다. 조조는 더 이상 전쟁을 치를 엄두를 내지 못하고 남은 군사를 거느리고 북방으로 도망쳤다. 적벽대전은 삼국 분립의 형세를 결정했다.

적벽대전 후 손권이 형주의 대부분을 차지했다. 유비는 무릉(武陵)·장사(長沙) 등 4개 군을 취하면서 살아갈 수 있는 기반을 얻었다. 214년 익주를 얻고 성도(成都)를 중심으로 발전해 훗날의 한(漢)나라가 됐다. 손권은 건업(建業, 남경시)을 중심으로 광주(廣州)·교주까지 영토를 확장하면서 훗날의 오(吳)나라가 됐다.

212년 조조가 여러 제후와 장군을 만나 자신을 국공(國公)으로 추대할 것을 제안했다. 사족의 영수인 순욱(荀彧)이 즉시 이에 반대했으므로 조조는 순욱을 흔적을 남기지 않고 모살했다. 이듬해에는 헌제에게 자신을 위공(魏公)에 봉할 것을 요구했다. 그리고 도읍을 업(鄴, 하북성 임장[臨漳]현 경내)으로 정하고 일련의 관직을 새롭게 만들어 중요한 관직을 맡았던 한(漢)관에게 위(魏)관으로 신분을 바꾸게 했다. 216년 조조가 위왕(魏王)에 오르자 사족 영수인 최염(崔琰)이 조정을 원망하다가 결국 조조의 압박에 못 이겨 자살했다. 220년 조조가 죽자 아들인 조비(曹丕)가 왕위를 이었다. 조비는 조조 파 사족 신분인 진군(陳群)의 건의를 받아들여 명확한 법령을 세워 구품관인법(九品官人法)을 정하고 각 주에 대중정관(大中正官)을, 각 군과 현에서 소중정관(小中正官)을 설치하고, 본주·군·현의 선비를 평가하도록 했다. 대소중 정관에 오른 자는 당연히 고급 사족과 일부 중급 사족 출신이었다. 그들이 관리로 천거한 자들도 고급 혹은 중급 사족이었다. 저급 사족은 하품(下品)으로 밖에 되지 못했으며, 비천한 사람은 아예 품(品)에 들지도 못했다. 조비는 고급·중급 사족과 교환하면서 다시는 한파를 옹호하지 않기로 했다. 그해 조비는 헌제라는 황제 명호를 취소하고 위 황제(위문[(魏文帝])로 자칭했다.

221년에는 유비도 성도에서 한 황제라고 자칭했다. 222년에는 손권이 오왕으로, 229년에는 오 황제라고 자칭했다.

4. 삼국의 정립

219년 오나라 군이 형주를 함락시켰다. 221년 소열제(昭烈帝)를 자칭한 유비가 직접 대군을 거느리고 오나라를 공격해 형주를 되찾으려 했으나 이듬해 오나라 장군 육손(陸遜)에게 패해 백제성(白帝城, 사천성 봉절[奉節]현 동북)으로 도주했다. 223년 유비가 죽자 후주(后主) 유선(劉禪)이 즉위했다. 후주는 멍청하고 어리석은 군주였기 때문에 한나라 정치는 주로 제갈량에 의해 다스려졌다.

제갈량은 융중(隆中, 호북성 양양[襄陽]성 남쪽)에서 은둔생활을 했는데, 207년 처음으로 유비와 천하의 정세를 논하면서 아래와 같은 계획을 세웠다. 형주와 익주를 차지하고 익주 서부의 오랑캐들과 화해하는 한편 남쪽 이월(夷越)을 달랜다는 것이었다. 또 내정을 바로잡고 대외적으로는 손권과 손을 잡는다. 북방에 변고가 생기기를 기다렸다가 형주군은 남양과 낙양을 공략하고, 주력인 익주 군은 진천(秦川), 농서(隴西)일대에서 군사를 일으켜 백성들이 귀순하도록 해 천하를 점차 안정시킨다는 계획이다. 한나라는 제갈량의 관리 하에 군사적 힘을 키웠다. 226년 위문제가 죽자 그의 아들인 명제(明帝)가 황위를 물려받았다. 227년 위나라를 공격하기 위해 제갈량이 대군을 거느리고 면양(沔陽)에 주둔했다. 이듬해 봄 조운(趙雲)에게 편군(偏軍)을 거느리고 기곡(箕谷, 섬서 포성[褒城]현 경내)에 주둔할 것을 명하고 미(郿, 섬서성 미현)를 공격할 것이라고 소문을 내고 자신은 직접 주력군을 이끌고 기산(祁山, 감숙 서화[西和]현 서북)을 공격했다. 한나라 군은 정연하고 법령이 엄해 관중 일대에 크게 위엄을 떨치자, 남안(南安 · 천수(天水) · 안정(安定) 3개 군이 위나라를 배신하고 한나라에 귀순했다. 위나라 장군 조진(曹真)이 대군을 거느리고 미를 지켰으며 노장인 장합(張郃)이 보병과 기병 5만 명을 거느리고 한나라 주력군을 대적했다. 제갈량은 마속(馬謖)을 선봉으로 내보냈는데 지휘를 제대로 하지 못해 가정(街亭, 감숙성 태안[泰安]현 경내)에서 크게 패했다. 제갈량은 하는 수없이 남은 군사를 끌어 모아 한중(漢中)으로 돌아갔다. 그해 겨울, 산관(散關, 섬서성 보계[寶雞]현 서남)으로 군사를 파견해 진창성(陳倉城, 보계현 동북)을 포위했으나 양곡이 떨어지자 군대를 철수했다. 229년 제갈량이 위나라를 공격해 무도(武都) · 음평(陰平)두 군(郡)을 점령했다. 231년 제갈량이 기산(祁山)을 포위하고 사마의의 군을 격파시키려 했으나 양식이 떨어지자 퇴각하다가 도중에 장군 장합을 쫓아가 죽였다. 234년 제갈량은 대군을 거느리고 오장원(五丈原, 섬서성 미현 서쪽)에 주둔해 군사를 나눠 둔전하면서 장기적으로 주둔하기 위한 준비를 했다. 사마의는 굳게 지키기만 할 뿐 출병해 대결하려 하지 않았으므로 그런 상태가 100여 일간 지속되는 사이 결국 제갈량은 병으로 죽고 한나라 군은 퇴각했다. 제갈량이 죽자 장완(蔣琬)·비의(費褘)가 차례로 정권을 잡고 위에 대해 방어 태세를 취했다. 위나라 보병과 기병 10여 만 명이 한중을 공격했지만 승리하지 못했다. 253년 후부터 강위(姜維)가 거의 해마다 군사를 동원해 위를 공격했다. 그러나 병력만 낭비했을 뿐 결국 수비할 힘마저도 잃게 되었다. 263년 위의 사마소(司馬昭)가 한나라를 멸했다.

오나라 오나라(吳國)는 불안정한 나라다. 불안정성은 여러 분야에서 나타난다. 오나라는 형벌이 잔혹하고 부(賦, 조세와 조[調], 병역[兵役])가 과중했다. 통치집단 내부에서는 서로 간에 의심했다. 정권을 뒷받침해주는 군대의 군사가 생산에 종사하는 노예로 전락했기 때문에 군대라고 할 수조차 없었다.

손권의 가정은 아주 혼잡했다. 애처들은 서로 황후가 되기 위해 쟁탈했고 아들들은 서로 태자가 되려고 싸웠다. 가정 내 싸움은 조정까지 영향을 미쳤는데 관리들도 적자와 서자를 옹호하는 두 파로 갈라져 싸웠다. 손권은 끝내 태자 손화(孫和)를 폐위시키고 손량(孫亮)을 태자에 봉했다. 적자 옹호파였던 육손(陸遜)·고담(顧譚)·장휴(張休) 등이 처벌을 받으면서 두 파벌 간의 원한은 더욱 깊어졌다. 손권이 죽자 손량(孫亮)이 즉위했다. 종실 손림(孫琳)은 손량을 폐위시키고 손권의 여섯 번째 아들인 손휴(孫休)를 황위에 올렸다. 손휴가 죽자 손화의 아들인 손호(孫皓)가 오 황제 자리에 올랐다. 손호는 잔폭하고 음탕하기 그지없었다. 게다가 옛 원한을 마음 속 깊이 묻었던 그는 복수를 위해 대신과 종족을 대거 살해했다. 손권의 잔폭한 정치가 손호(孫皓) 때에 이르러 절정에 달했다.

오는 강동(江東)에 나라를 세웠지만 동남지역의 개발에는 뚜렷한 성과를 거뒀다. 장강 중하류에 위치한 오나라는 동한시기보다 경제 문화가 훨씬 발전했다. 동한 말년 중원과 강소·절강 일대에서 형주와 양주에 유입된 수많은 유랑민들이 각 지역의 발전한 생산기술을 가져오면서 강동지역의 농업과 수공업이 발전했다. 경제발전을 기반으로 새로운 대도시가 나타났다. 양한 시기 강동에는 대도시가 오(吳)밖에 없었다. 211년 손권이 도읍을 오에서 말릉(秣陵)으로 옮겼다. 이듬해 석두성(石斗城)을 만들고 건업(建業)이라 이름을 바꿨다. 220년 손권이 도읍을 악(鄂)으로 옮기고 무창(武昌)으로 개명했다. 229년 손권은 육손에게 태자 손등(孫登)을 보좌해 무창을 지키라고 하고는 다시 건업으로 돌아갔다. 건업과 무창은 군사적으로 중요한 도시였을 뿐만 아니라 상업 분야에서도 오보다 한 단계 높은 도시였다. 이 두 도시의 창립은 장강 중하류가 한 단계 개발됐음을 의미했다.

오는 해군을 기반으로 나라를 세웠으며 선박이 5천여 척에 달했다. 해군의 주력은 장강에 있었지만 항해 규모는 엄청났다. 230년 손권이 장군 위온(衛溫)·제갈(諸葛)을 파견해 1만여 군사를 태운 대형 함대를 이끌고 단주(亶州)와 이주(夷州, 대만)로 향해 이주인 수천 명을 포로로 잡았다. 233년 장군 하달(賀達)에게 군사 1만 명을 거느리고 항해해 요동에 이를 것을 명했다. 239년 장군 손이(孫怡)를 파견해 요동을 공격해 그곳 인구를 포로로 잡았다. 242년 장군 섭우(聶友)에게 군사 3만 명을 이끌고 주애(珠崖)·담이(儋耳, 해남도)를 공격하게 했다. 손권은 방대한 규모의 항해를 이끈 창시자로서 여러 차례 항해를 실천했다. 그는 비록 인구를 포로로 잡는데 목적을 뒀지만 당시 이토록 방대한 함대를 갖췄다는 것 자체만 봐도 대단한 일이라 할 수 있다.

280년 진무제(晉武帝) 사마염(司馬炎)이 군대를 여섯 무리로 나눠 오나라를 공격했다. 두 무리는 양주로, 세 무리는 형주로, 나머지 한 무리의 수군은 한나라의 투항병들로 편성됐는데 큰 선박에 태워 강을 따라 동쪽으로 내려가게 했다. 오나라 군은 싸우기도 전에 뿔뿔이 흩어졌다. 진(晉)의 수군이 건업에 당도하자 손호가 투항하면서 오나라는 멸망했다.

위(魏)나라 조조의 위나라 창립은 암흑 통치가 행해지고 호강들이 혼전을 빚고 있던 동한사회가 점차 안정세를 찾아가고 있음을 의미했다. 그는 양한 시기의 조세제도를 폐지하고 전조(田租)로써 매 무(畝)당 4되(升)를 바치게 하는 것 외에 가구당 비단 두 필, 솜 두 근을 바치게 하고, 그 외에 추가적으로는 징수하지 않았다. 호강들의 합병을 엄격히 제한했으며 호강들이 하층인이나 가난한 사람들을 압박해 조세를 대신 내게 하는 행위를 엄격히 금지시켰다. 특히 구부전(口賦錢), 산부전(算賦錢)의 폐지는 상인들이 농민을 착취할 수 있는 기회가 줄어든 것이나 다름없기 때문에 농민들에게는 유익한 조치였다.

조조는 동한시기의 많은 악정을 개혁했다. 하지만 악정의 근원인 사족들의 정치적 독점지위는 개혁하지 못했다. 더구나 사족 세력은 조 씨 정권이 유명무실한 유 씨 정권을 대체하는 걸 방해하기에 충분한 실력을 갖추고 있었다. 그리하여 조조는 동한시기의 효도·청렴을 기준으로 한 선거제(選擧制)를 변통해 "불인불효(不仁不孝)하지만 치국용병술에 대해 아는 자"라면 비천한 사람일지라도 관리로 임명키로 해 이로써 사족의 세력을 약화시키려 했다. 그러나 여전히 힘을 갖고 있던 이들 씨족들이 자신이 앞날을 계속해서 가로막자 '주문왕(周文王)'으로 등극하여, 허명만 남은 유(劉)씨 세력을 억제하겠다는 마음을 먹고 아들 조비에게 한나라를 대체할 수 있는 문제를 처리하게 했다. 그러나 220년 조조가 죽자 위문제(魏文帝, 조비)는 구품관인법을 시행해 사족은 관리에 오를 특권이 있음을 인정했다. 또 공경 이하의 관리에게 등급에 따라 우축(牛畜)과 객호(客戶)를 나눠줬으며 경제적으로는 우대정책을 누릴 수 있도록 했다. 이 때문에 조비는 사족의 옹호를 받아 한나라의 명호를 폐지하고 위나라를 세웠다. 그러자 사족 가운데서 한나라를 지지하던 세력들도 조용히 사라졌다. 그런 점에서 위나라 정권은 사족정권이라 할 수 있다. 위문제는 환관과 외척이 정치에 간섭하지 못하도록 명확한 법령을 시행했다. 그리하여 동한시기에 이르러 외척·환관·관료(사족) 등 3개 집단 사이의 투쟁을 겪으면서 위나라 때에 와서야 사족이 최후의 승자임이 확정되었다. 위문제가 도읍을 낙양으로 정하고 한나라 황궁 유적지에 궁전을 대거 건설했다. 명제(明帝)는 궁전과·원유(苑囿, 화원, 정원)를 대대적으로 지었을 뿐만 아니라, 민간에서 미인을 뽑아 들여 음탕하기 그지없는 생활을 누렸다. 게다가 재산을 마음대로 탕진했기 때문에 백성들의 원한이 하늘을 찔렀다. 이로써 조씨 정권은 쇠퇴 단계에 들어서게 되었다. 239년 위명제(魏明帝)가 죽었다. 249년 사마의가 대장군 조상(曹爽)을 죽이고 정권을 장악했다. 이로써 위나라는 사실상 멸망하고 말았다.

사마의는 고급 사족 출신이었다. 조조가 죽은 뒤 사마의는 위나라의 유일한 전략가였다. 위명제가 죽기 전에 조상·사마의에게 같이 어린 조방(曹芳)을 보좌할 것을 위탁했다. 그러나 사마의의 상대가 아닌 조상은 결국 그에게 살해당하면서 조 씨 정권이 사마씨 정권으로 바뀌었다. 사마의와 그의 아들 사마사(司馬師)·사마소(司馬昭)가 차례로 정권을 잡으면서 혹한 수단으로 조씨 집단의 사람들을 멸족시켰다. 254년 사마사가 조방을 폐위시키고 조모(曹髦)를 위제(魏帝)로 앉혔다. 260년 사마소가 조모를 죽이고 조환(曹奐)을 위제로 앉혔다. 265년 사마소의 아들 사마염(司馬炎, 진무제[晉武帝])이 선양방식으로 위를 멸하고 진(晉)나라를 세웠다. 진나라의의 설립은 사마씨를 위수로 한 사족이 원래 사족이 아닌 조씨 조정을 뒤덮으면서 사족제도가 보다 공고해졌다는 점을 말해준다. 263년 사마소가 한나라를 멸하고 280년 진무제가 오를 멸했다. 약 100년의 대란과 분립을 거쳤다가 진 무제(晉文帝) 때에 와서 다시 통일이 실현되게 되었던 것이다.

1. 서진의 정치개황

진무제가 진조를 설립한 후 오랜 세월에 거쳐 심각하게 파괴된 사회의 생산력을 회복시키기 위해 일련의 조치를 취했다. 즉 (1) 주와 군의 병권(兵权)을 없앴다. 오나라를 멸하던 그 해에 진무제가 주와 군 관리의 병권을 해제하라는 명을 내렸다. 병역은 동한 말년부터 농민들의 가장 심각한 부담으로 되어 있었다. 그리하여 주와 군의 군사를 없애면서 농민들이 지방 병역으로 징집되지 않아도 되었기 때문에 생산력을 회복하는데 의미가 컸다. (2) 둔전제(屯田制)를 폐지하고 점전제(占田制)와 기타 부속된 과전제(課田制)를 실시했다. 사마소가 한나라를 멸한 이듬해 바로 둔전관(屯田官)을 면직시켰으며, 각급 전농관(典農官)을 군수·현령 등 문관의 직무로 개칭했다. 268년 진무제가 전농관을 군현관으로 고친다는 조서를 내렸다. 이로써 둔전제가 점차 폐지됐다. (3) 부세(賦稅)제를 제정했다. 부(賦)는 호조(戶調, 호구세)이고, 세(稅)는 전조(田租, 토지세)였다. 양한 시기에는 호부(戶賦)로써 돈을 내야 했다. 조조가 가구당 비단 2필에, 솜 2근을 바치도록 규정을 수정했으며, 진조에 이르러 호조는 위나라 때보다 비단 한 필과 솜 한 근이 더 많아졌다. (4)왕공과 관리의 논밭을 제한했다. 국왕·공작·후작은 수도에 주택 한 곳씩 소유할 수 있었다. 그리고 수도 인근에 논밭을 차지할 수 있지만 관직의 높고 낮음을 가리지 않고 논밭 규모를 제한했다. (5) 율령을 수정했다. 양한시기의 율령은 아주 번잡했다. 위나라 때에 일정 부분을 개혁했지만 여전히 간단명료하지 못했다. 사마소가 양호(羊祜)·두예(杜預) 등 저명한 유학자와 중신 14명을 모아 위나라 율령을 수정했다. 그는 과중한 세금을 없애는 한편, 깨끗하고 투명한 부분은 그대로 보존해 새로운 율령 20편, 620조를 제정했다. 268년 새로운 율령이 수정을 거쳐 반포됐다.

서진(西晉)의 정치제도는 사실상 사족제도 즉 문벌제도였다. 사마의부터 사마소에 이르기까지, 후한 대우로 사족을 매수해 사마씨 집단을 이루었다. 진무제가 진나라를 세우면서부터 고급 사족에 대한 태도는 갈수록 관대해졌다. 고급 사족이 정치에서 누리는 권력은 구품관인법 차원에서 보장받았다. 그러니 자연히 "높은 관직에 오르면 못사는 집이 없고 낮은 관직의 집안은 세가가 될 수 없는 현상"이 나타났다. 고급 사족의 세력이 보다 공고해지면서 여러 가지 모순도 따라서 첨예해졌다. 진무제는 위나라가 제왕을 감금하고 황실을 고립시킨 뒤 사마의 부자가 사족과 힘을 합쳐 조씨 정권을 탈취하는 것을 직접 봤다. 그래서 그는 주나라 때의 분봉제도를 회복하고 황족·종실을 국왕에 봉함으로써 제왕이 황실을 보호하고 사족에 대항하기를 바랐다. 그러나 현실은 그의 바람과는 정반대로 돌아갔다. 제왕의 정권 쟁탈이 대란을 부른 것이다.

진무제 때 이미 대란이 일어났다. 290년 진무제가 죽자 그의 아들 혜제(惠帝)가 황위를 물려받았다. 양준(楊駿)·양황후(楊皇后)가 정권을 빼앗으면서 대란은 궁정에서부터 시작됐다. 291년 가황후(賈皇后)가 양준을 죽이고 정권을 빼앗았다. 가황후는 여남왕(汝南王) 사마량(司馬亮)에게 정무를 보좌하게 하고 초왕(楚王) 사마위(司馬瑋)를 시켜 사마량을 죽였다. 그리고 나서 가황후는 또 사마위를 죽였다. 대란의 범위가 궁정에서 점차 종실·제왕에까지 번졌다. 300년 조왕(趙王) 사마륜(司馬倫)이 가황후를 죽였다. 301년 사마륜이 진혜제를 폐위시킨 후 스스로 황제를 자칭했다. 이때 대란이 제왕들 사이의 대혼전으로 범위가 넓어졌다. 제왕(齊王) 사마경(司馬冏)·성도왕(成都王) 사마영(司馬穎)·하간왕(河間王) 사마옹(司馬顒)이 각각 무장봉기를 일으켜 사마륜을 뒤덮으려 했다. 사마륜은 전쟁에서 패하고 살해당했다. 진혜제가 다시 황위에 오르고 사마경이 보좌했다. 302년 사마옹과 장사왕(長沙王) 사마예(司馬乂)가 힘을 합쳐 사마경을 공격하여 살해했다. 303년 사마옹, 사마영이 사마예를 전복시키기 위해 봉기했다. 이들이 낙양성을 공격하자 사마예는 성을 지키기 위해 필사적으로 싸웠다. 결국 쌍방의 백성과 군사 수만 명이 죽었다. 304년 사마예가 살해당했다. 사마영이 업(鄴)을 점령하고 황태제·승상으로 칭했다. 사마옹은 장안을 점하고 태재(太宰)·대도독(大都督)이라고 칭했다. 동해왕(東海王) 사마월(司馬越) 등은 진혜제의 명을 받고 출병해 사마영을 공격했다. 사마영이 사마월을 격파하고 진혜제를 포로로 잡았다. 사마월이 동해국으로 도주해 귀속했으며 사마옹은 부장 장방(張方)에게 낙양성에 입성해 주둔하라고 명했다. 유주(幽州) 도독 왕준(王浚)이 병주(并州) 도독 동영공(東瀛公)·사마등(司馬騰)과 함께 출병해 사마영을 전복시키려 했다. 왕준이 일부 선비(鮮卑)·오환(烏桓) 출신을 기병에 편입시켰다. 사마영도 흉노 좌현왕(左賢王) 유연(劉淵)에게 사람을 보내 도와줄 것을 청했다. 유연이 흉노 오부병(五部兵)을 파견해 이석(離石)을 근거지로 삼아 호를 대선우(大單于)라고 정했다. 제왕 간 대 혼전이 이때부터 여러 민족 간의 대혼전으로 범위가 훨씬 확대됐다. 사마영이 패하자 진혜제의 명을 받고 낙양으로 도망쳤다. 하지만 장방에게 붙잡혀 장안으로 호송됐다. 그때 사마옹이 조정을 독점했다. 305년 사마옹은 또 사마영을 시켜 제군(諸君)을 통솔해 전쟁을 돕도록 했다. 사마월이 사마옹을 전복시키기 위한 전쟁을 벌였는데 결국은 사마옹의 패전으로 끝났다. 306년 사마월이 사마영을 살해한 뒤 진혜제를 독살하고 진회제(晉懷帝)를 황위에 앉혔다. 그리고 또 사마옹을 죽이고 자신이 최후의 승자라고 생각했다. 309년 사마월이 진회제의 심복을 죽이고 자신의 심복을 낙양에 파견해 진회제를 감시하게 했다. 사마월이 왕공대신과 함께 낙양을 떠나면서 유연의 부장 석륵(石勒)을 공략할 것이라고 말했다. 311년 사마월이 죽고 석륵이 사마월의 군을 전멸시키고 낙양성을 점령했다. 팔왕지란(八王之亂)은 한 무리의 짐승들이 미친 듯이 서로 싸우는 한 폭의 그림이었다. 사마씨 집단의 잔인함과 부패함이 그 미친 전쟁에서 여실하게 보여졌다. 이로부터 3백 년에 걸친 전쟁과 분열이 지속되면서 황하유역에 거주한 한족과 타 민족 모두 엄청난 재난에 휘말리게 되었다.

2. 16국의 대란

서진(西晉)이 망한 후 내륙으로 옮겨온 흉노, 갈(羯), 선비, 저강(氐羌) 등 민족과 한족 지방세력이 각기 북방의 여러 지역을 차지하고 나라를 세우고 칭제하면서 서로 간에 공격전을 펼쳤다. 동북에서 서북에 이르기까지, 100여 년간 차례로 16개 소국이 나타났다. 그동안 흥하고 망하는 나라가 수없이 많았으며 혼전이 끊이질 않았다. 이 같은 혼전 상태가 오랜 세월동안 지속됐다.

한(漢) — 308년(진[晉] 영가[永嘉] 2년)에 흉노 유연(劉淵)이 한 황제를 자칭하며 도읍을 평양(平陽, 산서성 임분[臨汾])에 정했는데 2년 후 병으로 죽었다. 황위를 물려받은 유총(劉聰)이 부장 유요(劉曜)·석륵 등에게 출병하여 낙양을 공격할 것을 명했으며 그때 진회제를 포로로 잡았다. 318년 유총이 죽자 유찬(劉粲)이 즉위했으나 부장 근준(靳準)에게 살해당했다. 유요가 군사를 이끌고 장안을 점령해 진민제(晉愍帝)를 포로하고 황제를 자칭하면서 국호를 조(趙, 전조[前趙])로 바꿨다. 석륵이 근준을 멸하고 한나라 도읍 평양을 공격해 황실에 불을 질렀다. 그리고 조왕(후조[後趙])을 자칭하며 도읍을 양국(襄國, 하북성 형대[邢臺])에 정했다.

전조(前趙) – 흉노 출신인 유요가 유연을 선조로 받들었으며 갈족 석륵과 서로 싸웠다. 328년 유요가 전쟁에 패해 포로가 되면서 전조는 멸망했다.

후조(后趙) – 328년 석륵이 유요를 살해하고 330년에 황제를 자칭했으며 동진(東晉)과는 회수(淮水)를 경계로 삼았다. 333년 석륵이 죽고 석륵의 조카 석호(石虎)가 조나라 정권을 빼앗았다. 335년 도읍을 업으로 옮겼다. 349년 석호가 죽었다. 이듬해 석호의 양자인 한족 출신 염민(冉閔)이 후조를 멸하고 남녀노소를 불문하고 갈족은 몽땅 살해하라는 명을 내렸는데 살아남은 사람이 없었다. 전후로 총 20여 만 명을 죽였다.

위(魏) – 염민이 칭제한 후 국호를 위로 고쳤다. 염민은 한족을 제외한 타민족을 참담하게 살해했다. 그러니 자연히 반발이 거세질 수밖에 없었다. 석호의 아들 석지(石祗)가 양국을 점령하고 황제로 자칭했다. 한족이 아닌 타민족인 주와 군의 관리, 그리고 무장들이 모두 석지를 호응했다. 351년 석지가 모용준(慕容儁, 전연[前燕]·강족 요과중[姚戈仲], 후진[後秦])과 힘을 합쳐 염민을 협공했다. 염민이 크게 패하고 문무관과 군사 10여 만 명이 죽었다. 염민이 속한 서주·예주·연주 그리고 낙양을 지키던 장수들이 진에 투항하면서 동진의 세력이 또다시 북방으로 돌아왔다.

전연(前燕) – 선비 모용부의 추장인 모용외(慕容廆)가 진으로부터 관작을 받고 진의 번속(藩屬)국인 셈이 됐다. 서진 말년 대란이 일어나 일부 사족 그리고 각 주, 군의 유랑민들이 요하유역으로 도주해 피난했는데 규모가 수만 가구에 달했다. 모용외가 사족 배외(裴嵬)등 이들의 보좌를 받아 완전 한(漢)화된 선비국을 건립했다. 333년 모용외가 죽자 그의 아들 모용선(慕容銑)이 즉위했다. 337년 모용황(慕容皝)이 연왕(燕王)을 자칭했으며 명의상으로는 여전히 동진 왕조를 존봉했다. 342년 모용황이 전쟁에서 거듭 승리해 영지를 확대했으며 도읍을 용성(龍城, 요녕성 조양[朝陽]현)으로 옮겨 동북방의 강대한 나라가 됐다. 348년 모용황이 죽고 그의 아들 모용준이 즉위했다. 349년 모용준이 후조를 공격해 유주를 취하고 도읍을 계(薊, 현재의 천진시 계현)으로 옮겼다. 352년에 위나라를 멸하고 이듬해 황제를 자칭했다. 357년 모용준이 도읍을 업으로 옮기고 하남의 주와 군을 공격해 빼앗았으며 동진을 공략하려고 준비했다. 360년 모용위(慕容暐)가 즉위하고 귀족이 정권을 쟁탈하기 위한 내란을 일으키면서 전연은 멸망의 변두리에 이르렀다. 369년 동진의 환온(桓溫)이 보병 5만 명을 이끌고 연나라를 공격했다. 연나라 군이 잇달아 패전하면서 진군의 사기가 크게 높아졌다. 하지만 방두([枋頭], 하남성 준[浚]현 서남쪽)]까지 쫓아갔다가 매복해 있던 전연 군사들에게 격퇴 당했다. 370년 전진(前秦)의 왕맹(王猛)이 진나라 군사를 이끌고 연을 공격해 업성을 점령하고 모용위를 포로로 잡자 전연국이 멸망했다.

전진(前秦) - 저족(氐族)의 추장 부홍(符洪)이 10여 만 명을 이끌고 석호에게 투항, 귀속했다. 그 뒤 부홍이 죽고 그의 아들 부건(符健)이 관중을 차지했으며 352년 칭제하고 국호를 진(秦)으로, 도읍을 장안에 정했다. 355년 부건이 죽었다. 357년 부견(符堅)이 스스로 황위에 올라 호강을 진압하는 한편, 백성들을 잘 먹이고 쉬게 해 민력(民力)을 증강시켰다. 연을 멸한 후 왕맹(王猛)에게 관동 6개 주를 정리하게 했다. 청렴하고 효도하는 자를 군현관으로 선발하고 모용 때의 악정을 폐지했다. 373년 부견이 동진의 촉지(蜀地를 공략해 점령했다. 376년 전량국(前涼國)을 멸하고 황하 유역과 장강 상류의 지역을 점령했으며 동진을 멸하기로 결심했다. 378년 부견이 아들 부비(符丕) 등에게 보병 7만 명을 이끌고 진의 양양(襄陽)을 공격하라는 명을 내렸다. 이듬해 양양을 공격해 점령하는 과정에서 동진의 수장 주서(朱序)가 포로됐다. 다른 한 군대는 진의 회남(淮南) 등 여러 성을 공격했으며 삼아(三阿, 강소성 고우[高郵縣]현 서북)까지 쳐들어갔으나 진(晉)의 장군 사석(謝石)·사현(謝玄)에게 패해 퇴각했다. 383년 부견이 군사를 대거 출동시키라는 명을 내렸다. 부융(符融) 등에게 보병 25만 명을 이끌고 선봉대로 작전을 펼칠 것을 명하고 자신은 직접 보병 60만 명, 기병 27만 명을 거느리고 강을 건너 진(晉)을 멸하려 했다. 동진의 장군 사석·사현 등이 군사 8만 명을 거느리고 진군(秦軍)에 맞섰다. 부견은 주서를 보내 사석 등을 투항하도록 설득하려 했다. 주서가 사석에게 진(秦)나라 군사 백만 명이 오고 있는데 그 기세가 대단하다며 아직 도착하기 전이니 빨리 공격해 그들의 선봉대를 격퇴시킨다면 대군도 뿔뿔이 흩어질 것이라고 밀고했다. 사석 등이 주서의 계략대로 정예병 5천 명을 낙간(洛澗, 안휘성 회원[懷遠]현 경내)에 파견했다. 진(秦)나라 군사가 패전해 흩어지면서 회수를 건너 황급히 도망쳤는데 군사 총 1만 5천명이 물에 빠져 죽었다. 사석이 수군과 육군을 인솔해 공격을 가했다. 진군(秦軍)은 비수(淝水)를 지키고 있었다. 이때 사현이 부융에게 사람을 보내 진군(晉軍)이 강을 건너 결전할 수 있도록 진군(秦軍)에게 조금 뒤로 물러나라고 일렀다. 진(秦)군이 물러나자 진(晉)군이 강을 건너 맹추격했으며 부융이 탄 말이 넘어지는 바람에 부융은 살해됐다. 진(秦)군이 패전해 흩어지면서 군사 중 절반이 죽었다. 부견은 남은 군사를 이끌고 낙양으로 물러났는데 군사가 겨우 10여만 명 밖에 남지 않았다. 비수대전은 남북의 대립 국면을 결정하는 결정적인 전쟁이었다. 그 후부터 북방 제국이 더는 남하하지 않았다.

후연(后燕) – 384년 모용수(慕容垂)가 연제(燕帝)를 자칭하며 도읍을 중산(中山, 하북성 정[定]현)으로 정했다. 모용수가 죽자 아들 모용보(慕容寶)가 즉위했다. 397년 위(魏)군이 중산을 공격해 점령하자 모용보가 도읍을 용성(龍城)으로 옮겼다. 409년 고구려 출신인 고운(高雲)이 연나라 황제 모용희(慕容熙)를 죽였다. 이로써 후연도 멸망했다.

남연(南燕) – 400년 모용덕(慕容德)이 활대(滑台, 하남성 활현)에서 연나라 황제를 자칭했다. 모용덕이 죽자 모용초(慕容超)가 즉위했다. 410년 동진의 유유(劉裕)가 북벌 전쟁에 나서 모용초를 죽였다. 이로써 남연도 멸망했다.

북연(北燕) – 409년 한족 출신인 풍발(馮跋)이 고운을 죽이고 용성을 점령한 후 연천왕(燕天王)을 자칭했다. 풍발이 죽자 동생 풍홍(馮弘)이 황위에 올랐다. 436년 위가 북연을 멸했다.

전진(前秦)의 잔여 부대(前秦殘部) – 386년 부견의 족손인 부등(符登)이 농동(隴東, 감숙성 평량[平涼]현)을 점거하고 진제(秦帝)를 칭했다. 부등과 요장(姚萇)이 여러 해 동안 혼전을 치르던 중 394년 부등이 전쟁에서 패해 요흥(姚興)에게 살해당했다. 저족 국가가 강족에 의해 결국 소멸됐다.

후진(后秦) – 요장(姚萇)은 강소당(羌燒當)족 출신이다. 384년 요장이 북지(北地, 섬서성 부평[富平]현)를 점령하고 진왕(秦王)을 자칭했다. 385년 요장이 부견을 죽이고 장안을 점령하고 나서 진제(秦帝)를 자칭했다. 요장이 죽고 그의 아들 요흥을 황제로 앉혔다. 요흥이 즉위한 첫 해, 부등이 정권을 잡은 전진을 멸했다. 400년 서진을 격파하고 항복을 받아냈다. 403년 후량을 멸했다. 요흥이 통치한 20여 년간, 후진이 서방 강국으로 발전했다. 416년 요흥이 죽자 아들 요홍(姚泓)이 즉위했다. 417년 동진 유유가 후진을 공격해 멸했다.

서진(西秦) – 385년 농서(隴西) 선비족의 추장 걸복국인(乞伏國仁)이 선비부락의 10여만 명을 집결해 농서를 점령하고 대선우(大單于)라고 자칭했다. 388년 걸복국인이 죽고 그 아우 걸복건귀(乞伏乾歸)가 즉위했다. 400년 걸복건귀가 패전해 후진에 투항해 후진의 속국이 됐다. 409년 걸복건귀가 진왕을 자칭하고 도읍을 원천(苑川, 감숙성 정원[靖遠]현 서남)에 정했다. 걸복건귀가 죽은 뒤 아들 걸복치반(乞伏熾磐)이 즉위했다. 414년 남량을 멸했다. 428년 걸복치반이 죽고 아들 걸복모말(乞伏暮末)이 즉위했다. 서진의 여러 국왕은 모두 호전적이었기 때문에 해마다 강인(羌人)·흉노·토욕혼인(吐谷渾人, 청해 유목 민족, 추장은 선비 모용부 귀족)과 혼전을 치렀다. 431년 걸복모말이 하 왕조에 패해 멸망했다.

하(夏) – 혁련발발(赫连勃勃)은 흉노족의 추장이다. 처음에는 요흥 부속이었지만 407년 대하(大夏) 천왕을 자칭했다. 413년 혁련발발이 백성 10여 만 명을 동원해 통만성(統萬城, 섬서성 횡산[橫山]현 서부)을 지어 수도로 정했다. 성의 기반 두께가 30보(步)이고 높이는 6장(丈)이 넘었다. 성 내 궁전의 벽두께는 3장이 넘었고 증숙토(蒸熟土)로 쌓았기 때문에 도끼와 칼도 갈 수 있을 정도로 아주 단단했다. 418년 혁련발발이 장안을 공격해 취하고 황제를 자칭했다. 425년 혁련발발이 죽고 아들 혁련창(赫連昌)이 즉위했다. 이듬해 위나라가 하 왕조의 정벌에 나서 통만으로 쳐들어와 장안을 점령했다. 427년 위나라가 통만을 점령했다. 혁련창이 상방성(上邽城, 감숙성 천수[天水]현 서남)으로 도주했다. 428년 혁련창이 위나라에 포로가 됐다. 혁련정(赫連定)이 평량을 점령하고 위(魏)군을 격파했다. 혁련정과 위나라는 해마다 전쟁을 치렀다. 431년 혁련정이 서진을 멸하고 진나라 백성 10여 만 명을 포로로 잡아 하서(河西)로 도주하려 했으나 강을 건너는 도중에 위나라의 속국인 토욕혼의 공격을 받아 멸망했다.

후량(后涼) – 376년 부견이 전량을 멸했다. 383년 씨족 출신의 대장 여광(呂光)에게 보병 7만 명과 기병 5천 명을 거느리고 서역 제국을 공격할 것을 명했다. 이듬해, 여광이 구자국(龜玆國) 관군과 제국 구원군 수십만 명을 격파하자 서역 30여 개 나라가 귀순해 왔다. 여광이 낙타 2만 여 마리에 서방의 진귀한 보물·문물을 싣고 천축(天竺)의 유명한 고승 구마라십(鳩摩罗什)과 함께 동으로 돌아왔다. 386년 양주를 점령한 후 도읍을 고장(姑臧, 감숙성 무위[武威]현)에 정하고 후량국을 건립했다. 여광이 죽자 제자들이 서로 죽이고 약탈했다. 403년 요흥이 후량을 멸한 후 구마라십을 얻고 불교를 대거 흥기시켰다.

남량(南涼) ─ 397년 하서 선비족 추장인 독발오고(禿发乌孤)가 금성(金城, 감숙성 고란[皋蘭]현 서북])을 점령하고 서평왕(西平王)을 자칭했다. 이때 황하 남선비족 12부 대인들이 모두 귀순했다. 독발녹단(禿发傉檀) 때에 이르러 414년에 걸복치반에게 멸망됐다.

북량(北涼) ─ 저거몽손(沮渠蒙逊), 흉노족의 추장이다. 401년 저거몽손이 여광의 반란군 장수인 단업(段業)을 죽이고 장액(張掖)을 점령하고 장액공을 자칭했다. 412년 고장(姑臧)을 점령하고 하서왕을 자칭했다. 414년 유유가 북벌에 나설 것이라는 소문을 들은 저거몽손이 동진에 사람을 보내 신하를 자칭했다. 420년 서량을 멸했다. 저거몽손이 서량의 7개 군을 점령했다. 서역제국은 교통이 서로 통한데다 재물이 풍부하고 전쟁이 적었기에 경내에서 불교를 대대적으로 발전시켰다. 433년 저거몽손이 죽고 아들 저거무건(沮渠茂虔)이 즉위했다. 439년 위나라가 북량을 멸했다.

서량(西涼) ─ 양주의 대성인 이고(李暠)가 400년에 돈황(敦煌)을 차지하고 양공(涼公)을 자칭했다. 405년 도읍을 주천(酒泉)으로 옮기고 한족을 동원해 저거몽손의 통치를 전복시키려 했다. 417년 이고가 죽자 아들 이흠(李歆)이 즉위했다. 420년 저거몽손이 서량을 멸했다.

이상의 여러 나라 외에도 서진·양주 자사(刺史) 장궤(張軌)가 서진이 동란에 빠져 있을 때 주(州)를 지키며 진(晉)의 충신으로 자처해 한인의 옹호를 받았다. 그의 후손이 양왕(전량)으로 칭했으며 결국 전진의 정벌로 멸망했다.

서진 말년에 파족(巴族)인 이특(李特)이 관서 6군의 굶주린 백성 10여 만 명과 함께 먹을거리를 찾아 촉나라 땅으로 넘어갔다가 진(晉)나라 관군에게 진압 당했다. 303년 이특이 성도(成都) 성을 공격했다가 관군에게 잡혀 살해당했다. 그의 아들 이웅(李雄)이 아버지의 뒤를 이어 백성을 이끌었다. 304년 성도(成都)를 공격해 빼앗은 후 익주(사천)을 점령하고 성도왕을 자칭했다. 306년 황제를 칭하고 국호를 성(成)으로 정했다. 그 후손이 국호를 한(漢)으로 바꿨다. 347년 동진 군이 성도를 공략하는데 성공하면서 한나라가 멸망했다.

　16국 대란은 130여 년간 지속됐다. 317년 선비족 탁발(拓跋)씨가 평성(平城, 산서성 대동[大同])에 위(魏)나라(즉 북위[北魏])를 건립하고 여러 나라를 모두 궤멸시켰다. 황하 유역이 북위의 통치 아래서 또 다시 통일을 실현했던 것이다.

1. 남조 다섯 조대의 교체

동진(東晉) 서진에서 전란이 일어나자 북방의 사족들은 전쟁을 피해 뿔뿔이 강남으로 도망쳤다. 건강(建康, 강소성 남경[南京])을 진수(鎭守)하던 낭야(琅琊)왕 사마예(司馬睿)가 북방 사족의 옹호를 받아 317년 강남에서 진(晉)나라를 다시 세웠다. 사학자들은 이 시기를 동진(東晉)이라 부른다.

동진의 주요 지지자는 중원의 고급 사족인 왕도(王導)였다. 왕도가 북방에서 온 사족들을 끌어 모아 골간으로 육성했으며, 남방 사족과 연계해 그들의 보좌를 받아 남북방 사족의 영수가 됐다. 남방의 강종대족(强宗大族), 예를 들면 오군(吳郡) 고씨(顧氏)·육씨(陸氏)·의흥군(義興郡) 주씨(周氏)는 모두 부곡(部曲)을 가진 대지주로, 북방 사족들이 자신들의 이익을 침범하는 걸 용납하지 않았다. 왕도는 교기법(僑寄法)을 제정해 남방 사족세력이 약한 지역에 교주(僑州)·교군(僑郡)·교현(僑縣)을 세워 북방에서 도주해 온 사족과 백성들을 안치했다. 진원제(晉元帝) 때 정치적으로는 왕도에, 군사적으로 왕돈(王敦)에 의탁했다. 그 당시 중요한 관직의 다수를 왕씨 집안에서 장악했다. 사람들은 "왕씨와 사마씨가 천하를 함께 가졌다"고 말하기도 했지만 사마씨 집안 세력이 왕씨 집안보다 훨씬 약했다. 진원제가 왕씨 집안의 세력을 약화시키기 위해 아첨쟁이 유외(劉隗)와 조협(刁協)을 심복으로 삼아 비밀리에 군사를 배치했다. 왕도가 밀려났지만 여전히 예전과 같은 태도로 일관했다. 사족들은 여전히 그를 동정하면서 오히려 유외와 조협이 고립됐다. 왕돈이 기회를 틈타 유외와 조협을 밀어내고 왕도의 억울함을 갚아주겠다는 빌미로 권력을 빼앗을 음모를 꾸몄다. 322년 왕돈이 진을 뒤엎기 위해 무창에서 봉기를 일으켰다. 유외 등이 전쟁에서 패하자 왕돈이 건강에까지 쳐들어갔다. 그러나 왕도와 조관들이 소극적으로 저항했기 때문에 권력을 빼앗으려던 왕돈의 계획이 실패로 돌아갔다. 왕돈은 하는 수없이 무창(武昌)까지 퇴각했다. 323년 진원제가 울분으로 병에 걸려 죽자 진명제(晉明帝)가 즉위하고 왕도가 다시 정무를 보좌했다. 기회가 왔다고 생각한 왕돈은 더욱 치밀하게 황위를 빼앗을 음모를 꾸몄다. 324년 군사를 파견해 건강을 공격했지만 진군에 패했다. 왕돈이 병으로 죽자 황위 쟁탈전도 일단락됐다.

진원제(晉元帝)·진명제 재위 기간이 합쳐서 총 9년인데 이 때 동진이 건립됐다고 볼 수 있다. 진성제(晉成帝)가 즉위하자 환온(桓溫)이 권력을 잡았다. 347년 환온은 한나라를 멸하고 촉지를 수복하면서 명성을 널리 떨쳤다. 그러나 동진 조정은 그에게 의구심을 품고 은호(殷浩)를 끌어들여 국정에 참여하게 했다. 환온은 전진과 전연 정벌에 나섰지만 결국 모두 실패했다. 373년 진 효무제(晉孝武帝)가 즉위했다. 환온이 죽자 사안(謝安)이 집권했다. 환온의 동생 환충(桓沖)이 형주자사를 지내면서 사안과 한 마음이 되어 황실을 보좌했다. 동진 조정 내부에 전에 없는 화목한 분위기가 형성됐다. 383년 비수(淝水)대전에서 진군은 부견이 이끄는 남부 침략군을 물리쳤다. 사안은 전진(前秦)군이 전쟁에서 패한 기회를 틈타 사현(謝玄) 등에게 여러 장수를 통솔해 북벌할 것을 명했다. 384년 서·연·청·사(司)·예·양(梁) 등 6개 주를 수복했다. 385년 진의 장군 유뢰지(劉牢之)가 하북 명도시인 업성에 입성했다. 이는 동진 설립이래 전승 후 최대 규모의 토지 확장이었다. 진 효무제는 이부동모의 아우 회계(會稽)왕 사마도자(司馬道子)를 중용했다. 사마도자는 간사한 자를 임용하면서 그들과 힘을 합쳐 사안을 배척했다. 385년 사안이 병으로 죽자 조정은 모두 사마도자가 장악하게 됐다. 사마도자는 아들 사마원현(司馬元顯)에 위탁해 조정을 관리하게 했다. 따라서 관리의 품행과 치적이 더할 나위 없이 최악의 경지에 이르렀다. 환현(桓玄)을 맹주로 하는 여러 번진(藩鎮)은 건강 이서의 주와 군을 차지했다. 조정의 정령은 동방의 회계·임해(臨海)·영가(永嘉)·동양(東陽)·신안(新安)·오(吳)·오흥(吳興)·의흥(義興) 등 8개 군에서만 실시될 수 있었으며 잔혹한 착취와 압박 또한 위 8개 군의 백성들에게 집중됐다.

397년 진안제(晉安帝)가 황위를 이었다. 399년 오두미도(五斗米道)의 신도인 사족(士族) 손은(孫恩)이 민심이 혼란한 틈을 타 봉기를 일으켰다. 도당 100여 명을 이끌고 해도

(海島)에서 출발해 상우(上虞)현을 함락한데 이어 회계군까지 공격하여 파괴했다. 이때 이들을 따르는 무리가 수만 명으로 급증했다. 나머지 7개 군에서도 동시에 봉기를 일으켜 진(晉)의 관리를 죽이고 손은에게 호응했다. 열흘도 안 된 사이에 무리가 수십 만 명으로 늘어났다. 401년 손은이 주사(舟師, 수군) 10만 여명을 이끌고 바닷길을 통해 경구(京口)를 기습하고 점차 건강을 압박했다. 사마도자가 두려움에 떨며 어찌할 바를 모르고 있을 때 유뢰지의 부장 유유가 손은의 군대를 물리쳤다. 유뢰지 등 지원군이 건강에 도착했을 때 손은은 해도로 도주했다. 402년 손은이 임해군(臨海郡)에 침입했지만 진군에 패하고 결국 바다에 투신해 자살했다. 손은이 죽은 뒤 노순(盧循)이 수령으로 추대됐다. 하지만 유유에게 쫓겨 바다에 배를 띄워 도주했다. 404년 노순이 광주(廣州)를 함락시키고 연속해서 몇 년 동안을 침입했다. 410년에는 군사 10여 만 명을 이끌고 건강을 압박했으나 유유에게 패하고 노순은 교주 일대로 도망쳤다. 411년 교주자사 두혜도(杜慧度)가 노순을 공격해 살해했다.

환현이 기회를 틈타 상류의 여러 번진을 합병해 동진의 3분의 2를 점령했다. 삼오(三吳)가 무너지면서 진조는 의지할 곳을 잃어 유명무실한 조정이 됐다. 환현은 진을 멸하고 칭제할 수 있는 기회가 왔다고 여기고 손은의 군대가 건강을 압박하는 때에 맞춰 강릉(江陵)에서 대중을 모아 건강을 탈취할 계략을 세웠다. 402년 사마원현(司馬元顯)이 출병해 환현을 공격했다. 환현의 군대가 강을 따라 내려가 건강을 공격해 사마도자와 사마원현을 죽이고 정권을 장악했다. 404년 환현이 진 안제를 폐하고 황제를 칭했으며 국호를 초(楚)로 정했다. 환현이 막 황위에 오른 시점에, 유유가 경구에서 1천 7백 명의 군사를 집결시켜 건강을 공격했다. 환현은 강릉으로 도주했다. 진의 군사는 환현을 죽이고 환씨 집안을 멸족시켰다. 유유는 진안제의 황제 명의를 회복하고 북벌을 적극 준비했다. 410년에 남연을 멸하고, 417년에는 후진을 멸했으며 동관(潼關)에서 청주까지의 강토를 점령했다. 420년 유유가 진제를 폐하고 스스로 송나라(宋朝)를 세우고 황제(송 무제[宋武帝])를 칭했다. 동진은 총 11대의 황제를 거쳤으며 총 104년 동안을 통치했다.

송(宋) 유유가 세운 송나라는 황제가 대권을 독점했다. 주요한 보좌직에는 비천한 집안 출신을 선발 임용했으며 원래 높은 문벌 집안 출신은 명성은 높지만 실질적인 권력은 작은 관리직에만 임용되어 황제의 믿음을 얻기 어려웠다. 사족의 정치세력을 약화시키고 황제 전제의 중앙집권을 실행했다. 송나라의 통일 국면은 강번(強藩)들이 할거하던 동진보다 훨씬 나았으며 정권도 크게 집중됐다. 422년 송무제 유유가 죽었다. 423년 북위가 송을 공격해 사주(司州, 낙양을 다스림) 전체와 청주·연주·예주의 대부분을 북위가 다시 빼앗았다. 424년 송문제(宋文帝)가 즉위했다. 송문제가 장강 유역을 통치한 30년간, 동진 이후에 전에 없이 번영하는 국면을 맞이했다. 남방 경제와 문화가 송문제 원가(元嘉) 연간에 와서야 실질적으로 발전하기 시작했다. 송문제는 강성한 국력을 바탕으로 늘 위나라를 공격하며 황하 이남의 땅을 수복하려 했다. 위 태무제(魏太武帝)는 용맹하고 전쟁에 능했다. 그도 황하 유역을 통일한 후 강남을 점령하려는 욕망을 품었다. 450년 남과 북에서 전성기를 누리는 국가가 생사존망의 전쟁을 치렀다. 군사가 강대한 위나라에 비해 송나라는 군사가 약했기 때문에 중원을 진격하는 과정에서 실패를 거듭하며 국력이 크게 떨어졌다. 그러나 위나라도 승리를 거두지는 못했다. 우이(肝眙)를 공격했지만 실패해 물러나면서 군사의 절반 이상이 죽거나 다쳤다.

송문제에 이어 황제가 된 송 효무제는 폭군이었다. 여러 아우들(송 문제의 아들)과 조카들을 거의 모두 살해했다. 의심과 시기를 받은 문무대신 중 일부는 살해되고 일부는 성까지 내주며 위나라에 투항했다. 466년 서주자사 설안도(薛安都) 등이 위나라에 투항해 위나라 군과 힘을 합쳐 송나라 군을 물리쳤다. 송나라 회하 이북의 청주·기주·서주·연주 4개 주와 예주 회하 이서의 9개 군을 위나라에 빼앗겨 남조의 강토가 또 한 번 대폭 줄어들었다. 472년 송 명제가 죽고 아들 창오(蒼梧)왕이 즉위했으며 내란이 더욱 치열해졌다. 남연주 자사인 소도성(蕭道成)이 내란 속에서 세력을 키웠다. 479년 송나라를 멸하고 제조(齊朝)를 건립했다. 송나라는 총 60년간 존재했다.

제(齊) 제고제(齊高帝) 소도성은 남란릉(南蘭陵, 강소성 무진[武進]현)에 거주했다. '포의소족(布衣素族, 비천한 가문)' 출신인 그는 애초에 황위를 빼앗으려는 야심이 없었다. 송명제는 종실과 문무대신을 대거 살해하고 자손들이 대대손손 황위를 물려받을 수 있기를 바랐다. 그러나 실제로는 오히려 소도성을 위해 황제대업을 개척한 격이 됐다. 제고제가 유학자 유환(刘瓛)에게 오래도록 안정되게 대업을 이어갈 수 있는 방법을 물었다. 유환은 너그러워야 한다고 대답했다. 그는 송나라가 멸망한 것도 참혹하고 악랄했기 때문이라고 말했다. 또 만약 지난 교훈을 받아들여 너그러움으로 사람을 대한다면 위험한 고비를 안전하게 넘길 수 있지만 그렇잖을 경우 안정은커녕 위험뿐일 것이라고 말했다. 제고제는 유환의 말을 받아들여 송 효무제 이후의 폭정을 개혁하고 검소함을 제창했다. 그는 "내가 천하를 10년간 다스릴 수 있게 된다면 황금과 흙의 가치를 똑같아지게 할 것"이라고 늘 말했다. 백성들에 대한 착취가 송나라 때보다 가벼웠기 때문에 제고조의 정권을 안정시킬 수 있었다. 그는 4년간 황제로 살다가 죽기 전에 황위를 이을 제무제(齊武帝)에게 신신당부했다. 유씨(劉氏) 집안이 혈육끼리 서로 죽이지 않았다면 우리가 어찌 혼란한 틈을 타 정권을 빼앗을 수 있었겠느냐며 이를 반드시 명심하라고 일렀다. 제무제는 유언에 따라 아우들을 죽이지 않았을 뿐만 아니라 조정도 그나마 엄격하게 이끌어 나갔으며 경 내외에서 10여 년간 전쟁이 일어나지 않아 남조 민중들이 휴양하며 살아갈 수 있는 시기를 가질 수 있었다. 제명제(齊明帝)가 즉위한 후 또다시 송명제의 방식을 본 받아 제고제·제무제의 아들들을 죽여 내란을 일으켰다. 그의 계승자인 동혼후(东昏侯)도 송 창오왕처럼 사람을 흉악하게 마구 죽였기 때문에 대신들마다 두려움에 떨었으며 결국 내란이 폭발했다. 501년에 옹주자사(진[鎭] 양양[襄陽]) 소연(蕭衍)이 군사를 일으켜 건강에 쳐들어왔다. 502년 소연이 제조를 멸하고 양조(梁朝)를 세웠다. 제 왕조는 총 23년간 존재했다.

양조 양무제(梁武帝) 소연도 남란릉(南蘭陵)에 거주했던 소족(素族)이었다. 그는 일찍 문학에 남다른 재능을 보여 심약(沈約)·임방(任昉) 등 저명한 문인들과 나란히 이름을 떨쳤다. 그는 498년에 옹주자사(雍州刺史)로 임명됐으며 제 왕조에서 내란이 일어난 틈을 노려 진(鎭)에서 군사를 일으킬 준비를 했다. 그는 군사를 일으킨 다른 이들보다 훨씬 주도면밀했기 때문에 단 한 번으로 제업을 이뤄냈다. 그 당시 북조는 이미 쇠퇴해져 대거 남침할 힘이 없었으므로 남·북조 간에 생사존망을 가리는 큰 전쟁이 발생하지 않았다. 양무제는 동진이 사족의 힘에 의존해 나라가 100여 년간 존재했지만 황제는 권력이 없고 대족들이 조정을 장악했다는 점을 파악했다. 송·제 두 왕은 모든 왕들을 진장(鎭將)으로 내세우고 권력을 황제에게 집중시켰다. 하지만 골육상잔으로 인해 정권을 소족에게 빼앗겼다. 양무제는 그런 경험을 바탕으로 두 가지 기본방침을 세웠다. 즉 백가 사족의 권리를 회복하고 제왕의 권력을 증강시킴으로써 삼조(三朝의 장점으로 단점을 보완해 장기적인 안정을 이루겠다는 것이었다. 유학을 흥기시키고 예와 악을 만들어 실시하도록 했다. 불교를 크게 발전시켜 이로써 유현(儒玄) 간의 문제를 해결했으며 수백 권의 책을 저술해냈다.

양무제 소연은 48년간 재위했으며, 말년에 후경(侯景)의 반란이 일어났다. 북위의 교활한 정객인 후경이 양조에 투항할 의향을 밝혔다. 양무제는 중원을 통일시킬 수 있는 기회가 생긴 줄로 알고 진위여부를 가리지도 않은 채 뭇 신하의 경고도 마다하고 후경의 투항을 받아들였다. 그런데 후경은 투항을 미끼로 실제로 양조의 대권을 빼앗으려는 속셈이었다.

그는 양무제의 조카 소정덕(蕭正德)과 결탁해 안팎으로 서로 호응하며 건강을 포위했다. 549년 후경은 황궁이 위치한 대성(台城)을 함락시키고 양무제를 연금했다. 얼마 지나지 않아 양무제는 굶어죽었다. 태자 소강(蕭崗)이 즉위해 칭제했으나 후경에게 살해당했다. 소정덕이 계략을 꾸며 후경을 죽이려다가 역으로 후경에게 살해당했다. 후경은 건강에서 무절제한 살육과 약탈을 감행했을 뿐만 아니라 삼오(三吳)지역에까지 군사를 파견했다. 551년 강주(江州)를 함락시키고 강릉으로 향했는데 형주자사 소역(蕭繹)에게 패해 도로 건강으로 퇴각했다. 이듬해 소역이 왕승변(王僧辯)과 진패선(陳霸先)에게 건강을 공격하라고 명했다. 후경은 또 다시 패해 도주하다가 부하에 잡혀 살해당했다. 진패선과 왕승변은 양의 황제를 세우는데서 의견이 맞지 않았다. 555년 진패선이 왕승변을 죽이고 소역의 아들 소방지(蕭方智)를 황제로 옹립했다. 557년에 양을 멸하고 진(陳)을 세웠다. 양은 총 56년간 존재했다.

진(陳) 진 무제 진패선과 후계자 진문제(陳文帝)·진선제(陳宣帝)가 진을 통치한 기간은 25년 동안이었다. 양조 말기에 크게 파괴됐던 경제와 문화가 점차 회복됐다. 진선제의 아들 진후주(陳後主, 진숙보[陳叔寶])는 극도로 부패했다. 그는 미인 천명을 선발해 악기를 다루고 노래하게 했다. 군주와 신하가 밤낮없이 술과 노래에 빠져 있었다. 또한 삼각(三閣)을 수십 장(丈) 높이까지 지어 올리는 등 궁실을 대대적으로 건설했는데, 향목을 주 재료로 사용했고 금과 옥·비취 등으로 장식했다. 동진 이후 이토록 사치스러운 건축물은 찾아볼 수가 없을 정도였다. 조세가 과중해 백성들이 견뎌내기 어려웠으며 형벌이 가혹하고 감옥에는 죄수들이 차고 넘쳤다. 589년 수(隋)나라 군이 건강으로 쳐들어오자 진후주는 포로가 되었고 진나라는 이로써 망하게 되었다.

2. 북조 위(魏) · 제(齊) · 주(周)의 흥망

위(魏, 북위) 386년 선비족 탁발규(拓跋珪)가 위나라를 세웠다. 396년 탁발규가 대군 40여 만 명을 거느리고 후연을 공격해 병주(並州)를 점령했다. 그리고 대군을 거느리고 정형(井陘, 하북성 정형현)을 공략했다. 397년 후연국의 도성인 중산(中山, 하북성 정현)을 공격해 강 이북의 여러 주와 군이 모두 위나라 땅이 됐다. 같은 해 탁발규가 도읍을 평성(平城, 산서성 대동시)으로 정하고 이듬해 황제(도무제[道武帝])로 즉위했다.

도무제는 군사 방면에서 주로 전쟁에서 포획한 노예와 재물을 신하와 장군·군사들에게 하사해 그들이 마음에서 우러나 따르게 했으므로 배신해 도주하는 일이 거의 없었다. 정치제도 방면에서는 한족의 봉건제도를 받아들여 정규적인 정치기구를 설립했다. 자사·태수(지방장관)·상서랑(尚書郞, 중앙판사관) 이하의 관직에는 모두 한족 선비를 임용해 한족지역을 통치했다. 경제 방면에서 농업의 중요성이 갈수록 커짐에 따라 선비족 귀족들도 점차 지주로 신분이 바뀌고 목축업이 부차적인 지위로 떨어졌다.

선비족의 종실과 귀족 간의 정권쟁탈이 아주 치열했다. 409년 도무제가 아들 탁발소(拓跋紹)에 의해 살해당했다. 명원제(魏明元帝) 탁발사(拓跋嗣)가 탁발소를 죽이고 위나라 제위를 계승했다. 그는 탁발부(拓跋部)에 소속된 4개 부 대인(大人)과 대추장이 공동으로 관리하던 관례를 적용해 8명의 대신이 함께 조정 사무에 참여하도록 했는데 이들을 팔공(八公)이라 불렀다. 선비족의 귀족과 한족 선비들이 함께 조정 사무에 참여하도록 함으로써 위나라의 긴장된 국면을 어느 정도 완화시켰다.

423년 위 명원제가 죽고 위 태무제(太武帝) 척발도(拓跋燾)가 즉위했다. 그 시기에는 무력이 최절정에 달해 황하유역을 통일시켰다. 태무제는 한인(漢人) 최호(崔浩)의 계략과 선비족의 용맹함을 바탕으로 전쟁에서 거듭 승리했다. 424년~425년 유연(柔然)을 대거 공격함으로써 그들이 막북(漠北)으로 도주해 잠시 남침하지 못하도록 했다. 426년 하(夏)나라를 공격해 장안성을 취했다. 427년 하나라의 도성인 통만(統萬)을 함락시켰다. 428년 하왕 혁련창(赫連昌)을 포로로 잡았다. 431년 하 왕조의 마지막 도성인 평량(平涼)을 점령함에 따라 하왕조는 멸망하고 위나라는 관중을 점령하게 되었다. 432년 북연(北燕)을 공격하고 용성(龍城)을 포위했다. 436년 북연을 멸하고 요하유역을 취했다. 439년 북량(北涼)을 멸하고 양주(涼州)를 취했다. 이때에 이르러서야 황하유역이 또 다시 통일되게 되었다.

태무제(太武帝)의 뒤를 이은 문성제(文成帝)의 재위 기간(452년~465년)에 위나라는 쇠퇴하기 시작했다. 471년 효문제 탁발굉(拓跋宏)이 즉위했다. 그는 484년 봉록제를 실행하고 조세를 추가 징수해 관리들의 봉록으로 지불했다. 부패행위는 엄하게 처벌했다. 또 삼장제(三長制)를 수립하여 주민들에 대한 통치를 강화했다. 다섯 가구를 한 린(一鄰)이라 하고 다섯 린(五鄰)을 이(里)라 하여 이장(里長) 한 명씩 두었다. 또 오리(五里)를 당(黨)으로 계산하고 당장(黨長) 한 명씩을 설치했다. 삼장은 관역(官役, 지방관청에서 시키는 부역 – 역자 주)을 면제했다. 삼장을 수립한 후 균전제(均田制)를 실시했다. 남성이 15살이 넘으면 노전(露田, 나무를 심지 않은 밭) 40무를 분배받고 여성은 20무를 분배받았다. 성인 남자는 뽕밭 20무를 분배 받았다. 노전은 매매할 수 없으며 죽은 후에는 관부에 반환해야 했다. 뽕밭은 세업(世業)으로 자손들에게 물려줄 수 있었다. 노비도 노전을 분배 받았고, 노예는 뽕밭을 받았다. 그 당시는 땅이 넓고 인구가 적었기 때문에 밭을 나눠주는 것이 어려운 일은 아니었다. 균전제를 실시함에 있어서 별로 저항이 없었던 것은 귀족과 사족들이 노비를 대규모로 부릴 수 있는 권리를 인정해줬기 때문이었다.

493년 위 효문제(魏孝文帝)가 도읍을 평성에서 낙양으로 옮기고 한족과의 동화(同化) 정책을 실행했으며, 탁발씨를 한족 성씨인 원씨(元氏)로 고쳤다. 효문제는 한(漢)문화를 아주 깊이 흠모했기 때문에 선비족의 옛 풍속을 바꾸려 했다. 여기에는 정치적 수요에 적응하기 위한 원인도 있었다. 동화시키는 방법으로 대하(大河, 황하) 남북의 한족지역에서 탁발 씨의 통치지위를 보장하려 했다. 이 때문에 수많은 반대와 장애를 물리치고 도읍을 옮기기로 결정했다. 497년 위 효문제가 직접 대군을 거느리고 제(齊)를 공격해 강토를 넓히려 했지만 실패하고 돌아갔다. 이듬해 또 다시 제를 공격했지만 이번에도 또 실패하고 돌아갔다. 499년 제나라 군대가 위나라를 공격했다. 위 효문제가 앓는 몸을 끌고 적을 막으러 가다가 결국 길에서 병으로 죽었다.

효문제가 죽자 위나라는 내란이 끊이질 않았다. 499년 선무제가 즉위했을 당시 국정은 극도로 어지러웠다. 515년 효명제(孝明帝)가 즉위했다. 호태후(胡太后)가 권력을 독차지했는데 음란하고 잔혹하기 그지없었으며 온갖 못된 짓은 다 저질렀다. 519년 위나라가 정년격(停年格)을 실행했는데 관리의 현우(賢愚)를 따지지 않고 재직(在職) 연한에 따라 자격을 인정하여 승진 등용시켰다. 또한 백관의 봉록을 삭감해 황실의 낭비를 보충했다. 그 후에는 아예 바친 물품의 많고 적음에 따라 관직을 팔았는데 탐오를 하는 사람이어야 주장(州長)이나 군장(郡長)직을 맡을 수 있었다. 군현의 작은 관직조차 돈으로 사야 했기 때문에 작은 관리도 부패하긴 마찬가지였다. 백성들이 가난에 허덕이게 됐으며 민심이 크게 흔들렸다.

위 태무제가 북방의 변경지역에 6개 진을 설치하고 군사를 주둔시켜 유연을 방어했다. 조정의 권력자들이 여러 진을 압박 착취했고 여러 진의 군관은 또 국경 수비 군사를 압박 착취했다. 523년 회황진(懷荒鎭)의 국경 수비 군사들이 봉기를 일으켜 진의 장군을 죽였다. 6개 진의 수비 군사들이 잇달아 봉기를 일으켰지만 모두 위나라 군에 의해 진압됐다. 수용(秀榮, 산서성 흔[忻]현) 추장 이주영(爾朱榮)이 현지 군사들의 봉기를 진압했다. 그 당시 이주영은 부락 8천 여 개에, 말 1만 필을 소유하고 있었을 뿐만 아니라 병력이 강대했으며 진양(晉陽, 산서성 태원[太原]시)에 군사를 주둔시키고 있었다. 528년 호 태후가 권력을 독차지한데 원한을 품은 효명제가 이주영에게 군사를 거느리고 낙양에 입성해 호 태후를 협박하라는 밀명을 내렸다. 이주영은 고환(高歡)을 선봉으로 내세워 상당(上党, 산서성 호관[壺關]현)까지 갔을 때 호 태후가 효명제를 살해했다. 이주영은 장락왕(長樂王)의 원자인 유(攸)를 위제(효장제[孝莊帝])에 앉히고 군사를 일으켜 낙양을 공격해 호 태후를 죽였다. 그리고 위나라 백관 2천여 명을 도저(淘渚, 하남성 맹[孟]현)에 집중시켰다. 이주영은 백관이 자만과 사치에 습관화된 데다가 부패하고 잔혹해 혼란을 조성했다면서 전부 살해할 것을 명했다. 이주영은 낙양에 입성한 후 그곳에 오래 머물 엄두를 못 내고 진양으로 되돌아갔다. 530년 이주영이 진양에서 조정에 황제를 알현하러 오게 됐는데 효장제가 군사를 매복시켰다가 이주영이 오자 바로 살해했다. 이주조(爾朱兆) 등이 낙양을 공격해 효장제를 포로로 잡아 진양으로 압송해 죽였다. 고환이 원랑(元朗)을 위제로 앉히고 이주씨(爾朱氏)와 대항했다. 이주조가 대군을 거느리고 쳐들어왔다가 고환에게 패했다. 532년 고환이 업(鄴)을 취했다. 이주조 등이 대군을 거느리고 대거 공격했지만 또 고환에게 패했다. 이주조의 부장인 곡사춘(斛斯椿)이 낙양에서 이주씨와 그 도당들을 대거 죽여 이주씨 세력을 소멸했다. 고환이 낙양에 입성해 원랑을 폐위시키고 원우(元祐)를 위제(효무제[孝武帝])로 옹립했다. 위나라 정권은 이주씨에서 고환에게로 넘어갔다. 고환은 진양에 거주하면서 낙양에 있는 위나라 조정을 통제했다.

효무제가 고환의 협박을 받아 534년 낙양을 도주해 관서(關西) 우문태(宇文泰)에게 의탁했다. 고환이 원선견(元善見)을 위제(효정제[魏孝靜帝])로 옹립하고 도읍을 업으로 옮겼다. 이때부터 북위가 동서 양국으로 분리됐다.

북제(北齊) 동위와 서위는 두 차례의 대전을 거치면서 세력이 엇비슷해져 서로 대치했다. 547년 고환이 죽었다. 549년 고징(高澄)이 위나라의 선양을 받을 준비를 하는 중에 노예 난경(蘭京, 양나라 사람, 포로된 후 주방의 노예가 됨)에게 살해당했다. 고양(高洋)이 고징의 지위를 물려받아 550년에 동위를 멸한 후 제나라(북제)를 세우고 제(齊) 황제(문선제[文宣帝])라고 칭했다. 559년 문선제가 죽고 560년에 고연(高演)이 스스로 황위(효소제[孝昭帝])에 올랐으나 이듬해에 죽었다. 고담(高湛, 무성제[武成帝])가 즉위한 후로 부역이 과중해져 백성들의 원한과 고통이 하늘을 찔렀다. 정치 형세도 문선제 때에 비해 훨씬 뒤처졌다. 자신이 죽은 후 제위가 제왕에게 빼앗길까 두려워진 고담은 565년 제위를 아들 고위(高緯)에게 선양하고 스스로 태상황제를 자칭하며 고위를 보호했다. 568년에 문성제가 죽었다. 고위는 예전의 몇몇 황제보다 더 무능하고 어리석었다. 577년에 고위가 주나라에 포로가 되면서 제나라는 멸망했다.

북주(北周) 우문태가 관서(關西)를 근거지로 삼았는데 백성은 가난하고 군사는 약해 세력이 고환에게 훨씬 뒤졌다. 534년 위 효무제가 낙양을 도주해 우문태에게 의탁했다. 그 후 우문태가 정치적으로 고환과 대적할 수 있게 됐다. 535년 우문태가 효무제를 죽이고 원보구(元寶炬)를 위제(위문제[魏文帝])로 앉히고 위 조정을 철저히 통제했다. 우문태는 원씨로 성을 바꾼 선비족에게 탁발씨로 성을 회복할 것을 명했다. 또 일부 한족 장수들에게도 선비족의 성씨로 고칠 것을 명했다. 예를 들면, 이필(李弼)에게 성 도하씨(徒河氏)를, 양충(楊忠)에게는 보육여씨(普六茹氏), 이호(李虎)에게는 대야씨(大野氏)를 하사했다. 한족의 선비화로 선비족의 한화를 억제하려는 생각이었다. 556년 우문태가 죽고 그의 아들들은 나이가 어렸기 때문에 장수들을 통솔할 수 없었다. 그래서 우문태의 조카인 우문호(宇文護)가 계속해서 정권을 장악했다. 우문호는 서위제(西魏帝)에게 우문태의 적자 우문각(宇文覺)을 주공(周公)에 봉하도록 했다. 그리고 한편으로는 서위(西魏)를 멸할 준비를 차근차근 해나갔다. 577년 우문각이 천왕을 자칭하고 주(周)나라를 세웠다. 같은 해 우문호가 우문각을 죽이고 우문태의 장자인 우문육(宇文毓)을 천왕으로 옹립했다. 559년에 우문육이 황제(주명제[周明帝])로 개칭했다. 이듬해에 우문호가 주명제를 죽이고 우문태의 아들 우문옹(宇文邕, 주무제[周武帝])를 제위에 앉혔다. 572년 주무제(周武帝)가 우문호를 죽이고 모든 정권을 빼앗았으며 주나라는 강성기에 들어섰다. 578년 주무제가 죽고 주선제(周宣帝)가 즉위했다. 579년에 주선제(周宣帝)가 제위를 아들 주정제(周静帝)에게 물려주고 천원황제로 자칭했다. 580년 주선제가 죽고 주선제의 계부인 양견(杨坚)이 정권을 장악했다. 581년 양견이 주나라를 멸하고 수(隋)나라를 세우고 칭제했다(수문제[隋文帝]).

제 3 장
수당오대(隋唐五代)

1. 나라 통일을 공고히 하기 위한 여러 가지 조치

수문제(隋文帝) 양견(楊堅)은 화음(華陰) 양씨 가문에서 태어났다. 화음 양씨 가문은 사대부 가문 중에서도 지위가 높은 가문이었다. 부친 양충(楊忠)은 북주(北周)의 훈신(勳臣)이었다. 주선제(周宣帝)가 죽고 양견이 정사를 보좌하게 되었는데 그가 8세의 주정제(周靜帝)를 폐위시키고 주(周)를 멸하고 수나라를 세웠다. 즉위 후 바로 조서를 발표해 남조(南朝) 진후주(陳後主)의 죄악을 선포했다. 588년에 대군을 일으켜 진(陳)을 토벌해 진후주를 항복시켰다. 이로써 전국 통일을 실현하고 서진(西晉) 시기부터 약 3백년 가까이 지속되어 오던 동란을 결속지었다.

행정 방면 수문제가 정사를 보좌하면서 주선제가 행해오던 폭정을 혁신 폐지했다. 《형경성제(刑經聖制)》를 삭제하고 《형서요제(刑書要制)》를 수정했으며 비교적 관대하게 법률을 적용했다. 또한 한인(漢人)들에게 각자 본래의 성(姓)을 회복케 하고 우문태(宇文泰)가 붙여준 선비족(鮮卑族)의 성을 폐기하도록 명했다. 제위에 즉위한 후에는 북주(北周)의 관제를 취소하고 한(漢)·위(魏)의 구제도를 회복했다. 수문제는 자신이 나라를 너무 쉽게 얻었기 때문에 민심이 불복할까 두려워 늘 경계심을 품고 보국책을 애써 강구했는데 주요한 한 가지가 근검절약하는 것이었다. 그는 태자 양용(楊勇)에게 옛날부터 사치를 좋아하는 제왕의 통치가 오래간 적이 없다면서 태자로서 우선 근검절약을 숭상해야 한다고 훈계했다. 황제가 몸소 근검절약하는 것은 정치 개선의 근본 조건이다. 수문제는 그 조건을 구비하고 정치를 실시하는데 있어서 세 가지를 애써 추진했다. 첫째는 선량한 관리를 장려한 것이다. 둘째는 법을 어긴 관리를 엄히 징벌한 것이다. 그는 신하들을 대함에 아주 엄했는데 늘 사람을 파견해 국도 내외의 문무백관을 정찰하도록 했으며 죄상이 발견되면 엄히 벌하곤 했다. 세 번째는 통치술을 개량한 것이다. 수문제는 민중을 대함에 비교적 너그러웠다. 581년에 수율(隋律)을 제정해 전조(前朝)의 혹형을 폐지했다. 민중이 억울한 사연이 있는데 본 현(縣)의 관리가 모른 체 할 경우에는 주군(州郡)에 상고하는 것을 허용하며 최종적으로 조정에까지 상고할 수 있게 했다.

제도 방면 수문제가 천하를 통일한 뒤 전대(前代)의 여러 가지 제도를 종합해 답습할 것은 답습하고 개혁할 것은 개혁해 수(隋)나라의 제도를 제정했다. 당(唐)에서 청(淸)에 이르기까지 기본적으로 수나라의 제도를 답습했을 정도였다. 물론 개혁한 부분도 적지 않았지만 말이다. 수문제가 제정한 제도는 진제(秦制)와 마찬가지로 모두 다 획기적인 의의가 있었다.

관제 – 북주의 관제를 폐지하고 한·위의 구제도를 회복했다. 중앙관제에는 삼사(三師)·삼공(三公), 그리고 상서(尙書)·문하(門下)·내사[內史. 중서(中書)]·비서(秘書)·내시(內侍. 환관)의 5성(省)을 두었다. 정무를 관리하는 기관은 상서성이었다. 상서성에는 치령(置令) 1명, 좌·우 복사(僕射)가 각각 1명, 그리고 산하에 이부(吏部)·예부(禮部)·병부(兵部)·도관(都官)·도지(度支)·공부(工部)의 6조(曹)를 설치하고 매 조에 상서 1명씩을 두었다. 6조 상서는 36명의 시랑을 각각 인솔했다. 583년에 도지를 민부(民部)로, 도관을 형부(刑部)로 명칭을 바꿨다. 좌복사는 이부·예부·병부 3부의 사무를 담당하고, 우복사는 민부·형부·공부 3부의 사무를 담당했다. 5성 외에 어사(御史)·도수(都水. 수리를 주관, 583년에 폐지) 2대(臺), 태상(太常. 예악 등의 사무를 주관)·대리(大理. 형법을 주관)·국자(國子. 교육)·장작(將作. 궁실 건축을 주관) 등 11사(寺), 좌우위(左右衛. 금위 병사 주관) 12부(府)가 있었다. 그리고 또 상주국(上柱國)에서 도독(都督)에 이르는 11개 등급의 훈관(勳官)을 두었으며 특진(特進)에서 조산대부(朝散大夫)에 이르는 7개 등급의 산관(散官)을 두어 영예칭호로 삼아 공로가 있는 문무 관원에게 수여했다. 6부의 상서가 전국의 정무를 분담했으며 수나라 때 형성된 이 조직구조는 답습되어 청나라 말기까지 줄곧 이어졌다.

예악(禮樂) – 황제가 하늘과 땅의 뭇 신에 제를 지내고 조상과 조정의 길흉 등 대사를 위해 제를 지내는 의례이다. 모든 예악은 역대 나라를 거쳐 전해져 내려왔으며 모두 상세하고 완전한 규정이 있다. 공자 때부터 유가가 예악을 전담해오면서 번잡하고 까다로운 학설들을 쌓았는데 조정에서 예악을 채용했지만 실제로 정치와는 관련이 없는 것이었다. 그러나 이를 어길 경우에는 중국의 황제가 될 수 없었다. 한족이 아닌 자가 중국 황제가 되었을 경우 한족의 전통 예악에 본 민족의 일부 낡은 관례만 넣었을 뿐 많이 바꿀 생각은 감히 하지 못했다. 만약 많이 바꾸게 되면 '이류'로 간주돼 반대를 받게 되었다. 따라서 예악은 정신적인 역할을 하므로 어떠한 봉건조대에서건 모두 중시했다. 수문제는 줄곧 유학을 싫어했지만 예악에 대해서는 중시하지 않을 수 없었다.

형률(刑律) - 581년에 수문제가 고경(高熲)·양소(楊素)·배정(裴政) 등 십 여 명에게 형률을 수정하도록 명했다. 배정을 주요 담당자로 해 위(魏)·진(晉)의 낡은 율에서부터 제(齊)·양(梁) 시기에 이르기까지 여러 조대의 율을 취해 답습과 개혁, 경중 등에 있어서 공평하고 적절하게 하기에 애썼다. 모반죄나 그 이상의 죄를 지었을 경우를 제외하고는 일률적으로 멸족형을 구형하지 않도록 했다. 583년에 형부가 상주문을 올려 아뢰기를 매년 판결하는 사건이 1만 건이나 된다고 하므로 수문제는 범죄자가 많은 것은 율이 너무 엄밀한 탓이라고 여겨 소위(蘇威)·우홍(牛弘) 등에게 명해 형률을 새로 제정하도록 했다. 그로써 사형죄목 81가지, 유배죄목 154가지, 노역형과 장형 등 죄목 1천 여 가지를 삭제하고 5백 가지만 남겼다. 그때부터 형률이 간단명료해졌으며 당·송에서 청에 이르는 여러 나라에까지 이어졌다. 대리사(大理寺)에 율박사(律博士) 8명을 두고 의옥(疑獄)에 대해 토론하게 했으며 전국의 사형수는 모두 대리사의 재심사를 거치도록 했다.

병제(兵制) - 위나라 말부터 제나라에 이르기까지 조정의 숙위병(宿衛兵. 선비족)은 6방(坊)으로 나뉘어 있었다. 6방은 또 6부(府)라고도 했다. 방병(坊兵)은 전쟁에 참가하는 것을 전업으로 하며 생산과는 철저히 이탈했다. 573년에 주무제(周武帝)가 제(齊)를 멸하려고 준비하면서 백성을 모집해 충군하고 민적을 면제해 병농합일(兵農合一) 제도를 회복하고 12위(衛) 대장군에게 통솔하도록 했었다. 6방 군인은 모두 주현관(州縣官)이 관리했으며 농지를 경작하는 면에서는 평민과 동등하게 대우했다. 수문제는 방병제를 폐지하고 부병제를 확대함으로써 막중한 군비 부담에 시달리던 민중들에게 큰 이익을 가져다주었다.

과거(科擧) - 수조에서 등용하는 인재는 주로 북주(北周)의 옛 귀족이었다. 남조의 강남(江南) 사대부 가문과 북제(北齊)의 산동(山東) 사대부 가문은 전통적인 사회적 성망만 유지할 뿐 정치적인 특수 권리는 상실했다. 조정에서 시험법을 채용해 점차 과거제도가 형성됨으로써 사대부 가문은 벼슬길에 오를 수 있는 경로가 생긴 것이다. 587년에 제도를 제정해 매 주(州)에서 매 년 선비 3명씩 추천하도록 했다. 주현(州縣)에서 선비를 추천하는 기준은 글을 훌륭하게 지을 수 있어야 한다는 것이었다. 글을 훌륭하게 지은 선비는 주(州)에서 수재과(秀才科)에 추천해 특별 시험을 볼 수 있었다. 이것이 과거제도의 시작이었다. 남과 북의 선비들이 글재주로 경쟁을 펼치기 시작하면서 위(魏)·진(晉) 후 문벌의 높낮이로 벼슬을 하던 제도가 점차 과거제도에 의해 대체되게 되었다. 과거제도의 중요한 의의는 또 남과 북의 사족(士族. 선비 가문) 간의 경계선을 없앤 데 있었다.

　　도량형(度量衡) – 관리들은 늘 국민들에게서 재물을 더 많이 거둬들이기 위해 도량형이 작던 데서 점점 커져갔다. 수문제가 제정한 도량형은 한 자(尺)가 옛날 잣대의 한 자 두 치(寸) 여덟 분(分)(현재의 9치에 해당함)과 같고 남조 잣대의 한 자 두 치와 같다. 한 말(斗)은 옛날 말의 서 말(현재의 6리터에 해당함)과 같고, 한 근(斤)은 옛날 저울의 서 근(현재의 약 한 근 석 냥, 약 650그램)과 같았다. 고염무(顧炎武)는《일지록(日知錄)》에서 "3대 이후 권량(權量. 저울과 말)제도가 수문제 때에 이르러 바뀌었다"라고 썼다. 이와 같은 대 변혁이 그때 당시 민간의 뚜렷한 저항을 부르지 않았다. 그것은 부역의 경감과 남북통일 후의 경제 번영으로 인해 저울과 말의 급증에 대해 별로 과중한 부담을 느끼지 않았기 때문이었다. 당나라 후부터 역대 나라가 수나라의 제도를 답습했으며 변화가 크지 않았다.

2. 남북통일 후의 경제상황

　　균전(均田)　북제(北齊)의 균전법에 따르면 일반 민중은 남자 한 사람 당 노전(露田. 후에 구분전으로 개칭) 80무, 여자 한 사람 당 40무씩 분배 받았으며 노비도 양민과 같은 수량으로 분배 받았다. 그리고 큰 소 한 마리에 밭 60무를 분배 받을 수 있었으며 소의 마릿수는 4마리를 넘기지 못하도록 했다. 또 성인 한 사람 당 영업전(永業田) 20무씩을 나눠주고 뽕나무나 삼베를 심게 했다. 주무제가 제(齊)의 제도를 따랐고 수문제도 제나라의 제도를 따랐다. 실제로는 부귀한 자가 이미 소유하고 있는 토지를 인정하고 변화시키지 않았던 것이다. 592년에 수문제가 사관(使官)을 파견해 전국 각지를 돌며 균전법을 보급하도록 했는데 땅이 적은 곳에서는 성인 한 사람 당 분배 받은 밭이 적고 노인과 아이들은 더 적었으며 땅이 많은 곳에서는 법에 규정된 기준만큼 충분한 밭을 분배 받았다. 민중들은 인구에 따라 밭을 분배 받았으며 비록 땅이 적은 곳에서 분배 받는 밭이 아무리 적어도 밭이 없는 것보다는 나은 일이었다. 수문제 시기에 경제가 번영한 원인 중 중요한 한 가지가 균전제를 실행한 것이다.

조조(租調)와 요역(徭役) 도지상서(度支尚書) 소위(蘇威)가 주청을 올려 조세와 노역을 줄이고 간소화할 것을 청구했으며 수문제의 허락을 받았다. 그때 규정한 과역법(課役法)에 따르면 남녀 3세 이하는 황(黃)이라 하고 10세 이하는 소(小)라 하며 17세 이하는 중(中)이라 하고 18세 이상은 정(丁. 성인)이라 했다. 정(丁), 즉 성인은 밭을 분배 받고(북제의 제도를 따름) 과(課)를 바치고 복역해야 했다. 60세는 노(老)라 하여 과역을 면제했다. 정남(丁男) 부부를 한 상(床)으로 쳐 과조로 좁쌀 3섬(石), 뽕밭 조(調)로 명주 1필(4장[丈])에 솜 3냥, 삼베 밭 조로 천 1 단(端, 6장[丈])에 삼베 3근(斤)이었다. 단정(單丁)·복(僕. 부곡[部曲])·예(隷. 노비)는 과를 절반만 내도록 했다. 밭을 분배 받지 못한 자는 모두 과를 면제해 주었다. 583년에 수문제가 정(丁. 성인)의 연령을 21세로 고쳤지만 밭을 분배 받을 수 있는 나이는 여전히 18세로 하고 병역 부담은 3년을 줄여 주었다. 그리고 또 한 해에 병역 30일이던 데서 20일로 고치고, 조(調)로 명주 1필을 바치도록 하던 데서 2/1 필(2장)로 삭감해 주었다. 590년에 이르러 백성의 나이가 50세가 되면 납용(納庸. 현물을 바치는 것)하고 병역을 면제 받을 수 있었다. 용(庸)은 곧 병역을 면제 받은 자가 대신 매일 명주 몇 자(尺, 당제[唐制]에는 매일 3자로 규정되어 있었는데 이것 또한 수나라의 제도를 답습한 것일 수 있다)씩 바치는 것을 가리킨다. 20일이면 겨우 몇 장이므로 연로한 자에게는 일종의 관대한 정책이라 할 수 있었다. 과역의 경감은 생산의 발전에 도움이 됐으며 특히 농업의 발전에 이로웠다. 따라서 조세로 거둬들이는 좁쌀이 주(周)나라·제(齊)나라보다 많았지만 과중한 정도는 아니었다.

호구(戶口) 수문제 개황(開皇) 초년에 호구수가 360여 만 호(戶. 가구)가 있었는데 진(陳)을 멸하고서는 50만 호가 늘어났다. 그 후 점차 870만 호로 늘었다. 606년 즉 수양제(隋煬帝) 대업(大業) 2년에 이르러 전국 호구수는 890만 7,546호, 인구수는 4601만 9,956명에 달해 동한(東漢)시기의 호구 수 규모로 회복했다. 호구수와 맞물리는 것은 경작지의 수효였다. 589년에는 경작지가 1,940만 여 경(頃)에 달했다. 무릇 조정에 속한 모든 호구는 모두 조정에서 규정한 과역을 부담해야 했다. 호구수가 늘어남에 따라 조정의 정상적인 수입도 늘어났다. 592년에 이르러 역사서에는 조정의 부유한 정도를 다음과 같이 기록하고 있다. "도지관(度支官)이 상주문을 올려 아뢰기를 부고(府庫)에 넘칠 정도로 재물이 가득 차서 더 이상 채울 자리가 없어 낭무(廊廡) 아래에 쌓아 두는 수밖에 없는 상황"이라 했다. 그래서 수문제는 별도로 좌장원(左藏院)을 짓고 명주를 넣어두었으며, 인구가 밀집한 하북(河北)·하동(河東)지역에 대해 올해 전조(田租)를 3분의 1 감면해 주고 조(調)를 전부 면제하도록 명했다.

조운(漕運) 584년 수문제가 우문개(宇文愷)에게 명해 수공(水工, 수리공사 일꾼)들을 거느리고 광통거(廣通渠)를 뚫어 위수(渭水)를 대흥성(大興城. 서안시)으로 끌어들이게 했다. 광통거는 동쪽으로 동관(潼關)까지 이르는데 길이가 3백여 리에 달했으며 조운이 잘 통했다. 그런데 지주(砥柱. 산 이름, 하남 삼문협[三門峽] 동쪽의 황하 급류 속에 위치함)가 여전히 관동(關東)의 조운에 방해가 되었다. 그래서 595년에 조서를 내려 지주를 뚫게 했다. 개착 작업이 끊이지 않고 이어져 611년(수양제의 대업 7년)에 이르러 지주가 붕괴되었으나 강물을 가로막는 바람에 강물이 수십 리나 역류해 공사는 철저히 실패했다. 그 뒤 수문제의 계승자 수양제가 조운을 대규모로 발전시켰다. 605년에 하남(河南)·회북(淮北)의 여러 군(郡)의 민중 백여 만 명을 잇달아 조직해 통제거(通濟渠)라는 이름의 대운하를 파기 시작했다. 통제거는 폭이 40보(步)에 이르는데 양안에 모두에 어로를 쌓고 버드나무를 심어 둑을 보호했다. 610년에 강남하(江南河)를 개통해 경구(京口. 강소 진강[鎭江]시)에서 여항(余杭. 절강 항주시)까지 길이가 8백여 리, 폭이 십여 장에 달했으며 절강으로 건너가 회계산(會稽山)을 유람할 계획이었다. 608년에 수양제는 하북 여러 군의 민중들을 남녀 불문하고 백여 만 명을 동원해 영제거(永濟渠. 어하[御河]라고도 함)를 파기 시작해 심수(沁水)를 끌어 들여 남쪽으로 황하에 이르게 하고 또 위하(衛河)를 이어 북쪽으로 탁군(涿郡. 북경시)까지 이르게 했다. 611년 수양제가 용주(龍舟)를 타고 강도(江都)에서 탁군까지 직행했다. 두 수로의 길이는 총 3백여 리에 달하다.

3. 수양제(隋煬帝)의 폭정

604년 수문제가 죽고 그 아들 양광(楊廣. 수양제)이 즉위했다. 수양제는 수문제가 쌓아놓은 거대한 민력과 재부에 힘입어 무절제한 폭정을 펼 수 있었다. 그는 역사적으로 이름난 부랑아이며 철두철미한 폭군이기도 했다. 그는 왕위를 계승하자마자 수도를 낙양(洛陽)으로 옮기기로 결정하고 장정 수십 만 명을 징발해 긴 도랑을 파기 시작했다. 용문(龍門. 산서현)에서부터 동으로 장평(長平. 산서 고평[高平]현) 급군(汲郡. 하남 급[汲]현)을 잇고 청관(淸關. 하남 신향[新鄕]현 동북)까지 이르며 강을 건너 준의(浚儀. 하남 개봉[開封]시 서북)과 양성(襄城. 하남 양성현)을 거쳐 상락(上洛. 섬서[陝西] 상[商]현)에 이르게 하여 낙양을 보호하는 요새로 삼고자 했다. 그는 이러 인해 관중(關中)이 튼튼해 믿을 만하다고 여겼다. 그래서 낙양 외곽에 긴 도랑을 파 도랑 안쪽 땅은 관중과 서로 이어놓으면 의지할 데가 있어 두려울 것이 없으므로 대담하게 못된 짓을 하면서 도랑 밖의 민중의 저항을 두려워할 필요가 없다고 생각했다. 605년에 동경(東京) 낙양을 건설하기 시작했는데 규모를 방대하게 건설하기 위해 애썼다. 매 달 부역에 종사하는 장정이 2백만 명에 이를 정도였다. 그는 늘 생각나는 대로 행동에 옮겼으므로 민중에게 잠시도 숨 돌릴 기회를 주지 않았다. 유람하며 즐기고, 위풍을 과시하고, 강역을 확장하고 침략하는 등 네 가지 방면이 모두 그의 폭정에 포함되었다.

유람 – 605년 수양제는 10~20만 명을 거느리고 강도(江都)로 유람을 떠났다. 그 자신은 4층 높이의 용주에 타고 그 외에 3층 높이의 부경(浮景)이라 불리는 수상궁전 9척에다 수행한 큰 배가 수천 척에 이르렀다. 수행 인원들로는 후궁과 시종 · 제왕(諸王) · 공주 · 백관 · 승려 · 비구니 · 도사 · 외국인 상인과 여행객이 각각 품계에 따라 배에 나눠 탔으며, 일부 배는 군왕과 후궁 이하 모든 승선 인원들이 사용할 물품을 실었다. 배를 움직이는 장정이 8만 여 명에 달했으며 그 외 또 다른 배 수천 척에는 십이위(十二衛) 병사들을 태우고 병장기와 장막을 실었다. 병사들은 스스로 배를 몰도록 해 배몰이 일꾼을 배치하지 않았다. 선박행렬의 앞뒤 총길이가 3백여 리에 달했으며, 기마병들이 강 양쪽 기슭을 따라 가며 호송했다. 607년에 수양제는 북쪽 변경으로 유람을 떠나면서 하북(河北) 10여개 군(郡)의 장정을 동원해 태항산(太行山)을 뚫어 병주(并州)로 통하는 큰 길을 열도록 했다. 608년에 수양제는 변방 요새를 나서 순찰하면서 장정 20여 만 명을 동원해 장성(長城)을 쌓게 했다. 609년에는 서부 변경으로 유람을 떠났다가 장액(張掖)에서 출발해 되돌아 오는데 대두발곡산(大斗拔谷山. 감숙 무위[武威]현 서쪽으로 2백 리 떨어진 곳에 있다)을 지나는 도중에 세찬 눈보라에 휩쓸려 병사들 절반 이상이 얼어 죽고 말과 나귀도 십중팔구가 얼어 죽었다. 610년에 수양제는 또 강도로 떠나면서 강남하(江南河)를 파 회계(會稽. 절강 소흥)로 유람을 떠날 준비를 했다. 수양제가 방대한 유람 대열을 이끌고 유람을 다니는데 마치 홍수가 산을 쓸고 간 것과 같았다. 무릇 그가 유람을 간 곳은 관원들이 앞 다투어 공물을 바치는데 민중의 생계가 남아나지 않았다. 수양제의 유람으로 민중들이 겪는 유람재(災)는 큰 물난리나 대가뭄 못지않았다. 그가 유람을 가지 않은 일부 지방도 비교적 가벼운 유람재는 피해갈 수가 없었다. 그것은 바로 궁정의 건설 때문이었다. 서경(西京)·동경(東京)·강도(江都) 세 곳에 원래 정자·궁전이 아주 많았지만, 수양제는 별로 마음에 들지 않아 직접 천하 산천도를 보며 명승지를 찾아 궁궐을 짓곤 했다.

위풍 과시 — 이른바 위풍 과시란 외국에 수나라의 부강한 문명을 과시함으로써 그들이 두려워 하여 복종하도록 하겠다는 것이었다. 607년에 돌궐(突厥)의 계민가한(啓民可汗)이 수양제를 알현하는데 수양제가 유림(榆林)으로 가 우문개(宇文愷)를 시켜 수 천 명이 들어 갈 수 있는 큰 장막을 만들게 했다. 계민이 그 산하의 해(奚)·습(霫)·거란(契丹) 등 부족의 추장(酋長) 수십 명과 돌궐 추장을 이끌고 장막 아래 와서 수양제를 알현했다. 수양제는 계민 등 이들을 위해 성대한 연회를 베풀어 함께 산악(散樂)을 구경했다. 이들 유목민들이 보고 놀랍기도 하고 기쁘기도 해 앞 다투어 가축들을 공물로 바치며 경의를 표했다. 수양제는 계민에게 견직물 20만 단(段)을 하사하고 기타 추장들에게도 등급에 따라 귀중한 예물을 주었다. 수양제가 대군을 거느리고 유림 요새를 떠날 때, 우문개에게 명해 관풍행전(觀風行殿)을 짓게 하고 또 행성(行城)을 짓게 해 평지 위에 임시로 큰 성(城)과 큰 궁전을 지었다.

강역의 확장 — 수문제 말년에 이미 강역 확장의 경향을 보였으며, 수양제가 그 확장을 강화해 단 시기 내에 광활한 영토를 소유한 제국으로 만들었다. 예를 들어 토욕혼(吐谷渾)·이오(伊吾)·유구(流求) 등지를 국토 범위에 포함시켰다. 609년까지 전국에 군(郡)이 190개, 현(縣)이 1,255개, 호(戶)가 890여 개가 있었다. 서로는 차말(且末)에 이르고, 북으로는 오원(五原)에 이르렀으며, 동서 길이가 9,300여 리, 남북 길이가 1만

4,815리에 달해 막강한 국력으로 유명했다.

　　침략 – 세 차례나 고구려(高句麗)에 대한 침략전쟁을 발동했다. 전쟁에서 민중들이 받는 고통은 임금의 유람이나 위풍 과시, 강역 확장으로 인한 고통보다도 훨씬 심했다. 침략전쟁은 전국 범위 내에서 대대적인 농민봉기를 불러일으켰으며, 대봉기는 수나라의 빠른 붕괴를 촉진시켰다. 힘으로 고려를 멸망시키려고 시도했던 수양제는 그렇게 민중들에 의해 멸망되고 말았다.

4. 수말(隋末)의 농민 대봉기

　　611년 수양제가 대량의 병사와 인부들을 징발해 제1차 침략전쟁을 준비했다. 산동(山東)의 민중이 특히 큰 재난을 당했기 때문에 대규모의 농민봉기는 우선 산동지역에서 일어났다. 그중 규모가 비교적 큰 봉기로는 다음과 같다. 제군추평(齊郡鄒平. 산동 추평현) 사람인 왕박(王薄)이 민중들을 모아 장백산(長白山)을 근거지로 삼고 봉기를 일으켰다. 평원군(平原郡. 치안락[治安樂], 산동 덕[德]현)의 막강한 세력의 소유자 유패도(劉覇道)가 두자(豆子. 산동 혜민[惠民]현 경내)를 근거지로 삼고 농민 10여 만 명을 모아 '아구군(阿舅軍)'이라 불렀다. 장남(漳南. 산동 평원[平原]현·은성[恩城] 서북)의 용사 손안조(孫安祖)가 같은 현의 협객 두건덕(竇建德)의 도움으로 농민 수백 명을 모아 스스로 장군이라 칭했다. 청하군(淸河郡) 유현(鄃縣, 산동 하진[夏津]현 동북) 사람 장금칭(張金稱)이 농민들을 모아 살육과 약탈을 감행했다. 수현(脩縣. 하북 경[景]현) 사람 고사달(高士達)이 청하(淸河) 경내 농민들을 모아 스스로 동해공(東海公)이라 자칭했다. 두건덕은 그 가솔들이 수나라의 관병들에게 학살당한 뒤 무리를 이끌고 도주해 고사달에게 귀속되었다. 장금칭이 손안조를 죽이자 손안조의 부하들은 두건덕이 거느리게 됐으며 그 수가 만 여 명에 달했다. 두건덕은 재능이 있는 자들을 받아들이고 병사들과 고락을 함께 했으므로 원근에서 찾아와 귀순하여 따르는 자들이 많았다. 612년 수의 대군이 요동에서 패해 돌아온 뒤 613년에 또 병역을 징발해 제2차 침략전쟁을 감행했다. 민중들은 전쟁을 싫어했기 때문에 봉기가 더욱 확대되었다. 수양제가 전력을 다해 고려 요동성을 공략하고 있는 사이에 양현감(楊玄感)·이밀(李密)은 여양(黎陽. 하남 준[浚]현)에서 군사를 일으켜 강을 건너 낙양성을 공격했다. 이는 수나라에 심각한 위협이 되었다. 수양제가 보고를 받고 밤새 군사를 독려하여 양현감을 격퇴시켰다. 그러나 양현감의 봉기군을 한층 더 부추기는 역할을 했다. 613년 이전에 민중의 봉기지역이 산동이었다면 양현감이 수나라에 반기를 든 뒤의 봉기지역은 황하 남북 및 강남·영남(嶺南)·관중(關中)·회남(淮南) 등지로 확대되어 있었다. 국부적인 봉기가 전국적인 봉기로 번졌던 것이다. 614년에 수양제는 또 전국에서 병사와 인부를 징발해 제3차 침략전쟁을 발동했다. 민중들도 계속 봉기를 일으켜 잔혹한 학대에 대항했다. 615년에 농민들이 여기저기서 봉기를 일으키는 바람에 호구가 크게 줄었으므로 수양제는 군(郡)·현(縣)·역정(驛亭)·촌오(村塢)에 모두 성벽과 해자를 건설하고 모든 민중이 성 안으로 이주해 거주하도록 하고, 성 인근의 밭을 주어 경작하게 했다. 성 인근의 밭은 수량이 제한되어 있었으므로 성 안에 거주하면서 생계를 이어갈 수가 없었다. 이런 상황은 또 일부 민중들이 봉기군에 가입하도록 부추기는 역할을 했다. 616년에 남방의 임사홍(林士弘)·하남의 이밀·하북의 두건덕은 모두 각자의 지역에서 다른 수령들보다 뛰어난 세력을 선보였다. 따라서 농민 봉기군은 점차 몇 갈래의 큰 세력이 형성되는 추세를 보였다. 수나라의 관리들도 이 해에 한 지역에 군림해 할거하기 시작하면서 수나라의 통치를 전복시키려는 다른 일종의 세력이 되었다. 수양제는 시국을 수습할 방도가 없어 강도(江都)로 도주해 밤낮으로 술에 취해서 지냈다. 618년에 우둔위(右屯衛) 장군 우문화길(宇文化吉)이 호위병들을 이끌고 입궁해 수양제를 죽였다.

북주의 우문태(宇文泰)가 부병제(府兵制)를 실행해서 최고 군관에 여덟 주국(柱國)과 열 두 대장군이 있었다. 여덟 주국 중에서 이필(李弼)·이호(李虎)·조귀(趙貴), 열 두 대장군 중에서 이원(李遠)·양충(楊忠)·왕웅(王雄)은 모두 한족이라고 한다. 양충의 아들 양견이 수의 황제가 되고 세 이 씨 가문이 문벌이 높아지고 흥성해졌다. 그러자 어느 한 도사가 "이 씨가 천자가 될 것"이라는 참어를 만들어냈다. 또 어떤 민요에서는 이필의 증손인 이밀이 황제가 되어야 한다고 했다. 이호의 손자 이연(李淵)이 당나라를 세우고 순종해 따르는 사람을 많이 모을 수 있은 데는 이와같은 참어(讖語)도 일정한 작용을 했다. 물론 성패의 결정은 군사적·정치적으로 처사가 적절한가의 여부에 달려 있었다. 이연은 곧 처사를 적절하게 한 성공자였던 것이다.

이연이 당국공(唐國公)의 작위를 세습한 뒤 613년에 홍화군(弘化郡. 치합수[治合水],

감숙 합수현)의 유수(留守)에 임명되어 보근 13개 군에서 병사를 징발할 수 있는 권력을 쥐었다. 615년에 산서·하동 무위대사(撫慰大使)에 임명되고 616년에 태원(太原) 유수에 임명되었다. 그는 세 차례에 걸쳐 지방장관에 임명되었으며 특히 군사적으로 중요한 진(鎭)인 태원 유수가 된 것이 군사를 일으켜 수나라에 반기를 들 수 있는 아주 유리한 조건을 마련했다. 617년에 이연이 차남 이세민(李世民)의 계략에 따라 거병해 장안(長安)을 점령했다. 그때 관중(關中)에 있던 수조의 군대가 출관해 동도를 지키러 가 관중은 텅 빈 상태였다. 이밀이 정예 병사들을 거느리고도 그 빈틈을 타 감히 입관하지 못하고 머뭇거리는 사이에 이연에게는 입관할 수 있는 좋은 기회를 주었다. 이연은 돌궐의 시필가한(始畢可汗)과 화해해 뒷걱정을 없애고 나라의 창고를 열어 가난한 백성을 구제해 민중들의 동정을 얻었다. 이연은 스스로 대장군을 칭하고 장자 이건성(李建成)에게 좌군을, 차남 이세민에게 우군을 각각 통솔하도록 하고, 넷째 아들 이원길(李元吉)에게는 태원에 남아 지키도록 했다. 이연은 좌·우군을 이끌고 태원을 출발해 사방으로 사람을 파견해 항복해오는 수조 군현관과 각지 두령들을 받아들이는 한편 주력군은 줄곧 전진했다. 하동군성(河東郡城. 산서 영제[永濟]현)에서부터 강을 건너 조읍(朝邑. 섬서 조읍현)에 이르면서 군사를 두 갈래로 나누었다. 이건성의 좌군이 영풍창(永豐倉)을 근거지로 삼고 동관(潼關)을 지키면서 동쪽에서 입관(入關)하는 군사를 방어하도록 했다. 사실상 이밀과 동도의 군대가 대치하면서 승부가 갈리지 않고 있어 아무도 관중을 돌볼 겨를이 없었지만 이연 측의 이러한 배치는 매우 중요했던 것이다. 그것은 영풍창을 차지하고 있으면 대군에 식량을 공급할 수 있었기 때문이었다. 이세민의 우군은 위북(渭北)에서 계책을 세운 뒤 군졸 20여 만 명을 집결시켜 일거에 장안성으로 공략해 들어갔다. 이연의 계획에 따르면 수양제를 태상황(太上皇)으로 추존하고 서도의 유수 대리왕(代王) 양유(楊侑)를 황제(수공제[隋恭帝])로 세우고 입성해 그 계획을 실행할 예정이었다. 이연은 원래 수(隋)의 신하로서 공개적으로 수에 반기를 들었기 때문에 적대 세력이 그들의 반역에 대해 토벌할 수 있는 구실을 만들어줄 수 있었다. 그러므로 태상황의 명의로 수양제의 지위를 취소하고 수공제의 명의로 수(隋)의 관리들을 항복시킨다는 설계는 너무 교묘했던 것이다. 더 중요한 조치는 입성한 뒤 민중과 약법(約法)12조를 제정해 수나라의 모든 가혹한 규정과 금지령을 폐지해 관중의 민중들이 이연에게 귀순하도록 해 당(唐)나라의 정권이 가장 진실한 토대 위에서 설립되도록 했다는 점이었다. 618년에 수양제가 죽자 이연은 수공제를 폐위시키고 스스로 황제(당고조[唐高祖])가 되었으며, 국도를 장안에 세우고 성대한 당나라(唐朝)를 창설했던 것이다.

1. 당의 정치 개황

당나라는 군사적으로 강대하고 경제적으로 번영한 왕조였다. 흥성해서부터 쇠망하기까지 297년이나 이어왔다. 그 기나긴 세월 속에서 통치계급 내부의 주요 모순에 의한 변화를 바탕으로 해서 세 개의 단계로 나눌 수 있다. 당 전기는 618년(고조 무덕[武德] 원년)에서 741년(현종[唐玄宗] 개원[開元] 29년)까지의 124년간으로, 주요 모순은 중앙 통치 집단 내부의 부패 경향과 진보 경향 간의 모순이었는데, 진보적 경향이 주도 역할을 했기 때문에 장기간 동안 강성한 상태를 유지할 수 있었다. 당 중기는 741년(현종 천보[天寶] 원년)에서 820년(헌종[憲宗] 원화[元和] 15년)까지 79년간으로, 주요 모순은 중앙 집권세력과 지방 할거세력 사이의 투쟁이었는데, 그 결과 중앙집권 세력이 승리를 거두어 국가의 통일을 유지할 수 있었던 시기였다. 당 후기는 821년(목종[穆宗] 장경[長慶] 원년)에서 907년(소종[昭宗] 천우[天祐] 4년)까지 87년간으로, 주요 모순은 중앙통지집단 내부에서 환관과 사대부 간의 모순이었는데, 환관 세력이 우위를 점했으므로 중앙집권세력이 점차 쇠약해졌다. 그리고 또 황소(黃巢)가 이끄는 농민 봉기군이 실패하면서 지방 할거세력이 유일한 세력이 되어 할거하면서 당은 멸망하게 되었다.

당 전기 당나라 전기에 부패 경향을 띤 대표자들로는 9년간 집권한 당고조, 11년간 집권한 당고종, 8년간 집권한 당중종(唐中宗)·당예종(唐睿宗) 등이었다. 그들은 집권 시간이 짧아 변란이 일어나기 전에 정권이 이미 진보적 경향의 대표자 수중으로 넘어

갔다. 이들 진보적 경향의 대표자들은 집권 시간이 길었다. 당태종(唐太宗)이 20년간 집권하고, 무측천(武則天)이 45년간(660년 당고종 현경[顯慶] 5년에 당 고종을 대신해 국정을 처리할 때부터 계산했을 경우), 당현종은 29년간(개원)을 집권했다. 노동민중들은 국가의 통일과 평화를 필요로 했다. 이들 세 명의 황제는 고도의 중앙집권을 통해 집권하는 기간에 비교적 깨끗하고 투명한 정치를 폈으며 사회가 비교적 안정되어 노동 민중이 생산력을 회복하고 발전시켜 수양제의 대대적인 파괴로 인한 상처를 만회했을 뿐 아니라, 수문제 개황 연간에 번영했던 수준을 뛰어넘었다. 그들이 일을 처리하는 것은 대체로 민중의 염원에 부합되었다. 특히 당태종은 통일과 평화를 위한 튼튼한 토대를 닦아놓아 역사적으로도 뛰어난 인물로써 기록되고 있다.

626년에 당태종 이세민이 제위에 등극해 연호를 정관(貞觀)으로 정한 후 당나라는 성대해지기 시작했다. 당 태종은 계급모순과 종족간의 모순을 완화할 수 있는 방법을 취해 국내의 안정을 도모했는데 큰 효과를 거두었다. 그 효과를 얻을 수 있었던 것은 그의 구체적인 정책적 조치와 떼어놓을 수 없다. 그러한 구체적 조치에는 두 가지가 있었다. 첫째는 납간(納諫, 간언 · 충언을 받아들이는 것)이었다. 납간의 의미는 서로 다른 의견을 귀담아 듣고 시비를 가려 바른 것을 선택해 따름을 뜻한다. 만약 바르지 않은 것을 선택해 따른다면 납간이라고 할 수 없다. 봉건 제왕들 가운데서 당태종은 가장 충언을 잘 받아들인 사람이라고 할 수 있다. 그는 위징(魏徵)에게 어찌 하는 것이 사리에 밝은 것이고 어찌 하는 것이 사리에 어두운 것이냐고 물었다. 이에 위징이 "다양한 의견을 고루 들으면 시비를 잘 구별할 수 있고 한쪽의 말만 들으면 사리에 어둡게 된다"라고 답했다. 그는 그러한 견해에 매우 찬성했다. 그는 신하들에게 다음과 같이 타일렀다.

> "중서(中書) · 문하(門下)는 모두 기밀 담당 기관으로서 실행해서는 안 되는 조서나 칙령에 대해서는 마땅히 이의를 제기해야 한다. 그런데 지금 그대들은 따르기만 하고 반대할 줄을 모른다. 단순히 공문서를 이행하는 일이라면 아무나 다 할 수가 있다. 인재를 선발해 이런 기관의 관리를 시킬 필요가 있겠는가?"

조정에는 원래 일종의 의사제도가 있는데 무릇 군사 및 국가 대사와 관련해 중서성(中書省)의 여러 관원들은 모두 본인의 명의로 주장을 제기해야 했고, 각자의 다양한 견해를 주장할 수 있으며 제한을 받지 않았다. 이를 가리켜 오화판사(五花判事)라고 부른다. 중서성 장관 중서시랑(中書侍郎)·중서령(中書令)이 그렇게 제기된 주장을 심사한 다음 문하성(門下省)의 급사중(給事中)·황문시랑(黃門侍郎)이 논박해 바로잡은 뒤 최종적으로 황제에게 주청을 올려 결재하도록 했다. 그러나 이 제도는 실제로 실행되지는 않았다. 당태종이 제도에 대해 자세하게 밝히고 각급 관원들에게 책임지고 실행하도록 명해 군사와 국가대사에서 그릇된 경우가 아주 적었기 때문이었다. 둘째는 용인(用人. 인재 등용)이었다. 인재를 잘 알아볼 줄 아느냐 하는 것과 인재를 등용할 줄 아느냐는 하는 것이 군왕의 현명함과 어리석음을 판단하는 중요한 기준이었다. 당태종은 인재를 알아볼 줄 알면서 또 인재를 등용할 줄도 아는 역사적으로도 드문 현명한 임금이었다. 그는 즉위한 뒤 뭇 신하들에게 인재 등용이 규칙을 명확히 밝혔다. 그는

"임금이라면 마땅히 지극히 공평하여 조금도 사사로움이 없어야만 천하의 민심을 따를 수 있다. 짐과 그대들이 매일같이 입고 먹는 의식은 모두 민중들로부터 얻는 것이다. 그러므로 민중들을 위한 관직을 설치하여 일해야 한다. 특히 인재를 등용할 때는 마땅히 현명한 자를 등용해야지 친소(親疎)관계·신구(新舊)지격에 따라 관직의 높낮이를 결정해서는 안 된다. 만약 관계가 먼 자나 새로 발탁된 인재 중에서 현명한 인재가 있고, 가까운 자나 자격이 오랜 자 중에 비속한 자가 있다면, 어찌 현명한 인재를 버리고 비속한 자를 등용할 수 있겠는가. 현재 나의 진부(秦府. 당 태종은 즉위하기 전에 진왕[秦王]에 봉해졌음)에서는 옛 관속들이 관계와 자격으로 관직을 비교하면서 불만을 토로하고 있는데 참으로 그 정체를 모르고 있다 하겠다"

라고 말했다. 그는 위징과 인재 등용에 대해 토론한 적이 있었다. 그는 "일을 처리하고 관리를 선발함에 있어서 거칠고 경솔해서는 안 된다. 훌륭한 사람을 한 명 등용하면 다른 훌륭한 사람들도 모이게 되지만 나쁜 사람을 한 명 등용하면 다른 나쁜 사람들도 따라 오게 된다"라고 했다. 그러자 위징이 "지당하신 말씀이옵니다. 천하가 안정되기 전에는 인재 등용시 재능을 주로 보고 덕행까지 돌볼 여지가 없지만 천하가 안정되고 나면 반드시 재능과 덕행을 겸비한 자를 등용해야 합니다"라고 했다. 그는 이와 같은 규칙을 지켜 인재를 등용했던 것이다.

납간과 용인은 당 태종이 정치적 성과를 거둘 수 있은 두 가지 주요 요소였다. 그는 또 그때 당시 인재들을 이용해 수(隋)의 제도를 답습하거나 개혁해 당의 제도를 창설했다.

관제 ― 당나라 초기 수조의 제도를 답습해 상서·중서(두 개 성[省]의 장관을 영[令]으로 칭함)·문하(장관을 시중[侍中]이라 칭함) 세 개 성의 장관이 함께 국정을 의논하며 재상(宰相)의 직무를 행사하게 했다. 당 태종은 상서령(尙書令) 직을 담당한 적이 있으므로 그 이후로 그 직에 신하를 임명하지 않고 복사(僕射)가 상서성 장관직을 대리했으며 시중·중서령과 독 같이 재상으로 임명했다. 세 개 성의 장관은 품계가 높아 쉽게 임명할 수 없지만 재상은 결원이 생기면 안 되었다. 그래서 당태종은 특별히 참의득실(參議得失)·참지정사(參知政事)·참예조정(參預朝政)·동중서문하평장사(同中書門下平章事)·동중서문하삼품(同中書門下三品) 등의 명칭을 설치했으며 그 직무는 모두 재상과 같았다. 그러나 재상에 임명된 관원은 품계가 높지 않았기 때문에 진퇴가 비교적 쉬웠으며 사용상에서 편리했다. 당고종 이후부터 삼사(태사[太師]·태부[太傅]·태보[太保])·삼공(태위[太衛]·사도[司徒]·사공[司空])·중서령이 임명을 받고 재상을 맡을 수 있는 것 외에 기타 관원이 재상 직을 맡을 경우에는 모두 동중서문하삼품 칭호를 수여하거나 동중서문하평장사 칭호(4품 이하의 관리가 재상을 맡을 경우에 평장사 칭호를 수여함)를 수여하는 것이 관례가 되었다. 삼사·삼공·중서령에 임명되는 관리는 흔한 것이 아니며 이런 관직에 있는 관리가 꼭 재상이 될 수 있는 것도 아니었다. 동삼품·평장사 등 칭호를 가진 관리가 재상이 되곤 했으므로, 황제는 비교적 많은 관리들 중에서 재상을 선발하며 용인할 수 있는 권한을 강화했다.

과거(科擧) ― 당나라의 선비 등용제도는 대체로 수나라의 제도를 답습한 것이다. 선비의 원천은 주로 학교에서 온 생도(生徒)와 주현(州縣)에서 온 향공(鄕貢)이었다. 학교는 다음과 같은 6개 종류로 나뉘었다. 국자학(國子學)은 고급 관리(문무 3품 이상)의 자손들이 들어가는데 정원은 3백 명이었다. 태학(太學)은 중급 관리(5품이상)의 자손들이 들어가는데 정원은 5백 명이었다. 사문학(四門學)은 저급 관리(7품이상)의 아들과 일반 민가의 총명한 자제들이 들어가는데 정원은 1300명이었다. 그중에서 관리의 자제가 5백, 민가의 자제가 8백 명이었다. 그리고 또 율학(律學)이 있는데 정원은 50명이고, 서(書. 글을 쓰는 것)학·산학(算學)은 정원이 각각 30명이었다. 이 3학의 학생은 8품 이하 관리의 자제와 일반 민가의 자제들이 들어갔다. 이상의 6학을 합하여 국자감(國子監)

이라 했고, 제주(祭酒)를 한 사람 두어 감장(監長)으로 삼았다. 국도·도독부(都督府)·주(州)·현(縣)에도 각각 지방 학교를 설립하고 학생 정원은 최고 80명(국도), 최소 20명(하급 현)으로 정했다. 그 이외에 또 문하성의 홍문관(弘文館. 정원 30명), 동궁(태자궁)의 숭문관(崇文館. 정원 20명)이 있었는데 황제·황태후·황후의 친족과 재상 등 고급 관리의 아들들만 들어갈 수 있었다. 배우는 과목은 대경(大經, 《예기(禮記)》·《춘추좌씨전(春秋左氏傳)》)·중경(中經.《모시(毛詩)》·《주례(周禮)》·《의례(儀禮)》)·소경(小經.《주역(周易)》·《상서(尙書)》·《춘추공양전(春秋公羊傳)》·《곡량전(谷梁傳)》), 그리고 공동 필수과목인《효경(孝經)》·《논어(論語)》가 있었다.

씨족(氏族) : 당태종은 당 조정의 종실과 대신을 주체로 하는 새로운 사대부집단을 구성해 이(李) 씨의 장기적인 통치에 편리를 도모하고자 했다. 한편 남방과 북방의 사대부가, 산동·관중의 사대부가, 한족·선비족 사대부가 사이에는 서로 경계가 존재했는데 이 역시 통일된 서열이 필요했다. 그는 고사렴(高士廉) 등을 시켜《씨족지(氏族志)》를 쓰게 했다. 전국의 사대부 가문의 가보(家譜. 족보)를 수집하고 사서에 의거해 진위를 판별하고 세계(世系)에 대한 고증을 거쳐 충신과 현자를 천거 등용하고 간신을 해임하며 서열의 높낮이를 분별해 상상(上上)에서 하하(下下)에 이르는 총 9등급으로 나누었다. 당태종은 이 새로운 집단을 키우기 위해 애썼으며 제왕(諸王)과 공주들은 모두 당대의 유명한 유공자와 귀족 신하 가문과 통혼했으며, 산동의 옛 세도가문과 통혼하지 않도록 했다. 국자감의 각급 학교는 관품에 따라 생도들을 모집했다. 그런데 과거제도가 사족(士族. 사대부가)제도를 대체한 후 선비가 벼슬을 하는데 문벌이 높고 낮은 데만 의거하지 않게 되었다. 통일 시기의 전국 씨족이 분열시기의 소국(小國) 사족(士族)을 대체해 인재 원천의 범위가 비교적 넓어졌다. 따라서 당나라의 인재 등용은 위(魏)·진(晉) 남북조에 비해 조금 발전했다고 할 수 있다.

형률(刑律) – 방현령(房玄齡) 등이 《당률(唐律)》5백 조를 제정했는데 총 12편으로 되어 있었으며, 형명(刑名)을 20개 등급으로 나누었다. 수율(隋律)에 비해 참수형 92조항을 줄이고 유배형 71조항을 줄였으며, 그 외에 번잡하고 세세한 조항들을 삭감했거나 중한 형벌을 경하게 바꾼 것이 아주 많지만 대체로 여전히 수율(隋律)에 의거했다. 그리고 또 1590여 조의 영(令)을 제정했다. 637년에 당태종은《당률》·《당령(唐令)》을 반포 시행했다. 당고종은 장손무기(長孫無忌) 등에게 명해《당률소의(唐律疏議)》를 편찬하게 했다. 현존하는《당률소의》는 30권(卷)인데 중국 고대로부터 전해져온 중요한 율서(律書)였다.

　　지방 행정기관 – 627년에 당태종이 민중의 수는 적고 관리가 많다고 여겨 성(省)을 대대적으로 합병시켰다. 그리고 또 산과 강의 상황에 따라 전국을 관내(關內)·하남(河南)·하동(河東)·하북(河北)·산남(山南)·롱우(隴右)·회남(淮南)·강남(江南)·검남(劍南)·영남(嶺南) 등 총 10개 도(道)로 나누었다. 매 도마다 장관을 두지 않고 가끔씩 대신을 출척대사(黜陟大使)로 파견해 여러 도를 순찰하게 했다. 정관(貞觀) 시기 대외 확장을 거쳐 640년에 전국에 주(州)·부(府. 도독부[都督府]와 경조(京兆)·하남(河南) 두 개 부)가 360개, 현이 1,557개 있었다. 733년에 당현종이 경기(京畿. 서경[西京])·도기(都畿. 동도[東都]·검중[黔中]) 등 세 개의 도(道)를 추가하고, 또 산남을 산남동도(山南東道)·산남서도(山南西道)로 나누고 강남을 강남동도·강남서도로 나누어 총 15개 도(道)로 만들었다. 매개 도마다 채방사(采訪使)를 한 명씩 두었으며 그 직권은 한나라(漢朝)의 주자사(州刺史)와 같았다. 당나라의 지방관제는 당태종 때부터 고정되기 시작해 그 뒤로 이 체제 위에서 일부 변동이 있었을 뿐이었다.

　　부병(府兵) – 부병은 주(周)·수(隋)의 옛 제도로서 당나라 때 부병은 대체로 수나라의 제도를 답습했다. 당나라의 중요한 제도는 모두 정관 시기에 제정된 것이었다. 이들 제도는 모두 수조의 제도를 답습했으나, 일부 수정을 거쳐 그때 당시의 통치 수요에 더욱 잘 적용되도록 했다. 당태종은 역사상의 여러 왕조 특히 수나라의 통치경험을 총정리하여《제범(帝范)》12편을 써 후계자 당고종에게 전수했다.

　　650년에 당태종의 아들인 고종 이치(李治)가 제위를 이었다. 그는 신하들이 아뢰는 업무에 대해 판단을 할 줄 몰라 재상이 의견을 내놓아서야 비로소 자신의 생각이 생기는 그런 경우였다. 그의 이러한 사리에 어둡고 나약한 성격은 필연적으로 통치계급 내부의 부패세력을 부추겨 나라를 혼란에 빠뜨리고 멸망의 길로 이끌게 되었다. 660년 이후 정권은 모두 황후 무측천(武則天)에게 넘어갔다. 정관시기에 거둔 성과인 통일과 강성함이 무측천이 통치한 반세기 동안에 실질적으로 공고해졌다. 무측천이 역사를 훤히 꿰고 권모에 능한 것은 당연히 정권을 장악할 수 있는 조건이 되었다. 그러나 태후가 조정에 나와 칭제(稱制. 황제 대행으로 정무를 봄)하던 관례를 깨고 정식 제위에 등극해 조대를 세운 것은 역사적으로 유일한 전례 없는 시도였다. 무측천은 모략을 써 당나라의 정권을 장악하는 한편 정치적 수단으로 이미 얻은 지위를 유지해 나갔다. 그의 정치적 재능은 주로 형상(刑賞)대권을 장악하고 다양한 유형의 사람들이 자신을 위해 충성을 다하게 했던 데서 표현되었다. 첫째, 혹리(酷吏)를 등용했다. 서경업(徐敬業) 등은 잇따라 기병하여 무측천에 저항했으나 모두 제압당했다. 무측천은 잔혹한 진압을 단행하는 것으로써 당나라 신하들의 계속되는 저항을 막았다. 그녀는 조정 대청에 4개의 구리 상자를 놓아두었는데 그중 하나는 밀고 문서를 접수하는 접수함이었다. 일부 밀고자들은 그녀가 직접 만나기도 했다. 색원례(索元禮)·주흥(周興)·내준신(來俊臣) 등을 등용해 모반 관련 비밀문서에 대한 처리를 전담하도록 했다. 둘째, 가까운 사람을 통제했다. 무측천의 딸 태평(太平)공주는 권모술수가 능해 밀의에 참여했지만 무측천의 엄격함이 두려워 늘 스스로 언행을 신중히 하며 감히 법을 어기지 못했다. 무측천은 칭제한 후 무승사(武承嗣) 등 무씨 가문의 사람들 여럿을 왕에 봉했다. 무승사·무삼사(武三思)는 무측천의 이복 오빠의 아들인데 친족 중에서 가장 가깝게 지내고 또 가장 신임을 얻은 자들이었다. 셋째, 관리 모집을 제한하지 않았다. 무측천은 벼슬을 원하는 많은 사람들을 대거 불러들여 그들에게 벼슬자리를 주고 중소 지주들의 인심을 얻었다. 관리를 모집하는 방법에는 다섯 가지가 있었다. 첫 번째는 자가 추천이었다. 685년에 9품 이상 관리와 백성들에게 관직을 올려달라거나 벼슬을 하겠다고 스스로 추천해 청구할 것을 명했다. 두 번째는 시관(試官. 정식 임명을 받지 않은 관리)이다. 690년에 10명의 존무사(存撫使)를 파견해 10개의 도(道)를 순찰하며 본 도의 인재를 천거하도록 명했다. 691년에 무측천이 직접 그들을 인사시키며 일률적으로 천거된 그들에게 모 관직을 주어 시험 삼아 맡아보게 하고 시관(試官)이라고 칭했다. 세 번째는 원외관(員外官)이다. 697년에 이부(吏部)에 원외관 수천 여 명을 두었는데 모두 세도가의 친척들로서 정식 관리들과 마찬가지로 봉록을 받았다. 네 번째는 전시공사(殿試貢士)이다. 옛날 제도에서는 공사들의 시험지 위에 이름을 가려 시험관이 부정행위를 저지르지 못하도록 방지했다. 무측천은 마땅히 시험관을 신임해야 한다고 여겨 이름을 가리는 제도를 폐지했다. 실제로는 선비 등용 기준을 느슨히 한 것이다. 690년에 무측천이 낙성전(洛成殿)에서 공사 시험을 주관하며 황제가 친히 공사를 뽑는다면 공사들이 황제의 큰 은덕을 감사히 여길 것이라고 생각했다. 그로부터 공사에 대한 전시가 생겨났다. 다섯 번째는 무거(武舉)이다. 702년에 최초로 무거를 설치해 무예를 아는 자들을 모집했다. 무측천은 벼슬길을 넓혀 제한 없이 관직을 내리는 한편 또 엄한 형벌로 관리들을 통제했다. 자격이 없는 관리를 발견하면 면직하거나 죽였다. 넷째, 재능이 있는 자를 선발했다. 무측천의 장점은 인재를 선발해 중임을 맡기는 것에 능했다는 것이다. 그녀의 통치시기에 조정에서 재능이 있는 문무 대신이 정관 시기에 비해 결코 적지 않았다. 그녀는 진언을 받아들일 줄 알았으며 어느 정도에서는 당태종의 풍채도 조금 갖추었다. 강직한 자일 경우 그녀에게 모반자라는 의심만 받지 않는다면 그녀는 혹리나 가까운 사람의 모함에서 그 강직한 자를 보호할 줄 알았다. 그녀가 잇따라 임용한 이소덕(李昭德) · 위원충(魏元忠) · 두경검(杜景儉) · 적인걸(狄認杰) · 요숭(姚崇) · 장간지(張柬之) 등 주요 재상들과, 당휴경(唐休璟) · 루사덕(婁師德) · 곽원진(郭元振) 등의 변방 장수들은 모두 한 때의 인재들이었다.

무측천은 690년에 정식으로 황제를 칭하면서 당나라의 국호를 주(周)로 바꿨다. 698년에 셋째 아들 이현(李顯. 당중종[唐中宗])을 태자로 세웠다. 705년에 무측천이 병세가 위중해지자 재상 장간지 등이 입궁해 당중종을 옹립해 황제 위에 등극시키고 당나라의 국호를 회복했다. 82세의 무측천은 제위에서 물러난 후 병으로 죽었다. 유조에는 "제호(帝號)를 없애고 측천대성황후(則天大聖皇后)로 칭한다"라고 남겨 다시 이씨 가문의 황후로 돌아갔다.

무측천 본인이 막 무대에서 퇴장하자 당중종과 위(韋)황후가 당고종과 무(武)황후의 이야기를 재연했다. 당중종은 당고종보다도 더 사리에 어둡고 나약했으며 위황후는 난폭하기만 하고 무측천처럼 정치적 재능은 갖추지 못했다. 사리에 어두우면서 나약한 것과 사리에 어두우면서 난폭한 것이 그 형태는 비슷해 보이지만 결과는 완전히 달랐다. 이어 당예종(唐睿宗)과 태평공주가 또 무대에 등장했다. 당예종도 사리에 어둡고 나약한 사람이었다. 그는 이융기(李隆基)와 태평공주의 힘에 의지해 제위에 앉았기 때문에 이융기를 황태자로 옹립하고 태평공주에게 조정의 정치에 관여하게 했다. 재상이 정무에 대해 아뢰면 당예종은 언제나 태평과 의논했냐고 물었으며 또 태자와 의논했냐고 물었다. 사리에 어둡고 나약한 그의 태도는 필연적으로 태평공주의 독단을 부추기는 결과를 낳았으며, 또 자연히 공주와 태자 사이의 모순을 빚어내게 했다. 태평공주는 온 힘을 다해 이융기를 모해하고자 많은 도당을 이용해 조정의 정치를 좌우했다. 7명의 재상 중 5명이 그녀 개인의 측근이었으며 그 외 문무 관원 중 그녀를 따르는 무리가 절반 이상이었다. 그 때 당시 정사가 어지러웠던 상황이 당중종 때와 별반 다를 바 없었다. 712년에 당예종이 태자에게 제위를 내주었다. 당현종(唐玄宗)이 제위를 잇고 당예종을 태상황으로 개칭했다. 태평공주는 우림병(羽林兵)에 의지해 입궁해 당현종을 죽이려고 계획했다. 713년(개원[開元] 원년)에 당현종이 태평공주와 그의 중요한 도당 수십 명을 죽이고 그 외의 도당들은 모조리 조정에서 쫓아낸 뒤에야 당나라의 정권이 실제적으로 당현종의 수중에 들어갔다.

  당현종은 개원 연간에 온 힘을 다해 나라를 다스린 황제였다. 그러나 당태종·무측천과 비하면 그는 약점이 제일 큰 사람 중 하나였다. 당 태종은 항상 "이미 거둔 성과를 지키는 것이 어렵다", "마지막까지 처음처럼 신중을 기해야 한다"고 스스로 경고했고, 무측천은 국정을 장악하고 다스리면서 권력을 하부로 이양하지 않았다. 그러나 당현종은 정반대로 온 힘을 다해 나라를 다스려 성과를 거둔 뒤에는 기진맥진해 교만하고 사치스러운 마음이 나라를 다스리던 마음을 대체해버렸다. 당나라는 개원 시기에 이르러서야 전성기의 정점을 찍었다. 바로 이 시기의 말기에 이르러 천보시기(天寶時期. 742년~755년) 난의 근원이 조성됐다. 713년(개원 원년)에서 736년(개원 24년)까지 당현종은 국내의 안정을 도모하기 위해 뛰어난 정치적 재능을 보여주었다. 그 주요 표현은 용인과 납간에서 반영됐다. 그가 등용한 재상들로는 차례로 요숭(姚崇)·송경(宋璟)·장가정(張嘉貞)·장설(張說)·이원굉(李元紘)·두섬(杜暹)·한휴(韓休)·장구령(張九齡) 등이 있다. 이들은 각자 장점을 가지고 있었으며 모두 솔직하게 직접 간언을 올려 국정의 부족함을 보완할 수 있는 자들이었다. 개원 연간은 경제가 번영하고 나라의 위엄이 멀리 알려져 당나라의 황금시대였다. 새롭게 창설한 제도가 당나라의 중기와 후기에 모두 큰 영향을 일으켰다.

  병제(兵制)의 개혁 – 722년에 당현종이 재상 장설의 제안을 받아들여 장사들을 모집해 숙위(宿衛) 병력을 보충했다. 723년에는 수도와 부근 여러 주에서 부병과 평민 12만 명을 선발해 장종숙위(長從宿衛)라고 칭했으며 725년에는 확기(彍騎)로 명칭을 바꾸고 12위(衛)에 귀속시켰다. 천보 연간에 확기는 또 병사 정원과 관리만 남기고 병제 개혁 이전과 마찬가지로 수도에 숙위병을 없앴다. 변진(邊鎭)의 술병(戍兵)은 언제나 60여 만 명에 달했는데 술병들은 변진의 장수들에 의해 노복처럼 사리사욕을 채우는 데만 쓰이게 되었다.

  애초부터 군사로서의 역할은 하지를 못했다. 722년 장설의 제안에 따라 20여 만 명으로 삭감했다. 737년에 장정들을 모집해 변진의 술병을 보충하고 장정병(長征兵)이라고 칭했다. 738년에 모든 술병을 새롭게 모집하고 원유의 술병들을 일률적으로 본 고향으로 돌려보냈다.

　　절도사(節度使)의 설치 – 당예종 때에 이미 절도사라는 관명이 있었다. 당현종 개원 연간에는 하서(河西)·롱우(隴右)·유주(幽州)·검남(劍南)·삭방(朔方)·천병(天兵. 천병은 후에 태원이북[太原以北]으로 개칭했다가 또 하동[河東]으로 개칭하녔다)·안서(安西)·북정(北庭) 등에 절도사를 두었다. 재상이 흔히 절도사에 임명됐으며 공로가 있는 절도사는 늘 조정으로 들어가 재상이 되곤했다. 군사 모집과 절도사의 임명이 당나라 중기의 변란을 불렀다.

　　환관에 대한 신임 – 당중종 때부터 환관들이 권력을 장악하기 시작했는데 그 수가 천명도 넘었다. 당현종은 환관을 더욱 신임해 제위에 오른 뒤 환관 수가 점점 늘어 3천명도 넘었다. 자색 옷(3품 이상)·붉은 색 옷(4품·5품)을 입은 자만 천 명이 넘었으며 그 중 일부는 3품 장군 직위에까지 올랐다. 양사욱(楊思勖)·고역사(高力士)가 특히 중용되었다.

　　제왕(諸王)을 감금하다 – 제왕들은 제위를 탈취할 수 있는 가능성이 가장 큰 사람들이었다. 당현종 본인이 바로 제왕의 자격으로 금위군을 움직여 위(韋)씨를 멸하고 태자 지위를 얻었었다. 그는 즉위한 뒤 고력사를 우감문장군(右監門將軍)에 임명하고, 또 일부 측근 환관들을 3품 장군에 임명해 금위군을 장악했다. 그리고 제왕들이 뭇 신하들과 교제하지 못하도록 엄히 금했다. 722년에는 종실·외척·부마(駙馬)도 친한 사이가 아니면 서로 왕래하며 만나지 못하게 했다. 환관을 신임하고 제왕을 감금함으로써 당나라 후기의 변란을 불러일으키는 화를 자초했던 것이다.

　　당나라 중기　당나라 전기에는 정치적으로 통일되고 사회가 안정되었으며 이웃 국가와의 관계가 화목해 경제문화 교류가 활발했다. 당나라에 장기간 이러한 평화로운 상태가 유지되었기 때문에 사회 여러 방면에서 모두 정도가 다르게 발전했으며 양한(兩漢) 시기를 추월한 흥성한 기상이 나타났다. 그런데 이런 평화로운 환경 속에서 통치계급 내부의 부패세력 또한 계속 커졌다. 개원 시기에 이르러 사회 발전 추세가 정점에 달했고 부패세력의 증강 또한 충분히 발전추세를 뒤집고 정치적 지도권을 빼앗을 수 있는 높은 수위에 달했다.

　당현종은 25년간 황제로 있었으나 무기력해져 정사를 직접 처리하기가 싫어졌으며 무절제한 향락에만 빠져 있었다. 그는 이림보(李林甫)를 재상에 임명했는데 이림보의 간사함과 아첨을 잘하는 재주 때문에 당현종의 무기력함이 갈수록 심각해져 점차 혼미한 상태에까지 빠져들었다. 당현종이 예전에 재상을 등용함에 있어서 대부분 얼마 지나지 않아 한 번씩 바꾸곤 했지만 이림보에 대해서는 줄곧 신임해 17년이나 대권을 장악하게 했다. 그 후 또 양귀비(楊貴妃)를 총애해 양국충(楊國忠)을 재상에 임명했으나 양국충은 부잣집 무뢰한인지라 이림보와 마찬가지로 "상전의 비위를 맞추는데" 능했고 또 백성의 재물을 갉아 먹는데 능했다. 그런 자가 국정을 장악했으므로 변란이 일어나는 것을 더 가속화시켰다.

　개원·천보 연간에 당나라의 부유한 정도는 개국 이래 전례 없던 전성기에 도달해 있었다. 사서의 기록에 따르면 개원 말년에 서경(西京)·동도(東都)의 쌀값이 한 섬에 2백 전도 안 됐으며 면직물과 견직물 가격도 매우 저렴했다. 나라 안이 안정되고 부유했으므로 행인이 만 리 길을 떠나더라도 무기를 휴대할 필요가 없었다. 또 천보 말년에는 중국이 강성해 서경 안원문(安遠門. 서문[西門])에서 서역에 이르기까지 마을들이 서로 마주보고 들어앉았고 들판이 훤히 트였으며 롱우(隴右)의 부유함이 온 천하에 널리 알려졌을 정도였다.

　황제와 조정의 무절제한 낭비도 놀랄 정도였다. 747년에 당현종은 그 해 전국에서 진공한 물품을 전부 이림보에게 상으로 주었다. 당현종은 강성함을 믿고 이웃 나라를 침범하는 것으로써 자신의 교만과 사치심을 만족시키려 했다. 안록산(安祿山)은 공을 바라고 일을 벌려 총애를 얻었지만, 왕충사(王忠嗣)는 진중하게 변방지역을 안정시켰다고 쫓겨났다. 당현종은 이처럼 그릇된 상벌제도로 변경에서 전쟁을 일으켰지만, 전쟁에 소모한 인명과 재물은 전혀 필요하지 않았던 것임을 충분히 알 수 있다. 전란은 변진의 야심가가 일으킨 것으로서 당현종은 이런 야심가들을 적극 양성해냈다. 즉 안록산을 위수로 한 반란 무리들을 양성해낸 것이다. 왕충사는 네 개 진의 절도사 직을 겸하고 있으며 그 명예와 지위가 점차 높아졌으므로 이림보는 그가 조정에 들어와 재상직에 오를까봐 두려웠다. 왕충사가 안록산이 기필코 반란을 일으킬 것이라고 말했으나 당현종은 왕충사의 예측을 믿기는 커녕 오히려 왕충사가 하동과 삭방 두 곳의 절도사 직을 사임하도록 허락했다. 747년 왕충사가 직무에서 사직한 뒤 동북에서 서북에 이르는 변경의 여섯 주요 진(鎭) 중에서 안록산이 범양(范陽)·평로(平盧)·하동 등 세 개의 진을 차지해 병력이 가장 강하고 가서한(哥舒翰)이 하서와 롱우 두 진을 차지했다. 두 사람 사이에는 사사로운 원한이 깊었기 때문에 각각 세력을 키워 권력 쟁탈을 벌였는데 막상막하였으므로 변진은 사실상 이미 두 개의 적대 세력으로 분열되게 되었다. 755년에 가서한이 조정에 들어가는 길에 중풍을 맞아 국도에 남아 있게 되었으며 안록산이 유일하게 막강한 군대를 가진 변경지역 장수가 되었다. 바로 그해 겨울 약 십 년 가까이 모의해온 안록산이 공개적으로 반란을 일으켰다. 그로부터 당나라의 중앙 통일세력과 지방 할거 세력 사이에 장기간의 싸움이 일어났다. 안록산은 서경을 차지하고 위엄과 기세를 크게 떨쳤다. 일부 반란군은 하동까지 침입했다. 곽자의(郭子儀)·이광필(李光弼)이 군사를 거둬 정형(井陘)으로 퇴각했다. 이광필은 태원(太原)을 지키고 곽자의는 영무(靈武)로 향했다. 하북(河北)의 여러 군(郡)이 모두 안록산의 부장 사사명(史思明)에게 빼앗겼다.

당현종은 서경을 빠져나와 도주했는데 마외역(馬嵬驛. 섬서 흥평현[興平縣] 서쪽에 있음)에 이르러 수행한 병사가 양국충을 죽이고 또 당현종을 압박해 양귀비를 죽이게 했다. 화근 둘을 제거하고 나서야 마침내 민중의 분노를 가라앉힌 셈이 되었다. 그때서야 극도의 교만과 사치로 반란을 부른 당현종은 병사의 호송을 받아 성도(成都)에 이르러 발을 붙일 수 있게 됐다. 태자 이형(李亨)은 민중들의 요구에 따라 마외(馬嵬)에 남아 군사를 주관했다. 이형은 영무(靈武)에 이르러 삭방진(朔方鎭) 유수관(留守官)의 권고를 받아들여 황제(당숙종[唐肅宗])로 등극했다. 당숙종의 등장은 통일과 할거 사이의 투쟁국면의 새장을 열었다. 당숙종은 원 대조한림(待詔翰林) 이필(李泌)의 제안을 받아들여 장자인 광평왕(廣平王) 이숙(李俶)을 천하병마원수(天下兵馬元帥)로 삼고 여러 장수들을 모두 원수부(元帥府)에 예속시켰다. 이필이 관직(우상[右相])을 받아들이려 하지 않았으므로 당숙종은 시모군국원수부행군장사(侍謀軍國元帥府行軍長史)라는 명칭을 특별히 설치해 이필이 이 명칭으로 군무를 처리할 수 있도록 했다. 한편 또 이보국(李輔國)을 판원수행군사마사(判元帥行軍司馬事)에 임명했는데 그 지위가 이필에 버금갔다.

757년에 안록산이 그 아들 안경서(安慶緖)에게 살해당하고 반란군 내부가 갈수록 불안정해지기 시작했다. 사사명(史思明)은 범양(范陽)을 근거지로 하면서 안경서의 명령에 복종하지 않았다. 이런 상황들은 모두 용병계획에 유리한 조건이 되었다. 그런데 당숙종은 오로지 하루 빨리 두 개의 수도(서경인 장안과 동경인 낙양을 가리킴)을 수복해 황제의 존귀함과 영예를 누릴 일념뿐이었으므로 더 장원한 이익을 돌볼 겨를이 없었다. 그해 봄 당숙종이 봉상(鳳翔)에 진주하고 롱우·하서·안서·서역의 군사들을 모두 집결시켰으며 강(江)·회(淮) 일대의 조세를 모두 한중(漢中)으로 운송해 집결시키도록 했다. 이필이 용병계획에 따라 안서·서역의 군대를 파견해 변경지역을 따라 진군해 범양을 공격할 것을 청했다. 그러나 당숙종은 오로지 빨리 수도에 들어갈 생각뿐이었기 때문에 애초에 장구지책에 대해서는 고려하지도 않고 이필을 무시하고 독단적으로 전쟁을 잘못된 방향으로 지휘했다. 757년 가을에 원수(元帥) 이숙과 부원수 곽자의가 삭방 등 진의 군사와 회흘(回紇)·서역 군사 총 15만을 인솔해 봉상을 출발, 장안(長安)성 서쪽에 이르러 반란군을 대파했다. 반란군 장수 안수충(安守忠)·전건진(田乾眞) 등이 패잔병을 이끌고 동관(潼關)으로 도주하고 당군(唐軍. 당 조정의 관군)은 서경에 진입했다. 이필이 기어이 형산(衡山)에 들어가 은거하기를 청했으므로 당숙종은 윤허했다. 반란군은 서경을 잃자 군심이 흔들리기 시작했다. 이숙·곽자의가 대군을 거느리고 낙양(洛陽)을 공격하자 안경서는 낙양을 버리고 하북으로 도주해 업군(鄴郡) 등 7개의 군과 60여 개의 성을 차지했는데 군사가 6만에 이르러 여전히 당나라의 강적이었다. 758년에 당숙종이 곽자의 등 7명의 절도사에게 군사 20만을 인솔하도록 명하고, 또 이광필(李光弼)·왕사례(王思禮. 고려인으로 왕충사의 부장이며 관내[關內]·택로[澤潞]의 절도사 직을 담당함) 두 절도사에게 군사를 이끌고 협조해 힘을 합쳐 안경서를 공격하도록 했다. 곽자의 등은 안경서의 군대를 격파하고 업군성(하남 안양[(安陽]현)을 포위 공격했다.

사사명은 범양의 13만 군사로 업군을 구하려 했으나 위주(魏州)에서 곤경에 빠진다. 759년에 어조은(魚朝恩)이 보병과 기마병을 60만이나 집결시켜 업군 성을 전력을 다해 공격했다. 사사명은 당나라 군대에 통일된 지휘체계가 없고 식량이 부족하며 군대의 사기가 떨어져 상하질서가 해체된 약점을 노리고 대군을 이끌고 곧장 업군 성 아래에 당도했다. 당군 60만이 진을 치고 사사명의 군대와 결전을 벌렸다. 그때 마침 큰 바람이 불어 모래먼지가 흩날려 앞이 보이지 않았다. 교전하는 양 군 모두 크게 놀라 군사를 물렸는데 당군은 남으로, 사사명의 군대는 북으로 각각 물러났다. 당군은 숱한 갑옷이며 병장기며 수레를 버리고 퇴각했다. 곽자의는 삭방군을 이끌고 낙양에 이르러 동경을 보위할 준비를 하고 이광필·왕사례 두 절도사는 각각 본 부대를 이끌고 진(鎭)으로 돌아갔으며 그밖의 절도사와 패잔병은 뿔뿔이 본 진(鎭)으로 도주했다. 사사명은 괴멸된 군대를 정비해서 다시 업군 성 아래로 돌아와 안경서를 죽이고 안경서의 토지와 모든 인마를 몰수하고 스스로 대연(大燕)황제를 자칭하며 막강한 반란세력이 되었다. 사사명은 그 여세를 몰아 섬주(陝州)를 공격하여 파괴하고 나아가 서경을 취하려 하자 조정은 크게 두려웠다. 바로 그때 사사명이 그 아들 사조의(史朝義)에게 죽임을 당하고 사조의는 황제를 자칭했다.

762년에 장(張) 황후가 이보국과 다른 환관인 정원진(程元振)을 죽이려 하자 이보국·정원진이 장 황후 등을 죽이고 태자 이예(李豫. 즉 이숙[李俶], 당대종[唐代宗])를 옹립하자 당숙종은 놀라 죽고 말았다. 당대종이 즉위하나 당숙종과 당대종은 모두 어리석고 무능한 군주였다. 당숙종은 이필의 용병계획을 받아들이지 않고 한시 바삐 서경에 돌아가 향락을 즐기는 황제가 되는 일에만 급급했다. 그리고 또 공신을 시기해 곽자의·이광필 등 훌륭한 장수들이 군사적으로 재능을 펴지 못하도록 했다. 당대종 시기에는 할거 국면이 이미 고정되었으나 경서(京西)에 또 다른 긴장 국면이 나타났다. 당 조정은 주요 병력을 경서에 파견해 토번(土蕃)이 가을철에 침입해 들어오는 것을 방어하도록 했다. 번진(藩鎭)에 대해서는 지나치게 관용을 베풀던 데서 굴욕적으로 양보하는 쪽으로 방향을 바꿨으며 기타 절도사에 대한 통제력도 크게 약화되어 사처에 반독립의 할거자들이 나타났던 것이다.

779년에 당대종이 죽고 당덕종(唐德宗. 이적[李適]))이 즉위했다. 당덕종은 당 숙종·당대종과는 달랐다. 숙·대 두 황제가 공신을 질투했다면 당덕종의 질투심은 더욱 두드러지게 나타났다. 숙·대 두 황제 모두 횡포한 자에 대해 지나치게 관용을 베풀었다. 당숙종은 사학자들로부터 "온인(溫仁)하다"로 묘사되었고 당대종 역시 "관인(寬仁)한 황제"로 불리고 있지만 실제로는 모두 무능하고 나약한 인물들이었다. 당덕종은 성격이 성급하고 경거망동하기 일쑤였으며 괴팍하고 독선적인 인물이었다. 이로 인해 당나라는 그의 통치하에 숙·대의 일시적인 안일을 탐하던 국면에서 위급한 국면으로 바뀌게 되었다. 같은 해 당 덕종은 양염(楊炎)을 재상으로 등용했다. 780년에 양염의 제안에 따라 양세법(兩稅法)을 실행하는데 연간 수입이 조용조법(租庸調法)을 실행할 때보다 개선됐다. 그 때문에 양염은 더욱 신임을 얻게 되어 대권을 독점하고 전적으로 복수를 위해 사람을 해치는 일에만 급급해했다. 유안(劉晏)은 당나라의 가장 유명한 재산 관리가로서 760년

(당숙종 상원[上元] 원년)부터 재정 세수 수입을 모아 군사와 국정에 공급하면서 조정으로부터 두터운 신임을 얻었다. 780년에 양염이 당덕종에게 참언을 올려 유안을 죽이게 했다. 유안이 죄 없이 죽임을 당하자 모두들 그의 억울함을 호소했다. 당덕종은 공신을 질투하고 군대를 보유한 자에 대해서는 지나치게 관용을 베풀며 재물에만 탐욕을 부리 우둔한 군주였다. 그가 805년에 병으로 죽자 당순종(唐順宗)이 제위를 이었다. 당순종은 중풍을 맞아 말을 할 수가 없었다. 그의 심복인 왕비(王伾) · 왕숙문(王叔文)이 그를 대신해 계책을 내놓았으며 조정 대신 중 유종원(柳宗元) · 유우석(劉禹錫) · 한태(韓泰) 등 명사들이 왕숙문을 도와 정사를 의논했다. 당헌종(唐憲宗)이 가장 총애하고 신임하는 환관은 토돌승최(吐突承璀)였다. 그는 즉위하자 토돌승최를 내상시(內常侍), 지내시성사(知內侍省事)에 임명해 환관들을 통솔케 했다. 806년에 토돌승최를 좌신책중위(左神策中尉)에 임명해 금위군을 관장하게 했다. 환관이 정권을 장악하자 황위 계승자가 두 파로 나뉘었다. 토돌승최는 풍왕(灃王) 이운(李惲)을 태자로 옹립하려고 계획하고 있었고 왕수징(王守澄)을 위수로 하는 환관들은 태자 이항(李恒)을 지지했다. 802년에 왕수징 등은 당헌종을 죽이고 태자 항을 제위(당목종[唐穆宗])에 앉혔으며 또 토돌승최를 죽였다. 환관의 세력이 황제의 생사와 폐립까지 좌우할 수 있을 정도로 커진 것이다. 이때부터 당나라 정치가 후기에 접어들었으며 쇠망의 길에 들어섰다.

당나라 후기 당나라 후기는 802년부터 시작되며 총 87년에 걸쳤다.

당목종은 환관들에게 순종하면서 무절제하게 놀아났기 때문에 국정에는 관심을 두지 않았다. 원래 토돌승최 쪽의 재상들을 모두 삭탈관직하고 새 사람들로 갈아치웠다. 824년에 당목종이 장생불로약을 먹고 병으로 죽고 그 아들인 당경종(唐敬宗)이 즉위했는데 목종보다도 더 황음무도했으며 환관 왕수징 등이 권력을 장악하였다. 827년에 환관 유극명(劉克明)이 당경종을 죽이고 헌종의 아들 이오(李悟)를 옹립했다. 그러자 왕수징이 금위군을 풀어 유극명과 이오를 죽이고 목종의 아들 이함(李涵)을 황제(당문종[唐文宗])로 세웠다. 829년에 절서(浙西) 관찰사(觀察使) 이덕유(李德裕)가 입궁해 재상에 앉았다. 환관과 한 패인 이종민(李宗閔)이 다시 재상이 되자 이덕유를 배척하고 조정에서 몰아내 절도사로 강직시킨 뒤 우승유(牛僧孺)를 재상으로 앉혔다. 833년에 문종이 다시 이덕유를 재상에 임명하고 이종민 · 우승유를 파면시켰다. 그 이듬해 왕수징 등이 당문종에게 이종민을 불러들여 재상에 임명하고 이덕유를 추방해 출경시키게 했다. 이종민과 이덕유가 서로 대립되는 당파를 형성하고 조정의 관원들이 두 개의 당파로 나뉘어 서로 싸웠던 탓에 조정이 안정되지 않았다. 당문종은 환관들을 제거하기 위해 의원 출신의 측근 정주(鄭注)를 봉상절도사에 등용 임명하고 근시 이훈(李訓)을 재상에 임명했다. 835년에 그 두 사람은 왕수징을 죽인 뒤 또 봉상 병력에 의지해 환관의 세력을 궤멸시키려고 밀모했다. 구사량(仇士良) 등 환관들이 밀모를 눈치 채고 환관이 장악한 신책병(神策兵)을 이끌고 당문종을 협박해 입궁한 뒤 출병해 정주·이훈 등 수백 명을 죽였다. 당문종은 궁중에 감금되어 환관들의 감시를 받으며 술이나 마시고 시나 읊으며 시름을 달래다가 840년에 병으로 죽었다.

구사량 등 환관들은 목종의 아들 이전(李瀍)을 황제(당 무종[唐武宗])로 옹립했다. 당무종은 또 다시 이덕유를 재상으로 등용했다. 이덕유는 정치적 재능이 뛰어나 무종의 신임을 얻었으며 환관들에게도 예를 갖춰 대했다. 조정의 관리와 환관 사이의 긴장했던 형세가 완화되기 시작했다. 당무종은 환관에 의지하려 하지 않았다. 구사량은 늙고 병이 들어 고향으로 돌아가고 이덕유가 집권하면서 많은 실적을 쌓았다. 그러나 여전히 당파 싸움의 고질적인 습관을 유지하면서 이종민·우승유에게 붙었던 조정 관리들을 사특한 무리라고 질책하며 일률로 배척하면서 등용하지 않았다. 그로 인해 수많은 사람들이 피해를 받았다. 846년에 당무종이 병으로 죽고 환관 마원지(馬元贄)가 당헌종의 아들 이침(李忱)에게 제위(唐宣宗)를 잇게 했다.

당선종은 헌종의 열세 번째 아들이며 목종과는 형제간이었다. 즉위한 후 환관이 헌종을 죽이고 목종을 옹립한 사건을 캐게 해 헌종의 정비(正妃) 곽후(郭后)와 목종의 환관이 공모했다고 모함하고 목종과 그 아들들인 경종·문종·무종을 반역죄로 몰았다. 당선종은 무종이 취한 정책을 극구 부정하고 이덕유 일당을 몰아냈으며 이종민 일당의 백민중(白敏中)·영호도(令狐綯)를 잇따라 재상으로 등용하는 등 이덕유로부터 배척당한 이들을 모두 중용했다. 그리고 또 헌종의 죽음과 관련이 있다고 추정되는 이들을 처리했는데 헌종시기의 환관들을 대거 주살하고 곽 황후를 압박해 죽였으며, 목종의 태자시기 동궁 관속(官屬)들을 처형하고 그 가족들을 연좌시켰다. 8년 동안 연속해서 조사 처리했으며, 854년에 이르러서야 비로소 조서를 내려 나라를 어지럽히는 불충한 무리들에 대한 처벌을 끝냈다고 밝히고, "그 이외의 먼 족인(族人)은 일률적으로 더 이상 추궁하지 않을 것"

이라고 밝혔다. 이어 또 영호도와 환관들을 모조리 제거할 것을 모의했는데 환관들에게 들키는 바람에 환관과 조정 관리들 간의 투쟁이 또 긴장상태로 이어졌으며, 이로 인해 조정의 통치는 한 층 더 약화되었다. 선종의 재위기간은 13년 동안이었으며 859년에 장생불로약을 먹고 병으로 죽었다. 환관 왕종실(王宗實) 등이 그의 장자인 이최(李漼)를 황제(당 의종[唐懿宗])로 옹립했으며 이어 방대한 규모의 농민봉기를 맞이하게 되었다.

2. 경제제도

당나라 때에는 토지 소유제도와 조세제도가 변화되는 과정을 거쳤다.

균전법(均田法) - 당나라 초기에는 전대의 균전제를 답습해 규정을 정립했다. 남자 18세 이상인 자에게는 밭 1경(頃)씩을 분배했는데, 그중 10분의 2가 세업(世業. 영업[永業]전)이었고, 10분의 8이 구분(口分)전이었다. 노인 남자와 장애자에게는 40무(畝)씩을 분배했다. 밭을 분배 받은 자가 사망했을 경우 세업전은 계승자가 물려받고 구분전은 관아에 되돌려주어 다시 분배 받도록 했다. 일반적으로 균전법의 실행 수준이 관동(關東)지역이 제일 높았고 관중(關中)지역이 제일 낮았으며 장강 유역은 중간 수준이었다. 균전법은 실제상에서 농민들이 황무지를 개간하도록 인도하는 수단 중의 하나였다. 농민들이 고생스럽게 일구어놓은 황무지를 지주계급이 밭을 사들이는 형식으로 영구 점유할 수 있었으며 그런 합병은 무제한적이었다. 가장 많은 호수(戶數)를 차지하는 중등·하등 농가가 적은 땅을 소유하던 데서 땅이 없는 농가로 전락하는 것은 자연적인 추세가 되었다. 당현종 개원 말년에 이르러 균전법은 실제상에서 효력을 잃었으며 점차 폐기되기에 이르렀다.

조용조법(租庸調法) - 인정(人丁)에 따른 균전을 의거로 했다. 조(租)는 장정 1명당 한 해에 조 두 섬 혹은 벼 석 섬씩 납부하고, 조(調)는 해당 고장에서 나는 특산물에 따라 누에를 치는 고장에서는 장정 1명당 한 해에 능(綾, 비단)·견(絹, 명주)·깁(綀, 명주실로 바탕을 좀 거칠게 짠 비단)을 각각 두 장(丈)씩, 풀솜(綿) 석 냥씩 납부하고, 누에를 치지 않는 고장에서는 천(布) 두 장 다섯 자(尺)에 베 서 근(斤)씩 납부하도록 했다. 용(庸)은 장정 1명 당 매 년 20일씩 부역을 해야 하며, 윤달일 경우에는 2일씩 추가하도록 했다. 만약 부역을 하지 않을 경우에는 1일 당 용(庸)으로 견 석 자, 혹은 천 석 자 일곱 치 오 푼씩 납부하도록 했다. 중남(中男)은 밭을 받은 후 조조(租調)를 납부하고 부역을 해야 하며 장정이 된 후에는 병역에 복역해야 했다. 나라에 유사시에는 20일 이외에 부역 기간을 15일간 추가하면 조(調)를 면제 받을 수 있었고 30일간 추가하면 조조(租調)를 모두 면제 받을 수 있었다. 추가 부역 일수에 정역(正役)까지 합쳐 총 일수가 50일을 넘지 않도록 했다. 만약 물난리·가뭄·병충해·서리 등 재해를 당해 10분의 4이상 농사를 망쳤을 경우에는 조(租)를 면제해주고, 10분의 6이상의 농사를 망쳤을 경우에는 조(調)를 면제해주며, 10분의 7이상을 망쳤을 경우에는 과역(課役)을 모두 면제해주도록 했다. 당나라의 조용조법은 전조의 조세제도에 비해 비교적 가볍고 또 비교적 합리적이었다. 당나라 전기에 균전법을 실행한 지역이 농업생산에 적극적인 역할을 했다. 균전이 파괴된 후 조용조법도 계속 실행해 나갈 수가 없었다.

양세법(兩稅法) – 780년(건중[建中] 원년)에 당덕종이 양세법을 실행했다. 그 요점은 (1) 양출제입(量出制入. 나라에서 매년 소요되는 경비에 따라 세수수입을 정하는 재정 원칙). (2) 본 지역 주민이든 외지에서 와서 거주하는 자든 구분하지 않고 현재 거주하는 지역에 호적을 두고, 정남(丁男)과 중남을 구분하지 않고 빈부의 정도에 따라 등급을 정한다. (3) 상인은 소재한 주현(州縣)에 30분의 1의 세금을 내고 정주하는 사람들과 균등하게 부담한다. (4) 정주하는 사람은 여름과 가을 두 차례에 나누어 납세하는데 여름 세금은 6월을 넘기지 못하고, 가을 세금은 11월을 넘기지 못하게 했다. (5) 두 세금 모두 전(錢)으로 계산한다. (6) 전세(田稅)는 당대종 대력(大歷) 14년(779년)의 경작지 수량을 의거로 한다. (7) 정액(丁額. 인두세액[人頭稅額])을 보류한다. (8) 조용조(租庸調) 및 기타 모든 세목을 전부 폐지한다. 균전을 폐기한 후 양세법을 최초로 실행했을 때는 백성에게도 일부 이점이 있었다. 그런데 조정에서 '양출위입(量出爲入)'의 원칙을 따르면서 명목을 많이 만들어 옛날 세목에 새로운 세목까지 무제한적으로 추가했다. 그렇게 되니 빈곤한 민중들은 대처할 방도가 없었다. 덕종 재위 기간에 실시된 양세법의 매 조항은 민중을 해치는 역할을 했던 것이다.

염세(鹽稅) – 756년에 안록산의 난으로 당나라 재정이 아주 곤궁했다. 당숙종이 제오기(第五琦)를 도지사(度支使)에 임명해 각염법(榷鹽法)을 제정하게 했다. 무릇 소금이 나는 곳에는 모두 염원(鹽院)을 설립하고 정호(亭戶. 제염호[製鹽戶])가 생산해내는 소금은 관아에 넘겨 통일 판매토록 했으며 소금 밀조와 밀매를 엄히 금지시켰다. 이로써 염세가 중요한 수입의 일종이 되었다. 유안(劉晏)은 760년부터 도지사(度支使)·주전사(鑄錢使)·염철사(鹽鐵使) 등 직에 임명되었으며 후에 또 전운사(轉運使)·상평사(常平使) 등 직도 겸하게 됐다. 주전·염철·전운·상평은 모두 돈을 거두는 수단이었는데 그 중에서도 돈을 가장 많이 거둘 수 있는 것은 그래도 염세였다.

호구(戶口) – 당 태종 초년에 전국에는 3백만 호가 채 되지 않았는데, 당현종 때에 이르러 754년(천보 13년)의 통계에 따르면 906만 9천 여 호에 인구가 5천 288만 여 명으로 늘어났는데 당나라 호구수의 최고 기록이었다. 그러나 숫자적으로는 서한(西漢) 말년의 호구기록에도 미치지 못했다. 토지에 비교해 보면 주현(州縣)은 일반적으로 땅이 넓고 인구가 적어 개발 여지가 컸다. 그러나 토지 합병현상이 갈수록 심각해지고 조세 부담도 갈수록 무거워져 민중들은 잔폭한 통치하에 더 이상 생산을 계속할 수 없는 지경에 이르렀다. 결국 대봉기를 일으켜 착취자들에 대한 징벌에 나서게 되었던 것이다.

3. 농민 대봉기

당나라 전기에는 착취가 그나마 한계가 있었기 때문에 지주와 농민 두 대 계급 간의 계급투쟁이 비교적 느슨했다. 안(安)·사(史)의 반란으로 황하유역에서 전란이 빈번히 일어나는 바람에 강회(江淮)일대가 유일한 조세 착취지가 되면서 민중의 부담이 갑작스레 가중되었다. 따라서 농민봉기가 제일 처음으로 절동(浙東)에서 폭발하게 되었다.

762년의 대주(臺州. 치임해[治臨海], 절강 임해[臨海]현)봉기는 수령인 원조(袁晁)가 무리를 이끌고 절동(浙東)의 주현(州縣)들을 공략해 구(衢)·온(溫)·명(明) 등의 주(州)를 차지했으며 봉기군 규모가 20만 명에 달했다. 763년에 당 조정은 장수 이광필을 파병해 원조(袁晁)의 봉기군을 격파하자 절동은 또 다시 당 조정의 소유가 되었다. 859년 절동에서 또 구보(裘甫)가 이끄는 봉기가 일어났다. 그해는 바로 당선종이 죽고 당의종이 제위를 이어 당 조정이 붕괴로 접어드는 해였다. 구보가 봉기군을 이끌고 상산(象山)현 성을 공격해 점령한 데 이어 또 섬(剡)현(절강의 성[嵊]현)을 공격했다. 구보가 기병할 때 그 무리가 겨우 백 명밖에 안 되었으나 섬현을 돌파한 뒤에는 수천 명으로 늘었다. 절동도(浙東道)와 다른 여러 도(道)의 민중들이 너도나도 다투어 가담해 사람수가 삽시에 3만 명으로 급증했다. 봉기군은 섬현에서 식량을 모으고 병장기를 만들며 위세를 크게 떨쳤다. 그리고 군대를 나누어 월(越)·구(衢)·무(婺)·명(明)·대(臺) 등의 주를 공격했으며 당흥(唐興. 절강 천대[天臺]) 등 여러 개의 현(縣) 성을 격파했다. 절동의 당군(唐軍)은 연전연패했다. 절동 관찰사 왕식(王式)은 대군을 거느리고 월주에 당도했다. 봉기군은 당나라의 관군과 19차례 전투를 벌였지만 승리를 거두지 못했으며 점유했던 토지도 잇따라 관군에게 빼앗기고 섬현으로 퇴각해 수비현세를 취했다. 당의 관군이 현 성을 포위 공격했다. 구보가 밤에 포위망을 뚫으려다가 당의 관군에게 죽임을 당했다. 봉기는 시작부터 끝까지 66일간이 걸렸는데 결국 실패로 끝났다.

873년에 당의종이 죽고 환관들이 13세의 이현(李儇)을 옹립해 즉위(당희종[唐僖宗])시켰다. 874년에 왕선지(王仙芝)가 수 천 명의 민중을 거느리고 장원(長垣. 하남 장원현)에서 봉기를 일으켰다. 그 이듬해 황소(黃巢)가 수 천 명의 민중을 이끌고 왕선지에 호응해 원구(冤句. 산동 하택[菏澤]현의 서남)에서 봉기를 일으켰다. 왕선지·황소는 모두 예전에 소금 밀매에 종사한 적이 있었다. 소금 밀매에 종사했던 자는 반드시 많은 벗을 사귀게 되어 있었다. 힘을 합쳐 행동해야 하고 또 반드시 계략과 용기가 있어야 소금 관리와 맞설 수 있기 때문이었다. 소금 밀매 규모가 클수록 이런 조건도 점점 더 완전히 갖출 수 있었던 것이다. 황소가 바로 그런 소금 밀매꾼이었으므로 봉기한 민중과 결합하자 능력 있는 수령이 되었다. 874년에 왕선지가 장원현에서 봉기를 일으켜 천보평균대장군(天補平均大將軍) 겸 해내제호도통(海內諸豪都統)으로 칭했으며, 격문을 발표해 탐관을 등용하고 조세가 과중하며 상벌이 평등하지 않은 등 당 조정의 죄악을 성토했는데, 그때 당시의 폐단을 직접적으로 공략했던 것이다. 875년에 왕선지가 상군장(尙君長) 등을 거느리고 복(濮)·조(曹) 등 두 개의 주를 격파했으며 봉기군은 수만 명으로 늘어났다. 그리고 또 당의 천평(天平) 절도사(節度使)의 군대를 격파하고 운(鄆)주로 공격해 들어갔다. 황소는 그때 마침 기병해 왕선지와 공동으로 행동을 개시해 수개월 사이에 봉기군 규모는 수만 명으로 늘어났다. 왕선지·황소가 이끄는 봉기군은 행군 과정에서 모두 유동식 방식을 취해 성에 주둔해 지키지 않았는데 이는 봉기 초기에 필요한 것이었다. 876년에 당 조정은 농촌에서 활과 칼 등 무기를 갖추어 지주 무장을 조직해 봉기 민중에 저항할 것을 명했다. 봉기군은 기(沂)주 성 아래서 패전해 하남지역으로 진군 방향을 바꾸었다. 그들이 겹(鄴)성(하남 겹[鄴]현) 등 8개현을 공격하자 당 조정은 두려워서 관내 여러 진의 군대를 집결시켜 섬주(陝州)와 동관(潼關)을 지키게 하고, 소의(昭義) 등 진의 군대를 집결시켜 낙양(동도)를 지키게 했으며 산남동(刪南東)도의 군대에게는 여(汝)·등(鄧) 두 개 주의 중요한 길목을 지키게 했다. 봉기군이 여(汝)주를 쳐부수자 동도가 들썩였다. 백관은 거의 모두 가솔들을 데리고 도주해 성을 빠져나갔다. 봉기군은 정주를 공략했으나 당의 수비군에게 격파 당하고 방향을 남으로 틀어 당(唐)·등(鄧) 두 주를 공격했다. 관(關) 동쪽의 여러 주현은 각자 성을 지키며 스스로 보호하기에만 급해 감히 나가서 싸울 엄두를 못 냈다. 그렇게 되자 봉기군은 자유롭게 행동할 수 있어 영(郢)·복(復) 두 주를 공격하고 또 신(申)·광(光)·노(盧)·수(壽)·서(舒) 등 주를 공격했다. 그리고 봉기군은 기주(蘄州. 호북 기춘[蘄春])에 진입했다. 당 조정의 자사(刺史)가 왕선지와 황소에게 관직을 줄 것이니 투항하라고 권유했다. 왕선지는 받아들일 생각이었지만 황소가 반대했다. 결국 두 사람은 결별하고 각자의 길을 가게 되었다. 877년에 왕선지가 악주(鄂州. 호북 무창현)성을 쳐부수고 또 안(安)·수(隨) 두 주의 성을 공격했다. 그리고 나서 당나라 군영에 가서 투항 관련 협상을 하라고 부하 상군장(尙君長)을 파견했는데 살해되었다. 그 이듬해 왕선지가 봉기군을 이끌고 강릉(江陵) 성으로 공격해 들어갔으며, 이어 신주(申州. 치의양[治義陽], 하남 신양[信陽]현)로 옮겼다가 당나라 관군에게 격파당했다. 당의 관군이 황매(黃梅)까지 추격해 수만 명을 살해했다. 왕선지는 도주하다가 관군에게 살해되었다.

기주에서 분열된 후 황소는 자신의 군대를 이끌고 북상했다. 877년에 운(鄆)주를 공격하고 당의 천평군절도사를 죽인 뒤 또 기(沂)주를 쳐부쉈다. 당 조정이 대군을 집결시켜 공격해왔으므로 황소는 산동에서는 승리를 거둘 수 없음을 알고 하남으로 이동했다. 878년에 왕선지가 싸움에서 패하고 죽자 부장 상양(尙讓)이 잔여 부대를 이끌고 황소에게 귀순해 황소를 왕으로 추대하고 충천(沖天)대장군이라 칭했으며 연호를 왕패(王覇)라 지었다. 봉기군은 강을 건너 남하하면서 절동(浙東)을 점령하고 7백 리 산길을 뚫고 복주(福州)를 빼앗았다. 그리고 나서 광주(廣州)를 공격해 점령했다. 879년에 영남(嶺南)에 대규모 역병이 돌아 황소는 영남을 떠나 북상했다. 상양이 군을 이끌고 강릉을 공격했다. 황소·상양이 힘을 합쳐 양양(襄陽)을 취한 뒤 형문(荊門. 호북 형문현)에서 당나라 관군에게 패해 봉기군은 손실이 막중했다. 이어 봉기군은 강을 건너 동쪽으로 진군했다.

그들은 악주(鄂州)를 공략한 뒤 방향을 바꿔 강서(江西)·절강의 15개 주를 공략했는데 병사가 20만 명으로 늘었다. 880년 당 조정은 회남(淮南) 절도사 고병(高騈)을 여러 도(道)의 행영도통(行營都統)에 임명해 여러 진(鎭)의 군사 7만을 집결시키고 부장을 파견해 회남군을 이끌고 강서(江西)에 진입해 봉기군을 공략하게 했다. 황소가 고병에게 서한을 띄워 투항할 의향이 있다고 밝히자 고병은 여러 도의 지원병을 각자가 속한 도(道)로 돌려보냈다. 황소는 고병의 세력이 약해진 틈을 타 회남군을 대파해 봉기군의 위엄과 기세를 크게 떨쳤다. 봉기군은 목(睦. 치건덕[治建德], 절강 건덕현)·무(婺) 등의 주를 공격하고 또 선주(宣州)를 돌파하자 위엄과 기세가 점점 세져 대오가 60만에 이르는 것으로 알려졌다. 채석(采石)에서 강을 건너 천장(天長)·육합(六合)을 돌아 양주(揚州) 성과 50리도 떨어지지 않은 곳까지 이르렀다. 당나라 여러 도의 군대가 패해 흩어졌다. 황소는 천보대장군의 명의로 "그대들은 각자의 본진을 지키며 우리 군을 침범하지 말도록 하라. 우리는 동도(東都)로 진군했다가 다시 장안(長安)으로 가 죄인에게 죄를 물을 것이니 그대들과는 무관한 일이다"라고 격문을 발표해 당나라 여러 도에 고했다. 여러 도(道)에서도 민중들이 사단을 일으킬까 두려워 감히 출병해 당 조정을 구할 엄두를 내지 못했다. 봉기군은 동도로 순조롭게 진군했으며 당나라의 관군은 동관(潼關)까지 퇴각해 지키고 동도의 당 조정 관리들이 봉기군을 맞이해 입성시켰다. 이어 봉기군이 동관을 공략하자 당나라의 관군은 뿔뿔이 흩어지고 당희종은 성도(成都)로 도주했다. 황소가 봉기군 수십 만 명을 인솔해 장안으로 들어갔다. 황소는 황제로 등극하고 국호를 대제(大齊)로, 연호를 금통(金統)으로 지었다. 당나라 관리 중 3품 이상인 자는 관직을 해제하고 4품 이하인 자는 여전히 원래의 관직을 그대로 맡도록 했다. 881년에 상양(尙讓) 등에게 군사 5만을 지휘해 봉상(鳳翔)을 치게 했는데 복병을 만나 대패해 도망쳐 돌아왔다. 그로 인해 2만 여 명의 군사를 잃었으며 손실이 막중했다. 당군(唐軍)의 일부가 승리를 틈타 장안을 공략하자 황소는 당의 대군이 온 줄 알고 무리들을 이끌고 황망히 성을 빠져나갔다. 황소가 패상(霸上)까지 도주해 멈춰 보니 당군의 대오가 정연하지 않은지라 다시 무리를 이끌고 성으로 돌아와 당군을 열 중 여덟 명이나 아홉 명 꼴로 죽여 궤멸시켰다. 882년에 황소의 부장 주온(朱溫)이 동주(同州)에서 배신해 당나라 하중진(河中鎭)의 왕중영(王重榮)에게 투항했다. 883년에 사타(沙陀)의 추장(酋長) 이극용(李克用)이 당나라 하중(河中)·역정(易定)·충무(忠武) 등 진(鎭)의 군대와 연합해 상양이 거느린 봉기군 15만과 대전을 펼쳤다. 그 결과 상양이 대패하고 이극용이 장안으로 공략해 들어갔다. 황소는 패잔병을 이끌고 남전(藍田)에서 출발해 무관(武關)을 거쳐 하남 경내에 들어가는데 수많은 봉기군 병사들이 뿔뿔이 흩어졌다. 황소·상양 등이 변주(汴州)를 공략했으나 이극용의 군대에 의해 격파되었다. 상양은 부대를 이끌고 투항하고 황소는 천 명도 채 안 되는 나머지 무리를 이끌고 연주(兗州)의 산속으로 도주했는데 조카 임언(林言)에게 살해되었다. 그리고 당군 병사가 임언을 죽였다.

황소의 봉기가 실패한 후 당희종은 환관 전영자(田令孜)를 따라 봉상(鳳翔)에 이르렀다가 또 한중(漢中)으로 향했다. 이극용은 군사를 물린 뒤 888년에 장안으로 돌아갔으며 얼마 지나지 않아 병으로 죽었다. 환관 양복공(楊復恭)이 이민(李敏)을 황제(당소종[唐昭宗])로 옹립했다. 봉기를 진압하는 과정에서 강대해진 군벌들이 각자 한 지역씩을 차지했다. 환관과 조정 관리 사이의 투쟁이 계속되었다. 봉기군을 배신하고 당 조정에 투항한 주온(朱溫)이 주전충(朱全忠)으로 개명하고 하남에서 큰 세력을 형성했다. 그는 903년에 군대를 이끌고 환관을 잡아 죽이고 양왕(梁王)이라고 칭했다. 그는 또 사람을 시켜 당소종을 죽이고 이축(李祝)을 황제(소선제[昭宣帝])로 옹립했다. 907년에 소선제가 '선양(禪讓)'이라는 명의로 제위에서 물러나고 주전충이 즉위해 칭제하며 국호를 양(梁)으로 고치고 당나라의 멸망을 선고했다.

1. 중원(中原)을 점거한 5개의 소조정(小朝廷)

양나라(梁朝. 907~923년) 주전충이 황제(양태조[梁太祖])로 등극하고 이름을 주황(朱晃)이라고 고쳤다. 그리고 변주(汴州) 성을 수도로 정하고 동도개봉부(東都開封府)로 칭했으며 당나라 때 동도였던 낙양을 서도로 고쳤다. 양조는 개국해서부터 멸망할 때까지 크고 작은 전쟁이 줄곧 끊이지 않았다. 이극용은 진왕(晉王)을 자칭하고 하동 한쪽 구석에 억눌려 있으면서 감히 출병해 양조와 교전할 엄두를 내지 못했다. 908년에 이극용이 죽고 그 아들인 이존욱(李存勖)이 진왕위를 이었다. 911년에 양 태조가 성덕진(成德鎮)의 심(深)·기(冀) 두 주(州) 성을 탈취하려고 하자 성덕 절도사 왕용(王鎔)이 이존욱에게 위급함을 알리고 구조를 요청했으며 이에 이존욱이 대군을 인솔해 구하러 왔다. 그 이듬해 양 군이 고읍(高邑. 하북 고읍[高邑]현)에서 결전을 벌였는데 양(梁)나라 군이 대패했다. 912년 이존욱이 유주(幽州)의 유수광(劉守光)을 공격하는 사이에 양 태조가 50만을 헤아리는 대군을 이끌고 낮과 밤을 이어 행군해 관진총(觀津冢. 하북 무읍[武邑]현 동남)에 당도해 기회를 노려 성덕진을 공격하려고 했다. 이때 누군가 진(晉)의 대군이 왔다고 말하자 양 태조가 크게 놀라 군영에 불을 지르고 밤새 도주했다. 양 태조의 아들들이 계승권을 꾀해 서로 간에 치열한 다툼을 벌였다. 셋째 아들 주우규(朱友珪)가 왕위를 이을 가망이 없음을 알고 밤중에 군사를 이끌고 입궁해 양태조의 목숨을 끊어버리고 자신이 양의 황제라고 선고했다. 913년에 넷째 아들 주우정(朱友貞)이 주우규를 죽이고 개봉(開封)에서 양조 황제(양말제[梁末帝])가 되었다. 같은 해 이존욱이 유주를 공격하고 전력을 다해 양나라를 공격하려고 준비했다. 양말제가 명장 유심(劉鄩)에게 대군을 거느리고 출전하도록 했는데 916년에 위주(魏州) 성 밖에서 대패해 전군 7만 명의 군사가 죽고 겨우 일부 패잔병만 살아남았다. 그렇게 되어 하북(河北)의 주현(州縣)이 모두 진왕의 소유가 되었다. 923년에 이존욱은 위주(현재의 하북 대명[大名])에서 스스로 황제(당 장종[唐庄宗])를 자칭하고 국호를 당(唐)으로 정했다. 당(唐)의 이사원(李嗣源)이 운주(鄆州. 산동 동평[東平]현)를 습격해 쳐부수자 양말제가 왕언장(王彦章)에게 군사 1만을 이끌고 운주로 가 반격하도록 했다. 당장종은 곽숭도(郭崇韜)의 계략을 받아들여 군대를 주둔시켜 굳게 지키는 한편 직접 경기병을 이끌고 운주에서 떠나 개봉을 습격해 점령했다. 이사원은 왕언장을 잡아 조주(曹州)를 거쳐 곧장 개봉으로 향했다. 양말제는 자살하고 이사원·당장종이 잇따라 개봉 성에 입성하자 양(梁)나라의 문무 백관이 당(唐)에 투항했다. 이로써 양(梁)은 멸망하고 말았다. 양의 통치는 총 17년간에 이르렀다.

당나라(唐朝. 923~936년) 당장종 이존욱이 칭제한 후 당나라의 옛 제도를 본따 백관을 설치하고 당나라의 이름난 사대부가인 두노혁(豆盧革)·노정작(盧程作)을 재상으로 선발 등용했다. 수도를 개봉에서 낙양으로 옮겼다. 원래 환관이 5백 명 있었는데 또 명을 내려 각지로 도주한 당나라의 환관을 모집해 들여 총수가 약 천 명 가까이 되었다. 그리고 환관들을 우대해 자신의 심복으로 삼고 공신을 의심하고 질투해 공이 있어도 상을 내리지 않았다. 그는 공겸(孔謙)에게 재정을 맡겨 세금을 가혹하게 거둬들여 백성들을 도탄에 빠뜨렸다. 925년에 당 장종은 장자 이계급(李繼岌)을 서남행영도통(西南行營都統)에 임명하고 모사 곽숭도를 도초토사(都招討使)에 임명해 6만 군사를 인솔해 촉(蜀)을 칠 것을 명했다. 군은 낙양에서 출병해 70일 만에 성도(成都)에 당도했다. 이계급은 명의상 도통이긴 했지만 실권은 없었다. 그래서 환관 이종습(李從襲)이 이계급을 도와 권력 쟁탈에 나섰다. 이종습은 낙양의 환관에게 명해 당장종과 유(劉) 황후에게 참언을 올려 곽숭도가 딴 마음을 품었다고 고하게 했다. 당장종이 반신반의하는 사이에 유황후가 독단으로 밀령을 내려 이계급에게 곽숭도를 죽일 것을 명했다. 926년에 곽숭도가 살해되자 공신과 옛 장수들은 의구심을 갖지 않는 자가 없었으며 뜬소문이 무성했다. 위주군은 당장종이 과거에 공을 세운 데 대해 상을 내리지 않는 것에 원한을 품고 민심이 안정되지 않는 틈을 타 지휘사 조재례(趙在禮)를 끼고 위주를 거점으로 반란을 일으켰다. 이에 당장종은 또 이사원을 시켜 위주를 공략하게 했다. 이사원이 금위군을 인솔해 위주성 아래에 이르러 이튿날 성을 공략할 준비를 했다. 그런데 그날 밤 금위군이 반란을 일으켜 이사원을 수령으로 추대했다. 조재례가 이사원을 옹호해 입성시키자 하북의 주(州)진(鎭)이 모두 귀순해 군사력을 크게 진작시켰다. 이사원은 개봉으로 공격해 들어갔다. 당장종이 친히 사수(汜水) 요새를 지키러 나갔다가 눈 먼 화살에 맞아 죽었다. 이계급은 군을 인솔해 관중(關中)에 이르러 앞으로 나가거나 뒤로 물러서거나 의지할 데가 없어진 가운데 위남(渭南)에서 이종습(李從襲)에게 살해되었다. 당장종이 죽은 뒤 이사원이 낙양에 입성해 황제(당명종[唐明宗])로 즉위했다.

당명종은 글을 몰랐기 때문에 각지에서 올리는 상소문은 모두 추밀사(樞密使) 안중회(安重誨)가 읽어 주었다. 그때 당시 상소문은 사륙문체(四六文體)를 통용했는데 그가 알아듣지 못할 뿐 아니라 안중회마저도 제대로 읽지 못했다. 안중회는 단명전학사(端明殿學士)라는 관직을 설치해 풍도(馮道) 등 이들을 학사에 임명했다. 931년에 여러 도(道)에 영을 내려 민간의 전세(田稅)를 균등하게 정하도록 하고 또 민간에서 자체적으로 농기구와 기타 쇠붙이 잡기들을 만들 수 있도록 허용했으며, 농지 2무 당 여름과 가을 두 차례에 나눠서 농기구 세금으로 전(錢) 3문(文)을 납부하도록 했다. 안중회가 임금의 총애를 믿고 교만하고 난폭하게 굴다가 당명종에게 죽임을 당했다. 933년에 당명종이 병으로 위독해지자 아들인 이종영(李從榮)이 계승권을 빼앗는 것이 급해 군대를 이끌고 궁문을 쳐부수고 뛰어들었다. 그런데 궁에서 군사들이 출격해 이종영을 죽였다. 당명종이 놀라 죽고 그 아들인 이종후(李從厚)가 제위(당민제[唐愍帝])를 이었다.

당민제는 봉상(鳳翔) 절도사 이종가(李從珂)를 시기 질투해 934년에 그를 하동(河東) 절도사로 전임시켰으며, 이종가는 기병해 그에게 반기를 들었다. 그러자 당 민제가 대군을 파견해 봉상을 공격하지만 대군은 봉상에서 이종가에게 항복했다. 이종가는 군을 이끌고 낙양으로 향하고 당민제는 잇따라 여러 군을 파견하지만 모두 도중에 투항해버렸다. 이종가가 섬주(陝州)에 이르자 당민제의 심복 대신들이 도주하거나 항복해버리고 당민제가 몸소 호위 기마병 50기(騎)를 이끌고 하북(河北)으로 도주했다. 이종가는 사람을 시켜 당민제를 죽이고 낙양에 입성해 황제(당폐제[唐廢帝])로 등극했다. 당폐제와 하동 절도사 석경당(石敬瑭)은 당명종의 좌우팔이었다. 두 사람 다 용맹스럽고 호전적이어서 줄곧 서로 질투해왔다. 936년에 석경당을 천평(天平)절도사로 전임시키려 했으나 석경당이 전임을 거부했다. 석경당은 반란을 일으키지 않으면 죽어야 하는 형세에서 당폐제와 공개적으로 파열했다. 당폐제는 장경달(張敬達)에게 수만 명의 군사를 이끌고 진양(晉陽)성을 포위 공격하도록 했다. 그러자 석경당은 사신을 파견해 거란족에게 구원을 요청했으며, 그 조건으로 거란족 두령 야율덕광(耶律德光. 요태종[遼太宗])을 아버지라 불러야 하며 승리한 뒤 노룡도(盧龍道)와 안문관(雁門關) 이북의 여러 주(州)를 거란에 바쳐야 한다는 것이었다. 요태종이 직접 5만 기의 기마병을 포함한 30만 대군을 지휘해 진양(晉陽)성 아래에 이르러 장경달(張敬達)의 군을 격파했다. 당폐제는 감히 직접 군대를 이끌고 출전하지 못했다. 장경달은 그의 부장에게 죽임을 당하고 나머지 장수와 병사들은 거란에 투항했다. 요태종은 대장 적리필(迪離畢)에게 5천 기마병을 이끌고 석경당과 함께 진양에서 낙양으로 진군할 것을 명했다. 당의 장수들이 앞다투어 석경당에게 항복하고 당폐제는 성루에 올라가 불을 지르고 자살했다. 이로써 당은 멸망했다. 당의 통치 기간은 총 14년간이었다.

진나라(晉朝. 936~947년) 936년에 석경당이 낙양에 입성한 뒤 이듬해에 개봉으로 수도를 옮기고 정식 중원의 황제(진고조[晉高祖])가 됐다. 그리고 바로 요(遼)나라에 땅을 할양했는데 유주(幽州)·계주(薊州)·영주(瀛州)·막주(莫州)·탁주(涿州)·단주(檀州)·순주(順州)·신주(新州)·규주(嬀州)·유주(儒州)·무주(武州)·운주(云州)·응주(應州)·환주(寰州)·삭주(朔州)·울주(蔚州) 등 16개 주를 잃었다. 유(幽)주 진(鎭)은 규·단·신·무 네 개의 주를 산후(山後)로 삼고, 하동(河東) 진은 운·응·환·삭 네 개의 주를 산후로 삼았다. 산후는 산북(山北)이라고도 불렀다. 산남·산북이 모두 거란의 소유로 되었으므로 수시로 남하해 침범할 수 있었다. 942년에 석경당이 죽은 뒤 그의 아들 석중귀(石重貴)가 제위(진출제[晉出帝])를 잇고 경연광(景延廣)을 재상에 임명했다. 경연광은 대권을 쥔 후 요(遼)를 반대하는 책임을 스스로 맡았다. 진출제가 요나라에 초상을 알리며 신하라고 하지 않고 손자라고 했다. 이에 요태종이 크게 노해 출병해 진(晉)을 치려했다. 진의 군대와 민중이 전력으로 싸워 요군(遼軍)을 물리쳤다. 진출제와 문무 관리들은 스스로 전쟁에서 이겼다고 여겨 갈수록 탐욕스럽고 난폭해졌으며 제멋대로 민중들을 착취했다. 945년에 요가 대거 남침했다. 요의 노룡절도사 조연수(趙延壽)를 선봉에 세우고 요태종은 원씨(元氏. 하북의 원씨현)에 진주했다. 진의 여러 군대는 형주(邢州. 하북 형대[邢臺]현)에 주둔했다. 진의 상류한(桑維翰)이 경연광을 대신해 집권했는데 요나라 군대를 두려워해 여러 군에 퇴각을 명했다. 여러 군은 이유를 몰라 공황 상태에 빠져 대오가 어지러워졌으며 병장기며 갑옷들을 잃어버리고 상주성(相州城. 하남 안양[安陽]현)까지 퇴각해보니 더 이상 수습할 수 없는 상황에 이르렀다. 진 조정은 여러 군대에게 명을 내려 전(澶)·위(魏)·형(邢) 등 주로 돌아가 주둔하도록 하고 주력 부대는 상주(相州)를 지키면서 대항할 준비를 하도록 해 군심을 새롭게 진작시켰다. 진 출제는 요군이 퇴각했음을 알고 친히 군대를 지휘 출발해 계책을 써 유주(幽州)를 습격해 취했다. 그리고 성덕절도사(成德節度使) 두위(杜威)를 북면행영도(北面行營都) 초토사(招討使)에 임명해 여러 갈래의 군대를 통솔하도록 했다. 두위는 정주(定州)에서 여러 갈래 군대를 집결시켜 태주(泰州. 치청원[治淸苑], 하북 보정[保定]시)를 취하고 또 수성(遂城. 하북 서수[徐水]현 서부)으로 진군해 점령했다. 요태종은 호북구(虎北口, 고북구[古北口])로 돌아가 태주(泰州)가 진(晉)에 넘어갔다는 소식을 접하자 곧바로 전군의 8만여 기 기마병을 이끌고 태주로 돌아왔다. 진(晉)의 군대는 전투태세를 취하고 남하해 양성(陽城. 포음[蒲陰]현 동남에 있음)에 이르러 요(遼)의 추격군을 격퇴시키고 또 계속 남하하다가 백단위(百團衛)마을에 이르러 요의 군대에 포위되었다. 진의 군대가 전력을 다해 싸웠지만 군사와 말 모두 기아와 피로에 허덕이게 되자 군대를 거둬 정주(定州)로 돌아갔다. 946년 진출제가 두위(杜威)를 원수에 임명하고 이수정(李守貞)을 부원수에 임명해 송언균(宋彦筠) 등 여러 갈래의 군대를 통솔해 요를 공격했다. 두위·이서정·송언균은 요에 항복하려고 비밀리에 모의하여 두위가 밀사를 파견해 요태종을 만나 큰 상을 내려 줄 것을 요구했다. 947년에 요태종이 군대를 이끌고 개봉에 이르자 진출제가 표를 올려 요에 투항하고 압송되어 갔다. 이로써 진은 멸망하였으니, 진의 통치 기간은 12년간이었다.

한나라(漢朝. 947~951년)　진(晉)의 하동절도사 유지원(劉知遠)이 947년에 진양(晉陽)에서 칭제하고(한고조[漢高祖]), 진의 국호를 차마 바꿀 수가 없다면서 여전히 천복(天福. 진고조의 연호)으로 연대를 기재해 천복 12년(947년)이라 칭했다. 한고조는 요의 군대가 북으로 퇴각한 시기에 황제(皇弟) 유숭(劉崇)을 태원(太原)유수(留守)에 임명하고 자신은 대군을 거느리고 태원을 출발해 진(晉. 산서[山西] 임분[臨汾]현)·강(絳. 산서 신강[新絳]현)을 거쳐 낙양으로 향했다. 선봉에 선 사홍조(史弘肇)가 군대를 엄격히 다스렸으므로 그에 대적할 자가 없었다. 한고조는 낙양에 입성한 뒤 조서를 내려 국호를 한(漢)으로 고쳤다. 이듬해 한고조가 죽으면서 유승우(劉承祐)가 제위(한은제[漢隱帝])

를 물려받고 한고조의 유조에 따라 두위를 죽였다. 한은제는 여러 대신들을 혐오해 자신의 심복들을 등용해 조정을 장악하려다가 부하에게 죽임을 당했다. 추밀사 곽위(郭威)가 이(李)태후에게 청을 넣어 고조의 아우 유숭의 아들 유윤(劉贇)을 제위에 앉히고 풍도(馮道) 등 대신들에게 서주(徐州)로 가 영접하라는 명을 내리게 했다. 951년에 요의 군대가 내구(內邱)·요양(饒陽) 두 성을 공격했다. 이태후가 곽위에게 대군을 지휘해 강을 건너 요의 군대를 격파하라는 명을 내리고, 또 국가 대사는 잠시 왕준(王峻) 등 이들에게 맡기고, 군 사무는 잠시 왕은(王殷)에게 맡길 것을 명했다. 두 왕씨는 곽위의 심복들이었다. 곽위가 전주(澶州)에 이르자 수천 명의 장병이 갑자기 큰 소리로 곽위에게 "그대 본인이 황제가 되어야 하며 더 이상 유씨에게 황제를 시켜서는 안 된다"고 호소했다. 그리고 황기(黃旗)를 찢어 곽위의 몸에 걸쳐주고 그를 황제로 옹립했다. 곽위가 그 무리들에 둘러싸여 돌아오자 두 왕씨가 유윤을 구금했다. 이태후는 곽위에게 국가 대사를 주관할 것을 명했다. 이로써 한(漢)이 멸망하니 한의 통치기간은 겨우 5년이었다.

하동절도사 유숭은 진양(晉陽)을 근거지로 삼아 칭제하면서 국호를 한(漢. 북한[北漢])으로 정하고, 요(遼)나라에 종속되어 책봉을 받아 종속국이 되었다.

주나라(周朝. 951~960년) 951년에 곽위가 황제로 등극하고(주태조[周太祖]), 국호를 주(周)로 정했다. 주태조는 가난한 가정 출신이므로 민간의 질고를 잘 알았다. 그는 즉위한 후 한(漢)대의 왕장(王章)이 제정한 '두여(斗餘)'·'칭모(稱耗)' 등 부가적 가렴 및 당(唐) 중기 이후부터 지방 관리들이 납부해오던 특별 부과 세금을 면제해주었다. 그리고 절도죄와 간죄(姦罪)에 대한 율령을 선포했다. 954년에 주태조가 죽고 양자 곽영(郭榮. 본 성은 시[柴])이 제위(주세종[周世宗])를 이었다. 주세종은 주태조가 실행한 혁폐를 토대로 계속 정치를 개선했다. (1) 법도를 정돈했다. 주세종은 이곡(李谷)·왕부(王溥)·범질(范質) 등 이들을 재상에 임용하고 위인포(魏仁浦)를 추밀사에 임명했는데 모두 잘된 인재 등용이었다. (2) 민중의 부담을 경감해 주고 불교를 제한한 것은 민중에 큰 기여를 한 것이었다. (3) 통일을 준비했다. 주 세종은 스스로 30년간 황제가 되길 바란다면서 10년은 천하를 개척하고 10년은 백성을 발전시키고 10년은 태평성세를 실현하는 데 진력할 것이라고 했다. 그는 5년 6개월이라는 재위 기간에 주로 용병해 강역을 개척했지만 통일 후의 일부 배치에 유념하면서 장원한 계획을 드러냈다. 954년에 주세종이 막 즉위하자 북한(北漢)의 왕 유숭이 요나라와 결탁해 대거 침략해왔다. 요(遼)의 기마병 만여 명과 북한의 군사 3만 명이 힘을 합쳐 로주(潞州)를 공격했다. 주세종이 친히 군대를 이끌고 저항했는데 개봉에서 출발해 여러 군대를 독촉해 진군 속도를 다그쳤다. 주(周)군이 분발해 공격하자 북한군은 대패했다. 요(遼)군은 대주(代州)까지 퇴각했다. 주군이 고평(高平)까지 추격하자 북한군은 뿔뿔이 흩어졌으며 북한 왕은 밤과 낮을 이어 달려 진양(晉陽)으로 도주해 되돌아갔다. 주세종은 공을 세운 장수와 병사 수십 명에게 상을 내리고 조광윤(趙匡胤)은 전전도우후(殿前都虞候. 지위가 부도지휘사에 버금가는 지위)에 승진시켰다. 그리고 번애능(樊愛能)·하휘(何徽)를 비롯해 계급이 높은 장수 70여 명을 죽이고, 또 북한에 투항한 우군(右軍) 보병을 죽였다. 상벌이 분명했으므로 군의 위엄이 크게 떨쳐졌다. 요나라는 남경(南京) 유주성(幽州城. 북경시)을 거점으로 하고 있으며, 늘 하북을 침범하곤 했다. 경기병이 깊숙히 침범해 들어오는 데 전혀 방해를 받지 없었으며 민중들이 살해와 약탈을 당해 안정적으로 농사를 지으며 살 수가 없었다. 955년에 주세종이 왕언초(王彦超)에게 군사와 민중을 이끌고 호로하(胡盧河. 형장수[衡漳水], 하북 심[深]·기[冀] 두 현 사이에 있음) 수백 리 구간을 깊이 파게하고 이안구(李晏口)에 성을 쌓아 군사를 모집해 주둔시켜 지키게 했다. 그렇게 되자 자연히 요의 병사들은 감히 호로하를 건너오지 못했다. 956년에 주세종이 조서를 내려 회남(淮南)으로 직접 출정한다고 밝혔다. 전쟁은 958년까지 계속됐으며 남당(南唐)은 기진맥진해 강북의 네 개 주를 바칠 의사를 밝혔다. 주(周)는 회남 강북의 총 14개 주, 60개 현을 얻고 남당과의 경계를 장강으로 정했다. 남당 공략전쟁에서 조광윤이 전공을 세워 전전도지휘사(殿前都指揮使)로 관직이 올랐다. 959년에 주세종이 조서를 내리고 직접 정벌에 나섰으며 잃어버렸던 북방지역을 수복했다. 그러다 도중에 병으로 죽고 7세의 어린 아들 곽종훈(郭宗訓)이 제위(주공제[周恭帝])를 이었다. 960년에 주(周)조의 뭇 신하들이 새해(경신년)를 맞은 것을 경축하고 있는데 갑자기 진(鎭)·정(定) 두 개 주에서 요(遼)와 북한(北漢)이 병력을 모아 남침했다는 보고를 받았다. 이에 조광윤이 금위군 여러 장수들을 인솔해 막으러 나갔다. 진교역(陳橋驛. 개봉 성 북쪽으로 20리 상거함)에 이르러 병변을 일으켜 조광윤을 황제로 옹립했다. 조광윤이 군대를 인솔해 개봉으로 돌아가 주를 멸하고 송나라(宋朝)를 창립했다. 이로써 주의 통치는 총 10년으로 끝났다.

2. 남방지역의 10개 소국

오나라(吳國. 892~937년) 황소의 봉기군이 여주(廬州) 합비(合肥)를 지날 때 현지인 양행밀(楊行密)이 기병해 호응하다가 당(唐)의 군사에게 잡혀 주(州)의 군대에 편입되었으며 점차 아장(牙將)으로 승진했다. 883년에 양행밀이 당의 도장(都將)을 죽이고 여주자사(廬州刺史)에 임명됐다. 그리고 892년에는 군대를 이끌고 양주(揚州)로 입성하는데 당나라가 그를 회남(淮南)절도사에 임명해 회남 진(鎭)을 차지하게 했다. 902년에 당소종(唐昭宗)이 그를 오왕(吳王)에 봉하자 그는 양주를 수도로 정하고 영역을 점차 넓혀갔다. 905년에 양행밀이 죽고 그 아들 양악(楊渥)이 제위를 이었다. 908년에 권신 서온(徐溫)이 양악을 죽이고 양륭연(楊隆演)을 제위에 앉혔다. 서온이 군사와 정치 대권을 장악하고 승주(升州. 강소 남경[南京])자사 직을 겸임했다. 917년에 서온은 승주에 금릉성(金陵城)을 건설하고 본인이 그 성 안에 거주했으며 아들 서지훈(徐知訓)에게 양주에 거주하며 국정을 돌보게 했다. 이듬해 서지훈이 부장에게 죽임을 당하자 서온은 양자인 윤주단련사(潤州團練使) 서지고(徐知誥)에게 강을 건너 양주로 와 집권하게 한다. 919년에 서온은 양륭연을 아 박해 오국왕으로 칭하게 하고 천자의 예를 행하게 해 오국이 더 이상 당나라의 옛 번진(藩鎭)이 아니라 독립국임을 보여주었다. 서온은 군왕(郡王)에 책봉되고 대승상(大丞相)·도독중외제군사(都督中外諸軍事) 직을 맡았다. 920년에 양륭연이 병으로 죽고 그 아우 양부(楊溥)가 제위에 올랐고, 서온은 927년에 병으로 죽는다. 서지고는 양부에게 칭제하도록 하고 자신은 도독중외제군사 직을 맡았다. 931년에 서지고가 서온을 본 받아 금릉에 나가 오국의 국정을 맡아 돌보며 그 아들 서경통(徐景通)을 양주에 남겨 국정을 돌보게 했다. 937년에 서지고가 오나라의 황제 양부를 폐위시키고 스스로 황제(당열조[唐烈祖])로 자칭하며 국호를 당(唐)으로 짓고 금릉을 수도로 정했다. 그리고 자신의 이름을 이변(李昪)으로, 아들 서경통의 이름을 이경(李璟)으로 고쳤다. 오국의 통치는 총 46년에 걸쳤다.

남당(南唐. 937~975년) 당열조 이변은 내정의 개선에 치중해 "흥리제해(興利除害), 국민에 이로운 것을 일으키고 해가 되는 것을 제거함"를 목적으로 많은 옛 법을 변경했다. 그 자신은 생활면에서 검소하고 절약했으며 가무와 여색을 가까이하지 않고, 밤낮을 이어가며 정무를 보는 데 전념했다. 그는 오래 살 수 있기를 바라다가 도사의 사술을 잘못 믿고 단약을 복용해오다가 943년에 중독되어 병으로 죽었다. 그리고 이경이 즉위(당원종[唐元宗])했다. 945년에 민국(閩國)에 내란이 일자 당원종은 사문휘(査文徽)에게 군대를 이끌고 민국을 공략하게 했다. 민의 군대가 대패하고 당은 건주(建州. 치건안[治建安], 복건[福建] 건구[建甌]현)를 함락시키고 민국의 왕 왕연정(王延政)을 항복시켰다. 951년에 초(楚)나라에 내란이 일자 당원종은 변호(邊鎬)를 장수로 삼아 군사를 이끌고 장사(長沙)로 들어가 초나라를 멸하게 했다. 952년에 초신주(楚辰州. 치원릉[治沅陵], 호남 원릉현) 자사 유언(劉言)이 장수 왕규(王逵)를 파견해 장사를 공략하자 변호 등이 당(唐)으로 도주해 돌아갔다. 유언은 초나라 영북(嶺北) 땅을 점령한 뒤 주(周)조에 귀순했다. 955년에 주세종이 이곡(李谷)에게 12명의 장수를 지휘해 남당을 공략할 것을 명했다. 958년에 남당이 강북(江北) 회남(淮南)의 14개 주를 바치고 신하를 자칭하면서 주(周)의 속국이 되었다. 961년에 당원종이 죽고 그 아들 이욱(李煜)이 제위(당후주[唐後主])를 이었다. 당후주는 책 읽기를 좋아하고 문장을 잘 썼으며 서화에 재능이 있었고 음률을 잘 아는 고급 문사(文士)이긴 했지만 정치에는 어두웠던 아둔한 군주였다. 더구나 즉위한 뒤에는 가무와 여색에 빠져 사치스러운 생활을 하면서 불도(佛道)에 대해 크게 떠들어댔다. 975년에 송(宋)의 군대가 금릉에 진입해 당후주를 체포하면서 남당은 멸망하니 남당의 통치기간은 총 39년이었다.

전촉국(前蜀國. 891~925년) 황소가 봉기를 일으키고 당희종이 성도로 도주한 뒤 충무(忠武)군의 대장인 허주(許州) 무양(舞陽) 사람 왕건(王建) 등이 촉(蜀)나라에 들어와 황제를 호위했다. 891년에 왕건은 서천(西川)를 근거지로 삼았고 후에 또 동천(東川)과 한중(漢中) 등지를 합병해 총 46개 주를 차지했다. 907년에 왕건이 황제를 자칭하고 국호를 촉(蜀. 전촉[前蜀])으로 정하고 성도(成都)에 수도를 세웠다. 왕건은 글을 몰랐지만 문인들과 담론하는 것을 즐겼다. 그때 당시 당(唐)의 많은 명문 세가들이 난을 피해 촉에 들어와 있었는데 위장(韋庄)과 같은 문인 백 여 명이 모두 우대를 받았다. 역사에서는 촉국의 "법령과 제도·문물에 당의 유풍이 있다"고 말하는데 실제로 당나라의 부패한 기풍이 구체적이면서도 미미하게 촉국으로 옮겨갔던 것이다. 왕건은 만년에 여색을 특히 좋아해 군사와 정치 대권을 환관 당문의(唐文扆)에게 맡겼다. 918년에 왕건이 죽고 그의 아들 왕연(王衍)이 제위를 이었다. 왕연은 부염문학(浮艶文學)에 능하고 황음무도하여 국정은 송광사(宋光嗣) 등 환관들에게 맡기고 자신은 권세에 아첨하는 간사한 신하들과 술이나 마시고 시나 읊으며 즐기기만 했다. 925년에 당장종(唐庄宗) 이존욱(李存勗)이 이계급(李繼岌)·곽숭도(郭崇韜)를 파견해 군대를 이끌고 촉을 공략해오자 왕연은 투항하고 전촉국은 멸망하니, 전촉은 총 30년간을 존속했다.

후촉국(後蜀國. 926~965년) 925년에 당장종 이존욱이 맹지상(孟知詳)을 서천(西川) 절도사에 임명했다. 926년에 맹지상이 성도에 입성해 관리의 품행과 치적을 정돈하고 가렴잡세를 줄이자 경내가 점차 안정되었다. 932년에 동천(東川)절도사 동장(董璋)을 죽이고 동천을 차지하며 934년에 칭제하고 국호를 촉(蜀, 후촉)으로 정하고 성도에 수도를 세웠다. 그해 맹지상이 죽고 아들 맹창(孟昶)이 제위를 이었다. 거란이 진(晉)을 멸하자 진나라의 진(秦)·성(成)·계(階) 세 개의 주가 촉에 예속되고 촉이 또 봉주(鳳州)를 공격해 차지하면서 강역이 전촉 때와 같이 확장됐다. 965년에 송(宋)의 군대가 촉에 침입하자 맹창이 투항하고 후촉은 멸망한다. 후촉은 총 40년 존속했다.

오월국(吳越國. 893~978년) 893년에 당소종(唐昭宗)이 전류(錢鏐)를 진해(鎭海) 절도사에 임명해 항주(杭州)에 주재하게 했다. 896년에 월주(越州)를 차지하자 또 진해 진동(鎭東) 양군(兩軍)절도사에 임명했다. 907년에 양(梁)조가 전류를 오월왕에 봉했다. 오월국은 13개 주를 소유한 약소국으로서 오(吳)국의 위협 하에 북방 소조정의 신하를 칭하며 공물을 바쳐야 했다. 그 대신 그 힘을 비러 오국을 견제할 수 있었다. 932년에 전류가 병으로 죽고 전원관(錢元瓘)이 제위를 이었다. 946년에 부(府) 관아에 큰 불이 나 전원관이 불에 타 죽었다. 전홍좌(錢弘佐)가 그 뒤를 이어 제위에 오른 뒤 경내 조세를 3년간 면제해주는 것으로 민중의 분노를 완화하려 했다. 오월국의 임금과 신하는 모두 사치스런 풍습에 젖어 있었으며 민력을 짜내 토목공사를 진행해왔다. 항주는 그 덕분에 강남의 명승지가 되었다. 975년에 송이 남당을 멸하자 오월국은 바람막이가 없어져 자립이 어렵게 됐다. 978년에 전홍숙(錢弘俶)이 송나라에 국토를 헌납하고 오월국은 멸망했다. 오월국은 총 86년 동안 존속했다.

초국(楚國. 896~951년) 호남을 차지한 마은(馬殷)이 양(梁)조에 진공하고 신하를 자칭하며 작위를 봉해줄 것을 청했다. 907년에 양태조가 마은을 초왕(楚王)에 봉하고, 또 927년에 당명종이 마은을 초국왕에 봉했다. 마은은 제위에 오른 뒤 나라를 세우고 천자의 예제를 본받아 궁전을 세우고 백관을 설치했다. 초국은 부유하고 전쟁이 적었으므로 마은의 여러 아들들은 모두 교만하고 사치스러웠으며 제각기 제위를 이으려고 도모했다. 930년에 마은이 죽고 여러 아들들에게 형제가 차례로 제위를 이으라는 유언을 남겼다. 그의 여러 아들 중 마희성(馬希聲)·마희범(馬希范)이 차례로 제위를 이었다. 마희범은 사치무도하고 조세와 가렴잡세를 과중하게 거둬들였다. 947년에 마희범이 죽자 초국의 일부 신하들은 마희광(馬希廣)을 초왕으로 옹립하려 했고, 다른 일부는 낭주(朗州, 호남 상덕[常德]절도사 마희악(馬希萼)을 옹립하려 했다. 마희악은 제위 다툼에서 밀려나자 950년에 남당의 임금 이경(李璟)에게 신하를 자칭하며 구원을 청하여 장사로 공격해 들어가 마희광을 죽이고 스스로 초왕이 되었다. 951년에 마희숭(馬希崇)이 마희악을 무너뜨리고 초왕의 자리에 앉은 뒤 남당의 신하를 자칭했다. 남당의 군대가 장사에 침입하자 마희숭은 항복했다. 초국의 역사는 총 56년에 걸쳤다.

민국(閩國. 893~945년) 광주(光州) 고시(固始, 하남 고시) 사람 왕심지(王審知)가 893년에 복주(福州)를 공격 점령했다. 907년 양(梁)조가 왕심지를 민왕(閩王)에 봉했다. 왕심지는 근검절약을 제창하고 조세와 부역을 경감시켰으며 백성들이 회복기를 가지며 인구를 늘릴 수 있도록 해 재위 29년 동안은 경내가 안정되었다. 그는 당나라에서 망명해온 선비들을 수용해 보좌하도록 하고 학교를 세워 본 지역 사람들에게 글을 가르치게 했으며 항구를 개방해 외국상인을 불러들이고 통상을 장려했다. 그래서 문화경제가 줄곧 낙후하던 복건이 발전하기 시작했다. 925년에 왕심지가 죽고 제위를 이은 이는 폭군이어서 내란이 자주 일어났다. 933년에 민왕 왕연균(王延鈞. 왕심지의 차남)이 칭제하고 국호를 민(閩)으로 지었다. 940년 후 건주(建州) 절도사 왕연정(王延政)과 민왕 왕연희(王延羲)가 사이가 좋지 않아 기병해 서로를 공격했다. 943년에 왕연정이 건주에서 칭제하고 국호를 은(殷)으로 정했다. 은국은 나라가 작고 백성이 가난했으며 전쟁이 끊이지 않았다. 게다가 왕연정이 큰 쇠돈을 주조했는데 1전이 동전 1백문에 해당했다. 또 양사공(楊思恭)에게 조세를 늘리게 해 비용을 조달했다. 944년에 주문진(朱文進)이 왕연희를 죽이고 스스로 제위에 올랐으며 왕씨의 자손은 노소를 막론하고 모조리 죽였다. 남당의 제왕 이경이 출병해 은을 공격해오자 945년에 민(閩)국의 옛 신하가 주문진을 죽이고 왕연정을 맞아들여 민국왕이 되게 했다. 남당의 군사가 건주를 공격하자 왕연정은 포로가 되고 민국은 멸망하니 민국은 총 53년간을 존속했다.

남한국(南漢國. 905~971년) 905년에 양(梁)조가 청해군(淸海軍. 영남嶺南] 동도[東道]) 절도사 유은(劉隱)을 대팽군왕(大彭郡王)에 봉했다. 영남은 중원에서 멀리 떨어져 있어서 당나라 말기에 많은 선비들이 난을 피해 모여들었다. 당나라 때 죄를 지은 대신은 영남으로 좌천되어 추방되곤 했는데 그 자손들은 늘 되돌아가지 않고 그대로 머물러 살곤 했다. 당나라 때 지방관리들도 난을 만나 조정으로 되돌아갈 수 없어 영남에 객거했다. 유은은 이런 삼류 선비들을 불러 모아 보좌하도록 했으며 또 아우 유암(劉岩)에게 군사를 이끌고 영남 동·서의 두 도(道)의 할거자들을 평정하고 영남을 차지하도록 해 유씨 정권을 수립했다. 911년에 유은이 죽고 유암이 제위를 이었다. 유암은 선비들을 여러 주의 자사로 등용하고 무인은 지방관리에 임명하지 않았는데 이는 영남이 비교적 조용했던 원인 중의 하나였다. 917년에 유암이 황제를 자칭하고 국호를 월(越)이라고 정했으며 광주(廣州)에 수도를 세웠다. 그 이듬해 국호를 한(漢)으로 고쳤다. 942년에 유암이 죽고, 971년에 송나라 군대가 광주로 진입하자 남한의 마지막 폭군 유창(劉鋹)이 항복하고 남한은 멸망하니, 통치 기간은 총 67년에 걸쳤다.

남평국(南平國. 907~963년) 907년에 양조가 형남(荊南) 할거자 고계흥(高季興)을 형남 절도사에 임명하고 군사 5천을 호위병사로 내주었으며 의식(衣食)도 양조에서 공급했다. 924년에 고계흥은 남평왕(南平王)으로 책봉되었다. 당명종(唐明宗) 때 고계흥은 귀(歸)·협(峽, 치이릉[治夷陵], 호북 의창[宜昌]시) 두 주(州)를 얻고 형주(荊州)까지 합쳐 겨우 세 개의 주를 차지했으나 10국 중에서도 가장 약한 소국이었다. 928년에 초(楚)국의 마은이 장국 왕환(王環) 등에게 명해 형남을 공격하자 고계흥이 대패해 화해를 청했다. 고계흥의 계승자 고종회(高從誨)는 남·북의 제국을 황제로 칭하고 일률로 표를 올려 신하를 자칭하는 것으로 하사하는 상을 받곤 했다. 민(閩)·한(漢)과 같이 멀리 떨어진 나라마저도 예외가 아니었다. 남방 제국에서 공물을 바치는 사신이 형남을 지나갈 때마다 고계흥과 고종회는 늘 공물을 약탈하고 사자를 잡아 가둔 뒤 손해를 입은 나라에서 추궁하거나 군사를 보내 토벌하러 오기를 기다렸다가 돌려주고 화해를 청하곤 했다. 963년에 송나라의 군대가 강릉(江陵)에 이르자 남평왕 고계충(高繼沖)이 땅을 바치고 항복하면서 남평은 멸망했다. 그 통치 기간은 총 57년에 걸쳤다.

북한국(北漢國. 951~979년) 951년에 주 태조(周太祖) 곽위(郭威)가 한(漢)을 멸한 뒤 유숭(劉崇)이 하동(河東)을 차지하고 칭제하였고, 국호를 여전히 한으로 정했다. 유숭이 요(遼)나라에 구원을 청하자 요는 부자지국 관계를 맺을 것을 요구했다. 유숭은 요의 황제를 숙황제(叔皇帝. 숙부 황제)로만 섬기길 원하며 스스로 질황제(姪皇帝. 조카

황제)라고 자칭했다. 954년에 주태조가 죽자 유숭은 기회가 왔다고 여기고 요의 군대와 협력해 대규모 공격을 개시했다. 주세종은 고평(高平)에서 북한의 군대를 크게 격파하고 진군해 태원(太原)성을 포위했다. 주의 군대가 물러간 후 유숭이 죽고 아들 유승균(劉承鈞)이 제위를 이었다. 유승균은 요를 부황제(父皇帝. 아버지 황제)라고 존칭하고 스스로 아황제(兒皇帝. 아들 황제)라고 자칭했다. 북한은 그러한 치욕스러운 관계에 의지해 국경을 지킬 수 있었다. 968년에 유승균이 죽자 북한에 내란이 일어났다. 이듬해 송 태조(宋太祖)가 친히 군대를 인솔해 북한을 공략했는데 분수(汾水)를 끌어들여 태원성을 잠기게 했다. 북한이 위험에 빠진 성을 고수하고 있을 때 요의 지원병이 구원하러 와 송의 군대는 아무 성과도 거두지 못하고 물러갔다. 979년에 송태종이 친히 북한 정벌에 나서 요의 지원병을 격파하고 태원성을 맹공격하자 북한의 유계원(劉繼元)이 항복했다. 북한은 총 29년간 존속했다.

1. 유학

당나라 시기 유경(儒經)은 세 등급으로 나뉘었다. 《예기(禮記)》·《춘추좌씨전(春秋左氏傳)》은 대경(大經)이라 했고, 《시(詩)》·《의례(儀禮)》·《주례(周禮)》는 중경(中經)이라 했으며, 《역(易)》·《상서(尙書)》·《춘추공양전(春秋公羊傳)》·《곡량전(谷梁傳)》은 소경(小經)이라 했다. 당태종은 유경들이 학설의 종류가 많고 장구가 번잡하다고 여겨 공영달(孔穎達)에게 여러 선비들과 함께 오경에 대한 해석서(五經義疏)를 편찬할 것을 명했는데, 총 180권으로 되었으며 《오경정의(五經正義)》라고 이름을 붙였다. 이는 조정이 반포 시행한 공문서(官書. 당고종[唐高宗] 영휘[永徽] 4년에 반포 시행됨)]로서 모든 선비들이 명경과(明經科)시험을 보려면 반드시 이들 유경을 익혀야 했으며, 내용과 이치는 전부 《정의(正義)》의 내용에 의거해야 했다. 그렇잖으면 이단사설(異端邪說)이 되었다. 《정의》의 해석과 주석에는 오차가 있어서는 안 되었다. 예를 들어 양(梁)조의 선비 황간(皇侃)이 편찬한 《예기소(禮記疏)》는 때론 정현(鄭玄)의 주석과 맞지 않았으므로 공영달은 "낙엽이 떨어져 나무뿌리 위에 쌓이지 않고 여우가 죽어서 머리를 동굴쪽으로 향하지 않는 것"이라고 질책했다. 이른바 "여우의 머리가 동굴을 향하고 낙엽이 뿌리 위에 떨어진다는 것(근본을 잊지 않고 귀속이 있어야 한다는 뜻)"은 주석에 따라 해석해야 한다는 것이었다. 주석이 틀렸거나 혹은 주석보다 더 훌륭한 설이 있어도 일률적으로 배척하고 언제나 주석이 맞다고 했다. 이를 두고 소(疏. 해석)는 주석(注)을 벗어나지 않아야 한다는 인식이 생겨났다. 공영달이 조서를 받들어 편찬한 《오경정의》에서 《주역》은 왕필(王

弼)의 주(注), 《상서》는 공안국(孔安國)의 전(傳. 즉 주[注]),《시》는 모형(毛亨)의 전(傳)과 정현(鄭玄)의 전(箋), 《예기(禮記)》는 정현의 주, 《춘추좌씨전》은 두예(杜預)의 주로 되었다. 공영달은 주석을 달면서 대다수는 남북조(南北朝) 유생의 해석에 의거했다. 예를 들어 《상서정의(尙書正義)》·《모시정의(毛詩正義)》는 유작(劉焯. 공영달은 유작의 문하생임)·유현(劉炫)을, 《춘추좌씨전정의》는 유현을, 《예기정의》는 황간을 근본으로 했으며 공영달 자신은 새롭게 주장하는 설이 없었다.

《주역정의(周易正義)》는 근본을 알 수 없다(《周易正义》不言所本).《정의서(正義序)》에는 강남에 의소(義疏)가 10여 종도 더 되지만 모두 허황되고 현묘하며 이치에 맞지 않고 황당무계하다고 썼다. 공영달은 제가(諸家)의 옛 설을 취해 책으로 편집했다. 그래서《오경정의》중 《주역정의》가 가장 공소했다. 송유(宋儒. 송대의 유학자들)가 《이아(爾雅)》·《논어(論語)》·《효경(孝經)》에 소(疏)를 달 때 모두 문구에 따라 추론 연역해 강장(講章. 사서오경에 대한 강의[講義])과 다를 바가 없었다. 이런 악습의 발단은《주역정의》에서부터 시작되었다.

공영달은 《오경정의》를 편찬해 경학을 유일한 권위서(주석서. 注家)로 통일시켰다. 동한(東漢)이래의 모든 제유(諸儒)의 이설(異說)을 전부 폐지해 유학 내부에서 끊이지 않았던 여러 유파 간의 다툼을 자연스레 잠재웠다. 유파가 즐비하고 학설이 서로 다른 불교에 비해 통일된 유학은 투쟁 중에서 유리한 지위를 차지했다. 당나라 시기 불교도들은 도교에 대해서는 아주 공격적이었지만 유경에 대해서는 감히 비난하지 못했다. 그것은 유경이 문자에서부터 해석에 이르기까지 모두 표준본이었기 때문에 이를 어기는 것은 곧 조정의 법령을 어기는 것이었기 때문이었다.

《오경정의》는 조서를 받들어 편찬한 공문서이며 이 밖에 개인적으로 편찬한 경소(經疏. 경전의 의미를 풀이한 주석서)도 몇 부 있었다. 당고종 때 태학박사(太學博士) 가공언(賈公彦)이 《주례》·《의례》이 두 경서에 대한 《소(疏. 주석서)》를 편찬했다. 이 두 경서는 모두 정현의 주(注)를 채용했으며 《예기》정현의 주와 합쳐서 삼례(三禮)로 명명했다. 공영달이 《예기정의》를 편찬할 때 가공언과 공동으로 의논해 정했는데 이로부터 가공언은 삼례 전문이었음을 알 수 있다.《주례소(周禮疏)》는 그 근본을 알 수 없고 《의례소(儀禮疏)》는 제(齊)의 황경(黃慶)·수(隋)의 이맹철(李孟悊[哲과 같음]) 두 학자(家)의 소(疏)에 의거한 것이었다. 주희(朱熹)는 경소(經疏) 중에서 《주례(周禮)》가 가장 훌륭하고, 그 다음으로 《시(詩)》와 《예기(禮記)》, 그리고 《역(易)》과 《서(書)》가 최저라고 평가했다. 이러한 주희의 평가는 적절하다고 할 수 있다. 공영달과 같은 시대 사람인 양사훈(楊士勛)이 《춘추곡량전소(春秋谷梁傳疏)》를 편찬하고 당 후기 사람인 서언(徐彦)이 《춘추공양전소(春秋公羊傳疏)》를 편찬했다. 《곡량전》은 범녕(范寧)의 주(注)를 채용하고 《공양전》은 하휴(何休)의 주를 채용했다. 소(疏)의 격식은 모두 공영달의 소와 같게 했다. 그러나 《좌전정의(左傳正義)》의 풍부함에는 훨씬 못 미쳤다. 이는 위(魏)진(晉)시기부터 《공》·《곡》두 경전이 중시를 받지 못해 전문적인 유생이 적었던 까닭이었다. 양사훈·서언 두 사람은 참고할 의거가 결핍했으므로 그들이 편찬한 책이 공소한 것은 당연한 일이었다. 대·중·소 세 등급의 경전에 대해 당나라 시기 유생들은 모두 소문(疏文)을 만들었는데 이는 유학의 통일에 있어서 양한(兩漢) 시기 박사(博士. 고대 경학을 전수하던 벼슬)를 설치한 것과 비해서도 더 큰 효력을 발생시켰다.

　당태종은 안사고(顔師古)에게 《오경(五經)》의 문자를 고정(考定)할 것을 명했다. 안사고는 여러 차례 수정을 거쳐 《오경정본(五經定本)》을 편찬 완성했다. 책을 완성해 황제에게 올리자 당 태종은 제유(諸儒)들을 시켜 심사하고 변론을 거치게 했는데 안사고는 모두 상세하고 명확하게 답변해 제유들이 탄복했다. 당태종은 그 정본을 반포해 학자들에게 배우도록 했다. 《오경정본》이 반포된 후부터 여러 경서의 문자가 완전히 통일돼 더 이상은 문자가 각기 달라 해석이 서로 다른 폐단이 없어졌다. 육원랑(陸元朗. 자 덕명[德明], 당태종 시기의 사람])이 《경전석문(經典釋文)》이란 책을 편찬해 여러 경본의 다른 점과 같은 점에 대해 상세하게 열거했는데 모든 글자마다에 음절(音切. 반절[反切]의 별칭)·훈의(訓義. 문사[文詞]의 뜻풀이)를 달았다. 한(漢)·위(魏)·육조 유경의 음훈(音訓)은 기본상 이를 따다 보존한 것이었다. 《석문(釋文)》에는 《서록(序錄)》이 한 권 있는데, 경학 전수의 기원과 발전을 상세하게 서술해 경학 연구의 필독서가 되었다. 육원랑는 남조(南朝) 진 후주(陳後主) 시기부터 저술하기 시작해 제유들의 230여 종의 음절과 훈고(訓詁)를 수집했는데 이는 거대한 공정으로서 진정으로 한(漢)·위(魏)·육조 경학 연구의 마무리 작업을 완성한 것이었다.

　《정의(正義)》와 《정본(定本)》의 반포 시행으로 유가학술이 속박을 받게 되었으며 소수의 순종하기를 거부하는 선비들이 가법에서 벗어나 자기 의견이나 생각에 따라 경학을 해석하며 이치에 맞지 않은 의견을 억지로 끌어다 붙이는 학풍이 생겨났다. 《오경정의》

는 주석문을 고수하는 엄격한 한학(漢學)체제였다. 당(唐)나라에 새로운 풍조가 생겨나 훈고의 옛 학설에 구애되지 않고 자유로이 경학을 해석할 수 있게 되었다. 송나라에 이르러 유학이 더욱 발전해 불교와 도교의 사상을 경학에 융합시켜 경학의 면모가 크게 바뀐 송학(宋學)체제가 형성됐는데 한·위·육조의 경학과 전혀 다른 양상이었다. 유물주의 경향도 일부 띤 한학(漢學. 고문 경학)이 유심주의의 송학으로 바뀐 것은 경학사에서 중대한 변화였다.

2. 백화제방(百花齊放)의 당(唐)나라 문단

당나라 시기 문학은 문학사에서 유명한 건안(建安)·태강(太康)·제량(齊梁) 등 여러 시기에 비해 전례 없이 흥성한 시기였다. 건안 시기부터 문학형태에서 크게 중시되어 온 성률(聲律)과 대우화(對偶化)운동이 당나라에 이르러 완성의 경계에 달했으며 큰 발전을 이루었다. 동진(東晋) 시기부터 변려문(駢文. 사륙변려문)이 열세적 지위에 처한 산문(散文)운동이 당나라에 이르러서는 역시 완성의 경계에 이르며 크게 발전했다. 근체시(近體詩. 율시[律詩])와 고문(古文. 산문[散文])은 당나라 문학을 대표하는 주요 문체로서 기타 여러 문체를 파괴했거나 혹은 파생시켜 후대 문학에 거대한 영향을 주었다. 당나라 정치의 흥망성쇠는 세 단계로 나눌 수가 있다. 문학의 흥망성쇠는 대체로 정치와 서로 영향을 주며 역시 세 단계로 나눌 수 있다. 당나라 전기의 정치는 흥성했지만 문학은 싹트는 중이었고 훗날 흥성할 수 있는 여건을 준비 중이었다. 당나라 중기에 이르러 정치는 쇠퇴했지만 문학은 아주 흥성했으며, 당나라 후기에는 정치가 쇠퇴되어 멸망 직전까지 이르고 문학은 흥성하던데서 쇠퇴기에 접어들기 시작했다.

초당(初唐) 시인 당나라 때는 진사과(進士科)를 통해 선비를 등용했는데 시를 짓는 것이 녹봉과 재물을 취할 수 있는 정도(正道)로 간주됐다. 후에는 심지어 과거 시험을 거치지 않은 자는 재상직을 맡을 수 없게 되었다. 당나라의 문인들은 시인이 아닌 자가 거의 없을 정도였으며 다만 훌륭하냐 훌륭하지 않느냐는 구별만 있을 뿐 시를 지을 수 있느냐 없느냐 하는 문제는 존재하지 않았다. 당나라 때 시를 짓는 사람이 많았으므로 시편도 당연히 적지 않았다. 시간이 흘러 도태될 건 도태되고 비교적 훌륭한 것은 보존되었다. 청(淸)조 강희(康熙)제 시기에 편찬한 《전당시(全唐詩)》에는 시 4만 8천 9백여 수가 수록되었으며, 저자가 2천 2백여 명에 달한다. 대체로 시인(모든 문인)은 반드시 고상한 포부를 품어야 했다. 비록 세상 물정에 어두운 비현실적인 포부일지라도 포부를 품어야만 고상한 예술적 경지에 이를 수 있으며, 고상한 예술적 경지에 이르러야만 고상한 작품이 나올 수 있었다. 물론 시를 짓는 기교, 예를 들어 성률·대구와 같은 수법도 매우 중요했지만, 항상 보좌적 지위에만 머물 뿐 주도적인 것은 예술적 경지가 아닐 수 없었다. 당나라 전기의 시는 남조(南朝)를 답습했는데 대다수가 "문장의 조화로움과 정교함만 추구하며 편폭이 너무 길고 글귀가 화려하지만 내용이 공허하며 서류가 바람과 구름처럼 많아 넘칠 지경이다(竞一韵之奇, 争一家之巧, 连篇累牍, 不出月露之形, 积案盈箱, 唯是风云之状)". 당태종은 창업에서 영명한 군주였지만 시를 지을 때는 여전히 규칙에 따라 구절마다 잘 맞물리게 짓느라 일반 문인과 다를 바가 없었다. 즉 그의 시에는 송태조의 《영월시(咏月詩)》 중에 나오는 "바다 밑을 떠나기 전에는 온 세상이 다 어둡지만 해가 중천에 뜨기만 하면 빛이 세상을 비추어 온통 밝구나(未離海底千山黑, 才到天中萬國明)"(《후산시화(後山詩話)》·《경계시화(庚溪詩話)》에서 인용한 것은 조금 다름)라는 시구에서 나타나는 웅위로운 기개는 없었다. 이로부터 남조의 문풍이 당나라 초기 문학에 대해 아주 큰 구속력이 있었음을 알 수 있다. 당고종 시기에 당나라 초기 4걸로 불리는 왕발(王勃)·양형(楊炯)·노조린(盧照鄰)·낙빈왕(駱賓王) 네 사람이 동시에 문단의 일인자로 군림했다. 남방의 문풍이 더 한 층 문단에서 우세를 차지했다. 4걸에 이어 대두한 시인은 심전기(沈佺期)·송지문(宋之問)였다. 시의 성률화는 건안 시기 조식(曹植)에서 시작되어 양진(兩晉)·남조의 여러 시인을 거쳐 당초 4걸에 이르기까지 모두 성률화의 발전에 다소 기여했다. 무측천 시기에는 심전기·송지문 등의 창도와 정형을 거쳐 율시의 여러 체제가 모두 완성 단계에 이르렀다. 성률과 대구의 고체시에 구애되지 않고 진자앙(陳子昻)을 대표로 흥기해 당연한 자신의 지위를 차지하기 위해 애썼다. 진자앙은 상소문을 올려 정사를 논할 때는 별로 좋은 견해를 내놓지 못했으나 시를 지을 때면 직접 자신의 견해를 토로했는데 호걸다운 기개가 없으면 절대 그렇게 할 수 없었을 것이다. 그는 《감우시(感遇詩)》를 지은 적이 있는데, 시인 왕적(王適)이 "이 사람은 필시 국내 문학의 대가임이 틀림없다"라고 경탄했고, 유공권(柳公權)은 진자앙의 시를 두고 "당나라가 세워진 이래 자앙 뿐이다"라고 평가했다.

성당(盛唐) 시인 당 현종(唐玄宗) 개원 시기에 당나라 정치 경제가 전성기를 이루었다. 당나라의 문학을 대표하는 고근체시(古近體詩)도 전성기를 맞이했다. 시를 짓는 것은 명성을 얻을 수 있는 지름길이었기 때문에 거의 모든 문인들이 시를 짓는데 주력했다. 그래서 대시인들이 잇따라 출현했으며 대시인들마다 사회의 존중과 후한 대우를 받았다. 천보(天寶) 초년에 촉(蜀)나라의 이백(李白. 701~762년)이 장안으로 와서 하지장(賀知章)을 찾아가 만났는데 하지장이 그의 시문인《촉도난편(蜀道難篇)》을 보고나서 "그대는 인간 세상에 내려온 신선(적선인[謫仙人]")이라고 극찬했다. 이백은 그때부터 크게 이름을 떨치기 시작했다. 이백은 시로 크게 유명해지자 한림원(翰林院) 공봉(供奉)에 임명됐다. 개원(開元)·천보(天寶) 시기에 이르러 모든 것이 최고의 전성 단계에 이르렀다. 시도 예외가 아니었다. 성당시기의 시는 시의 최고봉이며 그때 당시 대시인이 수십 명이나 되었다. 그중에서 이백·왕유(王維), 그리고 조금 뒤의 두보(杜甫)가 대표적인 인물이었다. 이 세 시인의 시는 곧 도교·불교·유교 세 가지 사상의 결정체였다.

도교는 당 현종 때에 이르러 매우 성행했다. 도교는 여러 가지 사상을 억지로 끼워 맞춘 종교이다. 주로 신선가 사상으로서 식욕과 성욕을 가진 평범한 일상인의 낙을 영원히 누릴 수 있기를 원하는 데 초점을 두고 있다. 도교의 대표적인 장주(庄周)사상에는 불교사상과 일부 유가사상도 섞여 있다. 결국 도교는 물욕을 탐내고 환상으로 가득 차 있는 것으로서 만약 그 설을 잘못 믿으면 사람은 허공에 떠 있는 것처럼 되고 천지간을 유람 다니는 것 같은 기분이 들게 된다. 도교는 당현종이 극구 제창했으며 장과(張果)와 같은 이른바 신선들이 잇따라 나타났다. 따라서 문학에도 필연적으로 그 대표적 인물이 나타나게 됐다. 이백이 바로 도교사상을 반영하는 걸출한 작가였다. 이백이 얻고 싶어 하는 사물은 지극히 많고 크지만 얻을 수 있는 가능성은 지극히 적고 작았다. 그가 취했을 때 그의 사상 속에는 자연계 법칙이니 세간의 예법이니 하는 것들은 모조리 존재하지 않거나 혹은 모두 깨버릴 수 있는 것이라고 여기게 된다. 그래서 그의 시는 기상천외함이 넘쳐흐르며 사람들이 생각해내지 못하는 것들을 생각하고 사람들이 감히 말하지 못하는 것들을 말하고 있다. 시인이 존재하기 시작해서 감히 모든 구속을 타파하고 대담하게 자신이 하고 싶은 말을 써내며 ,파도를 가르며 앞으로 나아가면서 전혀 두려운 모습을 보이지 않은 이는 이백을 제외하고는 전무하다고 하겠다. 자연히 그의 도교사상에는 일부 소극적인 정서도 나타난다. 예를 들어 불로장생을 원한다거나 주색을 좋아한다거나 하는 옥의 티는 피할 수 없는 것이다. 이백은 신선이 되는 것을 자신의 포부로 삼고 사상적으로 시공간의 제한을 받지 않고 자유로이 종횡무진하며 내달렸다. 그의 시가 상상력이 지극히 풍부한 것은 바로 이러한 포부의 반영이다. 그는 또 매우 천진난만했다. 비록 일부 시구는 마치 꿈 이야기나 터무니없는 소리 같지만 독자들이 느끼기에는 그가 진심을 말하는 것 같아 싫지가 않았다. 천진함과 구애 없는 자유로움은 이백 시의 특징이었다. 이러한 점에서는 그에 견줄 시인이 없었다. 그의 방탕함은 마치 광인과 같았다. 미칠 광 속에 참 진이 있으므로 실제로 "미친 것"과는 달리 실의에 빠진 시인의 "미친 척"하는 모습인 것이다. 이백은 성률을 싫어해 고체시(古體詩)를 많이 지었는데, 재능이 넘치고 변화가 무궁하여 세상에 널리 퍼지게 됨으로써 높은 명성을 누릴 수 있었던 것은 당연한 일이었다. 그러나 그가 높은 명성을 얻을 수 있은 이유는 그가 그다지 좋아하지 않는 근체시(近體詩), 특히 오·칠언절구(五七言絕句)를 지었기 때문이었다. 이백의 오·칠언절구는 당나라 3백 년 역사에서 으뜸으로 꼽히고 있다. 기실은 같은 시기의 왕유·왕창령(王昌齡)도 절구를 즐겨 지었는데 이백에 뒤지지 않았다. 그러니 오·칠언절구를 짓는 것이 지극히 어려워 당(唐)대에 그 문체를 즐겨 짓는 시인이 겨우 몇 명뿐이었는데 이백이 그 중 한 사람이었다고 말하는 것이다. 이백의 유명한 사(詞) 《청평조(淸平調)》3수를 모아 악인(樂人)이 그 사에 곡조를 붙이면 악기를 타며 바로 노래로 부를 수 있었다. 이로부터 새로 지은 사가 아주 쉽게 전파되었음을 알 수 있다. 문학사에서 이백이 차지하는 위치는 그가 주색에 빠져 있었다 하더라도 절대 조금도 깎이지 않았다. 도교를 신앙하고 신선으로 자부하며 공허함에 몸을 맡기면서도 명리를 잊지 않았던 것이다. 그와 같이 높은 명성을 누린 왕유도 또한 그러했다.

왕유(王維. 701~761년)는 개원·천보 시기 즉 성당 시기 시인의 대표이다. 이백이 천보 원년(742년)에 장안에 들어와 한림 봉공에 임명되었다면 왕유는 개원 9년(721년)에 진사에 급제해 이백보다 20여 년이나 먼저 명성을 날렸다. 이백이 장안에 거주한 시간은 고작 3년이고 그 후 산림으로 되돌아갔지만, 왕유는 줄곧 조정 관리로 있으면서 높은 관리들과 교제하고 왕래하면서 문학계에서 명성이 아주 높아졌다. 왕유는 개원·천보시기에 공인 받는 문학의 대가였다. 그는 음악을 즐겼는데 특히 비파를 잘 탔다. 진사에 급제한 후 바로 태악승(太樂丞)에 임명된 것은 바로 그러한 재능 때문이었다. 왕유가 지은 오·칠언절구는 이백의 시와 나란히 당나라 시기의 절창으로 불리었다. 두 사람 모두 음악을 즐겨 절구를 창작해 쉽게 음악에 맞춰 널리 전해지도록 했으므로 높은 명성을 누릴 수 있었다. 왕유가 유명한 재장원인 송지문(宋之問)의 남전(藍田) 별장을 얻었을 정도로 그는 벼슬길이 순탄하고 또한 대지주 출신으로써 은거해 한적하게 사는 재미를 만끽했다. 그는 당나라의 유명한 대화가로서 산수화를 잘 그렸는데 남파(南派) 수묵화법을 창조해 세인으로부터 문인화로 불리었으며, 화공(畵工)들의 겉모습만 비슷한 화법과는 구별되었다. 그는 시를 지어 "전생에는 사객(詞客)였으며 화가였을 것"이라고 자찬했다. 그에게는 뛰어난 기예가 아주 많다. 예를 들어 서법과 음악에서도 명가였다. 그래도 그가 가장 자부하는 것은 역시 시와 그림 두 가지의 예술적 재능이엇다. 송나라 사람은 왕유를 두고 "시 속에 그림이 있고 그림 속에 시가 있다"라고 평가했다. 혹자는 그의 시는 소리가 있는 그림이고 그의 그림은 소리 없는 시라고도 말했다. 그는 시와 그림을 통일시켜 임의로 자신의 상상을 표현했다. 예를 들어 원안와설도(袁安臥雪圖)를 그릴 때 눈 속에 파초를 그려 넣었다. 왕유의 그림은 사계절을 가리지 않았다. 예를 들어 꽃을 그릴 때 늘 복숭아꽃·살구꽃·연꽃을 한 폭의 그림에 같이 그려 넣곤 했는데 이는 작자의 흥취에서 비롯된 것이며 구속에서 벗어나 제멋대로 그렸기 때문이었다. 시를 짓는 것보다 더 자유로워 보였다. 반면에 그의 시는 지극히 섬세하였다. 왕유의 시 중 일부는 불도에 대해 읊은 것이 있는데 진부해서 싫증이 나기도 하지만 그 외의 시편은 도잠(陶潛)과 사영운(謝靈運)을 본받았다. 도잠은 전원에 은거하며 벼슬에는 뜻이 없었으므로 평안하고 고요한 문채와 운치, 원대한 시흥이 있으며 전원 풍물을 묘사할 때 늘 섬세한 체험이 묻어났다. 왕유의 근체시는 성률을 성실하고 신중하게 따랐지만 풍격이 구애 없이 자유롭고 한적하며 거침이 없었다. 《망천집(輞川集)》의 오언절구 20수는 기타 풍경시의 정경과 함께 뛰어나며 실제적으로 그의 시의 정수를 집중시켰다. 이백이 물론 당(唐)대 고수이기는 했지만 왕유의 오언절구, 왕창령의 칠언절구도 그에 못지않았다. 그러므로 이백 혼자만 유독 오·칠언절구에 뛰어나다고 말하는 것은 과하다고 말할 수 있다. 왕유는 불교 선종(禪宗)을 문학에 반영한 대표 인물로서 그 지위가 도교의 이백과 대등했다.

두보(杜甫, 712~770년)는 이백·왕유보다 조금 후에 출현했다. 문학 활동도 주로 당숙종·당대종 두 조대에 걸쳐 이백·왕유 두 사람보다는 조금 뒤의 시기에 속했다. 두보는 유가사상을 대표하는 대시인이었다. 그가 성공한 부분은 우선 그가 고상한 포부를 품고 있었다는 것인데, 그의 가슴에는 언제나 "해가 다 가도록 백성들을 걱정해, 한숨으로 애태우고 있네(窮年憂黎元, 歎息腸內熱)"처럼 민중을 생각하고 또 생각했다. 이런 그의 마음을 대표적으로 나타낸 시구로써 "귀족들의 붉은 대문 안에서는 술과 고기가 썩는 냄새가 풍기는데 길가에는 얼어 죽은 사람의 시체가 뒹굴고 있네(朱門酒肉臭, 路有凍死骨)"라는 것이 있는데, 이러한 시구는 그 이전에 어느 시인도 이러한 구절을 써낸 적이 없었다. 두보는 임금에게 충성했다. 봉건 국가에서 임금은 나라를 대표하므로 충군은 곧 애국이었다. 그는 스스로 직(稷. 즉 후직[后稷])·설(契)에 비교하며 나라 임금을 보좌해 요(堯)·순(舜) 임금보다 더 훌륭한 임금이 되게 하려는 큰 포부를 품었으나 현실생활 속의 그는 의지할 곳이 없는 떠돌이 신세였다. 큰 벼슬도 하지 못했을 뿐 아니라 그나마 올랐던 보잘 것 없는 간관(諫官)직마저도 황제에게 진언을 잘못 올렸다가 해직 당하고 말았다. 큰 포부와 곤궁한 생활 사이의 모순은 두보 시의 풍부한 내용의 원천이었다. 그의 사상을 주도한 것은 유가 학설이며, 일부 도교와 불교(선종) 사상도 다소 섞여 있었다. 두보가 시를 짓는 솜씨는 그가 아들인 종무(宗武)에게 보낸 두 수의 시에서 분명하게 반영된다. "《문선》의 문리(文理)를 익히고 터득하는데 힘쓰라(熟精《文選》理)" "마땅히 경서와 학문을 충분히 익혀라(應須飽經術)" 이 두 구절은 두 씨 가문이 시를 쓰는 비결이었다. 이른바 "시는 우리 집안의 일이요, 인간 세상의 정을 전한다(詩是吾家事, 人傳世上情)"라고 한 데서 종무도 시인이 되기를 바라는 그의 기대를 충분히 엿볼 수 있다. 처음 시를 짓는 것을 배우기 시작할 때 절차는 "훌륭한 시구를 구하려면 반드시 새로운 시율에 대해 알아야 하고 침상 가득 책을 펼쳐놓고 시재를 찾아야 한다(覓句新知律, 攤書解滿床)"고 했다. 근체시를 지으려면 반드시 우선 시율을 알아야 하고 또 반드시 전고를 정확하게 인용해야 하므로 침상 가득 책을 펼쳐놓고 일일이 맞추어 보고 확인해야지 오로지 기억에만 의지해서는 안 된다는 것이었다. 이 역시 시의 비결이었다. 그러나 《문선》을 익히 터득해야 한다거나 경서와 학문을 충분히 익혀야 한다는 두 마디처럼 근본적인 시의 비결은 아니었다. 두보의 시 중에는 또 시를 짓는 수법에 대해 논한 구절도 있다. 예를 들면 "매번 시를 지을 때면 항상 거듭 읊어보고 수정한다", "놀라운 시구를 써내지 않고서는 절대 중도에 그만두지 않아야 한다"와 같은 말은 모두 피눈물 나는 노력으로 시구를 연마해야 한다는 뜻이었다. 사람을 놀라게 하는 새로운 시구란 절대 기상천외한 구절을 만들어낸다는 의미가 아니다. 사물에 대해 깊이 있게 체득함으로써 사람들이 미처 보아내지 못하는 것을 엿볼 수 있어야 하며, 아주 일반적이고 자연스럽게 시구로 표현해 사람들에게 지나치게 수식한 흔적을 느끼지 않게 해야 하는 것이었다. 두보는 제·양 시기 시인들의 장점도 진정으로 본받았다. 예를 들어 "(시를 배움에 있어서) 옛 사람의 시를 좋아하는 한편 현 시대의 시인도 경시하지 않을 것이다. 그들의 청아하고 수려한 시구를 동조자로 끌어들여야 한다. 남몰래 굴원·송옥의 작품도 넘보며 그들과 어깨를 나란히 할 수 있도록 노력할 것이다. 그렇게 하지 않을 경우 화려한 수식어만 강조하는 제·양 시풍의 전철을 밟게 될 것이다(不薄今人愛古人, 淸詞麗句必爲鄰, 竊攀屈宋宜方駕, 恐與齊梁作後塵)"라고 했다. 또 "유신의 글은 노년에 이르러 더 성숙되어 호쾌하고 기세가 하늘을 찌를 듯하다(庾信文章老更成, 淩雲健筆意縱橫)"고 말했다. 그리고 또 스스로 "음갱(陰鏗)과 하손(何遜)의 각고의 노력을 기울이는 정신을 꽤 본받았다(頗學陰何苦用心)"라고 했다.

안·사의 난(安·史之亂)이 있은 후, 당숙종·당대종 두 대에 걸쳐 당나라의 국세가 전성기에게 갑자기 파괴되어 상승 단계에서 급격한 하강 단계에 접어들었다. 이백·왕유를 위수로 하는 성당 시인들이 거의 모두 창작을 멈추었다. 그밖에 변방 요새 정경을 묘사한 시인인 잠삼(岑參)과 고적(高適)과 같은 문인들도 매우 유명했다. 두보의 《병거행(兵車行)》·《전후출새(前後出塞)》·《수도에서 봉선현으로 향하며 회포를 읊는다(自京赴奉先縣詠懷)》등 작품에서는 변공(邊功)을 탐내고 폭정을 행하는 조정에 분명한 반대 태도를 취했는데 이는 잠삼과 고적의 시가 폄하할 수 없는 자체의 뛰어남이 있음을 보여준다. 그러나 정치적인 견해가 두보와는 견주지 못했다. 잠삼과 고적 이외 왕창령도 유명한 시인이었다. 그는 특히 칠언절구를 잘 지었다. 그 내용은 대부분 전쟁터로 나간 남편과 집에 남겨진 아내에 대한 고향 생각과 이별의 슬픔에 대해 다룬 것으로서 그때 당시 가창자들이 받아들이기에 가장 적합했다. 시편은 왕유·이백과 마찬가지로 악인(樂人)들 속에서 많이 전해졌으며 그 때문에 그의 시가 명성을 크게 떨칠 수 있었다. 천보 연간에 형식적으로 당나라의 국세가 여전히 상승세를 보이긴 했지만 실제적으로는 이미 부패하기 그지 없어 몰락의 변두리에 이르렀다. 그러나 일반 시인들은 대부분 태평성세에 대해서만 노래할 뿐 그 위기에 대해 예견할 수 있는 시인은 별로 없었다. 그러나 원결(元結)은 남다른 데가 있었다. 천보 시기 6년간 이풍시(二風詩.《치풍시(治風詩)》·《난풍시(亂風詩)》각 5편)를 지었다. 《난풍시》중에 《지혹(至惑)》이라는 시가 한 편 있는데 그 첫머리에 "옛날에 아둔한 임금이 있었는데 간신들을 등용해 바깥일을 그르치고 요녀들을 총애해 궁내를 어지럽히며 내외로 어지럽혀 멸망까지 이르렀다(古有惑王, 用奸臣以虐外, 寵妖女以亂內, 內外用亂, 至於崩亡)"라고 썼다. 《지혹》편은 분명 당현종을 질책하고 있다. 원결은 또 《계락부(系樂府)》12수를 지었는데 그중 《빈부사(貧婦詞)》·《거향비(去鄉悲)》·《농신원(農臣怨)》등의 시편도 빈고한 백성들을 대신해 걱정과 원망을 호소한 것이었다. 특히 《민황시(閔荒詩)》라는 시에서는 당현종을 수양제에 비하며 "하늘의 죄인은 흉악하고 잔인하여 만 백성의 원수(天囚正凶忍, 爲我萬姓仇)"라고 했는데 국민을 동정하는 입장이 아주 분명하였다.

중당(中唐) 시인 성당과 중당의 교체기를 기계적으로 구분할 필요는 없다. 당대종(唐代宗) 대력(大歷) 연간에 유명한 시인이 적지 않았는데 대력 10대 재자(才子)라 불리었다. 비록 각자의 창조성이 있고 그 자체가 대가이지만 두보가 이미 개척해 놓은 경계를 벗어나진 못했다. 중당 시인 중에서 영향력이 가장 큰 시인은 역시 백거이(白居易)와 원진(元稹)이었다.

백거이는 두보를 본받았는데 두보가 고달픈 민중을 위해 호소한 시편을 주로 본받았다. 그는 자신의 시를 풍유시(諷喩詩)·한적시(閑適詩)·감상시(感傷詩)·잡률시(雜律詩) 등 4대류로 나누었다. 풍유시는 민중을 고통 속에서 구제하려는 데 취지를 두었으며 이는 백거이 시의 정수로서 두보의 시작과 같은 정서였다. 그의 시는 매우 널리 전해졌다. 그 자신의 말을 빈다면 "장안에서 강서(江西)에 이르는 삼천리 범위 내에서 향교(鄉校)·절·여관·배 위에까지 나의 시구가 적혀 있었다." 그는 생전에 시를 지어 시집 5권으로 묶어냈는데 매 한 권에 시문 3,840수가 수록되었다. 5권을 다섯 곳에 나눠 소장해 시 짓기에 뛰어난 명성이 영원히 전해질 수 있기를 바랐다. 참으로 많은 심혈을 기울였음을 알 수 있다. 그는 시를 지을 때 알기 쉽게 통속적으로 쓰기 위해 노력했는데, 그 이전의 사람들에게서는 찾아볼 수 없는 독창적인 풍격을 띠었다. 그 목적도 역시 사람들에게 널리 알려져 후세에까지 널리 전해질 수 있도록 하기 위해서였다. 북송 시기 석덕홍(釋德洪)은 《냉재야화(冷齋夜話)》라는 글에서 백거이가 매 번 시 한 수를 지으면 한 노부인에게 읊어서 들려주고는 알아들을 수 있냐고 묻곤 했다고 썼다. 그 할머니가 알아들었다고 하면 그 시는 완성된 것이고 만약 알아듣지 못했다면 시를 다시 지었다. 이런 설은 사실과 맞지는 않다. 북송시기 장뢰(張耒)가 낙양의 한 선비의 집에서 백거이의 시 초고 여러 장을 본 적이 있는데 반복적으로 수정해 원작의 문구를 거의 전부 뜯어 고쳤다고 전했다. 백거이의 시는 정련을 거쳐 완성된 것이다. 통속적인 문구로 다듬으려면 반복적으로 읊어보고 심혈을 기울여 수정하고 윤색해야 한다. 통속적이라는 것은 거칠게 대강 간단하게 하는 것과 전혀 다르다. 백거이의 시가 널리 퍼진 것은 그의 시가 진정으로 통속적이어서 많은 독자들에게 쉽게 받아들여졌기 때문이었다.

백거이의 가장 친밀한 시우(詩友)인 원진도 역시 통속시를 짓는데 뛰어난 재능이 있었다. 원진의 시와 백거이의 시는 모두 많은 사람들에게 널리 알려졌으며 원진의 시는 또 노래로도 많이 불려졌다. 원진이 백거이에게 보낸 시에 "영롱(玲瓏. 가희의 이름)에게 나의 사(辭)를 노래하지 말도록 하게. 내 사(辭)는 대다수가 임과 이별하는 시인걸(休遣玲瓏唱我辭, 我辭多是寄君詩)" 등의 구절이 있는 걸로 비추어 보면 원진의 시가 노래로 불리어진 것이 많았음을 알 수 있다. 그와 백거이는 동시에 명성이 높았으며 시가가 궁정까지 전해져 궁중에서는 모두 그를 으뜸 재자(才子)라고 불렀다. 그는 자신의 시를 열 부류로 나누었다. 고풍(古諷)·악풍(樂諷)은 백거이의 풍유시를 본뜬 것이고, 고체(古體)·신제악부(新題樂府)는 백거이의 한적시를, 율시(칠언[七言]·오언[五言]·양체[兩體])·율풍(律諷)은 백거이의 잡률시를, 또 염시(艶詩)는 아리따운 여인을 전적으로 묘사했는데, 아마도 백거이의 감상시를 본뜬 것 같다. 원진이 백거이를 모방한 사실은 그때 당시이미 정론이 나왔다. 원진은 인품이 백거이와 비할 바 아니었으므로 모방해서 아주 비슷한 경계에 이르긴 했지만, 원진의 시는 필경 단지 재자시(才子詩)에 그쳤을 뿐이었다.

백거이는 유우석(劉禹錫)과 시우였으며 공동 시집인《유백창화집(劉白唱和集)》이 있다. 유우석은 왕숙문(王叔文)집단에 가입해 꽤나 권세가 있었는데 당헌종(唐憲宗)이 즉위한 뒤 유우석 등이 추방당하고 더 이상 조정의 관리직을 맡지 못하게 되었다. 당문종(唐文宗) 시기에 이르러 유우석은 다시 조정 관리 벼슬을 얻어 벼슬이 검교예부상서(檢校禮部尙書)까지 올랐다. 당순종(唐順宗) 시기에 왕숙문을 도와 반년 간 정권을 장악했는데, 발표하는 정령이 모두 조정에 유익하고 민중에 이로운 것이어서 비난 받을 여지가 없었다. 유우석의 시에는 "성공할 마음이 급해 물러설 줄 모른다(勉修貴及早, 狃捷不知退)"라는 구절이 있는데 이는 확실히 사실이었다. 추방당했던 시기에는 우울하고 초췌했다. "가라앉은 배 곁으로 수천 척의 배들이 지나가고, 병든 나무 앞엔 천만 그루 나무들이 봄빛을 자랑하네(沉舟側畔千帆過, 病樹前頭萬木春)"(유우석의《수낙천양주초봉석상견증(酬樂天揚州初逢席上見贈)》의 한 구절)라는 구절은 추방당한 신하의 마음을 표현했다. 시 창작면에서 그는 뛰어난 성과를 거두었다.

만당(晚唐)의 시인과 사인(詞人) 당시의 특색인 율시는 만당시기에 이르러 가장 정교하고 아름다운 경지에 이르렀다. 만당의 시인들은 오언·칠언시의 낡은 형식에서 벗어나 시의 새로운 형식인 장단구 사(長短句 詞)의 넓은 경계를 개척했다.

이상은(李商隱)이 이 방면에서 많은 심혈을 기울였다. 그는 839년(당문종[唐文宗] 개성[開成] 4년)에 이부시(吏部試) 시험에 급제해 비서성(秘書省) 교서랑(校書郎)에 임직했다. 후에 당파 싸움의 소용돌이에 빠져 벗어날 수가 없었다. 만당의 대시인으로서 이상은 겨우 46세까지 살았으며 당파의 배척 속에서 우울과 가난 속에서 죽어갔다. 그의 재능과 학식, 처지로 인해 그의 시는 독특한 풍격을 띠었다. 그는 책을 아주 많이 읽었으므로 아주 풍부한 자료를 수집했으며 수집한 자료들을 분류하고 편집 집성해 자료 사용에서 아주 섬세했다. 그렇기 때문에 그의 시문에 전고(典故)가 사용되면 항상 적절하고 완벽했으며, 대구가 치밀하고 형식이 아름다워 견줄 이가 없었다. 벼슬길에서 불우한 운명을 맞은 그는 가슴 가득 쌓인 울분을 토로해야 했으며 그렇다고 또 감히 직설적으로 표현할 수도 없었다. 그래서 깊이 꼭꼭 숨기면서 뜻을 알릴 듯 말듯 있는 듯 없는 듯 담아 표현했다. 이상은의 시에서 모든 열정과 정다운 말은 절대다수가 은어로써 애달픈 심정을 토로하고 있다. 이상은의 시 중에도 뜻을 명랑하게 표현한 시편도 있었다. 예를 들어 《한비편(韓碑篇)》은 한유(韓愈)의 필치와 아주 흡사했다. 그리고 당경종(唐敬宗)의 황음무도함을 풍자한 여러 시편도 난해하거나 애매하지 않다. 오직 당파간의 혐의 혹은 규방에 대해 언급한 시편만 깊이 숨겨 사람들이 진실한 의미가 무엇인지 알 수 없어 추측하게만 했다.

이상은과 같은 시기의 시인 온정균(溫庭筠)은 그 조부 온언박(溫彦博)이 당나라 초기 재상을 지냈다. 그러므로 그는 부귀한 가문 출신으로서 부랑아의 생활을 했다. 도박과 주색에 빠져 지내면서 자신의 재능과 학식을 티내고 경박하고 방자하게 굴었으며 진사 시험에 여러 차례 떨어졌다. 그는 음악을 좋아했다. 특히 거문고를 타고 피리 불기를 즐겼는데 스스로 "현만 있으면 탈 수 있고 구멍만 있으면 불 수 있다"라고 할 정도로 좋은 거문고나 피리가 필요 없었다. 당나라 시기 노래에는 오·칠언 절구가 많았는데 노래할 때 화성(和聲)을 붙이곤 했다. 화성으로 붙이는 사(辭)는 길고 짧음이 있었다. 후에는 길고 짧은 소리에 길고 짧은 구절을 붙여 박자가 맞게 만들었다. 이로써 자연스레 '사(詞)'

라는 새로운 시의 형식이 형성되었다. 온정균은 오랜 세월 동안 가희와 함께 생활하면서 그의 시는 이상은에게 훨씬 뒤졌다. 그의 부랑아 같은 생활과 음악적 장점은 그를 '사(詞)'의 창시자로 만들었다.

당말(唐末) 오대(五代) 시기 문학계에서는 신흥의 사(詞)가 시의 지위를 대체해 시인은 사인(詞人)에 비해 그 성과가 훨씬 뒤처졌다. 당말 전란 때문에 선비들은 성도로 도주해 왕건(王建)에게 의지하며 계속 사를 창작하며 낙을 누렸다. 전촉(前蜀)이 멸망하고 맹지상(孟知祥)이 후촉국(後蜀國)을 세운 뒤 유명한 사인들이 나타났다. 후촉의 조숭조(趙崇祚)가 《화간집(花間集)》10권을 편찬했는데 온정균·위장(韋庄)을 위수로 이하 18명의 사(詞) 5백수를 수록했다. 《화간집》은 가장 오래 된 사의 총집으로서 작자들은 화간파로 불렸으며 그 창시자는 온정균이었다.

사(詞)의 다른 한 중심 산지는 남당국(南唐國)이었다. 나라가 멸망의 위기에 처한 남당의 중주(中主) 이경(李璟)과 망국 후 포로가 되어 수많은 치욕을 당한 후주(後主) 이욱(李煜)은 모두 훌륭한 작자였다. 특히 이욱은 포로로 생활하면서 아무 느낌도 없이 무덤덤했을 리가 없었다. 사(詞) 속에 망국의 정한이 어렴풋이 묻어 있었으며 아무 의미 없이 이룬 일도 없이 한평생을 흐리멍덩하게 보낸 일반 사인들과는 달랐다. 온정균은 사의 창시자이고 이욱은 사를 널리 전파하고 발전시킨 확장가였다. 이욱을 시작으로 송사(宋詞)의 경계가 크게 개척되어 사가 더 이상 규방에서 정분을 나누기 위한 목적으로만 만들어지는 것이 아니라 문학적인 지위를 제고시켰던 것이다.

3. 근체문(近體文)과 고문(古文)

당나라 시기에는 위로 조서에서부터 아래로 판사(判辭, 판결문의 옛 명칭)와 서신에 이르기까지 모든 응용문자는 모두 근체문, 즉 이른바 사륙문(四六文)을 사용했다. 이는 남조 시기부터 전해져 내려온 화려한 문풍으로서 북방의 문인들에게 유난히 영향이 컸다. 당태종이 친히 제창한 뒤로 사륙문은 응용문 방면에서의 지위가 더욱 공고해졌으며 문인들은 사륙문을 잘 쓰지 못하면 벼슬길에 오를 가망이 없었다. 사륙문을 쓰는 요결은 전적으로 고어를 편성하는 것으로서 고사(故事)와 성어(成語)를 널리 수집해 다양한 대구 구절을 미리 만들어놓았다가 수시로 응용하기 편리하도록 하는 것이다. 사륙문을 잘 쓰려면 반드시 책을 많이 읽어야 하며 또 반드시 확실하게 기억해야 했다. 양(梁)·진(陳) 시기 사륙문체의 창시자 서릉(徐陵)·유신(庾信)은 모두 초찬(抄撰. 초집과 편찬)학사를 지냈으므로 풍부한 자료를 쌓을 수 있었다. 당나라 초기에 사걸로 불리었던 사륙문가가 있었다. 그중 낙빈왕(駱賓王)은 "한조 때 도성 밖 제왕의 궁전이 삼십륙 채에 이른다(漢家離宮三十六)라는 글귀로 "중국에는 중요한 요새가 일백이십 곳이 있고(秦地重關一百二)"라는 글귀의 대구를 지었는데 이는 절대 임시로 우연히 지은 글이 아니라 평소에 미리 준비해 뒀던 것이다. 또 예를 들어 만당 시기 온정균은 "가까이 보면 곽령(郭令)이 관리의 고과를 스물네 차례나 주관할 만큼 중서령(中書令) 관직을 오래 맡은 것과 마찬가지다(近同郭令, 二十四考中書)"라는 글귀로 이상은의 "지난 먼 시기를 보면 조공(趙公)이 삼십륙년간 재상직을 맡은 것에 비할 수 있다(遠比趙公, 三十六年宰輔)"라는 글귀의 대구를 지었다. 이 역시 평소에 미리 준비해 두었던 글귀를 응용할 때 약간의 변화를 주었을 뿐이었다. 사륙문은 대구라는 데서 제약성이 있을 뿐만 아니라 평측(平仄. 시문의 운률) 면에서도 제한적이었다. 여러 제한 요소의 작용 하에서 고사·고어로써 현재의 일과 언어를 비유해야 하는 만큼 필연적으로 말뜻이 애매모호할 수밖에 없었다. 사상을 표현하는 문사(文辭. 문장)가 겹겹이 구속을 받는 사륙체로 바뀐 것은 문풍이 지극히 쇠퇴된 현상이었다.

비록 당나라 근체문(近體文)이 무제한적으로 발달하는 추세를 보이고는 있었지만 그에 대항하는 역할을 하는 고문(古文)운동 또한 멈춘 적이 없었다. 당나라 초기부터 근체문에 대항하는 고문운동이 유가의 불교 반대운동과 서로 결합되었다. 부혁(傅奕)·여재(呂才)가 그 일을 우선했다. 무측천 시기에 진자앙(陳子昂)이 복고문학을 제창해 명성을 크게 떨쳤으며 한유(韓愈)의 시에는 "당대에 시가가 가장 흥성했는데 당시의 흥성은 진자앙이 시가의 혁신을 제창하면서 비로소 시작됐다(國朝盛文章, 子昂始高蹈)"라는 글귀가 있다. 부혁·여재가 종교 미신에 반대하고 진자앙이 고문의 수준을 높였는데 형식과 내용이 결합되어 훗날 고문운동의 규범이 되었던 것이다.

당나라 숙종(肅宗)·대종(代宗) 시기에 고문운동이 비교적 성숙됐는데 작자 중의 대표 인물로는 원결(元結)과 독고급(獨孤及)이다. 원결은 굽힐 줄 모르고 바른 것을 고집하는 복고(復古)주의 유가로서 당면한 부패와 가혹한 정치를 증오하는 유가의 정치적 주장을 가지고 있었으며, 시대의 퇴폐적인 풍속을 개혁하려는 유가의 문학적 주장도 가지고 있었다. 독고급은 당대종 시기에 벼슬이 점점 올랐으나 학술적으로는 독특한 주장이 없었다. 그가 고문을 짓는 것은 단지 고문을 짓기 위해서이며 글의 주제에 따라 글귀가 바뀌곤 했다. 고문 운동은 원결·독고급에 이르러서 가는 실개천에서 거대한 흐름으로 변했으며 한유(韓愈)에 이르러서 거대한 흐름에서 장강의 큰 물결로 바뀌어 집대성의 성과를 거두었다. 한유는 고문을 배움에 있어서 사마천(司馬遷)·사마상여(司馬相如)·양웅(揚雄)을 가장 떠받들었다. 사마천은 황로(黃老)를 숭상하고 상여는 사부(辭賦)에 능했으며 양웅은 모의(摹擬)에 전념했다. 한유는 세 사람을 떠받들었는데 특히 양웅을 공자와 맹자의 계승자라고 더욱 떠받들었다. 그가 그렇게 말하는 것은 분명 고문의 체계와 짜임새를 가리키는 것이지 유학의 도통(道統, 유가 학술 사상의 전수 계통)을 가리키는 것은 아니었다. 고문을 배움에 있어서 《사기(史記)》를 스승으로 삼지 않을 수 없고 사부(辭賦)를 배우면서 상여를 스승으로 삼지 않을 수 없다. 아무도 두 사마(司馬. 사마천과 사마상여)를 제외하고 다른 창시자를 찾을 수 없다. 양웅의 주요 저작으로는 《논어(論語)》를 본딴 《법언(法言)》과 《주역(周易)》을 본딴 《태현(太玄)》이 있다. 한유가 실제로 떠받든 것은 《법언》이었다. 한유는 특히 비문을 짓는데 재능이 있었는데, 이는 《사기》의 도움을 받은 증거였다. 한유의 고문은 팔대(八代. 동한[東漢]에서 수(隋)에 이르기까지)에 쇠락했던 문풍을 다시 일으켰다고 알려져 있다. 즉 다시 말하면 동한 후부터 줄곧 답습해 습관이 되어온 변려문(駢體文)의 문학에서의 통치적 지위를 뒤엎었던 것이다. 그가 이처럼 어려운 일을 완성할 수 있었던 요결 중의 하나가 바로 글짓기에 능했기 때문이었다. 한유의 산문은 청신한 기상이 흐르는데 그중의 오묘함은 글을 정확하고 적절하게 다듬는데 있다. 이른바 "글귀 다듬기를 변함없이 고집한 것"은 한유 산문의 특징 중의 하나라고 할 수 있다. 이는 《법언》에서 힘을 얻었던 것이 분명했다. 《법언》은 《논어》를 모방했는데 옛 성인의 어조를 본 따 사람들의 혐오와 웃음을 자아냈다. 그러나 양웅은 이러한 진부함을 신기함으로 바꿨으며 한유는 그러한 글 짓는 법을 배워 시문 속의 많은 좋은 글귀가 후세 사람들의 습관어로 사용되기에까지 이르게 했다. 한유가 고문운동의 창시자로 공인 받고 일정 시간과 정도에서 거의 전무후무한 성공자가 될 수 있었던 원인은 우선 한유가 유도(儒道)를 수립하고 드높이고 불로(佛老)의 기치를 배척했기 때문이었다. 같은 시기에 그처럼 선명한 입장을 가진 사람이 아무도 없었으며 또 감히 불로를 상대로 그처럼 단호하게 투쟁한 이 또한 아무도 없었다. 그 투쟁으로 한유는 하마터면 목숨마저 잃을 뻔 했지만 고문운동의 추진을 위한 넓은 전망을 개척했다. 한유의 고문은 여러 문체를 고루 갖추었으며 글을 지을 때 한 글자도 소홀히 하지 않았다. 이로써 고문은 일종의 문체로서 완전히 성숙된 경지에 도달할 수 있었던 것이다.

고문운동에서는 한유와 유종원이 동시에 거론되었다. 주장은 한유이고 부장은 유종원이었다. 유종원은 명문가 출신으로서 소년 시기에 이미 높은 명성을 얻었으며 근체문을 잘 짓고 21세에 진사에 급제하고 26세에 박학굉사과(博學宏詞科)를 통과해 집현전정자(集賢殿正字) 직에 임명되어 벼슬길이 아주 순탄했다. 순종(順宗) 때 왕숙문을 따랐다가 좌천되어 남방의 덥고 황폐한 곳으로 추방되었으며 유주(柳州)에서 임직하는 기간에 죽었다. 그는 원래 근체문의 고수였는데 좌천 추방된 곳에서 방향을 바꿔 고문을 지어 울적하고 분한 심정을 토로했다. 그가 지은 고문 중에서 가장 훌륭한 부분이 산수기행문이다. 유종원의 글의 약점은 음울하고 두려움과 의심에 차 읽는 이에게 즐거움을 주지 못하는 것이었다. 그러나 산수기행문은 즐거운 마음에서 생겨나는 것이었기 때문에 비록 가끔씩 슬픈 마음을 표현할 때도 있었지만 주로 산과 물에 대해 지은 글이어서 슬픈 분위기로 즐거운 마음을 가릴 수는 없다. 한유가 유학을 숭상하고 불로를 반대했다면 유종원은 불교를 숭상하고 믿으면서도 유학을 감히 공개적으로 반대하지 못했다는 점이다. 두 사람의 학술은 서로 달랐다. 고문의 기교면에서 보면 한유의 글은 막힘이 없이 순통했고 유종원의 글은 섬세하여 우열을 가리기가 어렵다.

고문운동은 두 개의 목표를 향해 발전했다.

첫 번째 목표는 근체문을 공격해 근체문의 진지를 빼앗는 것이 목표였다. 조정에서 반포하는 황제의 조서와 신하가 올리는 상주문은 관례에 따라 모두 근체문을 썼는데 상주문은 한유와 유종원이 관례를 깨뜨렸다. 유종원의 상주문에서는 간혹 한 두 구절의 사륙구가 나타나곤 했지만 한유의 상주문에서는 찾아보기 어려우며 유종원의 글보다 글귀를 더 순수하게 다듬었다. 비문 · 기서(記序. 문자서술) 등의 문체도 한유는 모두 고문을 사용해 근체문의 흔적을 조금이라도 남길까봐 배척했다. 그러나 유종원은 때로는 여전히 근체문을 쓰며 한유처럼 그렇게 엄격하지 않았다. 한유와 유종원은 근체문을 배척하는 면에서 큰 공을 세웠으며 한유의 공적이 특히 컸다.

두 번째 목표는 고문에 유학의 내용을 부여해 불로를 공격하고 정신계의 진지를 탈취하려는 것이었다. 이 목표를 실현하기 위해 한유는 막강한 전투적인 용기를 보였으며, 불교도 그로 인해 확실히 쇠락하는 추세를 보였다. 고문과 유학을 결합시키고 유학은 불로와 투쟁함으로써 넓은 전망이 있게 되었으며, 고문은 사상을 표현하는 매개로서 유학에 의지해 마찬가지로 밝은 전망을 안게 됐다. 유종원은 유가와 불가 사이에서 중재파가 되고자 그와 같은 추세를 따르지 않았다. 글재주를 비하면 물론 한유와 내공이 비슷하지만 도를 비한다면 한유에 뒤지는 위치에 처하지 않을 수 없었다. 한유와 유종원 두 사람은 고문운동을 최절정으로 이끌었으며 백화문에 비교적 접근한(물론 백화문과는 여전히 거리가 너무 멀다) 고문으로 사륙변려의 쓸데없는 말만 온통 늘어놓는 근체문을 대체한 것은 거대한 진보라고 할 수 있을 것이다.

제 4 장
송(宋) 요(遼) 금(金) 원(元)

1. 송의 건립과 이주(상)

(1) 통일국가의 건립과 발전

후주(后周)시기, 조광윤(趙匡胤)이 주세종(周世宗)을 따라 전장에 나섰다가 공을 세운 덕분에 전전도점검(殿前都点檢)을 맡고 금위군을 통솔했다. 959년 주세종이 사망하자 7세의 종훈(宗訓帝)가 즉위했다. 조광윤은 송주(宋州) 귀덕군(歸德郡)의 절도사까지 겸임하고 경사(京师, 지금의 개봉[开封])를 지켰다. 건륭원년(906년) 신정, 진주(鎮州)와 정주(定州)가 요나라와 북한(北漢)의 군대가 남하한다는 허위 보고를 해왔고, 공제는 조광윤을 파견해 금위군(禁衛軍)을 거느리고 성 밖에서 방어하도록 했다. 조광윤이 거느린 병사가 경사성 북쪽 20리 떨어진 진교역(陳橋驛)에 이르렀을 때 군의 여러 장군이 조광윤에 황포를 걸어주며 그를 황제로 추대했다. 조광윤이 금위군을 거느리고 수비군이 없는 경사성으로 돌아왔다. 전전도지휘사(殿前都指揮使) 석수신(石守信) 등이 궁내에서 호응함으로써 조광윤이 손쉽게 황권을 탈취했다. 조광윤이 송주(宋州) 귀덕군절도사(歸德軍節度使)를 맡았던 이유로 새로운 나라를 송이라 칭하고 개봉을 동경으로 부른 뒤 수도로 정했다.

조광윤(송태조)은 금위군을 통솔하던 전전도점검(殿前都点檢)이라는 직무를 폐지했다. 그러나 석수신 등은 여전히 금위군을 통솔하는 권력을 잡고 있었다. 건륭(建隆)2년 어느 하루, 송태조는 자신을 옹립한 석수신 등 장군들과 함께 술자리를 가졌다. 술김을 빌어 송태조는 자신의 불안한 마음을 토로했다.

"여러 장군들이 있었기에 오늘의 내가 있는 것이요. 그러나 천자 노릇도 쉽지가 않구려. 절도사로 지내는 것이 더욱 즐거웠소. 불안감에 밤잠도 제대로 잘 수가 없단 말이오".

"폐하, 이게 웬 말씀이십니까? 천명이 이미 정해지셨는데 누가 감히 다른 마음을 먹는단 말이십니까!" 석수신 등이 놀라 눈물을 흘리며 머리를 조아렸고 이튿날 바로 병을 구실로 사직을 했다. 송태조는 그들이 장악했던 금위군을 통솔하는 권리를 박탈하고 절도사로 파견했다.

송나라 건립 시기, 북방에는 강대한 요나라가 있었다. 태원(太原)에는 북한이, 남으로는 남당(南唐), 오월(吳越), 후촉(后蜀), 남평(南平, 荊南) 등의 나라가 있었다. 이밖에 호남(湖南)은 주행봉(周行逢)이, 천주(泉州)는 류종효(留從孝)가 할거하고 있었다.

송태조는 즉위 후 곧바로 요나라 정벌에 나선 것이 아니라 먼저 병력을 집중해 경제적으로 부유한 강남을 통일했다. 송태조는 963년 호남으로 병력을 파견해서부터 976년 병사하기까지 13년 동안 남쪽의 여러 지역에서 할거하는 세력을 평정했다.

976년 10월 송태조가 죽자 그의 동생 조광의(趙匡義, 太宗)이 즉위했다. 2년 뒤 송나라가 남쪽의 여러 지역을 통일하고 주요 병력을 북한과 요나라 정벌에 투입했다. 979년 초에 송태종이 직접 군대를 거느리고 북한 정벌에 나섰다. 반미(潘美)등을 파견해 사면으로 태원(太原)을 공격했다. 5월 북한의 류계원(劉繼元)이 성을 나와 투항함으로서 5대(梁, 唐, 晉, 漢, 周)시기 요나라에 빼앗겼던 연운주현(燕云州縣)을 되찾았다. 그러나 요의 남경 유주(幽州, 오늘날 북경)를 포위 공격했지만 뜻을 이루지 못했다. 요나라의 야률휴가(耶律休哥)가 원병을 거느리고 와 송나라 군대를 크게 격파했다. 야률휴가가 탁주(涿州)까지 쫓아오자 태종이 나귀수레에 앉아 줄행랑을 쳐야했다. 986년 송태종이 재차 세 방면군의 군사를 거느리고 북방 정벌에 나섰다. 요나라 승천태후와 성종이 친히 대군을 거느리고 지원에 나섰다. 송나라 군대는 선승후패(先勝后敗)를 하는 바람에 요나 군대가 뒤를 바짝 쫓아왔다. 송나라 장군 반미, 양업(楊業)이 군대를 거느리고 삭주(朔州) 낭아촌(狼牙村)으로 후퇴했다. 반미는 양업이 군대를 거느리고 공격에 나설 것을 명했다. 양업은 패할 것을 직감하고 반미에게 진가곡구(陳家谷口)에 복병을 파견해 자신을 지원해 줄 것을 요구했다. 양업은 요나라 군대와 격전을 벌였고 진가곡구까지 퇴각했지만 지원병은 보이질 않았다. 양업은 하는 수 없이 백여 명의 병력을 거느리고 사투를 벌였으나 말에서 떨어져 포로가 되었다. 양업은 투항을 거절했고 단식 3일 후 사망했다. 송나라 군대는 완전히 와해되었다. 두 차례의 북벌에서 실패한 뒤, 송태종은 요나라를 향해 방어 태세를 취하고 국가통치 강화에 전력을 다했다.

(2) 중앙집권제에 의한 통치 강화

병제　송나라는 조정에서 군대의 주력인 금위군을 통솔했다. 송태조는 후주시기 6년 간 금위군을 통솔했다. 한편 송태조는 금위군을 이용해 후주를 뒤엎고 송나라를 세웠다. 이 때문에 송태조는 군권의 중요성을 잘 알고 있었다. 즉위 후, 송태조는 여러 면에서 금위군의 실력을 강화하고 병권을 집중시켰다. 송태조는 즉위 이듬해, 각 주에 명령을 내려 건장하고 용맹한 병사들을 선발해 금위군으로 올려 보낼 것을 지시했다. 한편 금위군 내 노약자들을 제대시켰다. 금위군은 경사(京師)에 집중되었으며 태조가 직접 훈련시키고 검열했다. 태조는 금위군의 훈련을 강화하는 한편 월급을 올려주었다. 송나라는 남방을 통일하는 과정에서 여러 지역의 항졸들 중 정예병들을 뽑아 금위군에 편입시키기도 했다. 오대시기 지방의 병력은 주로 성 안과 성문 밖 부근을 수비하는 임무를 맡았기에 그들을 '상병(廂兵)'이라고도 불렀다. 상병 중의 정예병들을 여러 차례 선발해 중앙의 금위군에 편입시켰다. 이에 지방에 남은 병력들은 더는 훈련을 하지 않고 잡역을 수행했다. 지방 병력은 금위군에 비해 실력이 떨어졌기에 지역을 분할하고 중앙에 저항을 할 힘이 없었다.

금위군은 초기에 모두 경사에 주둔했다. 그 뒤 부분적으로 지방에서 각 지역을 수비하기도 했다. 지방으로 파견하는 금위군은 정기적으로 교체되었다. 이른바 '출술법(出戌法)', 혹은 '갱술법(更戌法)'이라했다. 금위군의 처자식은 모두 경사에 남아야 했다. 돌아가며 출술하는 이유는 병사들이 가족을 그리워하여 수비에 소홀할까 우려되었기 때문이었다고 한다. 몸이 외지에 있으면 조정에 저항할 마음이 생기지 않는 다는 것이 이유였다. 금위군 군관이 승진할 경우 모두 기존의 군대를 떠나 자리를 옮겨야 했다. 금위군을 통솔하는 장관은 조정이 임명하고 역시 고정되어 있지 않았다. 이런 군사제도 하에 금위군을 통솔하는 장군은 군권을 장악할 수가 없었다. 금위군을 동원하는 권리는 추밀원(樞密院)에 있으며 추밀원은 또 직접 황제의 명을 받아야했다. 결국 황제만이 금위군을 움직일 수 있었던 것이다. 금위군이 외출 작전 시 황제가 통솔자를 파견하고 또 황제가 직접 작전전략을 짰으며 심지어 직접 전술도를 수여하기도 했다. 장군들은 황제의 작전전략에 따라 움직여야 했으며 마음대로 전술을 바꿀 수는 없었다. 결국 금위군의 모든 권력은 황제에게 집중되었다.

963년 송태조는 문관에게 지방의 업무관리를 맡기기 시작했다. 송태조는 조보(趙普)에게 "유신(儒臣) 100여 명에게 각 봉토를 관리하도록 하라. 문관들이 탐오를 하더라도 무관 한 명이 끼치는 손해보다 낫다"고 했다. 송태조는 번진들의 할거를 평정하는 과정에서 문관이 무관보다 안전할 것으로 생각하고 문관을 많이 등용했다. 송태종 역시 군사를 대규모적으로 동원한 후 이 방침을 이어갔으며 제도화 시켰다. 한편 황제의 측근인 환관이 군사를 통솔하거나 혹은 군대를 감시하도록 했다. 이로써 장군들의 세력을 억눌렀다. 문관으로 무관을 대신하고 무관을 군직에서 해직시킴으로써 군웅할거의 길을 막았던 것이다.

지방관제 송나라는 여전히 주(州, 府, 軍, 監)현제(縣制)를 사용했다. 그러나 주에 대한 통제를 엄격히 하여 권력을 중앙에 집중시켰다. 당나라 말기 오대 시기, 각 지역의 절도사들이 해당 지역을 할거하는 한편 여러 개의 주를 관리했는데 이들을 '지군(支郡)'이라 불렀다. 송나라는 토지를 합병하는 전쟁에서 차츰 지군을 취소하고 각 주는 경사가 직속 관할했다. 송나라는 직접 조정의 관리를 주군(州郡)에 파견해 주군의 사무를 관리하게 하고 관리자를 '지(관)주사(知(管)州事)'라 부르며 지주(知州)라 약칭했다. 부(府)는 지부(知府)라 불렀다. 지주(知州)는 문인을 많이 등용했고 자주 인사 이동했다.

송태조는 또 여러 주에 통판관(通判官)을 두고 통판은 조정에서 직접 파견했다. 통판은 지주(知州)의 부직도, 속관도 아니었다. 그러나 지주와 주사(州事)를 공동 처리할 권리가 있으며 지주의 행동을 감독하고 수시로 조정에 보고를 하라 했기 때문에 통판은 또 감주(監州)라고도 불렀다. 통판은 조정의 특명을 받았기 때문에 자주 지주와 불화를 겪었다. 양자는 서로를 견제했기 때문에 서로 권력을 독점할 수 없었다. 송태조는 또 조정의 관리에게 지현사(知縣事)를 맡겨 조정이 직접 현의 정권을 통제함으로서 기층의 권력을 위축시켰다.

송나라 초기, 여러 지방에서는 전운사(轉運使)를 설치하고 군이 필요로 하는 식량과 급여 등의 업무를 주관하도록 했다.　전운사(轉運使)와 전운판관(轉運判官)은 조정이 위임한 로1급(路一級) 상설관원으로서 주로 소속된 주부의 수로와 육로의 전운과 재정 세수를 관리했다. 그 후 권력이 확대되며 형법과 민사 관리를 겸했다. 송태종은 각지 전운사들이 교대로 경사에 가 현지 상황을 조정에 보고하도록 규정했다. 991년에는 또 각 로(路)에 제점형옥관(提點刑獄官)을 두고 전운사에 소속시켰으며 형법단옥 관리를 겸하게 했다.

송태조, 태종은 일련의 개혁을 통해 지방관리에 대한 임면을 직접 통제했을 뿐 아니라 각 주부의 행정권, 재정권, 사법권을 모두 중앙에 집중시켰다. 이른바 "군권, 재정권, 상벌형정을 모두 거둬들였던 것이다".

중앙관제 재상(宰相) 송나라는 당나라 제도를 따라 상서, 문하, 중서 3성을 설치했다. 상서, 문하는 외조에 포함시켰고, 중서는 금중(禁中)에 설치하고 정사당(政事堂)이라고 했다. 실제로 집정하는 재상들은 여전히 당제를 따랐고 평장사 명호를 사용했다. 부상(副相)은 참지정사(參知政事)라 불렀다.

추밀사(樞密使) 송나라 건립 후, 추밀사를 설치하고 전문적으로 군사를 관리하도록 했다. 금군을 동원하며 재상과 함께 문무를 병립시켰다. 중서성과 추밀원은 '2부'(정부, 추부)로 불렸다. 추밀원의 대사는 모두 황제에게 알려야했다. 재상과 추밀사는 각각 조정에 보고해야 하며 서로 모르고 지냈다.

삼사사(三司使) 삼사사는 사방에서 들어 온 공물과 국가재정을 총괄했으며 지위가 재상 다음이었기에 '계상(計相)'으로 불렸다. 지방의 주군(州郡)은 재물과 세금을 남기지 않았으며 전국에 대한 재정지출은 모두 삼사가 지불했다.

학사원(學士院) 학사원에 한림학사 약간 명을 두고 황제를 위해 여러 가지 조서를 작성하도록 했다. 그중에는 재상 임명, 대외 국서 등이 포함되었다. 한림학사는 또 황제의 '비고문(備顧問)'을 담당하고 직접 황제에게 국사와 관련한 제안을 올렸다.

어사대, 간원(御史臺, 諫院) 송나라는 당제를 사용했으며 조정에 어사대규찰관원(御史臺糾察官員)을 설치하고 대원(臺院), 전원(殿院), 화찰원(和察院)으로 나누었다. 어사중 승(丞)은 어사대의 최고 관리였다. 송태종 시기 또 감찰어사를 전문직으로 두고 조정관원들의 득실을 평가하도록 했다. 간원은 지원관(知院官)을 두고 조정의 득실과 대신, 관리의 실수에 대해 간언을 하도록 했다. 어사대와 간원은 언로(言路) 통제를 목적으로 설치했지만, 대신들은 자신의 반대파를 배척하는 도구로 이용했다. 통치그룹내부의 정치투쟁에서 어사대와 간원이 중요한 역할을 발휘했다.

송대 때의 관제는 관, 직(전각[殿閣])의 직함으로, 예를 들어 모모 전학사[殿學士], 차견[差遣] 등 세 가지로 나누었다. 그중 실권을 장악한 것은 '차견'뿐이었다. 지방관리 중에는 조정이 파견한 지주, 통판 등 관리가 실질적으로 정권을 잡았다. 송나라의 국가기관은 구관과 신관, 유권 관리와 무권 관리, 조정이 파견한 관리와 지방관리로 계급이 복잡했으며 또 중복되는 부분이 많아 관료기구는 전에 없이 방대했다.

송나라는 주로 과거제도를 통해 관리를 선발했다. 북송 초기, 문벌제도는 더는 존재하지 않았고 문인을 상대로 과거시험을 개방했으며 문장이 합격될 경우 문제, 향리를 불문하고 모두 뽑았다. 송태조 시기 취사(取士) 표준은 더욱 엄격했다. 송태종 시기 차츰 풀어 놓음으로써 합격자가 늘어 한 시험에 300, 400명이 진사에 합격됐으며 여러 과를 합치면 칠팔백 명에 달했다. 송나라는 과거시험을 통해 지주계급의 문인들을 뽑아 국가의 통치를 수호했다.

(3) 사회계급의 관계와 조세제도

송나라 건국 이후 호적제도를 세워 주호(主戶)와 객호(客戶) 두 부류로 나누었다. 이른바 주호와 객호는 원주민과 이주자에 관계없이 토지와 재산 유무에 따라 분류했다. 주호는 토지와 자산을 소유한 세대를 말한다. 토지와 재산의 정도에 따라 5등급으로 나누었다. 1등급은 토지 수십 경에서 수백 경을 소유하거나 적어도 3, 4 경의 토지를 갖고 있는 대지주들이 포함되었다. 2, 3등급은 적은 토지를 소유한 중, 소지주들이 포함되었다. 3등급은 습관적으로 '상호(上戶)'라 불렸으며 송대의 지주계급이었다. 주호 중의 4, 5등급 가정은 습관적으로 하호(下戶) 혹은 빈하호(貧下戶)라 불렸다. 4등급은 40, 50관의 자산이 있었다. 일반적으로 소량의 토지를 갖고 있으며 가족이 직접 농사를 짓는 자작농이었다. 5등급은 더욱 적은 토지 혹은 아예 토지가 없는 반자작농들이었다. 타지에서 거주하는 소상공업자 외 농촌에 거주하는 대부분의 소작인들은 객호에 속했다. 그들은 소유한 토지가 없으며 주로 지주의 토지를 빌려 농사를 지었다. 송대는 호적을 구분하고 편호에 따라 신정세와 요역을 부담시켰다.

송대의 관리들은 마음대로 논밭을 구입해 크고 작은 지주가 될 수 있었으며 지주는 과거시험을 통해 크고 작은 관리가 될 수 있었다. 관리와 지주가 일체가 되어 전국의 대부분 토지를 점유했다. 자작농의 토지는 한 가정에 많아야 수십 무, 적게는 3, 5무를 차지했다. 송태종 시기 이미 "부자의 땅은 끝이 보이지 않았고 가난한 자는 송곳 꽂을 땅도 없었다"는 말이 돌을 정도였다.

송나라는 당나라 중기 이래의 조세제도를 사용했으며 여름과 가을에 한번 씩 세금을 거두었는데 이를 양세라고 불렀다. 그러나 송대 때의 양세는 합조(合租), 용(庸), 조(調)를 하나로 합친 당대의 양세와 달리 토지세만 여름과 가을 두 차례로 나누어 거두었다. 양세 이외에 신정세, 각종 잡세와 요역도 있었다. 남자는 20세를 정(丁), 60세는 노(老)로 구분했다. 20세에서 60세 까지의 남자는 모두 신정전(身丁錢, 혹은 쌀, 비단)을 납부해야 했다. 신정세는 남부지역에서만 실행했다. 북송전세는 법적으로 토지소유자로부터 토지면적에 따라 세금을 받도록 규정했다. 매년 여름과 가을에 한번 씩 세금을 거두었기에 '하세추묘(夏稅秋苗)'라고도 했다. 추묘는 추세를 말하며 매년 추수 후, 토지 면적에 따라 식량을 징수했다. 하세는 돈으로 받거나 혹은 주, 견, 면, 포, 밀로 환산해 거두었다. 하, 추 양세의 세액은 세무원이 정했다. 실제로 세금을 징수할 때는 또 이른바 '지이(支移)', '절변(折變)' 방법으로 착취를 가중했다. '지이'는 풍수를 거둔 지역의 추세를 흉작 지역에 가서 납부함으로써 "여남으로 부족한 것을 보충"했다. 먼 길을 가야하는 고초를 부담하지 못할 경우 '지이'에 발품 값을 더 내야했다. '절변'은 관부가 규정한 하세의 현금과 주, 면, 포, 밀 등 여러 가지 할당량을 물가상황에 따라 '일시적 수요'를 핑계로 마음대로 환산하며 착취를 가중했다. 이밖에도 화적(和糴), 화매(和買)가 있었다. 화적(쌀을 사다)은 관부가 민간의 쌀을 강제적으로 사들이는 것을 말한다. 화매는 관부가 민간의 면직물과 견직물을 강제적으로 사들이는 것을 말한다. 이 두 가지를 합쳐 적매(糴買)라고 했다.

북송의 역법에는 차역과 부역이 있었다.

차역(差役) 또는 직역이라고 했다. 직역은 주호 중의 1, 2, 3 등급, 다시 말해 크고 작은 지주들이 맡았다. 현임 문무관과 주현의 서리(胥吏), 호족세력들을 '형세호(形勢戶)'라고 불렀으며, 관리 가족과 그들의 후대를 모두 '관호'라고 했다. 형세호와 관호는 면역(병역이나 부역을 면제) 특권을 누렸다.

부역(夫役) 잡요라고도 했다. 북송의 부역은 가정의 남자식구에 따라 과차(科差)를 했다. 그러나 형세호, 관호들은 부역을 면제 받을 특권을 누렸다. 이미 직역(職役)을 이행한 3등급 가정은 부역에 나가지 않게 되어 있었다. 부역에 파견된 지주들은 돈으로 사람을 고용하거나 소작농을 대역으로 나가도록 강박했다. 실질적으로 부역을 부담한 것은 자작농, 반자작농들이었다. 소작농은 객호에 편입되었으며 국가의 편민(編民)이기에 가정의 남자 식구에 따라 부역을 부담해야 했다. 북송의 부역은 자작농, 소작농 등 광범한 농민들이 부담했으며 무상으로 노역을 했다.

(4) 왕소파(王小波), 이순(李順)이 이끄는 농민봉기

왕소파는 영강군 청성현(永康軍靑城縣, 사천 도강언시)의 차농(茶農)이었다. 현지의 차농들은 오곡을 재배하지 않고 차만 심었지만 농사짓는 농민들과 같이 세금을 내야 했다. 송태종 시기 '각차(榷茶)법'을 실시했으며 박매무(博買務)가 차잎을 강제로 구매했다. 이에 차잎을 팔아 생계를 유지하는 차농들이 실업을 해야 했다. 순화(淳和)4년(993년) 2월 파산한 농민들과 실업한 차농 등 100여 명이 왕소파를 수반으로 하여 청성에서 봉기를 일으켰다. 왕소파는 농민들에게 "빈부격차를 증오하니 내가 앞장서서 재부를 평균 분배할 것(吾疾貧富不均, 今爲汝等均之)"이라고 했다. 왕소파의 투쟁목표는 농민들의 강렬한 계급에 대한 원한과 혁명적인 요구를 반영했기에 급속도로 광범위한 호응을 불러 일으켰다. 봉기에 참가하려는 대중이 갈수록 늘어났다. 봉기군이 청성을 공략하고 공주(邛州), 촉주(蜀州)) 각 현을 전전했으며 이어 미주(眉州)의 팽산(彭山)을 공략했다. 12월 봉기군은 강원현(江原縣, 사천성 숭경(崇慶)을 공격했다. 왕소파는 전투에서 사망했다. 봉기자들은 왕소파의 처남 이순의 지도하에 투쟁을 이어갔다.

순화(淳化)5년(994년) 초 봉기군은 성도(成都)를 점령하고 정권을 세운 뒤 국호를 대촉(大蜀)이라 했다. 이순은 대촉왕을 자처하고 연호를 '응운(應運)'이라했다. 대촉은 중서령(中書令), 추밀사(樞密使) 등 관직을 두고 여러 갈래 봉기군에 각각 통솔자를 두었으며 '대촉웅군(大蜀雄軍)'이라 불렀다. 농민군은 수십만 명으로 늘어났으며 송 조정에 충격을 주었다. 송태종은 내시 왕계은(王繼恩)을 서천초안사(西川招安使)로 파견하고 경사금군을 이끌고 서천에 진입해 봉기를 진압하도록 했다. 송군이 서천에 바짝 접근하자 농민군들은 이쪽 방어에 힘을 쓰지 않고 오히려 병력을 재주(梓州, 사천[四川] 삼대[三臺]) 공략에 집중시켰다. 재주에는 송군이 주둔하고 있었으며 송군은 재주성을 차지하고 완강하게 저항했다. 농민군은 재주성을 포위하고 80여 일을 공략했지만 끝내 재주성을 공략하지 못했다. 왕계은이 거느린 송군은 신속히 서천에 들어서는 한편, 병력을 나누어 재주를 지원하게 했다. 농민군은 크게 패했고 손실이 막대했다. 왕계은은 병력을 집중해 성도를 포위 공격했다. 이순은 농민군을 거느리고 성도성을 고수했다. 994년 5월 왕계은이 거느린 군대는 성도 공략에 성공했고 봉기자들을 참혹하게 진압했다. 3만 명의 농민군이 분전하였으나 모두 전사하고 말았다. 이순도 장렬한 희생했으며 대촉 농민군의 실패로 봉기는 막을 내렸다.

2. 농업의 발전과 상공업의 번영

997년 송태종이 병사했다. 이어 태자 조항(趙恒, 眞宗)이 즉위했다. 이때부터 1068년 신종(神宗)이 즉위하기 전 까지 송대는 진종(眞宗)(997~1022년 재위), 인종(仁宗, 진종의 아들 趙禎. 1023~1063년 재위), 영종(英宗, 복왕윤[濮王允]이 조서[趙曙]에게 자리를 내줌. 1064~1067년 재위) 세 황제가 통치했다. 송나라 건국 (960년)이래 100년 동안은 농업, 수공업, 상업이 모두 뚜렷한 발전을 했다.

(1) 농업의 발전

논밭의 개척 북송의 농민들은 자연조건의 제한을 극복하고 실정에 맞게 새로운 대책을 세웠다. 농민들은 산지, 강변, 해변을 개척해 논밭을 만들었으며 많은 새로운 것을 창조해냈다.

우전(圩田) 위전(圍田)이라고도 했다. 움푹 패인 논밭 주변을 둘러막고 담 외에다 물을 비축했다. 물이 없을 때는 수문을 열어 물을 관개했고, 홍수가 날 때는 수문을 닫아 홍수를 방지했다. 우전은 물 관리가 용이해 거의 매년 풍년을 거둘 수가 있었다.

산전(山田) 남방의 농민들은 산지와 구릉의 다른 경사도에 따라 계단식 논밭을 만들었다. 이를 산전 혹은 제전이라고 했다.

어전(淤田) 강물에 침식된 진흙을 결수법(決水法)으로 논밭에 끌어 들여 토질을 비옥하게 만들었는데, 이를 어전이라고 했다.

당과 5대 시기의 군대가 주둔한 곳을 진(鎭)이라고 했다. 송나라는 병권을 집중시켰으며 군벌이 더는 병진을 할거하지 않았다. 그러나 일부 교통이 편리하고 상업이 발달한 진은 상업교환지로 발전을 가져왔다. 송대는 여러 진에 장무(場務, 오대, 송대 때 소금과 철 상가를 전문적으로 관리하는 기구)를 두고 상업세를 거두도록 했다. 비교적 큰 진은 상세수입이 소도시를 능가했다.

상업조직 송대 때는 경도(京都)에서 주현(州縣)과 성진(城鎭)에 이르기까지 동일 업종 상업은 모두 '상회'를 구성했다. 상회에 가입한 상가들을 '행호(行戶)'라고 불렀다. 동경(東京)시에는 160여 개 상회가 있었고 행호는 6,400여 호에 달했다. 여러 상회마다 의상이 특색이 있어 거리에 나서면 그들이 어느 상회의 사람인 줄 알 수 있었다. 동일 업종의 상인들은 상회를 통해 해당 업종의 상업적 이익을 보호하고 독점했다.

화폐 상업의 발전은 화폐의 대량 유통을 필요로 했다. 북송은 매년 대량의 동전, 쇠돈을 만들었다. 그러나 상공업의 발전은 여전히 사회적 수요를 충족시킬 수 없었다. 북송은 통화부족 현상이 일어났으며 이런 상황은 오랫동안 해결되지 않았다.

진종(眞宗)시기 성도(成都)의 부유한 상인 16호가 사사로이 전권(錢券)을 만들었는데 이를 '교자(交子)'라고 했다. 이는 세계적으로 가장 이른 종이 지폐였다. 그 후 '교자' 점포의 거상들은 돈을 돌려쓰고, 현금을 유용해 교자는 현금으로 바꿀 수 없어 소송을 일으켰으며 이에 관부는 교자점포를 폐쇄시켰다. 그러나 현지인들은 이미 교자 사용에 습관이 되었다. 인종(仁宗) 때 익주(益州)에 교자무(交子務)를 설치하고 관부가 교자를 발행했다.

해외무역 송나라 건국 후, 항로를 이용해 대외무역을 펼쳤다. 북송과 해외 여러 국가의 무역 왕래는 일반적으로 두 가지 방식으로 나눌 수 있다. 하나는 '조공(朝貢)', '회사(回賜)'라는 이름으로 북송과 외국 공사가 정부차원에서의 교역을 진행했다. 이른바 '공(貢)'과 '사(賜)'로 들어 온 물품은 상업세를 면제받았다. 다른 한 방식은 대량의 민간무역 왕래로 이루어졌다. 북송은 주요한 항구에 시박사관할(市舶司管轄)을 설치했다.

971년 태종은 남한을 멸망시키고 광주에 시박사를 설치했다. 그 후 또 항주(杭州), 명주(明州)에 시박사를 설치하고 광주까지 포함해 '삼사(三司)'로 부르고 북송의 주요한 대외무역항으로 거듭나게 했다. 인종황우(仁宗皇祐) 시기, 시박의 수입은 53만관이었으며 영종치평(英宗治平)때는 63만 관으로 증가해 북송 재정수입의 중요한 항목이었다. 북송은 주요하게 자기, 잡색 백과 여러 가지 광산품을 수출했다. 수입품은 주로 귀족들이 사용하는 사치품으로 이른바 향료, 약재, 서각(犀角, 물소 뿔), 상아, 산호, 대모(玳瑁), 소목(蘇木) 등이었다.

(4) 대지주 대상인의 세력 발전

대지주 1013년 진종은 조서를 내려 조정 내외의 대신과 관료들이 관전(官田)을 사들이는 것을 금지했다. 그러나 민전(民田)을 사들이는 것은 금하지 않았다. 결국 지주가 토지를 겸병하는 바람이 날로 심해졌다《宋史·食貨志》. 이는 관리와 지주가 밭을 무한정으로 점하는 것이 당시의 심각한 문제로 떠올랐음을 말해준다. 지주가 토지를 넓혀가자 각 지방에는 대량의 밭을 소유한 대지주가 나타났고 그들은 이른바 호족대가였다. 그들은 잔혹하게 전농들을 착취했다. 소식(蘇軾)에 따르면 지주는 소작농을 모집해 농사를 지은 후 수확의 절반을 토지 임대료로 가져갔다. 이는 당시의 보편적인 착취 비율이었던 것으로 보아진다. 대지주들이 소작농에 대한 착취가 심해짐에 따라 최고 착취 비율이 80%에 달했다.

농민은 지주의 가혹한 착취로 도망을 가더라도 갈 곳이 없고 돌아 갈 집이 없었다. 왕우칭(王禹偁)은 시《감류망(感流亡)》에서 한 소작농 가정의 3대가 도망을 치는 상황을 그렸다. "백발이 성성한 노옹과 병든 노부인, 엉엉 우는 세 아이와 헐벗은 홀아비……객지에서 죽은 부인 타향에 묻으니 가난한 자는 고향을 그리워했다……"

대상인 대지주의 세력이 형성되는 동시에 송대에는 상업을 통해 부를 쌓는 대상인이 나타나기 시작했으며 강대한 사회세력으로 거듭났다. 재상에서 지방관리에 이르기까지 상업경영을 통해 이익을 꾀했다. 상업을 경영하는 관리와 대상인들은 서로 결탁했다. 대상인들도 조정 관리들을 등에 업고 자신의 이익을 보호했다. 대상인들은 관리의 보호를 받아야 상사를 독점할 수 있었고 조세를 좌우할 수 있었다. 대상인 세력은 끊임없이 송나라의 소금, 차잎, 반(礬) 등의 전매업을 충격에 빠뜨리는 결과를 조장했다.

3. 통치의 부패

송진종, 인종, 영종 황제가 통치하던 60여 년은 송나라의 중앙집권 통치가 공고해진 후 사회경제가 발전하던 시기이다. 또 통치그룹이 날로 부패해지고 쇠약해지던 시기이기도하다.

(1) 유학의 제창과 통치의 부패

유교와 불교, 도교를 제창하다 송나라 건국 얼마 뒤, 공자 44대손 공의(孔宜)가 진사에 급제하지 못하자 송태조에게 글을 올렸다. 공자의 후대이오니 벼슬자리를 하사해줄 것을 요구했다. 태조는 그에게 곡부현(曲阜縣)의 주부(主簿, 문서관리를 보좌하는 관리) 자리를 주었다. 태종 때는 그에게 문선공(文宣公)을 봉하고 주세종(周世宗) 때 폐지했던 면세권리를 회복시켜 주었다. 진종(眞宗) 즉위 후 공의의 아들 공연세(孔延世)가 문선공을 이어 받고(인조[仁宗] 때 연사의 아들 종원[宗願]은 연선공[衍聖公]으로 바뀌었다) 곡부현령을 지내며 현의 우두머리가 되었다. 1008년 진종은 태산에서 제사를 지낸 후 친히 곡부 공묘를 찾아 예를 행했다. 공 씨 가족에게 큰 상을 내리고 공자학에 대한 존경심을 표했다. 진종은 또 국자감제주(國子監祭酒, 학장[學長]) 형병(邢昺) 등에게 《주례(周禮)》, 《의례(儀禮)》등의 '정의(正義, 주석)'를 교정하고 《구경소의(九經疎義)》를 완성해 대량 인쇄발행 할 것을 명했다. 태종 때 과거를 통해 관리를 선발하는 한편 행률(行律)시험을 봤다. 진종이 자리에 오른 후 하양절도판관(河陽節度判官) 장지백(張知白)은 '정유술(正儒術, 유가 학술을 치켜세우다)'을 제안하고 유가경전에 따라 시험을 볼 것을 명확히 규정했다. 유학에 어긋나는 도서는 채용하지 않을 것을 요구했다. 장지백의 숭유(崇儒) 제안은 진종의 허락을 받았다. 시험은 유학을 바탕으로 함으로써 유학이 정치를 통제하는데 편리함을 제공했다.

송태조는 통일 후 남방지역 지주계급의 지지를 얻기 위해 불교보호 정책을 실시했다. 태종 때는 불교가 정치에 유익하다며 오대산, 아미산, 천대산 등에 절을 짓고 개봉(開封)에 역경원(譯經院)을 두었으며 불경을 번역하도록 했다. 송나라 건국 시기 각지의 승도는 6만8천 명에 불과했지만 태종 때는 24만 명으로 늘었다. 진종은 절과 역경원 설립을 멈추지 않았으며 직접 불경을 주해하기도 했다. 전국의 승도는 40만 명 가까이로 늘었으며 비구니는 6만여 명에 달해 송나라에서 승도가 가장 많은 시기로서 불학의 전성기를 이루었다.

송태조 시기 도사들은 송태조에게 "무위무욕(無爲無慾, 세상 물욕을 가지지 말 것)"을 상소했다. 비록 태조는 이를 받아드리지 않았으나, 태종은 화산도사 진단(陳搏)을 불러들여 봉호를 하사하고 동경, 소주 등지에 도교 사관을 지었다. 도교는 차츰 조정의 지지를 받았다. 진종은 도교의 열광적인 광신자였다. 그는 재위 기간 전국 여러 지역에 대대적으로 도교 사원을 지었다. 진종과 유신들의 지지를 받아 유학에 불교와 도교를 합친 사상통치가 수립됐다.

요, 하와의 타협 송태종은 요나라 공략에 마음이 급했다. 두 차례의 큰 실패를 거친 후에는 방어 태세를 취했다. 요는 송에 대해 공세를 취하기 시작했다. 송진종 시기 요나라는 성종의 통치를 받으며 봉건제도의 통치를 확립함으로써 국력이 강성하는 시기를 맞았다. 1004년 윤 9월, 요의 승천후(承天后)와 성종이 군대를 거느리고 남하했다. 20만 군대를 거느리고 보주(保州), 정주(定州)를 거쳐 단주(澶州)로 직진했으며 동경을 위협했다. 진종은 신임 재상 구준(寇準)의 재촉에 하는 수 없이 군을 거느리고 단주로 전진했다.

요군은 10월 정주에서 출발해 영주(瀛州) 성 아래에 도착했다. 성을 공략하지 못하자 길을 돌려 천웅군(天雄軍)을 공격하고 나아가 단주를 포위했다. 11월 요군을 통솔하는 소달름(蕭撻凜)이 먼저 성을 공격했으나 송나라 장군 장괴(張瓌)가 쏜 화살에 맞아 사망했다. 요군은 패배하고 후퇴했다. 11월말 진종은 단주 북성에 도착해 송군의 사기를 북돋아주었다. 그러나 진종은 화합을 원하며 조이용(曹利用)을 요나라 병영에 파견해 요에 은과 비단을 넘길 것을 알리도록 했다. 조이용은 출사 전 은과 비단을 얼마 보낼 것인지 진종에게 물었다. 이에 진종은 상황이 이러하니 백만 냥도 괜찮다고 알렸다. 구준은 조이용을 불러 진종이 백만 냥까지 허락했지만 30만 냥을 넘거든 조이용의 머리를 자를 것이라고 어름장을 놓았다. 조이용이 담판을 마친 후 내시는 300만 냥이라고 잘못 전달했고 진종은 크게 놀랐지만 일이 해결되었으니 괜찮다고 했다. 조이용이 궁중으로 들어가 30만 냥의 은과 비단을 보내기로 했다고 아뢰었다. 진종은 크게 기뻐하며 조이용에게 상금을 후하게 내렸다. 은과 비단을 받은 요나라 군대는 돌아갔다. 송나라는 굴욕적인 타협을 통해 적군을 잠시 후퇴시켰다. 역사에서는 이를 '전연지맹(단연지맹)'이라고 한다.

송태종 시기 하주 일대를 차지하고 있던 당항족(當項族) 수령 이계천(李繼遷)이 요나라로부터 봉호를 받고 하나라 국왕이 되었다. 988년 송나라는 이계천에 조보길(趙保吉)이라는 이름을 하사하고 은주(銀州) 관찰사(觀察使)를 수여했다. 이계천은 여전히 송에 전쟁을 걸었다. 1004년 이계천이 서량부(西涼府)를 함락했다. 이계천이 작전 중 화살에 맞아 사망하자 그의 아들 덕명(德明)이 자리를 이어 받았다. 덕명의 아들 원호(元昊)가 감(甘), 양(涼) 두 개 주를 점령했다. 1006년 송나라는 덕명에 정난군절도사(定難軍節度使), 서평왕(西平王)을 수여하고 매년 은 1만 냥, 비단 1만 필, 전 2만 관을 보냈다. 송나라는 요를 대하는 것과 비슷한 방법으로 하 왕조와의 타협을 이끌어냈다. 1038년 원호(元昊)가 흥주(興州)에 수도를 세우고 국가제도를 건립했으며 국호를 대하(大夏, 西夏)라 칭한 후 다시 송을 정복하기 시작했다. 송군은 매번 전패했다. 1044년 10월 송나라와 하나라는 협상을 했다. 송나라는 원호를 하나라의 왕으로 책봉하고 하나라는 명분상 여전히 송나라의 신하가 되기로 했다. 송은 매년 하에 비단 13만 필과 은 5만 냥, 차잎 2만 근을 하사하기로 했다. 이밖에 여러 명절과 송인종, 원호의 생일에 은 2만 냥과 은기 2천 냥, 비단, 명주, 의상 등 2만3천 필과 차잎 만 근을 보내기로 했다. 송과 하는 여전히 무역 왕래를 했다. 송나라는 은과 비단을 늘리는 방법으로 하와 타협을 이루고 서북지역의 안정을 바꾸었다.

부패 통치 송태조 시기 금군을 선정해 정예부대로 훈련시켰다. 이때 전국 금군은 19만3천명에 달했다. 인종 시기 서하 정벌에 나서며 여러 군현에서 군대를 모집해 금군을 확충했다. 금군은 82만6천명으로 급증했으며 전국적으로 군대가 125만9천에 달해 전에 없이 방대했다. 송나라가 군사를 양성하는데 드는 비용은 조세수입의 70~80%에 달했다. 송나라는 병력이 많았지만 전투력은 강하지 못했으며 장수들은 많은 권력적 제한을 받았다. 서북 변경지역을 지키는 장수는 1년에 3~5명씩 교체했다. "장병이 장수가 누구인지 모르고 장수 또한 병사를 알 수 없었다"고 했다. 이런 현상은 장병들의 평소 훈련 결핍을 불러왔고 작전 때는 "상하급 소통이 윤활하지 못해 지시와 명령이 매끈하게 전달되지 않았다". 송나라 군사제도의 약점은 하나라와의 작전 중에서 남김없이 드러났다.

송나라 통일 후 구관에 신관까지 더해 방대한 관료기구를 형성했다. 진종 이후 관원이 끊임없이 늘어나 기구는 더욱 방대해졌다. 당시 일부 사람들은 "자고로 탐관오리가 이토록 많은 적이 없었다"고 한탄했다. 송나라는 3년에 한번 시험을 보는 제도를 두었다. 관리들은 임기 내에 착오를 범하지 않으면 승진할 수 있었다. 관리들은 업적을 세울 생각은 없고 착오를 범하지 않고 구설수에 오르지 않음으로써 승진에 영향 받지 않는 것을 목표로 했다. 여러 급의 관리들은 모두 적당히 얼버무리며 자리를 지키고 승진하기만을 기다렸다. 송나라 정부는 부패한 관료 기풍과 무기력함에 휩싸였다.

황실의 지나친 사치 풍조와 조정의 지나치게 많은 불필요한 관리와 병력으로 송나라의 소비는 매년 늘어났다. 송태조는 측근에게 "전사(戰事)와 기근을 미리 대비해야 한다. 일이 터진 후에야 민간으로부터 거두어들이기엔 너무 늦다"고 말했다. 국고 좌장고(左藏庫) 외에도 내고(內庫)인 봉장고(封桩庫)를 설치하고 매년 쓰고 남은 부분을 이곳에 저축하고 봉쇄했다. 그러나 진종, 인종 시기 소비가 대폭 늘면서 잔고가 없었을 뿐만 아니라 오히려 매년 모자라 "백년 모은 것이 텅 빈 장부만 남게 되었다"는 지경에 이르게 되었다. 송나라의 재정은 날로 위기에 빠졌다.

(2) 위기 모면을 주창하다

진종이 통치한 이래 조정은 송나라의 위기를 모면할 여러 가지 방법을 토론했다. 인종이 친정하는 시기에는 이런 토론이 더욱 활발했다. 범중엄(范仲淹)은 관료기구의 정돈을 강조했고, 사마광(司馬光), 문언박(文彦博) 등은 재정을 절약하고 관군 축소를 주장했다. 왕안석(王安石)의 변법사상은 더욱 급진적이었다. 왕안석은 강서 임천(江西臨川) 사람이었다. 1042년 (인종 경력2년) 22세 때 진사에 급제하고 장기간 지방에서 관리로 지내다가, 1058년 조정의 조회에 참여했다. 그는 인종에게 만언서를 올리고 자신의 개혁안을 제기했다. 법을 강화해 관리의 품행과 치적을 정돈하고, 재정에 대한 관리를 개선해 국비를 증가시킬 것을 주장했다. 그러나 개혁의 방향은 대지주, 대상인 등의 이익을 건드리게 되어 만언서는 왕안석 변법의 사상적 기초를 닦은 것이었지만 인종은 이를 채택하지 않았다.

4. 변법파와 보수파의 투쟁

(1) 왕안석의 변법

1067년 송영종이 병사하자 그의 아들 조욱(趙頊)이 뒤를 잇고(신종[神宗]) 왕안석을 지강녕부(知江寧府)로 임명했다. 1068년 4월 왕안석은 개봉에 도착해 한림학사 자리를 명받았다. 1069년(熙寧2년)2월 신종은 왕안석을 참지정사(參知政事)로 기용하고 변법을 시작했다. 왕안석은 변법을 주도하는 새로운 기구 "제치삼사조례사(制置三司條例司)"를 설립했다. 황제의 특명으로 설치한 삼사(호부, 도지, 염철)조례를 제정하는 전문기구였다. 여혜경(呂惠卿), 소철(蘇轍) 등이 제치삼사조례사의 '검상문자(檢詳文字)'관에 임명되었으며 신법의 초안 작성에 참여했다. 1년 사이 선후로 균수(均輸), 청묘(靑苗) 두 가지 신법을 제정했다. '균수법'은 발운사관(發運使官)을 설립해 회(淮), 절(浙), 강(江), 호(湖) 등 동남 6곳의 조세수입을 총괄하도록 하고 해당지역의 재정과 세금 상황에 대해 알 권리를 부여했다. 적매(籴買), 세렴(稅斂), 공물 등 모든 것은 "싼 곳에서 물품을 사고, 현지의 풍부한 물산으로 먼 곳에 있는 부족한 물품을 바꿔 오도록 했다(徙贵就贱, 用近易远)". '청묘법'은 각지의 상평창(常平倉), 광혜창(廣惠倉)에 있는 약 15만 이상의 관, 석의 양식을 쌀값이 비쌀 때 시장가 보다 약간 낮은 가격으로 판매하고 쌀값이 쌀 때는 시장보다 약간 높은 가격으로 사들이게 했다. 그리고 여름과 가을 곡식이 여물기 전 백성들에게 대출해 주고, 대출금은 쌀값으로 환산해 수확을 거둔 뒤 2할의 이자를 붙여 현물 혹은 돈으로 갚는다. 매년 여름과 가을 두 차례로 나누어 세금과 함께 반납하도록 했다. '청묘법'은 조정이 당시 일반 수준의 이율로 고리대를 놓는 것이었다. 그러나 이는 고리대로 이익을 얻는 대지주들의 이익에 피해를 줬기에 보수파 관료들은 '균수법' 보다 '청묘법'을 더 반대했다.

보수파들의 공격으로 왕안석은 한 때 자리에서 물러났다. 이 틈에 사마광이 치고 들어왔다. 그러나 며칠 뒤 신종이 다시 왕안석을 불러 집권하도록 하고 신법을 더욱 강하게 추진시켰다. 1070년 3월 신종은 왕안석에게 "3가지 부족설을 들어봤는가?"를 물었고 왕안석은 "듣지 못했다"고 답했다. 이어 신종은 "외부 사람들이 말하기를 하늘의 변화도 두려워 할 것 없고, 신종(神宗)의 신법도 따라 할 필요가 없으며, 사람들이 의논하는 것도 걱정 할 필요 없다"는 말이 돌고 있다고 말했다. 이에 왕안석은 "사람들이 의논하는 것을 두려워 할 것 없다는 것은 잘못되지 않았다. 신종의 법을 꼭 따라해야 할 필요도 없다는 것 역시 틀리지 않는다"고 반박했다. 3부족설은 왕안석 변법의 사상과 패기를 귀납해 준 것이었다.

1070년 12월 왕안석과 한강(韓絳)이 동중서문하평장사(同中書門下平章事)로 임명 받았다. 원 조례사(條例司)는 이미 5월에 중서로 귀속시키고 사농사(司農寺)가 조례를 제정하도록 했다. 그 후 왕안석은 실질적 재상으로서 정부의 대권을 장악했다. 변법을 반대하는 사마광은 관직을 사퇴하고 낙양으로 돌아갔다. 왕안석은 증포(曾布), 장돈(章惇), 여가문(呂嘉問), 심괄(沈括)등 신인을 연이어 임용했다. 1070년부터 1074년 사이 일련의 신법을 연이어 시행했다.

(1) **면역법(免役法)** 과거 관청의 각종 잡일에 차출되어 일하던 민호들에게 더 이상 역을 부담시키지 않고 돈으로 대신하게 했으며 관청은 인부를 고용해 노역을 시켰다. 각로(路), 주(州), 현(縣)은 현지 아전의 임무 번잡 여부에 따라 자체적으로 정액을 정하고 비용을 대주었다. 기존에 노역을 부담하지 않던 관호(官戶), 여호(女戶), 사관(寺觀), 미성정(未成丁) 등에도 요역에 따른 돈을 징수했다. 이를 '조역전(助役錢)'이라고 했다. (2) **시역법(市易法)** 시장 상황에 따라 시역무가 가격을 정한 후 상인들로부터 물품을 구입 혹은 판매한다. 상인들은 산업을 담보로 시역무로부터 대출을 받을 수 있으며 2전의 연리가 붙는다. 상인이 시역무로부터 물품을 외상으로 구입할 때도 2전의 연리를 지불했다. 두 가지 방법은 모두 과거 대상인들의 투기활동이었다. 시역법을 통해 이 두 가지 이익이 대상인들의 손에서 조정으로 넘어왔다. (3) **방전균세조약(方田均稅條約)** 매년 9월 지방관이 토지를 측량하는데 동서남북 각 1천보를 '방(方)'이라 했다. 토지의 비옥도에 따라 등급을 나누고 세를 부과했다. 측량을 통해 대량의 누락된 전답이 발견되었으며 송나라의 세금 수입은 대폭 증가됐다. 왕안석은 '부국(富國)법'을 실행하는 동시에 '강병법'도 추진시켰다. (1)병력을 줄이고 병영을 합병했다. 50세 이상의 노약군인을 감축하고 금군 군영의 인원수를 확정했다. 한편 여러 지방의 마보영(馬步營. 기병병영과 보병병영)을 합병했다. 잡역을 담당하던 각지의 상병(廂兵) 역시 금군과 같은 방법으로 군축했다. 전국의 금군, 상병은 군축 후 총 80만 명 미만으로서 영종 때보다 36만 병력이 줄었다. 약 3분의 2를 줄였다. (2) 치장연병(置將練兵). 조서를 내려 각지에 설치한 장관

도(將官都)는 직접 군정을 다스리고 주와 현은 간섭을 하지 못한다고 했다. 이밖에 보갑법(保甲法)이 있었다. 보갑법은 농촌의 민호 10호를 1보(保)로 하고 50호는 1대보(大保)로 하며 10대보를 1도보(都保)로 정했다. 주호(主戶) 중 최고의 물력을 갖춘 자와 이른바 '재간과 심략을 가진 자'가 보장(保長), 대보장(大保長)과 도부보정(都副保正)을 맡았다. 매 대보에서는 밤마다 다섯 명을 파견해 윤번제로 순찰을 하도록 하고 '도적'을 만날 경우 대보장에 보고하고 추적하여 붙잡도록 했다. 보 내에 발생한 '절도, 살인, 모살, 방화 "등 사건을 알고도 보고하지 않으면 연좌죄를 물었다.

왕안석은 또 과거와 교육 개혁에도 착수했다. 송나라의 과거제도는 진사과목이 위주였다. 시부(詩賦)를 시험보고 운율과 대구(對偶)로 우열을 가렸는데 완전히 문자형식을 주로 했다. 명경(明經) 과목은 임의의 경에 나오는 글의 한 구절을 알려 준 뒤 뒷 구절을 적어 내도록하는 식으로 출제했다. 혹은 경서의 한 마디를 제시한 뒤 주석을 달 것을 요구했다. 1071년 2월 중서성이 과거제도 개혁을 반포했다. 명경과목을 폐지하고 시부(試賦)와 첩경(貼經), 묵의(墨義) 시험을 폐지하며 경서의 '대의(大義)'와 전시책(殿詩策, 시사평론)을 위주로 하여 시험 봤다. 동시에 태학을 정돈하고 경사(京師)에 무학(武學), 율학(律學), 의학(醫學)을 두었다. 경의국(經義局)을 설치하고 《시의(詩義)》, 《서의(書義)》, 《주례의(周禮義)》를 작성해 학관에 하달하고 유가경전을 바탕으로 변법혁신사상을 선전했다.

왕안석 변법은 대지주, 대상인 나아가 황족, 후족(后族)과 주변의 환관에 타격을 주었다. 이들은 힘을 합쳐 신법당을 공격했다. 신종이 흔들리기 시작했고 변법파 내부에서도 분열이 생겼다. 곤경에 빠진 왕안석은 더 이상 집권을 할 수 없어 신종에 글을 올리고 떠나게 해줄 것을 요구했다. 신종은 조서를 내려 왕안석이 강녕(江寧)지부를 그만두고 휴식을 취하라고 했다. 신법당들은 크게 좌절했다. 얼마 뒤 왕안석은 재차 재상으로 임명받지만 변법은 여전히 추진하기 어려웠다. 이밖에 구법당들의 공공연한 중상과 암암리에 행한 모략으로 내부 분열은 더욱 심각했다. 신종은 더욱 흔들렸고 왕안석은 이미 정국을 되돌릴 힘이 없었다. 1076년 봄 왕안석은 다시 글을 올려 재상의 자리를 물러나 귀농할 것을 요구했고 다시 강녕지부를 맡았다. 그 후 왕안석은 더는 조정으로 돌아오지 못했으며 1086년 4월 울화병으로 사망했다. 왕안석이 재상 자리를 떠나 있던 10년 사이 신종은 더는 재정관리에 도움이 되는 신법은 추진하지 않고 관료제도와 군사병력을 강화하는 보갑(保甲)개혁에만 신경 썼다.

(2) 신법당과 구법당 간의 지속적인 투쟁

1085년 3월 신종이 병사하자 10세의 조후(趙煦)가 황위(哲宗)에 올랐다. 태황태후인 영종의 황후 고 씨가 군국대사를 처리했다. 고 태후는 집권 후 사마광을 문하사랑(門下侍郎)으로 두었다. 이듬해 좌재상(左宰相)인 상서좌부사(尙書左仆射)로 승진했다. 구법당 관리들이 연이어 임용되었고 그들은 고 태후의 지지를 받아 신법당들을 상대로 전면적인 역습을 펼쳤다. 1년 사이 왕안석이 시행하던 신법은 거의 폐지되었다. 1086년 9월 사마광이 병사하자 후임으로 문언박(文彥博)이 좌상 자리에 올랐다. 구법당은 득세 후 여러 작은 그룹으로 분화되었다. 그들은 서로 결탁해 사리를 채웠고 또 서로 공격하며 진흙탕 싸움을 벌였다.

1093년 9월 고 태후가 병사했다. 그해 10월 19세의 철종이 친정을 시작했다. 철종은 장돈(章惇), 여혜경(呂惠卿), 리청신(李淸臣) 등을 호출해 집권을 하도록 하고 조서를 내려 원우(元祐)9년(1094년)을 소성원년으로 고침으로써 신종의 뜻을 이어갈 것을 결심했다. 이어 장돈을 수상(首相, 상서좌부사 겸 문하사랑)으로 발탁했다. 장돈을 수상으로 채변(蔡卞), 채경(蔡京), 임희(林希), 황이(黃履), 래지소(來之邵)등이 모두 조정에 호출돼 요직을 담당했다. 여혜경은 지대명부(知大名府)에서 다시 지연안부비서하(知延安府備西夏)로 발령 받았다. 신법당들은 철종의 지지를 받아 재차 정권을 장악하기 시작했으며 구법당 관료들에 대한 역습을 펼치고 차츰 신법을 회복했다. 1094년 신종 때의 조례에 따라 면역법을 회복시키고 면역관잉전(免役寬剩錢, 면역전(免役錢), 조역전(助役錢) 외에 추가로 거두어들인 돈을 말함)은 1할(신종 때는 2할)을 넘지 못하도록 변경했다. 동시에 구제도에 따라 보갑법을 재 실시했다. 그 후 몇 년 안에 또 청묘법을 회복시키고 시역무(市易務)를 설치했다. 신법당이 재기했지만 대지주, 대상인들에 타격을 주는 방향으로 나가지 못했다. 다시 회복된 면역법은 100관 이상의 면역전을 내는 토호, 지주, 대호들은 100관에 3할을 감면해 주었다. 이런 변화는 대지주에게 유리했다. 철종의 통치는 전후로 6년에 불과했다. 그 사이 신법당 내에는 재차 분열이 생겼다. 증포는 동지추밀원사(同知樞密院事)에 임명된 후 여혜경이 조정에 남아서는 안 된다고 그를 공격했다. 이런 이유로 여혜경은 줄곧 외관(外官)을 담당해왔다. 증포는 또 "소인배를 등용하고 날로 세도를 부린다"며 장돈을 공격했다. 신법당이 재기했지만 기존에 세력이 박약하고 내부

분열까지 더해 세력이 더욱 약화됐다.

원부(元符) 3년(1100년) 정월 철종이 사망했다. 철종은 슬하에 아들이 없어 동생 단왕 길(端王佶, 徽宗)이 즉위했다. 황태후인 신종의 황후 향 씨가 군국사를 맡았다. 고 태후 와 마찬가지로 향 태후 역시 신법을 반대했다. 향 태후가 집권 후, 신법당은 다시 한 번 타격을 받았다. 장돈을 수반으로 하는 신법당은 조정에서 거의 해임됐다.

(3) 휘종시기 채경(蔡京)의 부패 통치

얼마 뒤 향 태후가 병으로 사망했다. 휘종은 채경을 재상으로 발탁했다. 채경은 과 거 신법당을 추종했지만 사실상 그는 개인적 이익만 꾀하는 투기꾼이었다. 휘종 통치 20 여 년간 채경은 휘종의 총애를 받던 환관 동관(童貫) 등과 군정대권을 장악하고 자신들 의 의견과 맞지 않는 상대는 모두 배척했는데 타격을 가한 범위와 연좌의 범위가 극히 광범했다. 휘종과 채경은 대사 때는 존공(尊孔) 행사를 가졌다. 인종 시기 공자의 후예 를 연성공(衍聖公)으로 봉했다. 철종 때는 봉성공(奉聖公)으로 봉하고 관직을 맡지 못하 도록 했다. 휘종은 또 연성공을 봉하는 제도를 회복하고 대대로 세습하도록 했다. 왕제 로써 공자의 제사를 지내고 대성전을 건설하며 연성공을 봉하는 등의 제도는 송대 이후 역대로 내려오며 이어졌다. 송휘종이 창시인이었다. 송휘종은 또 공자상에 12류왕면을 사용하도록 규정하고 '진규(鎭圭)'를 잡도록 해 공자의 신분을 제왕 급으로 올렸다. 채경 은 집권 시 멋대로 재물을 약탈했다. 그는 한 때 각차법을 부활하고 사사로이 차를 판매 하는 것을 불허했으며 정부가 관리하는 전문매장을 설치했다. 그 뒤 정부가 개입하지 않 고 상인들이 차농들로부터 차를 구입해 관부가 세금을 징수한 뒤 '차인(茶引)'을 떼 주는 식으로 바뀌었다. 조정이 1년에 거두어들이는 차잎 세금 수입은 4백 여 만관(인종 때는 33만여 관)으로 늘었다. 해마다 1백 만관을 황제의 '어용'으로 바쳤다. 1102년 항주(杭 州)에 명금국(明金局)을 설치하고 동관이 주관하도록 했다. 매일 수천 명의 장인을 요역 으로 썼으며 황실이 사용하는 아각금옥죽등직수(牙角金玉竹藤織繡)등 여러 가지 사치품 을 만들었다. 필요한 재료는 모두 현지의 민간인으로부터 거두어들였다. 또 소항(蘇杭) 에 응봉국(應奉局)을 설치했다. 채경은 주면(朱勔)에게 관리를 맡기고 여러 가지 돌과 화 초를 경사로 운송해 휘종이 즐기도록 했다. 주면 등은 권세를 이용해 도처에서 횡포를 부렸다. 마음 드는 돌과 나무를 발견하면 민가의 허락도 없이 병사를 파견해 빼앗아 갔으며 심지어는 담장과 집을 허물어서라도 가져갔다. 약탈해 온 돌과 화초는 대량의 선박을 이용해 운송했는데 이를 '화석강(花石綱)'이라고 했다. 일부 선박은 수천 명의 역부를 동원했다. 돌 하나에 드는 비용은 최고 30만 관에 달했다. 휘종과 채경은 백성들의 재물을 멋대로 수탈하는 동시에 마음껏 사치를 부리고 낭비했다. 응봉사(應奉司), 어전생활소(御前生活所), 영선소(營繕所) 등을 설치해 황실의 소비와 향락을 위해 봉사하도록 했다. 신종 원풍년간에는 조정의 좌장고(左藏庫)가 매월 36만 관을 지불했지만 휘종 때는 120만관으로 늘어났다. 휘종은 서법과 그림, 음악, 무용에 능해 매일 궁중에서 가무를 즐겼다. 매년 여러 가지 명절이면 백관이 모여 술상을 차렸고 갖가지 악무와 희극, 잡극 공연을 펼쳤다. 채경의 생일에는 전국 각지의 관부가 선물을 보냈는데 이를 '생신강(生辰綱)'이라고 불렀다. 휘종 때는 자주 대신들에게 자택을 하사했다. 웅려한 자택 한 채의 비용은 백 만관에 달했다. 채경의 아들 채유(蔡攸)는 휘종에게 "군주가 되어 온 천하의 백성을 내 가족으로 생각하고 세상의 평화를 지키는 것을 낙으로 삼아야 한다. 인생이 얼마나 길다고 나 혼자만 잘 살자고 힘들게 일하려 하는가?(所謂人主, 當以四海爲家, 太平娛樂. 歲月幾何, 豈能徒自勞苦!)"했다. 이를 들은 휘종이 크게 동감했다고 한다. 동관 역시 채경과 마찬가지로 탐오와 사치가 심했다. 집에는 금전과 주옥이 산더미처럼 많았는데 사저에 쌓아 놓은 것이 관부의 창고를 초과했다고 한다. 민간에는 "대통을 부수고 채를 뿌리니(打破筒[童과 같은 음], 潑了菜[蔡와 같은 음] 세상이 좋아졌다"라는 가요가 떠돌았다고 한다. 이는 통치그룹에 대한 백성들의 깊은 원한을 잘 대변해 주고 있다.

5. 방납(方臘) 등이 이끈 농민전쟁

(1) 방납(方臘)이 이끈 농민전쟁

1120년(선화2년) 10월 목주(睦州) 청계현(靑溪縣)에 방납이 이끄는 농민전쟁이 일어났다. 방납(방십삼)의 원적은 흡주(歙州)이며 후에 목주 청계만년향으로 옮겨 지주 방유상(方有常) 집에서 더부살이로 살았다. 편벽하고 가난한 이곳의 주민들은 불안에 떨었고 가중한 압박과 착취를 받고 있었다. 방납의 집과 250미터 떨어진 산골짜기에 방원동(帮源峒)이 있었다. 방원동은 깊이와 너비가 약 40여 리에 달해 방납과 이 지역의 빈곤한 농민들이 자주 이곳에서 모임을 가졌다. 방납은 방원동을 거점으로 봉기를 일으킬 것을 호소했다. 방납은 "최근 몇 년 동안 화석(花石)으로 인한 소란으로 생활이 말이 아니다. 여러 분이 정의를 좇아 봉기를 일으킨다면 동서남북에서 기필코 호응해 줄 것이다"고 말했다. 봉기를 시작하자 청계현 원근의 농민들이 적극적으로 호응해 10일 사이 1만 명에 가까운 농민들이 봉기에 합세했다. 11월 초 방납이 봉기군을 결성하고 정권을 수립한 후 '성공(聖公)'을 자처했다. 방납은 연호를 영낙(永樂)으로 하고 장수를 6등급으로 나누었으며 봉기군은 빨간 두건 등 여러 가지 색상의 두건을 두르는 것으로 구분했다. 12월 방납은 봉기군을 이끌고 항주를 공략하며 사면팔방에서 공격해 들어갔다. 봉기군의 대오는 백만 명에 가까운 대군으로 거듭났으며 그 세력은 전 동남지역을 뒤흔들었다.

휘종, 동관 등은 소항조작국(蘇杭造作局)을 취소하고 화석강(花石綱)을 중단할 것을 명령하는 한편 주면(朱勔) 부자와 형제들의 관직을 해임시킴으로써 백성들의 투지를 무마시키려했다. 한편으로는 동관이 직접 군대를 끌고 봉기 진압에 나섰다. 봉기군은 농촌에 든든한 발판을 만들어 놓은 것이 아니라 주, 현 도시를 탈취하는 것이 작전 목표였다. 그렇기 때문에 송나라의 반격에 충분히 대비하지를 못했다. 1123년(宣和3년) 2월 동관의 부하장령인 왕품(王稟)이 항주를 공략했다. 형세는 급격한 변화를 가져왔다. 방납이 인솔하는 농민군의 주력은 방원동으로 돌아가 거점을 수비했다. 송군은 통로를 알 수 없어 오래도록 공격을 가했지만 함락시키지 못했다. 방납은 봉기 초기 지주 방유상 일가를 살해했을 때 방경(方庚)은 담을 넘어 도망쳤다. 이때 방경이 나서서 관군에게 길을 안내했다. 송군은 오솔길로 방원동 내에 진입해 방납과 그의 아내 소 씨, 아들 호(毫, 둘째 태자), 방비(方肥, 농민군 승상) 등 30여 명을 생포했다. 방납 등은 개봉으로 압송되어 같은 해 8월 희생되었다. 방원동을 수비하던 농민군은 끝까지 저항했으며 7만 명이 장렬하게 희생했다.

(2) 양산박(梁山泊)의 농민봉기

　　방납이 양절(兩浙)일대의 농민들을 이끌고 혁명을 일으키던 시각 경동지역에서도 유명한 양산박농민봉기가 발발했다.

　　운주(鄆州) 수장현(壽張縣)에 자리한 양산박은 현에서 남쪽으로 35리 떨어진 곳에 양산(梁山)이 있다. 박(泊)은 양산의 남쪽에 있으며 둘레가 수 백리에 달했다. 《송사·보종맹전(宋史·蒲宗孟傳)》에는 "운(주)의 양산박에 강도떼가 많다"고 기재되어 있다. 이곳에는 산과 늪이 막아주고 있어 봉기를 일으키는 농민들의 훌륭한 거점이 되었다. 대략 선화(宣和) 초기, 암흑 통치에 맞서려는 운주 등지의 농민들이 송강(宋江) 등 36명을 수반으로 무장봉기를 일으켰다. 《황송십조강요(皇宋十朝綱要)》에는 선화 원년(1119년) 12월 송휘종이 조서를 내려 '경동적(京東賊)' 송강을 잡을 것을 명령했다가 얼마 뒤 다시 "달래어 복종시킬 것"을 지시했다. 이는 송강이 인솔하는 봉기군이 송나라의 통치에 심각한 타격을 주고 조정을 뒤흔들었다는 점을 엿 볼 수 있다. 이듬해 봉기군은 동경의 서쪽에서 동쪽으로 쳐들어갔다. 호주(亳州)지부 후몽(候蒙)은 하삭(河朔) 경동에서 봉기군이 횡행하고 있으며 수만 명의 관군도 감히 저항하지 못하고 있다는 상서를 올렸다.

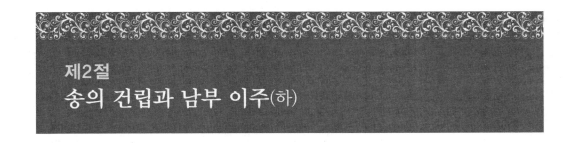

1. 송의 남부 이주와 민중의 금(金)에 대한 투쟁

(1) 금의 남침과 북송의 멸망

요와의 전쟁과 금군의 남침 1115년 여진의 노예주 수령 아구다(금태조)가 금나라를 세운 뒤 요나라를 공격하기 시작했고 요나라 군대는 연이어 전패했다. 휘종과 채경, 동관은 금나라와 손잡고 요나라를 멸망시킬 것을 꾀하고 기회를 타 연운(燕云)을 수복하려 했다. 1120년 송나라와 금나라는 금나라 군대가 요나라의 중경대정부(遼中京大定府, 요녕소오달맹우성현[遼寧昭烏達盟寧城縣] 경내)를 함락시키고 송나라 군대는 연경석진부(燕京析津府)를 함락했다. 휘종과 신하들은 금나라에 의지하기만하고 기회를 엿봐 이익만 챙길 생각에 작전에 적극적으로 나서지 않았다. 1122년 금병이 요의 중경(中京), 서경(西京, 山西大同)을 함락했다. 요나라의 천조제(天祚帝)는 협산(夾山)으로 도망갔다. 휘종은 동관을 통수로, 채유(蔡攸)를 부통수로 임명하고 군사를 거느리고 요나라를 정벌하도록 했다. 송나라 군대는 크게 패배했다. 동관은 전패 책임을 회피하기 위해 금나라 병영에 몰래 사자를 보내 금군이 연경(燕京)을 공격하도록 했다. 12월 금태조는 친히 군대를 거느리고 연경을 일거에 공략했다. 금태조는 송나라가 군대를 파견해 협공에 나서지 않은 것을 비난했다. 송나라는 매년 요나라에 바치던 세폐 40만 외에 100만 관을 더 얹어 금에 바칠 것을 약속해서야 겨우 텅빈 연경성을 돌려받을 수 있었다.

1123년 금태조가 병사하자 그의 동생 오걸매(吳乞買, 完顔晟, 금태종)가 즉위했다.

1125년 천조가 응주(應州)에서 금나라 군에 잡혔다. 금태종은 요나라를 멸망시킨 후 송나라를 공략하기 시작했다. 11월 금나라 군은 남하를 시작하고 파죽지세로 동경을 향해 진군했다. 휘종은 아연실색 하며 어쩔 줄을 몰라했다. 12월 태자항(太子恒, 欽宗)이 즉위하고 연호를 정강(靖康)으로 바꾸었다. 휘종은 퇴위 후 자신을 교주도군(敎主道君) 황제라 부르며 '태상황(太上皇)'이라 자처했다. 휘종, 동관과 채경 일가는 '분향'한다는 명목으로 동경을 떠나 박주(亳州)로 도망쳤다. 휘종은 또 박주에서 진강(鎭江)으로 피난했다. 흠종은 민중의 분노가 심해지자 동관과 채경의 죄를 물었다. 채경은 유배지로 가는 도중 담주(潭州)에서 사망하고 동관 역시 처결을 받았다. 흠종은 이강(李綱)을 상서우승(尚書右丞)으로 임명하고 남아서 동경을 지키도록 했다. 이때 금군은 이미 동경성 아래에 도착해 있었다. 이강은 급히 방어를 시작했고 각지로부터 올라 온 근왕병(勤王兵)들이 동경 수비를 도와 금병을 물리칠 수 있었다.

금군의 제2차 남침과 북송의 멸망 1126년 8월 금태종이 재차 남침을 도발했다. 종한(宗翰)을 좌부원수(左副元帥), 종망(宗望)을 우부원수(右副元帥)로 하여 동서 두 갈래로 나누어 출병했다. 9월 초 금군이 태원을 함락한 후 종한, 종망은 군대를 한 곳으로 집합시켜 계속 남하해 동경에 도착했다. 윤 11월 금군은 큰 눈이 내리는 틈을 타 성을 공략하여 경사성을 함락시키자 흠종이 나와 투항했다. 1127년(정강2년) 3월 금나라는 휘, 흠 두 황제를 폐위시키고 장방창(張邦昌)을 괴뢰황제로 정한 뒤 국호를 초(楚)라고 했다. 4월 금나라 군대가 대대적인 약탈을 벌이며 휘종과 흠종 두 황제를 협박해 북으로 돌아갔다. 이때 흠종의 동생 강왕(康王) 조구(趙構)가 군대를 거느리고 제주(濟州)에 있었다. 종택(宗澤)이 조구에 글을 올려 그가 황제 자리에 오를 것을 권했다. 5월 조구는 남경(南京, 河南商丘)에서 황제(高宗)가 되어 조송나라(趙宋王朝, 南宋)를 재건하고 연호를 건염(建炎)으로 고쳤다. 장방창은 동경에서 입지를 굳히지 못하자 남경에 들어와 조구를 배알하고 신하가 되기를 자칭했다.

(2) 중원 백성들의 항금 투쟁과 남송통치의 확립

고종은 즉위 후 항전파 중 명망 높은 이강을 재상으로 임용하고 부원수인 종택(宗澤) 지개봉부(知開封府)에게 군대를 거느리고 동경에 진주하도록 지시했다. 이강과 종택은 항전파의 주요 대표인물이었다. 고종은 또 부원수 황잠선(黃潛善)을 중서사랑으로 임명하고 정무에 참여시켰다. 왕백언(汪伯彦)은 지추밀원사(知樞密院事)와 함께 군권(추밀사를 두지 않음)을 장악하도록 했다. 황잠선과 왕백언은 투항파의 대표인물이었다.

중원 백성들의 항금 투쟁 북송 멸망 후, 하동, 하북 지역 백성들이 자발적으로 항금 무장단체를 구성했다. 팔자군(八字軍)은 왕언(王彦)이 인솔해 태항산구를 전전했다. 병사들이 얼굴에 '적심보국, 서살금적(赤心報國,誓殺金賊)'이라는 여덟자를 새겨 투쟁의 결심을 표시했기에 이들을 팔자군이라 불렀다. 홍건군은 초기 진성(晉城), 장치(長治) 일대에서 활동을 하다가 차츰 하북, 섬서(陝西) 등지로 활동범위를 넓혔다. 종택은 하동과 하북 양 지역 그리고 섬서의 인민 항금 대오와 적극적으로 연계했으며, 산과 강을 따라 보루를 쌓고 방어에 나섰다. 금나라 군은 더는 침범하지 못했다. 그러나 고종, 황잠선, 왕백언 일당은 민병무장을 적대시하고 이강의 재상직을 파면시킨 후 양주(揚州)로 도망쳤다. 중원지역 백성들의 저항은 금군의 기세를 크게 꺾어 놓았다. 종택은 제군을 배치하고 이 기세를 몰아 군대를 거느리고 도하하려는 전면적인 역습 계획을 작성 해 조정에 올렸다. 조정이 이를 허락하지 않자 70여 세의 종택은 울화가 쌓여 등에 종창이 생겼으며 얼마 뒤 사망했다. 종택은 임종 전까지도 군대를 거느리고 강을 건너지 못한 것을 마음에 걸려했다고 한다. 종택 사망 후, 고종은 투항파 두충(杜充)에게 동경을 지키는 임무를 맡겼다. 두충은 오로지 종택의 부하인 항전 장병들과 인민의용군들을 단속하기에 바빴다. 이 탓에 종택의 호령을 받던 항금(抗金) 의용군들은 압박에 의해 흩어져 버렸다.

금군의 남침 재개와 남송 조정의 도피생활 1128년 가을 금군이 양주(揚州)를 목표로 재차 남침을 시작했다. 아연실색한 고종의 조정은 양주에서 진강(鎮江), 항주(杭州), 월주(越州), 명주(明州)를 거쳐 정해(定海)로 도망쳤다. 1130년 2월 금나라 군대가 북으로 돌아갔다. 일부 항전파 장수들이 거느린 대오가 금나라 군대를 공격했다. 절서제치사(浙西制置使) 한세충(韓世忠)은 진강에서 종필(宗弼)의 군대와 전투를 벌였다. 세충의 아내 양(梁) 씨가 직접 북을 치며 군의 사기를 돋우었다. 송나라 군대가 금나라 군대를 크게 격파했다. 금나라 군은 황천탕(黃天蕩)에서 48일 동안 발을 묶여 있다가 겨우 도망칠 수 있었다. 금나라 군대가 건강(建康)으로 도망 칠 때 장준(張浚) 수하의 장령 악비(岳飛)가 적극적으로 적군을 향해 맹공격을 가해 끝내 건강을 수복했다.

남송통치의 확립 금나라 군이 물러난 뒤 고종은 다시 항주로 돌아왔다. 1129년 7

월 고종은 항주를 임안부(臨安府)로 승격시키고 수도로 정할 계획이었다. 이 시기 동쪽 회수(淮水)에서 서쪽 진령(秦嶺)까지의 전선이 차츰 안정되기 시작했다. 남송은 임안을 거점으로 반 동강이 난 국토를 통치하기 시작했다.

1130년 11월 과거에 어사중승(御史中丞)을 지냈던 진회(秦檜)가 금나라에서 임안으로 돌아왔다. 진회는 금나라 군대가 동경을 함락하고 송의 휘종, 흠종과 일부 대신들이 포로가 되자 무릎을 꿇고 투항을 했다. 그러나 진회는 금나라 군의 손에서 도망쳐 나왔다고 거짓 진술을 했다. 고종은 진회를 예부상서(禮部尚書)로 임명한데 이어 참지정사(參知政事), 우상(右相) 겸 지추밀원사(知樞密院事)로 승격시켰다. 진회는 고종에게 "남인귀남, 북인귀북"을 헌책했다. 다시 말해 중원을 포기하고, 금나라와 맞서 싸운 하북인(河北人), 중원인(中原人) 모두를 금나라와 유예(劉豫, 금나라가 세운 괴뢰정권)에게 넘길 것을 제안했다. 이에 고종은 "진회 말대로 남인은 남으로 보내고 북인은 북으로 가야한다면, 북인인 나는 어디로 가야 한단 말이냐?"며 진회의 재상자리를 파면시켰다. 중원을 포기하고 강남을 안정시키는 대책은 고종이 이미 결정한 국책이기도 했다.

(3) 종상(鐘相), 양태(楊太)가 이끈 농민봉기

1130년 봄, 동정호(洞庭湖) 부근인 정주(鼎州)에 종상을 수반으로 하는 농민봉기가 폭발했다. 1127년 봄 고종은 남경(商丘)에서 각지 군대에 '근왕(勤王, 왕을 위해 진력하고 충성하는 것'을 호소했다. 종상은 아들 종앙(鐘昂)에게 봉기군 300명을 거느리고 남경에 가 금나라 군대의 남침에 맞서는 고종을 추대할 것을 지시했다. 고종이 남하할 것을 결정하고 '근왕'을 위해 각지에서 올라온 의병들을 해산시켰다. 그러나 종상은 고종의 의사에 따르지 않고 계속 의병을 집결시키고 의연하게 무장봉기의 기치를 내들었다. 정(鼎), 례(澧), 형남(荊南) 각 지역의 인민들이 앞 다투어 호응했다. 종상은 농민들에게 선전하기를 "법은 귀천과 빈부를 나누는데 이는 올바른 법이 아니다. 내가 행하는 법은 귀천과 빈부가 없다"고 했다.

종상은 무장봉기를 일으킨 후 정권을 세우고 대초(大楚)라고 했다. 종상을 초왕으로, 종앙을 태자로 했으며 연호를 천전(天戰, '天載'라고도 함)으로 하고 장상관속(將相官屬)을 설치했다. 기세 드높게 달려드는 종상의 봉기군은 남송을 뒤흔들었다. 남송의 조정은 공언주(孔彦舟)를 형호남북로착살사(荊湖南北路捉殺使)로 임명하고 종상의 봉기군을 진압하도록 했다. 공언주는 봉기군 내부에 간첩을 파견했다. 1130년 공언주가 군대를 거느리고 대거 공격하자고 간첩이 내부에서 응하여 봉기군은 패배했고, 종상, 종앙 부자는 체포 후 희생되었다.

양태(楊太)는 종상을 따라 봉기를 일으킨 청년농민이었다. 현지인들은 형제 중 최연소자를 '요(幺)'라고 부르는 풍속이 있어 그들은 양태를 '양요(楊幺)'라고 불렀다. 종상이 희생된 후 양태가 다른 한 무리의 농민군을 거느리고 전투를 이어갔다. 농민군은 동정호를 따라 울타리를 세우고 8천명에 이르는 부대를 구성했다. 양태의 봉기군은 목재를 채벌해 전함을 제조했다. 한 척의 전함은 천 명에 가까운 병사를 태울 수 있었고 페달을 밟아 진퇴를 조종할 수 있었으며, 10여 장(약 30미터)에 달하는 장대(拍竿)를 설치하고 위에 큰 돌을 올렸으며, 장대 아래에는 바퀴를 달아 적군의 배가 접근 할 경우 장대로 돌을 발사할 수 있게 했다. 양태의 봉기군은 동정호를 거점으로 봉기군을 20만 명으로 발전시켰다. 양태의 봉기군은 북의 공안(公安)에서 서로는 정(鼎), 례(澧)에 이르렀으며, 동으로는 악양(岳陽)에, 남으로는 장사(長沙)에 이르렀다. 1133년 4월 양태가 종상(鐘相)의 어린 아들 종의(鐘義)를 태자로 옹립하고 정권을 건립했다. 양태는 자호를 대성천왕(大聖天王)이라 했다. 봉기군은 연이어 송군에 패배했지만 송 조정의 귀순 요구는 거절했다. 농민봉기군의 발전을 지켜 본 제국(齊國)의 유예(劉豫)는 "연합군이 송을 멸망시키면 토지를 떼어주고 왕으로 봉할 것"이라며 농민봉기군을 유혹했다. 하지만 양태는 이를 거절했다. 금나라에 항복한 고종은 농민군을 금나라와 제나라보다 더 위험한 적으로 생각했다. 장준(張浚)을 파견해 직접 작전을 지휘하도록 하고 회서(淮西)를 방어하는 전선에 주둔하고 있던 악비군을 동정호로 소환해 봉기군을 진압하도록 했다. 1135년 5월 장준, 악비가 거느리는 군대가 동정호 지역에 도착해 '토벌과 귀순을 병행'하는 책략을 펼쳐 투항을 권했다. 그들은 포로를 석방하고 배신자를 중용하며 농민봉기군을 분열시켰다. 6월 양태의 성채가 양흠(楊欽) 등의 배신으로 고립되었으며 이어 악비군에 함락됐다. 양태는 송나라에 투항하는 것을 거부하고 종의와 헤엄쳐 포위를 뚫고 나왔지만 송군에 잡혀 포로가 되었다. 악비 앞에 압송된 양태는 희생되었다. 양태는 희생되기 전 여전히 종상(鐘相)의 칭호(老爺)를 높이 부르며 항복을 거절했다. 이는 암흑의 통치와 맞서는 완강한 저항정신을 반영해 주는 것이었다.

(4)항전과 투항 사이의 투쟁

보위천섬(保衛川陝)과 양양(襄陽) 수복 1133년부터 1136년까지 3년간 금나라 군대는 천섬(川陝)지역에서 남송에 대한 공격을 지속했다. 한편 금나라는 또 유예(劉豫)의 제국(齊國)이 중원에서 남하해 남송을 향해 격전을 벌이도록 지원했다. 중원의 전장에서 악비의 송군과 유예의 제군 사이에서 전쟁이 벌어졌다. 악비는 건강을 수복한 후 통주(通州), 태주(泰州) 진무사(鎭撫使)로 임명되어 장강하류를 수비했다. 악비는 남송의 "탕청내구(蕩淸內寇)"의 사명을 충실하게 수행해 고종의 신뢰와 높은 평가를 받았다. 고종은 친히 악비를 호출해 만났고 '정충악비(精忠岳飛)'라는 글을 새긴 군기를 하사했다. 이어 악비를 진남군승선사(鎭南軍承宣使), 강남서로서기주제치사(江南西路舒蘄州制置使)로 승급시키고 강주(江州)에 군대를 주둔시켰다. 우무대부(右武大夫) 우고(牛皐)는 명을 받고 악비에게 귀순했다. 악비는 연이어 상소해 군대를 북상시킴으로써 양번(襄樊)을 차지할 것을 제안했다. 고종은 형세의 압박에 못 이겨 악비에게 출병하여 항전하도록 했다. 그러나 중원을 되찾을 마음이 없는 고종은 악비에게 "양양부(襄陽府, 당(唐), 등(鄧), 수(隨), 영주(郢州), 신양(信陽)군(軍)6군(郡)의 토지를 수복할 것"을 명확히 명했다. 1134년 5월 악비가 대군을 거느리고 출발했다. 7월 악비는 예정된 계획에 따라 양양 등 6군을 되찾고 군대를 악주(鄂州)에 주둔시켰다. 승리했다는 소식은 임안성 내를 뒤흔들었다. 고종은 곧바로 악비를 청원군절도사(淸,遠軍節度使), 호북로형양담주제치사(湖北路荊襄潭州制置使)로 승진시키고 양양부로(襄陽府路0를 전부 관할하도록 했다. 얼마 후에는 다시 무창개국후(武昌開國候)로 승급시켰다. 몇 년 전만해도 보통의 군관(統制)이던 악비는 32세의 젊은 나이에 작위를 하사 받았는데 이는 송나라 역사에서 없던 일이었다.

1136년 2월 장준(張浚)은 재상 겸 도독제로군마사(都督諸路軍馬事)의 신분으로 각로(路)의 장령들을 평강부(平江府)에 불러 모아 북벌을 상의하고, 악비를 양양에 주둔시키기로 결정한 후 중원으로 쳐들어 갈 준비를 했다. 악비는 양양에서 출정해 순조롭게 채주(蔡州)에 도착했다. 그러나 고종이 조서를 내려 악비군에게 조정으로 복귀할 것을 명령하여 악비는 하는 수 없이 악주(鄂州)에서 물러났다.

장준이 북벌을 위해 배치가 끝나자 유예는 급히 금나라에 구원을 요청했다. 금태종은 이미 1135년에 사망했고 왕위를 계승한 완안단(完顏亶, 金熙宗)은 유예를 거들떠보지도 않았다. 유예는 하는 수 없이 홀로 마지막 승부를 낼 작정으로 송나라 군에 반격했지만 크게 패배하고 말았다.

굴욕의 '화의(和議)' 남천한 유예는 송나라 군대에 볼품없이 두들겨 맞고 꽁무니를 뺐다. 유예가 쓸모없는 자라고 판단한 금나라 통치자는 1137년 11월에 유예를 폐위시키고 제국을 취소한다고 선포했다. 금희종은 유예가 통치하던 하남, 섬서 땅을 송나라에 넘기는 조건으로 고종이 금나라의 신하가 되어 세폐를 공납할 것을 요구했다. 금희종은 금나라에 주재하고 있던 송나라 사신 왕윤(王倫)을 송나라로 파견해 고종에게 투항을 권하도록 했다. 소식을 접한 고종은 크게 기뻐했다. 이듬해 3월 진회(秦檜)를 우상(右相)으로 임명하고 금나라에 투항할 준비를 했다. 왕윤과 송나라 재상 조정(趙鼎)이 경계를 상의했다. 조정은 흠종 시기의 구약에 따라 황하구하(黃河舊河, 황하의 옛 물길은 산동 빈현의 남쪽에서 바다로 흘러들었다)를 경계로 할 수 있지만, 신하청하(新河淸河, 황하 물길이 바뀐 후 강소 淸河縣에서 회하로 흘러들었다)를 경계로 할 수 없다고 주장했다. 그렇지 않을 경우 상의를 하지 않겠다고 못 박았다. 진회와 조정의 의견이 맞지 않자 조정은 재상의 자리를 파면시켰다. 1138년 10월 금나라는 숙철(瀟哲)을 강남조유사(江南詔諭使)로 송나라에 파견하고 고종은 무릎 꿇고 조서를 받았다. 12월 진회가 고종을 대표해 금나라의 조서를 받고 '화의'를 받아들였다. 금나라는 섬서, 하남의 토지를 송나라에 '하사'하고 송은 금의 신하가 되어 매년 은 25만 냥, 비단 25만 필을 공납했다. 금나라는 휘종과 황후(모두 금나라에서 사망)의 관을 송에 반환했다. 고종은 항금전쟁에서 승리할 수 있는 유리한 형세에 처했었지만 금나라의 신하가 되고 말았다.

순창(順昌)과 언성(郾城) 항금전쟁의 승리 1139년 가을 금나라는 완안종필(完顏宗弼), 종간(宗幹) 등이 대권을 장악하고 있었다. 종필 등은 섬서, 하남의 땅을 송나라에 넘기는 것에 반대하고 출병하여 땅을 빼앗아 올 것을 결심하며 남하를 계속하여 송나라에 침입했다. 1140년 5월 금희종은 종필을 통수로 군대를 나누어 남침했다. 고종의 군신들은 국경에 수비군도 배치하지 않았으며 중원은 전쟁을 대비한 어떤 시설도 없었다. 각 지방을 지키는 관료들은 여전히 금나라와 제나라 때의 구 관리들이었으며 금나라 군이 쳐들어오자 너도나도 투항했다. 한 달도 안 되는 사이에 화의의 약정에 따라 금나라가 송나라에 '하사'했던 땅을 금나라가 모두 회수해 갔다. 금나라 군대는 한발 더 나아가 회남을 위협했다. 송나라가 멸망의 위험에 빠지자 고종은 하는 수 없이 각 군대에 저항해 나설 것을 지시했다. 동경(東京) 부류수(副留守) 류기(劉錡)가 왕언(王彦)의 팔자군(八字軍, 왕언은 이미 사망)을 거느리고 순창을 지키며 금군에 반격을 가해 승리를 거두었는데 이것이 유명한 순창대첩이다.

순창대첩 후, 덕안부(德安府)에 주둔해 있던 악비가 군대를 거느리고 출발해 북벌에 나섰다. 얼마 뒤 악비는 싸움할 때마다 승리를 거두었다. 종필이 거느린 주력과 악비가 거느린 주력군이 7월 8일 언성에서 격전을 벌였다. 금군은 '철부도(鐵浮圖, 철탑)를 중심으로, '괴자마(拐子馬)'라고 불리던 기병을 좌우로 대열 지어 공격을 시작하도록 했다. 악비는 장병들에게 칼과 도끼를 들고 적진으로 출격해 적과 말의 발목을 치도록 했다. 양군은 날이 어두워 질 때까지 격렬한 전투를 지속했고 금군은 패배하고 물러났다. 악비군은 언성대첩에서 승리를 거두었다. 종필은 군대와 군마를 재정비하고 영창(潁昌)을 공격했지만 여전히 패배하고 말았다. 종필은 "군대를 거느리고 북방에 출병한 이래, 오늘처럼 실패를 겪은 적은 없다"고 한탄했다. 악비는 언성에서 출발해 주선진(朱仙鎭)으로 진군, 동경개봉과는 40, 50리 밖에 떨어져 있지 않았다. 악비의 모든 장병은 강을 건너 진군하라는 명령을 애타게 기다렸으나 고종과 진회는 승리를 코앞에 두고 재차 정전하여 화해할 것을 지시했다. 두 사람은 하루 사이에 수 차례나 십이금패(주칠을 한 목패에 금가루를 칠해 쓴 패로 긴급한 군사기밀이 있을 때 황제가 직접 내놓는 패)를 내려 악비에게 후퇴할 것을 명령했다. 비분이 교차한 악비는 "10년 공로가 하루 만에 무너진다"고 한탄했다. 7월 내에 악비는 악주까지 후퇴했으며 이미 수복했던 정주, 영창, 채주, 회녕 등 지역을 다시 금군에 빼앗기고 말았다.

고종과 진회그룹의 투항활동 1141년 4월 진회는 한세충(韓世忠), 장준(張俊), 악비를 임안으로 소환했다. 고종은 장준, 한세충을 추밀사, 악비를 부추밀사로 임명하고 일거에 세 장군의 병권을 회수했다. 사실 이 시기 장준은 진회와 더불어 화해를 주장하고 있었다. 한세충과 악비는 진회의 적이 되어 있었다. 종필은 패배 후 진회에게 밀사를 파견하고 전하기를 "진회 당신은 화해를 요구하고 있지만 악비는 하북을 넘보고 있사오니 화해를 원하거든 반드시 악비를 제거해야 한다"고 했다. 7월 진회의 도당이며 우간의대부(右諫議大夫)인 막사사(萬俟禼)는 악비를 탄핵해야 한다는 상주문을 올렸다. 진회의 도당들은 적반하장으로 땅을 버리고 전쟁을 하지 않은 죄를 악비에게 뒤집어씌우고 악비가 추밀부사직에서 물러날 것을 요구했다. 악비는 해직을 당하고 조정을 나와야 했으며 얼마 뒤 반역죄로 옥에 갇히게 되었다. 11월 금나라와 송나라는 협정을 맺고 동쪽 회수(淮水) 중류에서 서쪽의 대산관(大散關)을 경계로 하기로 했다. 송나라는 또 경서(京西)의 당주(唐州), 등주(鄧州)를 떼어주기로 했다. 이밖에 또 섬서(陝西)의 상주(商州), 진주(秦州)의 절반을 금에 떼어주기로 했다. 송나라는 여전히 금나라의 신하를 자처하고 은과 비단을 공납했다. 소흥(紹興)11년(1141년) 12월 고종과 진회는 '막수유(莫須有)'의 죄명으로 악비를 독살했다. 악비의 아들 악운과 그의 부하 장령인 장헌(張憲) 역시 참수 당하고 말았다. 악비가 이렇게 희생되자 백성들은 악비를 깊이 동정했고 그를 그리워했다. 그러나 투항파 진회는 영원히 인민들의 경멸을 받아야 했다.

(5) 금 완안량(完顔亮)의 남침과 고종의 퇴위

악비가 살해된 뒤 10여 년 사이에 송나라와 금나라 사이에는 더 이상 큰 전쟁은 없었다. 1149년 금평장정사(金平章政事) 완안량(해릉왕)이 금희종을 살해하고 황제 자리에 올랐다. 1154년 금나라는 수도를 상경(上京)에서 연경(燕京)으로 옮기고 직접 북방의 한인(漢人)지역을 통치했다. 1161년 완연량이 남침을 발동했다. 금군은 회수를 건너 파죽지세로 쳐들어갔다. 10월 금군은 강을 건너 채석진(采石鎭)을 공략하려했는데 형세가 아주 심각했다. 이때 송나라의 중서사인(中書舍人) 우윤문(虞允文)이 채석에 도착했다. 우윤문은 군대를 정비하고 병사들의 사기를 북돋움으로써 금군을 물리치고 채석대첩에서 승리했다. 금군이 남침에서 실패하자 금나라 통치 집단 내부에서 재차 정변이 일어났다. 금의 동경유수(東京留守) 완안옹(完顔雍)이 완안량이 남하한 틈을 타 정권을 탈취하고 황제(金世宗)자리에 오른 뒤 완안량을 폐위한다고 선포했다. 그러나 완안량이 양주로 들어가면서 부하 장령에게 피살되었다. 금군은 철퇴했고 송나라는 양회지역을 수복했다.

1162년 고종은 재상 진강백 등과 상의한 후 퇴위를 선포하고 태자 조신(趙慎, 孝宗)에게 황제 자리를 넘겼다. 고종은 태상황제로 불리었다.

2. 북벌전쟁과 도학(道學)통치의 확립

(1) 북벌전쟁의 실패

효종은 태자시기 항전을 주장했다. 즉위 후 악비와 악운의 관작을 회복시켜 주고 적극적으로 전쟁에 맞섰던 장준(張浚)을 재기용했다. 1163년 4월 장준은 호주(濠州) 이현충(李顯忠)의 군대와 사주(泗州) 소굉연(邵宏淵)의 군대를 파견해 서로 다른 방향에서 출격하도록 했다. 이현충과 소굉연이 군사력을 합쳐 숙주성(宿州城)을 수복하는데 승리했다. 효종은 이현충을 회남, 경동, 하북 초토사(招討使)로, 소굉연을 부초토사로 임명했다. 이로부터 소굉연은 이현충과 불화를 겪어야 했다. 얼마 뒤 금나라 군대가 숙주를 역습하자 이현충은 저항에 나섰지만 소굉연은 철퇴를 주장했다. 이현충은 혼자 힘으로 적을 감당할 수 없음을 알자 밤을 도와 숙주에서 철수했다. 금나라 군은 부리(符離)까지 따라왔고 송나라 군대는 크게 패했다. 부리에서 전패하자 효종은 흔들리기 시작했다. 7월 효종은 진회의 여당인 탕사퇴(湯思退)를 우상(右相)으로 내세워 금나라 군대와 화해토록 했다. 금나라 조정은 해주(海州), 사주(泗州), 당주(唐州), 등주(鄧州) 등지를 줄 것을 요구했다. 송나라 조정의 반대소리에 효종은 또 다시 저항할 것을 결정했다. 장준이 강회(江淮)로 돌아가 군대를 재정비하자 금나라 조정은 크게 놀라 급히 철수했다. 금나라 군대가 철수하자 조정에는 또다시 타협의 소리가 높아졌다. 어느 날 효종이 관리들을 조정으로 불러들이자 화해를 주장하는 관리가 절반을 차지했다고 한다. 효종은 재차 흔들렸고 장준을 조정으로 불러들여 재상의 직위를 해임하고 복주(福州)에 관리로 보냈다. 장준은 조정에서 배척당하고 복주로 가던 도중 여간(餘干)에서 병사했다.

1164년 10월 금나라 군대는 재차 회수를 건너 남침을 시작했다. 송나라 조정에 소식이 전해지자 민심이 격앙되었으며 모두가 탕사퇴를 탓했다. 효종은 탕사퇴를 파면시키고 영주로 보냈다. 탕사퇴는 영주로 가던 길에서 사망했다. 금나라 적군의 위협에 효종은 비굴하게 화해해줄 것을 빌었다. 송나라 조정은 네 개의 주를 떼어주기로 한 것 외에도 상주(商州), 진주(秦州)를 떼어주기로 했다. 남송은 그 조건으로 더는 금나라의 신하가 아닌 질황제(侄皇帝)로 해줄 것을 요구했다. 기존의 '세공(歲貢)'은 '세폐(歲幣)'로 고쳐 부르기로 하고 매년 10만 냥이 감소된 20만 냥을 바치기로 했다. 이후 송, 금 두 나라는

30년 가까이 큰 전쟁이 없었다.

(2) 송나라의 전쟁준비와 반 도학(道學) 투쟁

조정의 전쟁준비와 주희 도학그룹의 형성 '화해'협정 체결 후, 타협에 마음이 내키지 않았던 효종은 잃은 땅을 수복할 결심을 했다. 효종은 우윤문을 추밀원참예군무(樞密院參預軍務)로 기용했다. 1169년에는 재상으로 임명했다. 흠종은 이 시기 금나라에서 사망했다. 우윤문은 금나라에 사신을 보내 휘종, 흠종의 능침지를 찾아야한다는 명목으로 금나라가 낙양(洛陽), 공현지(鞏縣地, 북송 황릉 소재지)를 돌려 줄 것을 요구했다. 한편 수서례(受書禮)를 개정할 것을 요구했다. 1170년 5월 범성대(范成大)가 금나라로 출사해 금세종을 만나 수서례를 개정하고 능침지를 돌려줄 것에 대한 문서를 내놓았다. 금나라는 감히 범성대를 살해하지는 못했지만 이를 거절한다고 회신했다. 과거 금나라는 땅을 요구해왔고 송나라는 땅을 떼어주기만 했다. 그래서 범성대가 땅을 돌려받으러 금나라로 건너갔지만 일이 성사되기는 불가능한 일이었다. 그러나 송나라가 감히 도전을 하고 있다는 것은 이를 텅해 엿볼 수가 있다. 이와 동시에 효종은 여러 곳에 도시 방어를 건설하며 전쟁준비를 했다. 1172년 효종은 우윤문을 소보(少保), 사천선무사(四川宣撫使)로 임명하고 사천에 가서 군대를 정비하고 전쟁준비를 하도록 지시했다. 사천에서 출병하여 조정의 주력군과 하남(河南)에서 합류할 계획이었다. 1174년 2월 우윤문이 사천에서 병사했다. 효종의 사천 출병 계획은 무산되었다. 이 시기 주희(朱熹)의 도학학파가 차츰 형성되기 시작했다. 주희(朱熹)는 휘주(徽州) 무원(婺源)의 한 관리 집안에서 태어났다. 1148년 주희는 19세에 진사에 급제하고 천주(泉州)에서 동안주부(同安主簿)라는 관직에 올랐다. 임기가 끝난 후 향정신(向程頤)의 손제자 이동(李侗)에게서 정학(程學)을 공부했다. 1163년 주희는 효종의 호출을 받고 효종을 만난 자리에서 자신의 방책을 내놓았다. 주희는 화해를 반대하고 부친의 원수를 갚음으로서 삼강오상을 수호해야 한다고 주장했다. 한편 또 작전준비를 부정하고 대외적 확장을 하려면 먼저 내부를 안정시켜야 함으로써 '수련을 쌓는 것'이 우선이라고 주장하기도 했다. 그러나 그의 올바르고 성심성의적인 건의책은 공담에 불과했다. 주희는 효종을 만난 뒤 벗에게 보내는 편지에서 "초반에 효종은 아주 기쁜 심정으로 내 말을 청취했다. 그러나 뒷부분에 가서 효종은 일언

반구가 없었다"고 적었다. 효종은 주희의 공론에 불만을 가졌으며 주희에게 임안국자감(臨安國子監)의 무학박사(武學博士)로 남아 학생들에게 병마무예(兵馬武藝)를 가르칠 것을 요구했다. 그러나 주희는 사직했다. 그 후 10년 간 효종, 우윤문은 적극적으로 전쟁을 준비했다. 주희는 전쟁에 대해 침묵을 지키고 저술활동과 학술강연에 몰두해 차츰 도학의 체계를 이루어갔다.

진량(陳亮) 등의 반 도학 투쟁 1178년 주희는 남강군(南康軍) 지현(知縣)으로 임명받았다. 주희는 지현으로 있는 사이 여산(廬山)에 백녹동서원(白鹿洞書院)을 세우고 "심술을 바로 잡고, 기강을 세우는 것(正心術, 立紀綱)"을 강연했다. 효종은 대노했고 우상(右相) 조웅(趙雄)에게 이를 반박할 것을 명령했다. 조웅은 황제에게 말하기를 주희는 명성을 중시하는 유생으로서 황제가 그를 비난할수록 그의 명성은 높아질 것이라고 전하며 주희에게 관직을 주어 그의 재능을 시험해보는 것이 좋다고 헌책했다. 이듬해 남강군에서의 임기가 끝나자 효종은 주희를 절동로(浙東路)에 상평차염(常平茶鹽)으로 보냈다. 절동에 관리로 간 주희는 현지 관리들의 반대에 직면해야 했다. 이에 주희는 관직을 사직하고 계속해서 사회에서 학술 강연을 했다. 그때 당시 사회적으로 도학을 반대하는 대표적 인물에는 걸출한 사상가 진량(陳亮)이 있었다. 진량은 영강(永康)인이며 일찍 병서를 탐독하고 군사학을 연구했다. 1169년 진량이 효종에게《중흥오론찰자(中興五論札子)》를 올리고 현 시국의 형세를 분석하며 조정이 건강(建康)으로 수도를 옮기고 형양(荊襄)에 대군을 주둔시킬 것을 제안했다. 1178년에 또 조정에 들어 가 글을 올렸다. 진량의 글에 효종은 크게 감동하여 이를 조정의 대청에 붙여 군신들을 일깨울 것을 명령하고 진량을 파격적으로 임용하려했다. 그러나 일부 대신들이 직언을 하는 진량의 등용을 반대하자 진량은 하는 수 없이 집으로 돌아가야 했다. 그 후 몇 년 간 진량은 집에서 저술과 강연에 몰두하며 자신의 주장을 널리 전파하고 주희를 대표로하는 도학과 투쟁을 벌였다. 주희는 "천리를 보존하고, 욕심을 없앤다(存天理, 滅人慾)"의 이론으로 "공리(功利)"를 추구하고 재정을 모아 전쟁준비 하는 것을 반대했다. 진량은 이에 맞서 "실사실공(實事實功)"을 주장하며 "상벌을 집행하여 이로써 천하를 다스려야 한다(執賞罰以驅天下)"는 "패자지술(覇者之術)"을 선전했다. 진량의 학설은 절강(浙江)에서 광범한 영향을 일으키고 나아가 강서(江西)로 전파됐다. 이러한 진량의 학설은 주희 도학의 전파를 억제시켰다.

진량의 주장은 유명한 항전 장령인 신기질(辛棄疾)의 지지를 받았다. 신기질은 1140년 출생했으며, 금나라의 통치를 받던 제남(濟南)에서 출생했다. 완안량이 남침할 때 지주의 가정에서 태어났던 신기질은 농민봉기대오에 참가했다. 1162년 군대를 거느리고 회수를 건너 남송에 안겼다. 신기질은 호남(湖南)과 강서(江西)의 안부사(安撫使)를 역임했으며 양절서로제형(兩浙西提刑) 등 직에 머물다 후에 탄핵되었다. 1182년 관직을 파면 당한 후 신주(信州) 상요(上饒)에서 생활했다. 공자의 학생 번지(樊遲)가 농사일을 가르쳐 줄 것을 요구하자 공자가 그를 소인이라고 질타했다. 신기질은 상요로 들어 간 뒤 새로 지은 가옥을 '가헌(稼軒)이라 이름 짓고 이를 자신의 별호로 사용함으로써 유학이 농사를 경시하는 것에 대해 이의(異議)를 표했다. 1188년 정월 진량은 상요에 가 신기질을 방문하고 그곳에 10일 동안 머물며 시사를 담론했다. 마지막으로 또 아호(鵝湖, 산 이름)를 함께 유람하고 주희와 연산현(鉛山縣) 자계(紫溪)에서 만나기로 약속했다. 그러나 주희는 약속 된 시간에 나타나지 않았다. 진량과 신기질은 뜻이 잘 맞았다. 진량, 신기질은 모두 전쟁을 통해 금나라와 맞설 것을 주장했으며 정치와 사상 면에서 뜻이 완전히 일치했다.

1187년 10월 20여 년간 태상황제로 있던 송고종이 병사했다. 효종이 상을 치렀다. 태자 돈(惇)이 정무에 참여했다. 이듬해 2월 효종이 퇴위하고 태상황으로 물러나자 태자가 즉위했다. 태자 조돈(光宗)이 즉위할 때 그의 나이는 이미 40여 세였다. 조돈은 즉위 전 임안부윤(臨安府尹)을 지냈다지만 사실상 장기간 황궁에서 지내왔기에 세상만사에 밝지 못했다. 광종 즉위 후, 궁내는 황후(李后)가 좌지우지했다. 주희는 광종이 즉위한지 1년 사이에 《대학》,《중용》에 장구(章句)를 짓고 해설을 붙였다. 같은 해 장주(漳州) 지주로 임명 받았다. 주희는 장주지주(漳州知州)로 있으며 고대의 상례와 장례, 가취(嫁娶)의 예의를 현지의 제자들에게 가르쳤다. 주희는 장주에 이어 담주(潭州) 지주로 임명됐다. 1191년 이후(李后)가 입가왕(立嘉王)을 황태자로 세워줄 것을 요구하자 효종이 이를 허락하지 않았다. 그 후 광종은 오랫동안 효종에게 문안을 드리러 가지 않았다. 1194년 6월 68세의 효종이 병사했다. 광종은 효종 임종 전에도 문병을 가지 않았으며 사후에도 상복을 입지 않았다. 그리하여 효종의 장례를 치를 수 없게 되자 조정 내부에서는 소동이 일어났다. 태황태후(효종의 모친)는 광종을 퇴위시킬 것을 명령했다. 그리하여 광종은 태상황으로 물러났고 광종의 아들 조확(趙擴, 寧宗)이 즉위하고 장례를 치렀다.

(3) 영종(寧宗), 한탁주(韓侂胄)의 금(禁) 도학(道學)과 북벌전쟁

영종 즉위 후 조여우(趙汝愚)를 우상(右相)으로 발탁했다. 권력을 잡은 조여우는 우선 주희를 환장각대제(煥章閣待制) 겸 시강(侍講)으로 추천하고 영종에게 도학을 강연하도록 했다. 주희는 담주에서 부름을 받고 그날로 길에 올랐다. 주희는 초면에 영종에게 정심성의(正心誠意)와 인욕천리(人欲天理)의 도학을 설명했다. 시강을 맡은 뒤에는 또 《대학》을 설명했다. 1194년 윤10월 영종은 주희의 시강을 파면할 것을 명령했다. 영종은 "주희가 말하는 것은 대부분 쓸 수 없다(朱熹所言, 多不可用)!"고 했다.

1196년 경당(京鏜)이 우상에 임명됐다. 한탁주는 개부의삼사(開府儀三司) 직권을 추가했는데 권력이 재상보다 컸다. 한, 경 집권 시기, 조정 내의 반도학 관리들이 주희의 도학을 허위적이라고 지적하며 도학을 위학(僞學)이라고 비난했다. 영종은 조서를 내려 위학도당들이 조정의 관직을 맡지 못하게 했다. 그리고 또 조서를 내려 감사와 장군 등을 추천(監司帥守荐擧改官)할 때는 추천서를 올리기 전 당사자가 위학파인지 여부를 밝힐 것을 요구했다. 지방에서 관리를 평가할 때 역시 반드시 자신은 위학파가 아님을 분명히 밝혀야 했다. 주희가 최고의 경전으로 추대하는 유학의 육경과 《논어》,《맹자》,《대학》,《중용》은 모두 "세상에서 금서(世之大禁)"로 낙인찍혔다.

한탁주가 정권을 장악하던 시기 가장 큰 사건은 금나라에 대한 북벌전쟁이었다. 금나라를 북벌하기 위해 한탁주는 적극적인 여론준비를 했다. 그는 악비를 숭경하고 진회를 폄하하는 여론을 조성했다. 효종 집권 초기, 악비의 관직을 회복시키고 1179년에는 악비의 시호를 무목(武穆)이라고 칭했다. 1204년 영종, 한탁주는 또 악비를 악왕(鄂王)이라 칭하고 정치적으로 최고의 지위를 주었다. 진회가 죽은 후, 고종은 그를 신왕(申王)으로 봉하고 시호를 충헌(忠獻)이라고 칭했다. 효종시기 진회의 간악함을 폭로했을 뿐 작위와 시호를 고치지는 않았다. 1206년 영종, 한탁주는 진회의 작위를 없애고 시호를 무추(繆醜)로 바꾸었다.

1205년 한탁주는 평장군국사(平章軍國事)를 추가로 봉하고 군사와 정치대권을 총괄하며 각 군에 비밀리에 행군 준비를 할 것을 명령했다. 이듬해 5월 사이, 한탁주는 영종에게 정식으로 북벌 조서를 내릴 것을 요구했다. 한탁주는 금나라 북벌에 군사를 내보냈다. 정치적 준비는 충분했지만 군 장령들의 준비는 상당히 부족했다. 한탁주가 북벌전쟁을 조치할 무렵 송나라 군대 내부에는 이미 첩자가 있었다. 영종이 북벌에 대한 조서를 내리기 한 달 전, 사천선무부사(四川宣撫副使) 오희(吳曦)는 이미 금나라에 소식을 전하고 변절을 통해 할거하려고 시도했다. 오희는 금나라 군대에 사자를 파견해 계주(階州), 성(成州), 화(和州), 봉주(鳳州)를 포함한 4개 주를 내어 주는 비밀조약을 체결하고 자신을 촉왕으로 봉해 줄 것을 요구했다. 송나라가 북벌군을 파견하자 금나라 조정은 오희에게 군대를 움직이지 말 것을 지시함으로써 금나라 군이 동쪽으로 진군하는데 우환이 없도록 했다. 1205년 연말 오희는 비밀리에 금나라의 조서와 금인을 받고 사천에서 촉왕으로 등극했다. 금나라 군은 오희가 사천에서 첩자를 자처해줬기에 병력을 집중해 동부전선에서 싸울 수 있었다. 금나라 군은 동부전선에 승리를 거둔 뒤 병력을 9갈로 나누어 진군했다. 이렇게 되자 전쟁 형세는 송나라 군의 북벌에서 금나라 군의 남침으로 바뀌었다. 한탁주는 고립되었다. 국면을 돌려세우기 위해 한탁주는 20만 냥의 사비를 털어 군수(軍需)를 보조했다. 또 사신인 방신유(方信孺)를 개봉에 파견해 금나라 조정과 담판하도록 했다. 이때 오희는 사천에서 공공연히 행궁을 짓고 있었으며, 촉왕을 자칭하고 백관을 두고 금나라 군대를 봉주로 불러들였다. 또 삭발(여진족을 따라 변발을 함)을 하고 금나라의 신하가 될 준비를 했다. 오희의 행위는 사천 군민들의 비난을 받았으며 촉왕으로 등극한지 41일 만에 부하에 의해 살해되었다. 그러나 천군(川軍) 내부에 싸움이 일어난 상황이라 천군은 이미 북벌에 나설 힘이 없었다.

한탁주는 재차 전쟁을 벌일 것을 계획하자 조정에서 투항을 주장하는 관리들이 이에 반대하는 움직임을 보였다. 대표인물로는 양후(楊后)와 사미원(史彌遠)이 비밀리에 결탁하고 중군통제(中軍統制), 권관전전사공사(權管殿前司公事) 하진(夏震) 등에게 한탁주가 조정에 나갈 때 습격해 사살할 것을 지시했다. 사후에야 영종에게 사실을 알렸다. 한탁주가 피살되자 양후(楊后)와 사미원이 군정대권을 장악했다. 그들은 금나라 조정의 무리한 요구에 따라 한탁주의 머리를 베어 금나라에 보냈으며 금나라 조정이 요구하는 모든 조건을 수락했다. 세폐를 30만 냥으로 올리고 호사은(犒師銀, 배상금) 3백만 냥을 보내 주기로 했다. 금나라 군대는 점령지에서 철수했다. 남송은 또 한 번 금에 무릎을 꿇고 굴욕적인 '화해'를 해야 했다.

(4) 이종(理宗)의 즉위와 도학통치의 확립

1220년 태자 순(詢)이 병사했다. 이듬해 종친의 자식인 귀화(貴和)를 태자로 하고 이름을 굉(竑)으로 고쳤다. 굉은 칠현금 다루기를 즐겼다. 사미원(史彌遠)이 칠현금에 능란한 미녀를 굉의 옆에 붙여 암암리에 태자를 감시하게 했다. 태자 굉은 사미원 일당이 권력을 장악하고 나라에 재앙을 가져다주는 것에 크게 분노했다. 평소 책상 위에 사미원의 죄악을 적으며 사미원을 8천리 밖의 변경에 있는 군대로 보내야 한다고 말했다. 칠현금 여인이 사미원에게 이를 알리자 사미원은 태자를 폐위시킬 음모를 꾸몄다. 사미원은 소흥에서 조여거(趙與莒)라고 부르는 17세 남자를 물색해 그를 종친의 후대로 둔갑시켰다. 사미원은 조여거를 임안(臨安)에 불러들인 뒤 이름을 귀성(貴誠)으로 고치고 태자 폐위를 밀모했다. 사미원은 또 국자학록(國子學彔) 정청지(鄭淸之)에게 명하여 귀성에게 유학을 가르치도록 했다. 그리고 일이 성사되면 사미원의 자리를 정청지에게 주기로 비밀리에 약속했다. 한편 사미원은 비밀이 누설될 경우 자신과 정청지의 가족 모두에게 죄가 연좌될 것이라고 알렸다. 1224년 윤 8월 영종이 병사했다. 사미원, 정청지는 양후의 반대에도 불구하고 귀성을 황제로 옹립하고 윤(昀)이라 개명했다. 태자 굉은 제왕(濟王)으로 물러나고 호주(湖州)로 이주했다.

사미원의 정변음모는 조야의 분개심을 불러일으켰다. 호주 출신의 반임(潘壬) 등은 이전(李全)과 연락 해 날짜를 정하고 이전이 군대를 거느리고 들어오면 맞이하여 제왕 굉을 황제로 옹립하고 사미원에 반격을 가할 것을 약속했다. 반임이 사미원의 죄악을 까밝히고 제왕 굉을 주 관아에 불러들여 황포를 입혔지만 이전의 군대는 약속 시간에 나타나지 않았다. 제왕 굉은 일이 성사되지 않자 조정에 사람을 파견해 이를 고변했다. 호주의 소식을 접한 사미원은 공포를 느끼고 부랴부랴 반임을 잡아 참수했다. 또 비밀리에 호주에 사람을 보내 제왕 굉이 스스로 자살하도록 압력을 가한 뒤 병사했다고 거짓 발표를 했다. 이로써 이종, 사미원의 통치가 확립되었다.

이종 즉위 초기, 조정의 정치는 사미원이 장악하고 있었다. 1233년 사미원이 집권 26년 만에 병사했다. 이종이 친정을 시작하고 정청지를 승상으로 임명했다. 같은 해 몽골군이 금나라의 수도 개봉(河南 開封)을 포위했다. 금나라 황제 완안수서(完顔守緖, 哀宗)가 도망쳤다. 몽골이 송나라에 사신을 보내 송나라가 군대를 파견해 협공할 경우 금나라가 멸망되면 하남(河南)의 땅을 송에 귀환하기로 약속했다. 1234년 정월 금애종이 자결했다. 이로써 120년 동안 북방을 통치하던 금나라가 멸망하게 되었다.

남송이 몽골과 손잡고 금나라를 멸망시킨 뒤 남송 조정의 신하들은 북송의 역사를 거론하며 이종에게 경고했다. 금나라와 손잡고 요나라를 멸망시켰던 북송이 금나라에 의해 멸망되었던 것이다. 금나라가 멸망하자 몽골군은 바로 사천(四川)과 양번(襄樊)을 공격하기 시작했다. 남송의 종말이 코앞에 다가오자 이종의 군신들은 아직도 금나라를 멸망시킨 '승리'에 도취되어 자구적 저항은 하지 않고 '정심성의(正心誠意)'를 주장하는 도학을 외치기에만 바빴다. 주희는 영종 초에 병사했다. 사밀원이 집권을 하면서 주희를 주문공으로 시호를 내리고 도학을 일으켜 세우며 도학을 크게 선전했다. 이종이 즉위하기 전 정청지로부터 정주도학(程朱道學)을 배웠다. 즉위 후에는 도학가를 모시고 《상서(尚書)》를 강의하도록 하고 주희가 주석을 달았던 사서를 탐독했으며, 주희의 사서(四書) 주석은 손을 댈 수 없게 하고 그와 같은 시기를 살지 못한 것이 한스럽다고 했다. 한편 주희에게 태사의 이름을 증정하도록 하고 신국공(信國公)으로 추대하도록 했다. 주희의 주석을 단 사서는 이종이 우러러 받들면서 학술 면에서 얻은 통치적 지위로 인해 유학의 필독과문으로 자리매김하게 되었다. 1237년 이종은 국자감(國子監)에서 주희의 《통감강목》을 인쇄하도록했다. 1241년 이종은 태학의 대성전으로 가 《대학편(大學篇)》을 청취했다. 이어 조서를 내려 주희는 "정사명변(精思明辨), 표리혼융(表裏渾融)함으로써 《대학》, 《논》, 《맹》, 《중용》의 본말을 명백히 이해하도록 했다. 또 공자학설이 세상에 밝혀지는데 일익을 했다"고 높이 평가함으로써 사서의 지위를 한층 높이고 주희도학의 사상적 통치를 확립했다.

3. 남송 경제의 발전과 봉건착취의 강화

(1) 경제의 발전

〈 농업 〉

농전 개간 – 남송 때는 우전(圩田)이 더욱 발달했다. 예를 들면 강동로관(江東路官)

에는 둑으로 둘러 싼 논밭이 79만여 무에 달했다. 태평주(太平州)의 관(官), 사(私)가 둑으로 둘러싸 놓은 논밭은 전 주 경작지 면적의 10분의 9에나 달했다. 강동(江東), 회동(淮東), 양광(兩廣)과 장강(長江)의 강 위에 만들어진 "나무시렁으로 엮어진 밭 언덕(木架田丘)"이 수위의 오르내림에 따라 물에 떴다 잠겼다 했다고 했다. 육유(陸游)는 장강 기주(蘄州)의 강 위에 떠있는 가전(架田)을 보았으며 뗏목 위에 흙을 펴 놓고 채소를 심었다고 밝혔다. 범성대(范成大)는 평강부(平江府) 농민들이 가전을 심는 광경을 묘사하기도 했다. 양절로(兩浙路) 농민들은 연해의 갯벌지역에 흙과 돌을 쌓아 둑을 만들어 조수를 막았다. 갯벌이 마르면 농작물을 심었기에 현지에서는 '도전(塗田)이라고도 불렀다.

수리 건설 : 《송사 · 식화지(宋史 · 食貨志)》에는 남방의 수리가 중원보다 나았기에 수리를 크게 발전시켰다(南方水田之利富于中原). 미주(眉州)의 농민들은 통제언(通濟堰)을 건설함으로써 촉주(蜀州) 신진(新津)과 미주(眉州)의 미산(眉山), 팽산(彭山) 등 현의 3, 40만 여무의 논밭에 물을 관개해 기존의 황야를 옥토로 탈바꿈 시켰다. 금나라에 저항했던 장군 오린(吳璘)은 군대를 거느리고 흥원부(興元府) 포성현(褒城縣)에 광도지거(光道枝渠)를 건설하고 한전을 모두 수전으로 바꾸었다.

벼, 밀을 배육하다 – 농민들에 의해 장기간 배육된 남송의 벼 품종은 다양했다. 양절로의 6, 7개 현에만 인디카도(籼稻), 메벼(粳稻) 140여 종류가 있었다. 북송 시기 중국 남방으로 이식해 온 점성도(占城稻)는 남송에 와서 이를 보편적으로 재배함으로써 벼의 주요품종이 되었다. 절서로(浙西路) 평강부(平江府)는 메벼 재배에 적합했기에 이곳에서 생산한 메벼는 "쌀알 맛이 좋아 하늘 아래 제일"로 불렸다. 고종 소흥 년간 진부(陳敷)가 집필한 《농서(農書)》는 양절로 농민들의 경작경험을 종합하여 써놓았다.

목화 재배 – 북송시기 목화 재배지역은 기후가 비교적 따뜻한 양광(兩廣)과 복건(福建) 일대에 국한되어 있었으나 남송 후기에 이르면 목화 재배지역이 신속하게 확대되어 남령산맥(南嶺山脈)과 동남구릉(東南丘陵)지대를 넘어 북상하여 장강과 회화유역에까지 보급되었다. 1273년에 완성된 《농상집요(農桑輯要)》에는 목화 재배법을 기술과 남송 후기 농민들의 목화 재배 경험을 총화했다.

〈 수공업 〉
병기제조 – 남송은 여러 지역에 수공업 공장을 세우고 병기를 제조했다. 그중 발전이 비교적 빠른 것은 화기(火器)였다. 건강부(建康府) 도작원(都作院)은 1259년부터 1261년 까지 2년 사이에 화기 3만8천여 건을 생산했다. 금나라 군대와 몽골에 저항하는 전쟁에서는 새롭게 창제한 벽력포(霹靂炮)와 죽통에 화약을 담아 제작한 화창, 돌화창(突火槍)을 사용하기도 했다.

조선업 – 북송 말 장강에는 '만석선(萬石船)'이 있었다. 남송시기, 큰 해선(海船)에는 몇 만석을 적재할 수 있었으며 깊이와 넓이가 십여 장에 달해 북송 때의 선박에 비해 몇 배나 컸다. 남해를 항행하는 해선의 키 길이는 몇 장에 달했으며 배 한척에 수백 명을 태울 수 있었고 1년 양식을 실을 수 있었으며 배에서 돼지를 키우고 술을 빚을 수도 있었다. 이런 거대한 해상 선박은 그 시기 세계적으로 보기 드물었다. 배는 지남침을 이용해 항행했다. 오자목(吳自牧)은 《몽량록(夢梁錄)》에서 해상(海商)의 선박이 대양에 들어서면 "비바람이 불고 어두컴컴할 때는 나침반을 이용해 항행했다"고 적었다.

제자업(制瓷業) – 강서 경덕진요(景德鎭窯)는 남송시기 때 큰 발전을 가져왔다. 길주요(吉州窯)와 절강용천요(浙江龍泉窯) 이밖에 광둥, 복건 연해지역의 자요(瓷窯)도 신속한 발전을 가져왔는데 이 지역들은 모두 중요한 자기 생산기지로 거듭났다.

방직업 – 절서(浙西), 절동(浙東)과 사천(四川)은 남송 방직업의 중심이었으며 여러 가지 아름답고 정교한 고급 방직물을 짰다. 광서와 사천은 마직업(麻織業)의 중심으로서 이곳에서 생산한 삼베는 여러 지역으로 판매되어 나갔다. 남송시기 목화 재배의 발전과 함께 남방 노동인민들은 한(捍), 탄(彈), 방(紡), 직(織) 등 일련의 면방직 도구를 발명하고 목화를 이용해 실을 뽑고 천을 짰다.

인쇄 – 남송의 관부, 관원과 민간의 책방 모두가 조판인쇄에 종사해 인쇄한 책이 널리 보급됐다. 임안(臨安), 복건과 사천은 인쇄업의 중심이었다. 임안국자감의 인쇄된 책은 '감본(監本)'이라 불렸으며 인쇄 기술 수준이 상대적으로 높았다. 복건 건양현(建陽縣)의 마사(麻沙), 숭인(崇仁) 양진에서 인쇄하는 책은 극히 많아 해외로 판매되어 나가기도 했다.

〈 도시, 상업 〉
도시집진(城市集鎭) – 남송의 수도 임안은 원래 오월(吳越)의 전(錢)씨가 수군성(隋郡城)을 바탕으로 확건한 둘레가 70리에 달하는 대도시였다. 남송말년 임안부의 호적에 오른 인구는 39만 가정에 124만 명(부에 속하는 여러 현까지 포함)으로 북송의 동경을 초월했다. 임안 주민들의 필수품은 외지에서 운송해 왔다. 임안성 내에서 생산된 수공업제품은 시장에서 판매하는 한편 외지로도 판매되어 나갔다. 각지의 제품들도 임안의 시장에서 교환되어 다시 운송되어 나갔다. 절강 양안에는 배가 밀집했으며 오가는 객상들이 끊이지 않았다.

임안 성내에는 크고 작은 가게가 즐비했다. 같은 업종의 점포들이 동일 거리에 밀집되어 있는 경우가 많았다. 거리에는 밤낮을 가리지 않고 장사가 계속 이어졌다. 매일 새벽 5경이면 아침장사를 하는 가게가 문을 열었다. 저녁 무렵에는 야시장이 또 시작됐다. 새벽 3, 4경이 지나면 점포, 술집, 노래방들이 차츰 조용해졌다.

상회 – 남송의 상업조직은 여전히 동일업종들이 모여 상사를 형성했다. 임안시에는 414개의 상회가 있었다. 예를 들면 천 상회, 관자 상회, 금 상회, 어류 상회, 게 상회 등이다. 상회는 또 단(團)이라고도 했다. 예를 들면 화단(花團), 청과단(青果團) 등이었다. 여러 대도시와 진, 시에서도 여러 가지 상회가 일어났다.

송·금 무역 – 송과 금의 대립은 남북 간의 경제교류를 끊지는 못했다. 송과 금나라가 전쟁을 하지 않을 때면 양측은 모두 회하(淮河) 양안 나아가 서부의 변경지역에서 무역시장을 열었는데 이를 '각장(榷場)'이라고 불렀다. 각장무역 외에도 송과 금은 민간에서 개별적인 거래가 극히 많았다.

해외무역 – 남송의 해외무역은 큰 발전을 가져왔다. 고종 때 시박(市舶, 해외무역) 수입은 2백만 관에 달해 북송 최고액의 2배를 넘었으며 남송의 재정수입에서 아주 중요한 자리를 차지했다. 그때 남송과 통상을 한 국가와 지역은 50여 개에 달했으며 남송 상인들이 바다를 건너가 무역을 펼친 국가와 지역은 20여 곳에 달했다. 광주, 천주(泉州), 명주(明州)는 남송의 3대 무역항이었다. 북송시기 광주는 이미 외국 상인들이 밀집한 최대의 항구였으며, 남송시기에는 무역이 더욱 활발했다. 남송시기에는 천주도 대항구로 거듭났다. 아랍 여러 국가의 상인들이 송나라에 와 장사를 했으며 대부분이 천주에서 거주했다. 명주에는 주로 일본, 고려 상인들이 들어와 무역을 했다. 남송이 여러 나라로 수출한 상품은 주로 자기와 여러 가지 사직품(絲織品)이었다. 인쇄서적도 해외로 대량 판매되었다. 수입품으로는 일본의 사금(沙金), 목재, 진주, 수공업품이었다. 고려에서는 인삼, 약재, 부채, 종이와 필 등이 들어왔다. 남아시아와 아랍 여러 국가에서 들여온 상품은 주로 약재, 향료, 상아, 보석이었다.

화폐 – 남송의 채광과 야금 생산량이 대폭 하락하면서 화폐 생산이 대폭 줄었다. 대외무역에서 동전 역시 대량 밖으로 흘러나갔다. 날이 갈수록 지폐가 동전을 대체해 주요한 교환도구가 되었다. 북송시기 교자(交子)는 일부 지역에서만 유통되었다. 남송의 지폐인 교자와 회자(會子)는 각각 규정된 지역에서 광범히 유통되었다. 관부에서 발행한 지폐는 주로 재정적자를 메우기 위한 것이 목적이었을 뿐 완전히 상품경제 발전의 실제적 수요에 따라 나타난 것은 아니었다. 후기에 와서 대량의 지폐가 끊임없이 유통영역에 흘러들어 갔으며 관부는 본전을 준비하지 않은 상황이라 환전이 불가능했고 지폐 가격이 하락함으로써 통화팽창을 불러왔다.

(2) 토지 병탄과 봉건적 착취의 강화

토지병탄의 가속화 – 북송 말년 대탐관 주면(朱勔)이 매년 10만 석의 소작료를 거두었다. 주면이 죽자 모든 전답을 몰수했는데 30만 무에 달했다. 임대료 10만 석은 극히 놀라운 수치였다. 송나라가 남으로 수도를 옮긴 후 황제, 귀족, 문관, 무장, 지주와 상인들이 거센 토지병탄 풍조를 일으켰다. 그렇기 때문에 대지주가 임대료 10만을 거두는 일은 놀랄 일이 아니었다. 전하는 바에 따르면 진회의 후세는 '가도'가 '쇄락'해 생산이 줄었지만, 그래도 매년 10만 석의 쌀을 착취해냈다고 한다. 진회 일당의 무장인 장준(張浚)은 전답 넓히기를 즐겼다. 군직을 그만 두고 집에 있었지만 매년 쌀 60만 곡을 거두어 들였다. 한 무 땅의 소작료를 1곡으로 계산할 경우 장준은 60, 70만 무의 전답을 소유하고 있었던 것이다.

소작료와 고리대로 착취하다 – 남송의 소작료는 여전히 배당과 정액 두 가지로 나눈다. 배당 형식의 소작료는 일반적으로 주인과 소작농이 절반씩 나눈다. 지주가 생산량의 절반을 가져가는 것이다. 만약 소작농이 지주의 소와 농기구 등 생산도구를 사용할 경우 지주는 절반 이상의 수확을 가져갔다. 정액제는 주로 양절로(兩浙路) 등 생산이 비교적 발달한 지역에서 많이 유행하였다. 평강부의 정액 임대비는 토지의 비옥 정도에 따라 달랐다. 보통 상등의 전답은 한 무에 쌀 2석, 중등의 전답은 7~9 말, 하등의 전답은 한 무에 3~5 말이었다. 소작료 외에도 남송의 지주들이 농민을 착취하는 다른 중요한 수단은 고리대였다. 기록에 따르면 파산 한 자작농이 지주에게 의지하려 할 때면 지주들은 갖은 방법을 써 착취했다고 했는데, 즉 빚을 통해 소작농들을 속박하려 했던 것이다. 지주의 '배칭지식(倍稱之息, 하나를 빌리면 두 개를 갚아야 하는 백퍼센트 고리대)'하에 소작농들의 채무는 갈수록 늘어났다. 봄에 빌린 돈은 가을에 갚고 가을에 빌린 채무는 봄에 갚았는데 빚은 갈수록 늘어났으며 영원히 갚을 날이 보이지 않았다. 빚을 갚지 못하면 지주들은 강제로 소작농의 거처, 농기구, 종자와 식량 심지어 소작농의 아내와 딸을 노비로 끌고 갔다.

번잡하고 중한 조세 – 북송 초기, 조정이 1년에 거두어들이는 조세는 1천6백여 만관에 달했다. 신종(神宗) 시기에는 6천 여 만관에 달해 북송의 연간 최고 수입을 자랑했다. 남송 건국 초기, 조정의 1년 수입은 1천 만관에 미달했는데, 1157년(고종 소흥27년)에는 6천만 관으로 급증했다. 그 뒤 30년이 지난 1187년(孝宗 淳熙14년)에는 8천만 관으로 증가했다. 남송이 통치하는 지역의 면적은 북송의 3분의 2에도 못 미쳤지만 조정이 압박착취로 거둔 수입은 북송을 초월했던 것이다.

(3) 몽골의 남침과 사천의 전쟁준비

1235년 초 몽골 오고타이 칸(칭기스칸의 셋째 아들, 太宗)이 몽골군, 금나라를 멸망시킨 한군(漢軍)과 여러 민족의 군대를 집결시켜 송나라를 남침했다. 몽골의 대군은 오고타이 칸의 둘 째 아들인 쿠덴 등의 인솔을 받으며 사천으로 들어갔다. 오고타이의 셋째 아들인 활출(闊出) 등은 이들 군을 인솔하며 양한(襄漢)을 쳤다. 이시기 몽골이 남송을 상대로 침략전쟁을 발동했으며 노예와 재물 약탈이 목표였다. 전쟁이 끝난 후 송나라에 사신을 보내 남송의 투항을 유인했다. 이종(理宗)은 또 금나라에 화해를 구하던 방법으로 몽골과 화해할 것을 요구했다. 1241년 오고타이가 병사하자 몽골과 송나라 간의 전쟁이 잠시 중단됐다. 몽골군이 물러가자 송나라는 사천에서 방어 준비태세에 들어갔다. 1242년 여개(餘玠)가 사천안무제치사(四川安撫制置使)로 임명 받았으며 중경부(重慶府) 지사를 겸했다. 여개는 합주(合州)동조어산(東釣魚山)등 곳에 산성을 건설하고 식량을 쌓아두며 방어 준비를 했다. 몽골군은 여러 차례 서촉래(西蜀來)에서부터 침입을 시도했지만 송나라 군대는 매번 이를 격퇴시켰다.

(4) 몽케의 사천 침입과 합주에서의 항전

1251년 몽골의 몽케 칸(칭기스칸의 넷째 아들, 憲宗)이 즉위했다. 1258년 초 몽케가 재차 세 갈래로 나누어 송에 대한 침략을 발동했다. 몽케는 친히 주력군을 인솔해 사천을 공격하고 동생인 쿠빌라이에게 악주를 공격하도록 했으며, 또 운남에 들어 간 우량카타이에게 북상하여 담주(潭州)를 공격하도록 함으로써 악주에서 쿠빌라이와 합류하려 했다. 몽케는 사천에 침입한 후 동쪽으로 나아가 여러 군대와 합류함으로써 남송의 수도 임안을 포위하려 했다. 1258년 말 몽케군은 가릉강(嘉陵江)을 따라 중경을 공격하고 합주에 도착했다. 합주지부 왕견(王堅, 여개는 이미 사망)은 방어를 하며 합주를 지켰다. 몽케는 몽골대군을 거느리고 조어성을 향해 공격을 시작했다. 몽케군과 송나라군은 격렬한 공수전을 벌렸다. 1259년 7월 몽케가 친히 대군을 거느리고 조어성 아래에 도착해 성을 공격했다. 왕견의 군대가 포석을 발사하며 맹렬한 반격에 나섰다. 몽골군은 패배했으며 몽케도 작전 중 부상을 입고 병영으로 돌아간 뒤 사망했다. 몽골군은 하는 수 없이 철퇴해야 했다.

쿠빌라이는 악주를 향해 진군했다. 쿠빌라이는 몽케의 사망 소식을 접했음에도 여전히 악주에 대한 공격을 견지했다. 12월 남송의 우상 겸 추말사 가사도(賈似道)는 사적으로 몽골군에 사람을 파견해 화해를 요구했다. 이때 몽골의 여러 왕들이 막북에서 아리크 부카를 옹립할 계책을 세우고 있었다. 소식을 접한 쿠빌라이는 북상하여 대칸의 자리를 쟁탈하기 위해 급히 군대를 철수하고 가도사의 화해 요구를 받아들였다. 양측은 장강을 경계로 하고, 송나라가 매년 몽골에 은 20만냥, 비단 20만 필을 공납하도록 했다. 우량카타이도 군대를 철수하고 북상하여 쿠빌라이와 합류했다.

(5) 통치그룹의 쇠락

몽골군이 후퇴한 후, 가사도(賈似道)는 쿠빌라이가 스스로 군대를 철수한 사실을 고려하지 않은 채 몽골군에 싸워 이겼다고 허위 보고했다. 가사도는 전공을 인정받고 소사(少師)에 이어 위국공의 자리에 오르며 대권을 장악했다. 그때 조정 내외의 관료기구는 전에 없이 부패했는데 그 정도가 북송 인종 때를 훨씬 초월했다. 이에 일부 사람들은

"진종, 인종 때는 320여 군의 재물과 세금으로 1만여 명 관리의 봉록을 공급했다. 하지만 오늘날에는 100여 군의 재물로 2만 4천여 명의 불필요한 관리를 먹여 살리고 있다"고 했다. 조정은 군량과 급료가 부족하자 '화적(和糴)'을 명목으로 지주와 부호들에게 식량 매상 임무를 배당했다. 다시 말해 공전(公田)을 구입하는 것인데 위품에 따라 토지면적을 제외했다. 양절(兩浙), 강동서(江東西) 등 지방에서는 관호(官戶)가 소유한 전답이 제한면적을 초과할 경우 3분 2를 관부가 공전(公田)으로 사들이고 다시 그 공전을 임대 놓았다. 관부는 또 공전을 매입한 후 각향에 '관장(官庄)'을 설치하고 여전히 현지의 지주를 관장의 관리로 정했는데 지주가 농민들로부터 소작료를 거두어들이도록 했다. 지주는 소작료를 거두어들이는 과정에 부정행위를 함으로써 농민들을 착취했는데 이는 계급모순을 더욱 격화시켰다.

1264년 이종이 병사했다. 가사도는 태자 조기(趙禥)를 황제(度宗)로 옹립했다. 그 사이 가사도는 또 새로운 지폐를 인쇄하도록 지시했다. 금은관자(金銀關子)로 불리는 새 지폐는 전국적으로 발행했다. 저축한 현금이 없자 지폐는 가치가 갈수록 떨어졌고 물가는 갈수록 올랐는데 사실은 조정이 백성들의 재부를 대량으로 터무니없이 빼앗아 가는 것이나 마찬가지였다. 대적을 코앞에 둔 남송은 군대는 허약하고 재정이 텅 빈 반면에 황실, 귀족, 관료그룹은 여전히 사치를 부리고 향락을 누렸다. 가사도는 서호 주변의 갈령(葛嶺)에 자신의 호화로운 당실을 짓고 '반한당(半閑堂)'이라고 이름 지었다. 꽃밭을 가꾸어 놓고는 '양락포(養樂圃)'라고 불렀다. '귀뚜라미경(經)'에는 그의 귀뚜라미 키우기, 귀뚜라미 싸움의 경험을 적고 있다. 궁녀 엽씨를 강제로 첩으로 들이고 기녀 수십 명을 두었으며 매일 반한당과 호수에서 시간을 보내며 조정의 정무는 돌보지 않았다. 사람들은 "조정 내에는 재상이 없고 호수 위에는 평장(平章)이 있다"고 했다. 또 어떤 이는 "산에는 누대가 있고 호수 위에는 배가 떠있으며 평장은 술에 취해 조정을 돌보지 않는다(羽書莫報樊城急, 新得蛾眉正少年)"고 했다. 왕응린(王應麟)은 남송이 3가지 병에 걸렸다고 했다. 첫째, 백성이 가난하고 둘째, 군대가 약하며, 셋째 재정이 위기에 처했다는 것이었다. 근본적으로 사대부가 파렴치한 탓이라고 했다. 송나라의 멸망은 당연지사 였다.

4. 송의 멸망

1260년 3월 쿠빌라이가 개평(開平)에서 종왕대회를 소집하고 칸의 자리를 계승해 몽골의 대칸이 되었다.

1267년 몽골에 투항한 송나라 장군 류정(劉整)이 쿠빌라이에게 남송을 공격하려면 반드시 양양을 먼저 탈취해야 한다고 헌책했다. 한수(漢水)에서 장강을 건너면 송나라를 멸망시킬 수 있다고 했다. 1269년 봄 원나라 군이 양양 북쪽의 번성을 포위 공격했고 이어서 양양을 포위했다. 1272년 송경호제치대사(宋京湖制置大使) 이정지(李庭芝)가 민병 3천명을 모집해 배를 타고 양양을 지원하러 떠났다. 민병 수령 장순(張順), 장귀(張貴) 등은 원군이 설치해 놓은 쇠사슬, 뗏목을 절단하고 물 위를 120리 전전해 동이 틀 무렵에 양양성 아래에 도착했다. 성 내의 송군은 용기가 백배 생겨났다. 그러나 장순이 일시 보이지 않았다. 며칠 뒤 장순의 시체가 물위에 떠올랐고 몸에는 6발의 화살을 맞았지만 손은 여전히 활을 움켜쥐고 있었다. 장귀는 성에 들어 간 뒤 원나라 군과의 교전 중에서 희생되었다. 1273년 초 지원을 받지 못해 고립된 번성(樊城)은 원군의 공격에 무너지고 말았다. 수비를 맡은 장군 범천순(范天順)은 끝까지 싸우다 원군에 패하자 스스로 목숨을 끊었다. 양양에 주둔해 있던 여문환(呂文煥)은 원나라에 투항했다.

1274년 7월 도종이 병사했다. 사태후(謝太后, 理宗后)는 대신들을 불러 제왕의 자리에 누구를 앉힐 것인지 상의했다. 가사도는 양비(楊妃)의 소생인 장자 조하(趙昰)를 등극시키는 것을 반대하고 전후(全后)의 4살 밖에 안 되는 아들 조현(趙㬎)을 황제로 옹립했다. 조하는 길왕(吉王)으로 봉하고 동생인 병(昺)은 신왕(信王)으로 봉했다. 얼마 뒤 좌승상 백안(伯顔)을 총수로 한 원나라 군 20만이 수, 육 양로로 쳐들어 와 송나라를 멸망시켰다. 백안, 아술(阿術)은 양양에서 한수로 들어 와 장강을 넘어왔는데 송나라의 배신자 여문환이 앞장섰다. 다른 한 갈래는 좌승상 합답(合答) 등이 거느리고 동쪽의 양주(揚州)로 들어왔는데 송의 투항 장령 류정이 앞장섰다. 수비를 맡은 장군은 적이 쳐들어오자 투항했다. 가사도는 압박에 의해 군대를 거느리고 출동했고 1275년 2월 무호(蕪湖)에 도착했다. 가사도는 손호신(孫虎臣)에게 보병 7만을 거느리고 앞장 설 것을 명령하고 자신은 후속부대를 거느리고 노항(魯港)에 주둔했다. 백안의 대군이 양쪽에서 협공해 오자 대포로 쫓아 버렸다. 송군은 패배하고 수군과 육군의 주력은 모두 와해되었다. 가사도는 전패 후 순주(循州)로 유배되었고 유배지로 가던 길에 압송하던 이들에 의해 살해되었다. 사후(謝后, 태황태후)는 조서를 내려 각지에서 '근왕(勤王)'할 것을 지시했다. 그러나 각지의 관리들은 원나라에 투항할 준비에 서두르며 황실의 지시에 따르지 않았다. 황실 충성에 나선 이들로는 장세걸(張世杰)과 문천상(文天祥)이었다. 장세걸은 금나라 장군 장유(張柔)의 부하였으며 후에 부대를 거느리고 송나라에 투항했다. 장원 출신인 문천상은 이때 공주(贛州)지부로 있었으며 조서를 받은 뒤 곧바로 병사 1만 명을 모집해 임안을 수비했다.

원나라 군은 공격을 멈추지 않았고 임안은 위기에 빠졌다. 1276년 초 사후는 종정소경(宗定少卿) 육수부(陸秀夫)등을 원나라 군에 보내 투항을 구하도록 했고, 질황제 혹은 질손황제 칭호를 내려 줄 것을 부탁했다. 그러나 백안은 이를 불허했다. 장세걸은 임안을 지킬 희망이 보이지 않자 군사를 거느리고 남하했다. 사후는 문천상에게 우승상 겸 추밀사 칭호를 부가하고 문천상에게 원나라 병영에 들어가 투항을 상의할 것을 명했다. 백안은 문천상을 병영에 억류했다. 이어 문천상을 북으로 압송했다. 3월 백안이 임안에 입성했다. 그 후 전후(全后, 度宗后)와 황제 현(顯)등을 잡아 북으로 압송했다. 얼마 뒤 사후도 원의 수도로 압송되었다. 300년 가까이 통치를 이어오던 송나라가 멸망했다.

임안이 위기에 처하자 수왕(秀王) 조여택(趙與擇)은 9살의 익왕(益王, 원래 吉王으로 책봉) 조하(趙昰)와 6살의 광왕(信王으로 책봉) 조병(趙昺)을 호위하고 바다로 나아갔다. 3월 육수부, 진의중(陳宜中), 장세걸(張世杰) 등은 조하, 조병을 복주(福州)로 호송했다. 5월 광왕을 소황제로 옹립하고 송나라의 깃발을 세워 송나라를 회복하려고 시도했다. 문천상은 압송 도중 도망했다. 그 후 남검주에서 독부를 세우고 각 지역에서 군대를 일으킬 것을 호소했다. 1278년 3월 황제 하(昰)가 광주만의 강주(碙州)에서 병사했다. 육수부, 장세걸은 또 8세의 조병을 황제로 옹립했다. 진의중은 송나라 회복이 불가능하자 점성(占城)으로 도망쳤다. 원나라 군이 대거 남하했고 문천상은 해풍(海豐) 북쪽의 오파령(五坡嶺)에서 체포됐다. 1279년 정월 원나라의 수군이 애산(厓山)을 대거 공격했다. 장홍범(張弘范)은 문천상을 배로 압송했다. 원군의 함대가 주강(珠江)어구 밖의 영정양(零丁洋)을 지날 때 문천상은 시 한 수를 지었다. "비바람 속에 강산은 무너지고 이 신세는 물에 뜬 부평초가 되었구나. 황공탄(惶恐灘)에서 황공한 마음을 아뢰고, 영정양(零丁洋)에서 외로움을 한탄하네. 자고로 인생은 누구도 한 번은 죽는 법이니 일편단심을 남겨

청사를 비추리라"

　문천상은 그 후 원나라 수도(오늘날 북경)에 압송되었으나 원에 굴하지 않은 탓에 살해되었다. 2월 초 엿샛날 아침, 원나라 수군이 맹공격을 펼쳐오자 송군은 크게 패했다. 대세가 기울어지자 육수부는 황제 병을 품에 안고 바다에 뛰어 들었다. 장세걸은 양후(楊后)를 호위하며 작은 배에 앉아 포위를 뚫고 나갔다. 4일 뒤, 큰 바람을 맞은 배가 뒤집혀 침몰하며 장세걸 등은 모두 바다에서 목숨을 잃었다. 송나라는 더 이상 저항할 힘이 없어졌고 이로 말미암아 완전히 전멸되었다.

1. 요(遼)의 건립과 서부 이주

(1) 요의 건국

건국 전의 거란(契丹) 거란족의 최초 활동지역은 황하(潢河, 실란물룬강[西拉木倫河, Xilanmulun R])와 토하(土河, 노합하[老哈河]) 일대이며 이들은 유목과 어로와 사냥을 생업으로 삼았다. 거란족은 실만단(悉萬丹)·하대하(何大何)·구복불(具伏弗)·욱우릉(郁羽陵)·일연(日連)·필려이(匹黎爾)·토륙우(吐六于), 우진후(羽真侯) 등 8개의 부락(팔부의 명칭은 서적마다 기록이 다소 다름)으로 나뉜다. 《위서·거란전(魏書·契丹傳)》에는 거란 팔부가 북위(北魏)와 이미 무역 거래가 있었다고 기록되어 있다. 수말(隋末) 당초(唐初)에 거란족은 이미 4만 명 규모의 군사를 갖추었으며 대하씨(大賀氏)부락연맹을 결성했다. 648년(정관[貞觀] 22년)에 당(唐)조가 거란족의 거주지에 송막도독부(松漠都督府)를 설치하고 대하씨 연맹장을 송막 도독에 임명했으며 이(李)씨 성을 하사했다. 거란 여러 부락에 주(州)를 설치하고 부장을 자사(刺史)라고 칭했다. 무측천(武則天) 통치시기에 거란의 대하씨 연맹장 이진충(李盡忠)과 귀성주(歸誠州) 자사 손만영(孫萬榮)이 군사를 일으켜 당나라에 반기를 들고 돌궐(突闕)에 귀순했다. 당현종(唐玄宗) 때에 다시 당나라에 귀순했다. 당나라는 열리(涅里)를 송막 도독에 봉했다. 대하씨 연맹은 요연씨(遙輦氏) 연맹으로 새롭게 결성됐다.

아보기가 나라를 세우다 — 야율아보기(耶律阿保機)는 질라부(迭剌部) 세리(世里,

야율) 가족에서 태어났다. 7세조 열리가 송막 도독을 맡았던 요연씨 부락연맹시대에 세리씨 가족은 대대손손 질라부의 이리근(夷離董, 군사 수장)이었으며 군대를 통솔했다. 901년에 요연씨 흔덕근가한(痕德董可汗)인 아보기가 부락연맹의 이리근을 맡았으며 주변 부족들을 정벌했다. 그는 북상해 실위(室韋)를 공격하고 동북으로는 여진을 정벌했으며 서남으로는 해인(奚人)을 정복했다. 거란은 전쟁 중에 많은 노예들을 포로로 잡았으므로 노예를 소유한 지위가 높은 집안이 형성되기도 했다. 원래 씨족부락 연맹조직을 더 이상 관리할 수가 없게 되었으며 나라를 세울 수 있는 조건이 성숙되었다. 916년에 야율 아보기가 요연씨 부락연맹을 뒤엎고 중원 나라의 모식을 본 따 나라를 세웠다. 아보기는 스스로 천황제(天皇帝, 묘호는 요 태조[遼太祖])를 자칭하고 연호를 신책(神册)이라고 정했으며, 국호는 거란(훗날 요[遼]로 고침)으로 정했다. 그는 아내 술률(述律)씨를 지황후(地皇後)에 책봉하고 황권세습제를 확립했으며 장자인 야율배(耶律倍)를 태자에 책봉했다.

도성을 세우다 – 918년에 아보기는 한(漢)족 대신 계주(蓟州) 사람 강묵기(康黙記)를 황하(潢河) 이북(오늘날 내몽골 바린좌기[巴林左旗])에 도성을 건설하기 시작했으며 백일 간에 거쳐 완공됐다. 그것은 한인 성읍을 본 따 건설한 크지 않은 성이었다.

지역 통치 – 요여씨 팔부연맹은 원래 두 개의 부락 집단을 구성했었다. 아보기는 후족(後族, 황후의 친족) 소(蕭)씨에게 질라부 등 다섯 부락을 통치하라고 명하고 그를 북부재상(北府宰相)이라고 칭했다. 황족이 을실부(乙室部) 등 세 부락을 통치했으며 남부재상(南府宰相)이라 불렀다. 각 부락은 고정된 통치 주둔지역이 규정되어 있었다.

문자를 만들다 – 신책 5년(920년) 정월에 아보기가 종질(從姪) 노불고(魯不古)와 돌려불(突呂不)에게 한자의 편방(偏旁)을 본 따 거란대자(大字)를 창제할 것을 명했다. 그 뒤 아보기의 아우 질라가 또 거란소자(小字)를 창제했는데 그 수량이 적고 서로 연관되어 있었다.

법률을 제정하다 – 거란국이 건립된 후 아보기는 대신에게 "거란과 여러 소수 민족(夷)을 다스릴 법률을 제정할 것"을 명했다. 돌려불이 '결옥법(決獄法)'을 편찬해 반포나여 시행했다. 이와 함께 결옥법관을 설치해 이리필(夷離畢)이라고 칭했다.

요의 국호 제정과 제도의 제정 요태조가 나라를 세운 뒤 곧바로 대외 확장을 시작했다. 916년 7월에서 926년 7월까지 십년간 대규모의 정벌전쟁을 펼쳤다.

남정서벌(南征西伐) - 916년 8월 요태조가 거란군을 이끌고 남하해 삭주(朔州)를 공격 점령했다. 그리고 거병해 동으로 진군해 울(蔚)·신(新)·무(武)·규(嬀)·유(儒) 등의 주를 차례로 공격하여 격파했다. 대북(代北)에서 하곡(河曲)에 이르고 음산(陰山) 너머까지 모두 거란의 소유가 됐다. 이듬해 거란군이 유주(幽州, 북경시)를 공격하고 신(新)주 이동지역에서 진(晉)군을 대패시켰다. 920년에 요태조는 군사를 이끌고 거용관(居庸關)을 넘어 진군했으며 군사를 나누어 여러 지역을 공략했다. 924년에 거란의 세력이 이미 평주(平州)·곡양(曲陽) 등지까지 깊이 파고들어갔다. 같은 해 요태조가 군을 이끌고 서북 정벌에 나서 토혼(吐渾)·당항(黨項)·조복(阻卜) 등 여러 부를 정복했다. 그리고 군사가 악이혼(鄂爾渾河) 강변에 위치한 옛 회골성(回鶻城)에 이르러 서부의 감주(甘州) 회골 도독 필리알(畢離遏)을 공격했다. 이듬해 회골 오주(烏主) 가한이 항복해 공물을 바쳤다.

발해(渤海)를 멸하다 - 발해는 당현종(唐玄宗)이 송화강(松花江)유역에 세운 나라로서 도성은 홀한성(忽汗城, 흑룡강성 영안[寧安]시 남쪽)이다. 발해는 서쪽은 거란과 이웃해 있고 남쪽은 신라(新羅)의 니하(泥河)와 경계가 나뉘며 동쪽은 바다와 인접해 있다. 925년에 요태조가 계(薊)·유(幽) 등지의 한(漢)군을 이끌고 북쪽에 위치한 발해에 대한 정벌에 나섰다. 이듬해 정월에 발해의 요충지 부여(扶余, 길림성 농안[農安])를 공격해 취하고 발해의 홀한성으로 진군해 포위하자 발해국왕이 성문을 활짝 열어 투항했다. 요태조는 발해국을 동단국(東丹國)으로 개칭하고 태자 야율배를 동단왕에 봉해 그 지역을 관할하게 했다. 7월에 요태조가 군사를 돌려 돌아가는 길에 부여에 이르러 병으로 죽었다. 차남 야율덕광(耶律德光, 요태종[遼太宗])이 제위를 이어 계속 대외로 확장했다.

당(唐)나라를 멸하다 - 936년에 당나라의 하동절도사(河東節度使) 석경당(石敬瑭)이 당나라에 저항해 독립하고 요나라에 지원을 청했다. 8월에 요태종이 직접 대군을 이끌고 남하해 당나라 경내에 들어섰다. 9월에 안문관(雁門關)을 지나 흔주(忻州)를 거쳐 태원(太原)에 이르렀으며 태원 서북쪽에서 당나라군을 대패시켰다. 11월에 요태종은 석경당과 부자 협약을 맺고 석경당을 '대진황제(大晉皇帝)'에 봉했다. 당나라 장수들이 다투어 창을 거꾸로 겨누고 배신해 진(晉)에 투항했다. 12월에 석경당이 하양(河陽)에 침입하자 당폐제(唐廢帝) 이종가(李從珂)가 스스로 몸에 불을 질러 죽고 당나라는 멸망했다.

진(晉)을 멸하다 - 938년 11월에 석경당이 연운(燕云) 16주를 요나라에 바쳤다. 요태종은 유(幽)주를 남경(南京)으로 승격시키고 황도인 임황부(臨潢府)를 상경(上京)으로 칭했다. 942년에 석경당이 죽고 그의 아들 석중귀(石重貴)가 제위(진출제[晉出帝])를 이었다. 진출제는 '번신(藩臣)'의 지위를 벗어버리고자 거란을 "신하로 칭하지 않고 손자로 칭했다." 그러자 요태종은 출병해 진을 공격했다. 쌍방은 3년 남짓 대치했으며 결국 진출제가 패해 투항했다.

회동(會同) 11년(947년) 정월에 요태종이 진의 도성 개봉(開封)에 진입해 한족 의관을 쓰고 백관의 조정하례를 받았다. 2월에 정식으로 국호를 대요(大遼)로 정하고 연호를 대동(大同)으로 고쳤다. 4월에 요태종이 군사를 이끌고 북으로 돌아가는 도중에 란성(欒城)에 이르러 병으로 죽었다. 진의 장수 유지원(劉知遠)이 진양(晉陽)에서 칭제하고 국호를 한(漢)국으로 정하고 개봉에 입주했다. 진의 영토 대부분이 한의 소유가 됐다.

제도를 확립하다 - 요나라의 통치제도는 태조·태종 시기에 점차 수립되었다.

황제의 궁장(宮帳)을 알로타(斡魯朶)라고 불렀다. 알로타에는 직속 군대·민호(民戶, 평민 가구)·노예·직할 주현이 포함되었다. 황후도 자신의 알로타를 가지고 있다. 대외 침략과정에서 포로로 잡아온 한족과 발해 노예들로 주현을 설립해 통치했으며 심복·수족 등 친족들에게 분봉해 주었는데 이를 '두하주현(頭下州縣)'이라고 불렀다. 이러한 주현이 원래는 오로지 외족 노예들에게 노역을 시키는 산채와 성이었다.

《요사·백관지(遼史·百官志)》에는 "요나라의 풍속에 따르면 동향하고 좌(左)가 존대의 의미였다"라고 쓰여 있다. 황제의 궁장은 서쪽에 설치했으므로 관직은 모두 북·남으로 나뉘었는데, 마치 좌·우와 같았다. 요태종이 연운16주를 점령한 후 두 가지 정치제도를 수립해 "국제(國制, 거란제)로 거란을 다스리고 한제(漢制)로 한인을 다스렸다." 국제는 통칭 북면관(北面官)이라 했고, 한제는 통칭으로 남면관(南面官)이라고 했다. 북면관은 북·남부(北南府)재상을 설치해 거란에서 기원한 팔부(八部, 여덟 부락)의 두 집단을 각각 총괄했다. 질라부는 5원·6원 두 부로 나뉘는데 태종 때 두 부의 이리근을 북원대왕·남원대왕으로 정하고 군사를 통솔하게 했다. 이밖에 대국구사(大國舅司)를 설치해 후족의 사무를 관리하도록 했으며 이리필원(夷離畢院)을 설치해 형옥을 관리하게 했다. 군정대권은 황제에게 집중시켰다. 남면관은0 기본상 당제(唐制)를 답습했다. 태종이 진을 멸한 뒤 남경지역에서는 여전히 추밀사·중서성 등 관직명을 보존했다. 발해를 멸한 뒤에도 원래의 제도를 보존했다. 이로써 요나라 경내에는 상경·남경·동단국을 중심으로 사회상황과 통치제도가 서로 다른 3대 구역이 형성됐다.

황권의 쟁탈 요태종이 죽자 고급 장수들은 야율배의 아들 영강왕(永康王) 올욕(兀慾)을 옹립해 제위(요세종[遼世宗])를 잇게 했다. 상경에 있던 술률 황후는 원래 요태조의 삼남 야율이호(耶律李胡)를 제위에 앉힐 생각으로 이호에게 군사를 이끌고 토벌에 나서게 했다. 요세종이 상경으로 돌아오자 이호가 전패했다. 요세종이 제위에 등극해 연호를 천록(天祿)으로 정하고 술률 황후와 이호를 조주(祖州)로 이주시켜 감금했다. 천록 5년(951년)에 요세종이 곽위(郭威)에 의해 새로 창립된 주(周)나라에 대한 정벌에 직접 나섰다가 귀화주(歸化州, 오늘날 하북성 선화[宣化])를 지나가는 중에 수행한 황족 야율찰할(耶律察割) 등에게 살해당했다. 요태종의 아들 야율경(耶律璟)이 야율찰할 등을 붙잡아 죽이고 황제위(목종[穆宗])에 등극했다.

요목종은 재위 19년간 노예를 잔혹하게 진압하고 저항하는 황족들을 살해했다. 969년 2월에 요목종이 회주(懷州)에서 사냥을 마치고 행궁으로 돌아갔는데 저장(著帳)노예 소가(小哥)·화가(花哥)·신고(辛古) 등 이들이 반란을 일으켜 목종을 살해했다.

(2) 요의 성쇠

성종의 제도개혁 요목종이 죽은 뒤 요세종의 차남 야율현(耶律賢)이 군사를 이끌고 제위에 등극했다. 그는 한인 한광사(韓匡嗣)를 상경 유수(留守)에 임명하고 또 남원 추밀사로 승진시켰다. 979년 송태종(宋太宗)이 공격해오자 고량하(高粱河)에서 패해 물러갔다. 이듬해 요경종(遼景宗)이 직접 군사를 이끌고 남경에 이르러 와교관(瓦橋關)에서 송군을 대파시켰다. 982년에 요경종이 병으로 죽고 그의 아들 융서(隆緒, 요성종[遼聖宗])이 즉위했다. 요성종은 그때 나이가 12살이었으므로 요 경종의 황후 소연연(蕭燕燕, 승천후[承天後])가 집권하며 남경 수비에서 공을 세운 한광사의 아들 한덕양(韓德讓)를 임용해 정사를 보좌하게 했다. 그리고 도성을 중경 대정부(大定府)에 정하고 일련의 봉건화 개혁조치를 실행했다. 포로로 잡힌 많은 노예들을 평민으로 사면해 주고 법률을 수정해 주인이 함부로 노예를 죽이지 못하게 했으며 부세제를 보편적으로 보급 실행하고 봉건사회제도를 점차 확립했다.

성종은 여러 차례에 걸쳐 군사를 이끌고 남하해 송군과 작전을 폈다. 통화(統和) 22년(1004년)에 단주(澶州, 오늘날 하남성 복양[濮陽])에서 평화 담판을 갖고 각자의 강역을 지키도록 합의했다. 서하(西夏)가 요나라에 귀순해 송나라에 대항하면서 요 · 송 · 서하가 정립하는 국면이 형성됐다. 그리고 서북으로 군사정벌을 감행했는데 감주(甘州) 회골(回鶻)이 사신을 파견해 공물을 바쳤다. 동부로는 고려(高麗)를 침범해 고려를 압박해 책봉을 받도록 했다. 승천후가 1009년에 병으로 죽고 성종이 친정했으며 그도 1031년에 병으로 죽었다. 승천후 · 성종이 통치한 49년간은 요나라의 전성기였다.

조정의 쇠퇴와 동란 요성종이 장자인 종진(宗眞, 흥종[興宗])에게 제위를 물려주었다. 성종의 황후 보살가(菩薩哥, 제천후[齊天後])는 아들 둘을 낳았는데 모두 일찍 죽었다. 궁인 누근(耨斤)이 흥종을 낳아 제천후에게 입양되었으며 누근은 원비(元妃)에 봉해졌다. 흥종이 16세 때 즉위하자 원비가 스스로 황태후(흠애후[欽哀後])가 되어 청정하면서 제천후를 제거하려고 꾀했으나 흥종이 허락하지 않았다. 제천후는 감금되어 지내다가 자살했다. 흠애후는 또 흥종을 폐위시키고 막내아들 중원(重元)을 제위에 앉히려고 꾀했다. 흥종이 중원에게서 그 소식을 전해 듣고 흠애후를 폐위시켜 경주(慶州, 요녕[遼寧]성 임서[林西])로 보내 능을 지키게 하고 중원을 황태제(皇太弟)에 봉했다.

흥종은 재위 24년간 성종의 통치를 이어받아 여전히 요나라의 국세를 유지할 수 있었다. 1055년에 흥종이 병으로 죽고 장자인 홍기(洪基, 도종[道宗])가 제위를 물려받아 연호를 청녕(清寧)으로 고쳤다. 중원은 황태숙으로 떠받들렸으며 천하병마대원수(天下兵馬大元帥)의 칭호를 수여 받았다.

청녕 9년 1063년 7월에 야율중원이 아들 열로고(涅魯古)와 함께 모반해 요도종의 행장(行帳)을 공격했다. 남원추밀사 야율인선(耶律仁先) · 야율을신(耶律乙辛)이 호위병들을 이끌고 출격하자 중원이 패해 도주했으며 결국 자살했다. 야율을신은 반란을 평정하는 데 공을 세우고 또 병권을 장악하고 있던 북부재상(北府宰相) 장효걸(張孝杰)과 결탁해 태자 준(濬)의 생모인 선의(宣懿) 황후가 다른 사람과 간통했다고 모함해 선희 황후를 압박해 자살하게 했다. 그리고 또 태자가 황제를 폐위시키고 스스로 제위에 오르려고 모략을 꾸몄다고 모함해 도종은 태자 준을 상경에 감금시켰다. 야율을신은 사람을 시켜 태자를 살해하고 또 여러 명의 대신을 처형했거나 유배 보냈다. 요도종은 야율을신·장효걸 등 이들의 음모를 점차 눈치 채고 태강(太康) 7년(1081년)에 장효걸를 좌천시켜 조정에서 내쫓았다. 장효걸은 몇 년 뒤 고향에서 죽었다. 야율을신은 삭탈 관직되어 내주(來州)에 연금되었다가 후에 처형당했다. 1101년에 요도종이 병으로 죽고 황손 야율연희(耶律延禧)에게 제위(천조제[天祚]제)를 물려주라는 유언를 남겼다. 천조제가 즉위한 후 조모인 선의황후와 생부인 태자 준의 억울함을 씻어주고 시호를 붙여주었으며, 또 야율을신 도당을 추적 조사하고 요나라의 통치를 회복했다. 그리고 연호를 천경(天慶)으로 고쳤다.

　　요나라의 패망 – 1114년에 여진 완안아골타(完顔阿骨打)가 군사를 일으켜 요에 반대해 혼동강(混同江)의 영강주(寧江州, 오늘날 길림성 부여[扶余] 동남 소성자[小城子])를 점령했다. 출하점(出河店, 오늘날 흑룡강성 조원[肇源] 서남)에서 요나라 군을 대패시키고 승세를 타고서 군사를 나누어 진격해 빈주(賓州, 오늘날 길림성 농안 동북 개원[開原] 노성진[老城鎭]) 등지를 잇달아 공격하여 격파했다. 완안아골타가 칭제(금태조[金太祖])하고 국호를 금이라고 정했다. 1115년 12월 천조제가 직접 요군 십여 만 명을 인솔해 금나라에 출정했는데 요군이 크게 패했다. 금군은 승세를 타고 요양(遼陽) 등 54개 주를 공격하여 점령했다. 1116년에 금태조 완안아골타가 요동(遼東)반도 동부지역을 점령했다. 남경 유수 야율순(耶律淳)이 기아에 허덕이는 백성 2만 명을 모집해 금나라 군과 싸웠는데 크게 패하고 돌아갔다. 금나라 군은 요의 상경인 임황부(臨潢府)를 점령했다. 1122년에 금군이 요의 중경인 대정부를 점령하자 천조제가 몇 천 명의 패잔병을 이끌고 서경으로 도주했다. 금나라 군이 서경인 대동부를 공격하자 천조제는 또 협산(夾山, 오늘날 내몽골 살랍제[薩拉齊] 서북의 대청산[大青山]) 산중으로 도주해 들어갔다.

　　천조제가 나라를 버리고 도주하자 신하와 백성들이 진노했다. 황족 야율대석(耶律大石)과 재상 이처온(李處溫) 등이 야율순(耶律淳)을 옹립해 남경 석진부(析津府)에서 칭제하고 국호를 '북요(北遼)'로 정했다. 금군이 거용관을 지나 침입해 요의 남경을 정복했다. 야율순은 그 이전에 이미 병으로 죽고 야율대석은 도주해 협산으로 들어가 천조제를 알현했으나 천조제가 용납하지 않았다. 1124년에 천조제가 군사를 이끌고 협산을 나왔으나 이듬해 패해 금나라 군에게 포로가 됐다. 야율대석은 군대를 이끌고 서부로 이주했다.

(3) 서요(西遼)의 건립과 멸망

야율대석이 군사를 이끌고 요나라 서북의 요충지인 진주(鎮州, 오늘날 몽골 악이 혼하[鄂爾渾河] 상류의 합달상[哈達桑] 동북의 회골성)에 이르렀다. 요는 그곳에 서북로 초토사(西北路招討司)를 설치했으며 2만여 기에 이르는 상주 군대가 있었다. 야율대석은 진주에 당도해 7개 주의 장관과 18개 부락의 수령을 소집해 정예병 만 여 명을 얻고 관리를 설치해 통치기구를 새롭게 수립했다.

1130년에 야율대석이 부대를 이끌고 회골을 지나 서부로 진군했다. 그들은 엽밀립(葉密立, 오늘날 신강[新疆]의 탑성[塔城] 일대)에 당도해 돌궐 여러 부락의 지지를 받았다. 통제지역은 동쪽의 토랍하(土拉河)에서부터 서쪽의 에밀 강(額敏河)까지 지역인데 인구가 4만 호에 달했다. 1132년에 야율대석이 국호를 정하고 칭제했으며 호를 천우황제(天祐皇帝)로 정했다. 그는 돌궐 칭호를 따 구르칸(菊兒汗, 뭇 칸들의 칸)으로 정하고 여전히 요의 국호를 따랐다. 역사적으로는 대대손손 서요로 불리며 또 합랄거란(哈剌契丹)이라고도 불렀다. 1134년에 야율대석이 초하(楚河) 유역의 팔라사곤(八喇沙袞) 인근에 도성을 세우고 호를 호사알로타(虎思斡魯朶, 강대한 궁장이라는 뜻)로 정했다. 후에 출병해 동부의 카슈가르 정벌에 나서 허톈(和闐, 호탄)에까지 밀고 들어갔으며 서부로 사마르칸트(撒馬爾罕)와 호라즘(花剌子模)을 정복해 중아시아대국이 되었다. 1143년에 야율대석은 병으로 죽었다. 그의 묘호는 덕종(德宗)이다.

야율대석이 죽은 뒤 황후 탑불연(塔不烟)이 7년간 섭정했으며 아들 야율이열(耶律夷列, 인종[仁宗])에게 제위를 잇게 했다. 1163년에 인종이 죽고 그의 누이동생 보속완(普速完)이 섭정했으며 호는 승천태후(承天太後)이다. 승천태후는 14년간 섭정했으며 서요의 원수 소알리랄(蕭斡里剌)에게 살해당했다. 1178년에 인종의 아들 야율직노고(耶律直路古)가 제위를 이었다.

1204년에 칭기즈칸이 몽골군을 이끌고 내만부(乃蠻部)를 공격해 멸망시키자 내만 태양(太陽) 칸의 아들 쿠출루크(屈出律)가 서요로 망명했으며 야율직노고가 그를 받아주었다. 쿠출루크는 서요의 병력을 빌려 동부의 전에 살던 곳으로 가 내만 잔여 세력을 끌어모았다. 1211년에 쿠출루크가 호라즘과 힘을 합쳐 서요를 협공했으며 야율직노고를 압박해 직위에서 물러나게 했다. 쿠출루크는 서요의 제위를 빼앗고 야율직노고를 태상황으로 떠받들었다. 1217년에 서부정벌에 나선 몽골군이 칠하(七河)지역에 침입하자 쿠출루크가 호사알로타를 버리고 남으로 도주했다. 이듬해 그는 몽골군에 잡혀 살해당하고 서요가 멸망한다.

2. 서하(西夏)의 흥망

(1) 서하의 건국

당항(黨項) 탁발부(拓跋部)의 흥기 당항은 원래 강(羌)족의 한 갈래였다. 동한(東漢)시기에 강족이 청해(靑海)에서 서남방향으로 이주해 서장(西藏)지역의 발강(發羌)에 진입해 토번(吐蕃)을 건립했다. 다른 한 갈래의 당항강(黨項羌)은 한때 청장(靑藏)고원에까지 들어갔으나 당모강(唐旄羌, 여국[女國])의 공격을 받아 다시 송주(松州) 부근으로 되돌아 가 유목생활을 했다. 당초(唐初), 송챈감포(松贊干布)가 토번국을 건립했다. 토번이 당항 탁발부 수령을 습격 살해했다. 당항 여러 부락은 오늘의 감숙(甘肅)과 섬서(陝西) 북부 일대로 이주했다. 하주(夏州)로 이주한 부락은 평하부(平夏部)로 불렸다. 당나라 말년에 당항 평하부 수령 탁발사공(拓跋思恭)이 출병해 당 조정을 도와 황소의 봉기를 진압하고 당나라 군대를 따라 장안(長安)을 점령했다. 당나라는 하주를 정난군(定難軍)으로 정하고 사공을 절도사(節度使)에 임명했으며 하국공(夏國公)으로 승급시키고 이(李)씨 성을 하사했다. 당항족은 은(銀)·하(夏)·수(綏)·정(靜)·유(宥) 등 5개 주를 차지하고 각 부락이 여러 지역에 흩어져 살고 있었으며 가장 큰 부락에는 인구가 4~5천 명이었다. 982년에 탁발부 수령 이계봉(李繼捧)이 부락장·씨족장 270여 명에 민호 5만여 장(帳)을 이끌고 송나라에 귀순했으며 송나라의 동경에 남아 살았다. 송태종(宋太宗)은 계봉을 창덕군절도사(彰德軍節度使)에 추가로 봉했다. 하주 당항 귀족 이극문(李克文)·수주 이극헌(李克憲)도 잇달아 송에 투항했다. 송나라는 하·은·수·유 등 4개 주를 점령했다.

이계봉의 아우 이계천(李繼遷)이 송에 대항해 독립했으며 송군과 끊임없이 교전했다. 985년에 이계천이 은주를 점령하고 군대를 이끌고 회주(會州)를 공격해 회주성을 불살랐다. 송태종이 파병해 정벌하자 이계천은 은주를 버리고 물러나 요나라에 귀순해 송에 대항했다. 송성종은 이계천에게 정난군절도사(定難軍節度使)·도독하주제군사(都督夏州諸軍事) 관직을 수여하고 또 종실 여식 의성(義成)공주를 계천에게 시집보냈다. 990년에 요가 이계천을 하국왕(夏國王)에 봉했다. 이듬해 계천은 승세를 타고 은·수 두 개의 주를 점령했다. 송나라는 하는 수 없이 은주관찰사(銀州觀察使) 봉호를 수여하고 조보길(趙保吉)이라는 이름을 하사했다. 997년에 송진종이 당항에 타협하고 양보해 계천에게 하주자사(夏州刺史), 정난군절도사, 하·은·수·유·정 등 5개 주 관찰처치압번락(觀察處置押蕃落) 등 사(使)의 관직을 수여했다. 계천은 5개 주 수천 리 영토를 빼앗아 위망과 성세를 크게 떨쳤다. 그는 당항 부락을 통제하고 하란산(賀蘭山) 서쪽에서 황하(黃河) 동쪽에 이르기까지 농산(隴山) 안팎으로 면적이 수십만 장(帳)이 넘는 땅을 관리했다. 그는 송나라의 영주(靈州)를 점령해 서평부(西平府)로 개칭했다. 1003년에 계천이 하주에서 서평으로 이주해 한 걸음 더 나가기 위한 발판으로 삼았다. 송진종이 사신을 파견해 평화 담판을 진행했으며 송나라의 정난군 지역을 전부 이계천에게 할양했다. 그리하여 당항의 세력이 더 커졌다.

1004년에 이계천이 군사을 이끌고 황하를 건너 서량부(西凉府, 감숙[甘肅]성 무위[武威])를 점령했다. 토번육곡부(吐蕃六谷部) 부장 반나지(潘羅支)가 이계천이 주의하지 않는 틈을 타 기습해왔으며 이계천은 활을 맞고 죽었다. 그 뒤 아들 덕명(德明)이 제위를 잇고 주청을 올려 송에 귀순했다. 송은 덕명을 서평왕에 봉했다.

1020년에 덕명이 영주 회원진(懷遠鎭)에 도성을 건설하고 서평에서 새 도성으로 이주하고 호를 흥주(興州)로 정했다. 1024년에는 또 회원 서북의 성외산(省嵬山) 아래에 성외성을 건설하고 흥주의 보호벽으로 삼았다. 1028년에 덕명의 아들 원호(元昊)가 군사를 이끌고 감주를 함락시킨데 이어 승세를 타고 서량부를 함락시켜 회골과의 작전에서 중대한 승리를 거두었다. 당항의 역사가 새로운 시기에 들어섰다.

하(夏)나라의 건립 – 1031년에 덕명이 병으로 죽고 장자 원호가 제위를 잇는다. 송나라는 원호를 정난군절도사에 봉하고 서평왕 작위를 세습하게 했다. 원호는 계속 당항 부족들을 거느리고 토번·회골을 공격했다. 1033년에 원호가 토번 곡시라부(唃廝羅部)를 공격하여 승리하고 야크성(犛牛城)을 공격했다. 1036년에는 또 서부의 회골을 공격해 과주(瓜州)·사주(沙州)·숙주(肅州)을 함락시키고 하서주랑(河西走廊)을 점령했다.

통치영역이 동쪽의 황하에서 서쪽으로 옥문(玉門)까지 이르고 남쪽은 소관(蕭關)에 닿고 북쪽은 대막(大漠)을 통제했다.

원호가 독립해 나라를 세웠다. 그는 당·송이 하사한 이·조 씨 성을 폐지하고 외명(嵬名) 씨로 성을 고쳤으며 호를 '올졸(兀卒, 청천자[青天子])'이라고 정했다. 그리고 독발령(禿發令)을 반포해 경내 속민(屬民)에게 사흘간 기한을 주고 머리 양식을 바꿀 것을 명했다. 1033년 흥주를 흥경부(興慶府)로 승격시키고 궁전을 확장 건축해 나라를 세울 준비를 했다. 1038년에 원호는 정식 국호를 대하(大夏)로 정하고 "시문영무흥법건예인효황제(始文英武興法建禮仁孝皇帝)" 경종(景宗)이라고 칭했으며 연호를 천수예법연조(天授禮法延祚)로 정했다. 그리고 모녕령(謨寧令, 천대왕[天大王]) 야리인영(野利仁榮)에게 명해 서하문자 12권을 창제해 하왕조에서 사용하도록 했다. **새로 창립된 하왕조는 송· 요와 치열한 전쟁을 치렀다.**

하·송의 전쟁 – 원호가 건국하고 칭제하자 송나라가 크게 놀랐다. 1039년 6월에 송나라가 원호의 관작을 삭탈하고 파병해 하왕조를 공격했다. 그로부터 송·하 사이에 여러 차례 전쟁을 치렀으며 하군이 송군을 많이 죽이고 포로로 잡아 막대한 손상을 입혔다. 송나라는 하는 수 없이 서하와 협의를 맺고 원호를 하왕조 군주로 책봉했으며 명의상에서 하왕조는 여전히 송나라에 신하 지위를 유지했다. 송은 매년 하왕조에 명주 13만 필, 은 5만 냥, 차 2만 근씩을 하사했다. 송·하가 무역을 회복했다. 하왕조는 연속 몇 년간의 치열한 전쟁 끝에 끝내 송나라의 인정을 받았던 것이다.

하·요의 전쟁 – 원호는 즉위하기 전에 요에 귀순해 송에 대항한 적이 있었다. 서하가 건국한 후 요나라 통치 하에 있던 당항 부락들 대다수가 요를 버리고 하에 귀순했다. 1044년 10월에 요흥종이 직접 10만 대군을 거느리고 세 갈래로 나뉘어 강을 건너 서하를 공격해왔다. 양 군은 하란산(賀蘭山) 북쪽에서 격돌했는데 요군이 전패했다. 요·하는 평화 조약을 맺었다. 이로써 하왕조가 요·송과 대치하는 국면이 형성되었다.

(2) 황족과 후족의 겨룸

경종이 피살되다 경종 원호가 하왕조를 세우기까지 후족(後族) 야리(野利) 씨가 중요한 역할을 했다. 천수예법연조 5년(1042년) 12월에 태자 영명(寧明)이 병으로 죽자 경종은 야리 황후의 아들 영령가(寧令哥)를 태자에 책봉했다. 야리 황후의 숙부(從父)인 야리우걸(野利遇乞)이 군사를 거느리고 천도산(天都山)을 수비하고 후족 야리왕영(野利旺榮)이 영령(寧令, 대왕)에 임명됐다. 이듬해 하경종이 송나라의 이간계에 빠져 야리우걸과 왕영이 송나라와 내통해 하왕조를 배반했다는 누명을 씌워 야리우걸과 양영을 살해하고 야리우걸의 아내 몰장(沒藏) 씨를 거둬 아들 양조(諒祚)를 낳았다. 1047년 5월에 경종이 야리 황후를 폐하고 몰장 씨를 황후에 책봉했다. 이듬해 정월에 영령가가 야리 씨족인 낭렬(浪烈) 등과 함께 입궁해 경종을 죽였다. 몰장 황후의 오라비이며 국상(國相)인 와방(訛龐)이 영령가와 그의 모 야리 황후를 죽이고 두 살 난 양조를 황제(의종[毅宗])로 옹립함으로써 하왕조 정권이 몰장 황후와 국상 몰장와방 일족의 수중에 넘어갔다.

의종이 집권하다 서하 건국시기에 송나라의 제도를 채택해 한제 관직을 제정하고, 당항 원유의 관제와 병렬시켰으며 한인 관리들을 임용해 경내 한인들을 통치했다. 이로써 한인 관리의 권세가 점차 커졌다. 1056년 10월에 한인 신하 이수귀(李守貴)는 몰장 황후가 사냥을 나간 틈을 노렸다가 몰장 황후를 살해했다. 이에 와방이 이수귀의 온 가족을 처형에 처하고 또 한인 신하 여러 명을 죽였다. 1061년에 와방 부자가 의종을 살해하고 황권을 빼앗을 음모를 꾸몄다. 그런데 와방의 아들 부량(婦梁) 씨(한인)가 의종에게 밀고하는 바람에 의종이 와방 부자를 붙잡아 죽이고 몰장 씨족 중 외지에서 벼슬을 하는 자까지 모조리 처형됐다. 의종이 일거에 정권을 빼앗은 뒤 와방의 딸 몰장 황후를 처형하고 양(梁) 씨를 황후로 맞아 들였으며 양 황후의 남동생 양을매(梁乙埋)를 국상에 임명했다. 의종이 친정한 후 일련의 개혁조치를 실행했으며 명을 내려 그때부터 당항의 번례(蕃禮, 의관예의)를 따르지 않고 한례(漢禮, 한인의 예의)로 바꾸도록 했다. 그리고 한인의 성으로 바꿔 여전히 당나라가 하사한 이(李) 씨 성을 쓰기로 했다. 또 송나라와 담판을 거쳐 국경을 확정하고 각장(榷場)무역(국경 지역의 호시 무역)을 회복했다. 의종은 한인과 지내기 좋아했으며 한족문화를 배웠다. 변경지역에서는 죄를 짓고 그에게 와 귀순하는 한인이 많았다.

양씨가 집권하다 1068년에 하나라 의종이 죽고 8살 난 어린 아들 병상(秉常, 혜종[惠宗])이 제위에 등극했으며, 그의 생모인 양 태후가 섭정하고 양을매는 국상이 되었다. 양 태후가 집권하자 한례를 폐지하고 번례에 따를 것을 선포했으며 송나라와의 전쟁이 끊이지 않았다. 1076년에 혜종이 친정하고 번례를 폐지하고 한례를 실행했으며 의종

때 송나라와 사이좋게 지내던 정책을 회복했다. 그러나 양 태후와 양을매가 반대했다. 1081년에 양 태후가 혜종을 감금하자 각 지역의 황족을 지지하는 장수들이 군대를 보유하고 자신의 지위를 강화하며 양 씨의 명령에 따르지 않았다. 이때 송나라가 출병해 서하를 공격했으므로 1083년 윤 6월에 양 태후는 다시 혜종의 황위를 회복했다. 2년 뒤 양을매와 양 태후가 잇달아 병으로 죽었다. 양을매의 아들 양을포(梁乙逋)가 스스로 국상 직을 맡고 대장 인다보충(仁多保忠)과 병권을 분담했다.

1086년에 혜종이 죽고 세 살 난 어린 아들 건순(乾順, 숭종[崇宗])이 제위를 이었다. 숭종의 생모 양 씨, 즉 양을매의 딸이 계속해서 정사를 관리했다. 황족 외명아오(嵬名阿吴)·인다보충과 후족 양 씨의 3대 가족이 서로 싸웠다. 1094년에 외명아오·인다보충 등이 양을포를 죽였다. 1099년에 양 태후가 죽자 양 씨의 전횡 국면이 비로소 끝나고 말았다.

황권을 공고히 하다 양 씨가 패망하고 숭종 건순과 외명 씨 황실이 집권하면서 요나라에 귀순하고 송나라와 화해해 외명 씨의 황권통치를 공고히 하기 위해 전력을 다했다. 1099년 말 숭종이 송나라에 귀순을 맹세해 주청을 올리자 송나라가 화해하는 것을 허락하고 중단했던 '세사(歲賜, 매년 황제가 재물을 하사하는 것)'를 회복했다. 숭종은 또 요나라에 청혼했다. 이에 따라 요나라 천조제는 종실의 여식 남선(南仙)을 성안(成安)공주에 봉해 하나라 숭종에게 바쳤다.

하나라 숭종이 친정한 뒤 군대를 보유한 귀족의 세력을 잇달아 없애고 인다보충의 병권을 없앴다. 이어 또 한인의 봉왕(封王)제도를 채용해 외명 씨 종실을 왕작에 봉함으로써 황족의 통치를 공고히 했다. 한(漢)문화를 제창하고 한학(漢學, 유학[儒學])을 국학으로 정했다.

번부(蕃部)의 봉기와 분국 전쟁 하나라 숭종이 한인 조(曹) 씨 여자를 아내로 맞이해 아들 인효(仁孝)를 낳은 뒤, 또 귀순한 송나라 신하 임득경(任得敬)의 딸을 아내로 맞이해 황후에 봉했다. 1139년 6월에 하나라 숭종이 병으로 죽고 인효가 황제(인종[仁宗])로 등극했다.

번부의 봉기 ─ 황권통치가 공고해지고 영역이 확장됨에 따라 하왕조 귀족들이 대량의 사회적 재부를 약탈했다. 그들은 갈수록 봉건화 되고 한문화를 받아들이는 한편 사치스럽고 안일하며 부패한 생활을 하게 되었다. 반면에 당항 부족민들은 잔혹한 압박과 착취를 받아 도탄에 빠져 허덕이게 되었다. 진왕(晉王) 찰가(察哥)가 권력을 장악 "공개적으로 뇌물을 수수하고 우쭐거렸으며" 민간인의 자택과 땅을 빼앗아 저택을 여러 개씩 소유하곤 했다. 귀족 세가들도 서로 다투어 사치함을 뽐내곤 했다. 1142년 하왕조에 기근이 들어 민간에서는 쌀 한 되가 백전에 팔리기에 이르렀다. 이듬해 3월에 도성 흥경부(興慶府)에 강진까지 발생했다. 성벽과 가옥들이 무너지고 수만을 헤아리는 사람과 가축이 죽었다. 4월에 하주(夏州) 땅이 갈라지며 흑사(黑沙)가 뿜겨져 나와 높이가 수 장(丈)에 이르는 산을 이루었으며 수천 명의 주민을 함몰시켰다. 그리고 7월에 또 대규모의 기근이 나타났다. 위주(威州) 대빈부(大斌部)·정주(靜州) 매경부(埋慶部)·정주(定州) 지랑(笡浪)부와 부아부(富兒部) 등 부족의 당항부족민들이 동시에 무장봉기를 일으켰는데, 비교적 큰 대오는 만여 명에 달하고 비교적 적은 대오도 5~6천 명에 달했다. 봉기군들이 주(州) 성을 공격하자 주의 군사들이 출병해 진압했으나 모두 봉기군에게 격파 당했다. 10월에 하나라 인종이 임득경(任得敬)에게 정주에서 대군을 이끌고 진압할 것을 명했으며, 여러 주의 봉기 대오를 잇달아 학살하고 와해시켰다. 봉기의 수령 치와(哆訛)가 살해되고 봉기는 진압 당해 실패했다.

임득경이 분국하다 – 임득경은 정주(靜州) 도통군(都統軍)에 의지해 군사를 이끌고 부족 봉기를 잇달아 진압하고 실력을 확충했으며 외척임에도 막강한 군대를 장악했으며 권세가 하늘을 찌를 듯한 군벌이 되었다. 진왕 찰가가 죽은 뒤 임득경은 국상의 자리에 앉았다. 그의 형제와 아들·조카들이 조정에 널리 퍼져 서하의 군정대권을 장악했다. 1170년 윤 5월에 임득경이 하나라 인종을 공공연히 협박해 '분국(分國)'을 실현했다. 즉 하 왕조의 절반을 갈라 자신이 통치하기로 한 것이다. 하 인종은 압박에 못 이겨 서남로(路)와 영주(靈州) 나방령(囉龐嶺)지역을 임득경에게 갈라주고 국호를 초(楚)라고 했다. 인종이 사신을 파견해 금나라에 가서 아뢰게 했는데 금 세종이 허락하지 않았다. 하 인종은 금나라의 지지를 얻어 임득경을 포로로 잡아 죽이고 임의 도당들을 주살하여 서하의 봉건제 통치를 공고히 했다.

(3) 서하의 패망

몽골에 귀순해 금을 침략하다 1193년에 하 인종이 병으로 죽고 그 아들 순우(純

佑, 환종[桓宗])가 즉위했다. 1206년 정월에 인종의 조카 안전(安全)이 환종을 폐위시키고 스스로 제위(양종[襄宗])에 오르고 금나라로부터 하나라 국왕으로 책봉 받았다. 그해 칭기즈칸이 대몽골국을 세우고 1209년 3월에 하 왕조의 중흥부(中興府)를 대거 포위 공격했다. 양종은 사신을 보내 금나라에 위급함을 고하고 지원을 청했다. 금나라 황제 위왕윤제(衛王允濟)는 "적들이 서로 공격하는 것은 우리나라에는 복된 일이다"라고 하며 구경만 하며 구원하지 않았다. 하 양종이 칭기즈칸에게 딸을 바치고 화해를 청하자 몽골군이 철군했다.

1211년에 하 왕조 황실의 제왕(齊王) 준욱(遵頊)이 양종 안전을 폐위시키고 제위(신종[神宗])에 올랐다. 그는 금나라에 책봉해줄 것을 청하지 않고 몽골에 귀순해 금나라를 공격했다. 그해 겨울 몽골군이 금나라의 중도(中都)를 포위하자 금나라가 위급함을 알렸다. 하 신종은 그 기회를 틈타 금나라의 경주(涇州)와 빈주(邠州)에 침입했으며 또 평량부(平凉府)를 포위했다. 1123년에 하왕조의 군대가 금나라의 보안주(保安州)를 함락시키고 경양부(慶陽府)를 포위했으며 빈주와 공주(鞏州) 등지를 공격하여 격파했다. 이듬해 경(慶)·원(原)·연안(延安) 등 여러 주를 공격하고 나아가 금나라의 임조부(臨洮府)를 공격과여 파괴했다. 1216년 가을에 칭기즈칸이 출병해 금나라를 침략하자 서하가 출병해 협력해 작전을 펼쳤으며 연안과 대주(代州)를 공략하고 동관(潼關)을 함락시켰다. 12월에 금군이 반격해왔는데 군사를 나누어 서하의 염(鹽)·유(宥)·하(夏)·위(威)·영(靈) 등의 주를 공격했다. 하·금 양국은 전쟁이 끊일 줄 몰랐다. 몽골은 계속 하왕조로부터 징병하면서 출병해 하나라를 멸할 준비를 했다. 신종이 몽골에 종속해 금나라를 침략하려던 국책은 철저히 실패했다. 1223년에 전국적인 반대 소리 속에서 신종은 제위에서 물러나겠다고 선포하고 차남 덕왕(德旺, 헌종[獻宗])에게 제위를 물려주고 스스로 상황(上皇)으로 자칭했다.

금나라와 연합해 몽골에 대항하다 1225년 8월에 헌종이 사신을 보내 금나라에 화해를 청했다. 금·하가 형제 나라가 되어 각자 자국의 연호를 썼으며 양국이 서로 지원했다.

1226년 봄, 칭기즈칸이 직접 대군을 인솔해 북로로 해서 하 왕조 경내에 침입했다. 2월에 몽골군이 흑수(黑水)·올랄해(兀剌海) 등의 성을 격파하고 사주(沙州)로 진군했다. 한 달 남짓한 강습을 거쳐 몽골군은 사주를 점령하고 숙주(宿州)를 함락시켰으며 감주

(甘州)를 포위했다. 감주 수비군이 투항을 거부하고 몽골 사자를 죽이자 결국 감주성은 몽골군에게 점령당했다. 5월 하나라 신종이 병으로 죽고 7월에는 헌종이 두려움과 근심에 싸여 죽었다. 헌종의 조카 현(睍)이 제위에 옹립되었다. 몽골군은 서량부(西涼府)를 함락시켰다. 칭기즈칸이 직접 대군을 이끌고 승승장구해 영주(靈州)를 점령했다. 1127년 초 칭기즈칸이 군사를 이끌고 강을 건너 금나라를 공격하고 일부 군사를 남겨 중흥부를 포위 공격하게 했다. 중흥부는 반년 간 포위되어 성 안에 식량이 다 떨어졌다. 6월에 황제 현이 몽골에 항복하며 한 달 뒤에 성을 바칠 수 있게 말미를 줄 것을 요구했다. 7월에 칭기즈칸이 군 중에서 병으로 죽었다. 현이 성을 나가 투항했으나 몽골군에 살해당했다. 이로써 하 왕조는 멸망했다.

3. 금(金)의 건국과 봉건통치의 발전

(1) 금나라의 건국

여진(女眞)족의 흥기 여진족은 장백산(長白山)과 흑룡강(黑龍江) 유역에 거주했다. 거란(契丹)은 건국 후 요(遼)나라의 통치 하에 있었다. 대략 요흥종(遼興宗) 시기에 여진의 완안부(完顔部)가 백산(白山) · 야회(耶悔) · 통문(統門) · 야라(耶懶) · 토골론(土骨論) 등 부족들과 조직이 느슨한 부락연맹을 결성했다. 완안 부장 오고내(烏古迺)가 연맹장을 맡았다. 요나라가 오고내에게 생여진부족절도사(生女眞部族節度使) 칭호를 주었다. 오고내는 이웃 부족으로부터 쇠를 대량 구입해 활촉과 병기들을 만들면서 점차 강대해졌다. 알민수포찰부(斡泯水蒲察部) · 태신특보수완안부(泰神忒保水完顔部) · 통문수온적흔부(統門水溫迪痕部) · 신은수완안부(神隱水完顔部)가 잇달아 오고내의 연맹에 가입했다. 연맹은 국상(國相) 직책을 설치해 연맹장이 연맹사무를 처리하는 것을 보좌하도록 했다. 오고내가 죽은 뒤 그의 아들 핵리발(劾里鉢)이 그의 뒤를 이어 연맹장직을 맡았으며 계속해서 요나라가 부여한 절도사 칭호를 받았다.

요도종(遼道宗) 시기에 이르러 영가(盈歌)가 연맹장직을 맡고 여진도단부(女眞徒單部) · 오고론부(烏古論部) · 포찰부(蒲察部)의 세 연맹에게 승리하고 47개 부족을 전부 항복시켰다. 요말(遼末) 천조제(天祚帝) 시기에 오아속(烏雅束)이 10년간 연맹장을 맡았으며 후에 병으로 죽었다. 그 후 완안아골타(完顔阿骨打)가 연맹장을 이은 뒤 여진족이 새로운 발전시기에 접어들었다.

요 천경(天慶) 4년(1114년) 9월초 아골타가 군사를 일으켜 남하해 요의 강녕주(江寧州)를 공격하기 시작했으며 10월에 강녕주 성(城)을 함락시켰다. 11월에 요나라가 대군을 파견해 반격했는데 압자하(鴨子河) 북쪽을 집중 공격했다. 아골타가 3,700명의 군사를 이끌고 대적했다. 양 군은 출하점(出河店)에서 격돌했으며 요군이 대패했다. 여진군은 승세를 타고 진군해 빈주(賓州)·함주(咸州)를 점령했다.

금나라의 건립 여진군이 요동지역을 점령한 후 원래의 부락 연맹조직은 여러 부족민에 대한 효과적인 통치를 실행하기 어려웠다. 요 천경 5년(1115년) 정월에 노예주 국가를 건립하고 국호를 대금(大金)으로, 연호를 수국(收國)으로 정했다. 그리고 부락 연맹장제도를 폐지하고 아골타가 황제(금태조[金太祖])를 칭하고 황권 통치를 확립했다. 연맹의 '국상' 직책을 폐지하고 네 명의 '보길레(勃極烈, 발극렬)'를 두어 정사를 보좌하게 했다. 네 명의 보길레의 칭호는 각각 암반(諳班, 여진어로 '크다'는 뜻)보길레·국론(國論, 여진어로 '국가'라는 뜻)보길레·아매(阿買, 여진어로 '제1'이라는 뜻)보길레·측(尺, 여진어로 '제2'라는 뜻)보길레이다. 아골타의 아우 오걸매(吳乞買)를 암반보길레에, 아우 완안고(完顔杲)를 측보길레에 임명하고 원래 국상이었던 살(撒)의 국상직을 국론보길레로 바꿔 임명했으며, 사불실(辭不失)을 아매보길레에 임명했다. 그리고 후에 또 국론을실(國論乙室)보길레직을 추가 설치하고 아리합만(阿離合懣)이 맡아 대외 사무를 담당하도록 했다. 보길레의 설치는 아주 오래된 의사제(議事制)의 일부 흔적이 있긴 하지만 실제로는 이미 황제를 보좌하는 통치기구가 되었으며 전국 최고의 행정관리 중추였다.

금나라가 건국한 후 군대는 여전히 맹안(猛安)·모극(謀克)이 통솔했다. 맹안은 여진어의 원 뜻이 부락 군사수장이고 모극은 원 뜻이 씨족장이다. 국가제도가 수립된 후 기층의 군사편제로 변화 발전했다. 금나라는 요동(遼東)지역에 남로(南路)를, 함주지역에 함주로를 각각 설치하고, 각 노(路)에 도통(都統) 혹은 군수(軍帥, 군 총사령관)를 두어 현지 군대를 통솔하고 여러 부족인을 통치했다. 황제는 금군(金軍, 금나라 군대)의 최고 통솔자로서 전시에는 국론홀로(國論忽魯)보길레를 직접 임명해 군대를 통솔해 작전하도록 명했다.

금나라 초기(金初) 법제는 "형(刑)과 속(贖)을 병행"했다. 죄를 지어 마땅히 재물을 몰수하고 노예로 전락시켜야 할 자가 재물을 바치면 죄를 면제받을 수 있었다. 중죄를 지은 자일지라도 스스로 재물로 죄를 면제받을 수 있었는데 단 코나 귀를 베어 평민과 다르다는 표식을 해놓곤 했다. 땅을 깊이와 너비 수 장(丈)씩 더 깊게 넓게 파 감옥을 만들어 죄인을 감금시켰다. 금태조는 완정한 법률을 제정하지 않았지만 건국 전과 후 여러 가지 법령을 잇달아 반포 시행했다.

금태조는 완안희윤(完顔希尹)에게 명해 거란의 문자에 의거해 여진의 문자를 창제해 여진 언어를 표기하도록 했다. 여진문자가 반포 시행된 후 금나라의 공식적인 통용 문자가 됐다.

요를 멸하고 송을 침략하다 금태조가 즉위한 후 친히 군대를 이끌고 요나라를 공격했다. 9월에 황룡부(黃龍府) 성을 공격 점령한 뒤 요 천조제가 친히 이끄는 대군을 격파했다. 이듬해에는 동경주현(東京州縣)를 점령했다. 그 뒤 몇 년간 금군은 금의 상경(上京)·서경(西京)·중경(中京)·동경(東京)·연경(燕京) 등의 성을 잇달아 점령했다. 천조제는 계속 서쪽으로 도주했으며 요나라에 속했던 지역들이 잇달아 성을 바치며 투항했다. 1123년 8월 금태조가 군을 이끌고 조정으로 복귀하기 시작했는데 상경으로 돌아가는 도중에 병으로 죽었다.

금태조가 죽은 뒤 아우 완안성(完顔晟, 금태종[金太宗])이 즉위해 계속 천조제를 추격했다. 이듬해 2월 금군이 서쪽으로 도주한 천조제의 잔여 부대를 추격해 응주(應州)에서 천조제를 붙잡고 요를 멸했다.

1125년 10월 금 태종이 조서를 내려 송(宋)에 대한 정벌에 나섰다. 그는 완안고·완안종한(完顔宗翰)·완안종망(完顔宗望) 등을 군 총지휘관에 임명하고 서경에서 태원(太原)까지, 남경(평주[平州])에서 연경까지 연속해서 공격했다. 12월에 종망의 군대가 백하(白河)에 이르러 송나라 군대를 크게 패퇴시키고 개봉(開封)을 포위 공격했다. 1126년 정월에 송 휘종(宋徽宗)이 흠종(欽宗)에게 황위를 물려주고 사신을 파견해 금나라에 화해를 구했다. 금군이 승리를 거두고 돌아갔다. 종한의 군대는 태원을 포위 공격하려 했으나 저항에 부딪쳤다. 3월에 서경 대동부(大同府)로 돌아갔으나 군사를 남겨 계속 태원을 포위 공격하게 했다. 8월에 종한을 좌부원수(左副元帥)로, 종망을 우부원수(右副元帥)로 정하고 각각 서경과 보주(保州)에서 남하해 개봉에서 합류하기로 계획했다. 9월 종한의 군대가 태원을 함락시키고 융덕부(隆德府) · 택주(澤州)를 거쳐 개봉으로 진군했다. 종망의 군대는 진정부(眞定府)를 점령한데 이어 또 강을 건너 임하(臨河) · 대명(大名) 등의 현을 함락시켰다. 12월에 종함 · 종망 두 군대가 개봉 성 아래에서 회합했다. 그러자 송 흠종이 투항했다. 1127년 4월에 금군이 송휘종 · 흠종을 포로로 잡고 인구와 재물을 대거 포획해 돌아갔다. 이로써 북송이 멸망했다.

북송이 멸망한 후 송강왕(宋康王) 조구(趙構)가 송나라의 남경(상구[商丘])에서 황제(송고종[宋高宗])로 등극해 조송(趙宋) 나라를 재건했으며 중원을 포기하고 강남으로 도주했다. 그 후 2년간 금나라가 군사를 파견해 계속 남하하며 추격해 하북(河北) · 하동(河東) · 섬서(陝西) · 경서(京西) · 경동(京東) 등 노(路)의 많은 지역을 잇달아 점령했다. 완안종필(完顔宗弼)의 군대가 한 번은 강을 건너 남하해 송 고종을 추격한 적이 있었다. 송 고종은 바닷길로 해서 온주(溫州)로 도주해서야 겨우 위험에서 벗어날 수 있었다. 1130년 2월에 종필이 군대를 이끌고 항주(杭州)를 공략해 재물을 대거 약탈해 가지고 북으로 돌아갔다.

금군이 물러간 뒤 송 고종은 항주로 돌아와 도읍을 세우고 임안(臨安)이라 칭했다. 이 시대를 남송(南宋)이라고 한다. 금나라의 도성은 여전히 회녕부(會寧府)였다. 금나라는 동쪽의 회수(淮水)에서 시작해 서쪽으로 진령(秦嶺)에 이르는 지역을 경계로 송(宋)과 갈렸다. 금군은 개봉을 점령한 후 투항한 송나라의 신하 장방창(張邦昌)을 부추겨 칭제하고 국호를 초(楚)로 정했다. 남송이 건립된 후 장방창이 송고종에게 귀순했다. 1130년에 금군이 재차 개봉을 점령하고 역시 투항한 송나라의 신하 유예(劉豫)를 황제에 앉히고 국호를 제(齊)로 정했다.

희종(熙宗)의 제도개혁 1135년에 금태종이 병으로 죽고 태조의 손자 완안단(完顔亶, 금희종[金熙宗])이 즉위했는데 당시 나이 16세였다. 종반(宗盤) · 종한(宗翰) 등 대신이 정무를 보좌했다. 금나라는 요 · 송을 점령한 후 여진의 낡은 제도가 더 이상 통치의 수요를 만족시킬 수 없게 됐다. 그리하여 금태종이 여러 방면의 개혁을 실시한데 이어 금희종 때에 이르러 일층 더욱 개혁하였다.

금희종이 즉위한 후 바로 보길레의 정무 보좌제도를 폐지하고 요 · 송의 한관(漢官)제도를 실행했다. 황제 아래로 3사(태사[太師] · 태부[太傅] · 태보[太保])를 두고, 상서성(尙書省)에 상서령(尙書令)을 두었으며 그 아래에 좌 · 우 승상(丞相)과 좌 · 우 상(相, 부상[副相]) 원래의 보길레에게 태사·태부·태보의 직함을 수여하고 그들이 3성(省)의 사무를 총괄하게 했다. 군사기구는 여전히 도원수(都元帥)가 통솔하게 했으며 제도적인 변혁은 하지 않았다. 지방관제는 요·송의 낡은 제도에 따라 노(路)·부(府)·주(州)·현(縣) 네 개의 급을 설치했다. 각 노에 병마도총관(兵馬都摠管)을 두어 군병을 통솔하게 했다. 노(路) 소재지 부(府)를 총관부(總管府)라고 칭했다. 병마도총관이 총관부의 부윤(府尹)을 겸임했다. 각 주는 자사(刺史)·절도사(節度使)가 군병을 통솔하면서 정무를 겸했다. 노·부·주·군의 군사와 행성은 실제로 각 노의 관리들이 통일 관리했다. 현급의 관아는 군병을 설치하지 않았으며 현령(縣令)은 민정(民政)만 관리했다.

1138년(천권[天眷] 원년) 8월 새로운 관제와 '관리 교체' 규정을 반포 시행했다. 즉 원래 여진과 요·송의 관직을 새로운 제도에 따라 통일적으로 새로운 관직으로 교체해 부여한 것이다. 그리고 또 이른바 '훈봉식읍(勳封食邑)'제도를 규정해 공훈과 서열에 따라 각각 다른 봉작(封爵)·훈급(勳級)·식읍(食邑)을 수여했다. 같은 해 10월에는 봉국제를 제정하고 귀족 대신들을 국왕의 칭호에 봉했는데 단지 일종의 영예로운 훈작일 뿐, 실제로 어느 지역을 통치하도록 한 것은 아니었다. 금 희종 시기에 확립한 이러한 일련의 번거로운 관제는 대체로 요·송의 낡은 제도에 따른 것이며 한관제도를 전면 채용한 것이었다. 상서령 산하에 설치한 상서 좌·우 승상은 실제로 정권을 장악한 재상이다. 그리고 또 평장정사(平章政事)와 참지정사(參知政事) 관직을 증설해 재상과 부상의 조수로 삼았다. 어사대(臺)를 설치하고 어사중승(御史中丞)을 두어 형벌과 중대한 사건을 담당 관리토록 했다. 관리의 활동에 대해 감찰하고 관리의 범법행위를 처리함으로써 황권의 통치를 강화했다. 금나라의 도성 회녕부는 호를 상경이라고 정했다. 원래 요의 상경은 임황부(臨潢府)로 개칭했다. 또 부수가 간소해진 새로운 문자를 창제해 여진소자(女眞小字)라고 칭하고 통용토록 했다. 거란의 문자와 한자도 통용되는 공식적인 문자였다.

1137년에 금희종이 조서를 내려 제(齊)나라를 폐지하고 변경행대상서성(汴京行臺尚書省)을 설립했다.

정쟁과 정변 금희종은 즉위 초기에 원래 보길레 직에 있던 태종의 아들 종반(宗盤)을 태사에, 태조의 아들 종간(宗干)을 태부에, 종실인 종한을 태보에 임명했다. 삼공이 상서성의 사무를 총괄했는데 정치적 견해가 서로 맞지 않았다. 종한의 측근인 상서 좌승 고경예(高慶裔)는 탐오죄를 짓고 투옥되어 처형당했다. 종반은 이를 빌미로 대규모의 소송사건을 일으키는 바람에 종한파 조정대신들이 막대한 타격을 받았다. 종한은 우울증으로 죽었다. 종반과 좌승상 종준(宗雋)은 상경을 중심으로 여진 노예제를 발전시킬 것과 하남(河南)·섬서(陝西) 땅을 송나라에 돌려주고 송나라도 제나라처럼 신하를 자칭해 통치를 받도록 할 것을 주장했다. 종간과 좌승상 희윤, 그리고 우부원수(右副元帥) 종필 등은 송나라를 남침해 한나라 땅을 차지해 영토를 확장할 것을 주장했다. 1138년에 금희종은 조서를 반포해 하남지역을 송나라에 되돌려주고 송나라가 금나라에 조공을 바치고 굴복하도록 했다. 종준은 관직이 올라 태보에 임명됐다. 종필은 종반·종준이 송나라와 결탁했다고 비밀 상소문을 올렸다. 1139년 6월 낭군(郎君, 금나라 종실과 존귀한 신하를 칭하는 말) 오십(吳十) 모반사건을 조사 처리하는 과정에 종반이 연루됐다. 종간·희윤이 종반과 종준이 조정에 나온 기회를 틈타 그들을 체포하자 희종이 그들을 처형에 처하라는 조서를 내렸다. 종간은 관직이 태사까지 오르고 종필은 관직이 도원수까지 올랐다.

1140년 5월에 금희종이 종간·종필 등의 제안을 받아들여 송을 정벌하라는 조서를 내렸다. 종필 등이 군사를 나누어 출병해 원래 송나라에 돌려주었던 하남·섬서 지역을 도로 빼앗아왔다. 종필은 회남으로 진군했는데 송군의 저항을 받아 군사를 되돌렸다. 이듬해 다시 송을 토벌했다. 종필의 군대가 회수를 건너 송나라에 화해를 요청하고 회수를 경계 삼기로 의논해 정했다. 그때부터 금나라의 통치영역이 확정되었다.

조필이 희종에게 참언을 올려 희윤이 "위장 속임 행각이 있다"고 말해 희종이 희윤을 죽였다. 1141년 5월에 종간이 병으로 죽었다. 이듬해 종필이 태부에 봉해졌으며 여전히 도원수·상서좌승상 직을 맡았다. 그 뒤 몇 년 내에 금나라의 군정 대권은 모두 종필이 장악했다. 1147년에 관직이 올라 태사에 임명됐으나 그 이듬해에 병으로 죽었다. 궁정에 또 다시 분쟁이 일기 시작했다. 황후 배만(裴滿)씨가 조정 대신들과 결탁해 조정에 간여했다. 1149년에 희종이 배만씨와 황족 등 많은 사람을 죽였다. 조정의 귀족 대신들은 모두 위험을 느꼈으며 공황 속에 빠졌다. 12월 종간의 아들 완안량(完顏亮)이 좌승상 병덕(秉德, 종한의 손자)과 좌승부마(左丞駙馬) 당괄변(唐括辯) 등과 함께 정변을 일으켰다. 초 아흐렛날 밤 희종의 침전에 뛰어들어 희종을 죽였다. 완안량이 황제위(해릉왕[海陵王])에 등극했다.

(2) 봉건통치의 발전

해릉왕의 제도개혁 해릉왕이 즉위한 것은 병덕의 본심이 아니었다. 그래서 누군가 병덕이 모반할 의향이 있다고 밀고하자 해릉왕은 병덕과 종한의 자손을 포함해 총 30여 명을 죽였다. 또 누군가 당괄변이 태종의 아들을 황위에 등극시키려고 계획한다고 상소를 올리자 해릉왕은 당괄변과 태종의 자손 70여 명을 죽였다. 해릉왕은 여진 황실의 귀족세력을 약화시켰으며 통치제도에 대해 일련의 개혁을 진행했다.

1150년에 연경과 변경 행대상서성을 폐지하고 정령을 조정에 통일시켰다. 1156년에는 상서성 소속의 중서성(中書省)·문하성(門下省) 평장정사를 폐지했다. 상서령은 최고 장관이고 상서성은 황제에게 직속되며 여전히 좌·우 승상을 설치했다. 금태종 시기에 대외전쟁을 겪었으며 최고의 군사기구인 도원수부(都元帥府)를 설치했다. 해릉왕은 도원수부를 폐지하고 한제(漢制)를 본 따 추밀원을 설립해 조정에서 추밀사(樞密使)·부사(副使)를 임명해 군사를 주관하도록 했다. 상서성·추밀원이 정치와 군사를 각각 분담 관리했으며 추밀원은 여전히 상서성이 통제 관리했다. 이번 개혁을 거쳐 황권통치를 강화했다.

1153년에 금나라가 도성을 상경에서 연경으로 옮기고 중도(中都)라고 칭했다. 도성을 옮긴 뒤 또 대방산(大房山, 오늘날 북경시 방산[房山]구 서쪽)에 황릉을 건설하고 태조·태종의 관을 상경에서 옮겨와 안장했다. 상경 회녕부의 옛 궁전과 상경에 있는 여진 여러 대족의 주택을 헐어 농지로 만들었다. 원래 왕작에 봉했던 귀족들의 작위를 일절 삭탈함으로써 상경일대 여진 평민들이 대거 남하해 하북·하남지역에서 밭을 분배 받아 농사를 짓게 되었다.

남침과 군란(軍亂) 해릉왕이 집권통치를 강화한 후 남송을 소멸하고 강남을 통일하려고 획책했다. 1161년 5월 남경으로 도성을 옮기고 남침을 지휘했다. 여러 로(路)의 여진 맹안모극군 24만을 징발하고 여러 지역 한인 군사 15만을 징발하도록 명했다. 공부상서(工部尙書) 소보형(蘇保衡)은 명을 받고 통주(通州)에서 전함을 만드는 일을 감독 지휘했으며 여러 로의 총관부에서는 병장기를 만드는 것을 감독 지휘하는 등 대대적으로 준비했다.

9월에 금군이 네 갈래로 나뉘어 출발했다. 해릉왕이 친히 군사를 이끌고 수춘(壽春)으로 진군했다. 다른 한 갈래는 공부상서 소보형의 인솔 하에 바닷길로 해서 임안(臨安)을 공략했다. 태원부 윤유악(尹劉崿)은 채주(蔡州)를 출발해 형양(荊襄)을 공격했다. 하중부윤(河中府尹) 도단합희(徒單合喜)는 봉상(鳳翔)에서 출발해 대산관(大散關)을 공략한 뒤 사천(四川)으로의 진군 명령을 기다리기로 했다. 10월초 해릉왕이 대군을 거느리고 회수를 건너 여주(廬州)로 진군했다. 해릉왕을 따라 남하한 여진 맹안 완안복수(完顔福壽)는 요동에서 징발한 군사 1만여 명을 거느리고 중도에서 요양으로 되돌아가 군란을 일으켰다. 그는 동경 유수이며 태조의 손자인 완안옹(完顔雍, 금세종[金世宗])을 황제로 옹립하고 연호를 대정(大定)으로 바꿨으며, 조서를 내려 완안량를 폐위시키고 중도에 입주했다. 해릉왕은 후방에서 정변이 일어난 것도 돌보지 않고 여전히 금군을 인솔해 진군했다. 11월 해릉왕이 군을 이끌고 장강 북안에 이르렀으며 금군을 지휘해 강을 건넜다. 송나라 우윤문(虞允文)의 군대가 채석진(采石鎭)을 출발, 출병해 맞받아 싸웠다. 금군이 강을 건너는 데 실패하자 해릉왕은 화주(和州)로 군사를 돌려 양주(揚州)에 입성해 주둔하면서 과주(瓜洲)에서 장강 도하를 강행하기로 준비했다. 금의 장수 완안원의(完顔元宜)가 군사들을 이끌고 군란을 일으켰는데 해릉왕은 화살에 눈을 맞아 죽었다. 완안원의는 군대를 이끌고 북으로 돌아가 세종에게 귀순했다.

세종의 정치 금세종이 즉위한 뒤 완안량을 해릉군왕으로 강등시키고 문무 관원은 여전히 계속 원래의 관직을 그대로 맡게 했으므로 비교적 순조롭게 통치를 안정시켰다.

　금·송의 화의 ─ 해릉왕이 살해된 뒤 금나라의 남침 대군이 북으로 돌아갔다. 이듬해 겨울 금세종이 또 파병하여 남침했으며 수양(睢陽)에 군사를 주둔시켰다. 1163년 5월 송효종(宋孝宗)이 출병해 북상하면서 잃어버린 땅을 수복하고 숙주(宿州)를 점령했다. 금군이 반격하자 송군이 패하고 부리(符離)까지 퇴각했다. 이듬해 10월에 금군이 재차 남침해 회수를 건넜다. 12월 송은 사신을 파견해 화해를 구하고 다음과 같은 협정을 맺었다. 송은 해(海)·사(泗)·당(唐)·등(鄧) 4개 주와 상(商)·진(秦) 두 주를 금나라에 할양하고 송이 금에게 더 이상 신하가 아니라 조카황제라고 칭하며 매년 금나라에 은과 비단 20만 냥·필을 공물로 바치도록 한다. 이같은 화해협의를 맺은 후 금·송간에는 30년간 큰 전쟁이 일어나지 않았다.

　중도에 도성을 정하다 ─ 금세종이 동경에서 즉위한 뒤 상경 복귀 제안을 거부하고 중도를 수도로 정하고 한인지역에 대한 직접 통치하는 국책을 계속 실행했다. 그는 관제를 새로 반포 시행했으며, 여전히 해릉왕이 제정한 제도를 답습하면서 약간의 보충과 삭제를 거쳐 번거로운 제도를 간소화했을 뿐이었다. 해릉왕은 여진 귀족의 보수세력을 엄하게 단속했으며, 거란과 발해·한인을 널리 등용해 군정 사무에 참여시켰다. 금세종은 그 같은 인재 등용정책을 답습했는데 재위 30년간 임용한 재상 중에는 완안 부족 7명, 완안 부족이 아닌 여진 귀족 15명, 한인 14명, 거란과 발해족 각각 2명이 있었으며, 다민족의 통치핵심을 형성했다. 세종은 '작은 요순(堯舜)'으로 불릴 만큼 통치집단의 상대적인 안정을 유지했다.

조전제(租佃制)의 발전 금나라 초년에 여진의 맹안모극제를 실행해 인구수에 따라 밭을 나눠주어 농사를 짓게 했다. 금희종 때부터 맹안모극호가 잇달아 남으로 이주해 연산(燕山) 이남 회하 이북에 거주했다. 해릉왕 때에 상경지역의 여진족 평민들이 남쪽의 하북(河北)·산동(山東) 등지로 대거 이주했다. 세종 때에 이르러 이 같은 정책을 계속 실행해 여진 맹안모극호가 각 지역에 분포되어 한인과 서로 섞여 지냈다. 그들이 분배받은 농경지는 한인 지주들의 장전(庄田) 속에 둘러싸였다. 일부 여진 맹안모극호는 전쟁에 참가했다가 원 거주지역으로 돌아가 농사를 짓지 않고 분배받은 밭을 한인 농민들에게 세를 주고 지조(地租)를 받곤 했다. 그리고 노예를 소유하고 있던 맹안모극은 또 노예를 팔기도 했다.

금나라가 남하해 한인지역을 강점하고 대량의 농경지를 몰수해 관전(官田)으로 귀속시켰다. 해릉왕은 대흥부(大興府)·산동·진정(眞定) 등지의 관유지·황무지·도주가구의 땅을 몰수해 관전을 늘려 평민들에게 소작을 주고 관아는 조세를 거둬들이게 했다. 세종이 계속 각지에서 관전을 늘려 평민들에게 소작을 주었으며, 조정이 직접 조세를 거둬들이는 대지주가 되었다. 관전 중에서 기름진 밭의 대다수는 여진 귀족이나 한인 지주가 세를 내어 다시 소작농에게 소작을 놓음으로써 큰 이익을 챙겼다. 그러다 시간이 오래되면 그 밭이 자신의 소유가 됐다.

봉건 조전제의 발전은 여진 평민들 간의 끊임없는 계급분화를 부추겼다. 한인 대지주의 세력이 갈수록 강대해지고 한족 농민들은 지주의 착취와 관아의 과중한 조세와 요역에 시달리게 되면서 각 지역에서 무장 봉기가 끊이질 않았다.

민족문화의 교류와 융합 금은 초기에 요·송 지역을 점령하고 여진문화를 널리 보급해 한족 남자들이 모두 여진의 의복으로 고쳐 입었다. 여진족은 한족과 장기간 함께 지내면서 갈수록 한문화의 영향을 많이 받게 되었다. 세종 때에 여진 귀족들 대다수가 여진어를 몰랐으며 언어교류는 한어로써 통용했다. 세종은 조정에 역경소(譯經所)를 설치하고 여진문자로 한문 경서를 번역해 맹안모극의 자제들이 배우게 했다. 여진 귀족 대다수가 한자로 된 고적을 읽을 수 있었다. 금희종은 연경에 입주한 뒤 한제(漢制) 의복과 관모를 착용했으며 어가와 의장을 설치하기 시작했다. 세종 때에 이르러 백관의 조복제도를 제정했다. 조참 때 백관이 한제 관복을 입고 한인의 예의에 따라 황제를 알현하도록 했다. 그리고 평상복(여진족의 평상복)을 입었을 때는 여진족의 예에 따라 황제를 알현하도록 했다. 여진족은 한인과 공존하며 한인 양식의 의복을 많이 입었다. 한인 지역에 오래 거주한 여진 맹안모극호 중에서 갈수록 많은 이들이 한족과 통혼함으로써 민족 간의 융합을 촉진시켰다.

변경 전쟁 1189년에 세종이 병으로 죽고 황손 완안경(完顔璟, 장종[章宗])이 제위에 등극했다. 장종은 금나라에서 한문화 수준이 최고인 황제였다. 그는 여진족이 한시문을 배울 것을 극구 제창했으며, 홍문원(弘文院)을 설치해 유학 경서를 번역하게 했으며, 조서를 내려 각 지에서 한문 유서(遺書)와 서화를 구입해 들여 수장했다. 장종의 통치시기에 여진족과 한족의 경제문화는 갈수록 융합하는 추세가 나타났다. 그러나 북방 유목족의 발전은 금나라에 위협이 되었다.

달단(韃靼)과의 전쟁 – 달단(타타르)의 각 부락은 후룬호(呼倫湖, Hulun Nor)와 베이얼호(貝爾湖) 사이에서 활동했으며, 이들은 북방의 가장 강대한 유목족이었다. 금세종 때에 이들은 여전히 금나라에 조공을 바쳤다. 1195년에 군사를 일으켜 금나라에 반기를 들었다. 금종장이 우승상 완안양(完顔襄)에게 임황(臨潢)에서 출병해 작전할 것을 명했다. 이듬해 달단이 패해 물러났는데 알리찰(斡里札) 강까지 도주했다. 몽골 걸안부(乞顔部) 테무친(帖木眞)과 극렬부(克烈部) 탈알린(脫斡鄰)이 군사를 이끌고 협공해 달단 부장 멸고진(蔑古眞)을 죽였다. 금장종은 테무친에게 '찰올척홀리(札兀惕忽里, 각 족 통수)'라는 칭호를 부여하고 탈알린에게 '왕한(王罕)'이라는 칭호를 부여했다. 1197년에 달단이 또 군사를 일으켜 금에 대항하자 완안양이 임황부에서 군사를 이끌고 싸우러 나갔다. 이듬해 2월에 달단 부장 사출(斜出)이 무주(撫州, 내몽골[內蒙古] 흥화[興和])에 이르러 투항했다.

변경지역 여러 민족의 봉기 – 1196년 11월에 거란인 덕수(德壽)·타쇄(陁鎖) 등이 신주(信州, 길림성 장춘 서쪽)을 점거하고 금에 대항했으며, 연호를 정함으로써 준변을 들썩이게 했다. 타쇄는 한주(韓州, 길림성 이수[梨樹])를 공격하고 의주(懿州, 요녕성 부신[阜新] 북부)로 남하했으나 결국 금군에게 패했다. 완안양은 군사를 나누어 봉기를 진압하고 덕수를 포로로 잡았다. 금주(錦州)·의주 등지의 여러 부족들로 구성된 규(紈, 음은 찰[札]과 같음)군이 거병해 봉기에 호응하자 금군은 진압됐다. 완안양은 그들을 수도인 중도 인근에 이주시켜 주둔해 지키게 했다.

　　남송 북부의 정벌 — 1206년 5월에 송영종(宋寧宗)이 조서를 내려 북부지역을 정벌할 것을 명했다. 송군은 숙주(宿州)를 공격했으나 금군에 의해 격퇴 당했다. 6월에 수주(壽州)를 공격했는데 양 군이 치열하게 싸웠으며 송군이 크게 패했다. 10월에 금군이 군사를 나누어 남하해 반격을 가했으며 전면적인 승리를 거두었다. 이어 금군이 양양을 공략하자 송은 사신을 보내 화해를 요구했다. 이듬해 송·금이 다시 평화협정을 맺고 송이 금에 바치는 조공은 은과 비단이 매년 30만 냥과 30만 필로 늘었다.

(3) 금의 패망

　　몽골의 남침　　1206년에 몽골의 테무친이 막북에 대몽골국을 건립하고 호를 칭기스칸으로 정했다. 1208년에 금장종이 병으로 죽고 세종의 아들 위왕(衛王) 윤제(允濟)가 즉위했다. 1211년에 몽골이 금나라에 대한 남침전쟁을 발동했다. 7월에 몽골군이 창(昌)·환(桓)·무(撫) 등의 주를 함락시켰다. 8월에 위왕 윤제가 완안승유(完顏承裕)를 임명해 군사 사무를 담당하게 했으나 야호령(野狐嶺)에서 패해 선덕(宣德, 오늘날 하북성 선화[宣化])까지 퇴각했다. 그리고 회하보(澮河堡, 오늘날 하북성 회안[懷安] 동쪽)에서 몽골군에 추격당해 양군은 사흘 동안 치열한 전쟁을 겪었다. 결국 금군이 패해 흩어졌다. 9월에 몽골군이 덕흥부(德興府)를 함락시키고 10월에는 선봉대가 곧바로 중도에 도달했다. 몽골군의 다른 한 갈래는 서쪽 노선을 따라 정주(淨州)를 거쳐 금나라를 공격했다. 정주를 점령한 뒤 음산(陰山)을 지나 풍주(豊州)까지 내려갔다. 이어 서로군은 운내(云內)·동승(東勝)·무(武)·삭(朔) 등의 주를 함락시키고, 서쪽과 서남쪽에서 금나라의 서경인 대동부(大同府)를 위협했다. 서경 유수 흘석렬집중(紇石烈執中)이 서경에서 도주해 중도로 되돌아갔다. 12월에 몽골군이 중도를 여러 차례 공략했지만 점령하지 못하자 군사를 물려 북으로 돌아갔다. 1213년 가을 칭기즈칸이 재차 출병해 금을 침략했다. 선덕주(宣德州)·덕흥부(德興府)를 속속 점령하고 금군은 크게 패했다. 몽골군는 승세를 타고 거용관(居庸關)을 공략하고 중도를 위협했다.

선종이 남으로 이주하다 서경에서 패해 도주해 중도로 돌아간 흘석렬집중은 우부원수에 임명돼 군사를 이끌고 중도 성북에 주둔했다. 1213년 8월에 흘석렬집중이 정변을 일으켜 위왕 윤제를 죽이고 세종의 손자 완안순(完顏珣, 선종[宣宗])을 황제에 등극시켰다. 이듬해 봄 몽골군이 재차 거용관으로 침입해 중도를 포위했다. 선종은 사신을 파견해 거금을 바치며 화해를 청하고 위왕 윤제의 딸 기국(岐國)공주를 칭기즈칸에게 바쳤다. 칭기즈칸은 화해를 허락하고 군사를 물렸다. 선종은 몽골군이 권토중래할까 두려워 5월 하순 남경인 개봉부로 도주하고 태자 완안수충(完顏守忠)을 중도에 남겨 지키게 했다. 선종이 남으로 도주하자 중도 남부에 주둔해 지키던 규군이 군사를 일으켜 금에 반기를 들고 몽골군영으로 사자를 파견해 구원을 청했다. 환주(桓州)에 주둔하고 있던 칭기즈칸이 곧바로 파병 남하해 중도성을 점령했다.

몽골이 금을 침략하고 각 지에서 약탈을 감행했다. 산동·하북 지역에서는 금나라의 암흑통치에 저항하는 무장 봉기가 잇달아 일어났는데 규모가 작은 봉기군은 수만 명, 많은 경우에는 수십 만 명에 달했다. 봉기군은 붉은 저고리를 입었기 때문에 '홍오군(紅襖軍, 붉은 저고리 군대)'으로 불렸다. 하북·산동 등지의 호족들이 앞 다투어 무장을 조직하고 병영을 결성해 스스로를 지키고자 나섰다. 금나라는 지주 의 무장을 받아들여 그들에게 관직을 내주어 그들이 영토를 지키고 적에 대항해주기를 기대했다. 몽골군도 지주 무장을 받아들여 금나라 통치구역에 대한 점령을 확대했다.

금의 멸망 1223년 12월 선종이 죽고 태자 완안수서(完顏守緒, 애종[哀宗])가 개봉에서 등극했다. 그리고 그는 하동으로 출병해 강주(絳州)·평양(平陽)·태원부(太原府) 등지를 수복했다. 1227년에 몽골군이 임조(臨洮)를 공격했다. 애종이 화해를 청했으나 몽골이 받아들이지 않았다. 7월에 칭기즈칸이 병으로 죽었다.

1229년에 몽골 오고타이(窩闊臺) 칸이 즉위한 뒤 계속 금나라를 공격했다. 1231년 2월에 몽골군은 봉상을 함락시켰다. 9월에는 군사를 세 갈래로 나누어 공격했다. 오고타이가 직접 중군을 통솔해 12월에 하중부(河中府) 성을 함락시켰다. 이듬해 정월에는 황하를 건너 정주(鄭州)·위주(衛州)를 점령했다. 금나라의 황하 방어선이 무너졌다. 톨루이(拖雷)가 이끄는 다른 한 갈래 몽골군은 보계(寶鷄)·대산관(大散關)을 공격하고 한중에 진입했으며, 동으로 방주(房州, 오늘날 호북성 방현[房縣])·균주(均州, 오늘날 호북성 균[均)] 서북지역)를 취한 뒤 한수(漢水)를 건너 등주(鄧州)를 향해 곧장 진군했다. 금 애종이 급히 여러 로의 군대를 동원해 개봉을 증원했다. 완안합달(完顔合達)·이랄포아(移剌蒲阿) 등이 군사를 이끌고 균주(鈞州) 삼봉산(三峰山, 오늘날 하남성 우[禹]현 서남지역)에 진입했는데 몽골군에 포위당했다. 금군은 포위망을 뚫는 과정에서 붕괴되어 총사령관 완안합달과 완안진화상(完顔陳和尙)이 수백 명의 패잔병을 거느리고 균주로 도주해 들어갔다. 뒤이어 몽골군이 균주성을 공격했으며 완안합달은 전투에서 패해 죽고 진화상은 잡혔는데 투항하기를 거부했다가 처형당했다. 몽골군은 승세를 타고 진군해 개봉부를 포위했다. 12월에 애종이 깊은 밤을 틈타 배를 타고 귀덕부(歸德府, 하남성 상구)로 도주했다. 이듬해 정월에 남경의 서면원수(西面元帥) 최립(崔立)이 개봉에서 몽골에 투항했다. 6월 애종이 귀덕에서 채주로 도주했다. 12월에는 몽골군이 채주 외성을 공격했다. 애종은 동면원수(東面元帥) 완안승린(完顔承麟)에게 제위를 물려주고 목을 매어 죽었다. 몽골군이 성 안으로 공격해 들어오자 승린은 반란군에게 살해되고 금나라는 멸망했다.

제4절
다민족 통일국가 원(元)

1. 몽골 부락의 발전과 국가의 건립

(1) 몽골 여러 부락의 발전

《구당서(舊唐書)》·《신당서(新唐書)》에는 구륜박(俱輪泊, 후룬호)과 망건하(望建河, 아르군강[Argun R. 額爾古納河]) 동남지역에 몽올부(蒙兀部)가 거주했다는 기록이 있다. 840년에 북방 초원을 통치했던 회골한국(回鶻汗國)이 힐알사(黠戛斯)의 공격을 받아 멸망했다. 회골부족은 하는 수 없이 천산 남북 일대로 이주해 아르군강 부근의 일부 몽골 부락에 거주하다가 점차 서부로 옮겨 원래 회골의 통치하에 있던 넓은 초원으로 이주했는데 줄곧 겁록련(怯綠連, 크루룬[克魯倫])강과 알난(斡難, 오논[鄂嫩])강·토올랄(土兀剌, 토랍[土拉])강 세 강의 발원지인 불아한산(不兒罕山, 대긍특산[大肯特山]) 일대까지 이르렀다. 《원나라비사(元朝祕史)》에는 천명을 받아 태어난 푸른 늑대와 흰 사슴이 오논강 발원지인 불아한산 아래에 와 파탑적한(巴塔赤罕)이라는 아이를 낳았다는 전설이 기록되어 있다. 이 전설에서는 늑대와 사슴을 숭배의 상징으로 삼는 두 개의 부락 혹은 씨족이 몽골 여러 부락의 공동의 남자 선조를 낳았음을 반영한다. 파탑적한이 9대를 이어 탈라활륵진(脫羅豁勒眞) 대에 이르러서 도와쇄활아(都蛙鎖豁兒)와 타분멸아간(朵奔蔑兒干, 멸아간은 남자의 칭호, 사격에 능한 자라는 뜻) 두 아들을 낳았다. 타분의 아내가 보돈차르(孛端察兒)라는 아들을 낳았으며 보돈차르의 자손들이 보르지긴(孛兒只斤) 부락을 구성했다. 그중 카이두(海都)의 자손이 구성한 걸안부(乞顔部)와 찰랄해(察剌孩)

의 자손이 구성한 태적오부(泰赤烏部)가 보르지긴 여러 부락 중에서 두 개의 강대한 부락이었다.

몽골 주변에는 또 일부 유목 부락이 거주했다. 몽골의 동쪽에는 타타르(塔塔兒)가, 서쪽에는 극렬(克烈)이, 서쪽으로 더 나가면 내만(乃蠻)이 거주했으며 몽골 방목장 북쪽은 메르키드(蔑兒乞, Merkit), 음산 북쪽은 왕고부(汪古部)의 거주지였다. 몽골초원 남부에 차례로 요나라와 금나라가 있었다.

원시씨족제도가 무너지고 사유제가 발달함에 따라 씨족·부족들 사이에서 부락 귀족 나얀(那顔, 관인)이 점차 형성됐다. 이들에게는 존귀함을 나타내는 칭호가 있었는데, 예를 들면 바투르(巴阿禿兒, ba'atur, 용사)·설선(薛禪, 현지[賢智])·바얀(伯顔, 부자) 등이다. 그들은 자신들의 가축과 재산을 소유하고 있으며 노예 ─ 가내노예(발사혼[孛莎渾]·발알륵[孛斡勒]) ─ 도 있어 집 안에서 부리곤 했다. 가내노예는 정복한 부락과 씨족민이었다. 나얀 주변에는 '나카르(那可兒)'집단이 생겨났다. 나카르는 나얀의 하인이면서 나얀의 호위 무사와 조수이기도 했다. 씨족 구성원 이르건(亦兒堅, irgen)은 몽골사회의 자유민으로서 그들은 빈부의 차별화에 처해 있었다. 서로 다른 씨족 부락 구성원들끼리 서로 지원하기 위해 결맹하는 형식을 취해 안다(安答, 결맹형제, 의형제)를 맺곤 했다. 테무친이 태어나기 전야에 몽골초원은 온통 부락 간 정벌 전쟁터였다. 《몽고비사》는 이렇게 기록하고 있다. "숨을 곳이 없었다. 온통 서로 간 공격과 토벌뿐이었다. 서로 간에 사랑은 없이 온통 서로 싸우고 죽일 뿐이었다." 이것이 바로 씨족부락제도가 멸망하기 전의 징조였다.

(2) 부락 간의 연합과 투쟁

걸안부와 극렬부의 연합 몽골의 전설은 보르지긴부의 카이두가 크루룬 강 유역의 찰할아부를 격퇴했다고 전하고 있다. 그의 손자 둔필내(屯必乃) 때에 이르러 몽골 보르지긴 여러 부락이 크게 발전했으며 느슨한 부락 연합 추세가 점차 형성됐다. 걸안부장 카부르[合不勒, 둔필내의 아들]·태적오부의 엄파해(俺巴孩)가 선후로 여러 부락의 공동 영수로 추대되었으며, 칸(汗)이라는 칭호를 사용했다. 엄파해가 금나라에 의해 살해된 후 몽골부는 또 카부르 칸의 아들 쿠툴라(忽圖剌)를 칸으로 추대했다. 1162년에 쿠툴라의 조카 예수게이(也速該, yisugei)가 타타르인과 작전을 펼치던 중에 테무친이라는 포로를 붙잡았다. 그 전투의 승리를 기념하기 위해 예수게이는 자신의 막 태어난 아들에게 테무친이라는 이름을 지어주었다. 그가 바로 훗날 몽골제국을 세운 칭기즈칸이다.

테무친이 어렸을 때 그의 가정이 곤경에 빠졌다. 어른이 된 후 그는 가업을 다시 일으키기 위해 극렬부의 지지를 얻고자 했다. 그는 아내가 혼수로 가져온 검은 담비가죽옷을 극렬부의 수장 탈알린(脫斡鄰)에게 바치고 그를 아버지로 받들었다. 테무친은 탈알부와 자다란부(札答闌部) 자무카(札木合, 그가 어렸을 때의 안답)의 지지를 받아 메르키드부와 싸워 이겼다.

테무친이 몽골 제 부락을 통일하다　후에 테무친과 자무카의 관계가 파열되자 자무카가 태적오 등 13개 부락(그 무리가 3만 명에 이른다고 함)을 집결시켜 테무친을 습격했다. 테무친은 자신의 부족민을 13익(翼, 고렬연[古列延], 혹은 권자[圈子, 범위 테두리]라고도 번역됨)으로 나눠 적에 맞섰다. 양군은 오논강 부근의 답란판주사(答闌版朱思)에서 치열하게 격돌했다. 테무친은 패했으나 여전히 막강한 세력을 가졌다. 1201년에 자무카가 태적오 등 부락민을 집결시켜 임시적 군사연합을 결성하고 테무친과 왕칸(탈알린이 금나라로부터 '왕'의 칭호를 받았으므로 왕칸으로 칭함)을 공격했다. 테무친과 왕칸이 공동으로 출격해 자무카군을 대패시켰다. 테무친은 승세를 타고 계속 진격해 태적오부를 일거에 소멸했다. 이듬해 승세를 타고 출병해 타타르부를 멸했다. 그때 몽골초원에서는 테무친과 왕칸이 두 갈래의 거대한 세력을 형성했다. 왕칸에게 투항한 자무카의 이간질로 왕칸과 테무친의 관계가 파열됐다. 1203년 봄 왕칸의 아들 상곤(桑昆)이 부족을 이끌고 갑자기 테무친의 주둔지를 포위했다. 테무친은 패하고 그를 따르는 군사는 겨우 19명밖에 남지 않았다. 그래서 하는 수 없이 왕칸에게 화해를 청하고 훗날 서서히 재기하려고 꾀했다. 그해 가을 테무친은 극렬부의 허와 실을 파악하고 왕칸이 연회를 베푸는 날 군사를 이끌고 왕칸의 막사를 갑작스레 포위했다. 사흘간 치열한 싸움 끝에 결국 극렬부를 궤멸시켰다. 막남(漠南, 사막 남부)의 왕고부 수령이 사신을 보내 투항해왔다. 1204년에 테무친은 군사를 일으켜 내만부의 태양(太陽) 칸을 공격 궤멸시켰다. 이듬해에는 메르키드의 잔여 세력을 합병했다. 막다른 골목에 이른 자무카가 테무친에게 잡혔다. 테무친은 자무카의 요구를 받아주어 그에게 '피를 보이지 않는 죽음'을 하사했다.

(3) 몽골국의 건립

국가제도 1206년에 테무친이 오논강의 발원지로 돌아왔다. 몽골 전국의 귀족들이 그 곳에 모여 대회를 열고 테무친을 전 몽골의 칸으로 추대하고 '칭기즈칸(씩씩하고 위풍당당한 대칸이라는 뜻)'이라고 칭했다. 칭기즈칸는 새로 점령한 지역의 인구를 95개 천호(千戶)로 편입해 개국공신과 귀족들에게 분봉해 주었으며 방목지 범위를 획분해 통치했다. 천호는 군사조직단위이면서 지방 행정단위이기도 했다. 칭기즈칸은 또 보고르추(博爾尤)를 우수만호(右手萬戶)에 임명해 서쪽으로 알타이산(阿爾泰山)까지의 몽골지역을 통치하게 하고, 무칼리(木華黎)를 좌수만호(左手萬戶)에 임명해 동쪽으로 대흥안령(大興安嶺)까지의 몽골지역을 통치하게 했으며, 납아아(納牙阿)를 중군만호(中軍萬戶)에 임명했다. 천호 산하에 또 각각 백호(百戶)·십호(十戶)를 설치하고 만호·천호·백호 나얀이 각각 통괄하게 했다.

칭기즈칸이 건국 전에 설치한 호위군 케시크(怯薛)가 이때에 이르러서는 1만 명으로 확충되었으며 1천 명의 숙위(宿衛), 1천 명의 전통사(箭筒士), 8천 명의 산반(散班)이 포함되었다. 케시크는 전쟁 시에는 군을 따라 출정하고 평상시에는 칭기즈칸의 대장(大帳)을 보위했다. 케시크는 4개의 반으로 나뉘어 사흘씩 윤번으로 당직이 되어 대장 보위 직무를 수행했다. 그리고 매개 반마다 케시크타이(怯薛歹, 케시크 대장)를 두어 통솔하게 했다. 4명의 케시크타이는 보로굴(博爾忽)·보고르추·무칼리·치라군(赤老溫) 등 네 사람이 분담했는데 이들을 '4걸(杰)'이라고 불렀다. 케시크는 대칸의 친군이며 국가 중추 행정기관이기도 했다.

그는 또 자르구치(札魯忽赤, 단사관[斷事官])라는 관직을 설치해 의형제 아우인 자키쿠투그(失吉忽禿忽)를 최고의 자르구치에 임명하고 민호 분배와 사건 심사 판결을 맡게 했다. 이는 몽골국의 최고 행정관이었다.

전통적인 재산 분배방식에 따라 칭기즈칸은 일부 몽골 민호(民戶, 일반 평민 가구) 여러 아우와 아들들에게 분봉해 주었다. 아우 삭지합살아(搠只哈撒兒)의 봉지는 예리군강(也里古納河, 아르군강Argun R. 額爾古納河])·해랄강(海剌兒江)·활련해자(闊連海子, 내몽골 후룬호)지역이고 벨구타이(別里古臺)의 봉지는 겁록련(크루룬)강 중류였는데 통틀어 동도제왕(東道諸王)이라고 칭했다. 아들 주치(術赤)·차카타이(察合臺)·오고타이

(窩闊臺)의 봉지는 안대산(按臺山) 서부지역이었는데 통틀어 서도제왕(西道諸王)이라고 칭했다. 종왕이 분봉 받은 민호와 땅은 모두 대대손손으로 세습할 수 있었다. 몽골 중심 지역과 대부분의 민호는 칭기즈칸의 소유로 되었으며 습속에 따라 어린 아들 툴루이가 물려받았다.

몽골 건국 후 칭기즈칸의 명령은 기록으로 남겼는데 찰살(札撒)이라고 해 신성한 법규로 떠받들어졌다. 몽골은 원래 문자가 없었는데 칭기즈칸이 내만(乃蠻)을 점령하고 내만의 관인 담당 관리 타타퉁아(塔塔統兒)를 포로로 잡아 그에게 위구르문(畏兀兒文, 회골문[回鶻文])의 자모를 빌려 몽골어를 만들고 몽골문자를 창조해 몽골 귀족 자제들에게 가르치게 했다.

몽골국이 나타남으로써 초원에서 장기간 지속되어온 부락간의 분쟁은 끝나게 되었으며 이로써 몽골사회는 계급사회로 들어서게 되었다. 이는 몽골족 역사에서 그리고 전 중국 역사에서 중대한 사건이었으며, 중국 역사 나아가서 유럽·아시아 많은 나라의 역사에도 모두 중대한 영향을 주었다.

위구르부(畏兀兒部)의 항복 원대(元代) 문헌에 기록된 위구르의 통치자는 당(唐)대 회골한국(回鶻汗國)의 후예로서 천산 이남의 합랄화주(哈剌火州, 투루판[吐魯番])과 이북의 별실팔리(別失八里, 옛날에는 북정[北庭]이라고 함) 일대에 거주했다. 송(宋)대 사적에서는 그들을 '고창(高昌)' 혹은 '서주회골(西州回鶻)'이라고 칭했다. 요(遼)나라가 서부로 이주한 후 위구르는 서요(西遼)의 통제 하에 있었다. 서요는 그곳에 감국(監國, 소감[少監])을 두고 위구르인에게서 가중한 조세를 받아들였다. 몽골이 서부로 진군했을 때 위구르 역도호(亦都護, 군주라는 뜻) 바르주아르테드긴(巴而術阿而忒的斤)이 분기해 서요의 소감을 죽이고 칭기즈칸에게 호의를 보이며 몽골에 귀순했다. 1211년에 바르주아르테드긴이 직접 크루룬 강변으로 찾아가 칭기즈칸을 알현했다. 씨족의 양자 수양 구례에 따라 칭기즈칸은 그를 다섯 번째 아들로 수양했다. 이로써 위구르의 역도호가 몽골의 한(汗)족과 혼인관계를 맺고 귀족의 행렬에 들어서게 됐다.

2. 대외 침략과 영역 확장

(1) 금(金)나라를 침략하고 요(遼)·하(夏)를 멸하다

금나라를 침략 몽골국이 건립된 후 서부는 서요(西遼)·서하(西夏)와 인접하고 남방은 지역이 넓은 금나라와 맞닿았다. 칭기즈칸은 통치를 공고히 한 후 곧바로 금나라에 대한 대규모의 침략을 벌였다. 몽골 기병이 음산(陰山)에 침입했다. 금나라 정주(淨州)의 국경에는 왕고부(汪古部)가 주둔해 지키고 있었다. 왕고 부장 아라구사(阿剌兀思)는 오래 전에 몽골에 투항했으므로 몽골군은 순조롭게 음산을 넘을 수 있었다. 몇 년간 몽골군은 황하 이북 화북평원의 금나라 영토를 거의 다 침략했었다. 다만 중도(中都)·진정(眞定) 등 11개 성에만 내려가지 않았다. 몽골군은 중도를 포위했으나 함락시키지 못하자 퇴각했다. 금선종은 중도에서 도주해 남쪽의 변경(汴京)으로 향했다. 도중에 탁주(涿州)에 이르렀을 때 양주(良州)일대의 규(糺, za로 발음함) 군이 반란을 일으켜 칭기즈칸에 투항했다. 규군은 금나라 북부 변경 일부 부족의 통칭인데 여러 규족으로 구성된 군대를 규군이라고 불렀다. 칭기즈칸은 귀순한 규·한(漢) 여러 군사들을 이용해 금나라를 공격했다.

서요를 멸하다 1217년에 칭기즈칸은 무칼리를 태사국왕(太師國王)에 봉하고 그에게 금나라 공격 관련 사무를 전담케 하고 자신은 눈길을 서방으로 돌렸다. 내만 태양 칸의 아들 쿠츨루크(屈出律)는 전쟁에서 패한 뒤 서요로 도주해 서요의 정권을 찬탈했다. 내만은 원래 경교(景敎)를 신봉했으므로 쿠츨루크는 자신의 통치구역 내의 이슬람교도들에게 불교 혹은 경교를 신봉할 것을 강요했는데 강력한 저항을 불러왔다. 칭기즈칸이 대장 자별(者別)에게 2만 명 군사를 이끌고 쿠츨루크를 공격하게 했다. 자별이 순조롭게 진군해 서요의 도성 팔랄사곤(八剌沙袞, 오늘날 키르기스스탄 톡마크)]을 공격하고 입성에 성공했다. 그는 아직 정복하지 못한 지역에 "주민들이 본 민족의 전통종교를 신봉하는 것을 허용한다"고 선포함으로써 이슬람교도들의 지지를 받았다. 쿠츨루크는 몽골군에 추격 살해당했다.

호라즘(花剌子模)을 멸하다 호라즘은 중앙아시아 고대 국가 중의 하나로서 아무다리야강(阿母河, 阿姆河) 하류에 위치해 있었으며, 도성은 옥룡걸적(玉龍杰赤, 오늘날 투르크메니스탄 코네우르겐치)이다. 호라즘은 서요의 통치하에 있었다. 1219년에 칭기즈칸은 호라즘에서 몽골 상대와 사신을 살해했다는 이유로 친히 대군을 이끌고 서부정벌에 나섰다. 이듬해 몽골군이 부하라(不花剌, 布哈拉)와 호라즘의 새 도성 사마르칸트(오늘날 우즈베키스탄 사마르칸트)를 함락시켰다. 호라즘의 국왕 무하마드(摩訶末)는 서부로 도주했다. 칭기즈칸이 대장 자별과 수부타이(速不臺)에게 명해 끝까지 추격하게 했으며, 무하마드는 결국 카스피 해의 한 작은 섬에서 병으로 죽었다. 칭기즈칸이 아무다리야 강을 건너 남으로 진군해 어린 아들 툴루이와 군사를 나누어 호라산(呼羅珊(Khurasan), 아무다리야 강 남부 두쿠스[都庫什]산맥 북부지역) 여러 성을 공격해 취한 뒤 이어 군사를 합류해 호라즘 새 국왕 잘랄 알 딘(札闌丁)의 군대를 격파했다. 잘랄 알 딘은 신 강(申河, 파키스탄 경내의 인도 강)에 뛰어들어 헤엄쳐 도주했다.

1222년에 칭기즈칸은 아무다리야 강변에 막사를 세우고 전진도(全眞道) 도사 장춘진인(長春眞人) 구처기(丘處機)를 만났다. 구처기는 전진도의 수령인데 칭기즈칸의 초청을 받고 먼 산동(山東)성 내주(萊州)에서 이곳에 와 장생술에 대해 강의했다. 구처기는 자신에게 양생 방법은 있어도 장생불로약은 없다고 솔직하게 대답하고 또 자신의 정치 관점에 대해 진술했다. 그는 천하를 잘 다스리는 방법은 "경천애민(敬天愛民)이 근본"이라고 말했으며 장생의 비결은 "청심과욕(淸心寡慾)이 중요하다"고 말했다. 칭기즈칸은 구처기에게 조서를 내려 전진도 도사의 조세와 부역을 감면해주었다.

서하를 멸하다 몽골 건국 이후 당항(黨項)족이 세운 하(夏)나라는 줄곧 정복하기 어려운 강적이었다. 1226년 여름 칭기즈칸이 친히 대군을 이끌고 하 왕조 경내에 공격해 들어갔다. 12월에 하 왕조 도성 중흥부(中興府, 영하[寧夏]의 은천[銀川])를 포위 공격했다. 이듬해 6월에 서하의 마지막 제왕 현(晛, 발음은 현[現]과 같음)이 몽골에 항복하고 한 달 뒤에 성을 바칠 수 있도록 말미를 줄 것을 청했다. 7월에 칭기즈칸이 병으로 죽고 서하 국왕 현이 성을 바치고 투항했으나 몽골군에게 살해당했다.

(2) 금(金)을 멸하고 통치제도를 수립하다

금나라를 멸하다 몽골 대칸의 선발은 귀족 의사회 쿠릴타이(忽里勒臺. 큰 조회[朝會]을 가리킴) 선거제를 통해 했다. 칭기즈칸이 죽은 뒤 잠시 어린 아들 툴루이가 '감국'

을 맡았다. 2년 뒤 1229년 8월에 제왕 귀족들이 크루룬 강변에서 대회를 열고 칭기즈칸의 유언에 따라 오고타이를 선출해 몽골 칸의 지위를 잇게 하고 합한(合罕, 가한[可汗])이라는 칭호를 사용하게 했다. 오고타이는 전력을 다해 금나라를 정벌하기로 결정했다. 1231년 5월에 오고타이가 관산(官山, 내몽골[內蒙古] 탁자[卓資] 북부 회등량[灰騰梁])에서 제장(諸將)회의를 소집하고 군사를 세 갈래로 나누어 남하할 사안에 대해 결정했으며 이듬해 봄에 개봉에서 합류하기로 약정했다. 오고타이는 중군을 이끌고 하중부(河中府, 산서[山西]성 영제[永濟])를 맹공격하고 테무게 옷치긴(鐵木哥斡赤斤)이 동로군을 거느리고 제남(濟南)으로 해서 진군하고 툴루이가 우군을 통솔해 한수(漢水)를 따라 남하해 등주(鄧州, 하남성 등[鄧]현)로 금나라 경내에 진입했다. 이듬해 정월에 툴루이군이 금군과 균주(鈞州, 하남성 우[禹]현) 삼봉산(三峰山)에서 격돌했는데 금군이 대패함으로써 금군 주력부대가 전멸됐다. 몽골군은 금나라 도성 변경(汴京, 하남성 개봉[開封])을 겹겹이 포위해 곤경에 빠뜨렸다. 9월에 툴루이가 병으로 죽었다. 12월에 금 애종이 귀덕(歸德, 하남성 상구[商丘])로 도주했다가 다시 채주(蔡州, 하남성 여남[汝南])로 도주했다. 송나라 장수 맹공(孟珙)과 타차르(塔察兒)가 이끈 몽골군이 채주를 포위 공격했다. 1234년 초 금애종이 채주에서 자살하고 금나라가 멸망했다.

부세제도의 정립 오고타이가 금나라를 공격 멸망시키고 금나라 통치하의 북방 지역을 모두 점령했다. 이 지역 여러 민족 주민들은 농업을 주업으로 삼았으므로 몽골 정복자들이 초원 유목부락을 통치하던 방법이 이 지역에는 적용할 수 없었다. 야율초재(耶律楚材)가 주청을 올려 연경(燕京) 등 10개 노(路)에 과세 징수사를 두어 한인(漢人) 유자(儒者)를 선정해 그 관직을 맡아 각 지역에서 부세를 징수하도록 규정했다. 야율초재는 요태조의 장자인 동단왕(東丹王)의 8세손으로서 그의 일가는 오래 전에 이미 한(漢) 화된 거란 귀족이었다. 1231년 가을에 오고타이가 운중(云中, 산서성 대동[大同])에 이르자 10개 노의 과세사(課稅使)가 이미 징수한 곡창의 곡물 명부와 금 · 은 · 직물 등을 그의 앞에 진열해 놓았는데 모두 야율초재가 원래 말한 숫자와 같았다. 이에 오고타이는 크게 기뻐했다. 그때부터 야율초재는 오고타이 측근인 필도적(必闍赤, 한문[漢文]문서 주관)의 신분으로 한인 지역의 민사를 주관하면서 중서령(中書令) 혹은 중서승상(中書丞相)으로 불리었다. 1234년에 금나라를 멸한 뒤 오고타이는 대신 쿠투쿠(胡土虎, 시기 쿠투쿠[失吉忽禿忽, Shigi-Qutuqu])에게 중주(中州)의 호구를 점검하게 했는데 총 87만 3천여 호(戶, 가구)에 475만 4천여 명으로 집계됐다. 오고타이는 일부 주현(州縣)을 탕목읍(湯沐邑)으로 삼아 제왕 귀족들에게 나눠 주었다. 야율초재는 각 주현 관리를 조정에서 임명할 것을 제안하고 규정된 정상 부세를 제외하고 제왕들이 함부로 거둬들이지 못하게 해야 한다고 제안했다. 이에 따라 다음과 같은 부세제도가 제정됐다. 즉 매 2호(가구) 당 생사 1근(500그램)씩 조정에 바쳐 국가 비용으로 삼으며, 매 5호 당 생사 1근씩 봉지의 제왕 귀족에게 바치도록 했다. 즉 오호사제(五戶絲制)였다. 그 외에 지세를 규정했는데 상전(上田)은 매 무 당 3되(升), 중전(中田)은 2.5되, 하전(下田)은 2되씩 바치도록 했다. 수전은 매 무 당 5되씩 바치도록 했다. 그리고 상세(商稅)는 서른에 하나씩 받았다. 부세 제도가 정립됨에 따라 금나라의 봉건 착취방법이 한인 지역에서 점차 회복됐다.

카라코룸(和林, Kharakorum)의 건설 오고타이가 금나라를 멸했을 때 중원(中原) 지역에서 대량의 한인 장인(工匠)들을 포로로 잡아 몽골초원으로 데려 갔다. 1235년에 오르콘(鄂爾渾河)강변의 회골한국 옛 성터 부근에 몽골 첫 도시 카라코룸과 대칸의 궁전 만안궁(萬安宮)을 건설했다. 그때부터 카라코룸은 몽골의 도성이 되었다.

남벌과 서정 1234년에 오고타이가 제왕대신들을 불러 모아 대회를 열고 대외 확장을 계속하기로 결의했다. 그리고 남벌(南伐, 남부 토벌)과 서정(西征, 서부 정벌) 두 방향으로 나누어 진행하기로 했다. 남벌 대군은 남송을 침략키로 하고 한 갈래는 오고타이의 셋째 아들 쿠추(闊出)와 제왕 홀도독(忽都禿) 등이 인솔해 양한(襄漢)을 남침하고 다른 한 갈래는 차남 코덴(闊端)이 인솔해 섬서(陝西)·사천(四川)에 침입하게 했다. 오래 전인 1212년에 금나라 북부변경의 천호·거란인인 야율유가(耶律留哥)가 요동(遼東)을 점거하고 칭기즈칸에게 귀순했다. 야율유가가 동경(東京, 요녕성 요양[遼陽])을 점령하고 금나라 포선만노(浦鮮萬奴)가 개원(開元, 길림성 농안[農安])에서 천왕을 칭했는데 그 후 그의 아들 첩가(帖哥)가 동하국(東夏國)이라고 칭하고 요동을 할거했다. 1233년에 오고타이가 동하국을 궤멸시켰다. 그 후 몽골군이 연속해서 몇 년간 고려를 침략했다. 1241년 고려 국왕 왕감(王瞰)이 투항하고 족자(族子, 조부의 친형제의 증손자) 전(倎)을 자신의 아들로 삼아 몽골에 볼모로 보냈다.

서정은 남벌과 동시에 진행했다. 차카타이는 "장자가 출정하면 인마가 많고 위세가 성대하다"고 여겼다. 칭기즈칸의 네 아들의 장자 혹은 장손인 주치의 장자 오르다(斡兒答)와 차남 바투(拔都), 차카타이의 장손 불리(不里), 오고타이의 장자 귀위크(貴由), 툴루이의 장자 몽케 등이 모두 원정에 참가했다. 출정한 제왕은 바투를 위수로 하고 수부타이를 선봉으로 세웠다. 1236년에 몽골군이 일거에 부리아르부(不里阿耳部, 볼가 강 중류지역)를 정복하고 킵차크(欽察)와 알라사(斡羅思)를 정복했다. 이듬해 연말에 몽골군은 모스크바 등 십 여 개 도시를 잇달아 함락시켰다. 1239년에 몽골군은 걸와(乞瓦, 키예프)를 포위 공격해 성을 함락하고 노략질해서 돌아갔다. 1240년에 몽골군은 발렬아(孛烈兒, 폴란드)에 침입했다. 바투가 친히 대군을 인솔해 제군과 합류한 뒤 마찰아(馬札兒, 헝가리)에 쳐들어갔다. 바투 · 바이다르(拜答兒, 차카타이의 아들) · 카단(合丹, 오고타이의 아들)과 수부타이가 군사를 세 갈래로 나누어 진군해 마찰아군을 크게 격파했다. 1241년 말 오고타이의 사망 소식이 전해지자 몽골군은 발칸에서 철군해 볼가강으로 돌아갔다.

(3) 칸의 지위 쟁탈과 계속된 침략

투레게네(脫列哥那)황후가 집권하다 오고타이가 죽은 뒤 칭기즈칸의 적자는 차카타이 혼자밖에 남지 않았다(주치는 1227년에 이미 죽었다). 차카타이는 오고타이의 여섯 번째 황후인 투레게네에게 잠시 섭정하도록 부탁했다. 얼마 뒤 차카타이도 병으로 죽었다. 투레게네는 원래 메르키드 부장의 아내였는데 칭기즈칸이 포로로 잡아다 오고타이에게 하사해 아내로 삼게 했다. 그녀는 칸의 지위를 장자인 귀위크가 물려받게 하고 싶었다. 그때 당시 같은 항렬의 제왕 중에서 주치의 아들인 바투가 나이도 제일 많고 서정 군사 사무를 총괄하고 있어 실력과 위망이 제일 높았다. 그런데 바투는 줄곧 귀위크와 맞지 않아 대회에 참가하는 것을 거부해왔으므로 칸을 선발하는 회의가 계속 미뤄졌다. 투레게네 황후가 약 4년간 섭정했다. 그 동안 그녀는 서역 사람 오도랄합만(奧都剌合蠻)을 각 노의 과세 징수 관리로 등용했으므로 한법(漢法)파가 타격을 받았다. 1246년 가을에 투레게네가 제왕대회를 소집하고 귀위크(정종[定宗])에게 칸의 지위를 잇게 했다. 그 이듬해 겨울 투레게네황후가 병으로 죽었다.

귀위크 칸의 짧은 기간 통치 귀위크 칸의 재위 기간에 토번(吐蕃)에 대한 통치를 확립했다. 당말(唐末) 토번이 분열된 뒤 여러 교가 각자의 지역을 통치하면서 서로 통속되지 않고 있었다. 오고타이 재위 기간에 원래 서하의 일부 지역을 자신의 아들 코덴에게 하사해 봉지로 삼게 했다. 코덴이 대군을 이끌고 하서(河西)에 주둔해 토번에 대한 경영에 착수했다. 사가파(薩迦派)는 토번에서 가장 영향력이 있는 교파였다. 코덴은 사가사(薩迦寺) 주지인 사가·반디다(薩迦·班底達)에게 편지를 보내 양주(涼州) 근처의 코덴 왕부의 막사로 그를 초청했다. 사가·반디다는 초청에 응해 방문했다. 1247년에 사가·반디다가 카라코룸에서 칸 선발을 마치고 돌아온 코덴을 접견하고 토번 각 지방과 각 교파 승속세력을 대표해 코덴과 협의를 맺고 토번이 몽골에 귀속되었음을 승인했다.

같은 해 가을 귀위크가 야리지길(野里知吉)에게 군사를 이끌고 서부로 가 페르시아 경내에서 새로 귀순한 제국을 평정할 것을 명했다. 이듬해 봄 귀위크는 카라코룸의 기후가 그의 병든 몸에 좋지 않다는 이유로 직접 엽밀립(葉密立, 신강[新疆] 에밀 강[額敏河] 부근)으로 가 봉지를 맡았다. 툴루이의 아내 소르카타니(唆魯和帖尼)는 귀위크가 서부 정벌에 나서는 것이 바투에게 불리하게 될 것을 걱정해 사신을 파견해 바투에게 밀고하며 그에게 방비를 강화하라고 귀띔했다. 3월에 귀위크는 도중에 병으로 죽었으며 재위한 지 2년도 채 되지 않았다.

몽케(蒙哥) 통치의 확립 귀위크가 죽은 뒤 칸의 지위 계승을 두고 또 분쟁이 일어났다. 바투가 왕실 어른의 자격으로 아랄탑흑산(阿剌塔黑山)에서 제왕들을 불러 모아 칸을 선발하는 집회를 열었다. 주치와 툴루이계(系) 후왕(後王)은 초청에 응해 회의에 참석했지만 오고타이·차카타이계 후왕은 대회가 몽골 본토에서 열려야 한다는 이유로 대회 참석을 거부했다. 칭기즈칸의 네 아들 중 장자 주치·막내 아들 툴루이와 삼남 오고타이·차남 차카타이의 후예 종왕이 점차 두 개의 대립하는 파벌을 형성했다. 툴루이에게는 몽케·쿠빌라이(忽必烈)·훌라구(旭烈兀)·아리크 부케(阿里不哥) 등 네 명의 아들이 있었다. 귀위크가 죽은 뒤 바투는 몽케를 선발해 대칸의 지위를 잇도록 하자고 제기했다. 1251년 6월에 바투는 소르카타니가 크루룬 강과 오논 강 발원지인 코테우아란(闊帖兀阿闌)이란 곳에서 대회를 열어 몽케(헌종[憲宗])를 칸으로 추대하도록 정했다. 몽케의 통치가 확립된 후 곧바로 대외 침략을 감행했다. 그는 훌라구에게 남쪽에 있는 운남(云南)의 대리(大理) 등 국을 정벌하라고 명하고 또 남정 도중에 길을 돌아 송(宋)을 침략하도록 했다.

훌라구의 서정 목랄이(木剌夷)는 이슬람교 이스마인(亦思馬因)파의 한 특수한 종교구역(목랄이는 아랍어로 외도[外道]라는 뜻)이었다. 이스마인은 고대 이슬람교 시아파의 취임하지 않은 한 교장(敎長)의 이름인데 후에 하나의 파벌을 형성했다. 10세기 무렵에 이집트·시리아·아라비아의 일부를 점령하고 흑의대식(黑衣大食, 아바스 나라를 가리킴)에 견줄 수 있는 강국을 건립했다. 1256년 초 훌라구군이 아무다리야 강을 건너 목랄이 국경에 이르렀다. 연말에 훌라구가 맹공격을 해로자 목랄이의 수령인 루크나딘(魯克那丁)이 성을 나와 항복했으나 후에 살해당했다. 이마스인이 파견한 사람들 대다수가 학살당했으며 목랄이는 궤멸됐다. 흑의대식은 8세기에 건립된 이슬람 고대국가였다. 최고 교주는 칼리파(哈里發, 아랍어로 Khalīfah)이며 수도는 바그다드였다. 1257년 겨울 훌라구 등이 군사를 세 갈래로 나누어 진군해 바그다드를 포위 공격했다. 1258년 1월 세 갈래의 군사가 힘을 합쳐 포위해 공격을 가하자 칼리파가 성을 나와 투항했다. 훌라구가 입성해 5백 년간 축적한 바그다드의 금은보화를 모조리 운반해 가져갔다. 이로써 흑의대식 종교국은 멸망했다.

쿠빌라이가 중원을 다스리다 쿠빌라이는 몽케 칸 때 한인지역의 군정 대사를 다스릴 것을 명받았으며, 이후 주변에 막료집단이 형성됐다. 쿠빌라이는 그들에 의지해 한인지역에 대한 통치를 실현했으며 그들 역시 쿠빌라이가 한인지역의 문화제도를 받아들일 수 있도록 영향을 주려고 애썼다. 1252년에 송나라 군대가 하남 변경을 공격해오자 쿠빌라이는 그 기회를 틈타 하남에 경략사(經略司)를 설치하고 망게(忙哥)·사천택(史天澤)·양유중(楊惟中)·조벽(趙璧)을 경략사(經略使)에 임명해 이로운 것은 일으키고 해로운 것은 없애 민심을 크게 얻었다. 그리고 또 군사와 평민을 조직해 당(唐, 하남성 당하[唐河])·등(鄧, 하남성 등[鄧]현) 등 주에 둔전(屯田)을 하고, 등주에 둔전 만호부(萬戶府)를 설치해 성벽을 보강했다. 1253년에 몽케가 제왕에게 상을 내렸는데 쿠빌라이가 경조(京兆, 섬서[陝西]성 서안[西安])를 봉지로 받았다. 쿠빌라이는 경조 선무사(宣撫司)를 설립해 관중(關中)의 일반 전답세를 절반으로 줄이고, 포학하고 백성을 해치는 관리들을 엄히 징벌할 것을 명했다. 이런 조치는 한인 지주·유생들의 지지를 받았다.

3. 다민족 국가의 창립

(1) 쿠빌라이(忽必烈)의 건국과 칸(汗)의 지위 쟁탈전쟁

쿠빌라이가 즉위해 원나라를 세우다 1260년 3월 쿠빌라이가 개평(開平)으로 돌아와 타차르(塔察兒) 등의 종왕(宗王)·대장(大將)들을 집결시켜 개평에서 칸 선발 대회, 즉 칸의 지위에 오를 자를 선발하는 대회를 열었다. 쿠빌라이는 즉위한 뒤 유병충(劉秉忠. 승려 자총[子聰]으로 개명) 등 막료의 건책(建策)을 받아들여 한인(漢人)의 봉건적 전통에 따라 즉위 조서를 반포하고 황제라 칭했다. 몽골인은 원래 열두 띠로 연대를 기록했었다. 쿠빌라이가 '중통(中統)'이라고 연호를 정한 것은 그가 중원(中原) 봉건 국가의 계승자임을 밝히기 위함이었다.

아리크 부케(阿里不哥)와의 전쟁 몽골의 전통 관례에 따라 칸을 선발하는 쿠릴타이(忽里勒臺. 큰 조회[朝會]를 가리킴)는 오논 강(鄂嫩河)·크루룬 강(克魯倫河) 일대에서 진행되었으며 각 계의 종왕들이 반드시 참가해야 했다. 쿠빌라이가 한인 지역에서 스스로 집회를 열어 칸을 선발한 것은 전통에 어긋나는 일이었다. 쿠빌라이가 스스로 칸의 지위에 오른 후 아리크 부케도 카라코룸(和林, Kharakorum)에서 대회를 열어 칸의 지위에 올랐다. 몽골국 군대의 주력 부대는 원래 몽케(蒙哥)의 통솔 하에 송(宋)을 침략했다. 몽케가 죽은 뒤 대장 카라부카(哈剌不花)의 인솔 하에 육반산(六盤山)까지 퇴각해 그곳을 지키고 있던 혼도해(渾都海)의 부대와 합류했다. 9월에 아리크 부케가 아람답아(阿藍答兒)에게 군대를 이끌고 남하해 혼도해 군대와 합류한 뒤 동으로 진군할 것을 명했다. 쿠빌라이는 제왕들인 카단(合丹)·카비치(合必赤) 등에게 몽(蒙)·한(漢) 군대를 이끌고 대항하게 했다. 양 군은 산단(刪丹. 감숙성 산단[山丹])에서 대전을 벌였는데, 아리크 부케군이 패하고 아람답아·혼도해는 살해당했다. 1261년 11월 쿠빌라이의 군대와 아리크 부케군이 시물튜노르(昔木土腦兒. 몽골 수흐바타르[蘇赫巴托. Sukhbaatar]성 남부)에서 격돌했다. 양 군 모두 사상자가 막대했다. 아리크 부케는 차카타이(察合臺)의 손자 아루구(阿魯忽)를 파견해 차카타이 칸 영지로 가 집권하게 하면서 지원해줄 것을 요구했다. 아루구는 아리크 부케가 그의 영지에서 군량을 거두는 것에 불만을 품고 배신해 쿠빌라이를 지지했다. 아리크 부케가 군대를 이끌고 아루구 정벌에 나섰고 양 군은 크게 격돌햇다. 아루구가 아리크 부케의 대장 카라부카의 목을 베고 승리를 거두고 돌아 갔지만 경계를 늦춘 탓에 아리크 부케에게 격파 당하고 말았다. 아루구는 서쪽으로 사마르칸트(撒马尔罕)까지 퇴각했다. 아리크 부케는 알마리크(阿力麻里. 신강[新疆] 곽성[霍城] 서북 극근[克根] 강 서안)를 공격해 점령한 뒤 무고한 군장수들을 마구 살해한 탓에 인심을 잃고 말았다. 1264년 봄에는 기아까지 겹쳐 아리크 부케는 그 부하들이 뿔뿔이 등을 돌리는 바람에 막다른 골목에 이르게 되자 쿠빌라이를 찾아가 용서를 빌었다. 쿠빌라이가 그에게 "나와 너 둘 중 누가 옳으냐?"라고 책문하자 아리크 부케가 "이전에는 내가 옳았고 오늘은 네가 옳은 걸로 치자"라고 답했다. 쿠빌라이는 아리크 부케를 사면했으나 아리크 부케는 얼마 지나지 않아 병으로 죽었다.

서북 한국(汗國)의 분립 칭기즈칸은 생전에 몽골의 광활한 영역을 주치(術赤)·오고타이(窩闊臺)·차카타이(察合臺)에게 분봉해 주고 툴루이(拖雷)가 직접 막북(漠北)의 몽골지역에 대한 통치권을 계승하도록 했다. 칸의 지위 계승의 변동과 영역의 확장에 따라 쿠빌라이가 건국할 때에 이르러 서북에는 실제로 3개의 우루스(兀魯思. 영지)가 형성되었으며 점차 독립적인 발전의 길을 걷기 시작했다.

킵차크(欽察) 우루스(兀魯思) − 칭기즈칸의 장자인 주치의 봉지는 하이야리[海押立. 발하슈[巴爾喀什] 호수 동쪽 카파르[卡帕爾]성 부근)에서 시작해 서쪽으로 撒黑辛(撒黑辛. 카스피 해 북안 지역)·부리아르(不里阿耳. 볼가 강 중류지역) 일대까지 포함되었다. 바투(拔都, Batu)가 서부 정벌에 나서 킵차크 초원에서부터 시작해 알라사(斡羅思)지역까지 공격했다. 오고타이가 죽은 뒤 바투가 킵차크 초원에서 실제로 독립된 우루스를 형성했다.

차카타이 우루스 − 차카타이 후왕(後王) 아루구가 서쪽에 위치한 사마르칸트(撒馬爾罕, Samarkand)에 이르러 병력을 다시 키웠다. 아루구가 죽고 차카타이의 증손자인 바락(八剌)이 스스로 왕위에 올랐다.

이리(伊利) 우루스 − 훌라구(旭烈兀, Hulagu)가 서부의 페르시아를 정벌하자 몽케(蒙哥)는 그에게 아무다리야 강(阿姆河) 서부지역을 통치하도록 했다. 그의 영지는 동쪽의 아무다리야 강에서 서쪽으로 시리아·루무(魯木, 소아시아 반도에 위치)와 맞닿았다.

오고타이 후왕 − 오고타이의 봉지는 원래 에밀강(額敏河) 일대였다. 몽케가 즉위한 뒤 오고타이계의 후왕이 진압 당하고 봉지가 여러 개의 독립된 영지로 분열됐다. 오고타이의 손자 카이두(海都, Qaidu, 카신[合失]의 아들)가 하이야리(海押立)에 분봉됐다. 쿠빌라이가 한인지역에서 칸을 자칭하고 나라를 세울 무렵 서북의 킵차크·차카타이·이리세 우루스가 실제로 이미 분립된 상태였다. 그러나 쿠빌라이와 그 뒤의 원나라 황제는 명의상에서는 여전히 몽골 대칸(大汗)의 계승자였다. 여러 우루스 종왕의 군주들은 자국의 대사를 처리할 권리가 있었지만 칸의 지위에 대한 계승은 원나라 황제의 인정을 받아야 했다.

(2) 이단(李璮)의 난 평정, 원나라가 국호와 수도를 정하다

이단의 난 평정 쿠빌라이와 아리크 부케가 서로 대치하며 승부를 가리지 못하고 있을 무렵 산동(山東)에서 이단의 무장 반란이 일어났다. 이단은 변절해 몽골에 귀순한 남송(南宋) 민병 두령 이전(李全)의 아들이었다. 1231년에 이전이 송을 침략했다가 패해 죽은 뒤 이단이 그 부친의 직위를 세습하고 관할지역을 익도행성(益都行省)으로 칭하고 한 지역을 전적으로 통치하는 군벌이 되었다. 쿠빌라이가 즉위한 뒤 이단을 강회대도독(江淮大都督)에 봉했다. 1262년 2월 이단은 쿠빌라이가 아리크 부케와 전쟁 중인 기회를 틈타 거병해 반란을 일으켰다. 그는 연수(漣水)·해주(海州) 등 세 개의 성(강소[江蘇] 동해[東海]현 동쪽으로 연수에 이르는 연해 지역)을 송에 바치고 익도(益都, 산동 익도)로 군대를 돌린 뒤 제남(濟南)을 차지했다. 쿠빌라이가 급히 여러 갈래의 몽한군(蒙漢軍)을 불러 모아 제남으로 보내 진압했다. 이단은 제남에 갇혀 꼼짝 못하는 신세가 되어 성 안에 식량이 다 떨어지자 대명호(大明湖)에 몸을 던졌으나 물이 얕아 죽지 않고 잡혀 살해당했다. 이단의 난이 진압된 후 쿠빌라이는 기회를 놓치지 않고 정치개혁을 진행하는 한편 인재 등용 방침을 조정했다. 그 주요 조치는 다음과 같았다. (1) 개인의 병권을 약화시켰다. 금나라(金朝) 말년에 각지의 지방무장이 몽골에 투항했지만 계속 각각 한 지역씩 차지하고 병권을 세습해왔는데 마치 번진(藩鎭)과 비슷했다. 이단이 패한 뒤 쿠빌라이가 그 틈을 타 그들의 병권을 해제했다. (2) 군대와 백성을 분리시켜 관리하기 시작했다. 익도(益都)의 군대와 백성을 분리시켜 동문병(董文炳)에게 군대를 인솔하게 하고, 시르기스(撒吉思)에게 백성을 관리하게 했다. 그 뒤 이 제도가 각지에 널리 보급되어 각 지역에서 모두 백성을 관리하는 관리들은 백성의 일만 처리하고 군대를 관리하는 관리는 군의 사무만 담당하도록 했다. 이로써 여러 지역의 병권을 한 층 더 조정에 집중시켰다. (3) 왕문통(王文統)을 죽였다. 쿠빌라이는 건국 초기에 왕문통을 중서성관(中書省官)에 임명했다. 왕문통은 원래 이단의 막부에 있었으며 또 딸을 이단에게 시집보냈다. 이단이 반란을 일으킨 뒤 왕문통이 아들을 파견해 이단과 소식을 주고받았다는 사실이 밝혀지자 쿠빌라이는 왕문통을 살해하고 한인(漢人)막료(幕僚)들을 점차 멀리하기 시작했다. (4) 색목인(色目人)을 선발 등용했다. 몽골이 서방으로 침략을 확대함에 따라 서역과 중아시아 일대의 여러 족속들이 계속 군대를 따라 동으로 이주했으며 또 일부 사람들은 곧바로 한인 지역에 와 장사를 했다. 그들은 원래 각기 다른 국가와 민족에 속했는데 한인 지역에 온 후 이들을 통틀어 '색목인', 즉 '각양각색 명목'의 사람으로 불렀다. 이단의 난이 있은 뒤 쿠빌라이는 하는 수 없이 계속 한인을 임용하는 한편 색목인들을 중용하기 시작해 서로 견제할 수 있도록 했다.

국호와 국도를 정하다 1206년에 칭기즈칸이 나라를 세운 뒤 족명(族名)을 국명(國名)으로 정하고 몽골국이라 칭했다. 쿠빌라이가 칸에 즉위한 뒤 연호를 "중통(中統)"으로 정했으나 역시 국명은 별도로 정하지 않았다. 1271년 11월에야 비로소 정식으로 국호를 '대원(大元)'으로 정하고 조서를 내려 "국호를 대원으로 정하는 것을 윤허하고 모두《역경(易經)》건원(乾元)의 뜻을 취한다."라고 밝혔다. '대원'으로 국호를 정한 것에서 그가 통치하는 국가가 단지 몽골이라는 하나의 민족에만 속하는 것이 아니라 중원 봉건국의 연속이라는 의미를 표명한 것이었음을 알 수 있다. 그 이전에 쿠빌라이가 1263년에 개평을 상도(上都)로 승격시켰었다. 그리고 그 이듬해에는 또 조서를 내려 연경(燕京, 금[金]대의 중도[中都], 금이 멸망한 뒤에 연경으로 개칭함)을 여전히 중도로 개칭하고 수도를 정할 준비를 했다. 1266년에 쿠빌라이가 유병충에게 중도에 도성 궁실을 지을 것을 명했다. 1272년 2월 쿠빌라이가 '대원'이라고 국호를 정한 뒤 유병충의 건의를 받아들여 중도를 대도(大都)로 고치고 그 곳에 수도를 정한다고 선포했다. 그리고 2년 뒤에 대도(大都, 북경시)를 수도로 정했다.

남송(南宋)을 멸하고 강남을 통일하다 쿠빌라이는 자신의 지위를 공고히 다진 뒤 군사를 일으켜 송(宋)을 멸하려고 남하했다. 1261년 송의 장수 유정(劉整)이 몽골에 항복했다. 유정은 송을 공략하려면 먼저 양양(襄陽, 현재의 호북성 양번[襄樊]시 한수[漢水] 이남 도시 구역)을 공략해 남송의 바람막이를 제거해야 한다고 건언했다. 1268년 쿠빌라이가 아술(阿術, 우량카타이[兀良合臺]의 아들)에게 유정과 함께 군사를 이끌고 양양을 공략할 것을 명했다. 몽골군은 먼저 한수 북안에 위치한 번성(樊城, 호북 양번시 한수 이북 도시 구역)을 공략했다. 1273년 초 아술·유정의 군대가 회회포(回回炮, 배중식 투석기[配重式投石器]의 속칭)로 번성을 공격했다. 2월에 송나라 양양 수비 장수 여문환(呂文煥)이 성을 나와 항복했다. 원(元)군이 양양을 점령하자 남송의 방어체계가 무너졌다. 1274년 쿠빌라이가 바얀(伯顔, Bayan)과 사천택(史天澤)에게 함께 군사 20만을 인솔해 송을 정벌하라 명했다. 바얀의 대군이 한양(漢陽, 호북 무한[武漢]시의 한양)·악주(鄂州, 호북 무한시 무창[武昌])를 공격 점령하고, 장강 중류지역의 형세를 통제한 뒤 강을 따라 동으로 진군했다. 이듬해 7월에 쿠빌라이가 바얀을 우승상에, 아술을 좌승상에 승진시켰다. 11월에 바얀이 군사를 세 갈래로 나누어 임안(臨安)으로 진군했다. 1276년 정월 원(元)군이 송도(宋都) 임안 성 북쪽에 집결했다. 그리고 2월에 송의 사(謝)태후와 공종(恭宗) 조현(趙顯)이 국새와 투항서를 들어 바치고 원에 항복했다. 이로써 남송은 멸망했다.

(3) 민족 압박과 전제주의 봉건통치

알로타(斡魯朶) 및 케시크(怯薛)제 칭기즈칸 시기에 알로타 궁장제(宮帳制)를 제정해 대(大) 알로타·제2·제3·제4 알로타를 설치하고 그들의 네 아내가 맡아 관리하도록 했다. 대 칸(大汗)의 개인 재산은 네 알로타에게 속하게 해 대 칸이 죽으면 네 알로타가 각각 물려받도록 했다. 쿠빌라이는 원나라를 세우고 대도(大都) 성안에 궁궐을 지었지만 여전히 알로타의 명칭을 보존해 칭기즈칸의 구제(舊制)를 답습해 네 알로타를 설치하고 그들의 네 황후에게 맡겨 관리하도록 했다. 여러 알로타는 모두 각자의 봉지를 소유하고 있었다. 원나라 때는 매년 '세사(歲賜)'의 명의로 여러 알로타의 계승자에게 대량의 재부를 나눠주었다.

케시크는 원래 알로타의 숙위친군(宿衛親軍)으로서 칭기즈칸 시기에는 케시크가 대 칸을 보좌해 군과 나라의 대사를 처리했다. 쿠빌라이가 나라를 세운 뒤 중서성(中書省)을 설립했지만 케시크제가 여전히 존재했으며 다만 알로타에서 숙위할 뿐 더 이상 정권을 행사하는 직접적인 직능은 없어졌다. 케시크타이(怯薛歹, 케시크 인원)는 대부분 나라를 세울 때 공훈을 세운 귀족 자제가 세습했으며 갈수록 방대한 특권집단으로 발전했다.

관제(官制) 원나라 때 중서성을 설립했다. 쿠빌라이의 황자 친킴(眞金)이 중서령(中書令)를 맡았는데 그 뒤로 중서령은 일률로 황태자가 겸임했으며 이름뿐인 직함이 되었다. 중서령 아래로 우·좌 승상을 두어 실제로 재상직을 담당하게 했으며 그 산하에 평장정사(平章政事) 우좌승·참지정사(參知政事)를 부상(副相)으로 두었다. 몽골의 습속에 따르면 우(右)가 좌(左)보다 위로서 한제(漢制)와 다르다. 중서성 산하에 이(吏)·호(戶)·예(禮)·병(兵)·형(刑) 공(工)의 6개 부(部)를 두었다. 송대 제도에서는 재무·세무 관리와 행정계통이 분립되었다. 원나라는 중서성을 설치해 정무를 종합 관리하게 했다. 1266년에 국용사사(國用使司)를 설치해 재무와 세무를 관리하도록 했다. 1270년에 국용사사를 폐지하고 상서성(尙書省)을 설립해 재무와 세무를 전담하도록 했다. 그리고 2년 뒤에는 또 상서성을 폐지하고 중서(中書)에 편입시켰다. 1263년에 추밀원(樞密院)을 설치해 군 사무를 주관하게 했는데 추밀원 장관인 추밀사(樞密使)도 황태자가 겸하게 해 이름뿐인 직함이 되었다. 추밀원의 실제 장관은 초기에는 추밀부사(樞密副使)였다가 후에 지추밀원사(知樞密院事)로 바뀠다. 그 산하에 동지원사(同知院事)·부추(副樞)·첨원(簽院)·동첨(同簽) 등을 각각 여러 명씩 두었다. 1268년에 어사대(御史臺)를 설치했으며 장관은 어사대부(御史大夫)라 칭하고 산하에 어사중승(御史中丞)·시어사(侍御史)·치서어사(治書御史)를 두었다. 어사대의 직책에는 백관의 선악에 대해 규찰하고 정치적 득과 실에 대해 간언을 올리는 것 외에도 재무와 세무에 대한 추적 조사와 처리 등 내용이 포함되었다. 원나라 때 총제원(總制院)을 설치해 불교도와 토번(吐藩) 경내 사무를 관할하게 했으며 국사(國師) 파스파(八思巴)가 통솔하도록 했다. 1288년 11월에 총제원을 선정원(宣政院)으로 고쳤다. 선정원 관원은 군대와 평민을 총괄 관할하고 승려와 속인을 병용했으며 원나라에 설립한 특별한 기구였다.

중서성의 신하는 지방에 파견돼 집권하도록 했는데 행중서성사(行中書省事)라고 불리었다. 행중서성(약칭으로 행성[行省])은 지방 관아의 명칭과 지방 행정구역의 명칭이 되었다. 쿠빌라이가 송을 멸하기 전과 후에 잇따라 하남(河南)·강절(江浙)·강서(江西)·호광(湖廣)·섬서(陝西)·사천(四川)·요양(遼陽)·감숙(甘肅)·운남(云南) 등의 행성을 설립하고 후에 또 영북(嶺北) 행성을 설립해 총 10개의 행성이 되었다. 각 행성의 장관은 평장정사(영북·절강에는 우·좌 승상을 두었다)였다. 행성 산하에 노(路)·부(府)·

주(州)·현(縣)을 설치하고 최고 장관으로 다루가치(達魯花赤)를 각각 한 명씩 두었다. 노(路)는 다루가치 산하에 총관(總管)·동지(同知)를 두고, 부(府)는 지부(知府) 혹은 부윤(府尹)을 두었으며 주·현의 장관도 윤(尹)이라 불렀다. 1265년에 "몽골인을 여러 노의 다루가치에 임명하고 한인을 총관에 임명하며 회회(回回)인을 동지에 임명하는 것을 영구적으로 제도화한다"는 조서를 발표했다. 부·주·현의 다루가치도 반드시 몽골인이 담당하도록 했다. 추밀원과 어사대도 지방에 각각의 상응하는 분기구가 있었는데 행(行)추밀원과 행어사대라고 칭했다. 유사시 지방에 파병 출정해야 할 경우 행추밀원을 설치해 지휘하도록 하며 현지 군 사무를 관리하도록 했다. 그리고 전쟁이 끝난 뒤에는 바로 취소했다. 행어사대를 행대(行臺)로 약칭했다. 쿠빌라이 통치시기에 잇따라 강남행대(江南行臺, "남대[南臺]"로 약칭)와 운남행대를 세웠으며, 성종 때에 이르러 운남행대를 섬서(陝西, "서대[西臺]"로 약칭)로 옮겼다.

법률 쿠빌라이가 즉위했을 때 이미 금(金)나라 전역을 통치했을 뿐 아니라 남송으로 계속 확장 중이었다. 이에 따라 법률의 실행이 복잡한 상황이 나타났다. 금나라의 옛 영역인 한인과 여진(女眞)인들 속에서는 계속하여 금장종(金章宗) 태화(泰和) 원년에 제정한 금태화율(金泰和律)를 실행했다. 1291년에 중서(中書) 우승(右丞) 하영조(何榮祖)가 공규(公規)·치민(治民)·어도(御盜)·이재(理財) 등 10개 사항을 '지원신격(至元新格)'이라는 이름의 책 한 권으로 편찬했으며 쿠빌라이가 세상에 반포 시행할 것을 명했다. 그러나 이는 단지 형례(刑例)를 종합 편집한 데 불과하며 원대 통치가 끝날 때까지도 완벽한 법전(法典)을 제정해내지 못했다. 사건 재판 시 각 급 관리들은 준할 만한 명확한 율문이 없어 격례(格例)에 비추어 사건을 처리했다. 이른바 "인용할 예는 있지만 지켜야 할 법은 없는 것"과 같았다. 원나라의 법률에는 민족 압박의 일반 법칙이 일관되어 있었다. 예를 들어 형법 '투구(鬪毆. 치고 박고 서로 싸움)'의 예 중에는 "무릇 몽골인이 한인과 싸울 때 한인을 구타하더라도 한인은 되받아치지 못하며 관아에 소송을 제기하는 것은 허용한다"라는 규정이 있었다. 이는 민족 억압의 특징을 나타낸 것이었다.

병제(兵制) 원나라가 송을 멸한 뒤 전국의 군대를 몽골군·탐마적군(探馬赤軍, 몽골이 금나라를 멸할 때 각 부족으로 구성된 선봉과 진수군(鎭守軍)을 가리키며 후에는 고유의 군 명칭이 됨)·한군(漢軍, 금나라의 규한군[糾漢軍]·신부군[新附軍], 남송의 항복한 군) 등 네 부류로 나누었다. 군대는 담당한 임무가 서로 다름에 따라 또 시위친군

(侍衛親軍)과 진술군(鎭戌軍) 등 두 개의 큰 계통으로 나눌 수 있었다. 쿠빌라이가 칭제한 뒤 여러 장병들 중에서 일부 정예군을 뽑아 무위친군(武衛親軍)을 구성하고 황제의 호위군으로 삼았으며 후에 시위친군으로 개칭했다. 시위친군이 수도를 에워싸고 주둔해 있으며 주변 지역에서 둔전(屯田)을 실시하고, 도지휘사(都指揮使)를 설치해 관할 통솔하게 했으며 추밀원에서 주관했다. 평소에는 군대를 여러 갈래로 나누어 주둔시켜 둔전하다가 전시에 동원 출정시켰다. 진술군은 전국 각지에 나뉘어 주둔했는데 진술 지역에 진수소(鎭守所)를 설치했다. 각지 진수소는 각 행성의 진무사(鎭撫司)가 관할 통솔했으며 추밀원에서 주관했다.

4. 통치집단의 투쟁과 민중 봉기

(1) 몽(蒙)·한(漢)·색목(色目) 통치집단의 권리 다툼

아흐마드 파나카티(阿合馬) 집권　아흐마드는 중앙아시아 費納客忒(현재의 타슈켄트)인(색목인)인데 원래 쿠빌라이의 황후 차부이(察必)의 아버지 안진(按陳) 나안(那顔, 몽골한국과 원나라의 국가체제인 천호제[千戶制]에 따라 천호의 수령이라는 의미의 몽골어)의 시중을 드는 사람이어서 제후의 궁장(宮帳)에 드나들며 신임을 얻었다. 그는 잇따라 상서성과 중서성에서 집권하면서 재부를 대대적으로 긁어모았다. 아흐마드가 재부를 긁어모으는 주요 수단은 다음과 같다. (1) 복매(扑買). 즉 조세징수청부(包稅)이다. 어느 한 지역에서 거둬들여야 할 세금 액수를 통계해 청부업자에게 맡겨 세금을 받아 관아에 납부하도록 한다. 아흐마드는 색목인과 한인 관리를 임용하고 멋대로 세금 액수를 늘려 끊임없이 백성들을 착취했다. 원래 세금을 징수하면서 어부지리를 꾀하던 관리들도 이로 인해 손해를 입었다. (2) 청산(理算). "구쇄(拘刷, 전부 거둬들이거나 차압함을 이름)"라고도 하는데 각지의 지난 여러 해 동안 누적된 지세를 추징하는 것을 가리킨다. 아흐마드는 그 명의로 각급 관리들을 착취했으며 그 기회를 비러 반대파 세력을 배척했다. (3) 독점 전매. 정부 전매제도를 계속 발전시켰다. 철·은 등 채광 야금업종을 독점하고 관아에서 백성들을 착취해 농기구를 제조하게 하고 이윤으로 좁쌀을 바꿔 관아에 상납하도록 했다. 그리고 또 사사로이 구리 제품을 만드는 것을 금했으며 정부와 민간의 모든 철을 포함한 금속 제련 제품은 모두 관아에서 전매했다. (4) 화폐를 무절제하게 발행. 쿠빌라이가 즉위한 뒤 교초(交鈔)와 중통원보초(中統元寶鈔)를 발행했다. 송을 멸한 뒤 중통초의 발행량이 물론 다소 증가했다. 그런데 아흐마드가 화폐를 무절제하게 발행했기 때문에 중통초 가치가 대폭 떨어졌다. 아흐마드는 파벌을 만들어 권력을 독점했으며 사리사욕을 채웠다. 그에게는 아들이 40여 명이 있었는데 모두 요직을 차지했다. 또 각지에서 백성의 밭을 강점하고 권세를 등에 업고 장사하면서 사처에서 큰 이익을 챙겼다. 이런 소행이 '한법(漢法)' 성향의 몽골귀족과 한인 관료·유생의 불만을 자아냈다. 그들은 황태자 친킴(眞金)의 무리가 되어 아흐마드와 치열한 겨룸을 벌였다.

왕저(王著)가 아흐마드를 죽이다　1282년 3월 쿠빌라이와 태자 친킴이 상도(上都)로 가고 아흐마드가 대도(大都)에 남아 지켰다. 익도(益都) 사람 왕저가 고화상(高和尙)과 모의해 17일 밤 80여 명을 집결시켜 태자로 위장하고 밤을 도와 입성해 곧바로 동궁 앞까지 달려갔다. 아흐마드가 마중을 나오자 왕저가 구리 방망이로 아흐마드를 내리쳐 살해하고 스스로 나서서 잡혔으나 고화상은 도주 중에 붙잡혔다. 그리고 두 사람 모두 처형당했다. 쿠빌라이는 아흐마드에 반기를 든 몽·한 관리들이 막강한 사회세력을 갖고 있음을 곧바로 눈치 챘다. 그는 왕저 사건을 깊이 파헤치지 않고 방향을 바꿔 아흐마트 파다의 죄악을 캔 뒤 처리했다. 아흐마드는 무덤이 파헤쳐지고 통현문(通玄門) 밖에서 부관참시를 당했다.

노세영(盧世榮) 이재(理財)의 실패　1284년 말 노세영이 중서 우승에 임명됐다. 하북(河北)성의 대명(大名) 사람인 노세영은 아흐마드 집권 당시 강서(江西) 각차운사(権茶運使)직을 담당했었는데 아흐마드가 패한 뒤 파면 당했다. 총제원사(總制院使) 상가(桑哥. 외올[畏兀兒] 사람)가 쿠빌라이에게 노세영이 이재에 능해 나라를 부유하게 할 수 있을 것이라고 천거해 노세영이 발탁 임용됐다. 노세영의 이재 방침은 "권세에 대한 제재와 억압"이었다. 그는 천주(泉州)·항주(杭州)에 시박도전운사(市舶都轉運司)를 설치하여 배를 제조해 민간 상인이 대외 무역을 경영하도록 하고 이익의 70%는 관아에서 거둬들이고 30%는 상인이 소유하도록 할 것을 간언했다. 권세가 소유의 제철소 설립을 일률로 금지시키고 관아에서 용광로를 설치해 철을 주조하게 했으며 이윤으로는 조를 사서 상평창(常平倉)에 저장해 두었다. 중서성이 규정제도를 수립하고 상업 경영에 능한 자를 관리로 임명해 세금과 곡물을 거둬들이게 했다. 이와 같은 소행으로 인해 권세를 장악한 관리들과 마찰이 생겼으며 또 몽골과 한인 지주·상인(색목인 상인을 포함)들의 경제적 이익을 침범했으므로 그들의 반대를 받았다. 노세영은 승상에 임명되어 이재를 담당한 지 백 일도 채 되기 전에 탄핵을 받아 투옥됐으며 후에 처형당했다.

상가 이재의 실패　원(元) 24년(1287년) 윤2월에 이르러 쿠빌라이가 또 상서성에 이재 담당 관리를 설치하고 상가를 평장정사에 임명한 뒤 또 상서성 우승상으로 승진시켰다. 상가는 명을 받고 이재를 담당하게 되면서 아흐마드 등이 취했던 일부 조치들을 다시 실행하기 시작했다. 그는 새 화폐 '지원보초(至元寶鈔)'를 발행해 중통초(中統鈔)와 동시에 통용시켰다. 그리고 정리사(征理司)를 설치해 조세를 추징하게 했다. 추징 범위에는 심지어 원나라 건국 후 지난 여러 해 동안 거둬들이지 못한 밀린 조세까지 포함시켰다. 항주 한 지역에서만 그 때문에 자살했거나 옥중에서 죽은 자가 수백 명에 달했다. 거기에다 또 조세를 증수(增收)했다. 염인(鹽引, 전매품인 소금의 매매를 허용한다는 관아의 허가증)은 중통초 30관(貫)에서 한 괴(錠)로, 다인(茶引)은 5관에서 10관으로 올렸으며, 술과 식초에 대한 세금도 강남지역 징세액을 10만 괴 늘리고 내륙지역은 5만 괴 늘렸다. 그리고 또 상세(商稅)도 증수했다. 상가의 이재 조치는 서역(西域) 상인의 까다롭고 엄한 법률에서 유래한 것인데 한법을 옹립한 몽골인과 한인 관리들의 반대를 받아야 했다. 쿠빌라이는 한법 주장파 관리에게 상가와 변론할 것을 명했다. 상가의 주장이 이치에 맞지 않았기 때문에 잡혀 하옥되어 문죄 당했다. 쿠빌라이는 조서를 내려 상가의 가산을 몰수하도록 했는데 국고의 재산을 절반이나 소유하고 있는 것으로 드러났다. 결국 상가는 처형당하고 말았다.

성종(成宗)의 수성(守成)정치　1293년 6월 쿠빌라이가 황손 테무르(鐵穆耳, 친킴의 아들, 친킴은 이미 죽었음)를 황태자에 책봉했다. 이듬해 정월 쿠빌라이가 80세를 일기로 병으로 죽었다. 테무르가 제위(성종)에 즉위한 뒤 몽·한 유신(儒臣)이 집권하고 색목인 관리들이 이재를 담당했으며 한(漢)법과 '회회(回回)법'을 병용해 조정의 정국이 일시적인 안정을 이루었다. 그가 통치한 20년 동안 회(回)−한(漢)간의 첨예한 싸움은 더 이상 일어나지 않았다. 그러나 선왕이 이룩한 사업을 지켜나가는 것을 방침으로 한 성종의 통치시기에 각 급 관리들 사이에서는 부패가 갈수록 심해져 탐오가 성행했다. 성종은 상을 많이 내리곤 했는데 국고 자금이 모자라면 교초(交鈔) 발행에 쓰일 비축금을 당겨쓰기까지 했다. 그렇게 되니 화폐에 관한 법률이 갈수록 파괴되고 화폐 가치는 점점 떨어져 갔다. 따라서 원나라의 재정은 갈수록 유지하기 어렵게 되었다.

(2) 몽골 제왕의 반란

카이두(海都)와 쉬리기(昔里吉) 등의 반란 몽케가 칸으로 즉위해 오고타이 후왕의 저항을 진압했다. 오고타이의 손자 카이두는 좌천되어 하이야리를 분봉 받았다. 쿠빌라이와 아리크 부케가 대립 중일 때 카이두는 아리크 부케의 지지자였다. 아리크 부케가 항복한 후에도 카이두는 여전히 귀순하기를 거부했다. 1271년에 쿠빌라이가 황자인 북평왕(北平王) 나무칸(那木罕)에게 제왕(諸王)을 거느리고 알마리크(阿力麻里)에 주둔해 지키게 했다. 그 후 또 우승상 안동(安童)을 파견해 나무칸을 보좌하게 했다. 1276년 여름 나무칸을 따라 북부 정벌에 나섰던 제왕들 쉬리기(몽케의 아들)·멜릭 테무르(明理鐵木兒)·우무쿠르(玉木忽兒, 아리크 부케의 아들) 등이 반란을 일으켜 나무칸을 구금하고 안동을 잡아 카이두가 있는 곳으로 압송했다. 그러나 카이두는 쉬리기 등과 세력을 합치는 것을 거부했고 쉬리기 등은 동으로 카라코룸을 침범했다. 쿠빌라이는 이미 남송을 멸망시킨 주력부대를 동원해 북부 정벌에 나섰다. 그때 제왕 내부에 분열이 생겨 많은 이들이 쿠빌라이에게 귀순했다. 구금됐던 나무칸과 안동도 풀려나 조정으로 되돌아왔다. 그때 카이두는 여전히 몽골 초원 서부와 키르키즈(乞兒吉思)의 대다수 지역을 점령하고 있었다. 원(元)군이 카이두군을 여러 차례나 패배시켰지만 카이두는 여전히 강대한 세력을 갖추고 있었다.

나얀(乃顔, noyan)의 난 1287년 4월 동북의 종왕(宗王) 나얀이 군사를 일으켜 원(元)에 반기를 들었다. 나얀은 칭기즈칸의 어린 아우 옷치긴(斡赤斤, Otchigin)의 후예이며 타차르(塔察兒) 국왕의 손자이다. 나얀이 반란을 일으켜 카이두·서북의 제왕들과 서로 연락하며 동북에서 서북에 이르기까지 원나라에 막강한 위협을 조성했다. 5월에 쿠빌라이가 상도(上都)에서 출병해 병든 몸을 이끌고 직접 정벌에 나섰다. 대군이 나얀의 부장들인 탑불대(塔不帶)·금강노(金剛奴)를 격파하고 요하(遼河) 위에 위치한 나얀의 시라(失剌) 알로타로 접근했다. 나얀은 경교(景敎) 신도이므로 그의 깃발 위에 십자가를 세워 표식으로 삼았다. 쿠빌라이는 보졸들에게 긴 창을 들고 화포의 엄호 하에 공격하게 했다. 나얀의 군대가 패하고 나얀은 잡혀 쿠빌라이에게 처형당했다.

카이두·두아(篤哇, Duwa) 등의 항복　성종이 즉위하고 영원왕(寧遠王) 코쿠추(闊闊出, 쿠빌라이의 아들)·부마(駙馬) 고리기스(闊里吉思, Gorgis, 옹구드[汪古, Onggud]의 부장 아라우즈[阿剌兀思]의 증손자) 등이 서북을 주둔 방어하면서 여러 차례 카이두·두아(차카타이의 후손)를 격파했다. 1299년에 성종이 황제의 조카 카이산(海山)을 파견해 코쿠추를 대체해 북쪽변방을 진수했으며 카이두를 격파시켰다. 카이두가 병으로 죽고 그의 아들 차바르(察八兒)가 뒤를 이었다. 1303년에 두아·차바르가 사신을 보내 "전쟁을 멈추고 한 집안이 되어 사이좋게 지낼 것을 요청했다". 성종이 화해하기를 윤허하고 전란은 일단락을 고했다.

5. 황위 쟁탈과 통치의 쇠락

(1) 황위 다툼과 상서성(尙書省)의 재건

무종(武宗)의 즉위 다툼　성종이 병약해서 그의 아내인 불루간(卜魯罕) 황후가 정사에 참여했다. 대덕(大德) 11년(1307년) 정월에 성종이 병으로 죽고 후사가 없었다. 불루간은 좌상(左相) 아구타이(阿忽臺) 등과 모의해 안서왕(安西王) 망게라(忙哥剌, 쿠빌라이의 삼남)의 아들 아난타(阿難答)를 제위에 앉히려 했으며 색목 관리의 지지를 받았다. 성종이 죽기 며칠 전 아난타와 종왕 멜릭 테무르 등이 상경해 불루간 황후가 정사를 돌보도록 섬기고 아난타가 황위를 빼앗도록 지원하려고 획책했다. 우승상 하라차순(哈剌哈孫, Harqasun) 등 몽골인·한인 관리들은 친킴의 아들 다루마바라(答剌麻八剌)의 두 아들인 카이산과 아유르바르와다(愛育黎拔力八達)를 받들었다. 그때 카이산은 알타이산(阿爾泰山)에 주둔하며 변방초소를 수비하고 있었다. 아유르바르와다와 그의 어머니는 성종이 회주(懷州, 하남河南) 심양[沁陽]로 좌천시켰다. 하라차순이 암암리에 사신을 보내 북쪽의 카이산과, 남쪽의 아유르바르와다 모자를 맞아들였다. 그는 수도에서 병을 핑계로 문서를 결재하지 않고 카이산 형제가 오기를 기다렸다. 1307년 2월 아유르바르와다가 먼저 수도에 당도해 카이산군이 오기를 기다리지 않고 먼저 거사를 치렀다. 불루간은 원래 3월 초사흗날부터 친정할 예정이었다. 3월 초이튿날 아유르바르와다가 말을 달려 입궁해 아난타을 체포하고 아구타이 등 모신(謀臣)들의 목을 베었다. 아유르바르와다가 감국(監國)으로 국사를 처리했다. 5월에 카이산이 군대를 이끌고 상도에 당도했고 아유르바르와다가 마중 나왔다. 몽골 제왕들이 상도에서 집회를 열고 불루간 황후를 폐위시킬 것을 결의했다. 그리고 아난타·멜릭 테무르 등을 상도로 압송해 처형했다. 회의에서 또 카이산을 추대해 상도에서 황제위(무종)에 등극시키고 아유르바르와다를 황태자로 정해 카이산의 후계자로 삼았다.

상서성의 재건 무종이 즉위한 후 모든 대신들의 추대를 이끌어내기 위해 무절제하게 관직을 주었고 상을 내렸다. 많은 종왕을 왕작에 봉했으며 대신들은 국공(國公)에 봉했다. 중서성은 승상·평장정사로부터 시작해 그 아래 관직에 있는 관리들에게 거듭해서 관작을 봉했다. 무종이 성지를 내려 관직을 수여한 자가 880여 명에 이르렀다. 원(元) 세조(世祖) 쿠빌라이 시기에 아흐마드와 상가가 모두 재정을 전담하는 상서성을 설치했다가 잇따라 폐지했는데, 1309년 8월에 무종이 재차 상서성에 이재를 전담하는 직위를 설치하고 각 지방 행중서성(行中書省)을 행상서성(行尚書省)으로 바꿨다. 상서성의 이재를 관장하는 조치에는 화폐 제조와 세과법(稅課法)을 제정하는 일이 포함되어 있었다. 9월에는 '지대은초(至大銀鈔)'를 새로 제조해 발행했다. 지대(至大) 3년(1310년) 정월에 또다시 동전을 주조해 사용했다. 새로 주조한 동전은 '대원통보(大元通寶)'와 '지대통보(至大通寶)' 두 가지로 나뉘었다. 수도에 자국원(資國院)을 설립하고 산동(山東) 등 6개 행성에 천화감(泉貨監)을 설립해 화폐 제조 사무를 담당하는 관리를 두는 한편 세과법을 제정하게 했다. 세과관(稅課官)은 세액의 많고 적음에 따라 등급을 매겨 관리들이 모든 방법을 써서 세금을 징수하도록 했는데, 이로 인해 백성들에 대한 착취가 가중되었다.

(2) 인종(仁宗)의 한법(漢法)에 의거한 정치

무종 카이산은 주색잡기에 빠져 즉위한 지 4년도 채 안 되어 죽었다. 1311년 3월 황태자 아유르바르다와가 대도에서 황제위(인종)에 등극했다. 인종은 무종이 설치한 여러 시설들을 개혁해 없애고 '한법'을 힘써 실행했다. 무종이 죽은 뒤 인종은 정식 즉위도 하기 전에 곧바로 상서성을 폐지했으며, 각 지방 행상서성은 여전히 행중서성으로 되돌렸다.

즉위 한 달 만에 조서를 내려 지대은초(至大銀鈔) 및 동전을 폐지했으며, 또 자국원과 천화감도 폐지했다. 각지의 지대초본(鈔本)과 지대동전을 기한 내에 봉인 보관토록 했다. 관아에서 출납하는 것은 일률적으로 중통초(中統鈔)로 출납했다. 인종은 공자와 그의 유교사상을 숭상했으므로 한인(漢人) 유사(儒士)들이 널리 등용됐으며 유학이 원나라에 전례 없이 중시를 받았다. 1313년 11월에 인종은 조서를 내려 과거를 정식 시행한다고 발표하고 "인재 천거 시 덕행을 우선적으로 보며 재능에 대한 평가는 경술(經術)을 우선순위에 놓고 시문은 그 뒤의 순서에 놓는다"고 규정했다. 과거는 3년에 한 차례씩 치르도록 했다. 몽골인·색목인·한인·남인(南人)이 각각 시험을 봐 방을 붙이기로 했다. 시험 내용은 주희(朱熹)의 주(注)로 규정함으로써 정(程)·주(朱) 이학(理學)을 관방(官方) 학술로 삼았으며 나아가 이학적(理學的) 사상통치를 확립했다.

(3) 황위 쟁탈의 연속

영종(英宗)의 왕위 계승과 남파(南坡)지변 무종이 즉위한 뒤 제왕들이 모여 형제와 숙질간에 세대로 칸의 지위를 잇는 것에 대해 의논했다. 1315년 인종이 무종의 아들 쿠살라(和世剌)를 주왕(周王)에 봉하고 이듬해에 그에게 운남(云南)으로 옮길 것을 명했다. 12월에 인종이 아들 시디발라(碩德八剌)를 태자로 책봉했다. 주왕 쿠살라는 운남으로 가는 길에 섬서(陝西)성을 지나며 무종의 옛 군대와 거병해 반란을 일으켰으나 실패했다. 쿠살라는 알타이산 서쪽으로 도주했다. 1320년 정월에 인종이 병으로 죽고 태자 시디발라가 황제위(영종)에 올랐다. 그는 인종 때 파면 당했던 테무데루(鐵木迭兒)를 중서 우승상에 임명했다. 1322년에 테무데루가 병으로 죽고 바이주(拜住)가 우승상으로 승직해 조정의 사무를 전담했다. 테무데루의 관리 집단이 타격을 받고 반란을 꾀했다. 1323년 가을 영종이 상도(上都)에서 남으로 돌아가는데 우승상 바이주 등이 수행했다. 그들은 남파(상도에서 30리 떨어져 있음)에 주둔했다. 어사대부(御史大夫) 테쿠시(鐵失)와 테무데루의 아들이자 전 치서시어사(治書侍御史) 쉬난(鎖南) 등이 정변을 일으켜 바이주를 살해했다. 테쿠시가 영종의 행장(行帳, 행군하거나 유람할 때 임시 거처로 설치한 장막) 내에 침입해 영종을 직접 살해했다.

태정제(泰定帝)의 통치와 황위의 재 다툼 쿠빌라이의 태자 친킴의 장자인 카말라

(甘麻剌)가 진왕(晉王)에 봉해져 북쪽 변경을 진수했다. 카말라가 죽은 뒤 그의 아들인 예순테무르(也孫鐵木兒)가 진왕을 세습해 여전히 막북(漠北)을 수비했다. 1323년 9월 진왕 예순테무르가 크로룬 강변에서 제위(태정제)에 올랐다. 그리고 상도로 사람을 파견해 테쿠시·쉬난 등을 죽이고 정변에 동참한 관리들을 처벌했다. 그리고 그 이듬해 연호를 태정으로 바꿨다.

1328년 태정제가 상도에서 병으로 죽었다. 대도에 유수하던 첨추밀원사(僉樞密院事) 엘테무르(燕鐵木兒, 대장 송고르[床兀兒]의 아들)와 서안왕(西安王) 알라테나시리(阿剌 瘤納失里)가 정변을 일으켜 무종의 두 아들(쿠살라·투그테무르[圖帖睦爾])을 영립한다고 선포했다. 쿠살라는 인종 시기에 알타이산 서부지역으로 도주한 뒤 차카타이 후왕이 군대를 이끌고 귀순해오면서 서북에 발을 붙이고 여러 부족을 통치했다. 투그테무르는 영종 때 해남(海南)으로 귀양을 갔는데 태정제 시기에 불러들여 회왕(懷王)에 봉해져 건강(建康)에 거주하다가 또 강릉(江陵)으로 옮겼다. 정변이 일어난 열흘 뒤에 투그테무르가 사자의 동반 하에 강릉에서 북상해 대도에 이르러 황제위에 올랐으며 원나라의 천력(天歷)을 바꾸고 맏형과 쿠살라가 돌아오면 양위할 것이라고 밝혔다. 상도에서는 요왕(遼王) 토크토(脫脫, 옷치긴 후손)·양왕(梁王) 왕선(王禪, 태정제의 조카, 봉지는 운남)·좌승상 다우라트샤(倒剌沙) 등이 태정제의 어린 아들 라기바흐(阿剌吉八)를 옹립해 황위에 앉혔다. 상도와 대도의 몽골 종왕 대신들이 각각 한 명의 황제를 옹립해 치열한 전투를 벌였다. 상도의 군사들이 전력을 다해 대도를 공격했다. 동북 동로(東路) 몽골 원수 부카테무르(不花帖木兒, 엘테무르의 숙부)와 제왕(齊王) 우루부카(月魯不花)가 그 빈틈을 노리고 상도를 포위 공격하자 유수하던 다우라트샤 등이 성을 나와 항복했다. 라기바흐는 포로가 되고 투그테무르가 승리했다.

명종(明宗)의 피살 투그테무르가 대도에서 즉위한 뒤 사자를 북으로 파견해 쿠살라를 맞아들였다. 천력 2년(1329년) 정월에 쿠살라가 카라코룸 북부에서 황위(명종)에 올랐다. 3월에 투그테무르가 중서 우승상 엘테무르를 파견해 명종을 영접했다. 명종은 엘테무르에게 태사(太師) 칭호를 추가로 하사하고 여전히 중서 우승상 직을 맡게 했다. 명종은 무종·인종 형제가 답습한 구례에 따라 투그테무르를 황태자에 책봉했다. 명종이 남하해 8월초 상도 부근의 왕우차도(旺兀察都)에 이르니 투그테무르가 마중 나와 알현했다. 명종은 행장(行帳)에서 황태자와 제왕 대신들을 위해 연회를 베풀었다. 엘테무르가 명종에게 독약을 먹여 살해했다. 투그테무르는 상도에서 황태자로 재차 황제위(문종)에 등극했다.

(4) 문종의 문치

사천(四川)·운남의 저항 문종·엘테무르가 상도의 군사들과 악전고투하고 있을 무렵 사천행성(四川行省) 평장(平章) 낭가대(囊加大) 집단이 상도에 귀순했다. 문종이 상도를 평정하자 낭가대가 군사를 일으켜 반기를 들었으며 스스로 진서왕(鎭西王)을 자칭하고 원(元)의 사천 평장 관철(寬徹) 등을 죽이고 잔도(棧道)를 모조리 불살랐다. 문종은 행추밀원을 설치하고 호광(湖廣)·하남(河南) 두 성의 군대를 동원해 사천 정벌에 나섰다. 호광행성 참정 보루(孛羅)가 조서를 받들어 사천으로 와 낭가대의 죄를 사면해주겠다고 약속하며 투항할 것을 권유했다. 낭가대가 조서를 받고 항복했으나 이후 결국 사형에 처해졌다. 왕선을 따라 문종에 맞서 싸웠던 몽골 제왕 투겐(禿堅) 등은 왕선이 전쟁에서 패하자 도주해 운남으로 돌아갔다. 지순(至順) 원년(1330년) 정월에 운남 제왕 투겐과(萬戶)·백홀(伯忽)·아화(阿禾) 등이 거병해 반란을 일으켰으며, 중경로(中慶路, 운남 곤명[昆明])를 함락시켰다. 투겐이 운남왕을 자칭하고 백홀을 승상에, 아화를 평장에 임명했다. 문종이 잇따라 여러 성의 군대 십여 만 명을 동원해 토벌에 나서 백홀·아화 등을 붙잡아 살해했다. 그 이듬해 초 투겐이 또 반란을 일으켰다. 원군(元軍)이 재빨리 군대를 움직여 정벌에 나섰으며 투겐의 아우 둘과 아들 셋이 모두 잡혀 처형당했다.

숭문존유(崇文尊儒, 문학을 숭상하고 유교를 존중하다) 문종이 즉위한 후 원나라의 황권이 또 다시 문종 일가로 되돌아갔다. 문종은 한문화에 능통한 몽골·색목 관리들을 임용했다. 1329년 2월 대도에 규장각학사원(奎章閣學士院)을 설립했다. 같은 해 9월에는 또 인원을 배치해 황조(皇朝)《경세대전(經世大典)》을 편찬하도록 명했으며 조세연(趙世延)·우집임(虞集任)이 편찬을 맡았다. 《경세대전》은 대량의 원(元)나라의 전장(典章) 기록을 보존했으며, 명초(明初)에 편찬한《원사(元史)》의 근거가 되었다. 《경세대전》의 원서(原書)는 이미 실전된 상태로서 잔존하는《영락대전(永樂大典)》등 책에만 일부 남아 있을 뿐이다. 문종은 정·주 학설을 과거시험의 관학(官學)으로 정하고 도학(道學, 이학[理學])의 삼강오상과 충효절의(綱常節孝)를 극구 제창하는 것을 원나라의 봉건통치를 수호하는 수단으로 삼았다.

엘테무르의 권력 독점과 황위 계승 엘테무르는 킵차크 부족의 귀족 출신으로서 색목인이었다. 조부 토토합(土土哈)과 아버지 송고르는 대대로 원나라의 변방 수비를 맡아오면서 몽골 제왕의 반란을 진압해 큰 공을 세웠다. 엘테무르는 킵차크 군사력에 의지해 문종을 제위에 앉히는데 공을 세워 중서 우승상에 임명되고 태평왕에 봉해졌으며 태사 칭호까지 받았다. 좌승상 바얀은 지추밀원사(知樞密院事)로 바꾸고 조정에 더 이상 좌상을 설치하지 않았으므로 엘테무르가 권력을 독점했다.

1330년 3월에 문종이 황자 알라테나다라(阿剌忒納答剌)를 연왕(燕王)에 봉했는데 연왕을 황위 계승자로 삼으려는 의도였다. 명종(明宗)의 비(妃) 매래적(邁來迪)이 아들 토콘테무르(妥歡帖睦爾)를 낳고 바부샤(八不沙) 황후가 아들 린친발(懿璘質班)을 낳았다. 전 조대의 관례에 따르면 그들 모두 황위 계승의 자격이 있었다. 연왕은 태자에 책봉된 지 한 달도 채 되지 않아 병으로 죽었다. 1332년 8월 문종이 상도에서 병으로 죽었다. 9월 문종의 황후 부다시리(不答失里)가 유훈을 받들어 명종의 차남, 즉 바부샤 황후의 소생 린친발을 황제(영종[寧宗])로 세웠다. 영종은 즉위 당시 겨우 7세였는데 즉위한 지 두 달도 채 되지 않아 병으로 죽었다. 엘테무르는 문종의 어린 아들 엘테구스(燕帖古思)를 제위에 앉히려고 했다. 그러나 부다시리 황후가 윤허하지 않고 사신을 광서(廣西)로 보내 토콘테무르를 마중해 왔다. 엘테무르가 병으로 죽고 1333년에 부다시리 황후가 토콘테무르를 제위(순제[順帝])에 앉히며 무종·인종 시기의 구례에 따라 엘테구스가 제위를 잇도록 할 것을 약정했다.

(5) 원나라 통치의 쇠태

바얀의 독단 정치 순제(順帝)가 6월에 즉위한 뒤 좌승상 바얀을 우승상에 임명하고 엘테무르의 아우 사둔(撒敦)을 좌승상에 앉혀 정무를 총괄하게 했다. 바얀은 몽골 메르키트(蔑儿乞) 부족의 귀족으로서 몽골 초원 종왕 귀족의 지지를 받고 있었다. 1335년에 사둔이 죽고 엘테무르의 아들 탕기쉬(唐其势)가 좌승상직을 맡아 사둔의 아우 지추밀원사 답리(答里)와 정변을 일으켜 문종의 아들 엘테구스를 옹립하려고 밀모했으나 결국 실패해 탕기쉬는 잡혀 처형당했다. 바얀은 또 타나시리(答納失里) 황후를 죽였다. 이로써 엘테무르 가족이 패망하고 조정 사무는 모두 바얀이 맡아서 처리했다. 바얀의 독단과 방종, 탐욕과 횡포가 무절제한 정도에 달했다. 1340년 2월 바얀이 유림(柳林)으로 사냥을 나가게 되었다. 바얀의 아우 마지야르타이(馬札兒臺)의 아들 토크토가 순제의 조서를 받들어 바얀을 쫓아내 영남(嶺南)으로 귀양을 보냈다. 바얀은 귀양 도중에 강서(江西)에서 병으로 죽었다.

순제가 바얀을 제거한 뒤 마지야르타이를 중서 우승상에 임명하지만 집권 반년 뒤 병 때문에 사직했다. 그리고 토크토가 우승상에 임명되지만 좌상과 맞지 않아 중추(中樞) 신료들이 또 다시 서로 배척하는 상황에 빠졌다.

바얀이 집권한 기간 뇌물이 공공연히 행해지고 군기가 문란해졌다. 1350년에 새 전초(錢鈔)법이 실행되어 새 중통교초(中統交鈔, 지정[至正]중통교초라고도 함)를 제조했다. 교초가 대량으로 인쇄 발행되면서 대체 가능한 교초 비축금이 없어(無鈔本抵換) 물가 상승 수준이 10배에 이르는 결과를 초래했다. 수도에서는 요초(料鈔) 열 덩이로 좁쌀 한 말조차 바꿀 수 없었다.

가노(賈魯)의 치수 황하(黃河)는 둑이 자주 터져 강물이 범람하곤 했다. 1348년에 원나라 조정은 제녕(濟寧) 운성(鄆城)에 행도수감(行都水監)을 설립하고 공부낭중(工部郎中) 가노가 총관하도록 했다. 그 이듬해 또 산동(山東)·하남(河南)에 행도수감을 설립하고 강물을 다스리게 했다. 토크토는 가노의 치수방안을 받아들여 소통과 둑 보강을 병행해 물길을 동으로 빼 옛 물길을 회복했다. 1351년 4월 가노는 공부상서(工部尚書)·총 치수방사(總治河防使)의 신분으로 변량(汴梁)·대명(大名) 등 13개 노(路)에서 인부 15만 명을 동원해 대대적인 치수를 시작했다. 4월에 작업을 시작해서 7월에 수로 파기를 완성하고 9월부터 배가 통하기 시작했다. 황하의 옛 물길을 회복시켰던 것이다. 그러나 황하를 다스리는 작업에 동원된 15만 명의 인부들 속에서 고통소리가 끊이지 않고 시신이 쌓일 지경으로 사망자가 늘었으며 백성의 부담이 막중했다. 이는 농민봉기를 가속화시켰다.

6. 농민 전쟁과 원나라의 멸망

(1) 농민봉기의 발발

영주(穎州) 홍건군(紅巾軍)봉기 원나라 말기 대규모 농민 전쟁을 일으킨 자는 백련교(白蓮敎)의 영수 한산동(韓山童)이었다. 황하 이남·장강 이북, 즉 오늘날의 산동(山東)·하남(河南)·안휘(安徽)·강소(江蘇) 등 성의 접경지대는 가노가 인부들을 징발해 황하의 치수를 전개했던 지역이었다. 한산동은 이 일대에서 백련교를 이용해 농민과 치수의 인부들을 조직했는데 그 대오가 수만 명으로 발전했다. 그는 천하가 크게 혼란해져 미륵불이 내려올 것이며 명왕(明王)이 세상에 태어날 것이라고 선전했다. 백련교 영수 유복통(劉福通) 등은 한산동이 송휘종(宋徽宗) 8세 손이라며 "마땅히 중국의 왕이 되어야 한다"고 공개적으로 제창했다. 1351년 5월에 유복통 등 3천 명이 영주(안휘[安徽] 부양[阜陽]) 경내에서 집회를 갖고 거사를 일으키기로 준비했다. 그런데 사전에 소식이 새나가 관군이 들이닥쳐 수색 체포하는 바람에 한산동도 체포되어 살해당했다. 그의 아내 양씨(楊氏)·아들 한림아(韓林兒)는 도주했다. 유복통·두준도(杜遵道) 등은 거병해 영주성을 점령했다. 봉기군은 머리에 홍건(紅巾, 붉은 수건)을 둘러 표시를 했으므로 홍건군으로 불리었다. 원나라 추밀동지(樞密同知) 허스(赫厮)·투치(禿赤) 등이 아수군(阿速軍) 천 명을 이끌고 진압에 나섰다. 허스의 군대는 홍건군과 마주치자 채찍을 휘두르며 '아부! 아부!(몽골어로서 '가자'라는 뜻)'라고 외치며 말머리를 돌려 도주해 제대로 싸워보지도 않고 무너졌다. 홍건군은 10만 명으로 발전했다.

농민봉기가 벌떼처럼 일어나다 유복통이 봉기를 일으킨 뒤 각지의 백련교 신도들과 기타 농민군이 잇따라 거병해 호응했다. 1338년에 강서(江西) 원주(袁州) 사람 팽영옥(彭瑩玉)과 그의 제자 주자왕(周子旺)이 백련교를 이용해 대중을 조직해 봉기를 일으켰다. 팽영옥은 주왕(周王)을 자칭하고 스스로 연호를 정했는데 그를 따르는 무리가 5천 명에 달했다. 행성(行省)에서 군사를 동원해 진압하는 바람에 주자왕이 살해되고 팽영옥은 회서(淮西)로 망명해 재기할 기회를 노리고 있었다. 기주(蘄州, 호북성 기춘[蘄春]) 나전(羅田)의 천장사 출신의 서수휘(徐壽輝)가 양영옥과 연합해 1351년 8월에 기주에서 거병해 주(州)의 관청 소재지 성과 기수(蘄水, 호북성 희수[浠水])를 점령했다. 10월에 봉기군은 서수휘를 황제로 추대하고 기수를 도읍으로 정했으며 국호를 천완(天完)으로, 연호를 치평(治平)으로 정했다. 서수휘 등이 이끄는 천완봉기군도 홍건을 표지로 삼았다.

강소(江蘇)성 소(蕭)현 사람 이이(李二)는 "깨알 이(芝麻李)"로 불리었는데 현지 사장(社長) 조균용(趙均用)·빈민 팽대(彭大) 등과 봉기를 일으켜 서주(徐州)를 공격 점령했다. 그들을 따르는 무리가 10여 만 명에 이르렀다.

안휘 정원(定遠)의 지방 호족 곽자흥(郭子興)이 대중을 불러 모아 향을 태우고 현지 백련회 수령이 되었다. 1352년 2월에 곽자흥이 호주(濠州, 안휘성 봉양[鳳陽] 동북)를 공격하여 점령했다. 호주 종리(鐘離)현 농민의 아들 주원장(朱元璋)은 어려서 부모를 잃고 황각사(皇覺寺)에 들어가 중이 되었다. 곽자흥이 군사를 일으킨 후 황각사가 원군(元軍)에 의해 불에 타고 약탈당하자 25세의 주원장은 1352년에 곽자흥에게 의탁해 홍건군 대오에 가담했다.

원(元)군의 반격 영주(穎州) 심구(沈丘)의 지주 차칸테무르(察罕帖木兒)가 지주로 무장을 삼은 수백 명을 구성해 하남(河南) 신양(信陽)의 한인 지주 이사제(李思齊)의 무장세력과 연합해 홍건군 공략에 나섰다. 1352년 9월 토크토가 군대를 지휘해 서주(徐州)를 맹공하자 이이(李二)는 패하고 체포되었다. 팽대와 조균용이 나머지 무리들을 이끌고 호주로 도주해 곽자흥 등의 군대와 합류했다. 천완 홍건군은 잇따라 한양(漢陽)·무창(武昌)·중흥로(中興路)를 함락시키며 강서(江西)·호남(湖南)지역을 휩쓸었다. 그리고 동남으로 방향을 꺾어 항주(杭州)를 점령했으나 원군에게 도로 빼앗겼다. 천완군은 휘주(徽州)를 공격해 취했으나 그 후 전쟁에서 패하고 팽영옥은 전사했다. 1353년 5월 원나라가 각 로(路)의 관군을 동원해 대규모의 토벌을 감행했다. 천완 홍건군은 심각한 타격을 받고 저조기에 빠져들었다.

주(周)군의 고우(高郵)전투 태주(泰州) 백구장[白駒場, 강소(江蘇) 동대(東臺)] 사람 장사성(張士誠)은 원래 소금 운송선 선원으로서 소금 밀매도 겸해서 경영하고 있었다. 1353년에 주변 염장(鹽場)의 소년들을 불러 모아 거병했는데 태주(泰州)를 함락시키고 고우(高郵)로 공격해 들어갔다. 그 이듬해 정월에 고우에서 성왕(誠王)을 자칭하고 국호를 대주(大周)라고 정했다. 9월에는 원나라의 승상 토크토가 백만을 헤아리는 대군을 집결시켜 고우를 공격했다. 장사성은 3개월간 성 안에 갇힌 상황이어서 군내에서는 항복하자는 의론들이 분분했다. 그때 순제의 두 번째 황후 기씨(奇氏)와 원 중서우승 카마(哈麻)가 모의해 군대를 지치게 하고 국고를 소비한다는 이유로 토크토를 탄핵했다. 순제가 토크토의 관작을 박탈하고 이듬해에 운남으로 유배를 보냈다. 카마는 약주로 토크토를 독살하고 스스로 승상을 자칭했다. 순제가 토크토의 죄를 묻는 조서를 군중에 내려 보내자 전 군은 큰 혼란에 빠져 뿔뿔이 흩어졌다. 장사성의 주(周)군은 패배 국면에서 승리로 돌아섰다.

각 노(路) 농민군의 발전 1355년 2월 유복통이 탕산(碭山)의 협하(夾河)에서 그곳까지 도주해 숨은 한림아(韓林兒)를 영접해 들여 황제로 옹립하고 호를 소명왕(小明王)이라 칭하고, 국호를 대송(大宋), 연호를 용봉(龍鳳)이라고 했으며 호주(亳州)를 수도로 정했다. 한산동의 아내 양씨는 황태후가 되었다. 유복통은 스스로 승상직을 맡았다. 3월 곽자흥이 병으로 죽고 부장 주원장이 좌부원수로 승임했다. 그 이듬해 집경(集慶, 강소성 남경)을 점령해 응천부(應天府)라고 개명하고 발전의 거점으로 삼았다. 명의상에서는 여전히 한림아의 대송이라는 국호를 떠받들고 있었다.

1355년 12월 송제(宋帝) 한림아가 호주(亳州)에서 안풍(安豊, 안휘[安徽] 수[壽]현 이남)으로 퇴각해 수비했다. 1357년 6월에 유복통이 전군을 지휘해 북상하여 전쟁을 벌였다. 그는 직접 대군을 인솔해 원(元)군 주력부대인 다쉬바투로(答失八都魯) 부대와 교전했다. 다쉬바투로는 전투에서 패하고 군 중에서 죽었다. 이듬해 정월에 원(元) 조정이 영을 내려 다쉬바투로의 아들 보루테무르(孛羅帖木兒)를 하남행성(河南行省)의 평장으로 임명하고, 원래 그의 아버지가 이끌던 군대를 총괄하게 했다. 5월에 대송군이 변량(梁梁, 하남 개봉[開封])을 공격하여 점령했다. 유복통이 안풍에서 마중을 나와 송제 한림아를 영접해 변량에 이르러 도성을 세우고 궁실을 짓고 관속을 설치했다. 1359년 5월에 차칸테무르가 원군을 인솔해 변량을 대거 공격해왔다. 한림아·유복통이 대항하며 지켰으나 결국 성은 함락되었다. 유복통이 한림아를 보호해 포위를 뚫고 안풍으로 도주했다. 1363년 2월에 원(元)에 항복한 장사성이 부장 여진(呂珍)을 파견해 안풍을 공격했다. 유복통이 전력을 다해 싸웠으나 결국 전쟁에서 희생되었다. 주원장이 군대를 이끌고 지원을 와 한림아를 구출해 저주(滁州, 안휘 저[滁]현)에 이르렀다.

서수휘의 천완 농민군은 부장 진우량(陳友諒)에게 군권을 빼앗겼다. 1360년 5월에 진우량이 태평(太平, 안휘 당도[当涂])을 공격 점령한 뒤 서수휘를 죽이고 황제를 자칭하며 국호를 대한(大漢)이라 정하고 대의(大義)라 개원(改元, 연호를 바꿈)했다. 그는 강서 · 호광 지역을 차지했다. 1363년 3월에 주원장이 군대를 이끌고 북상해 안풍을 구원하러 간 틈을 타 주원장이 차지한 홍도(洪都, 강서 남창[南昌])를 대거 포위 공격했다. 7월에 주원장이 홍도로 군대를 되돌려 지원했다. 양 군이 파양호(鄱陽湖)에서 격돌했는데 진우량이 크게 패해 포위를 뚫는 과정에 눈 먼 화살에 맞아 숨졌다. 이듬해 정월 초하루에 주원장이 응천(應天)에서 오왕(吳王)으로 칭하고 백관을 임명했는데 이선장(李善長)을 우승상에, 서달(徐達)을 좌승상에 각각 임명했다. 그리고 여전히 대송의 용봉이라는 연호를 따랐다. 1363년 9월에 장사성이 원(元)에 항복했다가 후에 다시 변절해 자립했으며 평강(平江)에서 오왕(吳王)을 자칭했다. 강남지역 동 · 서로 장사성과 주원장 두 오왕이 병립하는 국면이 형성됐다.

(2) 주원장의 군 합병과 원나라의 멸망

주원장이 동오(東吳)를 합병하다 주원장은 응천(應天, 집경[集慶])을 차지한 후 정권의 건설과 군대 정비에 주력했다. 유사(儒士)들인 송렴(宋濂) · 엽침(葉琛) · 장일(章溢) · 유기(劉基)가 잇따라 주원장의 휘하로 들어왔는데, 그들 넷은 4대 선생이라는 존칭으로 불리었으며 주원장의 중요한 정치적 보필자들로 되었다. 1366년 8월에 주원장이 서달(徐達) · 상우춘(常遇春)에게 20만 명의 군대를 이끌고 장사성을 공격할 것을 명했다. 서달 등은 호주(湖州) · 항주 등지를 잇따라 공격 점령하고 평강(平江)에 대한 포위를 형성했다. 그리고 11월에는 평강에 대한 포위 공격을 개시했다. 1367년(오[吳] 원년) 9월에 성이 함락되었다. 장사성이 목매어 자살하려 했으나 구원을 받아 응천으로 압송되어 곤장형을 받고 숨졌다. 1366년 12월 동오(東吳)가 멸망의 위기에 처했을 무렵 주원장이 대장 요영충(廖永忠)에게 저주(滁州)로 가서 한림아를 맞이해 응천으로 올 것을 명했다. 그런데 도중에 과주(瓜洲, 강소 양주[揚州]시 남쪽 장강 북안)에서 강을 건너게 되었는데, 배 밑바닥에 몰래 구멍을 뚫어 배를 가라앉혀 한림아를 물에 빠져 죽게 했다.

주원장이 동오를 멸한 뒤 곧바로 군대를 나누어 남하해 절동(浙東) 연해지역을 할거하던 방국진(方國珍)을 공격했다. 방국진은 원래 소금을 팔거나 바다에서 무리를 지어 떠다니며 약탈을 업으로 삼았던 자였다. 그러다가 관군에 항복한 뒤 원(元) 조정으로부터 강절행성(江浙行省) 좌승상에 임명되었다. 주원장이 사신을 보내 투항할 것을 건의했으나 거절당했다. 1367년 10월 주원장이 탕화(湯和)를 파견해 방국진이 차지하고 있는 경원(慶元, 절강 영파[寧波])을 공격했다. 그러자 방국진은 배를 타고 도주했으나 11월에 항복하고 말았다. 같은 달 주원장은 또 탕화·요영충 등에게 남하해 진우정(陳友定)을 정벌할 것을 명했다. 복건(福建) 복청(福淸) 사람인 진우정은 원래 역졸(驛卒)이었는데 홍건군을 습격할 때 공을 세워 관직이 복건행성 평장에까지 올랐으며, 민중(閩中) 8개 군(郡)을 차지하고 있었다. 1368년에 탕화·요영충이 연평(延平)을 공격했다. 진우정은 체포되어 응천으로 압송돼 처형당했다. 이로써 복건이 평정됐다.

대명(大明) 국호의 창립과 원나라의 멸망 1367년 10월 주원장이 군사를 나누어 복건을 취하는 한편 서달·상우춘에게 주력 부대를 통솔해 북상해 중원을 공략하게 했다. 그는 행군의 기율을 거듭 강조했으며 북벌 격문을 발표해 "호로(胡虜, 흉노족)를 몰아내 제거하고 중화를 회복하며 기강을 세우고 기율을 강조하며 백성을 구제하자"는 구호를 제기했다. 서달의 대군은 회하(淮河)를 거쳐 하남(河南)으로 입성해(由淮入河) 산동(山東)을 점령했다. 홍무(洪武) 원년(1368년)에 주원장이 응천부 봉천전(奉天殿)에서 황제에 등극하고 아내 마(馬)씨를 황후로, 세자 표(標)를 황태자로 책봉했다. 그리고 국호를 대명(大明)으로, 연호를 홍무로 정했다. 3월에 서달의 군대가 하남에 입성했다. 윤 7월 서달의 군대가 급속히 북진해 장로(長蘆)·직고(直沽)를 함락시키고 통주(通州)를 점령했다. 원(元)의 순제는 대도를 지킬 수 없음을 알고 후궁·태자를 거느리고 대도를 빠져나와 북쪽의 상도로 도주했다. 8월 초이튿날 서달의 군대가 대도로 공격해 들어감에 따라 원나라는 멸망했다. 주원장은 대도를 북평(北平)으로 개칭하고 응천을 남경(南京)으로 삼았다.

그때 당시 코케테무르(擴廓帖木爾)가 산서(山西)에 군사를 집결시켰으며 이사제(李思齊)·장량필(張良弼) 등이 섬서(陝西)에 자리를 잡고 있었다. 12월에 코케테무르가 북평의 빈틈을 노리고 군사를 이끌고 안문관(雁門關)을 넘어 북평을 탈취하고자 했다. 서달의 군대가 곧장 태원(太原)을 취하고 또 코케의 군영을 기습했다. 코케테무르가 크게 패하고 감숙(甘肅)으로 멀리 도망쳤다. 이로써 산서가 평정됐다. 1369년 2월 서달의 군대가 섬서로 진입하자 이사제가 투항하고 장량필은 영하(寧夏)로 도주했다가 코케테무르에게 잡혀 죽임을 당했다.

원의 순제는 상도에서 북쪽의 응창(應昌, 내몽골 커스커텅기[克什克騰旗])로 도주했으며, 1370년 4월에 병으로 죽었다. 황태자 아유르시리다르(愛猷識理答臘)는 카라코룸으로 달아났다. 1378년에 아유르시리다르가 죽고 그의 아들 토구스테무르(脫古思帖木兒)가 제위를 계승했다. 원(元) 종실의 후예는 막북(漠北)에서 여전히 상당한 실력을 가지고 있었으며 명나라와 적으로 지냈다.

1. 경학(經學) · 철학 · 성리학(理學)

(1) 북송 경학의 철학화와 성리학의 창설

경학(經學)은 한학(漢學)에서 점차 송학(宋學)으로 바뀌고 점차 철학화 되었으며 한 걸음 더 발전해 성리학(理學)이 나타났다. 성리학의 창시자 북송(北宋) 도주(道州) 영도(營道)현(호북 도[道]현) 사람 주돈이(周敦頤)는 자(字)가 무숙(茂叔)이고 호(號)는 염계(濂溪)이다. 그는 《노자(老子)》의 "유생어무(有生於無), 곧 유는 무에서 생겨난다"는 학설에 따라 《역(易)》학을 강의했는데 천지(天地) · 음양(陰陽) · 오행(五行) · 만물(萬物)은 모두 태극(太極)과 무극(無極)에서 생겨났으며 결국 다시 태극 · 무극으로 되돌아간다는 주장을 제기했다. 주돈이는 그때 당시 학술적 위치가 별로 높지 않았다. 훗날 성리학자들이 그를 극구 추앙한 것은 그가 맨 처음으로 우주와 사회 기원 등의 철학 문제에 대해 언급했고, 유학(儒學)의 경학(經學)을 철학화 했으며 중앙집권 통치와 봉건 윤리 삼강오륜에 대해 철학적으로 논증했기 때문이다.

주돈이의 제자 정호(程顥) · 정이(程頤) 형제가 낙양(洛陽)에서 학술을 강의했는데 호(號)는 낙학(洛學)이었다. 정호는 자가 백순(伯淳)이고 대대손손 명도선생(明道先生)으로 불리었다. 정이는 자가 정숙(正叔)이고 대대손손 이천선생(伊川先生)으로 불리었다. 정호와 정이의 언론은 《이정어록(二程語錄)》이란 한 권으로 편찬되었다. 이정은 주돈이 등의 학설을 계승했으나 특별히 '리(理)' 혹은 '도(道)'의 개념을 제기해 그들 전부를 학설의 토대로 삼았으므로 성리학(理學) 혹은 '도학(道學)'이라고 불렀다. 그들의 이른바 '리(理)'는 만물 중에서 골라 뽑아낸 법칙이 아니라 반대로 만물보다 앞선 '천리(天理)'였다. 이정이 거듭 논증한 '리'는 주로 우주를 설명하는 데 쓰이는 것이 아니라, 기존의 사회질서를 설명하는 데 쓰였다. 현재 사회에서 군신(君臣)·부자(父子)·부부(夫婦) 등 통치와 피통치의 대립 관계는 모두 천리로 규정된 것이어서 바꿀 수가 없다. 따라서 기존 질서를 따르는 것이 곧 천리를 따르는 것이며, 그렇지 않으면 천리를 거스르는 것이라고 했다. 이로서 이정은 "천리를 보존하며 인간의 그릇된 욕구를 제거한다(存天理, 去人慾)"는 성리학의 목표를 확립했던 것이다.

(2) 성리학의 집대성자 주희(朱熹)와 그의 반대파

성리학이 남송(南宋)의 주희에게까지 전해져 내려오면서 완전한 체계를 형성했다. 주희의 자(字)는 원회(元晦)이고, 또 다른 자는 중회(仲晦)이며, 휘주(徽州) 무원(婺源) 사람이다. 주희는 '기(氣)'의 개념을 인정하면서도 '리'가 '기'보다 먼저이고 '기'는 '리'에 의지해 존재하며 '리'는 영원하고 독립적으로 존재한다고 주장했다. 그는 "극(極)은 도리의 극치이며 천지 만물의 이치(리)를 종합하면 곧 태극(太極)이다(極是道理之極至, 總天地萬物之理, 便是太極)"라고 말했다. 그는 또 "천지간에는 서로 양립하는 이치가 없다. 음이 양을 능가하지 않으면 양이 음을 능가하는 것이다. 그렇지 않은 사물이 없고 그렇지 않은 경우도 없다(天地間無兩立之理, 非陰勝陽, 即陽勝陰, 無物不然, 無時不然)"고 말했다. 주희가 사물의 발전에 대해 논한 것은 선인들보다 한걸음 더 발전한 것이었다. 양자가 병립할 수 없고, 한쪽이 다른 한쪽을 능가한다는 그의 학설은 봉건 통치질서를 유지하는 데 이론적 근거를 제공했다. 삼강오상학설은 주희가 발휘해 점차 후세 봉건제도의 기둥을 형성했다. 그는 군신·부자·부부 사이의 관계가 "천리가 그렇게 만든 것"이고 "옛날부터 지금까지 바꿀 수 없는 것"이며 "천 년 만 년이 지나도 영원히 사라질 수 없는 것"이라고 논했다. 주희는 《사서집주(四書集注)》를 편찬할 때 성리학자들 중에서 자신과 뜻이 맞는 논설을 채용하고 비교적 통속적이면서도 평이한 주석(注釋)을 달아 성리학이 사서(四書)를 빌어 전파될 수 있게 했다.

주희와 거의 비슷한 시기에 육구연(陸九淵)이 주희와 대립되는 학파를 창설했는데 호

(號)는 '심학(心學)'이었다. 육구연은 자가 자정(子靜)이고 강서(江西) 무주(撫州) 사람이다. 그는 "우주는 곧 내 마음이고, 내 마음은 곧 우주"라는 명제를 제기했다. 주·육 두 학자는 두 차례의 학술적인 변론을 진행한 바 있다. 그중 1175년에 두 사람이 함께 신주(信州) 아호사(鵝湖寺)에 가 서로 만나 변론을 벌인 적이 있는데, 이것이 바로 유명한 아호지회(鵝湖之會)이다. 주희가 육구연의 학설이 지나치게 간단하고 쉽다고 비꼬았다. 육구연은 주희의 학설이 잡다하고 흩어졌다고 비난하며 "쉽고 간단한 논리는 오래 가고 발전할 것이지만 번잡한 논리는 결국 도태될 것(易簡工夫終久大, 支離事業竟浮沉)"이라는 시를 지었다. 절강(浙江) 동부 일대에는 또 진량(陳亮)·엽적(葉適)·여조겸(呂祖謙) 등이 각자 다른 학설을 주장하며 주희의 학설과 서로 대립했다. 진량은 자가 동부(同父)이고 무주(婺州, 절강 금화[金華]) 영강(永康) 사람이다. 이정(二程)과 주희의 "천리를 보존하며 인간의 그릇된 욕구를 제거한다(存天理, 去人慾)"는 학설에 대립해 진량은 "공리지학(功利之學)"을 분명하게 제기해 대항했다. 그는 주희와 사이좋게 지냈지만 학술을 논할 때면 얼음과 불처럼 서로 용납하지 않았다. 진량의 호(號)는 "영강학파(永康學派)"이다. 엽적은 자가 정칙(正則)이고 온주(溫州) 영가(永嘉) 사람이다. 학자들은 그를 수심선생(水心先生)이라고 불렀다. 그의 학설에서 중심 내용은 공리(功利)를 제창하고 공담(空談)에 반대하는 것이었다. 엽적의 호(號)는 "영가학파(永嘉學派)"이다. 여조겸은 자가 백공(伯恭)이고 무주 사람이다. 그의 주요 저술은 사론(史論)방면의 내용이었다. 그는 사서를 읽으려면 《상서(尙書)》로 시작해야 하고 그 다음으로 《좌전(左傳)》과 사마광(司馬光)의 《자치통감(資治通鑑)》을 읽어야 한다고 주장했다. 그의 저서로는 《좌씨박의(左氏博議)》가 있는데 사론에서 자신의 철학사상과 사회정치적 관점을 명백히 밝혔다.

(3) 금(金)·원(元)대 성리학의 전파

성리학은 금·원 두 조대에도 계속 전파되었다. 몽골군이 덕안(德安, 호북 안륙[安陸])을 점령할 때 당시 체포된 유생 조복(趙復)이 연경(燕京)에서 태극서원(太極書院)을 설립하고 정주이학(程朱理學)을 가르쳤다. 《원사·조복전(元史·趙復傳)》에는 "북방에 정주지학(程朱之學)이 알려지게 된 것은 조복이 처음이다"라는 기록이 있다. 금(金)나라 말기 유생들 중에는 언녕부터 정주이학에 대해 평가하는 이가 있었으며, 조복이 제일 처음으로 알리기 시작한 것은 아니라 했다. 그러나 서원을 설립하고 제자들을 널리 받아들여 가르친 것은 조복이 시작한 것임이 확실하다. 원나라가 남송을 멸한 뒤 강남에서 저서를 편찬하고 제자들을 가르친 이들로는 또 등목(鄧牧)·오징(吳澄)·허겸(許謙) 등이 있다.

2. 문학과 예술

(1) 시(詩)·사(詞)

북송의 시사(詩詞) 북송(北宋) 초년의 문단은 여전히 만당(晚唐)·오대(五代)의 퇴폐적이고도 화려한 문풍을 답습했다. 성과가 뛰어난 작가는 산동(山東) 거야(鉅野) 사람 왕우칭(王禹偁)이었다. 조광윤(趙匡胤)은 그의 문장을 "현 시대에서 천하제일"이라고 칭찬했다. 그의 시는 백거이를 본받았으나 백거이 시의 사실성만 본받았을 뿐 평이성은 본받지 못했다. 진종(眞宗) 통치시기 조정에서 한때 유행했던 이른바 '서곤체(西昆體)'가 나타났다. 일부 문학 근신들은 황제를 위해 조령을 쓰고 이야기를 편집 수정하는 틈틈이 시를 지어 서로 주고받곤 했는데, 이런 시들은 《서곤수창집(西昆酬唱集)》으로 편찬됐다. 그 시들은 전문적으로 시문의 문체나 수식 형태에만 전념해 사상내용은 별로 거론할 가치가 없다. 송(宋)대 초의 사(詞)도 역시 만당·오대의 화려한 시풍을 답습했다. 유명한 사인(詞人)에는 안수(晏殊)가 있는데 그는 부귀한 재상이었다. 그의 이름난 글귀로 "꽃이 지는 것은 어찌할 수가 없는 일이고 어디선가 본 적이 있는 듯한 제비가 돌아왔네(無可奈何花落去, 似曾相識燕歸來)"라는 글귀가 있는데 대구가 잘 들어맞고 자연스럽지만 사상내용은 고작 흘러간 세월에 대한 속절없는 그리움에 지나지 않았다.

송시(宋詩)의 창시자로는 마땅히 매요신(梅堯臣)·소순흠(蘇舜欽)·구양수(歐陽修)를 꼽아야 할 것이다. 매요신은 자가 성유(聖俞)이고 그때 당시 완릉선생(宛陵先生)으로 불리었으며 안휘(安徽) 선성(宣城) 사람이었다. 그는 "시를 짓는 것은 예나 지금이나 다를 바 없이 평범하게 짓는 것이 유독 어렵다"고 말했다. 평범하다는 것은 천박하다는 의미가 아니라 일종의 "인지상정을 바탕으로 하고 풍물을 있는 그대로 서술하는" 사실주의를 제창해야 한다는 의미였다. 소순흠은 자가 자미(子美)인데 "기개가 있고 뜻이 컸다(少慷慨, 有大志)." 나라의 운명을 걱정하고 외래 침략에 항거하는 충성과 성심을 시에 반영한 것은 양송(兩宋) 시인들 중에서 소순흠이 제일 먼저였다. 구양수는 자가 영숙(永叔)이며, 시풍도 그의 문풍과 마찬가지로 문맥이 미끈하고 글귀가 순통하며 청신하고 유창했다. 그의 정치적 지위가 매요신·소순흠보다 높았기 때문에 시단에 대한 그의 영향도 비교적 컸다.

정치가 왕안석(王安石)은 시와 산문 분야에서 모두 성과가 컸다. 그가 젊었을 때 지은 시 작품은 주로 고체(古體)이고 만년에는 율시의 기교면에서 섬세함과 엄밀함을 추구해 최고의 경지에 이르렀다. 유명한 시로 《과주에 배를 대고(泊船瓜洲)》가 있는데 그 시문은 다음과 같다. "경구와 과주는 강 하나를 사이에 두고 있고, 종산은 두어 겹 산 너머에 있네. 봄바람에 장강 남쪽 기슭이 다시 푸르른 데, 밝은 달은 어느 때나 돌아오는 나를 비추려나?(京口瓜洲一水間, 鍾山只隔數重山。春風又綠江南岸, 明月何時照我還?)" '초록빛 녹(綠)'자는 여러 차례에 거쳐 수정했는데 화룡점정(畫龍點睛)의 작용을 했다. 소식(蘇軾)은 자가 자첨(子瞻)이고 호는 동파(東坡)이며 사천(四川) 미산(眉山) 사람이다. 그의 아버지 소순(蘇洵)과 아우 소철(蘇轍)은 모두 문단에서 이름이 있어, 한 때는 셋을 아울러 '삼소(三蘇)'라고 불렀다. 소식은 "새로운 내용은 법도에서 오고 아름다운 이치는 호방함에 기탁한다(出新意于法度之中, 寄美理于豪放多外)"라고 했다. 여기서 '새로운 내용(新意)'과 '호방함(豪放)'이 곧 소식 작품의 특징이었다. 소식은 사(詞)의 발전에서 특히 큰 공적을 쌓았다. 그의 사는 "사대부들에게 만연되어 있던 분 냄새를 씻어내고 온순하고 부드럽기만 한 모습에서 벗어난(一洗綺羅香澤之態, 擺脫綢繆宛轉之度)" 호방한 사(詞)의 대표였다.

남송(南宋)의 시사(詩詞) 남송의 저명한 여류 사인(詞人)인 이청나라(李淸照)는 호가 역안거사(易安居士)이며 산동(山東) 제남(濟南) 사람이었다. 그의 남편 조명성(趙明誠)은 금석학자(金石學家)였다. 조명성이 죽은 뒤 이청나라는 홀로 절동 일대에서 떠돌이 생활을 했는데 처참하고 고통스러운 만년을 보냈다. 그의 사(詞)는 그의 젊은 시절 진지한 사랑과 만년 유랑생활의 고뇌에 대해 생동적이고 세심하게 묘사했다. 《취화음(醉花陰)》에서 "말해서 무엇하랴 풀 길 없는 이내 수심, 서풍으로 발을 말아 올려 질 제, 노란 국화보다도 파리하도다(莫道不消魂, 簾捲西風, 人比黃花瘦)"라고 썼다. 또렷한 형상과 함축적인 감정은 사인이 갈망하던 완곡함과 함축적인 사(詞)의 최고 경지에 이르렀다.

　육유(陸游)는 남송의 걸출한 시인이었다. 그는 자가 무관(務觀)이고 호는 방옹(放翁)이며 절강(浙江) 산음(山陰, 절강 소흥[紹興])사람이었다. 그는 금(金)나라의 군대가 남침하고 남송의 통치자들이 모욕과 치욕을 참는 것을 보고 적에 대항해 잃어버린 땅을 되찾을 것을 강력하게 요구했다. 그러나 남송의 통치집단은 국사에는 무관심하고 향락과 안일만을 추구했으므로 육유의 열망이 물거품으로 돌아갔다. 그는《관산월(關山月, 관산에 뜬 달)》에 이렇게 썼다. "중원의 전란이 예부터 있었다는 것을 들어 알고 있으나 어찌 오랑캐가 자자손손 대를 이어 지배하게 할 수 있으랴? 유민들은 죽음을 무릅쓰고 국토 수복을 바라면서 오늘 밤은 어디서 눈물을 흘리고 있을까!(中原干戈古亦聞, 豈有逆胡傳子孫? 遺民忍死望恢復, 幾處今宵垂淚痕!)" 육유와 같은 시기의 사인(詞人) 신기질(辛棄疾)은 금(金)에 대항할 것을 극구 주장했다. 그의 사의 풍격은 소식의 사의 전통을 이어 사기를 북돋워 주고 분발시키는 데서 호방함이 표현되었으며, 내용상에서는 국가와 민족의 운명과 앞날과 밀접히 연관되어 있었다. 남송 말년의 문천상(文天祥)도 걸출한 시인이었다. 그는 전투에서 패해 포로가 된 뒤《과령정양(過零丁洋, 영정양을 지나다)》이라는 시를 지어 "자고로 인생길에 누군들 죽지 않으랴, 나라 향한 충성된 마음 한청에 올려 역사에 비추리(人生自古誰無死, 留取丹心照汗青)"라고 기개와 의지를 밝혔다. 이 시를 통해 그는 불굴의 영웅적 기개를 충분히 보여주었으며 이 글귀는 천고의 명구가 되었다.

(2) 산곡(散曲)과 잡극(雜劇)

　북송시기에 일종의 '제궁조(諸宮調)'라는 설창 문체가 나타났다. 동일한 궁조(宮調, 곡조[曲調])의 여러 개의 곡문(曲文)을 한데 묶어 모음곡(組曲)을 만들었다. 서로 다른 궁조의 모음곡을 차례로 이어 하나의 이야기를 설창했기 때문에 제궁조라고 불렀다. 금(金)대 동해원(董解元)이《서상기제궁조(西廂記諸宮調)》를 지었는데, 14종의 궁조를 이어 193조의 모음곡을 만들어 희극(戲劇)의 창시자로 인정받았다. 원(元)대의 시단에는 '산곡(散曲)'이라는 새로운 문체가 나타났다. 산곡은 문사(文士)들이 민간의 통속적인 가요를 바탕으로 거기에 사(詞)의 일부 특징을 받아들여 형성한 문학체제였다. 한 곡패(曲牌)의 소곡(小曲)을 '소령(小令)'이라 하고 동일 궁조의 모음곡(套曲, 투곡)을 '투수(套數)'

라고 불렀다. 원대의 민간 문인과 고관대작들 가운데서는 산곡을 짓는 것이 유행이었다. 제궁조와 산곡을 바탕으로 하고 거기에 동작과 대사를 결부시켜 완벽한 구조를 갖춘 희극을 형성했는데 이를 잡극(雜劇)이라고 불렀다. 원대의 극작가들 중에서 이름이 기록되어 있는 이만 170~180명이나 되며, 기록된 극작품은 730~740종에 달했다.

관한경(關漢卿)은 호가 기재(己齋)인데 금(金)나라 말기에 태어났으며 박학다재한 극작가였다. 《단도회(單刀會)》·《두아원(竇娥冤)》등 극작품은 그의 대표작으로 지금까지도 전해져 내려오고 있다. 마치원(馬致遠)은 자가 천리(千里), 호는 동리(東籬)이며 대도(大都) 사람이다. 세상에 전해져 내려온 그의 명작은 《한궁추(漢宮秋)》이다. 왕실보(王實甫)는 이름이 덕신(德信)이고 대도 사람이다. 그의 대표작 《서상기(西廂記)》는 가장 널리 전해진 명작이다. 남송 때 성행했던 남희(南戲)는 북방의 잡극을 받아들이고 일부 발전시켰다. 원(元)말 고명의 작품 《비파기(琵琶記)》는 남희 발전의 상징이었다.

(3) 회화(繪畵)와 서법(書法)

송(宋)대에는 산과 물, 꽃과 새의 그림이 지극히 번영했다. 남송 후 산수화가 화조화를 대체해 화단(畵壇)을 차지하고 한때 풍조를 이루었다. 북송은 남당(南唐)의 화원(畵院)제도를 답습하고 그 규모를 확대했다. 원대의 회화는 의지와 취향을 추구하고 모양의 비슷함을 중요시하지 않았다. 전기 화가들 중에는 조맹부(趙孟頫)가 가장 유명했다. 후기 화가들로는 황공망(黃公望)·오진(吳鎭)·왕몽(王蒙)·예찬(倪瓚) 등이 있었는데, 원(元)말 4대가로 불리었다.

송대의 서법은 소식(蘇軾)이 새로운 것을 추구해 필법이 원만하고 운치가 뛰어났다. 황정견(黃庭堅)의 글씨는 준수하고 미끈하며 글씨 외의 의미를 써낼 수 있었다. 미불(米芾)은 옛 사람의 필법을 가장 잘 본받았는데 기교가 그때 당시 으뜸이었다. 채양(蔡襄)은 해서(楷書)체에 능했는데 글씨체가 요염해 많은 장신구로 화려하게 꾸민 젊은 귀부인과도 같았다. 송휘종(宋徽宗)도 서법에 능했는데 이른바 "수금체(瘦金體)"라는 독특한 풍격을 이루었다. 원대 서법가 중에서는 조맹부와 선우추(鮮于樞)가 가장 유명했다.

3. 학술 저작

송태종(宋太宗) 시기에 《태평어람(太平御覽)》·《태평광기(太平廣記)》·《문원영화(文苑英華)》3부의 대류서(大類書)를 잇따라 편찬하고, 진종(眞宗) 시기에 또 《책부원귀(册府元龜)》를 편찬해 통틀어 송대 사대류서라고 불렀다.

북송시기에 계속하여 당(唐)대와 오대십국(五代十國)의 역사를 편찬하고 낡은 역사서적의 일부를 새롭게 정리했다. 금(金)나라시기에는 한인의 역사서적 편찬 전통을 답습해 요(遼)대의 역사를 편찬한 적이 있다. 원(元)나라 때는 송·요·금 3대의 역사에 대한 편찬을 완성했다.

북송의 사마광이 어명을 받들어 담당 부서를 설치하고 편찬한《자치통감(資治通鑑)》은 역사학의 중대한 성과였다. 전서(全書)가 총 294권(卷)으로 되었으며 목록과 고이(考異)가 각각 30권씩 차지한다. 전서는 주열왕(周烈王) 23년(기원전 403년)부터 시작해 후주(後周) 세종(世宗) 현덕(顯德) 6년(959년)까지의 역사가 포함되었으며, 중국 최초의 편년체(編年體) 통사였다. 송신종(宋神宗)은 "내용이 풍부하면서도 중요한 부분은 놓치지 않았고 간결하면서도 두루 폭넓게 다루었다(博而得其要, 簡而周于事)"라고 칭찬했다.

남송의 원추(袁樞)는 《통감기사본말(通鑑紀事本末)》을 편찬했는데, 《통감(通鑑)》중의 중요한 사건을 조목별로 구분해 분류해 배열 편집했다. 매 사건마다 시작부터 결말까지 상세하게 기록했으며, 각각 제목을 달고 매 편마다 또 시간 순서에 따라 배열했다. 이로써 새로운 사체(史體)-기사본말체(紀事本末體)를 창립했다. 송(宋)대 사람들이 편집 정리한 당대사(當代史) 중에서 이도(李燾)의 《속자치통감장편(續資治通鑑長編)》은 북송 아홉 조대의 역사를 기록했고, 남송 이심전(李心傳)의 《건염이래계년요록(建炎以來繫年要錄)》은 고종(高宗) 한 조대의 역사를 기록했으며, 남송 서몽신(徐夢莘)의 《삼조북맹회편(三朝北盟會編)》은 북송 휘종(徽宗) 때부터 남송 고종에 이르기까지 요·금과의 교섭 및 화친과 전쟁 관련 역사를 기술했다.

송·원 시기에 새롭게 창설된 사학체제에는 또 통지(通志)와 통고(通考)가 있다. 남송 정초(鄭樵)가 편찬한 《통지(通志)》에서 연보(年譜)는 새롭게 창작된 체례(體例)였다. 그리고 또 정사(正史)의 각 지(志)에 해당되는 '약(略)'이 있는데 총 20약(略)으로 되었으며, 전서의 정수를 집중시켰다. 원(元)의 마단림(馬端臨)의 《문헌통고(文獻通考)》는 당(唐)대

두우(杜佑)의 《통전(通典)》를 본받아 고대에서 송(宋)대 영종(寧宗) 가정(嘉定) 말년에 이르기까지 여러 가지 제도와 그 변혁에 대해 상세하게 기록했다. 《통지》와 《문헌통고》, 당대 두우의 《통전》을 학자들이 통틀어 '삼통(三通)'이라고 부른다.

북송 초년부터 전국 총지지(總地志)가 많이 나타났다. 북송 악사(樂史)가 편찬한 《태평환우기(太平寰宇記)》는 송나라 초기 11도(道)를 위주로 하고 주변 여러 소수 민족과 외국의 역사를 첨부했다. 왕존(王存) 등 이들이 편찬한 《원풍구역지(元豊九域志)》는 노(路)·주(州)의 체계에 따라 서술했으며, 본 조대의 현황을 기록하는 데 주력하며 전대의 연혁에 대해서는 극히 적게 언급했다. 원(元)나라의 패난힐(孛蘭肹)·악현(岳鉉) 등이 바친 《대원일통지(大元一統志)》는 대체로 한 개 주(州)를 한 권(卷)으로 기술하고, 매 주를 약 10목(目)으로 나눠 건치(建置)연혁·산천·고적·인물 등에 대해 기술했다.

4. 과학기술

송(宋)나라는 역법을 총 19차례나 바꿨는데 중국 역사에서 역법 개혁이 빈번한 조대였으며 이는 천문학 연구가 활발했음을 반영해준다. 원대의 천문학자 곽수경(郭守敬) 등이 편찬한 《수시력(授時曆)》은 중대한 성과를 거두었다. 송·원 시대의 유명한 수학자들로는 북송의 가헌(賈憲), 남송의 진구소(秦九韶)·양휘(楊輝), 금(金)나라 말기의 이야(李冶), 원(元)나라 초의 주세걸(朱世杰) 등이 있다. 주세걸은 사원술(四元術)과 여러 가지 고차원적인 등차급수의 합을 구하는 방법을 발명했는데 그때 당시는 세계에서 가장 앞선 것이었다.

송대의 의학은 소아과 분야에서 뚜렷한 성과를 거두었다. 북송 전을(錢乙)의 저서 《소아약증직결(小兒藥證直訣)》은 소아과의 거의 모든 흔한 병에 대한 비교적 정확한 치료방법이 기록되어 있다. 송자(宋慈)의 저서 《세원집(洗寃集)》에서는 송대와 송대 이전의 법의학 지식을 종합했다. 원대에도 의학 발전이 있었다. 주진형(朱震亨)은 《격치여론(格致餘論)》·《국방발휘(局方發揮)》 등의 저술을 남겼다. 위역림(危亦林)은 《세의득효방(世醫得效方)》이란 저서를 남겼는데 그중의 "마취약 용법(用麻藥法)"은 새로 창조한 학설이었다.

송나라의 이계(李誡)는 건축 장인들의 지혜를 모으고, 자신의 건축 분야 종사 경험을 종합해 《영조법식(營造法式)》를 편찬했는데, 이는 중국 고대 건축과학의 귀중한 유산이 되었다.

제 **5** 장
명·청

제1절
명(明)의 수립과 집권통치

1. 통치의 수립

황제의 권력을 공고히 하다 — 명태조(明太祖) 주원장(朱元璋)은 빈곤한 농민 출신으로 농민봉기의 수령으로부터 지주계급의 수령으로 변했다. 나라를 세우고 왕위에 오른 후 원나라를 잃은 지주와 관리들이 불복할 가봐 두렵고, 또한 함께 나라를 세운 문신과 무장들이 충성하지 않을 까봐 두려워하여 엄격한 탄압 조치를 취하여 황권 통치를 공고히 했다.

부호를 이주시키다 — 명태조는 어렸을 때부터 부호들이 마을에서 횡포한 짓을 하는 것을 목격했기 때문에 건국 초기에 명령을 내려 강남의 14만 가구의 부유한 백성을 봉양(鳳陽)으로 이주시켰다. 1391년에 각지 부호 5,300 가구를 남경(南京)에 이주시켰고, 1397년에도 14,300 가구를 남경에 이주시켰다. 남경지역은 조정이 직접 통치했기 때문에 부호들이 마음대로 나쁜 짓을 하지 못했다.

장수와 대신을 주살하다 — 호유용(胡惟庸)은 명태조를 따라 군사를 일으켰고, 명나라 건국 후 벼슬이 중서성(中書省) 우승상(右丞相)까지 되었다. 그는 권력을 독단하고 뇌물을 받고 도당을 이루어 황권에 위협이 되었다. 1379년 어사중승(御史中丞) 도절(涂節)이 황제의 비위를 맞추느라 호유용과 어사대부(御史大夫) 진녕(陳寧)이 모반을 할 것 같다고 고발했다. 명태조가 직접 취조하여 호유용과 진녕을 참하고 삼족을 멸했다. 그리고 또 도절이 고발을 할 수 있었던 것은 모반에 참가한 적이 있기 때문이라는 이유로 함께 죽였다. 그런 다음 중서성과 육부(六部)를 철폐한다고 선포하고 직접 황제가 통치했다. 호유용에게 아첨하던 관리를 규명하여 15,000여 명을 처결했다.

이선장(李善長)은 명태조가 저주(滁州)에서 예의를 갖추어 데려온 모사(謀士)로써 큰 신임을 받았다. 명나라 초기에 인재를 등용하고 정사를 돌보고 개국제도를 세우는 일은 대부분 그가 관여하여 제정했으며, 한국공(韓國公)으로 임명받았는데 그를 한나라(漢朝) 때 소하(蕭何)에 견줄 수 있었다. 호유용 사건이 발생한 후 명태조는 "역모를 알고도 고발하지 않았다"는 이유로 그를 죽였고, 그의 처자식과 동생, 조카 등 70여 명을 죽였다.

남옥(藍玉)은 많은 전공을 세운 대장이었다. 명태조는 그를 서한(西漢)의 위청(衛靑)에 비하면서 태자태부(太子太傅)로 봉했다. 금의위(錦衣衛) 지휘사(指揮使) 장헌(張獻)이 그가 반역을 꾀한다고 고발했다. 명태조는 모반죄로 그를 책형(磔刑)에 처하고 삼족을 주살했으며, 도당을 끝까지 캐면서 장교와 병사를 거의 2만 명이나 죽였다. 남옥사건은 호유용 사건과 마찬가지로 이른바 모반에는 확실한 증거가 없었다.

개국공신은 거의 다 처형되거나 모해를 받았다. 유명한 장수인 이문충(李文忠)은 명태조가 어릴 때에 입양한 생질로 전공이 탁월하여 조국공(曹國公)으로 책봉됐으며, 대도독부(大都督府)를 장악하고 영국자감사(領國子監事)를 겸했다. 그가 명태조에게 사람을 적게 죽이라고 권고하자, 태조는 그의 집에 온 손님을 다 죽여 버렸다. 이문충은 너무 놀라 몸져누웠다. 명태조는 사람을 보내 병시중을 들게 하면서 그를 독살케 했다. 명태조는 원후(遠侯) 왕필(王弼)이 부우덕(傅友德)에게 남옥이 살해되었으니 언젠가는 우리도 죽게 될 것이라고 말 한 사실을 알아내고 변방에서 부우덕을 소환하여 왕필과 함께 죽였다. 부우덕과 함께 군사를 훈련시키던 송국공(宋國公) 풍승(馮勝)도 함께 죽였다.

유가 대신(儒臣)인 성의백(誠意伯) 유기(劉基)는 호유용 사건 전에 벌써 명태조에 의해 고향에 보내졌는데 얼마 안 돼 병으로 죽었다. 사람들은 그가 독살당한 것으로 의심하고 있다. 유기와 지위가 상당한 유가 대신 송렴(宋濂)도 호유용 사건에 연루돼 사천(四川) 무주(茂州)에 유배되었는데 기주(夔州)까지 갔다가 목매어 자살했다.

탐관을 엄하게 벌하다 ─ 명태조는 황위에 오른 후 탐오 하는 자를 엄하게 처벌했다. 은 50냥 이상을 탐오하면 참수한다고 규정했다. 가죽을 벗겨 공좌(公座, 관리가 집무하는 좌석) 양쪽에 매달아 대중들에게 보였다. 힘줄을 끊고, 손을 자르고, 창자를 끄집어내고 거세하는 등 혹형으로 탐관 수만 명을 처벌했다.

'공인(空印)'은 원나라 때의 나쁜 관습을 답습한 것이다. 지방관리가 호부에 가서 돈과 식량, 군수품을 채용할 때 관인이 찍힌 공백문서를 들고 가서 제멋대로 기입하여 폐해가 많이 생겼다. 명태조는 이를 알고 1376년에 명령을 내려 인장을 관리하는 각 급 관리를 체포하고 호부상서(戶部尙書)로부터 부와 현의 수령(守令)까지 수백 명을 죽였으며, 사건에 관련된 기타 관리들은 방태(榜笞) 형을 내리거나 또는 유배를 보냈다.

1385년 명태조는 호부시랑(戶部侍郎) 곽환(郭桓)이 50만 관을 수뢰하고 절강(浙江)에서 190만 섬의 식량과 돈을 적게 받은 사실을 알고는 6부(六部)와 전국 각지의 포정사사(布政使司)를 추적 조사했다. 모두 700만 섬의 식량을 탈루하거나 훔쳐 팔고 상납미 2,400여 만 섬을 포탈한 사실이 드러났다. 수만 명의 관리가 처형되거나 유배를 갔고 관청과 내통하여 상납미를 포탈한 부호들도 처벌을 받았다.

통치제도의 제정　명태조는 원나라 때의 낡은 제도를 점차 개혁하여 황제 집권의 독재제도를 세웠다.

황실 분봉 — 명태조는 종실 자손에게 각 지를 분봉하여 황실을 돕게 했다. 그에게는 26명의 아들이 있었는데 장자를 황태자로 봉했다. 일찍 죽은 아홉째 아들 외에 나머지 황자들은 번왕(藩王)으로 책봉하여 관속과 호위군을 갖도록 했으며 해마다 만 섬의 녹봉 쌀을 받았다. 연왕(燕王)과 진왕(晉王), 영왕(寧王)은 또 명령을 받들고 변방의 군사를 지휘했다. 그러나 번왕은 "작위는 받았지만 백성은 관리하지 않았고", 봉지가 없고 관리와 백성도 없었다.

중추관제(中樞官制) — 주원장은 오왕(吳王)으로 자칭했을 때 원나라의 낡은 제도를 답습하여 중서성 승상이 행정을 총괄하고 대도독이 군사를 장악하고 어사대부가 감찰을 주관하게 했다. 호유용 사건이 일어난 후 중서성 승상제도를 폐지하고 6부와 도찰원(都察院), 통정사(通政司), 대리사(大理寺)가 각각 황제 앞에 책임을 졌다. 군무를 종리(綜理)하는 대도독부도 중 · 좌 · 우 · 전 · 후 5군 도독부로 구분하고 5군 도독은 서로 통괄하거나 예속되지 않았으며 황제가 직접 지휘했다.

지방관제 — 각 지방을 총괄하는 행중서성(行中書省)을 '3사(三司)'제도로 바꾸었다. 3사는 포정사사(布政使司)가 전 성의 행정, 민정, 재정을 관리하고 안찰사사(按察使司)가 사법과 감찰을 관리하고 도지휘사(都指揮使)가 관할구의 군사행정과 치안을 관리하는 것을 말한다. 3사는 각각 조정이 수임했다. 성(省) 이하는 부(府)와 현(縣) 두 급이며, 성은 주(州)에 예속되고 부와 동급이며, 부는 주에 예속되고 현과 동급이었다. 지부(知府), 지주(知州), 지현(知縣)은 이부(吏部)가 고찰, 임면하였다.

　　법률 — 명태조는 선후로 《대고(大誥)》와 《대명률(大明律)》을 반포해 판결을 내리는 근거로 삼았다. 《대고》는 판례 모음이지만 황제가 직접 판결한 사건과 황제의 명의로 저술한 부연 설명이 있었기 때문에 법률 효과를 가졌다. 《대명률》은 이부, 호부, 예부, 병부, 형부, 공부 6부로 분류되었고, 모두 460조례로 되었으며, 당률(唐律), 원률(元律)과 다른 점은 대신은 독단적으로 관리를 선발하지 못하고, 공신은 사사로이 전담을 마련하지 못하며, 군민은 불법적으로 장사를 하지 못한다는 대목이 증가되었고 '10악(十惡)' 죄에 대한 처벌이 전 조대보다 가중해졌다. 그리고 '팔의(八議)'는 황제가 직접 결정을 내린다는 조목이 있는데, 이런 것들은 황권을 강화했음을 보여준다.

　　군제 — 위소제(衛所制)를 건립했다. 10명의 군사가 한 소기(小旗)를 구성했고, 5소기가 1 총기(總旗), 2 총기가 1백호(百戶), 10백호가 1천호(千戶), 5천호가 1위(衛)였다. 위소(衛所)의 장관은 지휘사(指揮使)라고 부르고 그 위는 각 성의 군사장관인 도지휘사가 있고, 5군 도독부가 각각 관할했다. 매 위소에는 약 5,600 명의 관병이 있었고, 홍무(洪武) 연간에는 모두 1백여 만 명이 있었다. 군사는 군적에 입적하고 세습했다. 매인당 50무의 밭을 나눠가졌는데 대부분은 둔전으로 사용되고 일부는 주둔하여 지켰다. 위소제는 명나라의 통치를 공고히 하는데 중요한 역할을 했다.

　　학교와 과거 — 학교와 과거제도는 대체로 원나라의 제도를 답습했다. 서울에 국자감(國子監)을 설치하여 중앙의 교육기구로 삼고 제주(祭酒)와 사업(司業)이 주관했는데 학원은 감생(監生)이라고 부르고 사서오경(四書五經)과 법령을 배웠다. 지방에서는 마을에 사숙(私塾)을 설치하고 부·주·현에는 학교를 설립했다. 사숙의 학생이 시험에 통과되어 부·주·현으로 가서 공부를 하게 되면, 수재(秀才), 제생(諸生) 또는 생원(生員)이라고 불렸으며, 생원이 벼슬길에 오르는 주요한 경로는 과거시험이었다.

　　과거시험은 3년에 한 번씩 있었는데, 생원과 감생이 성도에서 치는 시험은 향시(鄕試)라고 불렀고, 합격된 자는 거인(擧人)이라 불렀으며, 일등은 해원(解元)이라 불렀다. 향시 이듬해면 거인이 서울로 가서 예부가 주관하는 시험에 참가하게 되는데 이를 회시(會試)라고 불렀으며, 합격된 자는 공사(貢士)라고 부르고 일등은 회원(會元)이라고 불렀다. 공사가 황제가 전정(殿廷)에서 직접 책문(策問)하는 시험에 참가하는 것을 전시(殿試) 또는 정시(廷試)라고 했으며 합격된 자는 진사(進士)라고 불렀다. 진사는 삼갑(三甲)으로 나뉘었으며 일갑은 '진사급제(進士及第)'를 하사받았고, 장원(壯元), 방안(榜眼), 탐화(探花) 등 세 명 뿐이었다. 이갑은 '진사출신(進士出身)'을 하사받고, 삼갑은 '동진사출신(同進士出身)'을 하사받았으며, 인원수는 정해지지 않았다. 진사 자격을 얻은 자는 중앙 또는 지방의 관리로 임명되었는데 이를 정도(正途) 출신이라고 일컬었다. 시험 내용은 사서오경이고 문체는 사상을 속박하는 팔고문(八股文)이었다.

조세와 둔간(屯墾) 명태조는 약간의 조치를 취해 사회경제 질서를 세웠다.

양장(糧長)과 이갑(里甲) ― 양장제(糧長制)는 관리들의 침탈을 막기 위해서였다. 매 현에서 토지를 가장 많이 가지고 있는 두 사람을 정양장과 부양장으로 뽑아 상납미를 감독하고 받아들여 관부에 호송하게 했는데 이를 "양민으로써 양민을 다스린다"고 했다. 그러나 양장은 관리와 다를 바 없고 침탈은 피할 수 없었다.

이갑은 말단 주민의 조직이었다. 110 가구를 1리(里)로 하고, 그중 장정과 식량이 가장 많은 10가구를 이장으로 명했다. 이(里) 이하에 매 10가구를 1갑으로 하고 갑수(甲首)를 두었다. 이장과 갑수는 지세를 추징하고 분규를 중재하면서 기층의 사회질서를 지키게 했다.

호적(戶籍)과 전적(田籍) ― 명나라 초기에 경작지는 '관전(官田)'과 '민전(民田)' 두 가지로 나뉘었다. '관전'은 황제에게 농산물을 공급하는 황실 장원의 경작지 및 여러 왕과 공주, 훈척대신(勳戚大臣)들이 차지한 농토 그리고 군사와 백성의 둔전(屯田) 등을 말했다. '민전'이란 백성이 소유하고 있는 농지를 말하는데 여기에는 지주와 농민 소유의 농지가 포함된다. 조정은 소유하고 있는 농토의 양에 따라 토지세를 받고 호적에 있는 인구에 따라 차역(差役)을 징집했다. 명태조는 호부를 시켜 호구와 농토에 대한 전면조사를 하고 호적책(戶籍冊)과 전토책(田土冊)을 만들었다. 호적책은 또 '부역황책(賦役黃冊)'이라고도 불렀는데, 한 이(里)에 한 책씩 있었고, 매 농호 인구의 성별과 나이, 경작지와 가옥 등의 상황이 상세히 적혀 있었다. 10년에 한 번씩 다시 만들면서 죽은 자는 삭제하고 새로 태어난 자는 보태 적었고 경작지 매매 상황도 모두 기록했다. 전토책은 또 '어린책(魚鱗冊)'이라고도 불렀는데, 총도(總圖)와 분도(分圖) 두 가지로 나뉘었다. 분도는 이를 단위로 순서에 따라 번호를 매기고 도면을 그렸으며, 여러 가지 경작지의 명칭, 종류, 면적, 경계 및 토지의 주인 또는 관리자의 본관과 성명을 기록했다. 총도는 향을 단위로 하고 분도와 합쳐 그렸으며 분도 앞에 놓았다. 그런 다음 각 향의 도면을 합쳐 한 현의 도면으로 만들어 관청이 토지 점유상황과 농호상황을 파악하고 토지세를 징수하는 근거로 삼았으며 토지소유권을 명확히 인정하는 것으로도 활용되었다.

둔전 — 명나라 초기에 군둔(軍屯), 민둔(民屯), 상둔(商屯) 등 세 가지가 있었다. 군둔은 위소둔전(衛所屯田)이라고도 불렀는데, 변방을 지키는 군사의 변둔(邊屯)과 내지 위소(衛所)의 영둔(營屯)이 포함되어 있었으며, 모두 군수품을 공급하는데 사용됐다. 민 둔이란 민호(民戶)를 이주시키거나 모집하고 범죄자에게 황무지를 개간시켜 경작한 농지로서 사사로이 점유하지 못했으며, 조세는 관전세(官田稅)의 액수에 따라 징수했다. 상 둔은 상인이 관청에서 소금 인표(引票)를 더 많이 얻어 이득을 챙기려고 변방지역에서 백성을 모집해 둔간한 농지를 가리키는데, 역시 관전의 일종이었다.

상세(商稅) — 명태조는 사회경제 질서를 다시 세우기 위해 상업에 대해 세금우대 정책을 실시했다. 상세는 삼십세일(三十稅一, 30분의 1을 징수하는 것)의 영업세와 검문소를 통과할 때 비례에 따라 실물을 거둬들이는 관세로 나뉘었다. 상인이 각지로 가 장사를 할 경우 관청이 발급한 '관인(官引)'이 있어야 했다. '관인'에는 판매할 물품의 종류, 수량, 경유할 길과 마을 등을 기입했다. '상인'이 없는 자는 유민으로 삼고 죄를 물었다.

대명보초(大明寶鈔)의 발행 — 명나라는 건국 후 '홍무통보(洪武通寶)'라는 동전을 대량 주조했다. 1374년부터 '대명통행보초(大明通行寶鈔)' 지폐를 인쇄하기 시작했고 지폐가 발행되니 상민(商民)들은 편리하다고 했다. 그러나 후에 발행량이 너무 많고 위조된 보초가 섞이자 상품은 여전히 은으로 가격을 계산했다.

2. 강역의 확장과 천도

(1) 혜종(惠宗)의 삭번(削藩)과 연왕(燕王)의 왕위 찬탈

명태조는 장자 주표(朱標)를 황태자로 정했다. 주표가 병으로 죽자 주표의 둘째 아들 주윤문(朱允炆)이 황태자로 되었다. 1398년 명태조가 병으로 죽은 후 윤문이 즉위했다(남명은 혜종[惠宗]이라고 시호를 추증했다). 연호를 건문(建文)으로 고치고 대신 제태

(齊泰), 황자징(黃子澄)이 보좌했다.

혜종의 유신정책은 주로 관제(官制)를 개정하고 관정(寬政)을 실행하는 것이었다. 관제를 개정하는 것이란 관리의 품급(品級)과 관직의 명칭을 변경하는 것이라 별로 큰 의미가 없었다. '관정'이란 관형(寬刑)과 관부(寬賦)를 가리키는데 범죄자를 사면하고 조세를 감면한다고 선포했다. 혜종은 황태손(皇太孫)으로 있을 때에 벌써 숙부들에게서 위협을 느꼈으며, 특히 북평(北平)을 지키고 있는 연왕 주체(朱棣)는 막강한 군대를 가지고 있어 조정이 통제하기 어려웠다. 개봉에 속지를 둔 주왕(周王) 주숙(朱橚)은 연왕의 동복동생으로 연왕과 관계가 친밀했다. 혜종은 즉위한지 얼마 안 돼 조국공(曹國公) 이융(李隆)에게 군사를 주어 보내 주숙을 체포하고 취조하게 했으며 역모죄로 그를 서인(庶人)으로 만들어 운남(云南) 몽화(蒙化)로 보냄으로써 연왕의 날개를 잘라버렸다. 연황 주체는 태조의 넷째 아들이고 세 형이 모두 병에 걸려 죽자 가장 큰 황자로 되었다. 혜종이 주왕을 서민으로 강등시킨 후 연왕은 몰래 역모를 꾸몄다. 1399년 2월 혜종은 연왕을 도와 군사를 훈련시키고 있던 군관 우량(于諒)과 주탁(周鐸)을 잡아 죽였다. 연왕은 미친 척 하여 화를 면했다. 6월 혜종이 북평 포정사(北平布政使) 장병(張昺)과 도지휘사(都指揮使) 사귀(謝貴)에게 밀령을 내려 연왕을 체포하게 했으나 연왕부에 파견되어 밀령을 집행하게 된 장신(張信)이 뜻밖에 연왕에게 투항하여 밀모가 탄로되었다. 연왕은 즉시 용사들을 모집하여 7월에 장병와 사귀를 죽이고 나서 주공을 따라 배워 간신 제태(齊泰)와 황자징(黃子澄)을 없애고 성왕을 보필한다는 명분으로 군사를 일으켰다.

혜종은 소식을 듣자 연왕의 속적(屬籍)을 빼앗고 장흥후(長興侯) 경병문(耿炳文)을 대장군으로 발탁시켜 연을 토벌하게 했다. 연왕은 군사를 거느리고 응전해 경병문의 군대를 참패시켰다. 혜종은 다시 이경융(李景隆)을 대장군으로 임명하고 북평을 진공하게 했으나 또 연군에 의해 안팎으로 공격을 받다가 참패하여 뿔뿔이 도망쳤다. 혜종은 또 도독(都督) 성용(盛庸)을 이경융 대신 대장군으로 명하고 북평을 토벌하게 했으나 호타(滹沱) 강변에서 크게 패했다. 혜종은 더 이상 파견할 장군이 없으므로 할 수 없이 제태, 황자징을 추방한다는 조서를 내려 연군이 남하하는 속도를 늦추게 하려 했다. 연왕은 그것을 무시하고 승세를 타 혜종이 만든 비수(肥水) 방어선을 뚫고 남경으로 진군했다. 성용은 장강 연선에서 군사를 데리고 저항하다가 연군에게 패하여 투항했다. 연군이 남경 금천문(金川門)에 도착하자 수비를 맡은 장군 이경융이 마중 나가 투항했다. 혜종은 후궁들과 함께 궁에 불을 지르고 스스로 불에 타 죽었다(도망쳐 나와 중이 되었다는 설도 있음). 연군은 남경으로 진입했다. 1402년 7월 초하룻날, 연왕은 남경에서 황위에 오르고(명성조.明成祖) 이듬해 연호를 영락(永樂)으로 고쳤다.

명성조는 군사를 일으킬 때는 임금 주변의 간신을 제거하고 성왕을 보필한다는 슬로건을 내걸었고 황위를 빼앗은 후에는 하늘의 뜻을 받들어 난을 평정했다고 말했다. 혜종의 여러 신하들 가운데 불복하는 자가 많았는데 벼슬을 버리고 도망가는 자가 있는가 하면 자살하면서 항복을 거부하는 자도 있었고, 항거하고 배척하는 자도 있었다. 성조는 간신을 소멸시키겠다는 명분으로 혜종에게 충성하는 자들을 거리낌 없이 죽였다. 명사(名士) 방효유(方孝儒)가 등극 조서를 쓰라는 성조의 명을 받들지 않자 십족(구족과 학생)을 멸했는데 죽은 사람이 873명이나 되었다. 예부상서(禮部尙書) 진적(陳迪), 좌도어사(左都御使) 연자녕(練子寧), 대리사 소경(大理事少卿) 호윤(胡閏) 및 제태, 황자징도 굴복하지 않는다고 능지처참하고 껍질을 벗기고 일족을 모두 죽였으며 각 집안의 인척들도 죽이거나 귀양 보냈다.

성조는 함께 군사를 일으킨 유공자에게 상을 내렸다. 모사 승도연(僧道衍)은 요(姚)씨 성을 회복하고 광효(廣孝)라는 이름을 하사받고 태자소사(太子少司)로 되었다. 구복(丘福), 주능(朱能) 등 장령은 국공(國公)으로 봉해졌다. 연에 항복한 성용은 회안(淮安) 수비 장군으로 파견되었고, 이경융은 태자태사(太子太師)가 되었다. 그러나 얼마 안 돼 성용은 탄핵을 받고 자살했으며 이경융은 벼슬을 잃고 고향으로 돌아갔다.

(2) 황권을 공고히 하고 변방 통치를 수립하다

명성조는 즉위한 후 북평을 북경이라고 이름을 고치고 명나라의 두 번째 수도로 삼은 후 장자 고치(高熾)가 진수하게 했다. 명성조는 남경에서 여러 가지 조치를 취해 황권을 공고히 하고 변방지역의 통치를 수립했다.

황권을 공고히 하기 위한 조치 명성조는 번왕(藩王)으로서 황권을 탈취했기 때문에 번왕에게 병권이 있는 것이 황실에 얼마나 큰 위협이 되는지를 잘 알았다. 대왕(代王), 민왕(岷王), 요왕(遼王) 등 번왕의 호위와 관속을 빼앗고 제왕(齊王), 곡왕(谷王)을 서민으로 강등시키고 군사를 회수했다. 군권을 황제에게 집중시키기 위해 서울에 오군도

독부(五軍都督府)가 훈련시키는 오군영(五軍營), 변방 소수민족으로 구성된 삼천영(三千營), 화기(火器)로 장비된 신기영(神機營)을 편성했다. 3대영은 서울을 보위하고 중대한 군사행동을 하는데 이용됐으며 황제의 명령을 따랐다.

명태조는 승상제도를 폐지하고 송나라의 제도를 본 따 전각대학사(殿閣大學士)를 설치해 상주문을 읽고 처리하는 것을 거들게 했다. 성조는 한림원 문신 해진(解縉), 호광(胡廣) 등을 선발해 문연각(文淵閣)에 들여보내 국정에 참여시켰지만 행정권은 주지 않았고 각신은 실은 황제의 참모였다. 제왕과 신료들의 불복과 불충을 막기 위해 성조는 원래의 금의위(錦衣衛) 외에 환관이 관할하는 동반사장(東辦事場 '동장'이라고 약칭)을 더 설치해 내외 신하와 백성의 동정을 살피게 했다. 환관이 황제의 이목과 심복이 되었다.

변방의 통치를 건립하다 명성조는 군사를 일으켜 대녕(大寧, 요녕 조양 서쪽)에 속지를 두고 있던 영왕 주권(朱權)을 합병하고 남으로 보냈으며(후에 남창으로 보내 분봉했음) 이로써 대녕 지역의 타안(朵顔), 복여(福余), 태녕(泰寧) 세 위(衛)의 몽골 수령이 각각 자체로 번부(藩部)를 세우게 했다. 그것은 세 위를 북방 변경의 장벽으로 만들기 위한 것이었다. 명나라 사람들이 달단(韃靼)이라고 부르던 화림몽골(和林蒙古)은 합밀(哈密)지역의 소수민족을 침범한 적이 있었다. 성조는 합밀위(哈密衛)를 설치하고 현지의 몽골(蒙古), 외올아(畏兀兒) 등 민족의 수령에게 관직을 주고 한족을 파견해 함께 일을 처리하게 하여 서부 변방의 통치를 확립케 했다. 달단은 또 방향을 바꾸어 요동을 침범했다. 영락 8년(1410년) 정월 성조는 직접 군사를 거느리고 변방으로 가 정벌하여 승리를 거두었다. 달단 수령 아로대(阿魯臺)는 공물을 바치겠다고 대답했으며 성조는 그를 영왕(寧王)으로 봉했다.

명성조는 와랄(瓦剌) 즉 원나라 때의 몽골 외랄부(瓦剌部)의 수령 마합목(馬哈木)을 순영왕(順寧王)으로 책봉했다. 마합목은 성조가 아로대에게 왕위를 분봉한 것에 불만을 품고 명나라 사자를 감금했다. 1414년 성조가 친히 와랄을 토벌하자 마합목은 패하여 도망쳤다가 후에 명나라 조정에 공물을 바쳤으며 정세도 점차 안정되었다.

명성조가 즉위한 후 오소리강(烏蘇里江), 흑룡강(黑龍江) 유역의 여진(女眞)이라고 통칭하는 여러 부락과 흑룡강 하류의 길렬미(吉烈迷)의 여러 부락이 잇달아 와서 배알했다. 1609년 조정은 노아간도지휘사사(奴兒干都指揮使司, '노아간도사'로 약칭)를 설치하기로 하고, 동녕위 지휘(東寧衛指揮) 강왕(康旺)을 도지휘동지(都指揮同知)로 임명했다.

2년 후 성조는 내관 역실합(亦失哈)에게 명을 내려 관병을 거느리고 강왕을 특림(特林)으로 호송하여 취임시켰다. 명나라 조정이 동북 변경지역에 건설한 통치기구인 노아간도사가 정식으로 건립되었으며, 관할 범위는 동으로는 경해(鯨海. 한국 동해)까지, 서쪽으로 타안 삼위(朵顔三衛)까지, 남으로는 압록강(鴨綠江)까지, 북으로는 북산(北山. 외흥안령)까지였다. 관할 구역 내 주민들은 명나라 조정에 공물을 바쳤고, 명나라 조정은 각 급 관리를 임명하면서 동북 변경에 대한 통치를 확립했다.

명나라는 오스장(烏斯藏) 및 서남지역에서도 통치 질서를 확립했다. 태조 때 우스장과 타감(朶甘) 두 행도지휘사사(行都指揮使司)를 설립했고, 납리(納里)에 아력사군민원수부(俄力思軍民元帥府)를 설치했다. 우스장이란 라싸(拉薩)를 중심으로 하는 전후장(前後藏) 지역이고, 타감은 우스장 이동에서 섬서(陝西)와 사천(四川)과 인접한 장족 거주지를 포함하고, 납리란 아리(阿里)를 말한다. 성조는 황위에 오른 후 각 급 관리를 임명하는 것 외에 현지 불교의 살가(薩迦), 갈거(噶擧), 격로(格魯) 등 세 파의 수령을 각각 왕으로 봉했다. 승왕(僧王)은 각각 조정에 공물을 바치고 봉칙(奉勅)과 회사(回賜)를 받았다. 귀주(貴州)지역은 태조 때에 선위사사(宣慰使司), 도지휘사사(都指揮使司)를 설치해 통치했고, 성조는 내지건제(內地建制)를 실행하고 승선포정사사(承宣布政使司)와 제형안찰사사(提刑按察使司)를 설치해 전국의 행성(行省)을 12개에서 13개로 늘렸다.

(3) 주변 여러 인접국과의 왕래

서역의 여러 국가 ─ 명나라의 서쪽 이웃나라인 티무르(帖木兒) 왕국은 태조 때에 명나라에 공물을 바치면서 우호관계를 맺었고, 말, 낙타, 도검 등으로 명나라의 비단과 도자기를 교환했다. 영락 연간에 양국 간에는 사신들이 빈번하게 왕래했다. 성조는 환관 이달(李達)과 이부 원외랑(吏部員外郎) 진성(陳誠)을 티무르 왕국의 사신을 따라 서역으로 보냈는데, 가는 곳마다에서 열렬한 접대를 받았다. 여러 나라들이 명나라 사신에게 자국의 사신을 딸려 보내 공물을 바치고 무역을 했으며, 명나라는 서역의 여러 국가들과 광범위한 관계를 가졌다. 그중에는 티무르 왕국에 신하로써 복종했던 동찰합대한국(東察哈臺汗國. 동차가타이 칸국)도 포함되었다.

동찰합대한국은 또 별실팔리국(別失八里國)이라고도 불렸다. 성조는 그 나라가 북쪽

이웃인 와랄을 진공하려 한다는 소식을 듣고 즉시 사신을 파견해 서로 화해하고 국경을 잘 지켜 백성이 편안하게 살도록 할 것을 권유했다. 그리고 감숙(甘肅) 총병관에게 오고 가는 공사(貢使)를 후대하고 그들의 무역상황을 살피게 했다. 왜사(歪思)가 별실팔리국 왕위를 탈취한 후 서쪽 역력파리(亦力巴里)로 옮겨가자 명나라 사람들은 그들을 역력파리라고 불렀으며, 여전히 사신 왕래가 끊이지 않고 무역로가 막힘이 없었다. 명나라의 서부 변방은 안정되었고 서로 화목하게 지냈다.

　　남해 서양 — 명나라의 남쪽에 있는 류큐(琉球), 섬라(暹羅), 점성(占城), 쟈바(爪哇) 등 남해의 여러 나라들은 태조 때에 사절을 파견해 공물을 바쳤다. 성조는 즉위한 후에 이런 국가들에게 공고문을 보내고 상을 주었으며, 공사무역(貢使貿易)을 적극 개척하기 위해 정화(鄭和)를 사신으로 보냈다.

　　정화는 운남(云南) 곤양(昆陽) 사람으로 아명은 삼보(三保), 회족(回族)이었다. 연왕을 따라 전공을 세워 내관감(內官監)의 장관인 태감(太監)으로 승진했으며, 정씨 성을 하사받고 삼보태감이라 불렸다. 이슬람교를 신앙하였기에 무슬림 여러 나라의 문화 습관을 잘 알았으며 문무에 모두 뛰어났다. 1405년 정화는 27,000여 명의 병사와 62척의 대형 선박을 거느리고 성조가 제국(諸國)에 보내는 칙서와 제국 국왕에게 수여하는 칙고(敕告), 왕인(王印) 그리고 상으로 내리는 금은, 동전과 화물을 싣고 강소(江蘇) 태창(太倉) 유가항(劉家港)에서 출발해 복건(福建) 오호문(五虎門)에서 출항했다. 그는 점성(참파), 수마트라(蘇門答剌), 말래카(滿剌加) 등 나라에 도착했으며, 인도반도의 고리국(古里國)까지 갔다가 회항했다. 회항할 때 고리(古里), 수마트라, 말래카 등 나라의 사신이 같은 배편으로 와서 공물을 바쳤다. 이듬해, 브루나이(浡泥) 국왕 나야가나내(那惹加那乃)가 명나라의 봉수(封授)와 후한 하사품을 고맙게 생각하고 또 명나라 수도의 번화한 모습을 구경하고 싶어 가족과 수행 신하 150여 명을 데리고 남경으로 왔다. 성조는 그를 직접 접견하고 열정적으로 후대했으며 후한 선물을 주었다. 말래카 국왕 배리미소랄(拜里迷蘇剌)은 명나라의 봉수가 있어 섬라의 통제에서 벗어나게 된 것에 감사의 마음을 표시하기 위해 역시 540여 명을 거느리고 남경으로 와서 참재했다. 정화는 그 후에도 6번이나 (선덕 때의 한 차례를 포함) 사절이 되어 출국하여 원양 항해를 하면서 30여 개의 나라에 갔었는데 서아시아와 동아프리카까지 갔었다. 한 곳에 갈 때마다 도자기, 비단, 청동기와 철기 및 금과 은으로 현지 특산물을 교환했다. 남해와 서양(당시 남양 곤륜도[昆侖島]

서쪽 해역에 대한 칭호)의 제국도 잇달아 찾아와 알현하면서 명나라와 아시아, 아프리카 각 국의 경제와 문화교류를 촉진했다. 이는 고대 중국의 대외관계사와 항해사에서도 매우 드문 쾌거였다.

조선·일본 ─ 명태조 때에 고려는 국호를 조선이라고 고쳤다. 성조가 즉위한 후 조선의 국왕 이방원(李芳遠)은 세자 이제(李禔)를 파견하여 80여 명의 관리를 데리고 남경으로 가서 축하를 드리게 했으며 성조는 후한 하사품을 내렸다. 이방원이 세자 이제를 폐하고 셋째 아들 이도(李祹)에게 왕위를 넘겨주자 성조는 이도를 조선 국왕으로 봉했다. 중국과 조선은 화목하게 지내면서 국사가 끊이질 않았다.

원나라는 일본과 공사(貢使)의 왕래를 하지 않았다. 명태조는 호유용이 일본과 내통한다고 의심해 일본에 사신을 보내지 않았다. 성조 때에야 양국은 공사 왕래를 회복했다. 일본 상인은 조공을 바친다는 명의로 칼, 부채, 유황, 동, 소목(蘇木, 적목)으로 중국의 백은, 동전, 주단(綢緞), 포백(布帛), 도자기 등을 바꿔갔다.

안남의 전쟁 ─ 안남(安南)의 국왕은 원나라(元朝) 때 책봉을 받았는데 명나라 초기에 권신이 왕위를 다투었다. 성조가 그런 실정을 모르고 관병을 파견하여 전 국왕의 손자 진천평(陳天平)을 호송하여 귀국시켰는데, 진천평과 호송 관병 여러 명이 국왕 여창(黎蒼)에게 살해되었다. 성조는 군사를 파견하여 여창을 격파하고 나서 다시 새로 왕을 세우지 않았다. 그는 내지 각 성의 편제에 따라 안남에 교지포정사사(交趾布政使司), 안찰사사(按察使司)와 도지휘사사(都指揮使司)를 설치하고 그 아래를 부·주·현(府·州·縣)으로 나누어 통치했다. 이런 조치는 안남 관민의 강력한 저항을 불러일으켰으며 성조가 병으로 죽을 때까지 명나라 군사는 여전히 저항에서 벗어나지 못했다.

(4) 북경으로 수도를 옮기고 북으로 몽골을 토벌하다

명성조는 즉위한 후 북경에 순천부(順天府)와 오부육부(五府六部) 등 관속을 설치하고 두 번째 수도로 삼았다. 1417년 성조는 평강백(平江伯) 진선(陳瑄)에게 조운을 맡겨 남경의 목재를 북경으로 운반하게 했다. 원나라 때에 건설된 대도에 궁전과 성벽을 더 건조했다. 1421년 완공되어 수도를 북경으로 옮긴다고 선포했으나 남경 중심의 각 관속은 여전히 업무를 처리했고 두 수도가 병립해 있었다.

성조가 수도를 북경으로 옮긴 것은 몽골을 더 잘 막아내기 위해서였다. 몽골족 달단과 와랄 두 큰 부족이 싸울 때 성조는 달단 아로대의 편을 들어 와랄을 원정한 적이 있다. 그러나 아로대는 득세한 후 오히려 명나라 국경 지대에서 약탈을 했으며 1420년에는 흥화성(興和城)을 공략하고 명나라의 도지휘사 왕환(王煥)을 죽였다. 성조는 친히 군사를 거느리고 토벌에 나섰는데 아로대는 소식을 듣자 사람들을 데리고 도망쳤다. 성조는 후룬호(呼倫湖)까지 갔다가 군사만 지치게 만들고 아무런 공도 세우지 못하자 아로대를 지지했던 우량하이(兀良哈三衛)를 습격하는 것으로서 자신의 실책을 덮어 감추고 돌아왔다. 이듬해 변방에서 아로대가 또 남으로 침범한다는 상주문이 올라왔고 성조는 또다시 군사를 이끌고 친히 토벌했다. 만전 서양하(萬全西陽河)까지 와서야 상주문이 잘못됐다는 것을 알았다. 아로대는 이미 와랄의 탈환(脫歡)에 의해 격파되었고 부족은 패배하여 북으로 도망을 쳤다. 성조는 진퇴양난에 빠지자 또 몽골 귀족 야선토간(也先土干)의 항복을 받아낸 것으로 실수를 덮어 감췄다. 1424년 또 아로대가 습격을 해왔다는 상주문이 있었다. 성조는 세 번째로 친히 토벌에 나섰고 답란납목하(答蘭納木河)까지 갔지만 아로대의 그림자조차 보지 못했다. 성조는 기진맥진하고 화가 나서 유목천(榆木川)에서 병으로 죽었다. 죽기 전에 유조(遺詔)를 남겨 황태자 고치(高熾. 인종)에게 황위를 물려준다고 했다.

(5) 황위 다툼과 선덕제정(宣德諸政)

인종은 유조를 받들고 황제 자리에 올랐으며 연호를 홍희(洪熙)라고 고쳤다.

성조의 둘째 아들인 한왕(漢王) 고후(高煦)는 전공을 세운 적이 있지만 여러 번이나 고치를 헐뜯었다가 동궁의 관속 여러 명이 죄를 얻고 옥에 갇히게 했다. 인종은 1424년 7월 즉위한 후 동궁의 옛 신하와 각료들을 중용했으며 옥에 갇힌 관리들을 석방하고 죄로 유배를 간 혜종의 여러 신하 및 가족들에게 관용을 베풀어 오래된 폐단을 시정하고 없애 버렸다. 인종은 재능과 포부를 펼치지 못한 채 즉위한지 10개월이 못 되어 병으로 죽었으며 유조를 남겨 황태자 첨기(瞻基)에게 황위를 넘겨주었다.

그 때 남경을 지키고 있던 첨기(宣宗)는 1425년 6월 북경으로 돌아가 즉위하고 연호를 선덕(宣德)이라고 고쳤다. 한 왕 고후는 이에 불복하여 심복인 매청(枚靑)을 북경에 파견하고 영국공(英國公) 장보(張輔)를 내부에서 호응하는 편으로 삼아 황위를 찬탈하려 했다. 장보는 매청을 포박하고 황제에게 사실을 아뢰었다. 선종은 친히 대군을 거느리고 출정했는데 고후는 봉지인 악안성(樂安城)을 굳게 지켰다. 선종은 장병에게 성을 공격하라 명하고 칙서를 성안에 쏘아 항복을 권유했다. 그러자 성내 군중의 심리가 무너졌으며 선종은 고후를 사로잡고 황위 쟁탈을 평정시켰다.

고후가 패한 후 고후와 관련이 있는 성조의 셋째 아들 조왕(趙王) 고수(高燧)는 징벌을 받을까봐 두려워 호위군을 내놓았다. 나머지 여러 왕도 혐의를 피하기 위해 잇달아 호위군을 내놓았다. 선종은 또 번왕이 지방 행정을 간섭하지 못하고 조정의 훈척귀족들과 통혼하지 못한다는 등의 금지령을 내렸다. 번왕은 군정 권력을 잃고 황실의 녹을 받으면서 전답을 많이 모은 부호가 되었다.

선종은 양사기(楊士奇), 양영(楊榮), 양부(楊溥) 등 세 재상을 신임했는데 세상 사람들은 이들을 '삼양(三楊)'이라고 불렀다. 이들 재상은 중대한 군국의 대사에 참여하면서 권력과 지위가 점점 커졌다. 선종은 '순무(巡撫)'라는 관직을 설치하여 각지에 파견해 세미를 관리하게 하고, 소송을 처리하며, 간악한 자를 취조할 권리를 주었는데 이는 새로운 지방 정치체제였다. 선종은 안남에서의 피동적인 국면에서 벗어나기 위해 1430년에 무장을 가진 려리권(黎利權)에게 안남의 국사를 맡겼다. 안남은 새로 나라를 세우고 명나라에 공물을 바치기 시작했다. 선종은 또 그 해에 정화에게 일곱 번째로 함대를 이끌고 남해 제국에 사절로 가게 하여 한동안 중단되었던 아시아 및 아프리카 여러 나라와의 왕래를 회복했다. 특히 부사(副使) 홍보(洪保)가 인솔한 분대는 고리국(古里國)에서 천방국(天方國. 묵가국)의 사신을 만난 후 통사(通事)를 천방으로 보냈고 천방국도 명나라에 사신을 보내 공물을 바쳤다. 그리하여 명나라는 이슬람교 성지인 묵가(메카)와 연계를 맺게 되었다.

선종은 또 북부 변방에 독석보(獨石堡), 운주보(雲州堡) 등 군사적 거점을 건설했으며, 명skfk 초기에 설치한 개평위(開平衛)를 포기하고 독석(獨石)으로 옮겨와 지켰으며, 독석 이북은 몽골에 소속되었다. 몽골의 와랄과 달단은 끊임없이 싸우면서 둘 다 명나라의 지지를 받기를 바랐다. 선종은 양쪽을 다 위로하면서 개입하지 않고 변방의 안녕을 유지했다. 선덕 10년(1435년) 정월에 선종은 병으로 죽었다.

3. 몽골에 대한 저항과 황위의 교체

(1) 와랄이 남으로 침입해 영종을 사로잡다

명선종이 병으로 죽자 유조에 따라 9살밖에 안 되는 태자 기진(祁鎭. 영종)이 황위를 물려받았고 이듬해에 연호를 정통(正統)이라고 고쳤다. 태황태후(인종의 모후 장씨)가 조정을 장보(張輔), 양사기, 양영 등 내각 대신들에게 맡기고 환관과 외척들이 정사에 개입하는 것을 제한해 한동안 정국은 안정되었다. 1442년 태황태후가 병으로 죽자 영종은 동궁 태감 왕진(王振)을 신뢰했다. 1449년 와랄의 야선(也先)이 명나라에 진공하여 곧 대동(大同)까지 들이닥치게 됐다. 영종은 왕진의 말을 듣고 친히 출정했으며 왕진과 장보 및 병부상서 광야(鄺埜) 등이 수행했다. 8월 초 영종이 거느린 50여 만 대군이 대동에 도착하자 야선은 스스로 북으로 철거하여 명나라 군사를 깊이 끌어들이려 했다. 왕진은 북진하기를 주장했으나 영종은 광야 등의 권고를 듣고 선부(宣府)로 물러갔다. 야선은 군사를 거느리고 쫓아왔으며 영종은 또 회래성(懷來城) 동남쪽에 있는 토목보(土木堡)로 도망쳤다. 광야는 영종에게 속히 용관(庸關)으로 들어가라고 주청을 올렸으나 왕진이 그것을 가로채고 아뢰지 않았다. 야선이 기회를 타 공격하니 50여 만 명의 명나라 군사는 절반 이상 죽거나 다쳤다. 장보, 광야 등 충신과 용장들은 전사하고 영종은 생포되었다. 호위장군 번충(樊忠)이 크게 노하여 왕진을 때려죽였다.

(2) 수도를 지키고 영종이 복위하다

영종이 생포되어 명나라 조정에 황제가 없게 되자 황태후(선종후) 손씨가 영종의 이복동생인 성왕(郕王) 주기옥(朱祁鈺)에게 감국(監國, 황제 대행)을 맡기고 병부시랑 우겸(于謙)에게 전쟁 준비를 시켰다. 수도에 정예부대가 없어 우겸은 하남(河南)의 비조군(備操軍)과 산동(山東), 강북(江北) 각지의 군사를 북경으로 파견해달라고 주청을 올렸다. 우겸은 병부상서로 승임하고 뭇 대신들과 함께 성왕을 황위(景帝)에 올려놓아 인심을 안정시켰으며, 영종을 태상황이라고 존칭하고 이듬해 연호를 경태(景泰)라고 고쳤다. 와랄의 야선은 군사를 이끌고 명영종을 데리고 자형관(紫荊關)과 거용관(居庸關) 서쪽의 백양구(白羊口)를 뚫고 수도까지 바싹 다가왔다. 경제(景帝)는 우겸을 제독(提督)으로 임명하였고 각지 군마와 모든 장병이 그의 통제를 받았다. 우겸은 여러 장교들에게 병사를 데리고 각각 수도 구문(九門) 밖에서 대기하게 했다. 와랄군이 덕승문(德勝門)을 진공하니 우겸은 명군을 시켜 퇴각하는 척 하면서 와랄군이 뒤쫓아 오도록 유인했다. 그 때 신기영이 동시에 대포를 쏘고 도로 양측에 매복해 있던 명군이 갑자기 협공을 했다. 와랄군은 크게 패배하여 방향을 바꾸어 서직문(西直門)과 조양문(朝陽門)을 공격했으나 역시 명나라 군사에 의해 격파당했다. 야선은 야밤을 틈타 군사를 북으로 철수시켰으며, 우겸은 또 석형(石亨) 등을 시켜 대포를 쏘면서 추격하게 했다. 와랄군은 많은 사상자를 냈으며 영종을 데리고 만리장성 이북으로 퇴각했다.

와랄이 패배하여 퇴각한 후 우겸은 장병들을 시켜 수도와 선부(宣府) 등지의 수비를 강화했다. 야선은 다시 대동을 공격했으나 또 명나라 군사에게 격파 당했으며 1450년 6월에 화해할 것을 제기해 명나라 조정의 동의를 얻었다. 8월에 야선은 사람을 파견해 영종을 북경까지 데려다주고 명나라와의 호시무역을 회복했다.

영종이 서울로 돌아왔으나 경제는 황위를 돌려줄 생각을 안 하고 그를 더욱 경계했으며 일찍 황태자로 세웠던 영종의 아들 견준(見濬)을 폐하여 기왕(沂王)으로 만들고 자기 아들 견제(見濟)를 황태자로 세웠다. 견제가 병으로 죽은 후 어사 종동(鍾同)이 견준을 복위시킬 것을 청하니 경제는 금의위를 시켜 그를 때려 죽였다. 경태 8년(1457년) 정월 경제의 병세가 위독하자 서울의 병권을 장악한 무청후(武淸侯) 석형(石亨)과 좌부도어사(左副都御史) 서유정(徐有貞), 태감 조길상(曹吉祥)이 정변을 일으켰다. 사경 때에 영종을 데리고 동화문(東華門)으로 쳐들어가 봉천전(奉天殿)에 가 자리에 앉혔으며 여명에 복위를 선언하고, 그 해 연호를 천순원년(天順元年)으로 고쳤다. 이를 '탈문(奪門)'이라고 한다. 경제는 서궁(西宮)으로 옮겨진 후 얼마 안 돼 병으로 죽었다.

영종이 복위한 후 서유정은 내각이 되어 조정의 대권을 장악했으며, 번왕을 황제 자리에 올렸다는 이유로 우겸을 죽여 버렸다. 그리고 또 '우겸의 도당'을 캐내 죽이거나 강등시켰다. 석형과 조길상은 권력을 마음대로 휘두르고 뇌물을 받았는데 어사가 서유정에게 탄핵되자 석형과 조길상은 서유정을 없앨 방법을 모의했다. 금의위가 서유정을 잡아 운남에 적술(謫戌, 유배)을 보냈다. 석형과 조길상은 공을 믿고 세도를 부렸으며 권세가 날로 커졌다. 석형이 서울의 병권을 장악하고 그의 조카 석표(石彪)가 대동을 지키면서 내외로 호응하니 영종에게 위협이 되었다. 영종은 석표에게 입경하도록 칙령을 내린 후 금의위의 옥에 가두었다. 석형과 조길상에게 붙어 있던 금의위 지휘사 녹고(逯杲)는 석형과 조길상이 권세를 잃게 된다는 것을 알아채고 석형에게 역모하려는 기미가 보인다고 비밀리에 고발했다. 영종은 석형을 잡아 옥에 가두어 옥에서 죽게 했다. 석표를 죽인 후 남의 공로를 가로채 벼슬을 한 4,000여 명을 해임시켰다. 조길상은 스스로 자신이 무사할 수 없음을 알아채고 또다시 정변을 일으켜 영종을 폐위시키고 태자를 황제로 세우려 했다. 그러나 사전에 누군가에 의해 밀고를 당하였으며 영종은 조길상을 잡아 죽여 버렸다.

영종은 1464년에 병으로 죽었다. 견심(見深. 견준의 이름을 견심으로 고쳤음)에게 황위를 물려주었다. 견심(헌종. 憲宗)은 즉위하여 연호를 성화(成化)라고 고쳤다. 그는 재상 이현(李賢)의 도움을 받아 많은 정사를 시정했다. '탈문사건'으로 죄를 얻은 관리들이 잇달아 복귀했고 우겸의 누명을 벗겨주니 백성의 원망이 어느 정도 누그러들면서 정국이 점차 안정되었다.

(3) 나라의 통치가 견고해지다

헌종은 '탈문'의 시비를 시정하여 조정 관리들의 지지를 얻었으나 즉위한지 얼마 안 돼 정사를 게을리 했다. 신하들의 상주문은 다 중궁(中宮)을 통해 전달됐고 그는 조정에 나가 대신들을 만나지 않았다. 궁중의 모든 일들은 만귀비(萬貴妃)가 통솔했는데 큰 사고가 일어나지 않았다. 1487년 만귀비와 헌종이 병에 걸려 죽고 우탱(祐樘. 효종)이 즉위했으며 이듬해 연호를 홍치(弘治)라고 고쳤다. (효종은 재위 기간에 두 가지 큰일을 했다.)

하나는 수재를 다스렸다는 점이다— 원나라 말기부터 황하 물이 범람하여 조정을 괴롭혔다. 효종이 즉위한 후 황하는 또다시 개봉(開封), 황릉강(黃陵岡), 원무(原武), 장추(張秋) 등지에서 제방이 터져 큰 물난리를 일으켰다. 효종은 절강 좌포정사(浙江左布政使) 유대하(劉大夏)를 우첨도어사(右僉都御史)로 명하여 황하를 다스리게 했다. 유대하는 민정(民丁)을 징발하여 상류에 월하(月河)를 파고 중모(中牟)에서 영주(穎州)까지 새로 강을 만들었으며 진류(陳留)부터 귀덕(歸德)까지의 감탕으로 메워진 강과 황릉강(黃

陵岡)의 가로하(賈魯河)를 수리해 물의 흐름을 좋게 했다. 유대하의 후임자 장진(張縉)은 또 장추(張秋)의 둑이 터진 곳 동쪽에 돌로 제방을 몇 리나 쌓고 황릉강의 터진 곳을 막고 막힌 수로를 소통시켰다. 공사가 끝난 후 황하는 서주(徐州)를 거쳐 운하에 흘러들었으며 남으로 흐르던 옛 물길을 회복시켰다.

둘째는 회전(會典)을 편찬한 점이다 ─ 1497년 효종은 재상 서부(徐溥), 유건(劉健)에게 칙령을 내려 명나라 개국 이후의 법령을 편찬하게 했다. 거의 5년이란 시간을 들여 《대명회전(大命會典)》 180권이 완성되었는데, 역대 나라의 제도 연혁을 기록했다. 이로써 관청이 행정을 하는데 의지할 것이 있게 됐다. 효종은 헌종과 마찬가지로 대신을 불러 정사를 의논하지 않았으며, 상주문의 비답은 내관을 통해 전달되었고, 이로 인해 환관의 권세가 날로 커졌다.

4. 무종의 허송세월과 번왕(藩王)의 반란

1505년 5월 효종이 병으로 죽자 황태자 후조(厚照)가 즉위(무종)했으며 이듬해 연호를 정덕(正德)이라고 고쳤다.

(1) 유근(劉瑾)의 전권과 안화왕의 난(安化王之亂)

무종(武宗)은 황태자 때에 동궁에서 시중을 들던 유근, 마영성(馬永成), 곡대용(谷大用) 등 여덟 사람을 두텁게 신뢰했는데 이들을 '팔당(八黨)'이라고 불렀다. 그는 행락을 즐겼으며 유근에게 예감(禮監)을 관리하게 하고 마영성에게 동창(東廠)을 맡겨 관리들의 행동을 감시하게 했다.

호부상서 한문(韓文)이 상소를 올려 팔당을 비난하니 유근은 트집을 잡아 그를 파면시켰다. 급사중(給事中) 주앙(周昂)이 그를 구하려 했다가 "도당을 비호한다"는 죄로 제명당했다. 유근은 또 유건(劉健), 사천(謝遷), 한문(韓文), 이몽양(李夢陽) 등 53명을 간당(奸黨) 명단에 넣고 조정에 게시했으며, 그들을 금수교(金水橋) 남쪽에 무릎을 꿇리고 훈계했다. 후에 유근은 무종이 행락하는 틈을 타 여러 신하들의 상주문을 보이며 결단을 요청했다. 무종은 "내가 왜 널 두었는지 아느냐? 이런 일로 짐을 귀찮게 하지 말라"고 했다. 유근은 더 이상 황제에게 묻지 않고 큰일이든 작은 일이든 스스로 판단하고 황명을 내려 집행했다. 유근이 권력을 독단하니 조정은 더욱 암담해졌다.

1509년 유근은 대리사 소경(大理寺少卿) 주동(周東)을 영하(寧夏)에 파견해 둔전을 정돈하게 했다. 주동은 50무를 1경(頃)으로 계산하여 더 많은 은을 거두어들이고 유근에게 뇌물을 주어 술장(戍將)과 위졸(衛卒)의 불만을 샀다. 이듬해 영하에 주둔해 있던 안화왕 주치번(朱寘鐇)이 주동을 죽이고 유근의 죄상을 일일이 열거하면서 "군주 주변의 간신들을 제거한다"는 명의로 군사를 일으켜 황위를 찬탈하려 했다. 유격장군 수월(讐鉞)이 모략으로 안화왕을 체포하니 반란을 일으켰던 무리들이 뿔뿔이 흩어졌다.

수월이 안화의 난을 평정할 때 조정은 전 우도어사(右都御史) 양일청(楊一淸)을 임용하여 군대의 사무를 총괄하게 하고 서쪽으로 토벌을 보냈다. 유근과 사이가 나쁜 환관 장영(張永)이 군대를 감독했다. 대군이 영하까지 가고 안화왕이 잡히자 양일청은 기회를 틈타 유근의 간악함을 적발하라고 장영을 꼬드겼다. 장영은 안화왕을 압송하여 서울로 돌아와 포로를 바칠 때 틈을 타 안화왕이 유근을 성토하는 격문을 바쳐 유근의 간악함을 아뢰고 유근이 모반을 획책한다고 진언했다. 무종은 명을 내려 밤에 유근을 체포했고 곤룡포, 옥띠 등 황제의 복식을 수색해냈다. 무종은 유근을 능지처참했다. 신하들이 환관의 도당을 계속 캐내자 유근에게 붙어 있던 많은 관리들이 파면되었다.

(2) 무종의 황희(荒嬉)와 영왕(寧王)의 반란

무종은 황희에 빠져 황궁의 서화문(西化門)에 표방(豹房)을 짓고 진기한 노리개와 짐승, 악공과 시녀들을 모아놓고 밤낮을 가리지 않고 노는데만 빠졌다. 도지휘첨사(都指揮簽事) 강빈(江彬)이 선부(宣府)의 악공은 대부분 미녀라면서 선부에 무종을 위한 진국부제(鎭國府第)를 지었다. 무종은 여러 신하들의 권고도 마다하고 직접 선부로 가 여성을 골라 밤낮으로 음탕하게 즐겼다.

1518년 7월 무종은 주수(朱壽)라고 변성명한 후 대장군으로 자칭하고 강빈을 부장이라고 하고 '북쪽을 정벌한다'는 명의로 다시 선부 등지로 갔다. 산서에 있을 때 측근 시종이 양가집 여자를 빼앗아 무종에게 노리개로 바쳤는데, 그 수가 수십 차(車)나 되었다.

무종은 또 강남을 순유하려 했으나 조정의 신하들이 극력 막아 성사하지 못했고 강서에서는 영왕의 난이 일어났다.

영왕 신호(宸濠)는 명태조의 열일곱 번째 아들 주권(朱權)의 후예로 무뢰한과 악당들을 키우면서 민간 자녀와 전답, 가옥, 재물을 빼앗고 못하는 짓이 없었다. 그는 또 뇌물을 주고 청탁하는 방법으로 없애버린 호위를 회복했다. 무종이 방탕하지만 아들이 없으니 영왕은 자기 아들을 황위에 올려놓을 생각으로 내관 전녕(錢寧)에게 뇌물을 주어 자기 아들을 입경시켰다. 전녕과 사이가 좋지 않은 강빈은 기회를 타 참언을 올렸다. 무종은 영왕부의 사람들을 서울 밖으로 내쫓고 남창(南昌)에 사람을 파견하여 호위를 회수하게 했다. 영왕은 소식을 듣고 1519년에 반란을 일으켜 직접 수군을 거느리고 안경(安慶)을 공격했다. 정감순무(汀贛巡撫) 왕수인(王守仁)이 급히 각 부주현의 군사를 징집하여 토벌하러 가 남창을 점령했다. 신호는 돌아와 남창을 구하다가 패하여 붙잡혔다.

무종은 군사를 출동시켜 반란을 평정하는 기회에 강남을 순유하려고 또 주수로 변성명하고 직접 출정에 나섰다. 탁주(涿州)까지 갔을 때 왕수인이 포로를 바치러 서울로 온다는 상소를 받고 왕수인에게 기다리라고 명했다. 무종은 계속 남으로 갔는데 림청(臨淸), 양주(揚州)를 거쳐 남경까지 갔다. 남경에서 헌포(獻俘)의식을 갖고 승리를 축하했다. 남경으로 가는 도중에 진귀한 보물과 부녀자를 약탈하니 백성들의 고초가 이만저만이 아니었다. 난징에서 북으로 돌아가는 길에서도 여전히 여러 모로 향락을 즐겼다. 청강포(淸江浦)에서 고기잡이를 하면서 즐기다가 배가 뒤집혀 물에 빠지는 바람에 놀라 병을 얻고 서울로 돌아왔다. 1521년에 표방에서 병으로 죽었는데 그 때 나이가 31세였다.

1. 세종의 신정과 내각의 변화

(1) 세종의 혁고정신(革故鼎新)

무종이 방탕하게 살다 죽은 후 황위를 계승할 자식이 없어 황태후 장씨(효종후)는 측근 태감과 내각 대신들에게 누구를 새 황제로 세울지에 대해 의논케 했다. 내각대학사(內閣大學士) 양정화(楊廷和)는 형종제급(兄終弟及)이라는 조상들의 훈시에 따라 호광안륙(湖廣安陸)에서 흥헌왕(興獻王) 작위를 물려받고 있는 효종의 조카 후총(厚熜)을 새 황제로 세울 것을 제안하여 여러 대신과 장태후의 동의를 받았다. 새 황제가 즉위하기 전에 양정화가 정사를 관리했다. 양정화는 표방의 악공과 각 곳에서 진상해 보낸 여자들을 돌려보내고 강빈을 체포하여 후총이 즉위하는데 후환거리를 없앴다.

1521년 4월 후총(세종)이 봉천전(奉天殿)에서 황위에 올랐으며 이듬해 연호를 가정(嘉靖)이라고 고치고 조서를 반포해 '혁고정신(革故鼎新)'을 선포했다. 그는 결단력 있게 조치를 취해 악한 환관들을 제거했다. 권력을 휘두르면서 온갖 나쁜 짓을 한 10여 명의 환관을 잡아들여 처벌했고, 또 금의위를 지배하면서 '영왕의 난'에 참가했던 전녕과 백성의 큰 분노를 일으킨 강빈을 죽이고 그들의 가산을 몰수했다. 태감이 황실의 장원에 헌납한다는 명의로 빼앗은 농경지도 주인에게 돌려주게 했다.

세종(世宗)은 생부모를 추봉하는 문제로 양정화와 갈등이 생겼다. 양정화는 관직을 사직하고 고향으로 돌아갔다. 세종은 재상 장총(張璁)에게 중임을 맡기고 오랜 폐단을 뿌리 뽑는 새로운 정치를 계속 펼쳐나갔다.

환관은 지방에서 벼슬을 하거나 총사령관을 견제하여 군무를 지체시키거나 또 군관과 결탁하여 혼란을 조성하면서 악정을 형성했다. 장총이 수보(首輔)를 이어받았다. 세종은 지방장관으로 있던 환관 27명을 철폐하고 금의위 관리 500명을 면직시켰으며 내관이 통제하고 있던 등양사위(騰驤四衛. 서울의 친군)를 병부에 귀속시켜 환관의 권세를 약화시켰다. 당시 권세가 혁혁한 외척으로는 효종 장황후와 영종 전황후 두 집안이 잇었다. 장황후의 남동생 연령(延齡), 학령(鶴齡)은 관전을 차지하고 사사로이 노비를 죽인 죄로 감옥에 갇혔는데 연령은 처결당하고 학령은 옥사하고 공작이라는 작위를 박탈당했다. 전황후 집안은 안창백(安昌伯)으로 책봉 받고 직계 후손이 끊기면 더 이상 세습하지 못하게 했다. 세종의 생모 장태후(蔣太后)와 진황후(陳皇后)의 가문도 작위를 물려받지 못하도록 하여 외척의 권세를 약화시켰다. 또 여러 왕과 훈척들이 권세를 믿고 확장한 장전을 정돈하고 강점한 전답은 원 주인에게 돌려주었다. 1530년 내각 계악(桂萼)이 부역을 편성하는 방법을 만들고 '일조편법(一條編法)'을 실행했는데 이갑에 구애되지 않고 성·부·현이 융통성 있게 할당하여 세미와 정역(丁役)을 통합적으로 징수케 함으로써 균형을 이루도록 했다.

세종은 황위가 확고해지자 도술을 신봉했다. 그는 서원(西苑)으로 옮겨가 더 이상 대신들을 만나지 않았으며 내각의 권세는 날로 높아졌다.

세종 때에 내각 규제를 기획하여 내각은 각신들이 경상적으로 공무를 보는 기구가 되었다. 원래 비고문(備顧問)으로 있었던 비상근 각신의 권위가 날로 커졌으며 서로 간에 알력이 점점 심해졌다. 각신 하언(夏言)은 장총과 사이가 나빴으며 장총은 임금의 명을 받고 관직을 내놓았다. 예부상서 엄숭(嚴嵩)은 하언과 아귀다툼을 벌렸다. 세종은 엄숭의 말을 듣고 하언을 면직시키고 엄숭을 무영전 대학사(武英殿大學士)로 임명했다. 엄숭은 간관을 시켜 수보(首輔) 적란(翟鸞)의 아들이 부정행위로 진사에 급제했다고 탄핵했다. 세종은 또 적란의 직무를 면직시키고 엄숭을 수보로 임명했다. 얼마 후 각신 허찬(許瓚), 장벽(張璧)이 엄숭의 독단적인 전행을 적발하자 세종은 또 하언을 복직시켜 엄숭의 위에 올려놓았다. 하언은 득의양양해서 비답을 만들 때 엄숭과 의논하지 않았으며 엄숭의 도당을 몰아냈다. 엄숭은 후한 뇌물로 내관을 포섭하면서 복수할 기회를 노렸다. 하언은 하투(河套)지역을 수복해야 한다는 섬서 삼변총독(陝西三邊總督) 증선(曾銑)의 건책을 지지했고 세종은 이를 내각에게 의논시켰다. 엄숭은 기회를 타 하언이 난폭하고 방자하다고 상소를 올리고 나서 금위의 관리와 함께 증선과 하언의 장인 소강(蘇鋼)이 결탁해 군인의 급여 및 보급품을 떼어먹었고 패전하고도 보고하지 않았다고 고발했다. 세종은 증선과 하언의 목을 자르고 소강은 옥에 가두었다. 엄숭이 재상의 권력을 독차지해 버리니 조정의 대신들이 더는 변경 수비에 대해 말을 꺼내지 못했다.

(2) 몽골 알탄칸(俺答汗)의 남침

명영종을 생포했던 몽골 와랄부의 야선은 칸으로 자칭했다가 후에 부하에게 살해되었다. 달단부 수령 바트뭉흐(巴圖猛可)가 몽골의 각 부를 통일하고 다얀칸(達延汗) 즉 전체 몽골의 대칸으로 칭하면서 자손을 각 부에 분봉해 통치하게 했다. 다얀칸의 손자 알탄칸(俺答汗)은 우익토묵특부(右翼土黙特部)를 통솔하였는데 하투 지역을 거점으로 세력이 서쪽으로는 청해(靑海)까지, 동쪽으로 우량하이(兀良哈三衛)까지 번졌다. 알탄칸은 명나라와 공시(貢市)를 통할 것을 거듭 요구했으나 명나라의 거절을 받았다. 1550년 알탄칸의 군사가 대동에서 약탈을 하니 선대총병(宣大總兵) 수란(讐鸞)이 거금을 주면서 대동을 범하지 않기로 약속받았다. 알탄칸은 동쪽으로 군사를 옮겨 황유구(黃楡溝)를 통해 변장(邊墻)으로 들어가 밀운(密雲), 회유(懷柔), 순의(順義), 통주(通州)를 공략하고 수도 동직문(東直門) 밖까지 간 후 포로를 시켜 세종에게 공시를 통하게 해달라고 요구하는 서한을 보냈다. 명나라 조정은 알탄칸이 변강 밖으로 군사를 후퇴해야 의논하겠다고 했고 알탄칸은 군사를 철수하여 고북문(古北門)을 나갔다. 이듬해 알탄칸은 사신을 보내 대동, 선부(宣府), 연수(延綏), 영하(寧夏) 여러 진에서 시장을 열도록 명나라와 합의를 얻어냈으며, 몽골인은 소와 양, 말 노새로 견직물과 식량을 바꿔갈 수 있게 됐다. 알탄칸은 말을 공물로 바쳐 은혜에 감사를 표했고, 조정은 비단옷과 금으로 장식한 허리띠를 하사하여 공시 거래를 회복시켰다.

(3) 동남 연해에서의 항왜 전쟁

명나라가 건국한 이후 일본의 지방호족과 부랑자들이 중국 동남 연해지역에서 무장을 갖추고 밀수하고 시민들을 약탈하였는데, 그들을 왜구(倭寇)라고 불렀다. 가정(嘉靖)황제 때에 왜구는 중국의 해적과 내통해 해상의 큰 우환거리로 되었다. 명나라는 여러 번 군사를 파견하여 진압했다.

1557년 겨울, 절강총독(浙江總督) 호종헌(胡宗憲)이 해적 왕직(汪直)을 유인해 죽였는데 왕진의 잔당은 왜구와 결탁해 계속 약탈을 했다. 참장(參將) 척계광(戚繼光)이 새로 군사를 편성해 훈련시켰으며 이를 '척가군(戚家軍)'이라고 불렀다. 1561년 대주(臺州) 등 지역에서 왜구를 크게 패배시켰고, 남은 왜구들은 또 복건(福建)의 횡서(橫嶼), 우전(牛田)에 모여 연해의 주와 현을 공략했다. 척가군이 이듬 해 복건에 들어가 먼저 횡서에 있는 왜구의 소굴을 소탕하여 2,600여 명의 목을 자르고 우전의 왜구를 격파하니 남은 무리들은 흥화(興化)로 도망갔다. 척가군은 바싹 뒤쫓아 가 또 왜구 1,000여 명을 죽인 후 흥화성으로 들어가니 백성들의 열렬히 환영을 받았다.

척계광이 복건을 지원하여 승리하고 절강으로 돌아오니, 또 새로운 왜구들이 흥화를 침범하여 계속 약탈을 했다. 조정은 유대유(俞大猷)를 총병관(總兵官)으로, 척계광을 부총병관으로 임명하여 왜구와 싸우게 했는데 매번 이겼으며 복건의 왜구 우환은 점차 평정되어 갔다. 척계광은 공을 세웠기 때문에 총병관으로 승진했다. 유대유는 광동(廣東)으로 파견되어 왜구를 토벌하였는데 해풍(海豊) 등지에서 왜구를 잡으면 목을 잘라 대중에게 보이니 광동의 왜구의 우환도 점차 사라져버렸다.

(4) 부역제(賦役制)의 개혁과 각신(閣臣)의 교체

1539년 응천순무(應天巡撫) 구양탁(歐陽鐸)은 소송(蘇松)지역의 전무세(田畝稅)가 토지의 비옥함과 메마름에 따라 차이가 너무 많이 나는 것을 보고 '징일법(徵一法)'을 시행해 무(畝)에 따라 평균적으로 바치게 했으나 널리 보급시키지는 못했다. 1559년 광동순안(廣東巡按) 반계순(潘季馴)이 균평리갑법(均平里甲法)을 실행하여 정은(丁銀)을 징수하고 역역(力役)은 돈을 내면 대역할 수 있게 했다. 1561년 절강순무(浙江巡撫) 방상붕(龐尙鵬)은 '십가금법(十叚錦法)'과 '일조편법(一條鞭法)'을 실행했다. '십가금법'이란 전현 각 이갑의 사람을 10가(十叚)로 나누고 해마다 1가가 요역에 나가고 10년에 한 차례씩 윤번제로 돌아오게 한 것이다. '일조편법'이란 요역을 조세에 편입해 징수하고, 10년에 한 번씩 윤번제로 요역에 나가던 것을 고쳐 해마다 공동으로 부담하는 것을 말한다. 이런 시도는 일부분 지역에서만 실행됐으나 그 후의 부역 개혁에는 참고만 하게 되었다.

엄숭(嚴嵩)은 80세가 넘었기에 많은 문서들은 그의 아들 세번(世蕃)이 대신 작성했다. 세번은 탐오와 협박을 아버지보다 더 심하게 했다. 세종은 점점 엄숭을 멀리하고 내각대학사(內閣大學士) 서계(徐階)를 신임했다. 방사(方士) 람도행(藍道行)은 신선이 가르침을 내렸다는 핑계로 엄숭 부자의 잘못을 적발했다. 어사 추응룡(鄒應龍)도 상소를 올려 엄씨 부자를 탄핵했다. 1563년 세종은 세번을 뇌주(雷州)에 유배를 보내고(후에 처결했음) 엄숭은 벼슬을 내놓고 귀향하게 했으며 서계를 수보로 임명했다. 세종은 여전히 서원에 살고 재를 올리는 데만 전념했으며 국사는 거의 다 서계가 돌보았다. 1565년 12월 세종이 병으로 죽고 유조를 남겨 셋째 아들 재후(載垕)에게 황위를 넘겨주었다.

2. 혁신과 반란의 평정

(1) 목종(穆宗)의 짧은 통치

세종의 큰 아들과 둘째 아들이 일찍 죽고 셋째 아들 재후(목종)가 유왕(裕王)으로 책봉 받았다가 황제 자리를 이어받은 후 연호를 융경(隆慶)이라고 고쳤다. 목종은 일찍 유왕부에서 시강(侍講)으로 있었던 고공(高拱), 진이근(陳以勤), 장거정(張居正)을 내각에 들여 기밀 사무에 참가시켰으며, 서계, 이춘방(李春芳) 등 옛 대신들과 함께 새로운 내각을 구성했다. 고공은 서계와 사이가 나빠 서로 공격했는데 융경 원년에 목종은 고공에게 양병을 하라고 시켰다. 융경 2년에 서계가 벼슬을 내놓았고 융경 3년에 또 고공을 불러 입각시켰으며, 이춘방을 수보로 명했다. 목종은 후궁에서 향락에 빠져 국정을 친히 돌보지 않았다.

고공은 다시 입각한 후 이부(吏部)의 일을 겸하여 관장했으며 각 사에 관리들이 현명하고 재간이 있는지 여부를 매달 기록하게 하고 모아두어 선발 등용하는 근거로 삼았다. 또 황제에게 상주를 올려 인재를 등용할 때 자격을 따지지 않고, 관리를 평가할 때는 문서 보고만 보지 않고, 병부에 시랑(侍郎)과 총독을 증설하여 내외로 교체하게 하고, 병부

소속 관리를 선발할 때 신중을 기하고 장기적으로 전임하게 하고, 변경지역에서 사람을 골라 병부사속(兵部司屬)을 보강하도록 허락받아 제주(題奏)와 군사상황이 막힘없도록 했다. 이런 건책이 실행되면서 관리의 품행과 치적을 쇄신하고 변방을 강화하는데 긍정적인 역할을 했다.

목종이 즉위한 후 몽골 알탄칸이 군사를 데리고 산서(山西) 석주(石州)를 공략하자 조정은 왜구를 물리친 유명한 장수 척계광을 전임시켜 계료(薊遼) 군사를 통솔하게 했다. 척계광은 군기를 정돈하고 장성에 공심적대(空心敵臺)를 건설해 방어를 강화했다. 알탄은 와랄을 원정하느라 바빴고 서쪽으로 확장하려 했다. 1570년 알탄의 손자 바간나기(把漢那吉)가 명나라에 투항하고 명나라 조정은 그를 순의왕(順義王)으로 책봉했으며 알탄부 아래의 수령도 각각 군관 칭호를 수여받았다. 알탄은 사람을 수도에 파견하여 말을 공물로 바치고 공시를 다시 열었다. 명나라와 달단 몽골은 정상적인 관계를 가졌고 변방의 주민들도 안심하고 농사를 짓게 됐다.

목종은 1572년 5월에 병으로 죽고 유조에 따라 10세인 황태자 익균(翊鈞, 신종)이 황위에 올랐으며 연호를 만력(萬歷)이라고 했다. 목종 진후(陳后)와 신종의 생모 이후(李后)가 청정하고 고공은 고향으로 돌아가 할 일 없이 지냈으며 장거정(張居正)이 수보로 되었다.

(2) 장거정의 흥혁

장거정의 흥혁(興革)은 관리에 대해 근무 평정을 하고 변방을 정돈하는 것으로부터 시작됐으며, 고찰 표준은 '안정의민(安靜宜民)'을 한 자가 최고로 잘한 것이고, 낡은 방법을 답습하는 자는 제일 못한 것이었다. 방법은 급에 따라 평정하는 것이었는데 청렴하고 능력 있는 자는 상을 주고 합격되지 못한 자는 파면시켰다. 또 일에 따라 근무 평정을 하는 제도를 수립하고 수시로 검사하여 관리가 적당히 얼버무려서 책임을 회피하는 일이 없게 했다. 변방에는 군사장비를 정비하고 책벌을 행하고 군사를 양성하는 방안을 제기했다. 척계광을 전임하여 계진(薊鎭)의 국방 사무를 계속 정돈하고 이성량(李成梁)을 총병으로 승진시켜 요동(遼東)을 지키게 했다.

지출을 줄이고 재원을 늘리는 두 가지 방법으로 재정위기를 해결했다. 지출을 줄이기 위해 불필요한 관리와 불필요한 비용 그리고 황실의 비용을 삭감했고 재원을 늘리기 위해 체납된 토지세를 정돈하고 토지를 자세하게 측량했는데, 지주와 호강(豪强)들이 숨겨두고 세금을 포탈한 토지 300만 경을 색출해내 토지세를 늘렸다. 또 전국 범위 내에 일조편법을 널리 보급하여 토지세와 요역을 합병해 징수하고 무에 따라 은을 징수하니 징세 항목과 수속이 간소화되어 호강들이 세금을 포탈하거나 전가하는 폐단이 어느 정도 줄어들었고, 또 땅이 없거나 적은 사람들의 부담이 줄어들었다. 장거정은 학교도 정돈했는데 부·주·현 학교의 생원(生員)을 심사하여 줄이고 제학관(提學官)과 유학(儒學) 교관을 정돈하고 자격 없는 자는 더 배우게 하거나 면직시켰다.

황하를 다스리다 — 1578년에 황하가 도원(桃源) 북쪽 최진(崔鎭)의 제방을 무너뜨렸는데 강물의 흙모래가 가라앉으면서 회하(淮河)가 남쪽으로 흐르게 되고 고가언(高家堰)의 호수의 둑을 터뜨렸으며, 회안(淮安), 양주(楊洲) 두 부 사이에 있는 고우(高郵), 보응(寶應) 등지를 잠겨버렸다. 장거정은 반계순을 공부시랑(工部侍郞)으로 임명하여 물길을 다스리게 했다. 반계순은 현지 조사를 한 후 터진 곳을 막고 요제(遙堤)와 루제(縷堤)를 쌓고 갑패(閘壩)를 복구하고 감수패(減水壩)를 만드는 치수 방안을 제기했다. 허가를 받은 후 고가언제(高家堰堤), 귀인제(歸仁堤), 유포만제(柳浦灣堤)를 건설하고 최진(崔鎭) 등의 터진 곳 130여 곳을 쌓았으며 요제 56,000여 장(丈)과 루제 140여 리를 쌓고 최진 등 감수석패(減水石壩) 4채를 지었다. 치수경험에 근거해《하방일람(河防一覽)》등 저작을 써냈고 '속수공사(束水攻沙)' 등 이론을 제기했는데 심원한 영향을 일으켰다.

달라이(達賴)가 봉공(封貢)을 받다 — 장거정이 반계순을 임용하여 물을 다스리기 전에 몽골의 알탄칸은 불교 승려를 보내주고 불경을 증정하겠다고 명나라에 여러 번이나 소청을 올렸다. 명나라 조정은 10여 명의 장족 승려와 통사(번역가)를 파견하였다. 알탄 칸이 풍주천(豊州川)에 훅호트(呼和浩特)성을 건설하니 명나라 조정은 '귀화(歸化)'라는 이름을 하사했고, 청해(青海) 찰포제아륵(察布齊雅勒)에 사원을 건설하니 '앙화(仰華)'라는 이름을 하사했다. 장족 라마 아흥(阿興)이 알탄 칸에게 거루파(格魯派) 고승이며 철방사(哲蚌寺)의 수령인 쇄남가착(鎖南嘉錯)을 추천했다. 알탄칸은 쇄남가착을 앙화사(仰華寺)에 맞아들이고 '와제이달라(瓦齊爾達喇) 달라이 라마(達賴喇嘛)'라는 칭호를 수여했다. 쇄남가착은 거루파의 생불 환생 법도에 따라 총카파(宗喀巴)의 제자 근돈주파(根敦朱巴)를 1세 달라이 라마로 떠받들고 전 철방사 수령인 근돈가착(根敦嘉錯)을 2세라고

하고 자신을 3세라고 칭했다. 알탄칸은 라마불교에 귀의한 후 더는 한족과 장족을 약탈하지 않겠다고 선포했다. 쇄남가착은 1579년에 장거정에게 서한과 예물도 보내면서 봉상(封賞)을 하사하기를 청구했다. 장거정은 신종에게 아뢰어 봉상을 내렸으며 명나라와 장족지역의 연계가 밀접해졌다.

(3) 신종의 친정과 전란의 평정

1582년 장거정이 병으로 죽었다. 그는 재직 시 흥혁을 하면서 호강과 세도가의 이익을 건드렸고, 그가 감축한 언관 또한 그에게 원한을 품고 있었다. 신종은 점차 장성하면서 역시 장거정이 대권을 독식한 것에 대해 불만을 품고 있던 차에 그를 탄핵하는 상주문을 경솔하게 믿고 그의 작호와 시호를 박탈하고 가산마저 몰수했으며 빈 가옥 한 채와 전답 10경만 남겨 팔순 노모를 부양하게 했다. 장거정이 임용하던 명장 이성량(李成梁)도 압박을 박고 벼슬자리를 내놓았고, 척계광은 광동으로 파견되어 우울해 있다가 죽었다. 물을 다스린 공신 반계순은 삭탈관직 되어 평민이 되었으며 장거정이 천거했던 기타 관리들도 강등 또는 파면되었다. 신종이 장거정을 처벌할 때의 의도는 대권을 거둬들이기 위한 것이었지만 언관들이 황제의 비위를 맞추어 총애를 얻으려고 아부하는 소리를 했으며 장거정을 공격하던 데로부터 장거정이 천거한 관리들까지 공격하고 더 나아가 새로 임직한 내각 대신들을 공격했으며 언관과 조정의 관리들이 대립하는 국면이 형성되었다. 신종은 그 때문에 곤경에 처하게 되자 친정 4년 만에 정사를 게을리 하기 시작했고, 병약해 몸조리를 해야 한다는 이유로 조회에 나가 대신들을 만나는 일이 거의 없었다. 정국은 날로 혼란스러워졌다.

청해 몽골의 반란 — 1590년 청해에서 유목하던 다얀칸의 후예 화락적(火落赤)과 복실토(卜失兔)는 알탄칸의 손자 진상(眞相)과 손잡고 명나라에 반대해 조주(洮州)와 하주(河州) 등지를 약탈했다. 순의왕을 세습한 알탄칸의 손자 차력극(扯力克)도 군사를 거느리고 임조(臨洮)까지 와서 기세를 보이면서 서쪽 변경을 공격했다. 명나라 조정은 차력극에 대한 시상(市賞)을 잠시 중단하고 병부상서 정락(鄭洛)을 시켜 군사를 데리고 가서 진압하게 했다. 정락은 군사를 데리고 감숙 수천영(水泉營)에서 복실토 부를 격패시키고, 또 총병 우계선(尤繼先)를 청해(靑海) 망랄천(莽剌川)으로 보내 화락적부를 크게 격파했다. 복실토와 화락적, 진상은 북으로 도망쳤다. 정락은 차력극에게 황제의 조령을 전달해 명나라에 사죄하고 공시를 회복하게 했다. 정락은 완승을 거두었으나 언관은 그를 차력극을 풀어주었다고 하여 "악한 자를 없애 치욕을 씻지 않았다"고 공격했다. 정략은 압박에 의해 벼슬을 그만두고 귀향했다.

　　영하의 반란 — 정락은 청해의 반란을 평정할 때 녕하에 주둔해 있는 군사를 불러 지원받은 적이 있다. 영하순무(寧夏巡撫) 당형(黨馨)은 지휘사(指揮使) 토문수(土文秀)에게 군사를 붙여 보냈다. 부총병으로 있다가 치사(致仕)했던 유고족(裕固族) 발배(哱拜)가 아들 승은(承恩)을 데리고 출정했다. 반란이 평정된 후 당형은 발배의 공적을 평정하지 않고 오히려 그의 모량지죄(冒糧之罪)를 조사했으며, 승은은 양가집 여자를 강제로 빼앗은 죄로 당형에게 곤장을 맞았다. 1592년 당형은 도저도(都儲道) 석계방(石繼芳)과 함께 군인의 급여 및 보급품을 착복했다. 발배는 즉시 군봉(軍鋒) 유동양(劉東暘), 허조(許朝)를 부추겨 당형과 석계방을 죽인 후 반란을 일으키게 했다. 그들은 발배를 왕으로 모시고 중위(中衛), 광무(廣武) 등지를 공략했다. 명나라 조정이 선대(宣大), 요동(遼東), 절강(浙江), 감숙(甘肅)의 군사를 동원해 진압하자 발배는 영하성을 굳게 지켰다. 총독 엽몽웅(葉夢熊)은 황하의 둑을 터뜨려 영하성을 물에 잠기게 하고 사람을 성안에 보내 이간계를 썼다. 승은은 유동양, 허조를 유인해 죽인 후 성문을 열고 투항했으며 발배는 목매어 자살했다. 명나라 군대는 항복한 군사 2,000 명을 도살하고 승은을 서울로 압송해 처형했다.

　　파주의 반란 — 사천 파주(播州, 현 귀주의 준의[遵義])의 선위사(宣慰使) 양응룡(楊應龍)은 조정을 가볍게 보고 거실을 용과 봉황으로 장식했으며 환관을 제멋대로 부렸다. 그의 아내 장씨의 숙부 장시조(張時照)가 양응룡이 모반할 기미가 보인다고 고발했다. 조정은 귀주와 사천 두 성이 함께 조사하라는 명령을 내렸고 양응룡은 중경(重慶)으로 가서 심사를 받았으나 조정은 또 석방하라고 했다. 1593년 순무어사 왕계광(王繼光)이 중경으로 가 다시 재판했는데 양응룡은 말을 듣지 않고 나오지 않았다. 왕계광은 군사를 일으켜 진공했으나 누산관(婁山關)에서 패배했다. 양응룡은 할거하여 왕으로 자처하려고 스스로 천세라고 불렀으며 아들 조동(朝棟)은 후주(后主)로 불렀다. 1598년 양응룡은 군사를 일으켜 귀주 홍두(洪頭)와 고평(高坪)의 여러 마을을 공략하고 호광(湖廣) 48개 마을(四十八屯)을 침입했다. 도사(都司) 양국주(楊國柱)가 이듬해 연초에 군사를 거느리고 토벌하러 갔다가 크게 패하고 전장에서 전사했다. 명나라 조정은 도어사(都御使) 이화룡(李化龍)에게 천(川), 호(湖), 귀(貴) 세 성의 군사를 통솔하게 하고 절강과 복건, 운남, 광동을 추가로 지원해 함께 토벌하게 했는데 1600년에 승리를 거두었다. 양응룡은 목을 매 자살하고 아들 조동은 생포되어 수도로 압송된 후 처결되었다. 전쟁이 끝난 후 조정은 파주 지역의 토사세습제를 폐지하고 조정이 직접 '유관(流官)'을 파견하여 통치했다.

조선을 지원하여 일본과 싸우다 — 1592년 일본의 섭정 도요토미 히데요시(豊臣秀吉)가 군사를 데리고 부산에서 상륙하여 조선의 대부분 지역을 강점했다. 조선의 국왕 이연(李昖)은 의주(義州)로 도망가 명나라에 구조를 요청했다. 명나라는 병부시랑 송응창(宋應昌)을 경략(經略)으로, 이여송(李如松)을 제도(提都)로 임명하고 군사를 보내 평양에 주둔해 있던 일본군을 물리쳤다. 일본군은 왕경(서울)에서 물러났다. 이여송은 용사들에게 밀령을 내려 적후로 투입해 일본군의 식량 창고를 불태웠다. 일본군은 더 이상 싸우지 못하고 화의할 것을 제기했다. 명군은 일본군이 왕경에서 물러가 일본으로 돌아갈 것을 요구했다. 일본군은 서울에서 물러나 부산 일대로 퇴각했다.

명나라 군사가 거의 완승을 거둘 무렵, 뜻밖에 신종이 군사를 철거하라는 명령을 내렸다. 도요토미 히데요시는 화의할 수 있는 시간을 벌기 위해 이런 계책을 썼던 것이다. 철퇴하지 않고 부산에 머물러 있던 일본군은 1597년 수륙군 14만 명을 발동해 또 다시 조선을 침략했다. 명나라 조정은 형개(邢玠)를 총독으로, 양호(楊鎬)를 경략으로 임명하고 군사를 조선으로 파견해 일본군과 싸우게 했으며 울산 등지에서 격전을 벌였다. 1598년 10월 도요토미 히데요시가 병으로 죽자 일본군의 투지가 약화되었다. 명군은 기세를 몰아 공격을 강화해 도산, 예교(曳橋) 등지를 수복했다. 일본군은 해상으로 도망치려 했다. 명군 부총병 등자룡은 조선 통제사 이순신과 잘 호응해 수군을 거느리고 부산 남해에서 적군 만여 명을 섬멸하여 공동항일의 승리를 거두었다.

3. 경제의 발전과 사회 각 집단

가경~만력 연간에 상품경제의 번영과 공상업의 발전이 지나간 왕조를 훨씬 능가했다. 그러나 세계적인 범위에서 보면 서구 국가의 수공업이 발전하고 생산기술이 향상되면서 중국의 전통적인 수공업 생산은 원래의 선진적이던 지위를 잃고 말았다.

(1) 토지의 집중과 유랑 농민의 증가

황실귀족이 토지를 점유한 형식에는 황장(皇庄), 번부(藩部)의 장전(庄田), 훈척(勳戚)과 중관(中官)의 장전(庄田) 등 세 가지가 있었다. 황장에는 아무 궁의 후와 비 그리고 등극하지 못한 번왕과 친왕의 경비를 특별히 배려하는 궁장과 황태자에게 따로 떼어준 동궁의 장전이 있었다. 번부의 장전은 분봉을 받은 번왕이 속지로 돌아갈 때 황제가 하사한 장전을 말한다. 훈척과 중관의 장전은 황제가 공신 세가와 환관에게 하사한 장전이다. 황전, 훈척, 중관의 장전은 북직예(北直隸)와 경기(京畿)에 집중되어 있었다. 번부의 장전은 속지에 있었다. 이밖에도 전국적으로 사관(寺觀) 장전이 널려 있었다. 장전의 소유자라면 누구나 다 주변에 있는 백성의 밭을 차지하거나 백성의 밭을 주인 없는 황무지라고 모함하고 삼켜버렸다. 무종이 즉위해서부터 6년간 황장이 31곳이나 증가했고, 황장의 토지는 배로 늘어났다. 각지 번부의 장전도 급격히 늘어났다. 명나라 초기에 친왕에게 전답 백 경을 하사한다는 규정이 있었는데, 만력 때가 되자 복왕(福王)은 땅을 2만 경이나 차지했고, 노왕(潞王)에게는 땅이 4만 경이나 있었다. 훈척 귀족 및 중관이 토지를 겸병하고 백성의 재산을 차지해 토지는 고도로 집중되었다. 예를 들면 귀척 왕천(汪泉)이 관민의 밭 3천여 경을 차지했고, 융경장공주(隆慶長公主)는 무청(武淸), 옥전(玉田)의 민답 4,300 경을 차지했다. 귀족 황굉(黃王宏)은 패주(霸州)에 동서 길이가 50리, 남북 너비가 4리나 되는 토지와 무청현(武淸縣)에 동서 길이가 20리, 남북의 너비가 10리나 되는 토지 등 모두 3,600여 경이나 되는 주토(奏討)받았다. 각지 관료향신들은 민간인의 토지를 거리낌 없이 겸병했는데, 그 속도가 특별히 빨랐다. 예를 들면 화정(華亭)의 향신 동기창(董其昌)은 비옥한 토지 만 경을 점했고, 서계(徐階)네 집안에는 경작지가 24만 경이 있었으며, 무석(无錫)의 추망(鄒望)은 토지 30만 경을 점유하고 있었다. 토지 겸병의 직접적인 결과로 수많은 소농들이 먹고 살던 토지를 잃고 외지로 도망을 가게 했으며, 각 위소 둔전의 군사, 염정(鹽丁)도 둔전과 초탕(草蕩)을 호우(豪右)들에게 빼앗기고 사방으로 도망을 가야 했다.

절강 금화부(金華府)의 7개 현은 홍무(洪武) 때에 256,000여 호가 살았지만 선덕(宣德) 말년 이후에는 5분의 2가 줄었다. 대주(臺州)의 4개 현에는 원래 188,000여 호가 살고 있었지만 정통(正統) 때에는 3분의 1만 남았다. 태창주(太倉州)에는 원래 8,986호가 살고 있었는데, 선덕 말년에는 738호만이 남았을 뿐이었다. 유랑민이 전국을 떠돌고 있어 인구를 정확하게 통계하기 어려웠는데 약 500만~600만 명쯤은 되었다고 추정하고 있다.

(2) 공상업의 발전

가정(嘉靖) 이후 농업이 발달한 지역은 점차 단일한 농업생산에서 벗어나 다종경영을 했다. 농산물이 상품화 되어 시장에 들어갔다. 외국에서 수입한 옥수수, 고구마, 땅콩, 엽초가 점차 각지에 보급되어 재배되었다. 수공업 생산부문은 거의 다가 소농과 결합된 전통적인 생산기술에 의존 있었으며 미약할 정도의 개량이 있었을 뿐이었다. 상품유통이 발달하여 일부 부문의 발전은 촉진되었다.

상품 거래 — 가정 이후에는 상품거래가 전례 없이 발전했다. 하남(河南)과 강북 등지의 목화 재배지역에서 생산된 목화는 복건(福建), 강남 등지로 운송되어 실을 빼내 베를 짰다. 호주(湖州)는 누에치기 중심이었으나 뽕나무가 모자라 사들여야 했고 명주실을 생산하여 팔았다. 소주(蘇州)도 실크 방적의 중심지로써 생산된 제품은 시장에서 대량으로 유통되었다. 만력 때에는 운남부터 요동까지, 광동부터 하북까지, 그리고 동서쪽으로 뻗은 상업로가 그물 같은 네트워크를 이루었으며 각지의 상품은 이들 유통망을 통해 시장에 흘러들어 가 빈번하게 거래되었다.

은의 유통 — 홍무 때에는 '보초(寶鈔)'를 발행해 민간에서 은으로 거래하는 것을 금지했다.

정통 이후 은은 통용되는 주요 화폐가 되어 수요량이 급증했다. 원래 폐쇄되었던 은광을 다시 채굴하기 시작했지만 여전히 부족했고 가경 때부터 외국에서 수입하기 시작했다. 스페인 사람들이 제일 먼저 아메리카주의 은을 여러 곳을 거쳐 중국까지 실어와 물물교환을 했다. 이어 포르투갈, 네덜란드, 일본, 섬라(暹羅), 안남(安南)의 사람들도 은으로 중국의 물건을 사들였다. 대량의 은이 중국에 흘러들었으며 상품의 수출이 확대되고 상품의 생산이 추진됐다.

도시와 읍 — 북경과 남경은 전국에서 가장 큰 도시이고 또 경제의 중추였다. 북방과 남방에는 두 개의 큰 도시경제 체제가 형성되었다. 각 성의 성도와 전통적인 상로 요지 사이에 신흥 중소도시가 잇달아 생겨났다. 남북 대운하 연안의 청강포(淸江浦), 임청(臨淸), 하서무(河西務) 등 상업도시는 경제가 매우 번영했다. 경제가 발달한 소송항가호(蘇松杭嘉湖) 지역에도 새로 큰 읍이 적지 않게 생겨났다. 광동의 불산진(佛山鎭)은 가정 때에서 만력 때까지 일어선 공상업 도시로 한구진(漢口鎭), 경덕진(景德鎭), 주선진(朱仙鎭)과 함께 '천하 4대진'으로 불렸다. 주민의 의 식 문제도 시장에 의지했다. 도시와 농촌 간에 정기적으로 거래되는 집시(集市. 남방에서는 허[墟] 또는 장[場]이라고 불렀다)가 있었다. 주와 현에는 매달 5~6개의 장이 섰고, 향진에는 매 달 2~3 개의 장이 섰다. 집시는 농산물의 상품화에 시장을 제공했고 농촌경제를 활성화시켰다.

대외 무역 — 명나라 때의 대외무역에는 '조공무역(朝貢貿易)'과 '사상무역(私商貿易)' 등 두 가지 형식이 있었다. 전자는 조정에서 경영했는데 정치적인 목적이 상품 거래보다 컸다. 조공이 끝나면 사신과 수행하는 상인들이 지정된 곳에서 거래하면서 중국의 상품을 구입했다.

명나라 초기에 해금(海禁)을 실시하여 사상(私商)의 대외무역을 금지했으나 동남 연해의 밀수사건이 근절되지 않았다. 융경 때는 제한적으로 해금을 풀어주었는데 상인들이 바다로 나가 무역하려면 인표(引票)를 신청해야 했고, 선박의 수량과 무역하는 지점이 제한됐다. 그 후 해금이 때로는 엄해지고 때로는 느슨해졌는데 중국 해상과 포르투갈, 스페인, 네덜란드 등 나라의 상인 선박은 광동, 장주(漳州), 영파(寧波) 등 항구에만 출입할 수 있었으며, 국내의 명주 수건, 비단, 도자기, 쇠솥 등을 외국으로 수송하고 외국에서 향료, 수공업 원료(구리, 쇠, 주석, 털가죽 및 유명하고 진귀한 새털, 대나무, 상아, 서각, 소목 등), 방직물(유홍포, 청포 등), 약품(몰약, 용뇌향 등)과 식품(제비집, 번미 등)을 반입했다.

(3) 사회 집단

황실의 귀족 집단 — 명태조는 20여 명의 아들을 각 지에 분봉했다. 만력 때가 되어 번왕들의 후예가 23,900여 명으로 늘어났다. 태조에게 10여 명의 딸이 있었는데 대부분 공신의 아들에게 시집갔으며 여러 왕과 황자들도 대부분 공신의 딸을 아내로 맞아들였기 때문에 방대한 훈척 집단이 형성되었다. 영종 이후 후비(后妃)가족이 대부분 후(後)와 백(伯)으로 책봉 받았으며, 귀족 훈척집단이 더욱 확대되었다. 귀척은 조정이 하사한 장전을 가지고 있었으며, 또 세도를 믿고 땅을 강제로 차지하고 염인(鹽引)을 거래하면서 백성과 이익을 다투었다. 그들은 조정의 기둥이자 사회의 낭충이었다.

강남의 지주와 문사 집단 — 강남지역은 경제가 발달했고 적지 않은 지주들이 공상업도 함께 경영하면서 문사(文士)들과 결합했다. 명나라의 내각보신(內閣輔臣)들은 남직예(南直隸), 절강, 강서 세 성에 적을 둔 사람이 반수 이상이었으며, 중하급 관리들이 거의 전국에 퍼져 있었다. 그들은 귀향한 후 '향신(鄕紳)'이라 불렸으며 현지 지주집단의 핵심이 되었다. 주위에는 또 거인, 수재들이 있어 세력이 강대한 지주문인 집단이 형성되었다.

상인 집단 — 상품경제의 발전과 더불어 상인이 사회의 중요한 역량으로 되었으며 휘상(徽商)과 진상(晉商)의 자본이 가장 튼튼했다.

휘상은 안휘 휘주부(徽州府)의 상인을 말하는데, 염상(鹽商)은 한구(漢口), 장호(長芦), 사천(四川) 등지에서 활동했고, 양상(糧商)은 강소, 절강 두 성의 양곡 무역을 조종했다. 가경 이후에 해외무역을 경영하는 휘주의 '해상(海商)'이 나타났는데 해금정책의 제한을 받을 때는 해적이 되기도 했다. 유명한 휘상 허이(許二), 왕직(王直)이 바로 해선무장을 가지고 상업과 도적질을 함께 하는 집단의 수령이었다.

진상이란 산서(山西) 상인을 통칭하여 이르는 말인데, 북부 변방 주둔군에게 식량을 판매하고 식염 판매 허가를 얻어 양상과 염상을 겸했다. 가경 때부터는 호부에 식량을 납품하고 염인을 받았다. 진상은 또 식량업 자본을 염업 자본으로 전입한 후 자본 소유자와 경영자가 합작경영을 하고 얻은 이익을 비례에 따라 나누어가지는 방법으로 경영을 했다.

기타 성에서는 대상인과 관상이 결탁해 두툼한 이윤을 얻었다.

전복(佃僕) — 농촌에서 도망친 유민들 가운데 소수만 수공업 생산에 분류되고 절대다수는 황량한 산간지대에서 황무지를 개간하거나 지주의 전호(佃戶)가 되었는데 이들을 '전복'이라고 불렀다. '전복'은 또 '동복(僮僕)'이라고도 불렸으며 지주와는 '주인과 종의 명분'이고 지세를 내야 할 뿐만 아니라 지주를 위해 무상으로 부역을 하고 마음대로 이사 가거나 결혼을 할 수 없었으며, 사회적 지위가 농노(農奴)와 같았다. 명나라의 법률은 노비를 두는 것을 금지했지만 관리와 부자들은 대다수가 노비를 두었다. 노비는 장전에 불려가 농사를 지었는데 그들 역시 전복이었다.

기공(機工) — 농민에서 분류되어 나온 장인은 가정 연간 이후에 비교적 자유롭고 독립적인 수공업자로 되었다. 강남 소사업(繅絲業)에 자유롭게 노동력을 파는 수공업자가 나타났다. 그들은 생산수단을 가지고 있지 않고 수공업장 주인과 고용관계였으며 품삯을 받아 연명해갔다. 소주 등 도시 주민들 가운데 이런 수공업자가 매우 많았는데 그들을 '기공'이라고 불렀다.

4. 조정의 혼란과 민중의 저항

(1) 황실의 낭비와 광세(鑛稅)의 박탈

만력 때 상품경제가 발전하고 궁에서 과도하게 사치를 부려 원래 정했던 비용에 적자가 생기게됐다. 신종은 내고(內庫)에 은을 보내라고 호부와 대창(大倉)에 명령했고, 또 태복사(太福寺) 마가은(馬價銀), 광록사(光祿寺) 적저(積儲) 등 사람을 내정이라 불렀는데, 이를 '전색탕금(傳索帑金)'이라고 했다. 내탕금은 거의 바닥이 났다. 1596년부터 시작해 신종은 '광감(鑛監)'을 파견하여 각지의 금광과 은광에 대한 채굴을 살피고 관리하게 했다. 부호가 채굴비용을 내고 채굴해 얻은 소득은 관아와 절반씩 또는 사륙제로 나눠가졌다. 또 잇달아 환관을 파견했는데 이를 '세사(稅使)' 또는 '세감(稅監)'이라고 불렀다. 각 성에서 큰 도시 및 고개와 나루로 통하는 중요한 길에 깃발을 내걸고 건물을 짓고 세금을 거두었는데 거듭해서 거두었다.

광감과 세사는 각지의 무뢰한을 모집해 데리고 다니면서 제멋대로 협박하여 재물을 갈취했다. 누구네 가옥 아래 광이 있다거나 누가 탈세를 했다고 하면 그 집은 즉시 파산하곤 했다. 수탈해 얻은 것을 해마다 120만 냥 이상씩 궁정의 내고에 바쳤다. 광감과 세사가 횡령하여 사복을 채웠기 때문에 내고에 들어간 것은 3분의 1밖에 안 되었다. 각지의 많은 부자들이 파산하고 소상인과 수공업자들이 실업하는 바람에 떠돌아 다녀야 했다. 수공업이 가장 발달한 소주지역은 행상인들이 날로 적어지고 염색공방과 방직실이 생산을 중단했으며, 수천 명의 노동자들이 떠나갔다. 하서무(河西務)의 포목점은 160여 개에서 30여 개로 줄어들었다. 임청(臨淸)에는 32개의 비단가게가 있었는데 21개가 문을 닫았고, 73개의 포목점에서 45개가 도산했다. 상인과 수공업자들이 실업하는 바람에 유민으로 전락했고, 많은 사람들이 광감 세사를 반대하는 투쟁에 참가했다.

산동 임청, 호광 무창(武昌), 한양(漢陽), 남직예 소주, 강서 상요(上饒), 경덕진, 요동 개원(開源), 전둔위(前屯衛), 금주(錦州), 송산(松山), 운남 등월주(騰越州) 등지에서 민중의 봉기와 군사 반란이 일어났으며, 참가자 중에는 공상업자, 수공업 노동자, 선비, 거인, 사병과 군관이 포함됐다. 광감 세사가 폭넓은 저항을 받게 되자 명나라 조정은 1605년부터 갱을 연이어 폐쇄하고 채굴을 중단했으며 더 이상 광감 세사를 파견하지 않았다.

(2) 관료의 알력과 당파 싸움

1592년 이후, 신종이 대권을 직접 장악했다가 다시 정치를 게을리 하자 조정은 날로 어지러워졌다. 조정은 6년에 한 번씩 서울 관리들의 업무를 평가했는데, 이를 경찰(京察)이라고 불렀다. 조정 대신들은 서로 결합하고 매번 경찰(京察) 시에는 사욕을 채우려고 칭찬과 비방을 하면서 같은 무리들이 다른 파를 공격하곤 하였는데(黨同伐異), 해마다 경찰 때가 되면 일부 관리들이 공격을 받아 파면되곤 했다.

이부 문선사(文選司) 낭중(郎中) 고헌성(顧憲成)은 파면당한 후 고향 무석(無錫) 동림서원(東林書院)에 문사들을 모아놓고 강연을 하며 정무를 논의했다. 참가자 중에는 고반룡(高攀龍), 설부교(薛敷教), 전일본(錢一本) 등이 있었다. 그들은 모두 1593년 경찰에서 파면된 관리였는데, 대다수가 이부(吏部)에서 근무한 적이 있어 조정 대신들의 상황을 잘 알고 있었다. 또 고향에 오래 있으면서 지주, 상인, 문사들과 늘 왕래했기 때문에 조정의 묵은 폐단을 공격할 때 언제나 정곡을 찔렀고, 민중의 목소리를 반영했는데, 이들을 동림당인(東林黨人)이라고 불렸다. 그리고 선성(宣城) 사람 탕빈윤(湯賓尹)을 대표로 하는 선당(宣黨), 곤산(崑山) 사람 고천준(顧天峻)을 대표로 하는 곤당(崑黨)은 각각 조정 관리와 결탁해 정치에 참가하면서 동림당과 대립했다. 이밖에도 조관과 언관, 남관(南官)과 북관(北官) 등 집단이 끊임없이 서로를 공격했다.

언관(言官)은 원적에 따라 제(齊), 초(楚), 절(浙) 등 3개 당파가 형성되었는데, 따르지 않는 자는 동림당 사람으로 지목하고 트집을 잡아 배척했다. 당파 싸움은 날로 치열해갔다. 파면당한 관리가 점차 많아졌으나 제때에 보충하지 않아 조정의 정치는 막히고 날로 부패해져 갔다.

(3) 명나라 조정이 약화되고 농민봉기가 일어나다

신종 말기에 군관이 전공을 허위보고하여 군량과 급여를 더 많이 타가고 공공연하게 뇌물을 주고받고 사병을 착취하는 일이 예상사로 되었다. 그리하여 사병들은 훈련을 게을리 했고, 군사가 줄어들고 군량과 급여가 부족해졌으며, 전투력이 급격히 떨어졌다. 군정이 부패해지니 군비가 급격히 증가됐다.

호부의 대창고는 황제의 어용(御用)과 군관의 봉록을 공급했는데 신종이 친정하기 전에 금화은(金花銀) 900여 만 냥을 축적했었지만, 신종이 친정한 후 지출이 수입을 초과해 저축한 것을 꺼내 쓰다 보니 1608년에는 은이 8만 냥밖에 남지 않았다. 국고가 바닥이 났으나 황실은 절제하지 않았고 귀족과 관리들의 사치와 탐욕이 극도에 다다랐다. 조정은 끊임없이 조세를 추가하여 사치스러운 생활을 유지했으며 관리들은 더욱 일조편법 기준량 외에 이중으로 과도하게 징수했다. 황실, 귀족, 관리들의 많은 경작지가 조세 우대정책을 누렸고, 호강은 '궤추(詭推, 궤란 토지를 이미 팔았다는 뜻)', '사파(洒派, 세금을 다른 농호에 분산시키는 것)' 등의 방법을 이용하여 조세를 빈곤한 농민에게 떠넘겼다. 많은 농민들이 어쩔 수 없이 전복 또는 유민으로 전락됐으며, 가뭄과 기근이 들면 생계가 어려워져 끊임없이 무장봉기를 일으켜 목숨을 걸고 저항했다.

1586년 하남 활현(滑縣)의 차종공(車宗孔) 등 굶주린 백성들이 부유한 상인 조국영(趙國英)에게 돈을 꾸러 갔다가 거절당한 후 강탈하다가 진압하러 온 관군들과 치열하게 싸움이 벌어졌다. 같은 해 섬서(陝西)의 회족들도 봉기를 일으켜 경주(涇州), 영대(靈臺) 등지에서 관군들과 혈전을 벌였다. 1588년 태호(太湖) 농민 은응채(殷應采), 기황(蘄黃)의 농민 매당(梅堂)이 각각 태호와 기황에서 봉기를 일으켰다. 1589년 복건 보전(莆田) 농민 가수악(柯守岳), 광동 시흥(始興) 사람 이원랑(李圓朗), 옹원(翁源) 사람 왕자룡(王子龍)이 각각 사람들을 모아 봉기를 일으켰다. 1594년 하남 농민 왕자간(王自簡)이 신채(新蔡)에서 의기를 추켜들었다. 1600년 절강 산음(山陰) 사람 조일평(趙一平)은 아내 왕씨와 함께 《지남경(指南經)》 등의 서책을 편찬하여 봉기를 일으켰다. 1604년 복건 구녕현(歐寧縣) 농민 오건(吳建)은 백련교(白蓮敎)라는 이름으로 많은 사람들을 모아 봉기를 일으켰다. 1611년 보정(保定) 등 곳에서 유응제(劉應第), 동세요(董世耀) 등이 많은 사람들을 모아 스스로 왕이라 칭했다. 1615년 주요덕(周堯德), 장계서(張計緖)가 산동 안구(安丘), 몽음(蒙陰) 등지의 굶주린 농민들을 영도하여 봉기를 일으켰다. 섬감(陝甘) 회족들이 전유기(田有奇), 고상천(高尙千) 등의 지도하에 모여 봉기를 일어켰다. 1617년 산동 거야(巨野) 농민 전아(田峨)가 봉기를 일으켰다. 1618년 백련교 수령 이문(李文)이 감숙 경양(慶陽)에서 봉기를 일으켰다. 이 봉기들은 일어난지 얼마 안 돼 관병에게 진압됐지만, 각지 농민들은 앞사람이 쓰러지면 뒷사람이 그 뒤를 이어 계속 봉기를 일으켰다. 이는 거대한 농민전쟁이 곧 일어나고 명나라가 전복될 날이 멀지 않았음을 예시했다.

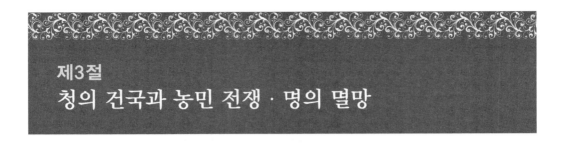

명나라 만력 연간에 만족이 세운 금나라가 요동에서 굴기했다. 명, 금(후에 청으로 고쳤음)은 농민봉기군과 복잡다단한 투쟁을 벌였다.

1. 금의 수립

(1) 여진 부락

금나라를 세운 만족을 명나라는 여진(女眞)이라고 불렀으며 각각 건주(建州)여진, 해서(海西)여진, 야인(野人)여진 등 3개의 큰 부락으로 나뉘었다. 건주여진은 원래 송화강(松花江)과 목단강(牧丹江)이 합류하는 곳인 화아아(火兒阿)에서 거주했다. 전설에 따르면 선녀 불고륜(佛古倫)이 붉은 열매를 먹고 한 남자애를 낳았는데 성이 애신각라(愛新覺羅), 이름은 포고리옹순(布庫里雍順)이라고 했다. 그는 장성한 후 알타리성(斡朶里城)에 가 살았는데 세 성씨의 사람들이 그를 패러(貝勒, 부족장)라고 불렀다. '애신'이란 만족어로 '금'이라는 뜻이고 '각라'는 씨족의 명칭이다. 화아아부는 명나라 초기에 남쪽에 있는 휘발하(輝發河) 상류의 봉주(鳳州)로 이주했다. 명성조는 봉주에 건주위(建州衛)를 세우고 화아아부 수령 아합출(阿哈出)을 지휘사로, 알탈리부 수령 맹가첩목아(猛哥帖木兒)를 건주좌위도(建州左衛都) 지휘사로 임명했다. 맹가첩목아가 죽은 후 명나라는 좌위(左衛)를 좌, 우 두 위로 나누고 각각 동창(童倉), 범찰(凡察)이 지배하게 했으며, 건주위(建州衛)와 합쳐 건주 삼위라고 불렀다. 삼위는 부근의 모련위(毛憐衛)와 함께 부락연맹을 형성했는데 명나라는 이를 건주여진이라고 불렀다.

명나라는 호란하(呼蘭河)와 탕왕하(湯旺河) 일대에 거주하는 해서여진에게 올자위(兀者衛), 탑산위(塔山衛)와 탑목로위(塔木魯衛)를 설치했다. 오소리강(烏蘇里江) 동쪽과 흑룡강(黑龍江) 중하류에서 고혈도(庫頁島) 일대에 거주한 부락은 사회발전의 수준이 비교적 낮았기 때문에 명나라는 그들을 '야인여진'이라고 부르고 선후로 노아간위(奴兒干衛)를 설치하고 누르간도사(奴兒干都使)가 통치했다.

건주와 해서여진의 부락들은 끊임없이 인근 한족지역으로 가 재물과 노예를 빼앗았다. 건주우위(建州右衛) 수령 왕고(王杲)는 사람들을 시켜 한족 사람과 재물을 빼앗고 명나라 비어(備御) 배성조(裵成祖)를 죽였다. 명신종이 총병 이성량(李成梁)을 파견하여 공격하자 왕고는 패하여 도망갔다.

해서여진 합달부(哈達部) 수령 만한(萬汗)이 왕고를 잡아 명나라에 바쳐 처결했다. 명신종은 그를 우주국(右柱國) 용호장군(龍虎將軍)으로 봉하고 해서의 모든 부락을 통제하게 했다. 만한이 죽은 후 건주여진의 각 부가 봉기를 일으켰다. 좌위(左衛) 각창안(覺昌安)과 그의 아들 탑극세(塔克世)는 명나라 군사가 왕고의 아들 아대(阿臺)를 공격하는 작전에서 길잡이 역할을 했는데, 명나라 군사가 그들을 잘못 죽였다. 탑극세의 아들 누르하치(奴爾哈赤)는 수행작전을 하던 소극소호부(蘇克蘇護部) 니감외란(尼堪外蘭)에게 죄가 있다고 질책하면서 아버지와 할아버지가 남긴 갑옷 13벌로 군사를 일으키고 니감외란을 죽여 복수했다. 그는 소자하(蘇子河) 강변에 비아랍성(費阿拉城, 요녕 옛 신빈성)을 건설했는데 건주와 모련(毛憐)의 모든 부족들이 잇달아 귀순하여 복종했다. 명나라는 누르하치를 좌도독으로 책봉하고 무순 동쪽, 장백산 이남과 압록강의 광범한 지역을 관리하게 하고 명나라에 공물을 바치게 했다.

누르하치는 건주에서 패권을 쥐고 해서의 네 부와 동해의 모든 부락의 저항을 물리쳤다. 명나라는 누르하치를 용호장군(龍虎將軍)으로 책봉했다.

(2) 금의 건립

1606년 누르하치는 숙륵곤도륜한(淑勒昆都侖汗)으로 칭하고 1616년에 국가를 세우고 호를 천수(天授, 또는 천명) 복육제국영명한(覆育諸國英明汗)이라고 했다. 그 후에 호를 천명금국한(天命金國汗)이라 하고 천명으로 연대를 기록했다. 팔기제도(八旗制度)

를 창설하고 정복했거나 투항을 받아낸 각 부의 사람과 외족들을 300명의 장정을 1우록(牛彔)이라 하고, 우록액진(牛彔厄眞)을 설치했으며, 5우록을 1찰란(札欄, 또는 갑라[甲喇])이라 하고, 찰란액진을 설치했다. 5찰란을 1고산(固山)으로 하고, 고산액진과 좌우미릉(左右美凌, 매륵)을 설치했다. 고산은 서로 다른 색깔의 기치로 구별했으며, 원래 있던 황백남홍 네 가지 색깔의 기치에 각각 변두리를 두른 네 개의 기치를 합쳐 8기를 만들었다. 매 기마다 7,500명의 장정이 있었다. 장정의 식구들도 8기 관리들의 관할을 받았다. 평소에 혼인, 토지세, 차역, 소송을 관리했고, 전쟁이 일어나면 통솔하여 싸웠다. 팔기제도로써 혈연관계의 부락제도를 대체했다.

8기에 각각 고산액진이 있었지만, 누르하치 및 그의 자질(자식과 조카)들에게 통속되어 있었다. 홍기의 자질은 화석패륵(和碩貝勒)이라고 불렀는데 그들은 차례로 둘째아들 대선(代善), 조카 아민(阿敏, 서이합제[舒爾哈齊]의 아들), 다섯째 아들 망고이태(莽古爾太), 여덟째 아들 황태극(皇太極)이었다. 네 명의 화석패륵은 각각 군사를 통솔하고 국정에 참가하고 대한(大汗)을 보필했다. 이밖에 의정대신 다섯 명을 두었는데 오래전부터 귀순하여 많은 전공을 세운 측근 고급 장교인 액역도(額亦都), 비영동(費英東), 하화례(何和禮), 호이한(扈爾漢), 안비양고(安費揚古)가 맡았다. 일상적인 정무는 다섯 대신이 의논한 후 네 명의 화석패륵에게 보고하고 한(汗)이 결정을 내렸다. 군사 대사가 생기면 고산액진도 함께 참가해 의논했으나 마지막에는 여전히 누르하치가 결단을 내렸다. 또 찰이고제(札爾固齊)를 설치해 민사와 사법을 관리하게 했는데, 심판하고 죄를 정하는 일은 대신과 패륵이 심의하고 큰 죄는 누르하치가 판정을 내렸다. 한의 친척을 때릴 경우 손만 대도 죽였고, 재물을 절도한 자에 대해서는 여진족과 한족에 대해 차별적으로 죄를 정했다. 누르하치는 문사 액이덕니(額亦德尼)와 갈개(噶盖)에게 몽골 문자로 만어를 표기하여 만족문자를 만들게 했는데 이를 옛 만주어라고 했으며, 그것으로 법령을 편찬하고 정사를 기록했다.

금나라가 건립된 후 대외적으로 노예를 약탈하고 토지점유를 확대하면서 명나라와의 모순이 날로 첨예해갔다. 1618년 2월 누르하치는 명나라가 아버지와 할아버지를 죽이고 엽혁부(葉赫部)를 도와준 것 등 '일곱 가지 원한'을 내세우면서 사람들을 모아 장엄하게 맹세를 한 후 명나라에 대한 전쟁을 발동했다. 명나라의 유격(遊擊) 이영방(李永芳)이 금나라에 투항하고 총병관(總兵官) 장승윤(張承胤) 등은 전사했으며 금군은 압골관(鴨鶻

關)으로 쳐들어왔다. 조정은 '요향(遼餉)' 세금 300만 냥을 징수하고 노장 양호(楊鎬)를 다시 등용하고, 마림(馬林), 두송(杜松), 이여백(李如栢), 유정(劉綎) 네 총병이 인솔하는 부대 8,800명을 집결시키고는 47만 명이라 떠벌리면서 이듬해 봄에 네 갈래로 나누어 혁도아랍(赫圖阿拉)을 공격했다. 누르하치는 병력을 모아 살이호(薩爾滸, 요녕 무순)에서 명나라 군을 크게 격파시켰다. 두송, 유정은 전사했고 마림은 도망쳤으며 이여백은 퇴각했다. 누르하치는 승세를 몰아 개원(開原), 철령(鐵嶺)으로 진군했고, 마림은 패하여 목숨을 잃었다. 누르하치는 또 군사를 거느리고 혁도아랍 동서 두 성으로 쳐들어가 수령을 죽이고 엽혁부를 병탄했으며, 동해 '야인여진'의 모든 부락을 받아들이고 전력을 다해 명나라를 공격했다.

2. 명나라 통치의 위기

(1) 황위 계승과 붕당의 분쟁

살이호의 전쟁에서 참패한 후 명나라 조정은 양호를 체포하고 전 요동순무 웅정필(熊廷弼)을 다시 등용하여 요동을 다스리게 했다. 대학사 방종철(方從哲)이 병력을 늘리고 군사비용을 지급해달라는 상소를 올렸으나 신종은 모른 척 했다. 방종철과 이부상서 조환(趙煥)이 신종에게 조정에 나와 함께 정무를 상의하자고 청을 올렸으나 신종은 내감을 시켜 그들을 물리쳤다. 신종은 깊은 궁 안에 안일하게 지내면서 조정의 사무를 내각에게 맡겨 처리했다. 그러나 내감이 후비들과 왕래하고 조관, 언관과 결탁하면서 내각 대신들과 대립하고 있어 궁실과 조관, 언관과 재상의 이익이 엇갈리는 붕당이 형성됐다. 고헌성, 고번룡을 수령으로 하는 동림당은 회양순무(淮陽巡撫) 이삼재(李三才) 등의 지지를 받았으며 그들을 반대하는 조정의 관리들을 제당(齊黨, 元詩敎), 절당(浙黨, 顧天峻), 초당(楚黨, 湯賓尹)이라고 비난했다. 각 당이 논쟁하는 초점은 태자를 세우는 것, 즉 이른바 '국본'을 세우는 일이었다.

신종의 왕황후(王皇后)는 자식이 없었고, 공비(恭妃) 왕씨(王氏)는 상락(常洛)을 낳았고, 정귀비(鄭貴妃)는 상순(常洵)을 낳았다. 신종은 장자 상락을 태자로 세우고 상순을 복왕(福王)으로 봉했다. 계주(薊州) 사람 장차(張差)가 몽둥이를 들고 태자궁에 난입해 수문태감을 다치게 하고 붙잡혔는데, 정귀비의 태감 방보(龐保), 유성(劉成)의 사주를 받았다고 자백했다. 사건은 장차가 미쳐서 그런 것으로 판정이 났다. 동림 관리 하사진(何士晉)이 상소를 올려 정귀비의 동생 정국태(鄭國泰)를 배후로 지목했다가 좌천되어 조정에서 물러났다.

1620년 신종이 병에 걸리자 정귀비가 처소에 남아 병시중을 들었으며, 상락은 황제를 만나러 들어가지를 못했다. 동림 언관 양련(楊漣), 좌광두(左光斗), 방종철은 무슨 변이라도 생길까봐 태자에게 입궁해 병시중을 들게 할 것을 요구했다. 신종은 영국공(英國公) 장유현(張惟賢)과 방종철 등 대신을 불러 태자를 보필하여 황위에 올리라고 했다. 신종이 7월에 병으로 죽고 상락(광종.光宗)이 8월에 즉위했으며 연호를 태창(泰昌)이라고 고쳤다. 당시 내각은 방종철 한 사람이 주재했으며 급사중(給事中) 기시교(亓詩敎)가 예부시랑 하가언(何家彦), 유일경(劉一燦), 한광(韓爌)을 상서(尙書)로 천거하고 전 대학사(大學士) 엽향고(葉向高)와 함께 입각했다. 정귀비는 광종의 총비 이선시(李選侍)를 황후로 삼으려 했고 이선시는 정귀비를 황태후로 봉하려 했지만, 모두 내각의 반대를 받았다. 광종이 병에 걸렸는데 내시 최문승(崔文升)이 올리는 약을 먹고 심하게 설사를 했다. 신료들은 그가 정귀비의 사주를 받고 광조를 해치려 한다고 의심했다. 양련, 좌광투 등이 상소를 올려 최문승을 탄핵하고 정귀비를 압박해 건청궁(乾淸宮)을 떠나게 했다. 광종은 홍려사승(鴻臚寺承) 이가작(李可灼)이 올린 '홍환약(紅丸藥)'을 먹은 후 죽었는데 재위기간이 한 달밖에 되지 않았다. 죽기 전에 그는 장유현, 방종철 등에게 16세가 되는 장자 유교(由校)를 황위에 올리라고 했다. 당시 이선시와 유교는 건청궁에 살고 있었다. 유일경과 내감 왕안(王安)이 유교를 부축해 문화전(文華殿)으로 가서 장유현 등과 함께 머리를 조아리면서 만세를 불렀다. 상서 주가모(周嘉謨) 등은 이선시가 정사에 간섭하는 것을 방지하려고 상소를 올려 이선시를 건청궁에서 내보내려 했다. 이선시는 압박에 의해 후궁들이 만년을 보내는 홰란궁(噦鸞宮)으로 옮겨갔으며 유교(희종[熹宗])가 황위에 오르고 이듬해 연호를 천계(天啓)라고 고쳤다.

희종이 즉위한 후 방종철은 관직을 사직했다. 젊은 희종은 내정에서 의지할 사람이 없으니 유모 객씨(客氏)를 봉성부인(奉聖婦人)으로 봉하고, 자신을 시중들던 위진충(魏進忠)을 병필태감(秉筆太監)으로 봉하자 객씨와 위씨 집단이 또 조정의 관리들과 투쟁을 벌였다.

(2) 산동과 하북의 농민 봉기, 서남지역 이족(彝族)의 반명전쟁 및 명나라가 요동을 잃다

명나라가 요동을 잃다 1620년 10월 원응태(袁應泰)가 웅정필(熊廷弼)을 대신해 요동을 관리했다. 이듬해 3월 누르하치가 직접 대군을 거느리고 심양(沈陽)을 함락시키고 요양(遼陽)으로 진군했다. 원응태는 군사를 데리고 굳게 지켰으나 패하게 되자 목매어 자살했다. 금나라는 요양을 얻은 후 요동의 70여 개 성을 점령하고 1621년 4월에 요양으로 수도를 옮겼으며 8기의 가구들도 따라서 옮겨왔다. 요하 서쪽에서는 군사와 백성들이 뿔뿔이 도망쳤다. 명나라 조정은 광녕수장(廣寧守將) 왕화정(王化貞)을 순무수위(巡撫守衛)로 발탁하고 웅정필을 다시 등용해 산해관(山海關)에 주둔시켜 요동의 군무를 관리하게 했다. 두 사람은 진공과 방어에 대해 의견이 맞지 않았다. 왕화정이 14만 명의 군사를 거느리고 있었으나 지휘에 복종하지 않으니 웅정필은 산해관에서 유명무실해졌다. 1622년 금군이 광녕(廣寧)을 공격했다. 왕화정은 군사를 데리고 출전했으나 패하고 남으로 도망쳤다. 명나라 조정은 웅정필과 왕화정을 체포해 죽였다.

(3) 동림당과 엄당(閹黨)의 알력

명나라가 요동을 잃고 망국의 조짐을 보였지만 조정 내부는 여전히 당파를 따지며 서로 싸웠다. 희종의 유모 객씨와 태감 위충현(魏忠賢)은 내감이 황제의 조령을 전달하는 것을 이용해 조정을 조종하고 조정 관리들과 결탁해 엄당을 형성했다. 동림 관리들은 엄당과 치열하게 싸웠다. 그들은 최문승이 설사약을 올린 것, 이가작이 홍환을 올린 것, 장차의 정격안, 이선시의 이궁안을 추론했으며, 세 가지 큰 사건으로 객씨와 위씨의 엄당을 공격했다. 엄당은 희종의 지지를 받고 동림당에 반격했다. 조정에 있던 동림 관리들이 대부분 관직이 강등되었다. 엄당은 또 자기들에게 아부하지 않는 자는 다 동림당이라고 하며 300여 명의 관직을 박탈하고 수십 명을 감옥에 처넣거나 유배를 보냈다. 위충현에게 붙어 있던 고병겸(顧秉謙) 등은 또 《삼조요전(三朝要典)》을 편찬하여 홍환안, 정격안, 이궁안 등 삼안으로 죄를 진 환관을 위해 기존의 판결을 뒤집고 동림 관리를 모함하기도 했다.

영원(寧遠)의 전쟁 명나라 조정은 웅정필, 왕화정을 체포한 후 병부상서 왕재진(王在晉)에게 요동 경략(經略)을 맡겼다. 왕재진은 병부주사 원숭환(袁崇煥)을 영전병비첨사(寧前兵備僉事)로 선발했다. 원숭환은 대장 만계(滿桂), 조대수(祖大壽)와 함께 군사를 훈련시키고 갑옷과 투구, 포석(炮石)을 만들고 금주(錦州), 송산(松山), 행산(杏山), 우둔(右屯), 대소릉하(大小凌河) 등의 성곽을 지어 지켰는데 좋은 효과를 보았다. 새로 임명된 경략 고제(高第)는 산해관 밖을 지켜내지 못할 것이라 생각하고 군사들에게 관내로 철거하라는 명을 내렸으나, 원숭환은 명령에 복종하지 않았다.

1625년 3월 금나라는 심양으로 수도를 옮기고 이듬해 정월에 영원을 포위 공격했다. 원숭환이 군사를 데리고 반격하자 금나라 군사는 많은 사상자를 냈다. 소문에 따르면 통수 누르하치도 부상을 입어 포위를 중단할 수밖에 없었다고 한다. 8월에 누르하치가 애계보(靉鷄堡)에서 죽고 묘호를 태조(太祖)라고 했다. 원숭환은 요동순무로 임명되었다. 위충현은 언관을 시켜 엄숭환을 탄핵하게 했다. 원숭환은 압박에 의해 관직에서 물러났으며 위충현의 도당 곽유화(霍維華)가 병부상서로 승진되었다. 1627년 8월에 희종은 병으로 죽었다.

3. 대청국의 국호 수립과 확장

(1) 황태극의 확장

1626년 8월 누르하치가 병으로 죽자 한족(汗族)의 패륵들이 여덟 번째 황자 황태극을 칸(汗)으로 추대하고 천총한(天聰汗)이라 불렀으며 족명(族名)을 만주(滿洲)라고 고쳤다.

1627년 정월 황태극은 패륵 아민을 시켜 군사를 데리고 압록강을 넘어 평양을 공격했으며 왕도 개성까지 핍근했다. 조선 국왕 이종(李倧)은 남해의 강화도로 피신했다가 어쩔 수 없이 항복을 받아줄 것을 청했다. 금나라는 화의에 동의했으며 양국은 형제 나라로 되기를 약속했다. 조선은 금나라에 세폐(歲幣)를 공납하고 포로가 된 백성을 데려왔으며 금나라 군은 조선에서 퇴각했다.

황태극은 몽골 각라심(咯喇沁) 등의 부와 연합해 몽골 칸(汗)의 자리를 계승한 막남 차하르부(漠南察哈爾部) 임단한(林丹汗)을 여러 번이나 공격했다. 임단한은 어쩔 수 없어 귀화성(歸化城)으로 물러났다. 1632년 황태극은 군사를 거느리고 서쪽으로 진공했다. 임단한은 사람과 가축 10만을 데리고 황하(黃河)를 건너 서쪽으로 도망쳤는데 청해까지 가서 병으로 죽고 부락의 사람들은 흩어져버렸다. 3년 후 금나라는 임단한의 아들 액철(額哲)을 항복시키고 막남 몽골을 차지했다.

명희종은 죽기 전에 동생인 신왕(信王) 유검(由檢)에게 황위를 물려주었는데 이듬해 연호를 숭정(崇禎)이라고 고쳤다. 숭정제가 객씨를 황궁에서 내보내자 조정의 대신들은 위충현과 엄당의 죄악을 잇달아 고발했다. 위충현을 봉양(鳳陽)에 보냈는데 가는 도중에 자살했다. 객씨와 위씨에게 배척당하던 관리들을 다시 등용했으며 원숭환은 병부상서로 임명되어 계료(薊遼)의 군사를 통솔했다. 원숭환은 영원(寧遠)으로 간 후 군기를 정돈했고 장령 조대수(祖大壽), 하가강(何可剛), 조솔교(趙率教)가 각각 금주(錦州), 영원, 산해관을 지켰다. 피도(皮島)를 지키고 있던 명나라 장군 모문룡(毛文龍)은 위충현에게 붙은 적이 있는데 원숭환은 그를 적과 내통한 죄로 목을 잘랐다. 그러자 피도에 있는 명군의 군심이 흩어졌다.

1629년 겨울 황태극은 직접 군사를 거느리고 대안구(大安口) 용정관(龍井關)에서 장성을 넘어 준화(遵化) 등지를 진공했다. 원숭환, 조대수, 조솔교가 군사를 거느리고 지원하러 갔고 조솔교는 전사했다. 황태극이 이간책을 쓰자 숭정제는 원숭환을 체포했다. 금군은 많은 사람과 가축을 약탈하고 심양으로 돌아갔다. 원래 위충현과 한편이던 관리들이 기회를 타 복수를 했고 숭정제는 원숭환을 죽였다. 조대수가 금나라에 투항했다. 모문룡의 옛 부하였던 공유덕(孔有德), 경중명(耿仲明)은 등주(登州)에서 군사를 일으켜 명나라에 반대했으며 바다를 건너 금나라에 투항했다. 광록도(廣鹿島)의 부장(副將) 상가희(尚可喜)도 그 뒤를 이어 심양으로 가 금나라에 투항하자 요동의 방어선이 무너졌다.

(2) 대청국(大淸國)이 나라를 세우고 제도를 수립하다

금나라는 대외 작전에서 연거푸 승리를 거두었다. 1636년 4월 만족과 몽골족의 여러 패륵과 한군도(漢軍都) 원수(元帥)들에게 각각 만족, 몽골족, 한족 표장(表章)을 달아주었으며 한족제도에 따라 황태극을 '관온인성황제(寬溫仁聖皇帝)'로 추대했다. 황태극은 국호를 대청(大淸), 연호를 숭덕(崇德)이라 선포하고 성경(盛京) 심양을 수도로 정했다.

황태극은 명나라제도를 참작하여 통치제도를 개정했다. 군국대정은 황제가 주도하고 여러 패륵과 팔기 고산액진이 참가하는 의정회의에서 결단을 내렸다. 여러 패륵은 평소에 정무를 분담하고 전쟁이 일어나면 황제의 명을 받아 군대를 통솔하여 싸웠다. 황족 대선(代善)과 도르곤(多爾滾)을 석친왕(碩親王)으로 책봉하고 아제격(阿濟格), 두도(杜度)는 다라군왕(多羅郡王)으로 책봉했으며 그 아래에 다라패륵(多羅貝勒), 고산패자(固山貝子) 등 작호가 있었다. 팔기 고산액진은 여덟 대신이고, 매 기마다 보좌관 2명과 주방대신(駐防大臣) 2명을 증원했다. 총병관은 앙방장경(昂邦章京)이라고 부르고 부장(副將)은 매륵장경(梅勒章京), 참장(參將)은 갑륵장경(甲喇章京), 비어(備御)는 우록장경(牛彔章京)이라고 불렀다. 매 우록에서 용맹한 병사 17명을 뽑아 편성한 시위친군(侍衛親軍) 파아륵영(巴牙喇營)은 황제가 직접 통괄 지배했다. 황태극은 또 파극십달해(巴克什達海)에게 명령을 내려 몽골 자모 곁에 동그라미와 점을 적절하게 그려 넣어 만어의 음독을 표시하게 하고 권점이 있는 만어를 만들어 통용시켰다.

황태극은 범문정(范文程), 영완아(寧完我) 등 한족 유신(儒臣)을 등용하고 명나라 제도를 모방하여 내삼원(內三院)을 세웠다. 내국사원(內國史院)은 황제의 일상생활과 조령, 황제가 제작한 문자를 기록하고 사책과 실록을 편찬했다. 내비서원(內秘書院)은 외국에 보내는 서찰을 쓰고 각 관아의 상주문과 황제의 칙령을 기록했다. 내홍문원(內弘文院)은 역대 행사진강(行事進講)을 해석하고 제도를 반포했다. 내삼원을 관리하는 대학사(大學士)는 극비의 사무에 참가했는데 황제의 참모와 조수였다. 정부를 분담하는 이(吏), 호(戶), 예(禮), 병(兵), 형(刑), 공(工) 육부는 더 이상 패륵이 전임하는 것이 아니라 몽골족 또는 한족이 참가해 부의 업무를 주재하도록 했다. 이밖에 감찰을 담당하는 도찰원(都察院)과 몽골 각 부의 사무를 관리하는 이번원(理藩院)도 설치했다. 6부 2원으로 구성된 중추정부는 황제가 통괄 지배했다.

(3) 청나라의 대외 확장과 침략

　　조선에 대한 침략전쟁 — 황태극은 황위에 오른 후 조선에 인질을 보낼 것을 강요했으나 조선은 이를 거절했다. 1636년 겨울 황태극이 직접 대군을 거느리고 조선의 왕도를 진공했다. 조선 국왕 이종(李倧)은 직접 군사를 데리고 남한산성을 지키면서 청나라 대장 양고리(楊古利)를 사살했다. 도르곤이 군사를 데리고 강화도에 침입해 왕비, 왕자와 군신의 가족을 사로잡았다. 이종은 어쩔 수 없이 명나라의 고명책인을 내놓고 인질을 성경(盛京)으로 보내고 세시 납공을 하겠다는 가서를 하고서야 청나라 군사가 철거했다.

　　색륜을 정복하다 — 조선에 대한 침략 후에 흑룡강 유역에 있던 색륜부(索倫部)의 박목박과이(博木博果爾)가 항복하고 나서 다시 반란을 일으켰다. 청나라는 색해(索海), 석특고(錫特庫)를 파견하여 아극살성(雅克薩城)을 공략하고 박목박과이를 사로잡았다. 그리고 사로잡은 색론의 사람과 그동안 정복한 오찰랍(烏札拉), 니만(尼滿) 등의 부족을 똑같이 8기에 편입시켰는데 이를 '신만주(新滿洲)'라고 했다. 이 때 막북몽골(漠北蒙古)의 차신한(車臣汗), 토사도한(土謝圖汗), 찰살극한(札薩克汗)이 한결 같이 사신을 파견해 청나라에 공물을 바치고 청나라의 번부(藩部)가 되었으며 그로 인해 청나라는 전력을 다해 명나라를 공격할 수 있게 됐다.

　　명나라에 대한 침략 — 1636년 황태극은 아제격(阿濟格)을 시켜 군사를 거느리고 연경(延慶), 창평(昌平)을 공격하여 73,000여 명을 생포하고 11만 마리 가량의 가축을 약탈했다. 1638년에 또 도르곤과 악탁(岳托)을 시켜 각각 군사를 거느리고 남침했다. 명나라는 대총독 노상승(盧象升)을 불러 여러 갈래의 지원군을 지휘하여 응전케 했는데 거록(鉅鹿)에서 패해 죽었다. 청나라 군대는 산동으로 들어가 사람과 가축을 46만 이상 약탈했다. 산해관 밖의 영원과 금주는 여전이 명나라 군대가 주둔해 지키고 있어 청나라 군대가 남하하는데 장애물과 우환거리가 되었다. 황태극은 직접 군사를 거느리고 금주를 포위 공격했다. 명나라는 홍승주(洪承疇)에게 계료(薊遼)의 총지휘를 맡기고 금주에 지원군을 파견하게 했으나 송산(松山)에서 청나라 군대에게 포위됐다. 1642년 2월 청군이 송산성을 돌파하고 홍승주를 생포했다. 홍승주는 청나라에 투항했다. 명나라가 금주를 잃으니 산해관 밖의 방어선이 무너졌다. 1642년 10월 황태극이 아파태(阿巴泰)를 파견해 연주(兗州)를 공격했는데 거리낌 없이 약탈하여 인민의 저항을 불러일으켰다. 농민봉기군 소원영(小袁營)이 해주의 청나라 군대를 포위공격하자 청군은 어쩔 수 없이 철퇴했다. 그들은 산동과 하북(河北)에서 사람 369,000명과 가축 321,000 마리를 약탈하고 심양으로 돌아갔다.

4. 농민전쟁과 명의 멸망

(1) 농민전쟁의 발전

1627년 봄 섬서(陝西) 징성지현(澄城知縣) 장두요(張斗耀)가 굶주린 백성들에게 조세를 내라고 압박했다. 농민 왕이(王二)가 굶주린 백성들을 모아놓고 "장지현을 죽일 수 있는 자가 누구냐?"고 물으니 군중들이 "내가 죽인다!"고 대답했다. 굶주린 백성들은 현 관아로 쳐들어가 장두요를 죽이고 봉기를 일으켰다. 왕이는 봉기군을 거느리고 서쪽으로 발전했는데 의군현(宜君縣) 감옥 문을 열고 수감자들을 석방했시키자 봉기군 대열은 신속히 확대되었다. 이듬해 섬서 부곡(府谷)의 왕가윤(王嘉胤)이 굶주린 백성을 모아 부호의 식량을 빼앗았다. 관아에서 찾아와 그를 잡으려 하자 봉기를 일으키고 왕이의 봉기군과 합류했다. 왕이가 죽은 후 왕가윤은 봉기군을 이끌고 섬북(陝北), 농동(隴東) 각지로 옮겨 다니며 싸웠다. 각지의 굶주린 백성들이 잇달아 호응해 나섰다. 안채(安塞) 봉기의 틈왕(闖王) 고영상(高迎祥), 미지(米脂)봉기의 팔대왕 장헌충(張獻忠)이 다 왕가윤의 수하 장령이 되었다. 1631년 왕가윤이 패하고 죽자 고영상, 장헌충은 계속 부하들을 거느리고 싸웠다. 미지 사람 이자성(李自成)이 고영상 부대에 가입했는데 틈장(闖將)이라고 불렀다. 봉기군은 명군을 피하기 위해 산서(山西)로 방향을 돌렸는데 산서 농민들이 소식을 듣고 호응해 나섰다. 그러나 명나라 장군 조문조(曹文詔)의 포위 토벌을 받아 남으로 황하를 건너 하남(河南), 호북(湖北) 및 천동(川東) 각지로 흩어져갔다.

명나라 조정은 진기유(陳奇瑜)를 총독으로 임명하여 섬서, 산서, 하남, 호북, 사천 (陝

晉豫楚川) 각 성의 군사업무를 맡기고 사면에서 동시에 토벌해 고영상 부대를 흥안현(興安縣) 차상협(車箱峽)에 몰아넣었는데 이를 '궁지'에 몰아넣었다고 했다. 이자성은 진기유에게 거액의 뇌물을 주고 협곡에서 빠져나와 섬서와 하남지역에서 싸웠다. 숭정 8년(1635년) 정월 여러 갈래의 봉기군 장령들이 하남 형양(滎陽)에서 대회를 열었다. 이자성은 '분병정소향(分兵定所向)'이라는 방안을 제시해 대오를 통일적으로 편성하고 수요에 따라 몇 갈래로 나누어 적군에 공동 대응할 것을 주장해 다른 장령들의 찬동을 받았다. 그들은 병력을 나누어 적을 막고 네 갈래로 진군하는 작전계획을 세웠다. 그러나 봉양을 점령한 후 고영상과 이자성은 장헌충과 모순이 생겨 두 갈래로 나뉘어 각자 따로 싸웠다.

1636년 고영상은 복병을 만나 사로잡힌 후 정의롭게 희생됐다. 봉기군은 이자성을 틈왕으로 추대하고 섬서와 천동(川東) 일대에서 활동했다. 장헌충은 1638년 전패하여 곡성(谷城)으로 퇴각했다가 명군에 투항했다. 이자성은 동관(潼關)에서 명군의 포위공격을 받았는데 18명을 데리고 상락산(商洛山)으로 도망쳤다.

1639년 5월 장헌충은 곡성에서 또다시 봉기를 일으켰다. 이자성은 소식을 듣고 상락에서 뛰쳐나와 곡성으로 가 장헌충과 병력을 합치려 했으나 장헌충이 오만하게 거절했다. 이자성은 섬서, 호북, 사천 변경에서 활동했다. 1640년 파서(巴西) 어복산(魚腹山, 사천 파동현 서쪽)에서 명나라 군대에게 포위됐다가 50명의 기병을 데리고 포위를 뚫고 나와 하남으로 갔다. 하남은 한재가 심해 백성들이 도탄에 빠져 있었다. 소원영 등 봉기군과 각지의 굶주린 백성들이 잇달아 귀순해 와 명성이 커졌다. 문사 우금성(牛金星), 이암(李巖)이 이자성에게 귀순하고 계책을 내놓았으며 "토지를 균등하게 나누고 세미를 면제해준다(均田免糧)"는 구호를 내걸었었다. 민간에는 "대문을 열고 틈왕을 맞이하세, 틈왕이 오면 식량을 바치지 않아도 된다네"라는 노래가 유행되었다. 몇 달 동안에 대오가 수십만 명으로 발전했다. 숭정 14년(1641년) 정월 이자성은 낙양을 점령한 후 복왕 상순을 죽이고 관아의 창고를 열어 식량과 재물을 농민들에게 나누어줬다. 농민들이 앞을 다투어 봉기군에 참가했다. 장헌충이 패배하여 귀순하려 했지만 이자성이 허락하지 않았다.

1642년 6월 이자성은 주선진(朱仙鎭)에서 명군을 크게 패배시켰다. 12월 호북의 요충지 향번(襄樊) 및 호광(湖廣)의 넓은 지역을 점령했으며 봉기군이 거의 백만 명으로 발전했다. 이듬해 정월 이자성은 양양(襄陽)을 양경(襄京)이라 고치고 스스로 봉천창의대원수(奉天倡義大元帥)라고 칭하고 행정과 군사기구를 설립하고 각 급 관리를 임명하고 군사규율을 반포했다. 3월 이자성은 신순왕(新順王)으로 자칭했다.

1643년 5월 장훈충이 무한(武漢)을 점령하고 스스로 대서왕(大西王)이라 칭하고 무창(武昌)을 천수부(天授府)라고 고쳤으며 사람을 파견하여 많은 뇌물을 주면서 이자성과 화해하려고 했다. 이자성은 대답을 하지 않았다. 대서왕과 신순왕은 병립한 채 서로 화합하지 않았다. 장헌충은 호남(湖南)을 점령하고 사천으로 옮겼다.

(2) 대순(大順)의 건국과 명나라의 멸망

1643년 6월 이자성은 고군은(顧君恩)의 책략을 채납하여 일곱 성의 군무를 관리하는 손전정(孫傳庭)을 격파하고 동관(潼關)으로 들어가 섬서, 감숙 전 지역과 청해, 영하의 일부분 지역을 점령했다. 이듬해 정월 초하루에 이자성은 서안에서 정식으로 나라를 세우고 국호를 대순(大順), 연호를 영창(永昌)이라고 했다. 스스로 대순왕((大順王)이라고 칭하고 서안을 서경(西京)이라고 고치고, 공이 있는 장령들에게는 분봉했으며 각 급 관리들을 임명해 명나라를 멸망시키고 황제가 될 준비를 했다.

명나라 숭정황제가 객씨와 위씨를 죽였지만 당쟁은 소멸되지 않았다. 조정의 관리와 환관이 서로 결탁하고 서로 공격했다. 숭정제가 재위해 있던 17년간 내각 대학사를 50명이나 바꾸었다. 뭇 관리들은 화를 피하고 스스로를 보호하려 했고 군대는 점점 약해졌다. 만력 이후에 각 급 군관들이 군사 수를 허위 보고하여 군인의 급여 및 보급품을 횡령하였으며 싸울 수 있는 정예병은 점점 적어졌다. 사병이 받는 급여를 착복하고 "도적을 토벌한다"는 명의로 백성을 약탈하여 못살게 굴었다. 이자성은 "군대를 토벌해 백성을 편안하게 한다"는 슬로건을 내걸어 크게 민심을 얻었다. 관병들은 뿔뿔이 도망쳐 흩어지거나 직접 봉기군에 투항했다. 조정은 조세를 추가로 거둬들여 군량과 급료를 보충 발급했다. 요동의 전쟁 때문에 추가한 것은 '요향(遼餉)'이라 하고 농민봉기군을 토벌하기 위해 추가한 것은 '초향(剿餉)'이라고 했으며, 군사를 훈련시키기 위해 추가한 것은 '연향(練餉)'이라고 했는데 이 세 가지 요금을 해마다 230여 만 냥 거두었다.

숭성 17년(1644년) 정월 이자성은 유종민(劉宗敏), 이과(李過)에게 군사를 붙여 보내

30여 개 주와 현을 점령함으로써 북경으로 진군하는 길을 열었다. 2월 이자성은 직접 대군을 거느리고 한성(韓城) 우문구(禹門口)에서 황하를 건너 산서에 들어갔다. 태원(太原)에서 공문을 발표해 명나라의 악정을 고발하고 농민군은 "5년간 세금을 거두지 않는다" "귀천을 가리지 않고 똑같이 밭을 나눈다"고 선포했다. 이자성은 주력군을 거느리고 흔주(忻州), 선화(宣化), 거용관(居庸關)을 거쳐 북경성 밖까지 갔다. 수하 장령 유방량(劉芳亮)의 부대가 진정(眞定), 보정(保定)을 거쳐 북경으로 와 합류했다. 북경을 지키고 있던 명나라의 3대 영이 패배했고 농민군은 창의문(彰義門)으로 쳐들어가 외성을 점령했다. 숭정황제는 최후가 온 줄 알고 후궁 몇을 죽이고 공주에게 부상을 입히고 태감의 의관을 갈아입은 후 도망치려 했으나 성공하지 못했다. 또 종을 울려 관리들을 모아 의논하려 했지만 조정으로 나오는 사람이 없었다. 3월 18일 그는 태감 왕승은과 함께 만세산(오늘의 경산)에 올라 목을 매어 자살했다. 이로써 276년간 존재해온 명나라가 멸망을 고했다.

　3월 19일 대순군이 내성의 각 문으로 쳐들어갔으며 군대의 기율이 숙연하여 시민의 환영을 받았다. 이자성은 농민의 본색을 잃지 않고 무명옷에 전모를 쓰고 얼룩말을 탄 채 기병의 호위 하에 대순 관리들과 함께 승천문으로 들어가 황궁에 진주했다.

5. 농민군에 대한 청나라 군사의 공격과 민중의 청에 대한 저항

(1) 청군이 북경을 점령하다

　　순치황제가 즉위하고 청군이 북경으로 들어가다 — 1643년 8월 청태종(淸太宗) 황태극이 병으로 죽었다. 황태극의 아홉 번째 아들인 여섯 살의 복림(福臨, 청세조)이 즉위해 연호를 순치(順治)라 바꾸었다. 태종의 동생 도르곤이 섭정왕으로 조정을 장악했다.

　대순군이 북경으로 진군할 때 명나라는 영원에 주둔해 있던 오삼계(吳三桂)에게 입경해 수비하라고 불판령을 내렸다. 오삼계는 군사를 거느리고 풍윤(豊潤)까지 왔다가 이자성이 북경을 점거하고 있다는 것을 알고 즉시 산해관으로 퇴각했다. 이자성은 오삼계의 아버지 오양(吳襄)에게 편지를 써 아들에게 투항을 권유하게 했다. 오삼계는 군대를 거느리고 영평(永平)에서 북경으로 오던 도중 자기가 총애하는 첩 진원원(陳圓圓)을 대순군이 받아들였다는 소식을 듣고 즉시 산해관으로 돌아와 수비를 교체하러 온 대순군을 격파하고 군사를 일으켜 대순에 맞섰다. 이자성은 우금성(牛金星)을 북경에 남아 지키게 하고 직접 군사를 거느리고 동으로 토벌에 나섰다. 오삼계는 사람을 파견해 도르곤에게 군사 지원을 요청했다. 도르곤이 직접 군사를 데리고 산해관으로 출발했다. 대순군이 산해관에 도착해 성 밖의 오삼계 군대를 격파하자 오삼계는 청나라에 투항했다. 이튿날 도르곤은 오삼계 군대를 앞장세워 출전하게 하고 청군은 측면에서 맹렬하게 공격을 가했다. 대순군은 뜻밖에 적의 공격을 받고 크게 패했다. 이자성은 북경으로 퇴각한 후 4월 29일 무영전(武英殿)에서 서둘러 등극 의식을 올렸다. 이튿날 그는 대순군을 이끌고 북경에서 철거해 진정(眞定)을 거쳐 산서(山西)로 갔다가 섬서로 옮겼다.

도르곤이 청군을 거느리고 5월 2일 북경으로 들어가니 북경에 있던 명나라 관리들이 청나라에 투항했다. 오삼계는 군대를 거느리고 이자성을 추격했다가 패하자 북경으로 돌아왔다. 도르곤은 공문을 발표해 농민군은 명나라 관리와 백성의 철천지원수이고 청군은 명나라를 도와 원수를 갚기 위해 왔다며 청나라에 투항한 관리를 등용하고 한족 지주의 밭과 재산을 회복하고 '세 가지 군량'에 대한 추가 징세를 취소하는 조치를 취해 한족 지주와 관리들의 지지를 얻었다. 순치황제는 성경에서 북경으로 와 10월 1일 천지에 제사를 지냈으며 북경을 수도로 정하고 도르곤을 섭정왕으로 책봉했다.

대순군이 반격에 실패하다 — 이자성은 대순군을 거느리고 산서 평양(平陽)으로 퇴각했다. 대장 진영복(陳永福)에게 태원(太原), 분주(汾州)를 지키게 하고 자기는 대군을 거느리고 서안으로 갔는데 섬서를 기반으로 반격을 가할 생각이었다. 진영복은 얼마 후 청나라 군대에 사로잡혔고, 하남의 지주와 지방 토호들이 잇달아 무장을 조직해 대순의 관리들을 잡아 죽였다. 장군 이암이 군사를 이끌고 가 진압하겠다고 하자 대학자 우금성은 이암이 고향으로 돌아가 역모를 할 계획이라고 했다. 이자성이 참언을 믿고 이암의 목을 자르니 군중의 장병들 중 불평을 품는 자가 많았다.

1644년 7월 이자성은 북벌 공문을 발표해 요동까지 쳐들어가 청나라를 궤멸하겠다고 천명했다. 그는 산서의 대순군에게 정경(井陘)을 점령하고, 섬북(陝北)의 대순군에게 대동으로 출격케하고, 하남의 대순군에게 황하를 건너 회경(懷慶)을 공격하라고 명령을 내린 후 자기는 군사를 이끌고 한성(韓城)에 주둔하면서 중간에서 협동작전을 했다. 청군의 영왕(英王) 아제격(阿濟格), 오삼계, 상가희(尙可喜)가 군사를 거느리고 대동 인근의 초원에서 유림(榆林), 연안(延安)을 공격했다. 예왕(豫王) 다탁(多鐸)과 공유덕(孔有德), 경중민(耿仲民)은 군사를 거느리고 하남 회경부(懷慶府)에서 동관을 공격하면서 서안에서 합류해 대순군을 관중에서 포위 섬멸하려 했다. 이자성은 직접 동관으로 가 작전을 지휘해 청군을 여러 차례 물리쳤다. 그러나 아제격이 군사를 데리고 연안으로부터 서안으로 다가오니 대순군은 앞뒤에서 적의 공격을 받았다. 이자성은 군사를 거느리고 남전(藍田)에서 무관을 나와 양양으로 들어갔다. 아제격, 오삼계가 군사를 데리고 추격하자 대순군은 맞받아 싸웠지만 당해내지 못했으며 우금성이 청나라에 투항했다. 이자성은 무창으로 옮겨갔는데 아직 군사 30만 명이 남았다. 청군이 계속 추격하자 이자성은 또 무창을 버리고 남으로 가다가 부지구(富池口)에서 전패했는데 유종민(劉宗敏)이 붙잡혀 살해당했다. 1645년 5월 이자성은 경기병을 데리고 통산현(通山縣) 구궁산(九宮山)에 올라 지형을 살피다가 지주 무장의 습격을 받아 희생됐는데, 당시 그의 나이가 40세였다. 대순군은 수령을 잃고 분산돼 활동했다. 학요기(郝搖旗)가 호남에서, 이금(李錦)이 호북(湖北)에서 계속 청나라에 맞서 싸웠다.

(2) 강남 인민의 항청투쟁

복왕이 명나라를 복구하다 — 대순군이 북경으로 들어간 후 봉양총독(鳳陽總督) 마사영(馬士英)이 군사를 파견하여 복왕 유숭(由崧)을 남경으로 호송했다. 1644년 5월 복왕은 남경에서 황제로 칭하고 연호를 홍광(弘光)이라 정했다. 마사영이 내각을 주재하고 대학사 사가법(史可法)이 양주로 가서 군대를 통솔했으며 도적(대순군을 말함)을 토벌해 명나라를 복구하겠다고 선언했다. 복왕은 청군이 북경을 점령한 사실을 알고 병부시랑 좌무제(左懋第)와 좌도독 진홍범(陳洪范)에게 많은 뇌물을 주어 북경으로 보내 감사를 표했다. 산해관 밖의 지역을 청나라에 떼어 주고 해마다 청나라에 세폐로 은 10만 냥을 주고 "도적을 토벌하자고 약속"했다. 청나라는 함께 "도적을 토벌하는 것"은 허락했지만 명나라를 복구하는 것은 안 된다고 대답했다. 그리고 절개를 지키고 굴복하지 않는 좌무제를 억류하고(후에 죽였음) 비밀리에 청나라에 투항한 진홍범을 돌려보내 복왕 정권을 공격할 준비를 했다.

복왕은 매일 연극과 술을 즐겼다. 조정을 장악한 마사영은 군인의 급양 물자와 급여를 조달한다는 핑계로 백성의 재물을 수탈하고 매관매직을 했으며 또 원래 엄당에 소속되어 있던 원대성(阮大鋮)을 내각에 들이고 고굉도(高宏圖) 등 동림 관리들을 배척했다. 이 밖에 유택청(劉澤淸), 고걸(高杰), 황득공(黃得功), 유양좌(劉良佐) 등 강북의 네 진을 부추겨 동림을 비방했고, 네 진 사이에서도 세력범위를 넓히기 위해 싸우면서 사가법의 통제를 받지 않았다. 사가법이 고걸에게 북으로 가 청나라와 싸울 것을 권장하자 반역 장군 허정국(許定國)이 고걸을 죽였다. 이자성을 추격하던 다택의 청군은 하남에서 남하하였다. 수십만 명의 군사를 가진 좌량옥(左良玉)은 청나라 군대와 싸우는 것이 아니라 무창에서 군사를 이끌고 동으로 가 마사영을 성토했다. 마사영은 급히 강북 네 진의 군사를 데려와 좌옥량의 군대를 방어하느라 청군을 경계하지 않았다. 청군이 서주(徐州), 회안(淮安)을 공격했는데 총병 이성동(李成棟)과 유택청(劉澤淸)이 패하여 투항하고 청군은 양주(揚州) 성 아래까지 왔다. 사가법은 복왕의 명령을 받들고 양주에서 전출돼 좌량옥과 싸우다가 양주로 돌아와 각 진에 지원하라고 명령했으나 총병 유조기(劉肇基)만 이에 응해 나섰다. 청군이 양주를 공격하자 사가법은 군민을 이끌고 일곱 날 일곱 밤을 저항했다. 성문이 뚫려 시가전이 벌어졌지만 한 사람도 투항하지 않았다. 유조기는 전사하고 사가법은 사로잡혔지만 투항을 거부하고 용감하게 희생됐다. 청군이 남경에 도착하자 마사영은 군사를 데리고 절강으로 도망쳤으며 대학사 왕탁(王鐸) 등은 무릎을 꿇고 다택이 성문 안으로 들어오는 것을 영접했다. 복왕은 무호(蕪湖)로 도망쳤는데 총병 전웅(田雄)이 그를 청군에게 바쳤다. 좌량옥은 병으로 죽고 아들 몽경(夢庚)이 군대를 데리고 청나라에 투항했다. 청군은 계속해서 항주(杭州)를 점령했다. 노왕(潞王)이 청나라에 투항하고 마사영, 원대성(阮大鋮)이 도망쳤다. 각지 인민들이 항청투쟁을 벌였다.

강음(江陰), 가정(嘉定) 인민의 투쟁 ─ 청군은 남경, 항주 등지를 점령한 후 처음으로 관내에 들어왔을 때 반포했던 체발령(剃髮令)을 다시 반포했다. 한족 남자는 반드시 만족 머리장식으로 고쳐야 했다. 머리 꼭대기 주위를 한 치 넘게 밀어버리고 중간의 긴 머리는 세 갈래로 나눠 길게 땋아 뒤통수에 드리우게 했으며 머리를 길러 상투를 올리는 것을 금지하여 항복하여 순종하는 상징으로 삼았다. 한족 민중과 일부 명나라 관리들은 체발을 거부하는 것을 민족 전통을 유지하는 대의로 삼고 치열하게 투쟁했다.

1645년 6월 청나라에 투항한 강음지현(江陰知縣) 방형(方亨)이 체발령을 강제적으로 시행하자 군중들이 질문했다. "당신은 명나라 진사로서 청나라 지현 노릇을 하는 것이 부끄럽지 않은가?" 이에 청군은 도처에서 "머리를 남기려면 머리칼을 남기지 말고 머리칼을 남기려면 머리를 남기지 말라"고 으름장을 놓았다. 수재 허용(許用) 등이 문묘에 모여 "머리를 잘리더라도 머리카락은 절대 밀지 못한다"면서 날카롭게 맞섰다. 사방의 민중들이 소식을 듣고 호응해 전사(典史) 진명우(陳明遇)를 성주(城主)로 천거했다. 진명우는 또 전 전사 염응원(閻應元)을 성으로 불러 체발령 반대투쟁을 함께 영도했다.

7월 초 청나라 상주(常州) 지현이 군사를 파견하여 강음을 기습했는데 도중에 반청 농민들에게 소멸됐다. 청나라는 투항한 장수 유량좌(劉良佐) 등을 추가로 파견해 포화로 엄호하면서 사다리를 놓고 성으로 기어올랐다. 성을 지키던 군민들이 긴 창과 큰 칼로 성에 오르는 적을 베어 죽였으며 돌과 불덩이를 던져 성 아래에 있는 청나라 군대를 공격했다. 청나라 군대는 질겁해서 "우리가 북경에서 남경까지 싸워봐도 강한 적을 만난 적 없는데 강음이라는 이 비좁은 땅에 이렇게 큰 힘이 있을 줄 몰랐다"고 말했다. 청나라는 또 송강(松江), 곤산(昆山) 등지의 병력을 집결해 강음을 포위 공격했는데 강음의 인민은 3개월 동안 버텨냈다. 성이 함락되는 날 민중들은 청군과 치열한 시가전을 벌였다. 진명우는 전사하고 염응원은 부상을 입고 사로잡혀 장렬하게 희생되었으며, 성내의 사람들은 한 사람도 투항하지 않았다. 소문에 따르면 청군은 24만 명을 투입해서 75,000여 명을 잃었다고 한다.

강음 동남쪽에 위치한 가정(嘉定)의 인민은 윤 6월 중순에 체발령을 듣자 즉시 뭉쳐서 동관(東關), 나점(羅店), 누당(婁塘) 등지에 있는 청군을 공격하였다. 그들은 청군의 연락 통로를 끊고 진사(進士) 황순요(黃淳耀), 전 통정사사(通政使司) 좌통정(左通政) 후동(侯峒)을 천거하여 성의 방어를 지도하게 했다. 청군이 성을 함락하자 후동은 강에 몸을 던지고 황순요는 목매어 자살했으며 아무도 투항하지 않았다. 청군은 거리낌 없이 재물을 약탈하고 민중을 도살했다. 20일 후 강동 사람 주영(朱瑛)이 자신을 유격장군이라고 자처하면서 군사를 데리고 성으로 돌아와 남은 시민들과 함께 청나라 군사를 쫓아버렸으나 청군이 또다시 가정을 공격해 성안의 사람들을 도살했다. 남명의 파총(把總) 오지번(吳之蕃)이 가정을 역습했으나 실패하여 가정은 또 제3차 대학살을 당했다. "가정삼도(嘉定三屠)"에 2만 여 명이 희생되었다. 그러나 그 후 태호(太湖), 장백탕(長白蕩), 적계(績溪) 등지의 인민들이 여전히 포기하지 않고 계속 저항했다.

남명의 재건과 농민군의 항청 — 복왕이 패망한 후 명나라 병부상서 장국웅(張國雄), 이과급사중(吏科給事中) 웅여림(熊汝霖), 거인(擧人) 장황언(張煌言)이 각각 동양(東陽), 여요(余姚), 은현(鄞縣)에서 군사를 일으켜 청나라에 저항했으며 대주(臺州)에서 노왕(魯王) 이해(以海)를 소흥(紹興)으로 맞이해 임시 정권을 세웠는데 호를 감국(監國)이라고 했다. 청군이 와 공격하니 장국웅과 정해총병(定海總兵) 왕지인(王之仁)은 패전하여 죽고 석포(石浦) 수장 장명진(張名振)은 노왕을 따라 주산(舟山)으로 갔으나 성문을 지키는 장군이 들여보내지 않으니 다시 복건으로 갔으며 감국이란 허명만 가지고 있었다.

전 천주(泉州) 총병 정지룡(鄭芝龍)과 이부상서 황도주(黃道州)가 복주(福州)에서 당왕(唐王) 율건(聿鍵)을 추대해 황제 자리에 올려놓고 국호를 융무(隆武)라고 했다. 그러나 군정 대권을 장악한 정지룡은 투항한 해적 출신이라 재산과 관직을 보존하기만 바랐으며 있는 힘을 다 해 청나라와 싸우지 않았다. 황도주가 제자, 친척과 친구들을 데리고 북벌에 나갔으나 정지룡은 군사를 파견하지 않고 군용품과 급여도 내주지 않았다. 황도주는 패배하여 사로잡혔지만 투항을 거부하여 살해당했다. 당왕을 옹호하는 호광총독 하등교(何騰蛟)와 순무 도윤석(堵胤錫)은 대순군 장령 이금(李錦), 고일공(高一功), 유체순(劉體純), 학요기(郝搖旗)와 연락해 함께 청나라에 대항하기로 했다. 당왕은 이금에게 적심(赤心), 고일공에게 필정(必正)이란 이름을 하사하고 작위를 책봉하고 용호장군 도장을 내주었다. 농민군은 남명에 귀순해 청나라와 맞섰으며 호광 등지에서 얼마간 승리를 거두기는 했으나 복건에 대한 청군의 진공을 막아내지 못했다. 몰래 청나라에 투항한 정지룡은 수비병을 철거하여 청군이 거침없이 쳐들어오게 했다. 당왕은 감주(贛州)로 가 작전을 지휘하려 했으나 정주(汀州)까지 갔다가 청군에게 붙잡혀 살해되었다. 정지룡은 군대를 데리고 투항했다. 전 대학사 소관생(蘇觀生)은 부해(浮海)에서 광주(廣州)로 도망간 당왕의 동생 율오(聿𨮁)를 추대해 왕으로 세우고 연호를 소무(紹武)라고 했다. 청군이 광주를 함락하자 소관생은 자살하고 율오는 생포된 후 단식으로 죽었다.

장헌충은 사천(四川) 대부분 지역을 점령하고 1644년 11월 성도(成都)에서 황제로 칭했으며 국호를 대서(大西)라 하고 연호를 (大順)이라고 했다. 그는 각 급 관리를 설치하고 손가망(孫可望), 이정국(李定國), 유문수(劉文秀), 애능기(艾能奇) 네 장군의 부대를 작전 주력으로 삼았다. 장헌충이 직접 통솔하는 병영은 어영(御營)이라고 불렸는데 군중의 정예병이었다. 1645년 10월 청나라는 조서를 발표하여 투항을 권유했지만 장헌충은 이를 무시했다. 이듬해 청나라 조정은 숙친왕(肅親王) 호격(豪格)을 보내 사천을 공격하게 했다. 장헌충은 네 명의 장군을 보내 북상하여 적과 싸우게 했다. 반역 장군 유진충(劉進忠)이 청군을 사천으로 끌고 와 기습했다. 장헌충은 서충(西充) 봉황산에서 뜻밖에 청나라 군사를 만나 화살을 맞고 죽었다. 네 장군은 군사를 데리고 남하하여 운남(云南)에서 활동했다.

광서, 운귀(雲貴)와 복건의 항청투쟁 — 당왕이 죽은 후 양광총독(兩廣總督) 정괴초(丁魁楚), 광서순무(廣西巡撫) 구식사(瞿式耜)가 계왕 주유랑(朱由榔)을 황제로 세우고 국호를 영력(永歷)이라고 했다. 청나라에 투항한 이성동(李成棟) 부대가 조경(肇慶)을 점령하자 계왕은 무강(武岡)으로 도망가고 하등교(何騰蛟)가 계왕의 명령대로 싸웠다. 청나라 평남대장군(平南大將軍) 공유덕(孔有德)이 군대를 이끌고 형주(衡州)와 전주(全州)로 진군했다. 하등교가 학요기, 왕진재(王進才) 등 원래의 대순(大順) 장군들을 이끌고 싸웠으나 매번 청군에게 패했다. 1648년 9월 청나라 조정은 제이합랑(濟爾哈郎)을 정원대장군(征遠大將軍)으로 봉하고 호광에서 활동하고 있는 이금의 부대를 공격하게 했다. 이듬해 정월 청군이 하등교를 사로잡아 죽였으며 이금의 부대는 광서(廣西)로 옮겨갔다. 하등교가 죽은 후 유체순, 학요기가 군사를 데리고 형서(荊西)로 돌아왔다. 이금은 병에 걸려 죽고 그의 양아들 이래형(李來亨)이 군사를 거느리고 학요기, 유체순과 합류한 후 운서(鄖西)의 왕광흥(王光興)과 손을 잡고 청나라에 맞서 싸웠는데 이를 기동십삼가군(夔東十三家軍)이라고 한다.

1650년 청나라 조정은 공유덕을 정남왕(定南王)으로 책봉하고 광서로 보냈다. 경중명을 정남왕(靖南王), 상가희(尙可喜)를 평남왕(平南王)으로 책봉하여 광동으로 보냈다. 경중명은 길안(吉安)까지 가서 자살하고 상가희가 광주로 쳐들어갔다. 공유덕이 계림(桂林)을 공격하자 수장 조인선(趙印選)이 도망가고 구식사(瞿式耜) 등 문신은 사로잡혀 죽임을 당했다. 계왕은 여러 곳을 전전하면서 뇌단(瀨湍)으로 도망갔다가 대서군의 도움을 받았다.

대서(大西)의 네 장군은 1647년 3월에 귀양(貴陽)과 운남 대부분을 점령한 후 운귀 지역에서 군대를 훈련시키고 관리의 품행과 치적을 분명히 하여 크게 민심을 얻었다. 1652년 계왕을 받아들이고 영력 연호를 사용했으며 명나라를 복구하고 청나라를 반대한다는 기치를 내걸고 청나라를 대규모로 공격했다. 유문수(劉文秀)가 군사를 거느리고 사천을 진공하고 이정국이 호광으로 출병하여 싸우고 손가망(孫可望)이 주둔지를 귀주로 옮겨 전군을 지휘했다(애능기는 병으로 죽었다). 유문수가 중경, 성도를 점령했으나 청나라 오삼계 군대의 반격을 받고 패전하여 되돌아갔다. 이정국은 무강, 전주를 점령한 후 공유덕과 함께 엄관(嚴關), 계림에서 결전을 벌렸는데 공유덕은 패전하고 자살했다. 이정국은 군민을 지휘하여 호남, 강서로 북벌하여 형주, 장사 등 16개 부와 32개의 주·현을 수복했다. 청나라가 니감(尼堪)을 정원대장군(定遠大將軍)으로 책봉하고 10만 군사를 붙여 호광으로 보냈으나 이정국의 매복에 걸려 목숨을 잃었다.

대서군(大西軍)의 주인은 손가망이지만 이정국은 공이 높고 세력이 컸다. 계왕 아래에 있는 명나라 신하들이 중간에서 이간질하여 손씨와 이씨의 모순이 날로 커졌다. 1653년 2월 손가망이 군사를 거느리고 원주(沅州)로 가서 공무를 상의하자고 이정국을 요청했다. 유문수가 사람을 파견하여 이정국에게 손씨가 그를 해치려고 그러는 것 같다고 밀고했다. 이정국은 손가망의 요청을 거절하고 만나러 가지 않았다. 그는 군사를 데리고 광서로 퇴각했다가 광동으로 발전했으나 저항을 받고 해녕(海寧)으로 후퇴하여 수세를 취했다. 명나라 대신 마길상(馬吉翔)이 손가망에게 계왕에게 선양을 강요하고 황제에 오르라는 건책을 올렸다. 계왕을 옹호하는 대신 오정육(吳貞毓)은 계왕에게 이정국을 급히 불러 수비를 맡기라고 권유했다. 손가망은 화가 나 오정육의 목을 자르고 유문수를 시켜 안융(安隆)으로 가 계왕을 데려오게 했다. 유문수는 안융으로 간 후 오히려 이정국에게 붙어 계왕을 운남 곤명(昆明)으로 보냈다. 계왕은 이정국을 진왕(晉王)으로 책봉하고 유문수를 촉왕(蜀王)으로 책봉했다. 이정국은 수하 장령 백문선(白文選)을 귀주로 파견하여 손가망과 화해하려 했으나 오히려 손가망에게 억류되자 이로써 손씨와 이씨의 모순이 해결하기 어려운 경지에 이르렀다. 1657년 가을, 손가망은 군사를 일으켜 계왕을 반대하면서 운남을 진공했다. 이정국이 곡정(曲靖)에서 응전했는데 손가망의 수하 장령 마유흥(馬惟興)이 군사를 데리고 배반했다. 손가망은 패전하고 청나라에 투항했다. 청나라 조정은 오삼계 부대를 추가로 보내 우선 귀주를 점령하고 그 다음 운남을 공격했다. 이정국은 나염(羅炎), 양수정(涼水井) 등 곳에서 패배하여 곤명으로 퇴각했다.

1658년 12월 이정국은 계왕을 모시고 전서(滇西)로 이전하고 청군 오삼계 부대가 뒤를 밟아 추격했다. 이정국은 마반산(磨盤山)에서 청군을 호되게 물리친 후 여러 곳을 전전하다가 운남과 미얀마 국경지대로 갔고 계왕은 미얀마로 도망쳤다. 1661년 청군이 미얀마에 들어가고 미얀마는 계왕을 내놓았다. 이정국은 군사를 데리고 도중에 습격했으나 실패하고 그 해 6월 맹랍(勐臘)에서 죽었다. 이듬해 오삼계가 계왕을 죽이자 운귀지역의 항청 활동은 실패로 마무리됐다.

장명진(張名振)이 노왕을 데리고 복건으로 갔다. 청군이 복건으로 다가오자 장명진은 노왕을 주산(舟山)으로 데려갔다. 주산이 함락되자 장명진은 또 병부시랑 장황언(張煌言)과 함께 노왕을 호송하여 하문(夏門)으로 갔다. 하문을 지키고 있던 정지룡의 아들 정성공이 당왕의 융무 연호를 받들고 청나라와 싸웠으며 당왕과 노왕 두 사람의 묵은 알력을 제거하고 진심으로 합작하여 매번 승리를 거두었다. 1653년 봄 정성공은 진휘(陳輝)를 파견하여 진강(鎭江)을 함락시키고 금산(金山)에 올라 석두성(石頭城, 남경)을 멀리 바라보면서 명효릉(明孝陵)에 제사를 지냈다. 이듬해 정월 장명진, 장황언은 장휘와 합류하여 해선(海船)을 거느리고 장강에 들어가 남경 강변의 연자기(燕子磯)까지 곧장 들어갔다. 1659년 여름, 정성공, 장황언(장명진은 병으로 죽었음)이 군사를 거느리고 과주(瓜州), 진강을 함락하고 강녕(江寧) 의봉문(儀鳳門)에서 상륙하여 악묘산(岳廟山)에 병영을 세웠다. 장황언은 병사를 데리고 율양(溧陽), 지주(池州) 등지를 공격했다. 1660년 6월 청군이 강녕(江寧)에 있는 모든 군사를 동원해 공격하자 정성공은 패배하여 장강을 통해 바다로 나갔다. 장황언은 청군에 의해 장강으로 나가는 퇴로가 끊기자 여러 곳을 거쳐 임문(臨門)으로 가 청나라와 싸웠다. 노왕은 금문도(金門島)에 기거했다. 정성공은 대만통사(臺灣通事) 하빈(何斌)의 건의를 받아들여 1661년 아들 정경(鄭經)을 남겨 하문을 지키게 하고 직접 대군을 거느리고 대만으로 갔으며 대만을 점거하고 있는 네덜란드 식민주의자들을 격파시키고 대만의 모든 영토를 수복했다. 이듬해 5월 정성공은 대만에서 병으로 죽고 정경이 대만으로 가 계속 집권했다.

6. 청나라 통치의 수립

청세조 순치제는 재위한 17년 동안 명나라의 모든 영토를 거의 다 점령했다. 서로 다른 사회경제 제도와 문화전통을 가진 그 많은 한족들을 어떻게 효과적으로 통치해야 하는지, 이는 청나라가 직면한 중대한 과제였다.

(1) 도르곤의 섭정시기

청군은 북경을 점령한 이튿날, 명령을 내려 북경 내성의 한족 주민들을 외성으로 이주시키고 내성에는 만주 8기를 주둔시켰다. 1644년 12월 순치황제는 또 호부를 시켜 북경 인근 각 주와 현의 주인 없는 경작지에 대해 철저히 조사하게 하고 본 주인이 살아 있을 경우 "인구에 따라 나눠주고(量口給與)" 나머지 땅은 각각 만주의 여러 왕과 훈신, 병정에게 나눠주었다. 본 주인이 살아 있을 경우 "인구에 따라 나눠준다"는 것이란 계정수전제(計丁授田制)에 따라 나눠주고 나머지 전답은 모두 몰수하는 것이었다. 이른바 "주인 없는 밭"이란 사실은 빈고한 농민들이 개간한 토지이고 철저히 조사하여 몰수한다는 것은 농민들 수중의 토지를 빼앗는 것이었다. 또 "만족과 한족이 따로 거주"해야 한다는 규정을 내려 한족을 이주시키고 만주 병정이 토지를 차지했는데 이를 '권지(圈地)'라고 했다. 만족들이 잇달아 이주해왔으며 계속 전답을 나누어 주었다. 1645년 11월 1647년 정월에는 또 두 번 '권지' 명령을 내렸다. 세 번에 걸쳐 모두 146,766 경을 '권지'했는데 북으로 장성에서 시작해 남으로 하간(河間)까지, 동으로 산해관에서 시작해 서쪽으로 태항산(太行山)까지의 광범한 지역까지 미쳤다. 권지는 주인 없는 밭을 차지하던 데로부터 주인 있는 밭을 차지하고 가옥과 재산까지 점거하는 것으로 발전했다.

청나라는 수도 및 그 부근지역에서 요동의 편장제도를 실행해 한족 농민을 노복으로 만들었는데 이를 '투충(投充)'이라고 했다. '투충'된 장정은 모두 9,995명이고 가족까지 합치면 수만 명이 되었다. '투충'된 사람은 약탈당해 온 노복과 똑같이 주인에게 소속되었으며 자녀의 혼인도 스스로 결정할 수 없고 주인이 마음대로 팔거나 죽일 수 있었다.

노예들이 굴복하기 싫어 잇달아 도망갔는데 이들을 '도인(逃人)'이라고 했다. 청나라는 '도인법'을 제정하여 추적하여 붙잡힌 도인은 100번 채찍질하여 원 주인에게 보내고 도인을 숨겨준 자는 사형에 처하고 가산을 몰수한다는 법을 만들었다. 도들인은 토지를 잃은 농민들과 함께 봉기를 일으켰다. 삼하(三河), 창평(昌平), 보정(保定), 요양(饒陽) 및 북경 서쪽 교외에서 여러 가지 규모의 인민봉기가 일어났다. 하남 내황(內黃), 산동 가상(嘉祥), 등현(騰縣) 등 지역에서도 호응해 나섰다. 청나라 조정은 어쩔 수 없이 1647년 조령을 발포해 '권지' '투충'을 중단했다.

도르곤은 조정을 독단했으며 또 명나라 정치체제를 본받아 제도를 개정하여 점차 한족 지역을 통치해나갔다. (1) 여러 왕의 권세를 약화시키고 만주 귀족의 제왕이 정무에 참여하던 제도를 중단하고, 패자(貝子), 공(公) 등은 더 이상 정무에 참가시키지 않았다. 대학사가 육부상서(六部尙書)의 직함을 겸령하고 육부에 한인상서(漢人尙書)를 증설하고 풍전(馮銓), 송권(宋權) 등 명나라에서 투항해온 관리를 등용했다. (2) 법률을 제정했다. 《대청률집해부례(大淸律集解附例)》를 편성했다. 30 문(門), 457조(條)로 나뉘어져 있었는데, 기본적으로 명나라 법률을 답습해 한족 지역의 봉건질서를 수호했다. (3) 제통(帝統)을 이어받았다. 태호(太昊)로부터 명태조에 이르는 개국 제왕에게 제사를 지내 청나라가 역대 나라의 정통을 이어받았음을 보여주고, 또 요(遼), 금(金), 원(元)의 여러 황제에게도 제사를 지내 정통 제왕이 한족뿐이 아니라는 것을 보여줬다. 그리고 명태조에게 따로 제사를 올려 청나라는 명나라의 직접적인 계승자임을 보여줬다. (4) 공자를 존경하고 유교를 숭상했다. 도르곤이 직접 공자묘를 찾아 치제하고 공자를 '대성지성문선선사(大成至聖文宣先師)'으로 추대했고, 그의 65대 후손 윤식(允植)에게 연성공(衍聖公)이란 작위를 습봉시켰다. 국자감(國子監) 북감(北監)을 태학으로 고치고 만주 귀족 자녀들을 입학시켜 경서를 배우게 하면서 한족 사대부의 환심을 사기 위해 노력했다. (5) 만족과 한족을 통혼케 했다. 순치황제는 한족 관리의 딸을 궁에 들여 비로 삼았으며 만족이 한족과 통혼하도록 허락하여 민족 간의 차별을 누그러뜨렸다.

도르곤의 집정시기에 만주 귀족들은 서로 치열하게 투쟁했다. 그는 "저택 규모가 제도에 어긋난다"는 이유로 제이합랑(濟爾哈朗, 태조의 동생인 슈르가치의 아들)을 파면시키고 자기와 권력다툼을 한 적 있는 호격(豪格)을 수감해 죽게 했으며 호격을 추대하던 귀족 여러 명을 처벌했다. 1650년 12월 도르곤이 병으로 죽었다.

(2) 순치제 친정시기

도르곤이 죽은 후 순치제가 직접 정사를 돌보았는데 당시 나이가 14세였다. 관리를 승진시키거나 강등시킬 때 먼저 생모 박이제길특씨(博爾濟吉特氏) 태후(효장후)에게 묻곤했다. 제이합랑의 편이었던 만주 귀족들이 죽은 도르곤을 "위엄과 권력을 독단"하고 "반란을 일으키려는 마음을 가졌다"고 비난했다. 순치제는 도르곤의 봉작을 삭탈하고 가산을 몰수하고 도르곤에게 줄을 섰던 만주 권신들을 거의 죽이고 추적했으며 도르곤에게 배척당했던 귀족은 복직시키거나 승진시켰다. 제이합랑에게는 '화석정친왕(和碩鄭親王)'의 작위를 추가로 봉했다. 호격을 따라 역모를 꾸몄다는 죄명을 가졌던 오배(鰲拜)와 색니(索尼), 파면되었던 알필융(遏必隆), 도르곤을 적발한 소극살합(蘇克薩哈) 등 네 명은 내대신(內大臣)이 되어 황제의 호위병을 지휘하고 정사에 참가했다. 제이합랑을 위수로 하는 귀족이 의정왕 대신회의를 통제했다.

순치제는 어릴 때부터 한족문화를 흠모했고 한족 문신과 가까이 지냈으며, 친정한 후 계속 명나라 제도를 본받아 제도개혁을 실시했다. 주로 (1) 인정(人丁)을 편심(編審)했다. 전국의 인구와 호구를 편심하여 책으로 만들고 봉건적인 부세차역제(賦稅差役制)를 실행했으며, 만주 귀족이 마음대로 한족을 약탈하거나 강제로 투충시켜 노예로 만드는 것을 금지시켰다. (2) 관직제도를 개정했다. 내홍문(內弘文), 국사(國史), 비서삼원(秘書三院)을 취소하고 내삼원 대학사(內三院大學士)를 전각(殿閣. 중화전[中和殿], 보화전[保和殿], 문화전[文華殿], 무영전[武英殿], 동각[東閣], 문연각[文淵閣]) 대학사로 고치고 모 부 상서의 일을 겸하게 했으며 이를 내각이라고 통칭했다. 이밖에 한림원(翰林院)을 따로 세우고 관아와 관리 명칭은 만어와 한어 두 가지를 같이 사용했으며, 만족과 한족 관리의 품계를 똑같게 만들었다. 만주 8기 관리의 만어 명칭을 한어 관명으로 바꾸었다. 기주(旗主)인 고산액진은 도통(都統)으로 이름을 고치고, 매륵장경은 부도통, 찰란장경은 참령(參領), 우록장경은 좌령(佐領)으로 고쳤다.

황태후 효장후가 만주의 옛 제도를 따랐기 때문에 정치적 견해에서 모자간에 맞지 않는 면이 많았다. 순치 18년(1661년) 정월 순치황제가 병으로 죽었는데 당시 24세였다.

제4절
청 통치의 공고화와 강역의 확정

1. 통치의 공고화

사대신(四大臣)의 보정(輔政) 효장후는 순치제의 셋째 아들 현엽(玄燁)을 황제자리에 올려놓았는데 당시 나이가 8세 밖에 안 되었다. 이듬해 연호를 강희(康熙)라 고치고 색니, 소극살합, 알필융, 오배 등 4 명의 대신이 보정으로 있었다. 순치황제의 명의로 된 "태조와 태종의 모략과 공업을 따르지 못했고", "점차 한족 습관을 따랐다"고 자책하는 '유조'를 만들어, 태조와 태종의 낡은 제도를 회복한다고 선포했다.

그런 다음 내각을 폐지하고 내삼원(內三院)을 회복했다. 만족과 한족 관리의 품급을 다시 정하여 만족 관리의 품급을 한족 관리보다 높게 정했다. 만주 팔기는 계속 백성의 경작지를 점거해 매우 큰 혼란을 조성했다.

순치제 때 강남지역은 이미 모두 청나라가 통치했다. 강희제가 즉위한 후 청나라 조정은 계속해서 사천 파동(巴東)의 이자성 농민군 잔당을 진압했다. 오삼계가 남명의 계왕을 사로잡아 죽였다. 노왕은 금문에서 병으로 죽었다. 남명이 완전하게 멸망했다. 청나라 조정은 강남에 대한 통치를 강화했다.

통해안(通海案) ― 1659년 정성공이 군사를 거느리고 진강(鎭江)을 점령한 후 남경성 밑까지 간 적 있는데, 도중에 많은 한족 인사들이 찾아와 영접했다. 네 대신은 보정된 후 이 사건을 추궁했다. 1661년 10월 청나라에 투항한지 10여 년이 된 정지룡과 정씨 가족 200여 명이 처형당했다. 정성공을 영접하고 가까이 했던 관리와 백성들 중 사형을 당했거나 유배된 자가 천여 명이나 되었는데 이를 '통해안'이라고 했다.

주소안(奏銷案) — 사대신이 보정된 후 즉시 이부에 명령을 내려 각 급 관리들을 시켜 곡물세를 독촉하고 살피게 했다. 곡물세를 미납한 관리는 파면시키거나 강등시켰다. 지주와 세도가들이 곡물세를 거부하고 내지 않으면 엄하게 죄를 다스렸다. 1661년 6월 강녕순무(江寧巡撫) 주국치(朱國治)가 상주문을 올려 소주, 송강(松江), 상주(常州), 진강 네 부에서 곡물세를 납부하지 않은 관리와 세도가 13,500여 명을 조사해냈다고 보고해왔다. 형부는 의논한 후 현임 관리를 2급 좌천시키기로 결정했다. 곡물세를 거부한 세도가들 중에는 '수재' 학적을 가진 자와 과거 공명을 이룬 자가 있었는데 학적과 공명을 취소하고 채찍으로 벌했다. 그중 3천여 명을 체포해 형구를 단 채 형부에 보내 심의하고 처벌했다. '주소안'이라고 불린 이 큰 사건은 강남 지주와 세도가들에게 큰 타격을 주었다.

명사안(明史案) — 1663년 명사안이 일어나 강남 문인들이 탄압을 받았다. 호주(湖州) 사람 장정룡(庄廷龍)이 명나라 주국정(朱國楨)이 쓴 명사(明史) 원본을 구입한 후 천계(天啓), 숭정 두 조대를 보태고 장정룡 이름으로 서명해 판각했다. 책에는 만주에 대한 비난이 가득 적혀 있었다. 누군가 이를 적발했으며 형부가 이 사건을 조사했다. 장정룡이 이미 죽었으니 동생 장정월(庄廷鉞)을 참수했다. 이로 인해 연루된 호주 현지의 선비와 관리 및 이 책에 서를 쓰고 교열하고 책을 판 사람과 책을 구입한 사람 수백 명을 치죄했고 70여 명을 죽였다.

강희제의 친정 — 1667년 강희제는 14살부터 직접 정사를 돌보았다. 당시 색니는 나이가 많고 알필융은 오배에게 아부했다. 오배는 또 대학사 반포이선(班布爾善)과 결탁해 조정을 농단했으며 다른 보정 대신 소극살합과 사이가 나쁘다고 소극살합 및 그의 자손과 조카 등 10여 명을 죽였다. 오배가 조정을 독단하니 황권이 위협을 받았다. 효장후는 강희제가 정권을 빼앗아오도록 밀어주었다. 색니의 둘째 아들 색액도(索額圖)가 일등시위 관직을 맡았는데 오배가 황제를 만나러 들어올 때 체포했다. 오배는 후에 옥에서 죽었다. 알필융은 삭탈관직 당하고 반포이선이 처형되면서 오배의 도당들이 깨끗하게 제거되었다.

강희제가 오배의 일당을 깨끗이 제거했다. 오배를 제거하는데 공로가 있는 색액도를 국사원(國史院) 대학사로 임명하여 군정을 보좌하게 했다. 한족 웅사리(熊賜履)를 국사원 학사로 임명해 정사에 참여시켰다. 오배의 박해를 받아 죽은 소극살합, 소납해(蘇納

海)의 누명을 벗겨주었다. '권지'를 중단한다고 선포하고 땅이 없는 기인(旗人)에게 고북구(古北口, 만리장성의 예전의 북쪽 관문) 밖의 공터를 나눠주어 농사를 짓게 했다. 내삼원을 없애고 내각과 한림원을 회복하고 만족과 한족 관리의 품급을 일치시켰다. 또 한족 관리의 건의를 받아들여 《회전(會典)》을 편수하여 각 항 제도를 정하고 황권 통치를 안정시켰다.

'삼번'의 반청과 실패 오삼계는 청나라 군대를 산해관으로 끌어들인 공으로 평서왕(平西王)으로 책봉되었다. 계왕을 잡아 죽인 후에는 운남을 지키는 번왕이 되어 운·귀 두 성의 총독과 순무를 맡았다. 1667년 사대신이 운남과 귀주를 통솔하던 그의 권력을 해제해 권력을 약화시켰다. 공유덕은 정남왕(正南王)으로 책봉되었으며 계림(桂林)에서 죽었다. 아들 정훈(廷訓)은 이정국(李正國)에 사로잡힌 후 살해되었다. 경중명은 정남왕(靖南王)으로 책봉되고 아들 계무(繼茂), 손자 정충(精忠)이 작위를 계승하였으며 광동에 주둔하고 있다가 후에 복건으로 옮겨갔다. 상가희는 평남왕(平南王)으로 책봉되어 광동에 주둔했다. 당시에 오, 경, 상을 '삼번(三藩)'이라고 불렀다. '삼번'의 자손들이 왕의 작위를 세습했고 군대는 번왕 개인의 소속이었으며 한군팔기(漢軍八旗) 편제와 달리 싸움에서 이기면 그 일대를 점거했다.

1673년 3월 상가희는 황제에게 청을 올리고 요동으로 돌아가 여생을 보냈으며 아들 상지신(尚之信)이 왕의 작위를 세습하고 광동에 주둔했다. 의정왕 대신들은 상가희가 요동으로 돌아갔으니 그의 가족과 병정들도 따라 가야 한다고 주청을 올렸다. 사실은 상씨의 번왕 작위를 취소하려는 것이었다. 철번령(撤藩令)이 내려지자 오삼계와 경정충은 어쩔 수 없이 상소를 올려 자기들의 작위도 철거해달라고 청을 올렸으나, 속으로는 조정이 만류해 주기를 바랐다. 강희제는 이미 번지를 철거하여 산해관 밖으로 옮겨가기로 결심했던터라 대신 절이긍(折爾肯), 부달례(傅達禮)를 운남으로 보내 오삼계에게 북상하라는 조서를 전달했다.

오삼계는 철번 조서를 받은 후 운남순무 주국치(朱國治)를 죽이고 군사를 일으켜 청나라에 맞서 반란을 일으켰다. 반란을 일으킨 소식이 경성에 전해지자 강희제는 급히 광동, 복건의 철번령을 회수하고 조서를 내려 오삼계를 변덕이 많다고 꾸짖었다. 그리고 수도에 있던 오삼계의 아들 응룡(應龍), 손자 세림(世霖)을 죽이고 호남으로 군사를 파견하여 오삼계의 반군을 저격했다. 오삼계가 충망히 군사를 일으키자 청나라 조정이 황급히 응전하였는데, 그러다보니 양측이 다 준비가 안 된 상황에서 큰 싸움이 일어났다.

오삼계는 각지에 격문을 보내 한족군 장교들과 연락했다. 한족군 장교들은 사대신이 보정할 때 한족 관리들을 배척한데 대해 불만을 품었던터라 잇달아 군사를 일으켜 호응해 나섰다. 귀주 제독 이본심(李本深), 순무 조길신(曹吉臣), 사천 순무 나삼(羅森), 제도 정교린(鄭蛟麟)이 제일 먼저 투항했다. 오삼계가 호남과 감서(贛西)로 쳐들어가니 청나라의 수비 장군들은 투항하거나 도망쳤다. 호북과 양양의 총병 양래가(陽來嘉)가 군사를 데리고 호응했다. 경정충은 복건에서 스스로 총통병마대원수(總統兵馬大元帥)라 칭하고 군사를 나누어 절강과 강서의 청군을 공격했다. 공유덕 부의 관병을 지휘하던 손연령(孫延齡)도 광서에서 군사를 일으켜 청나라를 반대했으며, 오삼계는 그를 임강왕(臨江王)으로 봉했다. 정성공이 죽은 후 왕위를 계승한 정경(鄭經)은 아들 극장(克臧)을 대만에 남겨 지키게 하고 자기가 직접 군사를 데리고 바다를 건너 사명주(思明州, 지금의 하문)에 가 동안(同安)과, 천주(泉州)를 점령했다. 1674년 연말 섬서제독 왕보신(王輔臣)이 청나라 대학사이며 병부상서인 막락(莫洛)을 따라 사천으로 들어갔는데 영강(寧羌)을 지날 때 막락을 죽이고 오삼계에게로 갔다. 오삼계는 그를 평원대장군(平遠大將軍)으로 봉하고 북으로 섬감(陝甘)을 공격하게 했다. 1675년 봄 청나라를 반대하는 전쟁의 불길이 운남, 귀주, 사천, 광서, 대만의 전 지역과 복건, 섬서, 감숙, 호남의 대부분 지역, 호북, 강서, 절강의 일부분 지역에서 타올랐다. 그러나 오삼계는 나이는 많았지만 성망이 높지 않았고 전체 국면을 지휘할 능력이 없었거니와 승리에 대한 신심도 부족했다. 다만 땅을 차지하고 왕으로 자칭하는 데만 만족했다. 각지의 관리들이 제각기 싸웠으므로 청군은 역습할 기회를 얻었다.

1674년 여름 강희제는 만족의 여러 왕을 남으로 파견하여 각각 호남, 강서, 사천, 복건을 공격하게 했다. 1675년 여름 청나라 동악(洞鄂)의 군대가 감숙에서 왕보신 군대와 싸워 왕보신 부와 사천 반군의 연락 통로를 끊어놓았다. 왕보신의 군대는 거듭 전패하다가 평량(平涼)에서 겹겹이 포위되었다. 청군은 사신을 보내 투항을 권유하면서 막락을 죽인 왕보신의 죄를 사면하겠다고 했다. 6월 왕보신이 투항하고 관직을 회복했다. 청군은 절강과 강서로 들어가 경정충에게 투항을 권유했고 경정충이 투항했다. 청군이 복건으로 쳐들어가자 정경은 패배하여 하문으로 도망갔다. 공유덕의 사위 손정령(孫廷齡)이 광서에서 군사를 일으켜 청나라에 반대했는데 그의 아내 공사정(孔四貞)이 남편에게 투항하라고 권유했다. 오삼계가 이 사실을 알고 종손 오세종(吳世琮)을 파견하여 공연령을 죽였으며 공사정과 손연령의 부하는 청나라에 투항했다. 광둥에 주둔하고 있던 상가희는 청나라에 충성을 다 했는데 그의 장자 상지신(尙之信)이 기회를 타 아버지를 연금하고 오삼계에게 붙어 청나라에 반대했다. 청군이 복건, 광서에서 승리를 거둔 후 상지신은 청나라에 투항했다.

오삼계는 호남을 점령한 후 주력군을 계속 호남에 주둔시켰는데 청군이 공격을 해오면 서로 도우면서 서로 승리했다. 1678년 청군은 선후로 오삼계의 수군 장군 임흥주(林興珠), 대장 한대임(韓大任)을 투항하도록 설득해 전세를 역전시켰다. 그 해 3월 1일 67세의 오삼계가 형주(衡州)에서 주(周)나라를 세우고 주제(周帝)라 자칭하고 연호를 소무(昭武)라고 했으며 수하의 여러 장군을 국공(國公), 군공(郡公), 후(侯), 백(伯)으로 봉했다. 그는 8월에 형주에서 병으로 죽었다. 손자 오세번(吳世璠, 오응웅의 아들)이 황제로 칭하고 형주로 가서 영구를 운남으로 옮겨왔다. 강희제는 급히 각 지역의 군대를 소집해 여러 갈래로 나누어 출격시켰다. 호남으로 진군한 한 갈래의 군사가 귀양을 점령하자 오세번은 운남으로 퇴각했다. 1681년 2월 청군이 운남성의 성도 곤명(昆明)을 겹겹이 포위하자 운남 각지의 관리들이 잇달아 청나라에 투항했다. 9월 영하제도 조량동(趙良棟)이 군사를 데리고 곤명성 밖까지 와 대규모로 공격했다. 오세번이 자살하고 성을 지키던 수비 장군 선역(線域)이 성문을 열고 투항했다. 오삼계에 호응해 군사를 일으킨 상지신은 사로잡힌 후 처형당했다. 경정충은 투항하고 수도로 가 황제를 만났다가 역시 감금되어 심문을 받은 후 처형됐다. 오삼계가 일으킨 한족 군벌의 반청 전란은 8년간 지속됐으며 10여 개 성에 파급되었다. 강희제는 군사적 진압과 투항과 권유라는 두 가지 방법을 병행하면서 전란을 평정하는데 성공했다.

청군은 운남을 총공격하기 전에 하문을 점령했다. 정경은 군사를 데리고 대만으로 퇴각했다가 1681년 정월에 병으로 죽었다. 시위 풍석범(馮錫范)이 정경의 큰아들 극장을 죽이고 둘째아들 극상(克塽)을 연평군왕(延平郡王)으로 세웠다. 청나라는 소식을 듣고 원래 정성공의 수하 장령이었던 시랑(施琅)을 복건 수사제독(水師提督)으로 임명해 대만을 탈취하게 했다. 시랑은 팽호(澎湖)를 점령한 후 대만 군민에게 투항을 권유하면서 과거의 잘못은 묻지 않겠다고 밝혔다. 1683년 8월 대만 장령 유국헌(劉國軒)과 풍석범이 정극상을 청나라에 투항하게 했다. 청나라 조정은 정극상을 공작, 유국헌과 풍석범을 백작으로 봉하고 대만부를 설치하고 아래에 대만, 제라(諸羅), 봉산(鳳山) 세 현을 두고 군사를 주둔시켰으며 복건에 소속시켜 관리했다.

문인의 임용과 강희제의 남방 순행 강희제가 '삼번의 난'에서 얻은 경험은 반드시 한족 특히 강남 한족의 지지를 얻어야만 청나라의 통치를 공고히 할 수 있다는 것이었다. 전쟁 후기부터 시작해 그는 '박학홍유(博學鴻儒)' 등 여러 가지 조치를 취해 한족 관리와 문사들을 끌어 모았다.

1678년 조서를 반포해 '박학홍유'를 모집했다. 수도에 있는 관리와 각 성의 총독, 순무에게 성망이 있는 문사를 천거해 북경으로 보내게 하고 특별히 만든 시험에 참가시켰다. 이듬해에 시험을 거쳐 명사 팽손휼(彭孫遹), 주이존(朱彝尊) 등 50여 명을 한림원에 들여 명나라 역사를 편찬하게 함으로써 명나라의 정통을 계승했음을 보여주었다. 한인 문신 웅사리를 무영전 대학사 겸 형부상서로 승임시키고 늙은 선비 위상추(魏象樞)를 좌도어사로 임명했으며, 서건학(徐乾學), 서원문(徐元文), 왕홍서(王鴻緖) 등 '강남 진소안'에서 관직을 파면당하고 적이 취소된 문사도 내각이나 한림원에 들였다. 내각과 한림원의 문신으로 일강관(日講官)을 보충했으며 남서방(南書房)을 설치하고 장영(張英), 고사기(高士奇) 등 문신을 입직시켜 정사를 의논하는데 참가시키고 밀령을 작성하도록 했다. 한인 문신이 통치의 핵심에 들어갔다. 1684년 강희제는 산동을 거쳐 강남으로 가 "경치를 구경하면서 풍속을 살피고", "호적에 들어있는 평민들을 위로했는데" 이를 '남방순행'이라고 불렀다. 남방순행 도중에 공자와 명태조에게 제사를 지내고 치수 공정을 순시하면서 명나라 유민과 한족의 적대적인 정서를 제거하고 민중의 추대를 받으려고 했는데 큰 효과를 보았다.

2. 봉건통치 질서의 수립

정치, 군사 제도 강희제는 1690년에 《회전》을 편찬하여 당시의 여러 가지 제도를 기록했다.

관제 ─ 내각제를 회복하여 실행했다. 만·한 대학사(정원이 없음)에게 전각(殿閣) 직함을 주고 모 부의 상서를 겸하게 하고 황제의 명령대로 조령 초안을 작성하고 상주를 처리토록 했다. 각 부원과 팔기 및 각 성에서 올라온 상주문과 공문은 통정사사(通政使司)가 접수해 전달하고, 내각이 황제의 명령을 표의(票擬)하면 황제가 읽고 지시하거나 수정한 후 내려보냈다. 특별 반포한 조령은 대부분 남서방(南書房)에 입직한 대신들이 황제의 명을 받들고 처리한 것이었다.

내각은 명나라 제도를 답습해 이, 호, 예, 병, 형, 공 육부를 설치하고 만족과 한족 상서, 시랑을 각각 1명씩 두고 아래에 낭중(郞中), 주사(主事) 등 관리를 두었다. 이밖에 각 민족의 사무를 관리하는 이번원(理藩院)을 설치하고 만족과 몽골족 관리가 전문적으로 상서, 시랑을 담당토록 했다.

한림원에 장원학사(掌院學士)를 만족, 한족 한 명씩 두고 아래에 시독학사(侍讀學士), 시강학사(侍講學士)를 만족과 한족 각각 2명씩 두었으며 편수(編修), 검토(檢討) 등 관리는 정액이 없고 문사 업무를 관리했으며 황제의 고문을 두어 공문서의 초안을 작성하게 했다.

청태조의 아버지 현조(顯祖)의 자손은 종실이라고 부르고 노란 띠를 사용케 했으며, 현조의 백부와 숙부 형제의 자손은 각라(覺羅)라고 부르고 붉은 띠를 사용케 했는데, 이들을 모두 황족이라 하고 종인부(宗人府)가 관리했다. 종인부 장관은 종령(宗令), 종정(宗正)이라고 불렸다. 궁정의 사무는 내무부가 관리했으며 장관은 총관내무부 대신(總管內務府大臣)이라고 했다.

수도(북경)에 순천부(順天府)를 설치하고 부윤(府尹)을 두었는데 품급은 각 성 순무와 같았고 대흥(大興), 완평(宛平) 두 성을 관리케 했다. 성경봉천부(盛京奉天府)는 청나라 옛 수도인데 부윤을 두어 휘하의 한족 민사를 관리했고 조정의 시설대로 6부와 만족 사무를 관리하는 성경내무부(盛京內務府)를 설치하고 성경장군(盛京將軍)이 통괄했다. 18개의 중앙 직속 성에는 각각 정무장관순무(政務長官巡撫)를 설치해 2, 3개 성의 군사를 주관하게 하고 민정과 지방관리에 대한 감찰업무를 겸한 총독을 두었다. 순무 아래에 민정, 재정을 주관하는 승선포정사사(承宣布政使司)를 두고 장관은 포정사(布政使)라고 했다. 사법과 형옥을 주관하는 제형안찰사사(提刑按察使司)의 장관은 안찰사(按察使)라고 불렀다. 이밖에 한 성의 교육업무를 담당하는 제도학정(提都學政), 조운을 관리하는 조운총독(漕運總督), 황하와 운하를 다스리는 하도총독(河道總督), 염업을 관리하는 염운사(鹽運使)와 염법도(鹽法道) 등의 전문직 관리를 두었다. 성과 주·현 사이에 부(府)를 설치하고 장관은 지부(知府)라고 하고, 보좌직 관리는 동지(同知) · 통판(通判)이라 부르고 여러 개의 주와 현을 관리하게 했다. 주는 직예주(直隸州)와 산주(散州)로 나누었는데 직예주는 부(府)와 같고 산주는 현(縣)과 같았다. 주와 현의 장관은 지주(知州), 지현(知縣)이라고 부르고 조세와 부역, 소송, 문화와 교육을 관리했다.

　　병제 - 청나라의 군병은 원래 만주 8기를 위주로 했고 산해관에 들어오기 전에 투항해온 몽골군, 한군은 각각 몽골 8기, 한군 8기에 편입시켰다.

　　만주 8기는 씨족 부락 조직에서 온 것으로 좌익과 우익으로 나뉘었다. 우익은 정황기(正黃旗), 양홍기(兩紅旗), 양람기(鑲藍旗)이고 좌익은 양황기(鑲黃旗), 양백기(兩白旗), 정남기(正藍旗)이다. 매 기에 정 · 부 도통을 두어 5참령(參領)을 통괄하게 했고, 매 참령은 여러 좌령(佐領)을 관리했다. 매 좌령은 산해관으로 들어오기 전후에 약 200명이었으나 강희 때에 130여 명으로 줄었다. 좌령, 참령, 기는 급에 따라 소속된 병마, 돈과 식량 및 호적, 경작지 등 업무를 관리했다. 팔기는 또 '금위(禁衛)'와 '주방(駐防)'으로 나뉘었다. 금위는 북경에 주둔해 있고 양익에는 각각 전봉통령(前鋒統領), 호군통령(護軍統領)을 두어 전봉영(前鋒營), 호군영(護軍營)의 궁궐 호위와 황제가 출행할 때의 행영(行營)을 통솔했다. 궁궐은 또 내무부 포의삼기(包衣三旗)의 전봉, 호군, 효기(驍騎)가 수비했다. 제도구문보군(提都九門步軍) 통령은 좌우익 보병을 데리고 외금문(外禁門)을 지키고 순찰하고 화재를 방지하고 도적을 잡았다. 이밖에 화기영(火器營)이라는 특과병이 있었다. 전쟁이 일어나면 팔기금려(八旗禁旅)는 파병되어 싸우고 전쟁이 끝나면 다시 북경으로 돌아왔다. 주방팔기병(駐防八旗兵)은 각지 군사 요충지에 주둔하고 있었으며 수량이 점점 많아졌다.

　　몽골 팔기와 한군 팔기도 금위와 주방으로 나뉘어졌고 조직이 만주 팔기와 거의 같았으나 지위가 만주 팔기보다 낮고 녹기(綠旗)보다 높았다. 오삼계 등 번왕이 통솔하던 옛 군대는 자체 조직을 가지고 있었다. '삼번'과의 전쟁이 끝난 후 오삼계의 옛 부대가 내무부 3기에 편입돼 요동으로 각각 파견되었다. 상가신, 경정충, 공유덕 속지의 병정은 각각 한군기에 편입되었다.

　　청군은 관내에 들어온 후 투항한 명군에 대해 일률적으로 녹색 기치를 사용했기 때문에 녹기 또는 녹영이라고 불렀다. 성에 제독을 두고 성내 요충지에 진(鎭)(총병관이 통솔)을 설치하고 아래에 부장(副將), 참장(參將), 유격(遊擊), 도사(都司), 수비(守備), 천

총(千總), 파총(把總) 등의 관리를 두었는데 그들은 군사를 데리고 각 지역을 지키면서 총독, 순무의 관할을 받았다. 경성에 순포삼영(巡捕三營)을 설치하고 보군 통령이 겸해 관할했다. 전국에 모두 66개의 진이 있고 병사가 약 60만 명이 있었으며, '삼번'의 난에 참가한 병사가 40여 만 명이나 되었다. 전후의 개혁은 다음과 같았다. 제독, 총병, 부장은 병부가 상부에 보고하여 선택받고 참장부터 수비까지는 독무(督撫)와 제진(提鎭)이 선택해 보충하고 나머지 부족한 자리는 병부가 천거해 승임시켰다. 장관은 세습제로 한 지역을 지키거나 군대를 통솔하지 못하고 승진하거나 이전될 때 병정을 데리고 가지 못했으며, 군사를 이동시킬 때는 반드시 황제의 비준을 받아야 했고 팔기병과 공동작전할 때는 반드시 만주 8기 장군의 지휘를 받아야 했다.

법제 – 순치 때 명률과 만족의 옛 법을 참작하여 청률을 편찬하여《대청률해부례(大淸律解附例)》를 수립했다. 강희제 때에 조례를 수정하여 '현행칙례(現行則例)'를 만들고《대청률》을 동봉하여 발표하고 시행했다. 최고 사법기관은 형부, 도찰원(都察院)과 대리사(大理寺)였으며, 이를 삼법사(三法寺)라고 통칭했다. 형부는 외성의 사건을 점검하고 수도의 사건을 심리했는데 매달 황제에게 보고했다. 삼법사가 공동 심리한 사건도 형부가 초안을 작성했다. 지방의 사법은 행정기관이 겸해 관리했다. 현의 관리는 경미한 사건을 심리하고, 중대한 사건은 반드시 부에 보고해 안찰사와 순무, 총독에게 넘겨야 했다. 도형(징역) 이하 사건은 총독과 순무가 죄를 정하고 유형과 사형은 반드시 형부에 보고해 재심리해야 했다. 관리가 죄를 범하면 사법기관은 반드시 황제에게 보고해 지시를 기다려야 했고 종실이 죄를 범하면 종인부에서 심리했다. 경성의 보군통령 아문이 하오기(下五旗) 및 민간인 사건을 심리했으며 내무부 신형사(愼刑司)가 상삼기(上三旗)의 사건을 전문적으로 처리했다. 부와 현에는 만족의 사건을 판결할 권리가 없었고 반드시 만족 장군이나 부도통에게 올려 처리해야 했다. 처벌할 때도 '감등(減等)', '환형(換刑)'을 받았는데 한족에 비해 가벼웠다.

청나라의 형명은 여전히 태(笞), 장(杖), 도(徒), 유(流), 사(死) 5가지 형을 위주로 했다. 태, 장, 도는 또 각각 5등급으로 나뉘고, 유는 3등급으로 나뉘었으며, 사는 교(絞)와 참(斬) 2등급으로 나누어 모두 20등급이었다. 주형 이외에 또 참형보다 더 중한 능지(凌遲), 효수시중(梟首示衆), 육시(戮尸), 유형(流刑)보다 더 중한 천사(遷徙), 충군(充軍), 발견(發遣) 등 형이 있었다. 법률은 이, 호, 예, 병, 형, 공 육률로 나누어졌으며 황제와 신화 및 백성, 지주와 농민, 가정에서의 부자간과 부부간의 봉건통치 관계를 수호하고 있었다. 하지만 여전히 가생(家生)과 노복을 사고팔면서 대대손손으로 노예로 삼는 만족의 옛 노예제 내용이 남아 있었다.

학교와 과거 – 학교는 과거의 준비단계로 어린이는 도시와 농촌의 사숙(私塾) 또는 가숙(家塾)에서 공부를 하면서 시험에 참가하기 위한 준비를 했는데 이를 동생(童生)이라고 했다. 동생이 부·주·현학에 붙으면 생원(수재)이라고 하고, 사서의 뜻과 율시를 공부했다. 조정은 국자감(태학)을 설치하고 생원들 중에서 공생(貢生)을 뽑거나 연납(捐納) 인원을 뽑아 수강생으로 삼았다. 공부 시간이 3년이 차면 작은 벼슬을 하거나 생원과 함께 향시에 참가할 수 있었다. 향시는 각 성도에서 3년에 한 번씩 치는 시험이었는데, 시험에 붙은 자는 거인(擧人)이라고 부르고 1등을 하면 해원(解員)이라고 불렀다. 거인은 이듬해에 서울로 가서 예부의 시험에 참가할 수 있는데 이를 회시(會試)라고 했다. 회시와 향시의 내용은 유가 경서를 위주로 하고 격식은 팔고문이었다. 회시에 합격된 자는 공사(貢士)라 부르고 1등을 한 사람은 회원(會元)이라고 불렀다. 공사가 다시 궐내 태화전에서 황제책문시(皇帝策問試)에 참가하게 되면 이를 전시(殿試) 또는 정시(廷試)라고 했다. 전시는 방을 붙일 때 삼 갑으로 나누어 붙였는데 일갑은 장원(壯元), 방안(榜眼), 탐화(探花) 세 사람 뿐이고 진사 급제를 하사했다. 이갑과 삼갑은 인원수가 정해지지 않았다. 이갑은 진사출신(일등은 전려[傳臚]로라고 불렀다), 삼갑은 동진사출신을 하사했으며 모두 다 진사라고 불렀다. 진사들 가운데 한림원에 뽑혀 공부하게 된 자는 서길사(庶吉士)라고 불렀고 나머지 사람들은 조정의 각 부에 배치되어 일하거나 또는 주와 현의 관리가 되었다.

과거에는 또 장교를 뽑는 무과(武科)가 있었는데 절차는 문과와 같았고 시험은 외장(外場)과 내장(內場)으로 나뉘었다. 외장에서는 말 타고 활쏘기, 걸으면서 활쏘기, 강궁 쏘기와 같은 활쏘기 기술을 시험 쳤고, 내장에서는 책문(策問)이나 또는 무경 외워 쓰기를 했다. 선발된 자의 칭호는 문과와 같았으나 앞에 '무(武)'자가 더 붙었다.

사회질서를 안정시키고 경제를 회복하기 위한 조치 반세기 동안 전란을 겪었기 때문에 청나라 초기에 백성들이 떠돌아다니고 경작지가 황폐해지고 조세가 혼란스러워졌으며 사회생산이 심각하게 파괴되어 경제를 회복하는 것이 매우 절박했다.

조세제도를 개정하다 – 강희제는 "지금 세상이 태평스러우니 국민의 힘을 기르는 것이야말로 나라를 다스림에 있어 가장 중요한 방침이다"라고 말했다. 그는 청군이 '삼번'을 토벌하는 전쟁에서 약탈해온 한족 노예를 풀어주도록 명령했다. 경작지가 없거나 적은 농민들에게 황무지를 개간하도록 격려하고 개간한 경작지는 영원히 소유하여 생계를 유지하게 했으며 지주가 황무지를 경영하고 점유하는 것도 격려했다. 감생과 공생이 유민들을 모아 황무지를 개간하여 일정한 수량이 되고 문장이 조리가 있으면 현승(縣丞), 지현(知縣)으로 임명하고 조세를 감면해주었다. 강희 원년부터 50년까지 사이에 수재와 한재로 기근이 들고 여러 해 동안 밀린 조세가 많았고, 또 조정의 경축 의식, 강희제의 순행 등을 이유로 각 성은 조세를 부분적으로 400여 차나 면제했다. 강희 50년부터 3년 사이에 각 성은 윤번으로 1년씩 조세를 감면했는데 이를 '보면(普免)'이라고 했다. 통계에 따르면 강희 50년 전국적으로 납세 인구가 2,462만 명이 넘었고, 경작지는 693만여 경이나 되었으며, 은 2,990여 만 냥과 식량 691만여 석(石)을 거두었다. 조세가 증가되고 국가의 비용이 충족했다. 하지만 인구와 경작지 면적은 많이 은폐되었다. 강희 52년 인구 당 세금액을 강희 51년의 양으로 고정시켰으며, 그 후에 인구가 늘어나면 숫자만 보고하게 하고 돈과 식량은 더 내지 않도록 했는데, 이에 대해 "인구가 많아져도 영원히 조세를 증가하지 않는다"고 했다. 인구세가 줄어들고 숨기는 것이 적어지니 그 후 해마다 인구가 증가되었고 상대적으로 실제적인 숫자에 접근했다.

　　관리제도를 정돈하다 ― 강희제는 이부(吏部)를 시켜 법을 제정하고 대신들이 서로 결탁해 사리사욕을 채우는 것, 지방 관리들이 상관에게 아첨하는 것, 백성들에게서 불법적으로 부담을 전가하는 것과 같은 폐정을 엄격히 금지시켰다. 그리고 가끔씩 각지로 순행을 다니면서 관리들의 우열을 살펴보고 청렴한 관리에게는 상을 주고 탐관은 처벌했다. '삼번'과의 전쟁이 끝난 후 군대와 정부의 관리를 다방면으로 평가하여 청렴하고 능력 있는 700여 명을 표창하고 나이 들고 병이 있는 2,600여 명은 은퇴시키고, '능력이 모자라'거나 '경박'하다는 이유로 1,500여 명을 좌천시키고 탐관 500여 명을 처벌했다. 비록 "묵은 폐단을 깨끗이 제거하지는 못했"지만 한족 지역에서 청나라의 통치를 공고히 했고 사회 생산도 점차 회복되어 발전했다. 강희제는 이로써 "어진 임금(仁君)"으로 불렸다.

　　개해(開海)와 개광(開鑛) ―순치황제 때에 남명의 장령들이 동남 연해를 근거지로 항청투쟁을 벌였는데, 청나라는 관리와 백성이 바다로 나가 무역하는 것을 금지해 그들과 연락하지 못하게 했다. 정성공 부자가 대만을 점령한 후 청나라는 그들이 대륙과 연락하는 것을 끊기 위해 ‚천해(遷海) 령을 내리고 연해 주민들이 내지로 30리 이주시키고 대륙의 해상무역을 중단시켰다. 대만 정씨가 투항한 후 강희제는 해금을 폐지시키고 바다를 열어 무역을 시작했다. 광동(廣東), 복건(福建), 강남(江南), 절강(浙江), 산동(山東), 직예(直隸) 여섯 성의 백성들은 500섬(石) 이하의 짐을 실은 선박을 가지고 바다로 나가 무역하고 고기잡이를 할 수 있었다. 강남, 절강, 복건, 광동 네 성에 세관을 설치하여 선박을 관리하고 세금을 받았다. 해외무역은 일본, 동남아시아 및 유럽까지 발전했다. 하문(夏門)에 ‘택행(澤行)’을 설립하고 광주에는 13행(40~50개의 업체가 있었음)을 설치해 수출입 무역을 경영하고 세은을 대납했다. 수출품은 주로 생사와 견직물이고 그 다음은 찻잎, 도자기, 약재, 가죽, 설탕 등이었고 수입품은 주로 동, 해산물, 후추, 향료, 쇠뿔 등이었다. 해상 무역의 발전은 동남 각 성의 수공제조업을 발전시키고 연해 도시를 발전시켰다. 하문, 광주(廣州), 영파(寧波)는 중요한 항구로 되었고 소주(蘇州), 항주(杭州), 남경(南京), 불산(佛山), 경덕진(景德鎭) 등 지역은 견직업, 야금업, 도자기업이 크게 발전하여 유명한 도시로 되었다.

‘3번’ 전쟁 이후 청나라는 민간의 채광을 지지했다. 운남의 동(銅) 채광업이 제일 먼저 발전했으며 각 성에서도 잇달아 채광과 야금을 시작했다. 광동 나정(羅定), 해양(海陽)의 철광과 알루미늄광, 광서 남단(南丹), 하현(賀縣)의 주석(錫)광, 사천 공주(邛州), 포강(蒲江)의 철광 등이 잇달아 채굴되었다. 광업의 회복과 발전은 세수를 증가시키고 또 수공업의 회복과 발전에 조건을 마련해주었다.

황하를 다스리다 황하는 명나라 홍치(弘治) 연간에 물길을 바꿔 남쪽으로 옮겨졌는데 청구(淸口, 강소 회음)에서 회하(淮河) 및 대운하와 합류한 후 운제관(雲梯關, 강소 해변)에서 바다에 흘러들어갔다. 황하의 흙모래가 강바닥에 깔려 회하와 합류하는 곳은 늘 역류했다. 황하가 운하에 들어갔다가 연도에 제방을 무너뜨려 주민들의 농토가 잠겨버리면서 농업생산의 회복과 사회의 안정에 영향을 주었을 뿐만 아니라, 대운하의 조운이 막혀버려 조정의 재화와 부세 수입에 영향을 주었다. 황하가 직접 조운에 영향을 주었기 때문에 청나라는 대대적으로 물을 다스리지 않을 수가 없었다.

1677년 조정은 근보(靳輔)를 하도총독(河道總督)으로 임명하여 전문적으로 물을 다스리게 했다. 1682년 근보가 상주문을 올려 "바다 입구가 크게 열리고 하류가 소통되어 치수의 첫 단계 승리를 거두었다"고 보고했다. 두 번째 단계는 운하의 항행 통로를 개선하여 조운을 순조롭게 하는 것이었다. 1688년 공사가 완공되어 조운선이 북으로 직접 통주까지 갈 수 있었다. 그러나 명을 받들고 바다 입구 및 하류를 다스리던 우성룡(于成龍, 자는 진갑)은 근보의 치수방안이 마음에 들지 않자 둘 사이에 갈등이 생겼다. 강희제는 진보와 우성룡을 서울로 불러 조정에서 의논토록 했다. 진보가 잘못을 인정하고 파면됐다. 강희제는 민절총독(閩浙總督) 왕신명(王新命)에게 대리 하독(河督)을 맡겼으나 아무런 실적도 보이지 않자 1692년 다시 근보를 등용하여 물을 다스리게 했다. 여전히 원래의 계획대로 황하를 다스렸다. 그 해 11월 근보가 병으로 죽었다. 우성룡이 하독으로 임명되었는데 근보의 치수방안대로 처리해 효과를 보았다. 1700년 우성룡이 임지에서 죽었다. 원래 강남 강서 총독을 맡았던 장붕핵(張鵬翮)이 계속 황하의 치수를 맡았는데 중상류의 수토유실을 근본적으로 막아내지는 못했으나 조운은 막힘없었고, 양안의 물에 잠겼던 전답이 농사를 지을 수 있도록 회복했으니 성과가 컸다.

3. 변강지역의 통치와 경영

(1) 동북의 경영과 러시아와의 전쟁

청나라 초기의 동북이란 산해관 밖의 북으로 외흥안령을 넘고 동으로 바다까지 이르는 사할린 섬을 포함한 광범위한 지역을 가리켰는데 만족이 흥기한 고향땅이고 몇 개의 목축 부락과 어렵하는 부락들이 계속 살고 있었다. 청나라가 관내로 들어간 후 성경대신이 이 곳에 주둔한 각지의 군민들을 관리했다. 또 영고탑(寧古塔)에 앙방장경(昻邦章京)을 두어 흑룡강과 오소리강(烏蘇里江) 유역에 대한 통치를 강화했으며 한족 농민들이 요동으로 가 황무지를 개간하는 것을 지지했다. 청나라 건국 초기에 러시아의 대외 약탈이 날로 심해지자, 1643년 카자크 기병을 파견해 외흥안령을 넘어 정기리강(精奇里江)과 흑룡강 유역으로 쳐들어와 거리낌 없이 약탈을 했다. 그 후 하바로프와 스테파노프가 통솔하는 두 갈래의 카자크 군사가 다우르족의 성보인 아극살(雅克薩)을 점령하고 이 곳을 거점으로 침략을 확대했으며 몽골 무명안부(茂名安部)의 목축지 니포초(尼布楚)를 점령했다.

1671년 강희제는 동으로 순찰을 나갔다가 영고탑 장군 파해(巴海)를 만나 러시아의 침략을 특별히 잘 방어하라고 지시했다. 그 후 송화강, 오소리강과 흑룡강 유역에 살고 있는 일부분의 허저족과 해변가 혼춘하(渾春河) 일대에 분포된 고아랍(庫雅拉)인에 대해 만주 군사제도에 따라 조를 편성하고 '신만주'라고 불렀다. 흑룡강 중상류의 색륜(索倫), 다우르, 어룬춘(鄂倫春) 등 민족은 우선 만주 제도에 따라 색륜부(索倫部)로 편성한 후 러시아의 약탈을 피하기 위해 눈강(嫩江)으로 이주시켰다. 그중에 어렵에 종사하는 사람은 '포특합(布特哈)팔기'라 부르고 청나라의 중요한 군사적 힘으로 만들었다. 청나라는 또 "애훈 등 곳을 지키는 장군(鎭守璦琿等處將軍, 즉 흑룡강 장군)"을 두어 송화강 서쪽, 외흥안령 남쪽의 흑룡강 중상류 지역을 통일적으로 관할하게 하면서 아극살을 되찾을 준비를 했다. 1685년 봄, 강희제는 팽춘(彭春)을 통수로 명해 수륙 두 갈래로 군사를 나누어 아극살을 공격했는데 러시아군은 투항을 받아줄 것을 요청했다. 청군이 아극살 성보를 불사르고 애훈으로 철거하자 러시아군은 또다시 아극살로 돌아와 성을 쌓고 방어진을 쳤다. 이듬해 청군은 또다시 아극살을 포위 공격했다. 러시아는 사신을 북경에 파견하여 아극살의 포위를 풀어주고 국경선에 대한 담판할 것을 요구했다. 1689년 중러 양국 사신은 《네르친스크 조약(尼布楚條約)》을 체결하고 다음과 같이 결정했다. "양국은 게르비치강(格爾必齊河), 외흥안령과 아르군(額爾古納)강을 국경으로 한다. 아극살성을 허물고 러시아 주민은 모두 러시아 경내로 이주한다. 서로 국경을 넘어 침범하는 것을 엄격히 금지하며 호조(護照, 여권)를 가진 사람만이 국경을 건너 호시(互市)무역을 할 수 있다." 이는 청나라가 외국과 체결한 첫 공식적인 조약으로 청나라는 강점당한 일부분의 영토를 되찾았으나 중국의 땅이었던 네르친스크를 러시아에게 떼어주었다.

《네르친스크조약》이 체결된 후 청나라는 동북 변경에 대한 군사 · 정치적 통치와 경제 개발을 강화했다. 애훈, 영고탑 이외에 묵이근(墨爾根), 제제합이(齊齊哈爾), 도백눌(都伯訥), 의란(依蘭), 혼춘(琿春) 등에 성을 짓고 군사를 파견해 주둔시켰다. 기(旗)에 편입되지 않은 대부분의 소수민족 주민들에게 팔기제도를 보급했고 성경지역에서 인구에 따라 밭을 나눠주고 황장(皇庄)을 설립했다. 흑룡강장군(애훈에 주둔) 관할구에도 관장(官庄), 공전(公田)을 설치하고 팔기에 편입된 관병들에게 밭을 나눠주고 황무지를 개간하게 했다. 영고탑 관할구에 관장을 설립했다. 이 곳의 황장과 관장에서 일하는 사람은 유인(流人, 범죄자와 그의 가족), 팔렸거나 적몰(籍沒, 호적이 없는자)된 한족사람이었고,

신분은 장정 또는 노복이었다. 기지(旗地) 이외의 민지(民地)는 한족이 개간하여 스스로 경작했는데 이를 민호(民戶)라고 불렀다. 강희 연간에 직예, 산동 등지에서 관외로 간 농민들이 대량 증가하였다. 청나라는 봉천부(奉天府)와 금주부(錦州府)를 증설하여 산하 아홉 개 현(縣)을 관리했다. 민호는 직접 관아에 세금을 바쳤으며 지위는 장정, 노복과 달랐다. 송화강, 흑룡강 하류, 오소리강 양안 및 사할린 섬의 기에 편입되지 않은 소수민족 주민은 원 씨족 조직을 기반으로 성장(姓長), 향장(鄕長)이 통일적으로 관리했고, 영고탑 부도통에 소속돼 관할을 받았으며 조정에 담비 가죽을 공납하고 조정은 복장과 일용품을 하사했다.

인구가 증가하고 경작지 면적이 확대되면서 도시상업도 날로 발전했다. 직예, 산동 등지의 모피와 소 장사꾼들이 동북을 오가면서 물건을 팔았으며 원래의 국경수비 지대가 점차 무역 중심으로 되었다. 예를 들면 영고탑에는 36개의 상점이 있었는데 허저족 등 어렵 민족은 이들에게 가 담비 가죽을 팔고 천, 식량, 쇠솥, 식염을 바꿔갔다. 상인들은 담비 가죽을 북경으로 실어가 팔고 포목 같은 것을 사왔다. 인삼은 동북 특산의 귀한 약재인데 만주 기의 장정들이 캤을 뿐만 아니라, 많은 한족 유민들도 와 몰래 캐갔다. 1709년부터 '삼표법(參票法)'을 수립하여 관아가 해마다 만주 병정과 도급상인에게 각각 만 장씩 발급하고 내무부가 세금을 받았다. 한족이 몰래 채집한 인삼은 대부분 관리와 상인들이 사들인 후 팔아 중간에서 이익을 챙겼다.

(2) 액로특(厄魯特) 여러 부족의 흥기와 몽골에 대한 청나라의 통치

액로특 몽골은 와랄의 후예로 두이백특(杜爾伯特), 토이호특(土爾扈特), 준갈이(準噶爾), 화석특(和碩特) 네 부족으로 나뉘었다. 화석특 부족이 가장 강했는데 1637년 수령 고실한(顧實汗)이 부를 데리고 청해로 옮겨갔고 순치황제가 그에게 액로특의 모든 부족을 관할하게 했다. 장족 라마교에서 홍교파(紅教派)와 황교(黃教) 격노파(格魯派)는 서로 적대 관계였는데 고실한은 군사를 파견하여 홍교의 군사를 격패시키고 격노파의 오세달라이(五世達賴)를 전 장족의 수령으로 세우고 사세반선(四世班禪)에게 후장(后藏)을 각각 통치하게 했다. 고실한은 정치적으로 서장을 통제했지만 달라이라마는 종교의 권한으로 몽골의 여러 부를 통제할 수 있었다. 1682년 오세달라이가 병으로 죽자 제파(第巴,

장족어로 지방 집정자라는 뜻) 상결가착(桑結嘉錯)이 그가 죽은 소식을 숨기고 여전히 달라이의 명의로 활동을 했다. 이 때 준갈이 부족이 흥기했다. 서장으로 가 불법을 수행한 적이 있는 갈이단(噶爾丹)이 스스로 칸(汗)으로 칭하고 몽골 여러 부에 세력을 확장시켰으며 객이객(喀爾喀) 몽골의 토사도한(土謝圖汗)과 객이객 몽골 여러 부족의 종교 업무를 관리하는 철포존단파(哲布尊丹巴)를 패퇴시켰다. 1688년 9월 토사도한과 철포존단파는 부족을 거느리고 청나라에 항복하여 귀순했고 갈이단은 청나라에 사자를 보내 공물을 바쳤다. 강희제는 양측에 휴전하고 화해하라고 조령을 내렸으며 토사도한과 철포존단파 부의 병사를 막남 사십구기 제도에 따라 기대(旗隊)로 편성했다. 갈이단은 서쪽 과포다(科布多)로 가 러시아 차르의 지지를 얻은 후 다시 진공하려 했다. 러시아는 협조해주겠다고 약속했으나 사실은 몽골 각 부족이 자기편끼리 서로 죽이게 하고 그중에서 어부지리를 얻으려는 심산이었다. 갈이단은 러시아의 약속을 경솔하게 믿고 토사도한을 추격한다는 명분으로 청나라 국경을 넘어 오주목심(烏珠穆沁)으로 가 약탈을 했다. 강희제는 친히 정벌에 나가기로 결심했고 1690년 8월 오란포통(烏蘭布通)에서 갈이단과 맞서 싸웠다. 갈이단은 만 마리의 낙타를 묶어 땅에 엎드리게 하고 낙타 등에 상자를 쌓고 젖은 모전을 씌워 '낙타성'을 만들었다. 주력 부대는 '낙타성' 안에서 창을 던지고 활을 쏘았다. 청군은 먼저 포화로 먼 곳에서 공격하다가 기병과 보병으로 돌진해 갈이단 군대를 크게 격패시켰다. 갈이단은 러시아에 우롱당했지만 청나라에 투항하지 않고 서쪽으로 도주했다. 강희제는 이듬해 5월 다륜낙이(多倫諾爾)에서 막남 사십구기와 객이객 칠기 몽골 수령 집회를 열고 객이객 칠기를 34기로 나누고 토사도, 찰살극, 차신(車臣) 3대 칸(汗)은 여전히 한의 명칭을 보류하게 하고 나머지 직위는 청나라 조정이 책봉했다. 객이객 몽골은 이때부터 완전하게 청나라의 통치를 받았으며 이를 다륜맹회(多倫盟會)라고 불렀다.

다륜맹회 이후 갈이단은 상서를 스스로 올려(上書自陳) 청나라에 존단파(尊丹巴)와 토사도한(土謝圖汗)을 쫓아내 줄 것을 요청했다. 강희제가 그에게 투항할 것을 권유했지만 듣지 않았다. 1675년 갈이단은 군사를 거느리고 객이객의 후방 주둔지인 토라하(土喇河) 서쪽 파안오란(巴顔烏蘭)에서 약탈했다. 강희제는 청군에게 진격하라고 명령했다. 1695년 5월 청군은 소막다(昭莫多)에서 갈이단과 치열하게 싸웠다. 갈이단은 크게 패하고 수십 명의 기병만 데리고 아찰아목대(阿察阿穆臺)로 도망갔다가 병으로 죽었다. 부하들은 흩어지거나 투항했다.

강희제가 갈이단을 격파한 후 책왕아랍포탄(策旺阿拉布坦)이 통솔하는 준갈이(準噶爾)부만 계속 이리하(伊犁河) 유역에서 활동하고 나머지 몽골의 여러 큰 부족들은 청나라에 소속되어 직접 통치를 받았다. 이에 앞서 항복했던 막남 몽골은 내찰살극(內扎薩克) 몽골이라 부르고 각 기의 집정 장관인 찰살극(扎薩克), 맹장(盟長) 등 관리는 조정이 임면했으며 이번원(理藩院)의 관할을 받고 소재 지역의 장군, 도통(都統)의 지휘를 받았다. 막북 객이객 몽골은 외찰살극 몽골이라 부르고 55기로 편성되었으며, 찰살극은 강희제가 책봉하고 토사도한, 찰살극한과 차신한에게 통속되었으며, 따로 맹을 설치하지 않았다. 막서 몽골 화석특부(和碩特部)는 감숙 동북 아랍극산(阿拉克山)에서 유목생활을 하고 찰살극 몽골의 체제대로 기를 설치했다. 청해 지역에는 기제(旗制)를 설립하지 않았으나 수령은 여전히 조정이 책봉했다.

갈이단과 싸울 때 강희제는 포로한테서 오세 달라이가 이미 죽은 사실을 알고 칙령을 내려 제파상결(第巴桑結)에게 달라이 라마가 죽게 된 자초지종을 보고토록 했으며 벤첸에게 라마교를 주재하도록 맡겼다. 제파상결은 상소를 올려 잘못을 빌고 용서를 받았다. 그러나 청나라 조정은 제파상결이 사사로이 인정한 인청창앙갸쵸(仁靑倉央嘉錯)를 6세 달라이로 인정하지 않고 가짜 달라이라고 불렀다. 몽골 화석특부 고실한의 증손 납장한(拉藏汗)이 제파상결을 죽였다. 강희제는 호군통령 석주(席柱)를 보내 납장한(拉藏汗)을 "후법공순한(詡法恭順汗)"으로 책봉하고 가짜 달라이를 북경으로 압송하게 했다. 가짜 달라이는 서녕구(西寧口) 밖까지 와서 병으로 죽었다. 납장한이 아왕이희갸쵸(阿旺伊喜嘉錯)를 달라이 라마의 환생으로 세웠으나 청해 몽골의 여러 대길(臺吉)들이 인정을 하지 않아 서로 화목하게 지내지 못했다. 1709년 강희제는 시랑 혁수(赫壽)를 보내 서장의 업무를 처리하게 하면서 서장에 대한 통치를 강화했다. 그러나 1717년 준갈이부의 책왕아랍포탄이 동생 책령돈다포(策零敦多布)를 파견하여 군사를 데리고 서장에 침입해 납장한을 죽이고 아왕이희갸쵸를 구금했다. 서장의 호법 라마는 나포장격상가착(羅布藏格桑嘉錯)을 달라이의 환생이라 믿고 그를 호필이한(呼必爾汗)으로 떠받들었으며 청해의 여러 대길들이 그를 서녕(西寧)으로 모셔갔다. 청나라 조정은 몽골족과 장족 승려들의 의향을 존중하고 나포장격상갸쵸를 6세 달라이 라마로 책봉했다. 1720년 조정은 종실 연신(延信)을 파견하여 만족과 한족 관병을 데리고 청해 여러 대길 및 몽골 제 부의 호송 하에 6세 달라이 라마를 서장(티베트)으로 호송해갔다. 책령돈다포는 직접 준갈이 군사를 거느리고 맞서 싸웠으나 패하고 나서 이리(伊犁)로 도망갔다. 연신 등은 6세 달라이 라마를 포탈라궁(布達拉宮)으로 호송해 전생활불 계승식을 갖고 달라이 라마 자리에 올렸다. 청나라 조정은 군사 4천 명을 라싸(拉薩)에 남기고 제파가 집정했을 때의 낡은 제도를 폐지했다. 서장의 공이 있는 귀족 강제내(康濟鼐) 등에게 작위를 하사하고 갈륜(噶倫. 정무관)이라고 부르고 서장의 정무를 관리하게 했다.

4. 통치 집단의 분쟁과 민중의 저항

조정 대신의 알력과 황태자를 세우기 위한 분쟁 강희제는 색액도(索額圖)의 힘을 비러 오배 집단을 제거했는데, 색액도의 벼슬은 보화전(保和殿) 대학사에 태자태보(太子太保)까지 겸했다. 조카딸은 강희제의 황후가 되고 그녀가 낳은 황자 윤잉(胤礽)이 황태자로 책봉되었다. 색액도는 권신이자 황제의 친척이라 권력을 독점했고 공공연하게 뇌물을 주고받았다.

엽혁납라(葉赫納喇)씨 귀족 명주(明珠)는 병부시랑으로 있으면서 주로 번지를 철거하는 일을 맡았는데 강희제의 눈에 들어 무영전(武英殿) 대학사가 되고 태자태사(太子太師)를 겸했다. 그 역시 도당을 맺고 뇌물을 주고받았으며 권세가 크기를 색액도 버금이었다. 1680년 색액도가 병으로 대학사 벼슬을 내려놓은 후 명주 도당의 권세가 갑자기 커졌다. 그의 도당인 여국주(余國柱)는 해마다 명주에게 만금을 바쳤는데 '여진회(余秦檜)'라고 불렸다. 지방관리 중 운귀총독(雲貴總督) 채육영(蔡毓榮)도 유명한 탐관이었다. 1686년 색액도는 영시위내대신(領侍衛內大臣)으로 임명되자 이광지(李光地) 등 한족 유신들과 결탁해 황태자 윤잉을 시봉했다. 명주 도당은 몰래 황태자에 반대하고 구실을 대어 태자태부(太子太傅) 탕빈(湯斌) 등 황태자를 시봉하는 자들을 배척했다. 어사 진자지(陳紫芝)가 명주 도당인 호광순무 장견(張汧)이 탐오했다고 탄핵해 강희제의 칭찬을 받았다. 첨도어사(僉都御使) 곽수(郭琇)는 명주와 여국주가 서로 결탁하여 사리사욕을 도모하고 매관매직을 하며 뇌물을 받는다고 탄핵했다. 이에 강희제는 명주의 관직을 파면시키고 한족 양청표(梁淸標), 만족 이상아(伊桑阿)를 대학사로 등용하고 서건학(徐乾學), 장옥서(張玉書) 등을 상서로 임명했다.

서건학(徐乾學)은 강남의 유명한 문사였는데 탐화(문과 전시에 3등한 자 - 역자 주)로 한림원에 들어갔으나 원시(院試)에서 1등을 했다. 그의 동생 문원(元文)과 병의(秉義)도 각각 다른 해에 장원, 탐화에 급제했다. '삼서(三徐)'의 명성이 조정과 민간에 자자했다. 서건학을 위수로 하는 강남 한족 관리들이 신속히 '남당(南黨)'을 형성하여 황제에게 접근했으며, 조정 명령의 초안을 작성했다. 남서방(南書房)에서 봉직하고 있던 고사기(高士奇)도 남당의 요원으로 강희제의 중시를 받았다.

1688년 봄 장견이 서건학에게 뇌물을 준 적이 있다고 자백했다. 강희제는 서건학의 직무를 해임하고 수서총재(修書總裁) 직무를 보류시켰다. 하지만 후에 서원문을 대학사로 승진시켰고 같은 파인 옹숙원(翁叔元)을 공부상서(工部上書)로 임명했기 때문에 남당(南黨)은 여전히 큰 세력을 가지고 있었다. 남당에 속하지 않는 곽수(郭琇)가 고사기와 좌도어사(左都御使) 왕홍서(王鴻緖)를 권모술수를 부려 뇌물을 받았다고 탄핵했다. 강희제는 고사기와 왕홍서를 은퇴시켜 본적지로 돌려보냈다. 서건학, 고사기는 얼마 후 또 우도어사 허삼례(許三禮)의 탄핵을 받았다. 강희제는 허삼례를 꾸짖고 서건학과 고사기를 보호했는데 사실은 남당과 강남지주 사대부들에게 관용을 베풀기 위한 것이었다. 서건학은 고향 곤산(昆山)으로 돌아간 후 관아를 조종하면서 그 지역에서 군림했다. 명주와 한 패인 양강총독(兩江總督) 박랍탑(傅拉塔)이 상소를 올려 서건학과 당시 대학사로 지내던 서원문을 탄핵하자 강희제는 서원문에게 은퇴하라는 명령을 내렸다. 명주의 도당인 불륜(佛倫)이 산동순무(山東巡撫)로 임명되었다. 불륜은 탐관 주돈후(朱敦厚)가 서건학에게 청탁을 올려 소통한 사실을 밝혀냈다. 서건학은 수서총재의 직무에서 해되었다. 서건학이 세력을 잃자 북당(北黨)이 일어나 보복을 하면서 조정의 당쟁이 점점 더 심각해져 갔다.

색액도와 명주의 당쟁에서 색당(索黨)은 태자를 지지하고 명당은 몰래 태자를 반대했다. 명주가 패한 후 색액도는 관직과 작위를 회복하고 태자의 가장 유력한 지지자가 되었으며 색당은 태자당으로 변했다. 강희제가 두 번이나 직접 갈이단을 정벌하러 갔는데 그때마다 태자가 수도에 남아 집정했다. 두 번째로 정벌을 끝내고 돌아와 보니 태자가 평소와 달리 황제와 똑같은 예의제도를 행하고 있었는데 색액도의 사주를 받은 것으로 의심되었다. 1702년 태자는 아버지를 따라 치수 공사를 보러 갔다가 덕주(德州)까지 가서 병을 구실로 더 가지 않았다. 강희제는 색액도를 불러 병을 돌보게 하고 계속 순찰을 했다. 이듬해 강희제는 색액도 가족의 고발을 근거로 그가 배후에서 원망을 품고 패거리를 두어 제멋대로 행동하면서 태자를 도와 "몰래 거사를 준비하고 있다"는 이유로 구금했다가 죽였다. 그리고 태자에 대해서도 의심을 품었다. 1708년 강희제는 태자와 황자들을 데리고 장성 이북 지역을 순시했는데 열여덟째 아들 윤개(胤祄)가 병으로 앓았다. 강희제가 윤잉(胤礽)에게 우애의 마음이 전혀 없다고 꾸짖자 윤잉이 벌컥 화를 냈다. 강희제는 윤잉이 "조상의 덕을 따르지 않고 짐의 훈계를 듣지 않았으며, 색액도를 위해 복수하려고 도당을 무었다고 하니, 짐은 오늘 독살될지 내일 살해당할지 알 수가 없어 밤낮으로 경계하느라 불안하다"는 조령을 발표했다. 그는 윤잉을 황태자에서 폐위시키고 구금한 후 색액도의 두 아들과 윤잉의 측근 4명을 사형에 처했다. 황태자 자리가 비게 되자 당쟁은 더욱 막을 수 없게 됐다.

이학(理學)을 제창하고 서양 학문(西學)을 들여오다 강희제는 어릴 때부터 한족 문화를 배웠고 친정한 후 유신(儒臣)을 등용했으나 목적은 한족의 지지를 얻기 위한 것뿐이었다. 그는 유신의 이학(理學)을 집권의 지도사상으로 삼지 않았으며 '3번'을 평정하고 대만을 수복하고 갈이단을 정벌할 때도 유신의 의견을 다 받아들이지 않았다. 각지의 전쟁이 잠잠해지고 내정을 정돈할 때는 오히려 정주 이학(程朱理學)을 제창하고 사용했으며, 유신에게 《주자전서(朱子全書)》, 《성리정의(性理精義)》를 편집하게 했다. 그는 "선왕의 법이 아니면 사용할 수 없고, 선생(주희)의 도리가 아니면 행할 수 없다"는 서언을 직접 써 성주 이학을 통치사상으로 삼고 통치하는 법과 통치 받는 법을 만들어 사람들에게 자각적으로 통치를 받도록 훈계했다. 효로 천하를 다스려야 하며 집에서는 아버지에게 효도하고 조정에서는 황제에게 충성해야 한다고 했다. 1706년 성유십육조(聖諭十六條)를 발표하고 매달 삭망일(朔望日)이면 각지 촌민들에게 설명을 하면서 이학의 도리를 전국에 널리 보급시켰다.

강희제는 이학을 연구하고 공부함과 동시에 또 서방 선교사에게서 천문 역법과 같은 자연과학 지식을 배웠다. 순치제 때 청나라는 명나라의 대통력(大統曆)을 폐지하고 선교사 아담 샬(湯若望) 등이 편찬한 시헌력(時憲曆)을 사용했다가 휘주(徽州) 관생(官生) 양광선(陽光先) 등의 강력한 반대를 받았다. 사대신이 정무를 보필하면서 시헌력은 폐지되고 명나라의 대통력을 다시 사용했다. 강희제가 친정한 후 선교사 베르비스트(南懷仁)이 상소를 올려 흠천감부(欽天監副) 오명훤(吳明烜)이 만든 역법에 착오가 있다고 질책했다. 강희제가 대학사 도해(圖海) 등에게 관측대로 가서 검측하게 한 결과 베르비스트의 말이 거짓이 아니라는 것이 입증되었다. 강희제는 시헌력 사용을 회복하기로 결정하고 베르비스트를 흠천감부(후에 감정으로 승진했음)로 임명하고 베르비스트와 페레이라(徐日升) 등 선교사를 초빙하여 자연과학 지식을 가르치게 했다. 1672년에 천주교 교회당 건설 및 선교 금지령이 취소됐다. 천주교는 신속히 발전하여 신도가 30여 만 명이나 되었다. 1704년 새 로마교황 클레멘스 10세가 천신과 공자, 조상에게 제사를 지내는 중국인 신도의 관습을 금지시킨다는 칙서를 교황의 특사 토우르논에게 들고 가게 하여 남경에서 사사로이 배포했다. 강희제는 토우르논을 체포해 마카오로 압송하고 선교사들에게 이학의 진리를 마음에 새길 것을 요구하고 "그들의 재주만 이용"했다. 1722년 로마 교황청은 또 선교사 카를로를 보내 '금약(禁約)'을 가지고 강희제를 만나게 했다. 강희제는 교황의 '금약'이 중국의 도리와 어긋난다고 천주교를 중국에서 금지시켰으며, 재주 있는 선교사만 남기고 나머지는 다 돌려보냈다. 이학이 천주교를 이겼고 카를로를 비롯한 선교사들이 잇달아 본국으로 송환되었다.

관리들의 부정부패와 인민의 저항 강희제는 이학을 제창하고 어진 정치를 표방했으며 부정부패에 대해서는 관용에서 타협으로 넘어가 관리들의 작풍이 나날이 부패해졌다. 여러 가지 명목의 세금이 별도로 부가되어 주와 현의 관리들 수중으로 들어갔고 또 상급자에게 보내졌다. 부가된 세금이 점점 더 많아져 정규 항목의 세금 1냥에 10냥씩 부가된 것도 있었다. 호부 당관(戶部堂官) 희복납(希福納) 등이 국고의 은을 64만 냥 이상이나 횡령했는데 사건에 연루된 사람이 백 수십 명이나 되었으나 희복납을 면직시킨데만 그치고 나머지 관리들은 돈만 배상하게 하고 처벌은 하지 않았다. 강희제가 만년에 관대한 정치를 표방하고 관리들의 부정부패에 대해 한껏 관용을 베풀었기 때문에 관리와 백성들 간의 모순은 날로 격화되었다.

1607년 절강성에 큰 가뭄이 들었으나 순무가 공비(公費)를 증가하여 거둬들이자 수천 명의 백성들이 순무아문까지 찾아와 항의했다. 이듬해 강소와 절강 두 성에서 굶주린 백성들이 관아로 찾아와 소란을 피우고 부자들의 쌀을 빼앗는 사건이 발생했다. 복건 천주(泉州), 강서 우도(雩都), 흥국(興國), 하남 의양(宜陽), 강소 무석(无錫) 등지에서 쌀을 빼앗고 조세를 거부하고 세금 부가를 반대하는 투쟁이 계속해서 일어났다.

그리하여 강희제는 "백성을 안정시키고 혼란을 방지한다."는 명분으로 거듭 '금광(禁

鑛’, ‘금해(禁海)’를 실행했다. 1704년 조령을 내려 새로운 광산을 더 이상 채굴하지 못하게 했고, 이듬해에 광동 해양(海陽)에 있는 하석(何錫)의 광산 64 곳을 폐쇄했다. 1713년 조정은 또 새 광산과 큰 광산의 채굴을 금지하고 외성 사람들이 돌아다니지 못하게 했다. 그러나 실행 과정에 폐쇄 범위가 끊임없이 확대됐으며 호남의 연광(鉛鑛)과 은광(銀鑛), 광동, 사천, 하남의 광산 채굴이 전면 폐쇄되었다. 운남의 동광(銅鑛)은 원나라 때부터 매우 발달했으나 역시 간악한 백성들이 산림과 강에 모이는 것을 방지한다는 이유로 봉쇄했거나 절반만 열고 절반을 봉쇄해 날로 침체되어 갔다.

강희제는 동남 연해 인민들이 해외와 연락하는 것을 방지하기 위해 1716년부터 상선이 동남아로 가 무역하는 것을 금지하고 선박을 해외에 판매하는 것을 금지하였으며, 또 식량 수출을 금지했고 백성들이 해외에 거주하는 것을 금지해 연해 인민의 생계에 어려움을 더해주었다.

1721년 봄 대만지부 왕진(王珍)이 봉산현(鳳山縣)에서 세금을 거두면서 가혹하게 착취했다. 산에 들어가 대나무를 채벌하는 농민을 체포하고 협박하여 물품을 뜯어내고 지진이 지나간 후 노래를 부르면서 신에게 감사를 드리는 백성을 “결의형제를 맺는다”고 처벌하여 민중의 분노를 일으켰다. 농민 주일귀(朱一貴) 등이 나한산(羅漢山)에서 결의형제를 맺고 봉기를 일으켰는데, 깃발에 “선량한 백성을 격분시켜 변란이 일어나게 하니 명나라가 다시 흥기한다. 대원수 주”라고 적었다. 대만 각지의 인민들이 잇달아 호응해 나섰다. 두군영(杜君英)이 영도하는 남로봉기(南路起義)군이 주일귀와 손을 잡고 청군을 협공했으며 청군은 패전하였다. 왕진 등 문관과 무관들이 상선과 어선을 타고 바다로 나가 팽호(澎湖)에 모이거나 내륙으로 도망쳤다. 봉기군은 대만부 소재지를 점령하고 홍모루(紅毛樓, 즉 적감루[赤嵌樓])를 열고 대량의 무기와 탄약을 얻었으며 제라(諸羅) 등지를 함락하고 열흘사이에 대만에서의 청나라 통치를 무너뜨렸다.

5월 3일 봉기군은 주일귀를 중흥왕(中興王)으로 추대하고 국호를 영화(永和)라고 정한 후 전국의 인민들에게 청나라의 통치를 뒤엎을 것을 호소했다. 청나라 조정은 급히 총병 남정진(藍廷珍) 등을 불러 수군과 육군을 데리고 가 진압하게 했다. 봉기군 내부에 분열이 생겨 청군과 대만 지주들의 무장에 의해 각각 격파되었다. 주일귀는 체포되고 두군영은 투항했으며 둘 다 북경으로 압송되어 처형당했다.

태자의 폐립과 제왕의 분쟁 강희제는 윤잉을 폐한 후 새로 황태자를 세우지 않았다. 장자 윤제(胤禔), 넷째 아들 윤진(胤禛), 여덟째 아들 윤사(胤禩)가 권신과 결탁하고 도당을 만들어 황태자 자리를 다투었다. 윤제는 '비적'과 '자객'을 모집해 키우면서 정적을 제거했다. 그는 생모가 비(妃)라 황태자가 되지 못하자 윤잉을 질투하고 미워하면서 강희제에게 "윤잉을 죽이려면 부황께서 손을 쓸 필요 없다"고 말했다. 그는 또 윤사를 황태자로 세우려고 "사주쟁이 장명덕이 윤사를 보더니 반드시 귀해질 팔자"라고 말했다고 했다. 강희제는 대노하여 윤제를 유폐시키고 장명덕을 죽였으며 윤사의 작위를 강등시켰다. 그러면서 "윤사를 칭찬하는 자가 있으면 반드시 죽인다"는 조령을 내렸다. 1705년 정월 강희제는 윤잉을 황태자로 복위시킨 후 윤사를 천거했던 대신들이 국구 동국유(佟國維), 대학사 마제(馬齊)의 조종을 받았다는 사실을 밝혀냈다. 그러자 마제를 구금해 처벌하고 동국유는 나이가 많다고 사면해주었다. 3월 윤잉을 황태자로 복위시킨다고 선고했다. 강희제는 열하(熱河)행궁이나 강남새북(江南塞北)으로 순찰을 갈 때마다 윤잉을 수도에 남겨두었다. 뭇 신하들은 윤잉이 황위를 계승하는 것이 정해진 것이나 다름없다고 보고 잇달아 그에게로 기울어져 갔으며 윤잉도 신료와 문객들을 끌어들여 명성과 위세가 날로 높아졌다.

1711년 누군가 열하행궁에 있는 강희제에게 모든 대신들이 거의 다 태자가 있는 곳에 모여 술을 마시면서 도당을 이루고 있다고 밀고했다. 강희제는 태자당이 황위를 찬탈할까 의심되어 북경으로 돌아와 도통 악선(鄂繕), 병부상서 경액(耿額) 등을 체포하고 태자에게 빌붙어 도당을 만들었다고 꾸짖고 처벌했다. 그리고 윤잉이 어질지 못하고 불효하다고 하여 이듬해에 황태자를 폐하고 감금했다. 조정의 신료들은 태자 폐립사건으로 진퇴양난에 빠져 매일같이 벌벌 떨었다. 감금된 윤잉은 명반의 물로 종실 보기(普奇)에게 비밀 편지를 써 자기를 대장군으로 추천해달라고 했다. 사후 강희제가 보기를 처벌했다. 강희제는 윤잉이 폐립된 후 윤사가 황제자리를 넘보고 있다는 사실을 눈치 채고 황자가 정변을 일으킬까 걱정되어 윤사를 엄하게 감시했다.

1717년 강희제는 모든 황자와 대신들을 궁으로 불러들이고 폐립에 대해 생각하지 말라고 경고하며 계승자를 이미 정했음을 암시했으나 누구인지는 밝히지 않았다. 1722년 11월 강희제가 병으로 침궁에서 죽자 "넷째 황자 윤진의 인품이 귀한 고로 짐의 뒤를 이어 황제의 자리에 오르도록 하라"는 유조가 전해졌다. 윤진이 즉위하고 이듬해 연호를 옹정(雍正)이라고 했다.

5. 전제통치의 강화

옹정제는 45세에 황위를 계승한 후 재위 13년간 강경 조치를 취하여 강희제 만년의 묵은 폐단을 바로잡았다. 악습이 누적되어 고치기 어렵던 청나라 정국이 한때 진정되는 기세를 보였다.

전제통치를 강화하고 정국을 정돈하다 옹정제는 여러 황자들과의 황위 쟁탈 투쟁을 거쳐 황위에 올랐으며 즉위한 후 윤사와 열세 번째 동생 윤상(胤祥), 대학사 마제(馬齊), 상서 융과다(隆科多)에게 국가 대사를 맡겨 정세를 안정시켰다. 그는 또 윤제(胤禵)를 북경으로 불러 능원을 지키게 하고 병권을 해제시켰다. 도당을 이루는 묵은 폐단을 없애기 위해 이후부터 황위 계승자는 황제가 직접 이름을 적어 밀봉된 함 안에 넣는다고 선포했다. 황제가 죽은 후 함을 열고 유조에 따라 황위를 잇는 것을 '밀봉건저(密封建儲)'라고 불렀다. 더 이상 황태자를 세우지 않아 붕당을 퇴치했다.

붕당을 제거하다 옹정제는 《붕당론》을 저술하여 제왕과 대신이 붕당을 만든 것은 죽을 죄를 지은 것이라고 꾸짖었다. 윤잉(允礽. 황제에 오르는 것을 회피하기 위해 胤 을 允으로 고쳤음)은 감옥에서 죽었다. 윤당(允禟)과 윤아(允䄟我)가 윤사(允禩)와 같은 파였던지라 옹정제는 윤당을 서녕(西寧)으로 보내 주둔케 하고, 윤아는 몽골로 보내 철포존단파(哲布尊丹巴)에게 제사를 올리라고 했다. 윤아가 도중에 병을 핑계로 가지 않자 북경에 구금시켰다. 윤당은 파면시키고 서녕에 연금시켰다가 후에 보정(保定)으로 압송하고 이름을 '새사흑(塞思黑)'라고 고쳤다. 윤사의 황실 종적(宗籍)을 취소하고 감옥에 가둔 후 이름을 '아기나(阿其那)'라고 고쳤다. '아기나'와 '새사흑'은 만족어로 욕하는 말이었다. 이후 두 사람은 감옥에서 죽었다. 윤사를 추대하던 만족 귀족들이 모두 처벌되었다.

옹정제는 윤제를 북경으로 불러 천섬총독(川陝總督) 연갱요(年羹堯)에게 윤제의 무원대장군(撫遠大將軍) 업무를 인수하여 관할하게 했다. 연갱요는 서북의 군사업무를 주재한지 여러 해가 되고 많은 전공을 세웠던 인물이기에 날로 거만해져 관리를 등용할 때 주청을 올리지 않았는데 이를 '연선(年選)'이라고 불렀다. 옹정제는 그가 윤당과 서신을 주고받은 적이 있다는 것을 알았고, 또 사천순무 채정(蔡珽)이 그를 만사에 탐욕스럽고 잔인하다고 고발하자 그를 한산장경(閑散章京)으로 강등시켰다. 내각의 구경과도(九卿科道)가 옹정제의 비위를 맞춰 잇달아 연갱요를 탄핵했다. 옹정제는 연갱요를 체포해 북경으로 압송한 후 "반역을 도모했다"는 죄로 자진하도록 명령했다. 그의 아버지와 형은 관직을 박탈했다.

옹정제는 강희제가 믿고 의지하던 권신 융과다가 연갱요를 사사로이 감싸준 적이 있다고 의심하고 그의 태자태보 직함과 총리사무대신 직무를 박탈했다. 또 융과다네 집 하인 우륜(牛倫)이 뇌물을 받은 일이 터지면서 융과다의 이부상서 직을 파면하고 아이태(阿爾泰)로 보내 변경 업무를 돌보게 했다. 1727년 북경으로 불러 감옥에 넣었는데 이듬해에 감옥에서 죽었다.

호남사람 증정(曾靜)은 과거에서 낙방한 후 절강 여의중(呂毅中) 네 집에서 그의 아버지 여류량(呂留良, 이미 사망함)이 쓴 소수민족을 배척하고 만족을 반대하는 사상을 적은 저작물을 얻었는데 제자 장희(張熙)를 시켜 밀서를 가지고 천섬총독 악종기(岳鍾琪)를 찾아가 반청을 책동하게 했다. 악종기는 이를 옹정제에게 보고했다. 옹정제는 사람을 파견하여 증정을 북경으로 압송해오고 여류량은 부관육시(剖棺戮尸)하고 여익중은 참수했다. 증정과 장희는 자기가 죄를 지었다는 것을 인정했고 옹정제는 그들에게 절강 각지로 다니면서 잘못을 깨닫고 뉘우치게 된 자초지종을 설명하도록 했다. 또 증정과 장희가 잘못을 뉘우쳐 쓴 글과 옹정제가 반박한 조령을 합쳐 《대의각미록(大義覺迷錄)》으로 만들어 공포하고 시행함으로써 만족을 반대하는 사상을 없애고 사상통치를 강화했다.

관리의 품행과 치적을 정돈하다 강희제 때에 황자 제왕이 팔기 사무를 각각 관리했는데 옹정제는 이를 중단시키고 상삼기(上三旗) 대신과 시위(侍衛) 관리들이 제왕의 문하에 다니지 못하게 했다. 왕공이 관할하고 있는 호군(護軍)은 몽땅 금위군으로 고치고 만주, 몽골 좌령 아래에 2명의 친군만 남겼다. 청나라 초기에 만주 팔기 왕공과 부하는 노예제도가 남겨놓은 주종관계였고, 주인은 부하를 심판하고 처벌할 수 있었다. 옹정제는 팔기 도통의 칭호를 고산앙방(固山昻邦, 기의 장관)으로 고치고 더 이상 사사로이 처벌하지 못하게 했으며, 왕부의 직관을 보충하고 기 아래의 인원을 임명할 때는 황제의 허락을 받게 했다. 또 팔기 귀족이 법을 어기고 노복과 장정을 꾸짖고 때려죽이면 처벌한다는 조례를 만들었고, 노복과 장정은 조건부로 기에서 나와 평민이 될 수 있었다.

옹정황제는 불필요하고 나쁜 관리를 제거하면서 관리의 품행과 치적을 정돈했다. 그리고 강서, 호광, 직예, 산서 등 성의 탐욕스럽고 무능한 순무와 총독을 파면시키고, 각 성의 총독과 순무에게 수하 관리들을 정돈하라는 명령을 내렸다. 각 성의 총독과 순무는 감히 명령을 어기지 못했다. 조정의 각 부와 원도 명령을 받들고 소속된 관리를 유임, 전근, 휴직 등 세 가지로 선별해 많은 불필요한 관리들을 감축했다. 옹정제는 또 각 성의 총독과 순무에게 토지세를 철저하게 조사하게 하고 3년 내 적자를 메우게 했다. 그리고 가혹하게 분담시키고 그것을 은폐한 사건 등 조사과정에 드러난 여러 가지 폐단을 시정하게 했다. 적자가 생긴 것은 하급 관리가 챙기고 상사가 재물을 요구해서 생긴 것이라며 예물을 받고 그것을 은폐한 호부상서 서원몽(徐元夢)을 파면시켰다. 재고를 허위 보고한 강서순무와 포정사는 파면시켰을 뿐만 아니라, 집안 재산으로 곡물을 구매하여 창고에 돌려놓으라고 명령했다. 적자가 난 주와 현의 관리들도 파면하고 배상하게 했다. 토지세를 체납하는 것은 장기적으로 형성된 묵은 폐단이라 다 배상받을 수는 없었지만, 이로써 침탈과 횡령이라는 묵은 관습에 타격을 주었고 그 효과는 뚜렷했다.

청나라 초기에 명나라의 제도를 답습해 지세를 징수하고 '화모(火耗)'를 추가 징수했는데, 1냥 당 몇 전(錢)씩 추가할 수 있었다. 위에 상납하는 정액에 들어있지 않기 때문에 주와 현 관리들은 공개적으로 수탈하고 상사에게 뇌물을 주었다. 옹정제는 산서 관리의 건책을 받아들여 각 성의 화모를 포정사사 창고에 압송해 넣고 적자와 공용 경비를 모두 배상받은 후, 주와 현에 각각 나누어주어 '양렴(養廉)'의 용도로 쓰게 했다. '양렴'의 액수는 각 성마다 달랐는데, 민간의 부담은 여전히 무거웠지만 세금의 추가 징수를 제한하고 관료사회에서 공개적으로 횡령하는 것을 제약케 하는데 도움이 되었다.

옹정제는 황위에 오르기 전에 벌써 관료사회의 묵은 폐단을 잘 알았기 때문에, 즉위한 후 조서를 반포하여 관료사회를 "몰래 뇌물을 주고받고 사사로이 청탁을 하고 품성이 나쁜 관리가 함부로 인재를 천거하는 반면, 소박하고 올바른 품행을 가진 관리가 오히려 억압받고 기를 펴지 못한다"고 질책했다. 용렬한 관리를 감축함과 아울러 '실심실정(實心實政)'을 제창하여 관리의 품행과 치적을 정돈하고 진심으로 일하는 대신을 장려하여 고질적인 습관을 제거했다. 또 비절언사(秘折言事)제도를 수립하여 조정의 과도(科道)와 지방 관리들에게 관리의 우열, 백성의 생계 등을 비절(秘折)로 진언하게 함으로써 비절을 통해 각지의 상황을 살폈다. 또 '제기(緹騎. 밀탐)'를 설치하여 관리의 언행을 비밀리에 정탐하고 몰래 수시로 보고하게 했다.

군기처의 설립과 조세 개혁 청나라 초기에는 의정왕대신회의(議政王大臣會議)를 통해 군국대사를 결정했는데, 강희제가 황권을 강화한 후 의정회의의 권한이 약화되었다. 1725년 옹정제는 총리사무왕대신제(總理事務王大臣制)를 폐지하고 이듬해 내정에 군수방(軍需房)을 설치하고 서북용병 군수품을 몰래 장만했다. 1730년 군기방(軍機房)을 설치하고 윤상(允祥)과 장정옥(張廷玉) 등 권신들을 중요한 군사업무에 참가시켰다. 후에 군기처(軍機處)로 고치고 상설기관으로 만들었으며, 대학사, 상서, 시랑 몇 명을 선발하여 입직시킨 후 "재군기처행주(在軍機處行走)" 또는 "재군기대신상행주(在軍機大臣上行走)"로 명명했다. 또 내각 중서사인(中書舍人)을 선발하여 공문을 쓰고 문건을 보관하게 했는데, 그들을 군기장경(軍機章京)이라고 불렀다. 비록 이름은 군기사무처이지만 사실은 황제의 명령대로 정무를 처리하고 모든 군정요무를 처리했다. 의정왕대신회의는 점차 유명무실해지고 내각도 관례대로 정사를 처리하는 기관으로 되어버렸다. 군기대신은 만족과 한족을 병용했으며 매일 황명을 받들고 각종 문서를 처리하고 내외 관리들에게 일을 맡겼는데 이는 청나라의 통치 효율을 높여주었다.

청나라 초기에 호적은 민(民), 둔(屯), 장(匠), 조(灶) 네 가지로 나뉘었다. 16~60세의 남자는 정(丁), 여자와 미성년 남자는 구(口)라고 불렀고, 정은(丁銀)을 바쳐야 했다. 오래 실행하고 보니 인구에는 변화가 생겼으나 호구가 변하지 않아 죽었거나 도망간 사람의 정은도 호적에 있는 사람이 부담해야 했으므로 폐단이 많이 생겨났다. 옹정 때 대만과 동북지역을 제외하고 전국적으로 정은을 토지세에 넣어 징수하는 '탄정입무(攤丁入畝)'제도를 실행했다. 청나라는 명나라 때의 군호(軍戶)를 둔호(屯戶)로 고치고 군정은 둔정으로 고쳤다. '탄정입무'제를 실행하면서 둔정은(屯丁銀)도 둔지에 배부하여 징수했다. 장호(匠戶)의 정은은 '장반은(匠班銀)'이라고 하고 역시 토지세에 배부했다. 소금 생산에 종사하는 조호(灶戶)의 인구는 조정(灶丁)이라 불렸고, 염과(鹽課)가 징수하는 정은도 조지(灶地. 소금을 제조하는 땅)에 배부하여 징수했다. '탄정입무'란 사실은 땅 면적에 따라 조세를 징수하는 제도로 땅이 없거나 적은 농민, 둔정, 장정, 조정의 부담을 경감시켰고 실행한 후 도망가거나 은폐된 인구가 현저하게 감소되었다.

청나라 초기의 인구에는 '천민'이라고 있었는데, 여기에는 산서 악호(樂戶), 절강 타민(惰民), 안휘 세복(世僕), 광동 단호(蜑戶)가 포함된다. 옹정제는 인두세 개혁을 할 때 그들 '천민'의 천한 신분을 없애고 호적에 편입해 평민으로 만들었다.

변경 지역에 대한 통치 1723년 고실한의 손자 나복장단진(羅卜藏丹津)은 스스로 달라이 혼대길(渾臺吉)이라 칭하고, 화석특 몽골과 장족인들을 데리고 청나라에 반대해 나섰다. 나복장단진은 당시 무원대장군(撫遠大將軍)으로 있던 연경요 등 장병들에게 격패당한 후 분장하고 도망쳤다. 옹정제는 청해와 화석특 몽골을 기에 편입해 통치했다. 또 병부시랑 도리침(圖理琛)을 파견하여 러시아 사신과 함께 중러 북쪽 국경선(지금의 몽골과 러시아 변경)을 탐사한 후 정하게 하고 양국의 무역 관리 등의 사항을 협의 결정하고 1727년《캬흐타 조약》을 체결했다. 막북과 서북 지역에 대한 통치를 강화하기 위하여 옹정제 때에 과포다(科布多), 오리아소대(烏里雅蘇臺) 및 동북 지역의 후룬베이얼(呼倫貝爾) 등에 성을 쌓고 군사를 주둔시키고 양식을 비축했으며 서북지역에서 둔전을 실행하여 서북으로부터 동북까지의 국경 수비를 강화하고, 또 현지 여러 민족에 대한 통치를 강화했다.

청나라 초기에 운남, 귀주, 호남, 광서 등 성에 거주하는 이족, 태족, 묘족, 요족, 장족(壯族) 등 소수민족은 각각 한족과 다른 봉건농노제와 노예제를 실행했고, 씨족부락의 습관이 남아있었다. 각 민족 통치자는 명나라 때에 수여받은 선위사(宣慰使), 선무사(宣撫使) 및 토지부(土知府), 토지현(土知縣) 등의 칭호를 물려받았고 여전히 전통적인 제도를 답습하여 교체됐는데, '토사(土司)', '토관(土官)'이라고 불렸다. 옹정 때에 이들을 '유관(流官)'으로 바꾸고 조정이 직접 임면, 경질시켰는데 이는 여러 민족 통치자의 저항을 불러일으켰다. 청나라 조정은 군사를 파견하여 저항을 진압하고, 일부 토사와 토관은 유관으로 바꾸고, 일부 토관과 토사는 외성에 이주시켜 안치시켰다. 이렇게 현지의 통치제도를 개혁하고 관병을 파견하여 주둔시켰는데 이를 '개토귀류(改土歸流)'라고 했다. 운남에는 란창강(瀾滄江) 밖의 차리(車里) 등 곳에만 토사제도를 보류했다. 귀주의 고주(古州)를 중심으로 하는 묘강(苗彊)은 오랫동안 외계와 단절되어 청나라의 범죄자가 도망쳐 숨는 곳으로 되었다. 청나라 조정은 군사를 보내 고주 등 성과 마을을 공격하여 묘족, 포의족(布依族) 등 민족을 항복시키고, 고주, 대공(臺拱) 등에 성을 쌓은 후 유관(流官, 조정에서 임명한 정식 관리 – 역자 주) 통치로 바꾸었다. 광서에는 토관이 매우 많았는데 청나라 조정은 세력이 가장 강한 사성(泗城) 토지부 잠영신(岑映宸)을 절강에 보냈다. 사명(思明) 토지부 황관주(黃觀珠)는 유관으로 임명해달라고 스스로 청을 올렸다. 기타 각지 주민들이 소식을 듣고 앞 다투어 투항했다. 청나라 조정은 토사제도를 폐지하고 청나라에 투항한 토관을 대부분 유관으로 바꾸었다. 호남 토사는 내지와 바로 잇닿아 있어 토민의 저항을 탄압할 힘이 없었기 때문에 어쩔 수 없이 "도장을 바치고 토사 자리를 내놓았다(繳印納土)". 청나라 조정은 투항한 토관을 유관으로 임명하거나 외지에 이주시킴으로써 '개토귀류'를 순조롭게 완성했다.

운귀 등 지역에서 '개토귀류'를 할 때 서장에서 전란이 일어났다. 서장에 주둔한 관병들이 7세 달라이의 안전을 지켜냈고, 전란이 평정된 후 주청을 올려 갈륜(噶倫) 관직을 보충함으로써 서장에 대한 통치를 공고히 했다. 준갈이부 수령 책왕아랍포탄이 서장을 침범하여 소요를 일으켰다가 실패하고 병으로 죽은 뒤 그의 아들 갈이단책령(噶爾丹策零)이 왕위를 계승하고 계속 청나라와 맞섰다. 1732년 군사를 데리고 객이객 몽골을 침략했다가 청군에 의해 격파되자 강화를 요청했다. 1735년 3월에 강화를 하여 준갈이부는 유목을 하되 알타이산을 넘지 못하고 객이객 몽골은 유목을 함에 있어 찰복감(扎卜堪)을 넘지 않기로 합의를 맺었다.

1735년 8월 옹정제가 병으로 죽었는데 당시 58세였고 묘호는 세종(世宗)이라고 했다. 밀서를 직접 작성하여 넷째 황자 홍력(弘曆)에게 황위를 물려주었다. 이듬해 연호를 건륭(乾隆)이라고 고쳤다.

1. 건륭제의 통치 확립

건륭 초기의 정치 건륭제는 25세 때에 황위를 계승했는데 즉위하기 전에는 책읽기에 골몰하고 한족의 시문을 좋아했으며 스스로 "바깥일을 전부 경험하지 못했다"고 했다. 그는 아버지와 조상의 유업을 계승하여 성과를 이루기를 바랐으며 "너그러움과 엄격함을 겸용하는 것"을 시정 방침으로 삼고 전대에 이미 심리를 끝내고 판결을 내린 중대한 사건을 다시 처리했다. 옹정제가 구금한 윤아, 윤제에게 관용을 베풀고 이미 죽은 윤지(允祉)는 보첩(譜牒)에 수록했으며 윤사, 윤당 자손에게 홍대(紅帶)를 주고 그들의 종적(宗籍)을 회복시켰다. 기타의 죄를 지어 명호를 취소당하고 종적을 박탈하고 자손의 옥첩을 취소당한 자에게는 경우에 따라 각각 홍대, 자대(紫帶)를 하사하고 옥첩에 수록함으로써 황족 종실의 지지를 얻으려고 했다. 왕경기(王景祺), 사사정(查嗣庭)의 족인들을 사면해주어 한족 문인들의 지지를 얻어냈다. 백성이 토지세를 10년 이상 체납했을 경우 면제해주었다. 그 후 각지에 수재나 한재 같은 재해가 들면 매번 구제해주고 세금을 감면해 주었다. 1745년에 이듬해의 토지세를 전국적으로 면제해준다는 조서를 발표해 칭송을 받았다.

건륭제는 즉위한 후 여러 가지 방식으로 한족 문사를 선발해 등용했다. 각 성과 조정 대신들에게 '박학홍사(博學鴻詞)'를 천거하라는 명령을 내렸으며 건륭 원년에 176명에게 어시(御試)를 보게 하고 그중에서 유륜(劉倫) 등 1등 5명, 진조륜(陳兆崙) 등 2등 10명을 뽑아 각각 한림원의 편수(編修)와 검토(檢討)라는 관직을 주었다. 정례 과거시험도 합격자 정액을 증가했다. 1737년의 전시에서 건륭제는 직접 답안지를 채점하고 순위를 매겼으며, 또 한림원과 첨사부(詹事府) 관리들을 직접 시험 쳐 승진시킬지 강등시킬지를 결정했다. 내각학사 방포(方苞)에게 과거 응시 독본을 편찬하게 하여 거업의 지침서로 삼았다. 또 각 성에서 경학을 열심히 연구하는 사람들을 추천토록 하여 국자감 관직을 주었다. 문사와 유생을 탐방 조사하는 방법이 많아지고 문화사상에 대한 통치가 뚜렷하게 강화되었다.

건륭제는 계속 황실과 대신에 대한 통제를 강화했다. 1736년 윤례(允禮)가 제천 행사에 병을 핑계로 참가하지 않았다고 그의 친왕 쌍봉(雙俸)과 호위를 삭탈했다. 윤례가 병으로 죽은 후 건륭제는 윤록(允祿)과 윤잉(允礽)의 아들 홍절(弘晳), 윤기(允祺)의 아들 홍승(弘昇), 윤상(允祥)의 아들 홍창(弘昌) 등이 "왕래가 묘연하다"는 이유로 종인부에 넘겨 심사 처리하게 했는데, 홍절, 홍승, 홍창은 작위를 삭탈했거나 감금했고, 윤록은 친왕 작위와 의정대신 직무를 삭탈했다. 조정의 만족과 한족 대신들이 도당을 만드는 것을 방지하기 위해 건륭제는 "더욱더 공손하고 조심성을 갖추라"고 군기대신 악이태, 장정옥을 여러 차례 훈계했다. 악이태의 문생이고 좌부도어사인 중영단(仲永檀)이 악이태의 아들이며 첨사부(詹事府) 첨사인 악용안(鄂容安)과 몰래 도당을 만들어 서로 돕고 있으니 악이태의 관직을 삭탈하고 체포하여 심문하라고 왕대신이 주청을 올렸다. 악용안은 관직을 삭탈당하고 중영단은 감옥 안에서 죽고, 악이태는 여전히 원래 벼슬자리에 머물러 있다가 얼마 후 병으로 죽었다. 장정옥도 본가에 사판(仕版)에 오른 사람이 너무 많은 탓에 탄핵을 받았는데 나이 들고 병이 있다는 핑계로 휴직을 시키고 백작 작위를 삭탈했으며, 후에 수도에서 병으로 죽었다.

황제와 황후의 순행과 황실의 사치 건륭제는 즉위한 초기에 "검소함을 몸소 행한다"고 표방했다. 황권통치가 안정된 후 경제가 점차 발전하면서 날로 사치해졌다. 건륭제는 북경에서 태어나 만주 고향의 풍토를 알지 못했다. 1743년 성경으로 가 조상의 능을 참배했다. 생모인 뉴고록씨(鈕鈷祿氏) 황태후를 모시고 동행했다. 성경에 도착한 후 큰 잔치를 베풀어 능에 제사를 지내고, 또 하례를 행하여 문무 관리들에게 후한 상을 내렸다. 그 후 해마다 남북 각 성을 순행했다. 동쪽으로 태산, 서쪽으로 오대산(五臺山), 남쪽으로 강남을 순행했는데 이를 동순(東巡), 서순, 남순이라고 불렀다. 왕공대신과 수종들은 이르는 곳마다 사치하고 화려한 것을 추구했고 돈을 물 쓰듯 했다. 여기에 무수한

인력과 재력이 들어갔다. 정규 항목의 토지세가 모자라니 세도가와 민중들에게 돈을 기부하게 할 수밖에 없었고, 심지어 염인(鹽引)을 주는 방법으로 염상의 도움을 받았다. 순행은 전대에 모은 돈을 소모했고 사치스러움과 탐오라는 퇴폐한 풍기를 조장했다.

궁정생활도 날로 사치스러워졌다. 1751년 태후 환갑을 경축하기 위해 왕과 대신들은 만수산에서 황궁까지 가는 길에 각 성의 총독과 순무를 시켜 경단(經壇)과 무대를 짓게 할 것을 제안하는 주청을 올렸으며, 서로 다투어 헌납하느라 안간 힘을 썼다. 북경에 있는 만족과 한족 문무관리들은 모두 한 급씩 승진했고, 기타 사람들에게도 상이 내려졌다. 황실의 낭비는 실속 없이 겉치레만 중시하는 기풍을 조장했으며 관리들이 더욱 거리낌 없이 탐오와 협박을 하도록 했다.

2. 국경 전쟁과 사상통치의 강화

1755년 이후 청나라 변방에서는 전쟁이 빈번하게 일어났고 황실의 귀족은 날로 부패해져 가자 나라가 흥성하던 데서 나날이 쇠퇴해져 갔다.

서북과 서남의 전사 옹정제 때에 준갈이부 갈이단책령을 격파시키고 경계를 정해 유목을 하게 했다. 갈이단책령이 죽은 후 그의 증손 달와제(達瓦齊)가 휘특부(輝特部) 아목이살납(阿睦爾撒納)과 싸웠다. 아목이살납은 싸움에서 지자 청나라에 투항하고 달와제를 공격하라고 청나라에 제안했다. 1755년 2월 청군이 이리(伊梨)로 들어가 아목이살납을 북부장군(北副將軍)으로 임명하자 액로특 각 부의 사람들이 앞 다투어 청나라에 투항했으며 청군은 싸우지도 않고 이리에 도착했다. 그리고 이리 서북 격등산(格登山)으로 퇴각해 있던 달와제 대영을 공격했다. 달와제는 패잔병을 거느리고 오십(烏什)으로 도망갔으나 위구르족 아기목백극(阿奇木伯克) 곽길사(霍吉斯)에게 잡혀 청나라 군사에게 넘겨졌다. 청군은 천산 남북을 통제하고 준갈이부에게 잡혀 있던 이리의 위구르족 대화탁목(나의 '대탁목'이라는 뜻) 파라니도(波羅泥都)를 석방하고 그에게 천산 남로의 옛 부족을 통치하게 했다. 아목이살납은 네 부를 독단하려 했고, 청군은 그를 조정으로 불러 휘특한으로 책봉하려 했다. 아목이살납은 청나라의 정북장군(定北將軍) 반제(班第)를 습격해 죽이고 반란을 일으켜 천산북로(天山北路)를 공격했다. 일부 부족도 전란에 참가했다. 1756년 청군이 반격을 하자 아목이살납은 카자흐로 도망쳤다가 다시 러시아 경내로 도망가 병으로 죽었다. 청군은 준갈이부를 잔혹하게 진압했다.

아목이살납이 전란을 일으켰을 때 파라니도의 동생 화탁목(和卓木) 곽집점(霍集占)이 남부 신강으로 도망쳤으며, 1757년 청나라 부도통(副都統) 아민도(阿敏道)를 죽이고 파라니도에게 청나라를 반대하라고 부추겼다. 청나라 조정은 조혜(兆惠)와 부덕(富德)을 파견하여 진압했다. 화탁목은 전쟁에서 패하고 아극소(阿克蘇), 오십 등 곳으로 도망갔으나 현지 소수민족 수령들이 그들을 받아들이지 않았다. 파라니도와 곽집점은 각각 객십갈이(喀什噶爾)와 엽이강성(葉爾羌城)으로 퇴각했다. 청군이 군사를 나누어 진공하자 화탁목은 파달극산(巴達克山)으로 도망갔다. 곽집점은 병으로 죽고 파라니도는 현지 부락 수령에게 사로잡혔다. 천산 남로 위구르족이 잇달아 청나라에 투항했고 서포로특(西布魯特) 15개 부(키르기즈족)도 청나라에 귀순했다.

청나라는 천산 남북 각 성에 성을 관할하는 장관 백극(伯克)을 두고 약간의 크고 작은 성루를 나눠주었다. 세습제를 개혁하여 여러 성을 관할하는 대성장관(大城長官) 아기목백극(阿奇木伯克)은 청나라 조정이 임면했는데 대부분 청나라에 일찍 투항하고 전공이 있는 백극(伯克)이 맡았다. 청나라 조정은 또 판사대신(辦事大臣) 또는 영대대신(領隊大臣)을 각 큰 성으로 파견하여 주둔시켰는데 객십갈이(喀什噶爾), 이리, 탑이파합대(塔爾巴哈臺)에 주둔한 참찬대신(參贊大臣)이 각각 통솔하고 지방 사무를 관할케 했다. 후에 이리 등을 전체적으로 관리하는 장군을 두고 우루무치에 주둔하고 있는 도통(都統) 및 천산 남북 두 갈래 군대를 통합하게 하고 참찬대신을 통제 관리하게 했다.

이리저리 옮겨 다니는 네 위특랍(衛特拉) 몽골부를 기에 편입해 통치하고 각지의 참찬대신 또는 이리 장군이 각각 통일적으로 관리했다. 볼가강 하류로 이주해 유목생활을 하던 토이호특(土尔扈特)부가 악파석한(渥巴錫汗)의 지도하에 1771년 되돌아왔다. 건륭제는 열하에서 악파석을 접견하고 그를 옛 토이호특부의 탁리극도한(卓理克圖汗)으로 책봉했으며, 부족 사람들은 기에 편입하여 천산 남북에 안치하고 유목생활을 하도록 했으며, 이리장군이 그들을 관리했다. 악파석과 함께 돌아온 대길사릉(臺吉舍楞)은 새 토이호특부의 필리극도군왕(弼哩克圖郡王)으로 책봉하고 부족 사람들도 기에 편입해 통치했으며, 알이태에서 유목생활을 하게 하고 과포다(科布多) 참찬대신이 그들을 관리했다.

사천 서부 금사강(金沙江) 상류에 강이 두 갈래로 나뉘어져 있었는데 대금천(大金川)

과 소금천(小金川)이라고 불렀으며 장족 부락의 거주지였다. 대금천의 수령 사라분(莎羅奔)은 강희제 때에 금천안무사(金川安撫使)로 책봉되어 천섬총독의 관할을 받았다. 사라분은 그 곳에 웅거하고 있으면서 소금천과 인근 토사의 지방을 점령함으로써 그들과 원한을 맺고 싸웠다. 1747년 건륭제는 운귀총독 장광사(張廣泗)를 천섬총독(川陝總督)으로 임명하고 3만 명의 군사를 주어 금천을 공격하게 했다. 소금천의 수령이 와서 투항했다. 사라분도 투항하려 했지만 건륭제는 "투항한다고 쉽게 받아주고 얼렁뚱땅 넘어갈 수 없다", "반드시 사라분을 사로잡아야 한다"며 투항을 허락하지 않았다. 청나라 조정이 투항을 받아주지 않으니 사라분은 부하들을 데리고 저항했고 청군은 앞으로 더 나가지 못했다. 이듬해 정월 또 군사 1만 명을 증가하여 진공했으나 여전히 진전이 보이지 않았다. 4월 건륭제는 대학사 납친(納親)을 사천에 파견하여 군대를 통솔하게 했으며 8월에 맹공격을 개시했으나 아무런 공도 세우지 못하고 퇴각했다. 납친은 "군비와 병력을 낭비한다"고 장광사를 탄핵하는 상주를 올렸다. 장광사는 파직당하고 사형당했다. 납친은 북경으로 소환되어 처벌을 받았고 이듬해에 사형을 당했다. 건륭제는 또 대학사 부항(傅恒. 만주 상황기 사람)을 사천으로 파견하여 군무를 다스리게 했다. 이 일은 워낙 부락 간의 갈등으로 일어난 것이지만 건륭제가 투항을 받아들이지 않은 탓에 많은 군사를 잃고 재물을 허비했다. 시간이 지나니 건륭제는 점차 자기 잘못을 깨닫고 뉘우치며 "여러 생각을 하면서 밤잠을 이루지 못한다"고 하면서 부항에게 조령을 내려 사라분의 투항을 받아들인 후 군사를 데리고 돌아오게 했다.

1771년 대금천과 소금천의 인근 부락이 또 약탈당하자 청나라 조정은 대학사 온복(溫福)에게 군사를 데리고 가 진압하도록 했으나 완강한 저항을 받았다. 1773년 온복이 죽고 청군은 크게 패했다. 건륭제는 군대를 수행하던 전 운귀총독 아계(阿桂)를 정서장군(定西將軍)으로 임명하고 군사를 증파하여 다시 출전시켰다. 1775년 청군은 대포를 이용하여 대금천의 병영을 함락시켰다. 사라분의 종손이자 대금천의 수령인 색낙목(索諾木)은 할 수 없이 투항하여 북경으로 압송됐다가 처형당했다. 이번 전쟁은 5년간이나 지속됐으며 청나라 조정은 수만 명의 병력을 동원하고 7천만 냥의 은을 소모했다. 대금천과 소금천의 부락은 흩어져버리고 많은 백성이 죽거나 다쳤다. 전쟁이 끝난 후 청나라 조정은 이른바 '개토귀류'를 실행하고 내지의 제도에 따라 관리를 두어 통치했다.

미얀마 침략 전쟁　미얀마의 여러 방(邦, 도시 국가)들 간에 서로 정벌전쟁이 벌어졌다. 상버마(上緬甸)의 옹적아(雍籍牙)가 승리하고 목방(木邦)의 수령이 전패해 운남(云南)으로 도주했으나 운귀(云貴) 총독 오달선(吳達善)에게 살해당했다. 옹적아의 군대가 운남으로 들어가 목방의 수령을 추적 수색했다. 1766년 청조정이 섬감(陝甘) 총독 양응거(楊應琚)를 운귀 총독으로 전직시켜 군사를 이끌고 옹적아군을 토벌하게 했다. 양응거는 승전했다고 거짓 상소를 올렸는데 건륭제(乾隆帝)가 조사해 사실이 밝혀지자 그를 파면시켜 북경으로 소환해 스스로 목숨을 끊도록 명했다. 이리(伊犁) 장군 명서(明瑞)가 후임으로 황명을 받아 미얀마에 대한 전쟁을 발동했다. 그런데 주력군이 미얀마의 수도 아바로 진군하다가 저지당하는 바람에 목방에서 미얀마군에 포위당했다. 명서는 포위를 뚫고 운남으로 퇴각했지만 중상을 입고 스스로 목매 자살하고 청군은 막중한 손실을 입었다.

청조정은 대학사 부항(傅恒)을 경략(經略)에 임명하고 아계(阿桂)·아리곤(阿里袞)을 부장군으로 삼아 병력을 증파해 1769년에 재차 미얀마로 진군하게 했다. 결국 이리와디 강어귀에서 미얀마군을 격파했으나 노관둔(老官屯, Kaungtong)에서 저지를 당했다. 아리곤이 병으로 죽고 부항도 병에 걸리자 상소를 올려 장려가 심각하다고 고하자 건륭제가 철군을 명했다. 부항은 제독(提督) 합국흥(哈國興)을 파견해 미얀마군 장수 묘왕모(眇旺模)와 평화 담판을 진행하도록 했다. 담판 결과 미얀마가 강점했던 운남 토사(土司)의 영지를 되돌려주기로 하고 청군은 미얀마에서 철군하며 쌍방이 포로를 서로 교환하기로 약속했다. 약 5년간 지속됐던 미얀마 침략전쟁은 그렇게 실패로 끝났다.

황실의 낭비　건륭제는 1751년부터 1784년까지 6차례나 남방을 순방했는데 소주(蘇州)·항주(杭州)·강녕(江寧) 산천의 경치를 감상하는 데만 열중했다. 유람 규모는 갈수록 커졌는데 황제가 경유하는 지역의 관료와 상인들은 황제와 황후의 환심을 사기 위해 길을 닦아놓았으며, 행궁에는 차일을 치고 공연무대를 설치했으며 행궁은 아름답게 장식하고 다양한 완상용 기물과 진귀한 보물들을 황제에게 바쳤는데 어느 것 하나 최상의 진품이 아닌 것이 없었으며 그에 소모한 비용이 강희제 남방 순방 때의 10배가 넘었다. 관리들은 황제를 영접한다는 명분으로 여러 방법을 동원해 백성들을 갈취했는데, 만년에 이르러서는 건륭제 스스로도 남방 순방으로 백성을 혹사시키고 물자를 낭비했다고 인정하지 않을 수 없었다. 남방 순방에서 강절(江浙, 강소성과 절강성) 일대와 경유지의 조세를 감면해주어 조정의 수입이 크게 줄어들었지만 백성들은 실제적인 혜택을 얻지 못하고 오히려 노역과 액외 증파가 더 늘어났다. 남방 순방 후 피서산장과 북경의 3산(만수산[萬壽山] · 옥천산[玉泉山] · 향산[香山]) · 5원(원명원[圓明園] · 장춘원[長春園] · 기춘원[綺春園] · 정명원[靜明園] · 정의원[靜宜園])을 확장 건축했는데 소주와 항주 등지의 누각을 모방해 건설하는 바람에 막대한 재력과 물력을 허비했다.

황실의 경축의식을 거행하는데 들어가는 비용은 놀라울 지경이었다. 황태후의 칠순과 팔순 잔치에 축전을 거행했는데 낭비가 막대했다. 1780년에 건륭제가 피서산장에서 자신의 칠순 잔치 벌였는데 왕공대신들이 앞 다투어 찾아와 아첨했다. 불상 한 가지를 만드는데 은 32만 1천 여 냥이 들었으며, 금은 · 옥기 · 진주 · 골동품 등이 부지기수로 들어갔다. 팔순 잔치 때는 축전이 열하(熱河)에서 수도까지 이어졌는데 몽골 · 위구르 등 부족의 수령들과 안남(安南)국왕 원광평(阮光平), 조선 · 남장(南掌) · 미얀마 등 국가의 사신들도 생신을 축하하러 왔다. 내무부(內務部)와 호부(戶部)가 각각 140여 만 냥씩 내고, 양회(兩淮)의 염상(鹽商)들이 은 2백 냥을 바쳐 원유(園囿, 황실 화원)와 서산에 이르는 복도(復道) · 정자 · 누대 · 사찰을 단장케 하고, 열하에서 북경에 이르는 채색 등을 꾸미는데 썼으며, 부(部) · 원(院)의 대신들과 각 성의 도독 순무장군이 다투어 진귀한 보물과 완상용 기물을 바치는데 그에 허비한 비용이 이루 다 헤아릴 수도 없을 정도로 많았다.

황제의 생일이 사치스러운 건 더 말할 것도 없고 황자 · 공주의 축전에도 돈을 물 쓰듯 했다. 화효(和孝)공주가 화신(和珅)의 아들 풍신은덕(豊紳殷德)에게 시집 갈 때 건륭제는 친왕의 예(例, 법식)에 따라 대량의 토지와 노복을 하사했으며, 혼수품을 일곱 가지로 크게 분류했는데 사치스럽고 호화롭기 그지없었다. 이외에도 국고의 은 30만 냥을 하사했다. 예부(禮部)와 각급 관원들이 보낸 선물의 가치가 수백만 냥에 달했다.

팔기(八旗)의 분화　황실의 사치스러운 기풍은 왕공 귀족의 실속 없이 겉만 화려한 허례허식을 부추겼다. 종실 왕공 중에서 예(禮, 대선[代善]을 최초로 봉함) · 정(鄭, 지르하란[濟爾哈朗]) · 예(睿, 도르곤[多爾袞]) · 예(豫, 도도[多鐸]) · 숙(肅, 호격[豪格]) · 장(庄, 석새[碩塞] · 박과탁[博果鐸])등 여섯 친왕(親王)과 극근(克勤), 악탁(岳托) · 순승(順承, 늑극덕혼[勒克德渾]) 두 군왕(郡王)의 세습지위는 고정불변하는 것이었으므로 '철모자왕'으로 불렸었다. 옹정(雍正) 때에 봉한 이친왕(怡親王) 윤상(允祥)도 세습지위가 고

정불변이었다. 그 아래 종실 귀족들도 대다수가 봉작을 받았다. 봉작된 후에는 후한 대우를 누렸으며 대량의 장원과 인구를 소유하고 거액의 급료를 탈 수 있었다. 공신과 외척들도 대다수가 세작(世爵)에 봉해졌으며 후한 봉록을 받았다.

봉작 받은 왕공과 공신들 및 그 후대들은 급료 외에 녹미(祿米)도 받을 수 있었으며 혼례와 장례가 있을 때면 별도로 황제가 상을 내리곤 했다. 높은 관직과 후한 봉록은 실속 없는 허례허식의 습성을 키워 대규모의 호화 주택과 원유(園囿)가 조성됐다. 간덕친왕(簡德親王) 덕패(德沛)가 건설한 별장에는 백은 수만 냥이 허비됐다. 충용공(忠勇公) 부항(傅恒)의 관저는 마치 봉래(蓬萊)의 선경을 방불케 해 사람들은 늘 회랑과 구불구불한 난간들 속에서 길을 잃을 지경이었다. 대학사 화신(和珅)의 원유는 "원명원의 봉도(蓬島)·요대(瑤臺)와 다를 바 없었다". 저택과 원유의 건설비용은 대다수가 하급 관리들이 바친 뇌물에서 온 것이었다. 왕공 자제들은 어려서부터 작위를 세습해 극장과 도박장에 빠져 지냈으며 무리를 지어 도박하고 기생 놀이에 이르기까지 못하는 짓이 없었다. 역사 기록에 따르면 건륭제의 여덟째 아들 영선(永璇)은 주색잡기에 빠져 일을 그르치곤 했으며, 열일곱째 아들 영린(永璘)은 놀기를 좋아했고 기생을 좋아했다. 왕공 부잣집 자제들은 늘 동성(東城)의 한 사찰에 모여 도박을 하면서 기생을 두고 밤낮없이 음탕하고 무절제한 삶을 살았다. 부패한 기풍은 군 장수와 병사들에게까지 침투되어 활쏘기와 말타기 연습을 하던 습속이 폐지되고 만족 언어와 문자도 점차 잊혀져갔으며 전투능력은 현저하게 약화되었다.

팔기인들은 낡은 제도에 따라 법을 어겨도 형량 등급을 낮출 수 있는 특권을 누렸으며, 한 명 당 청나라 초기(淸初)에 경계선이 확정된 밭 30무(畝)씩 분배 받고 조세와 부역을 부담하지 않아도 되었다. 기병(旗兵)은 또 직위별로 매달 향은(餉銀) 1~4냥, 곡식 3~4곡(斛)씩 나눠주었으며, 외지에 나가 참전할 경우에는 별도로 '행량(行糧)'을 나눠주곤 했다. 그들에게 분배해 준 밭은 여전히 한인들이 경작하며 조세를 납부했으며, 기인들은 가만히 앉아서 소작료만 받아 챙겼다. 대다수 기병들은 수도에 상주하면서 농사도 짓지 않고 전쟁에도 참가하지 않았다. 게다가 훈련을 게을리 했으며 떼를 지어 경성에서 빈둥거리며 사처로 돌아다니지 않으면 무리를 지어 메추라기 싸움이나 귀뚜라미 싸움을 붙이거나 도박과 기생 놀이를 하곤 했다. 팔기의 병사들은 만족의 용맹스럽고 싸움을 잘하는 전통을 점점 잃어갔다. 외지에 주둔하며 수비하는 팔기 병사들도 부유한 생활을 하며 안일하게 지내느라 오랫동안 훈련을 하지 않았고, 군영의 병장기들도 대다수가 녹슬어 망가졌다. 그러니 전쟁이 나면 녹영(綠營)의 군사와 색륜(索倫)·시버(錫伯) 등 군사들을 동원해 전쟁에 내보내는 수밖에 없었다.

청나라의 규정에 따라 팔기의 병사들은 상공업을 경영할 수 없으며, 군량과 급료·지조로만 생활해야 했다. 생산은 하지 않고 인구는 늘어 수입으로 지출을 감당할 수 없게 되면 빚을 내거나 땅과 가옥을 팔아 돈을 만들어야 했으므로 곤경에 빠지곤 했다. 팔기의 생존문제를 해결하기 위해 건륭제는 상을 늘려 빈곤한 가구를 구제하고, 국고를 헐어 팔기인들이 한(漢)인에게 팔아넘긴 밭을 되사들이며, 군사 정원을 늘리고, 한(漢) 군이 "팔기를 나가 평민이 되어" 달리 생계를 찾도록 허용하였으며, 북경의 만주인을 동북의 라림(拉林) 등지로 이주시켜 황무지를 개간하도록 하는 등의 조치를 취했다. 그러나 이는 일시적인 완화조치일 뿐 장기적으로 문제를 해결할 수는 없었다. 라림 등지로 이주시킨 만주인들이 잇따라 도주해 북경으로 돌아왔다. 팔기의 생계문제가 불거진 것은 만족의 빈부 격차가 커졌음을 반영하는 것이며 통치에 위기가 나타났음을 보여주었다.

사상통치 1755년부터 청나라의 통치가 점점 쇠약해졌으며 한인에 대한 의심과 방비도 따라서 깊어져 청조정이 민간의 만주족 반대사상을 통제하기 위한 문자옥(文字獄)이 끊이지 않았다. 1757년에 건륭제가 남방을 순방하던 중 하남(河南)성 하읍(夏邑)에서 향신(鄕紳) 팽가병(彭家屏)이 소장한 팽씨 족보를 수색해냈는데 족보에 팽씨 성이 황제(黃帝)에게서 얻은 것으로 되어 있었다. 이를 두고 "제왕의 후손임을 자처하는 것"이라고 했으며, 또 만력(萬曆) 연호의 '역(曆)'자(건륭제 이름 홍력[弘曆]에 역[曆]자가 있음)를 피하지 않은 것은 "군주가 안중에 없기 때문"이라고 질책했다. 그 일로 팽가병에게 자진할 것을 명했고, 그 아들은 참감후(斬監候, 현재의 사형유예) 판결을 내렸으며, 가산은 몰수해 관아로 돌림으로써 대대적인 문자옥을 일으켰다. 1767년에 채현(蔡顯, 자는 한어[閑漁])의 시문집 《한어한한록(閑漁閑閑錄)》에서 고대 사람이 자모란(紫牧丹)을 읊은 시구 중의 "자모란이 상품으로 불리는 것은 붉은 모란의 순수한 빛깔을 빼앗아 이 종이 왕을 자처하는 것이다"라는 구절을 인용했는데 "모함과 패역의 의미가 담겨 있다"고 누군가 고발했다. 건륭제는 그 시문집을 친히 찾아서 읽고 또 책에서 "대명세(戴名世)가 《남산집》을 썼다가 기시(棄市)형을 당하고 전명세(錢名世)가 연갱요(年羹尧) 사건으로 죄를 얻었다"라는 구절은 "불순한 자들과 한 무리가 되는 것을 원하는 것"이라며 채현의 목을 베고 그 가솔들에게까지 죄를 물었다. 절강(浙江) 천대(天臺)현 생원 제주화(齊周華)는 자신이 쓴 글《명산장초집(名山藏初集)》등을 순무 웅학붕(熊學鵬)에게 올려 서문을 써줄 것을 청구했는데, 웅학붕이 건륭제에게 상소를 올려 책 속에 여유량(呂留良)을 떠받드는 문자와 불만스럽고 불순한 구절이 있다고 고했다. 건륭제는 제주화를 능지처참하고 그 자손들을 참감후 형벌에 처하라고 명했다. 과거시험에 떨어진 왕석후(王錫侯)가 검색의 편리를 위해《강희자전(康熙字典)》을 간추려《자관(字貫)》을 편찬했는데, 그와 원수사이인 자가 황제에게 이를 고해 바쳤다. 건륭제는 책 앞의 범례에서 강희·옹정·건륭 세 황제의 이름을 열거한 것을 발견하고 이를 "대역무도한 짓"이라며 왕석후의 목을 베고 그 자손들은 참감후 형벌에 처했다. 강소(江蘇)성 동대(東臺)현의 채가수(蔡家樹)가 그와 원수 사이인 서술기(徐述夔)의《일주누시(一柱樓詩)》중에 금기에 저촉되는 부분이 많다고 고발했다. 이에 건륭제는 군기대신 등에게 맡겨 심의 처벌하도록 했다. 군기대신 아계(阿桂) 등이 엄격한 심의를 거쳐 서술기가 여유량의 사설을 인용해《일주누시》에서 "이치에 어긋나는 황당무계한 말을 함부로 늘어놓았다"며 그 중 "내일 아침 혹은 어느날엔가 학이 나래를 펼치듯 높이 날아 단번에 청나라의 수도로 날아갈 수 있었으면(明朝期振翮, 一擧去清都)"이라는 구절(한자의 또 다른 발음에 따라 이 구절을 "명나라를 회복하고 일거에 청나라를 제거하자"는 뜻으로 왜곡함)이 "명나라를 회복하자는 의미를 담고 있다"고 고해 바쳤다. 그로 인해 서술기와 그의 아들은 죽임을 당한 뒤 시신이 갈기갈기 찢기는 혹형에 처해졌다. 그 손자 및 시문의 교정과 판각에 참여한 자들은 참감후 형벌에 처해졌다. 강소성 포정사(布政使) 도역(陶易)은 "대역죄를 눈감아준" 책임을 물어 참수형에 처해졌고, 양주(揚州) 지부(知府)·동대(東臺) 지현(知縣)에게는 처벌을 제대로 하지 않은 죄를 물었다. 1781년에 연로해져 관직에서 물러난 원 대리사경(大理寺卿) 윤가전(尹嘉銓)이 자신의 아비 윤회일(尹會一)에게 "시호를 하사해주십사"하고 주청을 올리자 건륭제가 윤씨 가문의 가산을 수색해 몰수하라는 명을 내렸다. 그 과정에서 윤가전이 쓴《근사록(近思錄)》을 수색해냈는데 그 책에서 탕빈(湯斌)·육농기(陸隴其)·장백행(張伯行)·윤회일을 합쳐 "공자의 네 제자(孔門四子)"로 불렀으며 그들이 편찬한《붕당론(朋黨論)》은 옹정제의 이론과 취지가 서로 어긋난다고 본 건륭제는 윤가전을 처형하라고 명하고 또 성지를 내려 "본 조대의 황제는 영명해서 명신들에게 의지할 필요도 없고 또 간신들을 용납하지 않을 것"이라고 밝혔다.

문자옥은 대다수가 언어문자에서의 실수로 반역죄명을 쓰고 원수가 된 자로부터 모함을 받았으며, 관료의 스승과 벗들은 이에 연루될까 두려워하여 민심이 어지러워졌다. 1781년 후에 문자옥이 점차 멈추는 듯해지자 또 서적을 금지 소각하는 물결이 일어났다.

1772년에 건륭제가 각 성의 총독(總督)과 순무(巡撫) 학정(學政)에게 명해 민간의 서적들을 수색해 수도로 집결시켰다. 그 이듬해 사고전서관(四庫全書館)을 설치하고 전국의 유서들을 수색 집결시켜 《사고전서(四庫全書)》를 편찬하는 한편 "금기 저촉되는 서적"들을 조사해 "징수하여 유통시키지 않고자 했다". 관료와 평민들 모두 저들이 가지고 있는 서적 내용에 금기에 저촉되는 내용이 있을까봐 두려워 감히 바치지를 못했다. 건륭제가 또 한 번 성지를 내려 저촉되는 자를 조사해내면 불살라버리겠지만, 바치지 않는 자도 죄를 용서하지 않을 것이라고 밝혔다. 청나라(淸朝) 및 여진(女眞)·요(遼)·금(金)·원(元) 등 여러 조대를 헐뜯는 저작들을 전부 불살라버렸다. 일부 내용이 저촉될 경우에는 저촉되는 내용만 뽑아 불사르고 송나라 사람이 요·금에 대해 서술한 저작, 원·명 사람이 원에 대해 서술한 저작에 대해서는 직접 수정했는데 늘 원 뜻과 어긋나게 고치곤 했다. 청나라와 송·금 조대 간의 일을 소재로 다룬 전통극에 대해서도 정리와 수정, 삭제를 진행했다. 건륭제는 또 요·금·원 세 조대의 역사 중에서 거란(契丹)어·여진(女眞)어·몽골(蒙古)어의 음역한 고유 명칭에 대해 만족어를 한어로 번역하는 방법에 따라 고쳐 번역해 《사고전서》에 수록할 것을 명함으로써 큰 혼란을 조성했다. 《사고전서》를 편찬해 대량의 문화 전적을 보존했지만 서적에 대한 금지와 소각으로 인해 문화의 대 참사를 빚어냈다.

국민의 저항 1755년에서 1785년까지 30년간 청나라는 성세에서 점차 쇠락하기 시작했으며 농민·수공업 노동자·상인들이 여러 형식으로 저항투쟁을 일으켰다.

소작농의 저항은 주로 조세 납부 거부운동으로 나타났다. 또한 조세 납부 거부운동은 개별적인 거부에서 연합 거부로 발전했으며 지역적으로 범위가 확대되고 위세가 드높았다. 자연재해라도 입은 해에는 기아에 허덕이다 못해 지주의 식량을 강탈하고 지주를 구타하는 일까지 벌어졌으며 관아의 관병들과 맞서기도 했다. 만족 지주와 전장(田莊) 관리인이 경영하는 기지(旗地)는 관리가 가혹했음에도 지조를 거둬들이지 못하기는 마찬가지였다. 직예(直隸) 총독 영렴(英廉)이 통계한 바에 따르면 전 성에 기지를 경영하는 주현(州縣)이 총 77개가 있는데 그중 조세가 밀린 주현이 42개에 이르렀다.

강희제 때에 동북지역 만족이 차지한 땅을 보호하기 위해 한인들이 출관해(出關, 산해관을 넘어 북으로 감) 황무지를 개간하는 것을 제한했지만, 직예·산동(山東) 일대의 농민들은 여전히 생계를 위해 출관하곤 했다. 건륭시기에는 농민들이 가솔을 거느리고 출관하는 것을 엄히 금지시켰으며 유랑민을 태운 배가 산동·봉천(奉天)의 항구를 드나들지 못하도록 금했지만, 출관하는 유랑민들은 줄어들기는커녕 늘어만 갔다. 청조정은 또 농민들이 동북으로 이동하는 것을 금하는 여러 가지 조례를 제정했지만 모두 효과를 보지 못했다. 《성경통지(盛京通志)》의 통계에 따르면 1780년 동북지역에 한(漢)인 백성이 경작하는 밭이 1675년보다 62배나 늘었다. 한인은 또 청나라 초기부터 실행해온, 몽골지역으로 들어가 거주하며 땅을 일구고 농사를 짓는 것을 금지하는 금지령을 어기고 대거 국경을 넘어가 농사를 지었다. 한인이 봉쇄금지령을 어기고 또 만족 지주와 몽골의 왕공귀족들이 지조를 받고 땅을 소작 줌에 따라 봉쇄 금지 관련 정령은 공문(具文)이 되어버렸다. 광동(廣東)·복건(福建)의 농민들이 위험을 무릅쓰고 밀항을 하거나 관병들을 매수하고 밀항해 대만으로 가 땅을 일구고 농사를 지으면서 대만의 한족 인구가 급증했다.

수공업 노동자의 저항은 조직적인 파업투쟁이었는데, 가장 치열한 투쟁을 벌인 것이 소주(蘇州) 다듬질장이(踹匠)와 직조공·강서(江西) 도자기 노동자, 섬서(陝西)성 주지(周至)현 남산(南山)의 목수·귀주(貴州)성 위녕(威寧) 납공장 노동자들의 파업투쟁이었는데, 관아의 심부름꾼을 구타하기에까지 이르렀다. 상인의 저항은 동맹 파업하는 것이었다. 각 지 상인들이 파업하는 직접적인 원인은 각기 달랐지만 사처에서 일어났으며 강남 숙천(宿遷)·산동 난산(蘭山)의 파업 규모가 제일 컸다.

민중들의 저항투쟁의 최고 표현은 농민봉기였는데, 참가자들은 농민들뿐이 아니었다. 1774년 산동에 흉년이 들어 농민들은 기아에 허덕이면서도 호소할 곳이 없는 상황이었다. 수장(壽張) 사람 왕륜(王倫)이 청수교(清水教)를 전파했는데 이 교에 입회하면 재난을 피할 수 있다고 설교해 그를 따르는 자가 아주 많았다. 이어 왕륜은 봉기를 일으켜 수장·당읍(堂邑) 등 성을 공격하고 임청(臨淸) 옛 성을 점령했다. 봉기군이 5~6천 명으로 발전했다. 청조정은 대학사 서혁덕(舒赫德)에게 군대를 이끌고 산동으로 달려가 진압할 것을 명했다. 왕륜은 패하자 스스로 분신하여 자살했다.

3. 대외전쟁과 관리의 부패

(1) 이웃 국가에 대한 전쟁과 영국 사절단의 중국 방문

안남(安南)과의 전쟁 강희제 때 여유희(黎維禧)를 안남 국왕에 봉했으며 그 뒤 여유기(黎維祁)가 왕위를 물려받았다. 1771년에 원문혜(阮文惠) 등이 농민봉기를 일으켜 1786년에는 수도 용승(龍昇, 현재의 하노이)을 공격하여 점령했다. 여유기는 도주하고 그의 모친과 아내, 그리고 가족들도 모두 도주해 광서(廣西) 경계에 이르렀다. 건륭제는 "망한 나라를 다시 세워야 할 의무가 있다"고 여겨 양광(兩廣, 광서와 광동을 일컬음) 총독 손사의(孫士毅)를 파견해 군사를 이끌고 가 진압하도록 했다. 청군이 안남에 이르러 아무런 경계도 하지 않는 틈을 타 원문혜는 그믐날 밤 청군이 술을 마시며 즐기고 있을 때 갑자기 공격을 감행했다. 청군이 크게 패하고 여유기가 가솔들을 거느리고 도주했으며 손사의는 패잔병들을 이끌고 진남관(鎭南關)까지 퇴각했다. 원문혜는 승리를 거두었지만 청나라와 계속 대적하기를 원치 않았으므로 1790년에 건륭제 팔순을 축하하러 직접 북경으로 갔다. 이에 건륭제는 그를 안남 국왕에 봉했다.

구르카(廓爾喀)와의 전쟁 1781년 판첸어르더니(班禪額爾德尼)가 병으로 죽자 형제간에 재산분권 문제로 모순이 생겼다. 아우 사마르파(舍瑪爾巴)가 사사로운 원한을 갚기 위해 구르카(네팔)로 도주해 구르카와 서장(西藏) 사이를 이간질했다. 1790년에 구르카는 서장이 상업세를 증액했다는 이유로 서장에 침입했다. 청나라의 주장사판(駐藏查辦, 서장 주재 관리) 파충(巴忠)이 감포(堪布)에게 밀령을 내려 비밀리에 구르카와 평화 담판을 진행해 세폐(歲幣)로 은 5만 냥씩 주기로 약조했다. 구르카는 군사를 물린 뒤에도 서장에서 세폐를 상납하지 않자 이듬해 또 서장에 침입했으며 타쉬룬포 사원(扎什倫布寺)에 대한 대대적인 약탈을 감행했다. 파충은 그 소식을 듣고 죄가 두려워 자살했다. 건륭제는 복강안(福康安)에게 명해 군사를 이끌고 서장에 들어가 반격하게 했다. 청군은 승리를 거둔 뒤 계속 구르카로 진군해 곧바로 구르카의 수도 양포(陽布, 현재의 카트만두)에서 하루거리에 있는 다나월코트(達納瓦科特)에 당도했다. 구르카는 대군이 국경까지 쳐들어오자 사신을 보내 평화 담판을 청했다. 담판을 거쳐 평화조약을 체결했는데 "파충이 제멋대로 맺은 협약은 무효라는 것, 구르카는 서장에 침입해 약탈한 재물과 잡아간 사람들을 되돌려주도록 한다는 것, 5년에 한 번씩 청조정에 조공을 바치도록 한다는 것, 청군이 구르카 영토에서 퇴각한다"는 등 내용이 포함됐다.

영국 사절단의 중국 방문 건륭제 때에 외국인은 광주(廣州)에서만 무역할 수 있도록 허용했다. 1759년에 영국 통역관 홍임휘(洪任輝)가 천진(天津)으로 와 광동 세관이 외국상인을 공갈 협박하고 있다고 고발하면서 영파(寧波)를 개방할 것을 요구했다. 건륭제는 조사 확인을 거쳐 세관 감독 이영표(李永標)를 파직시켰으나 영국상인이 영파에 가서 무역하는 것은 윤허하지 않았다. 1792년에 영국은 매카트니(Macartney)를 단장으로 한 사절단을 파견해 건륭제 83세 생신을 축하한다는 명의로 상업 이익과 특권을 도모했다. 그리고 또 이듬해 8월에 열하행궁(熱河行宮)으로 와 영국 상선이 주산(舟山)·영파·천진에 상륙해 상업을 경영할 수 있도록 해줄 것, 영국 상인이 북경에 양행(洋行)을 설립하고 무역에 종사할 수 있게 해줄 것, 주산과 광주 인근에서 각각 섬 하나씩을 떼어 영국 상인들이 사용할 수 있도록 해줄 것, 마카오에서 광주로 운송하는 영국 화물에 대해 세액을 감면해 달라는 등의 요구를 제기했다. 건륭제는 한 조목씩 반박하고 '천조(天朝)'의 아주 작은 영토 하나도 판도에 들어 있다며 섬과 사주(沙州)도 예외일 수 없다고 강조했다. 그리고 또 연해지역의 총독과 순무에게 명령을 내려 영국 상인이 잠입해 점령하지 못하도록 경계하도록 했다. 매카트니의 요구가 실현되지 못하게 되자 그는 중국의 군사·정치·사회 상황을 정탐한 후 귀국했다.

(2) 서장(西藏)제도의 개정

옹정제 때에 파라내(頗羅鼐)를 군왕(郡王)에 봉하고 전장(前藏)과 후장(後藏)의 정무를 겸해서 관리하게 했다. 파라내가 죽은 뒤 그의 차남 주이묵특(珠爾默特)이 왕위를 세습한 뒤 청조정의 통제에서 벗어나려고 시도했다. 건륭제는 주이묵특이 준갈이부(準噶爾部)와 내통한다는 정보를 정탐해내고 1750년에 부청(傅淸)과 라포돈(拉布敦)을 주장대신에 임명해 주이묵특을 죽이게 했다. 주이묵특을 측근에서 시중 드는 장(藏)족 군사가 주장(駐藏)대신의 아문에 불을 질렀는데 부청은 자살하고 랍포돈은 반란군에게 맞아 죽었다. 7세 달라이와 서장의 승속 민중이 반란을 평정했다. 건륭제는 7세 달라이에게 상을 내리고 그 이후로는 군왕 등 관작을 봉하지 않고 '가샤(噶廈, bkav-shag)'를 설치해 서장의 지방정부로 삼기로 결정했다. 그리고 네 명의 갈포윤(噶布倫)을 두어 정무를 관리하게 하면서 대사가 닥쳤을 때는 달라이 라마와 주장대신에게 요청하여 지시를 받도록 했다. 또 1,500명의 병사를 서장에 파견 주둔시켰다.

청조정은 구르카와의 전쟁을 치른 후 서장의 여러 가지 제도에 대해 개정했다. (1) 1792년에 청조정은 금병(金瓶)제도를 제정해 서장에서 반포 시행했다. 그 제도에 따르면 달라이·판첸이 환생할 때 선동의 이름과 생년월일을 각각 점대에 적어 병 속에 넣은 뒤 주장대신의 주재 하에 대중들 앞에서 추첨을 통해 결정하도록 규정했다. (2) 정규 서장군(西藏軍)을 편성하고 군관은 주장대신과 달라이가 함께 선발 등용하기로 했다. (3) 청조정은 서장에서 은폐(銀幣)를 주조해 사용하며 서장에 들어와 무역에 종사하는 주변 여러 국가 상인의 등록·납세 제도를 제정해 외국 왕래원들은 반드시 주장대신이 서명 발급한 통행증을 소지하도록 했다. (4) 부호와 관리·생불 가족의 부역 면제 허가서를 회수하고 민중과 노역을 균등하게 분담하도록 했다. 달라이·판첸의 수입과 지출은 주장대신에게 보고해 심사를 거치도록 했다. 여러 가지 개정제도는 복강안과 달라이·판첸이 모여 의논한 뒤 건륭제에게 상주해 심사 비준을 거쳐야 했는데 이를 '선후장정(善後章程)' 또는 '흠정장정(欽定章程)'이라고 했다. 장정에는 또 주장대신이 서장 내 사무를 감독 처리하며 달라이·판첸과 평등하다고 규정했다. 전장과 후장 갈포윤 이하 번목(番目, 서장의 장족 관리에 대한 옛 호칭)과 대사원 좌상감포(坐床堪布, 재위 중인 감포) 직위가 공석이 될 경우에는 모두 주장대신이 달라이 라마와 함께 인원을 선발하도록 했다. 서장 내 라마가 외국에 있는 산사에 가서 참배하고 불탑에 치성을 드리거나 외국인이 서장에 와서 참배할 경우 주장대신이 조표(照票, 문서명)를 발급해 관리했다. 구르카 등의 외국과 서장 간의 지방사무에 대한 논의는 모두 주장대신이 주관했다. 주장대신의 행정력을 강화하고 서장에 대한 청조정의 통치를 강화함으로써 서장 내부의 통치질서를 공고히 했다.

(3) 이치(吏治)의 부패와 민중의 저항

대형 탐오 사건 관리의 탐오부패가 좀벌레처럼 청나라라는 대형 건물을 조금씩 좀 먹어 들어갔다.

양회(兩淮)의 염인(鹽引) 사건 - 건륭제가 강소(江蘇)성 순무 창보(彰寶)에게 밀령을 내려 염정(鹽政, 소금 관련 사무)을 철저히 조사하게 했다. 창보가 상소를 올려 역대 염정을 담당했던 관리들이 모두 사사로이 잠식하는 등 폐단이 존재했다면서 염상들이 몇 년간 바친 염인 1,090만 냥을 국고에 넣지 않고 유용했다고 고했다. 또 지난 여러 차례 조정과 관청 필수품을 조달 납품한다는 핑계를 대 거둬들인 세금을 다른 용도로 쓴 자도(历次代购物件,借端开用者) 아직 조사해내지 못했다고 고했다. 건륭제는 원래 염정을 담당했던 보복(普福)·고항(高恒), 그리고 염운사(鹽運使) 노견증(盧見曾)을 파직하고 죄를 추궁하게 했다. 창보가 상소문을 올려 "노견증이 상인에게 명해 골동품을 매판하게 하고 은 16,000여 만 냥의 값을 아직 치르지 않았으며, 또 전임 동지(同知)였던 양중영(楊重英)의 이름으로 된 '은닉한 밭이 많으며' 아직도 염인 396만 여 냥의 행방을 찾을 길이 없다"고 고했다. 그 후 또 고항이 염인으로 거둬들인 32,000 냥을 유용하고 보복이 은 18,000여 냥을 사사로이 써버린 사실을 밝혀냈다. 군기대신 부항 등이 사건을 마무리 짓고나서 상소문을 올려 "양회 염상이 국가재산을 개인의 자산으로 여기고 은 620여만 냥을 점용한 것 외에도 기물 구매 대행 과정에서, 그리고 관리끼리 서로 결탁해 선물을 주고받으며 공금 수백만 냥을 불법 유용했다"고 고했다.

감숙(甘肅) 재난 구제 사칭 사건 - 1774년에 섬감(陝甘) 총독 늑이근(勒爾謹)이 감숙성은 땅이 메마르고 백성이 가난하다는 이유를 들어 연납감생(捐納監生, 돈이나 곡식을 상납하고 벼슬자리를 얻던 일)에서 거둬들인 본색량(本色糧)을 기근과 재난 구제 대비용으로 사용할 것을 제안하는 주청을 올렸다. 대학사 우민중(于敏中)이 심사를 거쳐 비준한 뒤 왕빈망(王亶望)을 감숙 포정사(布政使)로 전근시켜 맡아서 처리할 것을 제안하는 주청을 올렸다. 왕단망은 본색량을 절색은(折色銀, 곡식 대신 은냥으로 거둬들인 것)으로 바꾸고 난주(蘭州) 지부(知府) 장전적(蔣全迪)에게 명해 여러 주현에 지시해 지난 몇 해 동안의 재난 구제 관련 허위 증표를 떼게 한 다음 각급 관리들이 연납은을 나눠 가졌다. 그 뒤 왕단망이 절강 순무로 전근되어 가고 그 뒤를 이어 감숙 포정사에 임명된 왕정찬(王廷贊)이 또 난주 지부에게 맡겨 여러 주현에 연납은을 나눠주게 해 전 성 상하 관리들이 모두 부정부패를 저질렀다. 1781년에 이르러서야 감숙 관리들이 재난 구제를 사칭해 공금을 나눠 가진 일이 발각되었다. 건륭제는 이를 두고 "전대 미문의 기이한 탐오 사건"이라고 탄식하며 "감숙성 상하가 한 통속이 되어 내부·외부 신하 중 한 사람도 이 일에 대해 거론한 적이 없으니 참으로 한심하다"고 말했다. 건륭제는 늑이근·왕단망·왕정찬 등을 참수형에 처하고 부(府)·도(道)·주현(州縣) 관리 60여 명을 처형했으며 많은 이들에게 죄를 물어 감금했다.

절강(浙江) 탐오 사건 – 민절(閩浙, 복건성과 절강성) 총독 겸 절강 순무 진휘조(陳輝祖)가 어명을 받고 왕단망의 가산을 수색 몰수했는데 포정사 국동(國棟)과 합의해 금엽(金葉)·막대형 금괴(金條)·덩어리 금괴(金錠) 등을 은냥으로 바꿔 상급 관아에 바치면서 나눠 가져 개인 주머니를 불렸다. 그리고 또 옥산(玉山)·옥병(玉瓶)·서화·(청나라 고관들이 차던) 목걸이 등 최상품을 은닉하고 그 대신 일반 물품으로 채워넣었다. 수색 몰수 작업에 참가한 위원들도 제멋대로 값진 물건을 바꿔치기하고 은닉했다. 그 후 조사한 결과 원래 명부에 일일이 기록됐던 물품 중에서 북경의 조정에 바치지 않은 것이 백여 가지나 되었다. 총독과 순무에서 사(司)·도(道)의 관리에 이르기까지 모두가 부정부패를 저질렀다. 이에 건륭제가 진휘조 등을 처형하라는 어명을 내렸다.

산동(山東) 국고 사건 – 1782년 어사(御史) 전풍(錢灃)이 상소를 올려 산동 순무 국태(國泰)가 탐욕스럽기 짝이 없어 산하 주현에서 재물을 강제 징수해 역성(歷城) 등 여러 곳의 국고가 텅 비는 상황이 벌어졌다고 고했다. 건륭제는 군기대신 화신(和珅)과 전풍에게 조사 처리할 것을 명했다. 화신은 먼저 국태에게 기별을 넣는 한편 또 전풍에게 국태를 감싸주려는 의도를 알렸다. 전풍이 역성에 당도해 조사한 결과 국고에 들어있는 은냥은 모두 상인들의 가게에서 빌린 것이며, 역성 한 곳만 해도 국고가 4만 냥이나 빈다는 사실을 밝혀냈다. 이어 장구(章丘)·동평(東平)·익도(益都) 등 현의 국고를 조사했는데 대다수가 비어 있음이 밝혀졌다. 그리고 또 국태가 부하 관리들에게서 은냥을 협박 갈취한 사실과, 제남(濟南) 지부 여이창(呂爾昌) 등 이들이 직접 맡아 처리하고 포정사 우역간(于易簡)이 부정부패에 동참해 현의 국고가 텅 비게 방임한 사실을 밝혀냈다. 조사 결과 전 성의 자금 적자가 2백만 냥에 달했다. 국태 등은 모두 잡혀 처형되했다.

강소(江蘇)의 탐관오리 은닉 사건 – 강소성 고우주(高郵州) 순검(巡檢, 관직명) 진의도(陳倚道)가 사사로이 관인을 파 담당 관리를 사칭하면서 세금을 이중 징수한 이서(吏胥)를 고발했다. 고우주·양주부(揚州府) 그리고 포(布, 승선포정사사[承宣布政使司])·안(按, 제형안찰사사[提刑按察使司]) 두 개의 사(司)와 순무 민악원(閔鶚元)·양강(강소성과 강서성) 총독 서린(書麟)에 이르기까지 고발이 사실이라는 것을 알고 있었지만 모른 체 방임했다. 진의도가 집식구를 시켜 고발 문서를 호부시랑(戶部侍郎) 한횡(韓鑅)의 사택으로 보냈으며 한횡이 그것을 건륭제에게 바쳤다. 건륭제는 복숭(福崇) 등 대신들을 파견해 사실을 조사하고 심사 처리하도록 했다. 그런데 관리들끼리 서로 감싸주며 상하가 서로 결탁해 사리를 도모하면서 책임을 서로 미루며 지체하는 등 부정행위를 저질렀다. 조사 결과 총독·순무 이하 많은 관리들을 징벌 처리했다.

절강 순무의 탐오 사건 – 복숭이 절강 순무로 전임되었다. 양회 염정(鹽政) 전덕(全德)은 상소문을 올려 염운사(鹽運使) 채정(蔡楨)이 상인들에게서 세금으로 징수한 돈과 곡식을 유용한 사실을 고발했다. 건륭제는 순무 겸 염정 관리인 복숭이 이에 대해 고하지 않는 것으로 미루어 보아 그도 이익을 나눠가지는 일에 연루되었을 것으로 의심해 병부상서(兵部尚書) 경계(慶桂) 등에게 심사 처리할 것을 명했다. 경계 등은 복숭이 채정에게서 금은을 협박 갈취했으며 물품을 구매하게 하고 물건값을 지불하지 않은 적이 있는데, 그 금액이 총 115,000여 냥에 이른다는 사실을 조사해냈다. 또한 관리들에게 지불해야 할 당직 수당·급료(値月·差費) 등 비용 66,000여 냥을 유용하고, 또 모친을 모시고 서호(西湖)를 유람하는데 쓴 비용이 2,000여 냥에 이른다는 사실도 조사에서 밝혀졌다. 건륭제는 어명을 내려 채정을 처결하고 복숭을 북경으로 압송해 친국을 하기로 했으며 후에 사형에 처했다.

복건의 탐오 사건 – 1795년에 민절(閩浙, 복건성과 절강성) 총독 오랍납(伍拉納)이 복건 장군 괴륜(魁倫)에 의해 탄핵을 받았다. 복건 순무 포림(浦霖)이 수재 뒷수습을 제대로 하지 못한 탓에 빈곤민들이 비적으로 전락하게 되었다. 건륭제는 오랍납·포림의 관직을 박탈하고 괴륜에게 민절 총독 대행 장린(長麟)과 함께 사건을 심사할 것을 명했다. 장린·괴륜 등은 오랍납과 포림이 하문(廈門) 동지 황전방(黃奠邦)으로부터 두 차례 뇌물을 받은 사실을 밝혀냈다. 포림은 본적을 둔 지역에 재산 28만 여 냥을 소유하고 있고 가옥·땅문서가 6만 여 냥에 이르며 금 7백 여 냥이 있는 것으로 조사됐다. 오랍납의 집에서는 은 40만 냥 남짓과 여의 백여 자루를 찾아냈다. 건륭제는 어명을 내려 오랍납과 포림의 목을 베게 했다.

화신(和珅)이 권력을 남용해 탐오를 일삼다 건륭제는 재위 기간의 마지막 20년간 시위 출신인 화신을 많이 의지해 그를 군기대신 겸 이(吏)·호(戶) 두 개 부의 상서에 임명하고 재정 수지와 관리의 승진과 파면 대권을 장악하게 했는데 중추의 대권을 독식하고 탐오와 회뢰를 공공연히 행해 풍기가 갈수록 나빠졌다. 숙친왕(肅親王) 영석(永錫)은 왕작을 세습하기 위해 화신에게 점포가 딸린 집 두 채를 뇌물로 바쳤다. 상서방(上書房) 총사부(總師傅)·경연강관(經筵講官) 두광내(竇光鼐)는 황제의 스승이라는 직위를 지키기 위해 옥기를 바쳤다. 장군 복강안·해란찰(海蘭察)은 화신의 배척을 받았는데 그에게 보석을 가져다 바치고 관용을 청했다. 상급 관리들이 순찰을 나오면 하급 관리들은 "참규(站規, 역참에서 관리들을 마중하고 배웅할 때 제대로 시중들지 못해 노여움을 살까 걱정해 관리 밑의 심부름꾼에게 몰래 재물을 쥐어주며 잘 봐달라고 부탁하곤 했는데 시간이 오래 관료사회의 규칙이 되어버려 '참규'라고 부름)"와 "문포(門包, 문지기를 매수하기 위해 주던 재물)"를 주곤 했다. 평상시에 명절례, 생일례가 있고 매년 "방비(幇費, 각 주현 정부가 세곡 운송 선박을 도와 운송하는데 드는 조운 비용)"도 내야 한다. 주현의 관리들은 지세와 수운 세곡(배로 실어 나르는 조세 양곡)을 두 배로 징수했다. 그리고 소송 사건이 생기면 원고에게서 "계발례(啓發禮)"를 받아내고 피고와 협잡해 고소가 들어와도 상급에서는 처리하지 않았다. 건륭제의 사치무도함이 화신의 한없는 탐욕을 방임한 꼴이 되었다. 각급 관리들은 상하가 결탁해 층층으로 협잡했다. 청 정부는 썩을 대로 썩어 바로잡기가 어려운 지경에 이르렀다.

화신은 권력을 남용해 사사로운 이익을 챙기기 바빴으며, 감히 나서서 그를 탄핵하는 관리들은 모조리 억눌리고 징벌을 받았다. 내각 학사 윤장도(尹壯圖)는 관료사회에 누적된 문제점에 대해 "아랫사람들은 연줄을 만들어 윗사람에게 아부하는 것을 능력으로 여기고 윗사람들은 아랫사람의 아첨을 받는 것을 기쁨으로 생각하고 있으니 위와 아래가 한 통속이 되어 권세·부귀와 사귀는 것을 호신 부적으로 삼는 것을 마땅한 것으로 간주한다. 총독과 순무가 화신에게 극구 아첨하는 것이야말로 백성들이 빈곤에 빠지게 되는 이유이다"라고 폭로했다. 그는 또 죄를 지은 총독과 순무를 벌금형에 처해 죄를 치르게 하는 것은 오히려 탐욕스러운 자에게 더 탐욕스러우라고 부추기는 것이다. 건륭제가 호부시랑 경성(慶成)에게 명해 윤장도와 함께 국고 적자 상황을 조사하게 했으나 미리 소식을 접한 각 성의 총독과 순무들이 덮어 감추어버렸다. 조사해도 실제 증거를 찾아내지 못하자 화신 등은 윤장도의 목을 벨 것을 요구하는 주청을 올렸다. 그러나 건륭제는 윤장도에 대한 처벌을 내각 시독(侍讀)으로 관직을 강등시키는 데 그쳤을 뿐이다.

감숙과 대만의 민중 봉기 감숙에서 농업생산에 종사하던 회족민(回民)들은 이슬람교의 제도에 따라 "천고(天庫, 이슬람교에서 말하는 국고의 의미)"에 "천과(天課, 이슬람세, Zakat)"를 납부해야 했으며 이맘(imam)이 거두어 간수해 두었다. 이맘은 '천과'로 땅을 구매해 농민들에게 세를 주어 경작하게 함으로써 자손들에게 물려줄 수 있는 종교 지주가 되며 문환(門宦)제도를 형성했다. 회족민 마명심(馬明心)이 서역에서 돌아와《묘로경(卯路經)》을 편찬해 순화(循化)지역에서 신교(新敎)를 조직했는데 1781년에 구교(舊敎)와 모순이 생겨 많은 구교 신도들을 살해했다. 섬감 총독 늑이근이 부장 신주(新柱)를 파견해 관아가 구교를 지지한다고 선포했다. 신교 교민 소사십삼(蘇四十三) 등이 신주를 습격 살해하고 문환제도에 반대하던 데서 청나라의 통치에 반대하는 농민봉기로 발전했다. 늑이근이 관군을 집결시켜 진압에 나서 마명심을 체포했다. 소사십삼이 봉기군을 이끌고 난주(蘭州) 성을 포위하자 포정사 왕정찬은 마명심을 성벽 위로 압송해 소사십삼이 군사를 물리도록 설득하게 했다. 마명심은 두건을 성 아래로 떨어뜨려 봉기군이 용감하게 싸울 것을 격려했다. 이에 왕정찬은 마명심을 살해했다. 청조정은 아계(阿桂)·화신을 흠차대신에 임명해 군사를 동원해 진압하게 했다. 소사십삼이 전사하고 봉기는 실패했다. 마명심의 제자 전오(田五)가 다시 1784년에 염차청(鹽茶廳)에서 무장봉기를 일으켰다. 그러나 전오는 관군과의 전쟁에서 죽고 남은 병력이 석봉보(石峰堡)까지 퇴각해 지키다가 관군이 겹겹이 포위하자 봉기군은 포위를 뚫는데 실패하고 참혹하게 진압 당했다.

임상문(林爽文)은 본적이 복건성 평화(平和)인데 부친을 따라 대만으로 건너간 뒤 창화(彰化)현 대리(大里)구 익장(杙庄)에서 살았으며 천지회(天地會) 수령으로 추대되었다. 1786년에 임상문이 천지회 회원과 현지 민중들을 인솔해 봉기를 일으켰으며, 창화 현성을 공격 점령하고 스스로 대원수를 자칭했다. 그리고 안민 포고문을 내붙여 탐관만 죽일 것이며 백성들은 각자 본업에 안착하도록 하라고 고지했다. 봉기군은 백성들의 지지를 받아 빠르게 발전했다. 봉산(鳳山)현 죽자항(竹仔港)의 농민 장대전(庄大田)이 수천 명의 대중을 인솔해 봉기를 일으켜 호응했다. 두 갈래의 봉기군은 서로 통합하지는 않았지만 대만 서부를 통제해 청조정을 크게 놀라게 했다. 청조정은 수·육 두 방면으로 군사를 집결시켜 대만으로 진군해 진압에 나섰다. 여러 차례의 치열한 전투를 치른 뒤 이듬해 임상문이 포위되어 고립무원의 처지에 놓이게 되었다. 그는 전쟁에서 패해 깊은 산속으로 도주했으나 후에 잡혀 살해되었다. 장대전도 청군의 압박 하에서 대만 남단에 있는 낭교(琅嶠)까지 퇴각했다가 잡혀 희생되었다. 결국 봉기는 실패했다.

건륭제의 퇴위 건륭제는 즉위 초에 향을 사르고 하늘에 이르기를 강희제 재위 햇수가 61년이었는데 자신의 재위기간이 이보다 더 길 수는 없다면서 재위기한이 60년이 되면 아들에게 제위를 물려줄 것이라고 했다. 건륭 60년(1795년), 건륭제의 나이는 이미 86세였다. 그는 9월에 황자와 황손, 왕공 대신들을 불러 모아 퇴위하고 권력을 이양하겠다고 선포했으며, 제위를 물려줄 황자의 이름이 적힌 비밀 서한을 함께 열어 보였다. 그리고 열다섯째 황자 영염(永琰)에게 제위를 잇게 한다고 선언하고 이듬해를 가경(嘉慶) 원년으로 정했으며, 이름의 '영(永)'자를 '옹(顒)'자로 고쳤다. 건륭제는 퇴위한 후 태상황으로 칭했으며 황제가 비준 지시한 사건은 여전히 그에게 상주했다. 가경제가 막 즉위했을 무렵 백련교(白蓮敎) 신도들이 일으킨 농민봉기가 발발했다.

4. 농민봉기와 영국의 해상 침범

천섬초(川陝楚, 사천·섬서·호북) 농민봉기 왕륜(王倫)의 봉기가 실패한 뒤 백련교와 기타 비밀종교가 여전히 민간에서 비밀리에 전파되었다. 청조정은 유송(劉松)·송지청(宋之淸)·제림(齊林) 등의 종교수령들을 처형한 뒤, 또 교도들을 수색 체포한다는 명의로 여러 모로 백성들을 협잡했다. 종교수령 유지협(劉之協)과 왕총아(王聰兒, 제림의 아내) 등이 양양(襄陽)에서 집회를 열고 "정부가 압박하면 민중은 저항한다"고 호소하며 신(辰)년 신월 신일(가경 원년 3월 초열흘)에 동·중·서 세 길로 나뉘어 동시에 봉기를 일으키기로 결정했다. 그런데 관아에 발각되어 정월 11일에 앞당겨 거병했다. 장양(長陽)·내봉(來鳳)·방현(房縣)·운양(鄖陽) 등지의 교도들과 농민들이 함께 일어나 호응했다. 유지협·왕총아가 민중들을 이끌고 번성(樊城)·양양을 공격했으며 봉기 대오가 빠르게 장대해졌다. 사천(四川)성 달주(達州)의 백련교 수령 서천덕(徐天德)·동향(東鄕)의 왕삼괴(王三槐) 등이 분분히 호응했다. 섬서(陝西)의 풍덕사(馮德仕) 등 교도들과 민중들도 장군산(將軍山)·안령(安嶺) 등지에서 봉기를 일으켰다. 청조정은 호북(湖北)·섬서·사천의 관군에게 명해 각각 진압하도록 하는 한편 팔기병과 각 성의 녹기병을 동원 파견해 참전시켰다. 봉기군은 나뉘었다가 합치고 남과 북을 넘나들며 유동작전을 펴

전장이 하남(河南) 등지까지 확대되었다.

가경제가 즉위한 뒤 화신은 여전히 건륭제의 비호 하에 군기대신에 있으면서 조정의 사무를 조종했다. 가경 4년(1799년) 정월 초이튿날 건륭제가 병으로 죽자 초이렛날 가경제가 화신의 관직을 박탈하고 죄를 묻는데 20가지 큰 죄를 지었다고 단정하고 사형에 처한다고 선포했다. 그 뒤 화신의 가산을 수색 몰수했으며, 그중 약 4분의 1의 가산에 대해서만 가격을 매겼는데 은 2억 1천여 만 냥 가치에 해당되었으며 국고의 수년간 수입에 맞먹는 가치였다. 이에 조야가 경악했다. 가경제가 봉기군의 항복을 받아줄 것이라는 조서를 내려 이르기를 백성들이 위험을 무릅쓰고 봉기를 일으키는 것은 모두가 관리들의 착취 때문이며 "층층이 나타난 착취 현상은 모두가 화신 한 사람(때문)"이라고 밝혔다. 그리고 이제는 큰 악을 제거했으니 민간에서도 각자 본업에 안착할 수 있을 것이라고 밝혔다.

청군의 팔기와 녹영은 병력이 약했으므로 가경제는 각 지의 한(漢)인 지주무장에게 의지하는 쪽으로 방향을 바꿨다. 1798년에 사천에서 '단련(團練)' '향용(鄕勇)'을 모집했는데 병사가 37만 명에 달했으며, 호북은 36만 6천여 명에 달했다. 향용의 협력 하에 청군이 호북 양양에서 왕총아의 봉기군를 격파했으며, 왕총아는 낭떠러지에서 투신해 자살했다. 가경제는 또 어명을 내려 각 주현의 향용들에게 본 지역에 주둔해 지키면서 각기 방어용 촌락을 건설해 봉기군의 유동작전에 대항하게 했다.

농민봉기군은 3년 남짓한 전투를 거치는 사이 20만 명의 대군이 형성돼 호북·사천·섬서·하남의 백여 개 주현에 분포되었다. 1799년에 가경제가 늑보(勒保)·명량(明亮)·액늑등보(額勒登保)를 경략대신에 잇달아 임명했으며, 여러 방면의 관군이 농민봉기를 진압하는 것을 절제하도록 했다. 이듬해 종교수령 유지협이 청나라 관군에 잡혀 처형당하자 가경제가 봉기군의 항복을 받아준다는 조령을 내려 이르기를 "종교 비적은 원래 선량한 백성"이었는데 유지협의 선동을 받아 현혹되어 봉기를 일으킨 것이므로 항복하면 적절하게 조치해줄 것이라고 했다. 그리고 직접 《사교설(邪敎說)》를 써 종교를 신앙하는 것은 무죄이므로 반역자들만 죽일 것이라고 밝혔다. 봉기군은 각지로 분산되어 통일된 지휘가 안 되었다. 단련 향용은 "견벽청야(堅壁淸野)"전술을 써 방어망 구축을 단단히 하고, 식량을 방어용 촌락 안으로 옮겨 집중시켜 농민군이 거점을 함락시키지 못하고 물자를 뺏지도 못하게 했다. 고천승(高天升)과 염학승(苒學勝)의 두 봉기군이 회합해 사천·감숙·섬서 등지를 전전하고 서천덕과 왕정조(王廷詔) 등의 병력은 천섬초 변경에서 옮겨다니며 청군·향용과 공방전을 벌였다. 그 뒤 왕정조와 염학승이 포로로 잡혀 희생되고 서천덕이 전투에서 패해 강을 건너다 물에 빠져 죽자 남은 병력은 활동범위가 점차 작아졌다. 1801년에 청군이 세 갈래로 나뉘어 토벌에 나섰다. 사천 북부에서 활동하던 봉기군은 섬·초 경계에 위치한 남산으로 옮겨 섬서의 봉기군과 합류했다. 청군이 공격해오자 원시림으로 패퇴했는데 대다수가 청군에 잡혀 죽었다. 호북 경내의 봉기군도 수림으로 패퇴했으나 청군의 수색에 의해 잡혔다. 1802년 12월에 액늑등보 등이 "3성의 동란을 평정했다"고 조정에 고했지만 가경제가 조서를 내려 승리를 축하할 때까지도 봉기군의 남은 세력은 여전히 각지에서 수백 명 혹은 수십 명씩 저항투쟁을 계속했다. 청군이 해산시킨 향용도 분개해 산과 숲을 떠돌며 봉기군 잔여 세력과 연합해 저항했는데 1804년에 이르러서야 비로소 진압되었다. 봉기는 사천·호북·섬서·감숙·하남 등 5개 성에 영향을 끼치고 9년간 지속되었으며 청나라의 통치에 심각한 타격을 주었다.

영국의 침략과 아편 수입 일찍이 건륭제때 영국은 동양에 대한 세력 확장을 시작했으며 중국 동남 연해지역을 침략했다. 가경제가 즉위한 뒤 화물선을 호송하는 영국군함이 여러 차례나 천비(穿鼻)·마카오 인근 해역에 침입했다. 1808년에 영국 해군 소장 윌리엄 오 브리언 드루리(William O'Brien Drury)가 군사를 이끌고 마카오 포대를 점령했다. 양광 총독 오웅광이 인원을 파견해 경고하는 한편 무역 중단 명령을 내렸다. 드루리는 또 군함을 지휘해 호문(虎門)에 진입, 총독을 만날 것을 청했다. 오웅광이 수군을 집결해 황포(黃埔)·마카오에 주둔시키고 영군에게 즉각 퇴각하라는 것을 요구하는 가경제의 어명을 선포했다. 드루리는 수군이 작전준비를 하는 것을 보고 호문과 마카오에서 퇴각했다. 오웅광은 정상적으로 무역을 회복한다고 선포했다.

영국 상인은 옹정 시기부터 중국에 아편을 수입하기 시작했으므로 청조정의 엄격한 총제를 받았다. 영국 상인들은 또 청나라 관리들에게 뇌물을 먹여 마약을 약재 명의로 대량으로 수입했다. 건륭기에 영국 동인도회사가 벵갈 등 아편산지를 통제하면서 중국에 수입되는 아편은 갈수록 늘어났다. 가경 초년에 이르러 매 년 4천 상자(한 상자 무게가 130여 파운드)로 늘었으며 이에 따라 아편 흡입자도 늘어났다. 청조정이 재차 아편 수입을 금지하자 영국 상인들은 현지 관리와 행상들을 매수해 아편을 밀반입한 뒤 중국 상인들에게 대리 판매시켰다. 관리·행상·소매상인들은 뇌물과 중개 수수료를 받아 챙기는 것이 목적이었고, 영국 상인과 동인도회사는 고액의 이윤을 챙기기 위한 데 목적을 두었다. 아편이 점차 내지로 침투되고 심지어 수도에서까지 팔리면서 청나라의 백은이 대외로 대량 흘러나갔다.

절민월(浙閩粤, 절강 복건 광동) 연해지역 봉기 절강, 복건, 광동 연해지역의 바다에 의지해 살아가는 민중들이 자발적으로 뭉쳐 자체 방어를 위한 해상무장을 결성했다. 그러나 관아에서는 그들을 도적떼로 간주하고 해적이라고 통칭하며 잡아들였다. 이에 그들은 결사적으로 저항했다. 1802년에 복건 농민들이 채견(蔡牽)의 인솔 하에 하문(廈門) 해구의 작은 섬 위에 있는 청군의 포대를 점령하고 이듬해에 또 정해(定海)에 상륙했는데 민중들의 지지를 받아 대오가 더욱 장대해졌다. 1805년에 채견이 병선 100척을 지휘해 대만 봉산현을 공격 점령하고 대만의 봉기 민중과 연합해 부성(府城)을 포위 공격한 뒤 스스로 진해왕(鎭海王)이라고 칭했다. 가경제가 급히 광주(廣州) 장군 새충아(賽沖阿)에게 명해 복건으로 가 봉기군을 토벌하게 하고 청나라 관군을 대만으로 파견해 지원하게 했다. 채견이 무리를 이끌고 녹이문(鹿耳門)에서 퇴각하는데 복건과 절강 연해 민중들이 식량과 화약을 지원하는가 하면 그에게 관군 군함 관련 소식을 몰래 전해주는 관군도 있었다. 복건상인이 그에게 만들어 준 싸움배는 청군의 군함보다도 더 크고 실용적이었다. 청조정이 복건·절강의 관리를 여러 차례나 조정 임명하고 큰 배를 제조했으며 연안의 평민과 채견간의 연계를 차단했다. 채견은 군수물자 조달이 어려워지고 여러 차례나 포위 공격을 받았으며, 청군과 흑수외양(黑水外洋)과 녹수양(綠水洋) 등 해역에서 치열하게 격돌했다. 1809년에 전투에서 패해 배가 침몰하고 그는 자살했으며 남은 군대는 청조정에 항복했다. 해상전투는 이후에도 9년간이나 이어졌다.

하남·산동·직예(直隷)의 천리회(天理會) 봉기 천리회는 백양교(白陽敎)·영화회(榮華會)라고도 부르며, 또 비밀조직이 건(乾)·감(坎)·간(艮)·진(震)·손(巽)·이(離)·곤(坤)·태(兌)의 팔괘를 호로 정했으므로, 팔괘교(八卦敎)라고도 부른다. 감괘(坎卦)교의 수령 임청(林淸)은 북경 교외 송가장(宋家庄)에서 태어났으며 북경에서 점포를 경영하며 새를 팔았었다. 천리회에 가입한 뒤 미륵보살의 환생이라고 자칭했으며, 하남 활(滑)현의 목수 출신인 이문성(李文成)을 진괘(震卦)교의 수령으로 세웠다. 산동·산서(山西) 등지의 팔괘교 조직은 모두 진괘에 예속되었으며 이문성은 팔괘교 수령이 되고 임청은 "주인 양반(当家的)"으로 떠받들렸다. 임청과 이문성이 함께 팔괘교의 사무를 관리했으며, 임청은 천황(天皇)으로, 이문성은 인황(人皇)으로 불리었고, 하남의 이괘(離卦)교 수령 풍극선(馮克善)은 지황(地皇)으로 불리었다. 집회를 거듭한 뒤 1812년에 비밀리에 모의해 반청복명(反淸復明, 청나라를 반대하고 명나라를 회복하자)이라는 구호를 만들어 그 이듬해 9월 15일 가경제가 열하로 가 여름을 나는 기회를 틈타 임청은 교도들을 지휘해 황궁을 공격하고 이문성은 정예 병사를 파견해 지원하는 한편, 무리를 이끌고 활현에서 봉기를 일으키기로 결정했다. 그런데 하남 활현의 관리가 이문성을 체포했다. 교도 우량신(牛亮臣) 등이 활현 현성을 공격 점령하고 이문성을 구출한 뒤 봉기를 앞당긴다고 선포했다. 직예의 장원(長垣)·산동의 조(曹)현 등지의 교도와 농민들이 분분히 호응해 정도(定陶)와 조현을 함락시켰다. 직예·하남·산동 3성의 관군은 감히 나와 싸울 엄두도 내지 못했다.

임청은 하남 등지에서 앞당겨 봉기를 일으킨 사실을 모르고 여전히 원래의 계획대로 9월 15일 교도들에게 명해 동·서 두 갈래로 나뉘어 내성에 진입하도록 하고 교를 신앙하는 태감(太監, 내관)이 각각 안에서 안내하고 호응하게 했다. 동쪽 군은 동화문(東華門)에 접근할 무렵 호위군에 발각되었다. 호위군이 문을 굳게 닫고 지키는 바람에 동군은 겨우 5~6명이 궁문으로 들어갔다. 서쪽 군은 70여 명이 서화문(西華門)으로 진입해 상의감(尙衣監) 수영관(水穎館)으로 쳐들어가 융종문(隆宗門)을 공격하고 궁성에 "대명천순(大明天順)"·"순천보명(順天保明)"이라는 깃발들을 세웠다. 둘째 황자 면녕(綿寧)·총괄 태감 상영귀(常永貴)가 시위와 태감들을 지휘해 진압에 나섰다. 건예영(健銳營)·화기영(火器營)의 관군들도 신무문(神武門)으로 입궁해 참전했다. 병력 차이가 현저했으므로 봉기군은 전부 전사했거나 포로로 잡혔다. 이튿날 관아에서 관리를 시켜 봉기군으로 위장해 임청을 북경으로 맞아들이게 했으며 임청은 계략에 넘어가 결국 잡혔다.

가경제가 열하에서 수도로 서둘러 돌아와 임청과 봉기에 호응한 태감들을 처형하고 섬감 총독 나언성(那彦成)에게 군사를 이끌고 하남·직예·산동의 봉기군을 진압할 것을 명했다. 직예·산동의 봉기군이 잇달아 패배하고 이문성은 활현 도구진(道口鎭)에 "대명천순이진주(大明天順李眞主)"라는 큰 깃발을 내걸고 저항했다. 나언성이 막강한 군대를 배치해 포위 공격하자 봉기군은 전투에서 패했다. 이문성은 우량신을 남겨 주력군을 지휘해 활현을 굳게 지키게 하고 자신은 1천여 명의 군사를 이끌고 휘(輝)현으로 길을 돌아 태항산(太行山)으로 갔다. 청군이 추격해왔고 이문성은 사채(司寨)에서 전패하자 분신자살했다. 활현을 수비하던 봉기군도 포위되어 곤경에 빠지고 우량신은 포로로 잡혀 희생되었으며 봉기는 실패했다.

천리회가 봉기를 일으켜 황궁에 침입한 사건은 조야를 경악케 했다. 둘째 황자 면녕(후에 면[晜]자를 민[旻]자로 고침)은 진압작전에서 공을 세워 지친왕(智親王)에 봉해졌다. 1820년에 가경제가 병으로 죽고 민녕이 제위를 이었으며 이듬해 연호를 도광(道光)으로 바꿨다.

5. 봉건경제의 쇠락

청나라가 건륭, 가경시기에 이르렀을 때 봉건 생산관계는 더이상 생산력 발전의 요구에 적응할 수 없게 됐다. 일부 분야에서 싹트기 시작한 자본주의 생산방식이 심각한 저애를 받으면서 사회경제발전도 더뎌졌다.

(1) 농업과 농민

농업생산 농업 생산도구와 생산방식의 개량이 침체상태에 처했으며, 지역 간의 농경지 경작상황에도 큰 차이를 보였다. 전반적으로 채소와 경제작물 경작이 집약화 형태를 보였으며, 벼와 우전(芋田)을 제외한 곡류 작물은 모두 조방(粗放)형 경작을 실시했다. 중원지역의 하남에서는 농부가 백무 정도 되는 논밭을 갈았다. 서북지역은 넓은 땅에 파종하긴 했지만 수확은 얼마 올리지 못했으며 동북의 다수 지방은 비를 기다렸다가 파종을 하기도 했다. 벼, 고구마, 옥수수 등 곡류 작물과 연초, 면화, 사탕수수, 누에와 뽕 등 경제작물의 생산량이 가장 높았다. 기존에 벼는 남방에서 재배하는 농작물이었다. 하지만 강희, 옹정시기에 이르러 경기(京畿)로 인입했으며, 그 후 산동, 하남 등 지역에서 널리 보급됐다. 남방의 각 성은 조숙 이모작 벼 등 양질의 품종을 널리 보급해 생산량을 높였다. 명나라 중기, 외국에서 들여온 고구마와 옥수수는 이미 조방형 경작에 적응했을 뿐만 아니라 생산량이 높아 건륭 이후로 여러 성에 널리 보급됐다. 이때 고구마와 옥수수가 늘 굶주림에 허덕이던 농민들의 주요 양식으로 됐다. 경제작물 중 연초가 전국

범위에서 널리 재배됐으며 면화는 주로 장강 이북에서 재배했다. 이밖에 사탕수수는 대만에서 가장 빨리 보급됐다. 청나라 초기, 통치자들은 입관하기 전부터 누에와 뽕 생산을 중시했다. 따라서 입관 후에는 누에와 뽕 생산을 제창하는 관리가 대량으로 나타남에 따라 누에와 뽕 사업이 일정 부분 보급될 수 있었다.

토지 소유권 분배 청나라 초기에는 백성을 모아 땅을 개간하고 경작하는 정책을 실시했다. 농민들은 주인이 없는 황무지를 개간해 개인 소유로 할 수가 있었다. 하지만 농민들이 힘들게 황무지를 개간해 논밭을 일구고 나면 늘 신사(紳士, 紳衿, 향신이라고도 함, 신사는 과거제와 학교제 그리고 연납제를 매개로 하여 국가권력으로부터 어떤 자격을 받아, 관위와 직·간접으로 연결되는 계층을 말하는데, 이들은 관직 경력자와 예비 관인층을 포함하고 있는 明·淸代의 지배계층이었다 – 역자 주)가 찾아와 논밭의 주인이라고 주장하면서 땅을 빼앗으려 했다. 이 같은 정책을 실시하는 과정에 일하지 않고 토지세를 징수하는 지주가 최대 수혜자로 됐다. 이들이 관부에서 토지를 받아가서는 그 토지를 불러 모아온 농민들에게 분배했다. 기존에 땅을 개간해 농사를 짓던 농민들도 요역이 두려워 "신사에게서 논을 임대해 소작인 신분으로 일했다." 청나라 때, 일부 명나라 번왕의 땅을 기존의 소작인들에게 주는 정책을 실시했는데 이를 '경명전(更名田)'이라 불렀다. 하지만 집행과정에서 일정한 금액의 조세를 징수했을 뿐만 아니라 토지 값도 비싸게 쳐서 받았다. 농민들은 조세와 토지 값을 낼 돈이 없었기 때문에 '경명전'도 늘 지주의 수중으로 들어갔고 농민들이 얻는 규모는 아주 제한됐다.

토지의 합병이 이어지고 땅값이 꾸준히 올라가면서 지주에게로 집중되는 속도가 보다 빨라졌다. 건륭제 때 호남 순무 양석발(楊錫紱)이 "오늘날 논밭은 부자들의 소유가 됐다. 10개 중 5, 6개는 그들의 수중으로 들어갔으며 옛날 논밭을 소유하고 있던 자들도 현재는 모두 소작인으로 됐다"고 말했다. 이는 당시 상황에 대한 사실적 묘사이다.

청나라 때, 공을 세운 황족과 귀족의 장전(莊田) 규모가 명나라 때보다 줄어들고 관료와 관리들이 합병한 토지가 늘어났으며, 상인의 토지 합병이 활발하게 이뤄졌는데 이 또한 이 시기 토지 소유권 분배의 가장 큰 특징이었다. 청나라 초기, 경기 지역에서 대규모의 권지(圈地)를 실행해 황장(皇莊) 기지(旗地)를 세웠다. 하지만 명나라 때 공을 세운 황족과 귀족의 장전보다 규모가 작았을 뿐만 아니라, 훗날 점차 민전(民田)으로 전환됐다. 관료들이 특권을 비러 뇌물을 받았을 뿐만 아니라 교묘한 방법으로 재물을 빼앗았다. 게다가 그 당시 토지의 합병 현상이 아주 보편적으로 행해지고 있었다. 3천무의 토지를 소유한 관료들은 가산을 잘 마련하지 않는 '훌륭한 관리'로 인정받을 정도였다. 직예 총독 리위(李衛)는 고향에 논밭 4만여 무(畝)를 소유하고 있었다. 대학사 화신(和珅)은 논밭 80만 무를 소유하고 있었을 뿐만 아니라 하물며 그의 집에서 일하는 노예들도 만 무 단위의 토지를 갖고 있었다. 이는 그 당시의 상황을 설명해주는 실례이다. 상인들의 토지 합병은 주로 경제 실력을 바탕으로 진행됐다. 산서 표상(票商), 양회(兩淮, 회남과 회북의 합칭)의 염상(鹽商), 안휘성 휘주(徽州) 상인 등은 모두 막강한 경제력을 바탕으로 토지를 합병했다. 건륭제 때 병과급사중으로 지내던 호정(胡定)이 이런 말을 했다. "최근 부자와 거상들이 거액의 자금으로 논밭을 사들였는데 그 규모가 수십 헥타르 혹은 수백 헥타르에 달했다." 상인들 수중의 재산은 유동성이 아주 강했다. 이들은 흉년이 든 때가 기회라고 생각하고는 국경을 넘어 최대한 낮은 가격으로 땅을 사들이곤 했다. 산서 상인들은 하남에서, 휘주 상인들은 소북(蘇北)에서 땅을 구입한 경우가 바로 이러했다. 상인들의 토지 합병과 함께 고리대금이 성행했다. 이들은 양식가격이 올라갈 때 농민들에게 가격을 낮춰 양곡을 대여해 줬다가 훗날 높은 이자를 받아내면서 농민들이 줄줄이 파산됐다. 이들은 이런 방법으로 토지 합병을 실현하는 한편, 전당(典當)행위를 통해 토지를 합병하기도 했다.

조전(租佃) 관계 황장을 비롯한 기지는 만족사회의 특유한 토지 점유방식이다. 기지에서 직접 생산에 참가하는 장정은 포로로 된 자들이거나 억압적으로 부역에 참가한 백성들이었다. 비록 경제가 일정 부분 독립되긴 했지만 법률과 일상생활에서 지위는 여전히 노예였다. 따라서 이들은 지주의 전장 관리인을 통해 조곡과 닭, 오리 등을 바치고 가혹한 노역에 시달렸다. 게다가 이들은 주인들이 함부로 때리고 남에게 주며 팔 수 있는 상대가 됐다. 이들은 명나라 때 남겨진 밭 노예와 유사했다. 안휘 휘주, 영국(寧國) 등지역의 밭 노예들은 '주인의 밭을 심고 주인의 집에서 살았으며 죽고 나면 주인이 소유한 산에 묻혔다.' 가진 게 아무것도 없는 이들은 대대손손 노예로 살았으며 조곡을 바치는 외에도 다양한 노역에 종사해야 했다. 게다가 주인들은 이들을 토지, 가옥과 함께 팔 수 있었으며 이들의 아내와 자식들도 밭 노예 출신이어서 자유로울 수가 없었다.

청나라가 관내에서 토지를 점거해 기지제를 실행하자 대규모 장정들이 도망치고 일부는 '대가를 지불하고 백성으로 되면서' 기지 착취방식의 기반을 흔들어 놨다. '만주 개인 노예가 점점 더 많아지는' 기지제가 점차 봉건 조전제로 대체됐다. 밭 노예제를 실행하던 때에도 자체 해방을 쟁취하기 위한 밭 노예들의 투쟁이 꾸준히 이어졌다. 옹정시기 '오랜 세월이 흘러 보존된 문서가 없기 때문에 주인의 노예로 일하지 않는 자'는 밭 노예가 아니라고 규정했다. 가경시기에는 '세상의 노예는 현재 복역 여부를 기준으로 한다'고 정했다. 또 '대대손손 노예는 현재 복역 여부를 기준으로 하며' '지금 주인의 노예로 있지 않는다면 옛날에 주인의 밭에 시신이 묻혔고 주인의 밭을 경작했다고 할지라도' 모두 '일반 백성'으로 자유를 풀어줬기 때문에 수많은 사람들이 밭 노예의 신분에서 벗어났다.

기지와 밭 노예제를 실시하는 곳이 얼마 되지 않았다. 전국 경작지의 85% 이상을 차지하는 민전의 경우 조전관계 속의 소작인은 사실상 농노의 신분이었다. 일부 자체 생산이 가능하고 생산 자료를 가지고 있는 소작인들이 보편적이었지만 생산 자료가 없거나 혹은 양자가 모두 없는 자들도 있었다. 심지어 일부는 가옥, 종자, 우력(牛力)을 모두 지주에게서 공급받기도 했다. 이들 소작인은 보다 높은 소작료를 바쳐야 했을 뿐만 아니라, 추가로 소작료를 더 바쳐야 하거나 노역에 종사해야 했다. 예를 들면, 하남 녹읍(鹿邑)의 소작인들을 보면 소, 차량과 종자를 자체로 준비하는 자에 한해서는 토지소유자와 소작인이 수확을 반반씩 나눠 가졌다. 토지소유자가 종자를 제공할 경우 소작인이 가질 수 있는 수확은 10분의 4정도였다. 만약 토지소유자가 종자에 소, 차량, 그리고 소먹이까지 제공할 경우 소작인이 얻을 수 있는 수확은 10분 3으로 줄어들었다. 만약 소작인이 경작만 할 경우에는 가질 수 있는 부분이 10분 2 밖에 안 되었다. 지주는 소작인들에게서 정조(正租) 외에 다양한 부가물품을 착취했을 뿐만 아니라 이들을 강제적으로 노역에 종사시켰다. 소작인은 명분적으로 독립적인 생산자였지만 노동시간을 전혀 스스로 배려할 수 없었다. 특히 지주에게서 종자, 비료, 차량, 농기구를 제공받는 자들은 더욱 자유롭지 못했다. 배분받아 경작하는 소작인들일지라도 지주에게 절대적으로 복종해야 했다. 만약 고분고분 말을 듣지 않다가는 논밭을 빼앗기기가 일쑤였다. 정액 임대제도를 실시해야 지주들이 생산에 간섭하지 않을 수 있었지만, 이들에게는 행정 관할권이 부여됐다. 청나라 때, 지주가 소작인을 마음대로 폭행할 수 없다는 조항이 명확하게 규정되어 있었지만, 소작료 납부를 강요하며 폭행하거나 심지어 때려죽이는 사례가 적지 않았다. 하지만 밭 노예, 장정들과 비교할 때 소작인들이 법률적으로 지위가 높았기 때문에 비록 그들의 행동이 지주의 속박을 받는다고 할지라도 논밭과 함께 매매될 수 없었고 자녀들도 대대손손 노예로 살지 않아도 됐다. 청나라 조전 관계에서 영전제(永佃制)가 다소 발전하면서 토지 영구사용권을 얻은 소작인들이 지주에 대한 의존도가 떨어지긴 했지만 그 관계가 공고하지는 못했다.

농업 고용 명나라 때 이미 장기 일꾼, 단기 일꾼, 바쁜 농사철에 임시 고용되는 일꾼 등이 나타났다. 청나라 때에는 농업 고용이 더욱 보편화 됐다. 건륭시기에 이르러서는 21개 행성에 보급됐으며 수량이 갈수록 늘어나면서 단기 일꾼 시장까지 나타났다. 이때 현이나 성 밖으로 유동되는 현상이 보편화 됐다. 하지만 일부 사탕수수, 담배, 차 등 경제작물 재배 지역을 제외하고는 보편적으로 규모가 작았고, 전국 인구 가운데서 차지하는 비율도 아주 낮아 봉건주의 착취라는 성격이 여전히 남아 있었다. 장기 일꾼은 고용기간에 고용주의 절대적인 지배를 받았다. 따라서 이들은 잠을 자고 밥을 먹는 시간에도 고용주들이 시키면 일을 해야 했다. 일부 고용주는 장기 일꾼을 비롯해 온 가족의 노동시간까지 지배했는데, 이들의 노동대가는 장기 일꾼의 보수를 지불할 때 함께 계산해줬다. 단기 일꾼들의 노동시간은 장기 일꾼보다 조금 자유로웠다. 농번기에 단기 일꾼은 시장에서 자유롭게 노동력을 팔 수 있었지만 노동시간이 길고 보수가 적었다. 게다가 농번기가 지나가면 실업자와 유랑자로 되거나 심지어 생활에 쪼들려 거지나 도둑, 강도로 전락되는 경우도 있었다.

고용농(雇農)은 봉건 고용시대의 착취 대상이자 봉건 고리대금의 착취 대상이기도 했다. 농민들은 노동으로 빚을 상환해야 했는데 고이자의 착취로 채무가 산더미처럼 불어났기 때문에 갚을 능력이 없는 이들은 자신과 가족을 노예로 일삼았다. 그리고 '빌린 자금의 이자를 고농의 품삯으로 대신하는' '전당 고농' 즉 고리대금을 빌린 고농들이 고용주를 위해 일한 품삯을 이자로 충당했으며 고농 자체가 고리로 대출받을 수 있는 담보였다. 본금을 상환하지 못하면 고용주를 위해 아무 대가없이 일해야 했다. 이밖에 일부 고용주들이 노비를 노농에게 시집보내면서 고농이 고용주를 위해 일정 기한 동안 일하는 '연한 사위'가 되기도 했다. 채무 고용은 채무를 상환하기 전까지, 전당 고농은 전당 기한 내에 아무런 자유도 없었다. 하지만 '연한 사위'는 기한이 만기되어도 여전히 자유가 없었다. 법률 차원에서 고용주와 고농에게는 '주인과 노비 명분'이 남아 있었으며, 고용주에게는 '가장'의 지위가 부여됐다. 고공은 반드시 고용주의 '가법'을 지켜야 했기 때문에 양자의 지위는 아주 불평등했다. 주인과 노비 명분을 따지지 않는 단기 일꾼과 부유한 농민, 소작인들이 고용한 경작인은 법률적으로 고용주와 지위가 평등했다. 상품경제의 발전으로 말미암아 농업에도 자본주의가 싹트기 시작했지만 그 정도는 아주 미약했다.

(2) 정액 세금 외의 추가 세금

청나라 초기 노역을 줄이고 세금을 낮추는 정책과 휴양생식 정책을 실시했다. 정해진 재정수입은 해마다 1천 4백여 만 냥이었는데 훗날 점차 늘어나 건륭시기에는 4천만 냥을 넘어섰다. 전쟁이 끊이질 않고 황실의 부패와 사치가 지나쳐 실제 지출이 위의 숫자를 훨씬 넘어섰기 때문에 정액 세금 외에 추가된 세금이 더 있었을 것으로 짐작된다.

청나라 초기 '노역 줄이고 세금 낮추는' 정책 실행 명나라 말기에 실행하던 정액 세금 외의 추가 세금을 면제하고 새로 증가한 인정(人丁, 정남과 정녀)에 한해서는 평생 세금을 더 징수하지 않으며 인두세를 토지세에 배부해 징수하고 예전에 징수하던 양식과 은전을 면제했다. 명나라 말기, 정액 세금 외의 추가 세금에는 요동전쟁과 농민봉기를 진압하기 위해 추가한 요향(遼餉), 초향(剿餉), 연향(練餉)이 포함됐다. 다이곤(多爾袞)은 이를 '전조의 악정'이라 간주하면서 '면제하려 했지만' 보편화 되지 못했다. 하남 여러 주와 현에 정액세금 외의 추가세금이 지극히 많았고 강남일대는 예나 지금이나 다를 바 없이 줄곧 성행한 것으로 역사자료에는 기록되어 있다. '새로 늘어난 인정은 평생 세금을 더 징수하지 않는 정책'은 강희 51년의 인두세를 기준으로 했으며, 앞으로 늘어나는 인정에 한해서 세금을 더 추가하지 않겠다는다는 뜻이다. 하지만 인정이 감소되면서 인두세가 줄었기 때문에 오히려 백성들의 부담이 더욱 가중되었다. '인두세를 토지세에 배부해 징수하는 정책'은 인두세를 경작지에 배분해 넣음으로써 경작지가 없는 자는 인두세를 면제받고 경작지가 적은 자들은 인두세를 적게 냈지만, 지방 차역의 배분 행위가 여전했기 때문에 경작자기 없거나 적을 지라도 여전히 노역의 징집대상이 됐다. 전에 징수하던 양식과 은전을 면제해주는 조치는 청나라 때 전에 없덤 정책으로 인정받고 있다. 하지만 다수는 시간이 오래되어 받기 힘들거나 흉작으로 거둬들일 것이 없어 면제한 것이었다. 따라서 백성들은 여전히 양식과 은전을 납부해야 했으며 지방 관리들이 마음대로 개인 소유로 간주하는 경우가 늘었다. 또 실제로 면제한다고 해도 가난한 농민들은 땅이 없거나 적어 얻을 수 있는 혜택이 극히 적었고 오히려 땅을 많이 소유한 지주들이 많은 혜택을 누렸다.

백성들은 '정액 토지세 외에 추가로 내는 토지세', '정액 세금 외에 추가로 내는 세금'에 힘든 생활을 했다. 청나라 초기, 모선(耗羨)(소량의 은냥을 은정으로 주조할 때 생기는 소모)을 징수하지 못한다고 엄격히 규정했지만 실제로는 징수금액이 점점 더 늘어났다. 일부는 주와 현 관리의 개인 주머니로 들어갔고 일부는 다양한 명목이 부여돼 상사(上司)에게 바쳐야 했다. 옹정시기 모선이 나라 소유로 되면서 정액세금 외에 추가로 세금을 바쳐야 하는 법에 어긋난 조치가 실제로는 합법적인 조항으로 바뀌었다. 그 후로는 세금을 추가하는 새로운 방식과 지어낸 다양한 명목세금이 꾸준히 늘어났다. 그리고 정액 이외에 남아돈다는 명분으로 세금을 추가 징수하는 경우도 있었다. 관세는 정해진 금액이 없기 때문에 별도의 잉여도 없다. 하지만 옹정 이후로 모두 '잉여' 은냥을 바쳐야 했다. 이른바 '잉여'란 바로 정액 외에 추가로 징수하는 세금을 말한다. 추가로 징수해야 하는 세금은 또 화폐 대신 실물을 납부하는 '절색(折色)' 방식으로 징수했다. 예를 들면 조세로 징수되어 배로 운송되는 곡식인 조량(漕糧)의 경우 10%를 삭감해 은냥을 징수해야 했지만, 실제로는 시장가격의 3배에서 5배 높은 가격으로 징수했다. 매년 청나라는 운하를 이용해 4백 석의 조량을 북경으로 운송해 갔는데 이때 쌀 창고에서 소모되는 것과 배를 이용한 운송에서 생기는 비용, 재 운송비용, 배를 이용한 양곡 운송에 필요한 다양한 물품에 대한 비용, 운정(運丁)에게 발급되는 배급 양식, 운정에게 발급되는 보조금, 창고를 수리하고 책자를 만들기 위한 새로 추가한 비용, 운정 보조금과 주와 현의 배 운송비용을 해결하기 위해 새로 추가된 비용 등 7가지 조항을 설립하여 세금을 추가 징수했다. 추가로 징수하는 세금 총액이 조량 정액과 맞먹었다. 이같이 명확히 규정된 추가 징수 조항 외에도 규정에 없는 세금 조항이 추가됐다. 예를 들면 '쌀 창고에서의 소모와 배를 이용한 운송에서 생기는 소모비용' 외에도 '가격을 낮추고', '양곡을 곡두에 평평하게 담은 후에도 계속해서 원추형 모양이 되도록 담으며', '양식이 가득 담긴 곡두를 발로 차 곡두에 양식을 더 많이 담으려는 것' 등이 바로 이러한 것이었다. 이 같은 행위가 갈수록 심각해져 "한해 운하를 통해 강남에서 운송되는 양식이 4백만 석에 달했지만, 실은 1년에 강남에서 생산되는 양식은 1천 4백만 석 정도였다."

예로부터 지주계급은 조세를 면제받고 양식과 은냥을 독점할 수 있는 특권을 누렸다.

남몰래 논밭을 점유하고 있는 호강들이 '4무의 논밭을 가지고 있으면서 한 무에서 생산된 양곡만 바치는' 현상이 여전했으며, 양식과 은냥을 바치지 않기 위해 관료지주들이 자체 소유의 논밭을 타인의 명의로 돌리는 경우도 많았다. 빈곤한 백성들은 몇 무 밖에 안되는 논밭을 소유하고 있을지라도 10여 무 심지어 수십 무에 해당되는 양식과 은냥을 바쳐야 했다. 심지어 양식을 바칠 때 늘 다양한 명분이 부여돼 추가로 납부해야 하는 경우가 많았다. 요역을 논밭에 따라 배분하기 전에는 '논밭을 요역이 없는 가구에 줬기 때문에 논밭이 없는 가구는 요역으로 고단했다'. 하지만 논밭에 따라 배분해도 이런 현상은 여전했다. 면제 특권을 가진 유지들은 요역에 참가하지 않았을 뿐만 아니라, 조세를 독차지해 잠식하고 관부와 함께 나눠가졌기 때문에 백성들의 부담이 더욱 과중해졌다.

청나라 조세 체계에는 광정(礦丁), 조정(灶丁)과 운정(運丁) 등 노동자들이 포함됐다. 광정은 바로 광부이다. 광부에 대한 고용방식에는 광주가 노임을 주고 식사를 해결해주거나 제품을 나눠주는 2가지가 포함된다. 두 번째 고용방식을 취하는 광부와 광주의 관계가 소작인과 지주의 관계와 비슷했으며 이 같은 형태가 주요한 지위를 차지했다. 청나라 때 세금 징수정책 외에도 저가로 상품을 수매하는 정책으로 인해 광부들의 부담은 더욱 가중됐다. 광산에서 개인이 사사롭게 물건을 거래하는 위를 막기 위해 관부는 생산을 엄격히 통제했다. 따라서 수많은 광부들이 관부의 영향이 닿지 않는 미개간지를 찾아 채굴했다. 광부와 비슷한 조정(灶丁)은 장상(場商)에게서 고리대금을 빌리고 장상은 저렴한 가격으로 그들의 소금을 수매했다. 관부와 장상의 이중 착취로 도망치는 자들도 많았다. 운정은 군대 편제로 조직이 아주 엄밀했다. 규정에 따라 운정은 행량, 월량, 은냥과 양식보조 그리고 일정한 면세 물품(토산물), 둔전 배정 (규모에 따라 조량 운송 과정에 소모되는 부분을 보조해줌) 등의 대우를 받을 수 있었다. 행전과 월전에는 선장과 선원을 고용하는데 필요한 자금도 포함됐다. 둔전 수입에는 선박을 제조하고 수리하는데 필요한 보조금이 포함됐다. 토산물 수입이 불안정했기 때문에 운정들의 수입도 아주 제한됐다. 비록 그들도 조주(漕州)현을 상대로 곗돈을 요구하긴 했지만 운송을 시작해서부터 물품을 창고에 운송하기까지 19개 고리에서 착취를 당했는데 착취 명목이 105개 조항도 넘었다.

(3) 청나라의 상공업

상공업 개황 수공업이 개체를 주로 하는 가운데 간단한 협력으로 운영되는 작업장과 장내 분공이 있는 수공업장도 나타났다. 또 그 당시 한구(漢口), 우호(蕪湖)의 철기제조업, 상숙(常熟), 불산(佛山)의 면포 염색업, 남경(南京), 우후의 양식가공업 그리고 복건 숭안(崇安), 구녕(甌寧)의 제차업, 산서 종남산(終南山) 산간지역의제지업과 주지(周至)의 목재가공업 등의 규모가 상대적으로 큰 업종이었다. 경덕진(景德鎭)의 도자기 제조, 안휘 서현(歙縣)의 제묵업, 남경의 견직물이 그 당시 널리 알려지며 유명세를 탔다. 광업은 동업(銅業)을 주로 했다.

수공업의 발전은 상당한 자금이 뒷받침되어야 했다. 운남(雲南)의 경우 동광 공장 한 곳을 개설하는 데 들어가는 투자금이 10만, 20만 냥 정도였다. 사천 염정을 '뚫는 비용도 얕으면 천을 단위로, 깊으면 만을 단위로 들어갔다.' 복건의 차 농장, 남경 견직업의 투자규모도 상당했다. 하지만 전반적인 사회상황을 보면, 상업 자본 그리고 이와 연계되는 고리대금 자본이 공업과 광업 자본을 훨씬 넘어섰다. 노동자가 수공업 가운데서 방직, 제차, 제염, 동과 철 채굴, 제련업에 가장 많이 집중됐다. 파산한 농민들이 도시로 들어와 각 업종의 수공업 노동자가 됐다.

도시는 상품시장의 중심이다. 해금정책이 풀리면서 남북 연해무역의 중추로 떠오른 상해의 경우 사선(沙船) 3500척 내지 3600척이 모이는 경우가 자주 있었고, 백 곳에 달하는 전장에서 금융배치를 하기도 했다. 명나라 때 도읍을 남경에서 북으로 옮기면서 남경의 상공업이 점차 쇠락해졌다가 청나라 이후로 점차 회복되고 발전하기 시작했다. 천진, 한구, 광주도 상공업의 발전으로 나날이 번영하는 양상이 나타났다. 신흥도시인 강소 오강(吳江)의 성택(盛澤)은 견직업이 발전함에 따라 거금을갖고 오강 비단을 사러 가는 호강들이 나타났다. 운하선에 위치한 장추갑(張秋閘), 원가구갑(袁家口閘) 등도 번영한 마을로 발전했다. 신강 사차(莎車), 내몽골 귀화(歸化) 등 변경지역의 도시가 흥기하기 시작하면서 민족 간의 무역에서 큰 역할을 발휘했다. 당시의 상품유통은 교통이 발달하고 경제가 번영한 대도시에서 이뤄졌을 뿐만 아니라, 외진 지역 예를 들면 귀주 준의(遵義)의 사포(土布), 명주 산서 종남산(終南山)의 목재, 종이 등의 판로도 아주 넓었다.

청나라 상공업의 발전은 공업과 광업의 생산기술 발전과 생산도구의 진보에서 나타났다. 제지기술과 설비를 개진함에 따라 생산주기가 줄어들었다. 또 1장 7, 8척 이나 되는 제철 용광로가 만들어지면서 철 생산량이 늘어났다. 여러 지역에 다양한 광산공장 수량이 폭증했지만 모두 얼마 버티지 못하고 문을 닫았다.

청나라는 '농업을 중시하고 상업을 억제하며', '근본을 중시하고 말단을 억제하는' 전통적인 정책을 실시했다. 예를 들면, 동광은 본 현 사람들만 채굴하게 했다. 따라서 절강의 철광은 온(溫), 처(處)에게만 채굴할 수 있는 권리를 줬으며, 녕(寧), 대(台)는 개입하지 못하도록 했다. 그리고 바닷길을 이용해 상해에서 천진으로 찻잎을 운송해도 되지만 광주로 운송해서는 안 된다고 규정했다. 그 외 돛대 범선은 바다로 출항할 수 있지만 쌍돛대 범선은 제한됐다. 이는 청나라 조정이 광산을 '간사한 자들이 모이는' 곳이라고 여기면서 현지 광부는 쉽게 통제할 수 있으나 국경을 넘어서 채굴하는 자는 통제하기 어렵다고 생각했기 때문이다. 상해 이남의 바다에는 외이(外夷)와 간사한 상인들이 서로 결탁해 쌍돛대 범선을 빼냈기 때문에 더욱 금지하거나 제한해야 한다고 생각했던 것이다. 또 광부가 광산공장으로 들어가기 전에 이웃의 신원보증을 받아야 하고 광산공장으로 들어간 후에는 서로 간에 신원보증을 서야 한다고 규정했다. 그리고 이름, 고향, 연령, 외모 등 정보를 책자로 만들었으며 공장으로 들어가려면 '허리패'를 휴대해야 했다. 염장, 어장, 출해 어선에 모두 이 같은 정책을 적용했다. 일부 지방은 이 같은 제한을 풀어놨기 때문에 상공업이 발전할 수 있었던 것이다.

전통적인 상공업 도시를 보면 업종마다 조합이 있었는데 그 당시 소주에만 160여개에 달했다. 항주의 조합은 자주적인 업종 규정까지 제정했는데 "369개 업종마다 각자의 전문 용어가 있었다." 한구(漢口)에서 상업에 종사하는 여러 성의 상인들은 "현지 상인들 사이에 우두머리가 있었을 뿐만 아니라 외지에서 온 상인들 사이에도 그들의 우두머리가 있어 모두 각 업종과 여러 성의 사무를 관리할 수 있었다." 광주, 상해, 북경조합 회관에도 업종규정과 관례가 있었다. 중소도시는 물론, 일부 농촌 집진(集鎭)에도 조합 조직이 있었다. 또 상품가격, 노임수준과 원료분배, 판매시장에 모두 엄밀한 규정이 있었다. 상공업의 발전은 조합의 제한에서 벗어나 일정한 변화를 가져올 것을 요구했다. 소주의 견사업은 '상주제(常主制)'방식을 취했다. 방직업에 종사하는 주인과 장인이 약속을 하고나면 바꿀 수 없었으며 심지어 단기 일꾼도 '행두(行頭)'의 지배를 받았다. 주인이 기술수준이 낮은 장인에 대한 고용을 중단하거나 아예 그 장인을 사퇴시킬 수 있었다. 이들은 계속 일하고 있는 장인들과 연합해 기존 조합 외의 노동자조합을 설립해 그들과 대항했으며, "노동자를 불러 모아 파업하도록 했다." 소주 기타 조합 가운데서도 주인과 장인의 모순이 아주 첨예했는데, 면포가공, 종이염색, 촛불, 인쇄 등 여러 업종에서 모두 파업하는 현상이 나타났다. 경덕진의 도자기업도 '동업종에 종사하는 자들을 불러일으켜 조직성 있게 파업했다.' '지회동행(知會同行)'이란 바로 조직성 있게 움직이는 것을 말했다. 남경의 견사업 장인들도 '각자 회의 이름을 지어냈다.' 광주의 견사업은 동가행(東家行)과 대립되는 서가행(西家行)을 설립하기도 했다. 불산(佛山)진의 피금, 동라 등 업종의 장인들도 서로 연합해 서가행을 구성했다. 이런 조직이 관부의 통제를 받긴 했지만 장인들의 연합행동으로 조합의 제한이 타파되면서 주인과 장인 간의 종법관계가 노동자와 자본가의 관계로 발전하도록 추진했다.

소생산자의 상품이 갈수록 자급자족 상태에서 거래 형태로 바뀌면서 상인에 대한 의존도가 높아졌다. 상인들은 소생산자의 유일한 상품판매 대상이 되었고, 또 예약 구매방식으로 소생산자들이 상품으로써 채무를 갚도록 하기 위해 갖은 방법을 생각했다. 상인들의 자금을 받는다는 것은 바로 고리대금을 받아들였다는 뜻이다. 따라서 소생산자들은 이때부터 자신들이 생산한 제품을 자주적으로 지배할 수 없으며 부득이하게 상인들의 통제를 받아야 했다. 상인들은 생산원료로 소생산자의 제품을 바꿔갔다. 고정된 어느 상인까지 발전되고 고정된 비율로 상품과 원료를 교환할 때 소생산자와 시장의 연계는 이미 온전히 단절되기 때문에 결국 상인에게 귀속되게 된다. 이제 그들과 상인은 단순히 구입자와 판매자의 관계에서 벗어나 주인과 노동자의 색깔을 띠게 된다. 이 단계에서 더 발전하면 원료 발급으로 가공비를 대신지불하고 원료와 제품 교환을 대체하는 국면이 나타나게 된다. 만약 생산도구마저 '주인'이 제공한다면 소생산자는 '시간에 따라 가치를 계산받게 되는데' 이때 소생산자는 노임을 받는 노동자가 되는 것이다. 이런 변화가 남경, 소주 등 지역의 견사업에 이미 나타났으며 자본주의 생산관계가 사회 조합이 존재하는 가운데서 점차 싹트기 시작했다.

일부 수공업과 상업이 결합되면서 작업장에 가게도 갖추게 됐다. 가게 주인은 생산자이자 판매자이기도 했다. 따라서 공업자본과 상업자본, 공업이윤과 상업이윤이 한데 융합됐다. 일부 수공업자는 지주 신분으로 생산도구와 토지를 모두 점유했다. 예를 들면, 연초 사탕수수 등 경제작물 생산지역에 농산물 가공을 경영하는 지주가 있었다. 도시에서 작업장이나 생산도구를 갖고 있으면서 이를 남에게 임대해줘 임대료를 받는 자들이 실제로는 지주와 다를 바 없었다. 경덕(景德)진의 도자기 제조업, 소주의 면포 가공업, 광동과 대만의 제당업 등에 이 같은 사례가 적지 않았다.

화폐와 실물투자의 공존현상이 수공업 내부 생산관계의 또 하나의 특징이었다. 광동과 대만의 당(糖) 작업장은 주주가 되는 방식으로 소(牛)를 통일 경영에 맡겨 이윤을 얻었으며 운남 동광의 경우 소광 출자인은 광정(鑛丁)에게 기름, 쌀을 제공한 후 소와 제공한 기름, 쌀의 규모에 따라 제품을 배분받았다. 자유 고용노동과 농노식 노동이 동시에 존재한 것 또한 청나라 수공업의 특징이다. 견사, 종이염색 등 업종은 이미 '장인이 동일한 주인만을 위해 일하는' 업종 규정에서 벗어나 '여러 주인을 위해 일하는' 현상이 여러 번 나타났다. 조합 외에 자유 고용이 더욱 보편적으로 존재했으며, 조합 내부와 조합 세력이 미치지 못하는 섬서 남부 산간지역의 목재 채벌 가공장, 사천 정염과 심산황무지의 채광업 등에 농노식의 노동이 여전히 존재해 노동자가 봉건적인 속박을 심하게 받았다.

(4) 대외무역

해금폐관정책　청나라에서 역대로 실행한 해금 폐관정책에는 다음과 같은 3가지 내용이 포함된다. 첫째, 상인들의 출해무역에 대한 금지와 제한. 둘째, 통상구에 대한 폐쇄와 정지. 셋째, 수출상품에 대한 금지와 제한. 대외무역에 대한 관리는 해금폐관에 대한 제한 원칙을 반영한다. 육로 무역을 보면 러시아 상대(商隊)들이 4년에 한번씩 북경에서 무역거래를 할 수 있었다. 하지만 그 규모가 한 번에 2백 명을 초과하지 못하고 최고로 80일 정도 머물 수 있다는 명확한 규정 조항이 있다. 광주 해상무역의 경우 외국 선박이 광주에 들어올 수 없을 뿐만 아니라, 오문(훗날 황포로 개칭)에만 정박할 수 있으며 반드시 연대 보증서를 제출하고 선박의 포화를 제거해야 한다는 규정이 추가됐다. 외국상인들이 무역 관련 사무를 처리하고 나면 더 이상 체류가 허락되지 않았다. 광주에 체류하는 기간 반드시 상관에 머물러야 하며 자유로이 활동할 수 없다는 등 규정도 있다. 외국상인을 상대로 한 규정에는 다음과 같은 3가지가 포함됐다. 첫째, 외국 상인들이 중국 정부에서 지정한 상인들하고만 무역거래를 할 수 있으며, 육로는 이번원(理

藩院)에서 표를 받은 상인들에게, 그리고 광주 등 지역은 대외무역을 경영하는 행상(行商)들에게만 허락했다. 행상이 외국상인을 대행해 톤세와 화물세를 바치고 담보까지 책임졌다. 둘째, 외국상인들은 중국 내지로 들어올 수 없으며 내지 상인들과 그 어떤 연계가 있어서도 안 된다. 셋째, 외국상인들은 외국상인들과 직접적인 대출관계가 있어서는 안 된다. 이 같은 규정을 제도화한 이유는 외국상인들이 대출을 통해 높은 이자를 챙기고 행상을 통제하고 그들의 세력이 중국에 침투되는 것을 막기 위해서였다. 하지만 이런 규정이 결코 제대로 이행되지는 못했다. 러시아가 북경 호시(互市)에서 규정을 전혀 지키지 않았으며, 광주에서 무역을 추진하는 과정에 청나라의 규정도 아무런 효력이 없는 문서조각에 불과하다는 것이 판명되었기 때문이었다. 해금 폐관정책으로는 외국상인들의 도리에 어긋나는 행위를 저지하지 못했을 뿐만 아니라 서양인들의 침입을 막지도 못했다.

서방국과의 무역 중국과 러시아 간의 육로 무역이 캬흐타(恰克圖) 이전에 주로 북경에서 이뤄졌다. 캬흐타 시장이 개장되면서 점차 북경에서의 무역을 대체했다. 러시아 상인들이 중국에서 대황을 구입해 서유럽으로 운송해면 평균 10배의 수익을 올렸다. 또 러시아에서 모피를 중국으로 들여와 2, 3배의 이익을 얻었다. 차르 및 그가 총애하는 신하들은 직접 상인 대열을 조직해 거액의 이윤을 챙긴 가운데 러시아 정부도 대량의 관세를 얻었다. 해상무역을 진행한 포르투갈, 스페인, 네덜란드 등 서방국은 점차 쇠퇴해지기 시작한 반면, 영국이 빠르게 발전해 와 중국 해상무역에서 차지하는 비율이 80%에 달했다. 훗날 미국이 발전해 영국을 넘어섰다. 가경제 때, 영국과 미국의 무역 총액이 3천여 만 위안에 달했다. 중국에서의 수출은 견사, 차, 면포에 주로 의지했고, 모직물과 면화를 주로 한 상품을 수입했다. 서방국은 대 중국무역을 통해 거액의 이윤을 챙겼지만 자급자족의 경제가 주도적인 지위를 차지하고 있던 중국시장에 진입하기에는 역부족이었다. 최대 무역액을 이룬 영국은 도광제 초기, 평균 해마다 찻잎 26만 짐(擔), 생사 8천 짐을 광주에서 운송해 갔다. 그들이 중국으로 운송해 온 모직물이 결손을 본데다 식민지 인도로부터 면화를 운송해 왔음에도 불구하고 중국 물품을 얻어가기에는 턱없이 부족했기 때문에 백은을 지불하는 수 밖에 없었다. 그 당시 해마다 중국에 유입되는 백은이 4, 50만 냥 정도였으며 최고로 많을 때는 150만 냥에 달하기도 했다. 영국은 인도에서 생산된 아편을 중국으로 밀매해 무역역차를 해결하려 했다. 이때부터 백은이 중국에서 서방으로 흘러나가기 시작했다.

광주에서의 무역과정에서 중국 행상들은 광주와 내지 간의 결제만 책임졌다. 외화는 영국 동인도회사에 경영했으며 훗날 영국과 미국의 개체 상인들도 참여했다.

1760년 중국인 행상들이 조합성질의 공행(公行)을 조직했지만 훗날 동인도회사와 접촉하는 과정에서 점차 외국상인들에게 의지해 운영됐다. 대외무역 자금을 융통하는 과정에서 외상들의 자금을 체불하면서 무역에서의 주도권을 잃었다. 상품 가격 결정, 무역액 배분과 거래방식에서도 부득이 외국상인들의 요구에 따라야 했으며 점차 판매를 대신 해주고 그에 따르는 보수를 받는 중개인과 매판(買辦)으로 전락됐다. 사실이 증명하다시피, 중국 행상은 동인도사회의 상대가 아니었다. 동인도회사가 중국에서의 업무를 중단한 후로 중국에 침략해 약탈하는 영국 개체 상인들의 행위가 보다 창궐해졌다.

이웃 나라와의 무역 청나라와 이웃나라의 무역은 평등과 상호 이익을 바탕으로 이뤄졌다. 청나라와 중아시아 간의 육로무역을 보면 비단, 보석, 대황 등을 수출하고 이란과 아프가니스탄의 지역 특산물을 수입했다. 서남 이웃 나라와의 육로 무역을 보면 서장 타시룬포(紮什倫布)를 유대로 서쪽으로는 라다크(拉達克)를 거쳐 카스미르(克什米爾)에 이르기까지, 남쪽으로는 부탄(不丹)을 거쳐 방글라데시(孟加拉)에 이르기까지 서장의 특산물인 사향, 복령(茯苓), 대황을 수출했다. 그리고 진주, 산호 등을 수입했다. 운남 대리에서 미얀마 바모(八莫)에 이르기까지의 상도에서는 베트남, 샴(暹羅), 미얀마와 무역을 진행했다. 상품 운송로인 아와하(阿瓦河)를 활용해 강철, 종이, 찻잎을 수출하고 면화, 식염, 깃털, 흑칠을 수입했다. 중국은 육로를 통해 베트남 공도(孔道)로 진입했다. 공도는 오늘의 우의관(友誼關)이다. 그 당시 양국 간의 관계가 밀접했고 무역이 활발하게 이뤄졌다. 샴과는 해상무역을 주로 발전시켰다. 그때 미얀마 샨주(撣邦)를 거쳐 샴의 상도에 진입한 후 동기, 생사를 수출하고 동사, 상아를 수입했다. 조선과의 무역에서는 압록강(鴨綠江)변의 신의주(新義州)와 중강(中江), 도문강(圖們江)의 경원(慶源)과 회녕(會寧)을 통상구로 활용했으며 거래 품종이 아주 풍부했다.

청나라와 이웃나라의 해상무역은 발전과 쇠퇴가 동반됐다. 일본에서 대량의 황동을 수입하고 비단, 설탕과 약재를 수출했다. 훗날 일본이 황동 수출을 제한한데다 중국 내지의 동 생산량이 늘어나면서 중일 간 무역도 줄어들었다. 말레이반도에서 북쪽으로는 시암과 베트남, 남쪽으로는 수마트라 섬과 자바, 동쪽으로는 보르네오와 필리핀반도로 향하는 해상무역이 뚜렷하게 발전했다. 말레이반도의 조호르(柔佛)와 그 서안의 페낭(檳榔)은 중국 상인들의 무역중심이었다. 도광 때, 싱가포르가 조호르와 페낭의 자리를 대체하면서 1년에 싱가포르와 중국을 오가는 화물선이 250척에 달했다. 중국과 필리핀의 무역은 오랜 역사를 자랑한다. 중국의 실크로드를 많이 선호하는 필리핀인들이 자국을 통해 실크로드를 멕시코로 운항해 갔지만 스페인 식민자들의 방해와 금지에 부딪혔다.

1. 성리학(理學) 철학과 경학

중국 봉건문화는 유학을 주체로 하고 유학은 또 경학을 핵심으로 한다. 경학에는 철학, 사학과 정치학설이 포함된다.

성리학의 변화발전과 반 성리학 사상의 흥기   주원장(朱元璋)은 봉기를 일으키는 과정에서 유생을 신임해 중용했다. 또 황위에 오른 후에는 궁실의 양무(兩廡)에서 송나라 유생 진덕수(眞德秀)의 《대학연의(大學衍義)》를 쓰고 곡부(曲阜)를 찾아 공자에 제사를 올리기도 했다. 훗날 향시와 회시에서 치르는 사서오경은 주희, 정이 등이 쓴 각주를 기준으로 한다고 규정했으며, 정주이학(程朱理學)을 정부 학술로 인정했다. 명성조도 정주이학을 단호하게 제창했다. 명나라 초기에는 성리학이 사상계를 지배했다. 개국문신 송렴(宋濂)이 성리학을 전승해 개인 수양을 적극적으로 제창했다. 오여필(吳與弼, 강서 숭인[崇仁] 출신)은 '사욕을 억제하고 빈궁하게 살면서도 즐거울 수 있는 것이 최대의 수확이라는 걸' 배워야 한다고 주장했다. 그의 제자 진헌장(陳獻章, 광동 신회[新會] 출신, 농촌 백사리[白沙裏]에서 생활함)은 "천리(天理)를 보존하고 인욕을 제거해야 한다"는 성리학의 학설을 굳게 믿었다. 또 불가 선정(禪定)의 영향을 받아 "만물이 나로부터 시작된다"는 설을 주장하며 새로운 길을 개척했다. 오, 진의 학설이 제자에게 전수되면서 숭인학파와 백사학파로 불렸다.

왕양명(王明陽)은 이름이 수인(守仁)이고 회계산(會稽山) 양명동(明陽洞)에서 공부한 바 있다. 사람들은 그를 '양명선생'이라 불렀으며 관직은 좌도어사까지 지냈다. 그는 정주이학과 대립되는 이론을 제기했으며 모든 사물이 마음으로부터 일어나기 때문에 마음이 없으면 객관사물이 존재할 수 없다고 주장했다. 그는 '성인지학'이 바로 '심학'이라 여겼다. '치양지(致良知)'나 사물의 이치를 파고들어 지식을 명확히 하는 '격물치지(格物致知)'를 주장했다. 양지에는 효제충신(孝悌忠信)의 뜻이 포함돼 있으며 치양지란 사욕을 극복하고 인간의 순수한 본래성만을 유지하는 것이라고 했다. 주희는 천리를 외재적인 것으로 간주하며 사람들이 이를 받아들여야 한다고 여겼다. 왕양명은 천리가 바로 양지이기 때문에 '천리를 보존하는 것'이 바로 양지를 되찾는 것이라 주장했다.

명나라의 쇠락과 멸망을 겪은 명·청 무렵의 사상가들은 유학과 성리학을 재평가해 새로운 학설을 많이 제기했다. 명나라 멸망의 고통을 직접 겪은 황종희(黃宗羲)는《원군(原君)》등 저작에서 "백성은 귀하고 군주는 가볍다"는 사상을 바탕으로 군주의 폐해를 폭로하는 한편, 재상의 권력을 강화하고 군주의 권력을 제한할 것을 주장했다. 고염무(顧炎武)는 경학이 바로 성리학이라 여겼다. 그는 유가가 학문을 배우는 목적이 세상을 잘 다스리고 행실을 바르게 하는 것이라 여기면서 실학을 적극 제창했다. 왕부지(王夫之)는 "'기(器)'에 근거해 '도(道)'가 존재한다"고 주장하면서 "먼저 이가 존재하고 그 이후에 기가 존재한다"는 사상을 반대했다. 인류사회가 상고의 야만 상태에서 후세의 문명 단계로의 발전은 규칙이고, '이족'이 한족을 통치한 것 또한 합리적이라고 주장했다. 당견(唐甄)은 성인의 주장도 시대의 변화와 발전에 따라 꾸준히 수정하고 보완해야 한다고 여기면서 평균, 평등을 주장하고 군주전제를 반대했다. 심지어 "진나라 이래 모든 제왕은 도적이다"라고 주장했다. 부산(傅山)도 성리학이 제창하는 군신윤상을 반대하면서 사직(社稷)이 군주보다 귀하기 때문에 나라의 안위를 위해서는 제왕을 바꿀 수 있다고 주장했다.

청나라 초기 황제들은 성리학을 적극적으로 제창했다. 육롱기(陸隴其), 웅사리(熊賜履), 이광지(李光地), 장백항(張伯行) 등 성리학자들이 왕학을 반대하고 정주이학만 떠받들면서 윤리강상을 제창했다. 이들은 학술적으로 주희의 사상을 널리 계승했기 때문에 혁신은 거의 없었다고 볼 수 있다. 하북에 공자와 맹자를 존경하고 실용을 제창하며 정주이학을 배척하는 연이학파(顏李學派)가 나타났다. 연원(顏元)은 "사람을 미로에로 이끌어간다"고 주희를 비난하면서 '경세치용'을 적극적으로 제창하고 실천을 강조했다. 또 황무지 개간, 토지의 평균 배분, 수리 발전으로 천하를 발전시킬 수 있다고 주장했으며 토지를 골고루 배분하는 것이 행정에서의 가장 큰 대사라고 여기면서 "천하의 논밭은 천지 간 사람들이 함께 누리는 것"이라고 말했다. 그의 제자 이공(李塨)도 성리학과 심학을 반대하고 실용을 중시했다. "먼저 이가 존재하고 그 이후에 기가 존재한다"는 주희의 사상을 반박하면서 "사물을 떠나서 이를 운운할 수 없다"고 말했다.

한학의 흥기와 발전 청나라 사람들이 일컫는 한학은 주로 경서를 정정하고 해석한 고문경학을 가리키는데 주로 역사, 음운, 문자, 훈고 등 분야에서의 고증지학이 포함된다. 실증을 중요시했기 때문에 박학(樸學)이라고도 부른다. 청나라 초기 한학의 대표자로는 만사대(萬斯大)이다. 그는 저술《예의상(禮儀商)》등을 통해 해설에서 잘못된 부분을 수정했다. 염약거(閻若璩)는《고문상서소증(古文尙書疏證)》을 통해 고문상서가 후인들이 위조한 것이라는 점을 논증했다. 호위(胡渭)는《역도명변(易圖明辨)》을 통해 '하도(河圖)', '낙서(洛書)'가 진단(陳搏), 소옹(邵雍)이 허구로 지어낸 것이라고 폭로했다. 또《홍범정론(洪範正論)》을 저술해 오행 '재이지설' 등을 반박했다. 건륭 때, 한학자들이 대거 배출되고 저술이 아주 풍부했는데 혜동(惠棟)을 위수로 한 오파(吳派)와 대진(戴震)을 위수로 한 환파(皖派)가 형성됐다. 오파는 고증에 힘쓰고 의리를 언급하지 않았으며 점차 사학으로 융합됐다. 환파는 경서의 음운 훈고를 심의 수정해 자신들의 견해를 명확히 밝혔으며, 송학의 성리(性理)를 비난하고 반박했다. 전장제도의 근원에 정통한 대진은《맹자자의소정(孟子字義疏證)》을 통해 글자의 뜻을 심의하여 수정하는 것으로부터 착수해 성리학을 반박했으며, 윤리, 존비 통치의 잔혹함을 폭로하고 '이욕지변'이 사람을 죽이고 해치는 도구로 됐다고 비난했다. 완원(阮元)은《맹자》에서 음식과 여색은 인간 고유의 성이라는 '식색성야'를 제기하면서 사람들의 정욕을 억제하려는 것일 뿐 없애려는 것은 아니라고 주장했다.《논어》에 언급된 '인'은 '사람'을 가리키고 제왕들이 말하는 '인'이란 바로 백성들에게 유익한 것을 말한다.

금문경학의 부활 한나라 때는 금문경학이 극성기를 누렸다. 위진 이후로 전혀 알려지지 않다가 건륭제 때 또다시 학자들의 주의를 받기 시작했으며 가경 때에 와서는 신흥학파로 성황을 이루었다. 건륭제 때, 상주(常州) 부무진(府武進) 출신인 장존여(莊存與)가《춘추정사(春秋正辭)》를 저술해 경문의 요지를 해석했다. 이를 전승한 학자들을 상주학파라 불렀다. 유봉록(劉逢祿)은《춘추론(春秋論)》등을 저술해 하휴(何休) 공양설의 '장삼세(張三世, 난세, 소강세, 대동세), 통삼통(通三統, 하, 상, 주) 그리고 공자의 "수명

개제(授命改制)" 등 여러 학설을 널리 전승했다. 이로써 경학의 사상이 새로워졌을 뿐만 아니라, 지식인들이 세상을 다스리고 정치를 펼치는 사회 사조에도 적응할 수 있었다. 제자 공자진, 위원은 금문공양학을 경세치용학으로 발전시켜 '변공령', '경법' 등의 주장을 펼쳤다.

2. 학술저작

　　명나라 영락 연간, 명성조가 해진(解縉) 등에게 고적을 모아 유서(類書)를 편집하라고 명했다. 또 "운에 따라 단어를 분류하고 단어에 해설을 붙여 이룬 문장을 글과 함께 수록했으며" 글자 순서에 따라 사목(事目)을 만들었는데 편성된 후 이를《영락대전(永樂大典)》이라 명명했다. 총 22,937권으로 된《영락대전》은 약 3억 7천만 자에 달한다. 청나라 강희 연간, 진몽뢰(陳夢雷)가 명을 받고 3,600권에 달하는《고금도서집성(古今圖書集成)》을 편찬했다. 옹정제 때, 장정석(蔣廷錫)이 재편집해 만권으로 늘리는 과정에서 고대 문헌기록을 분류하고 채록해 편집했다. 건륭제는《집성》에 고적의 전문이 수록되지 않아 누락된 부분이 있다고 여기고는 원 서적을 각각 경(經), 사(史), 자(子), 집(集) 등 4개 고(庫)에 수록해 대형 총서《사고전서(四庫全書)》로 편성할 것을 명했다. 완성되기까지 총 14년이 걸렸으며 선진부터 건륭시기까지의 도서 총 3,461개 종류에, 79,309권이 수록됐다.

　명·청 두 조대에 사학 저작의 종류는 아주 풍부했다. 명나라 초기 송렴(宋濂), 왕의(王禕) 등이 총 210권에 달하는 기전체《원사(元史)》를 편찬했다. 1년 반 만에 급히 마무리 됐기 때문에 거친 부분이 있었다. 청나라 강희 때, 왕홍서(王鴻緒)가《명사고(明史稿)》를 저술해 발행했다. 옹정 때, 장정옥(張廷玉)이 왕홍서의 저서를 원본으로 활용하고 명사관 관리들의 편찬을 거치면서 기전체《명사(明史)》360권을 완성했다.

　영락제 때, 조서를 내려《태조실록(太祖實錄)》을 수정하도록 했다. 역조가 이를 이어받았으며 명나라 말기에 이르러서야 태조부터 희종까지 13개 나라의 실록을 완성했다. 명나라 제도를 전승한 청나라는 실록관을 설치해 역년의《실록(實錄)》을 편찬했으며 만족어, 한어, 몽골어 등 3가지 언어로 각각 5편씩 베낀 후 건청궁, 황사성(皇史宬) 등에 보관했는데 태조부터 목종(穆宗)까지 10개 나라의 실록을 완성했다.

청나라 사람들은 전대를 계승했다. 삼통체제를 《속통전(續通典)》, 《속통지(續通志)》, 《속문헌통고(續文獻通考)》로 편성해 명나라 체제를 계속해서 이어갔다. 또 《황조통전(皇朝通典)》, 《황조통지(皇朝通志)》, 《황조문헌통고(皇朝文獻通考)》를 창작해 청나라 전장제도를 기술함으로써 완본을 형성했다.

명나라 말기 서굉조(徐宏祖, 호는 하객)가 16개 성과 구의 지리지형, 산천지모를 고찰하면서 많은걸 발견했다. 남겨진 일기 《서하객유기(徐霞客遊記)》는 세계 지리학자들로부터 인정받는 명작이다. 고염무가 집필한 《천하군국리병서(天下君國利病書)》는 각지의 산천요새, 호적과 토지세, 정사와 민정 등을 기술했다. 고조우(顧祖禹)가 집필한 《독서방여기요(讀史方輿紀要)》는 역대 행정기구의 발전변화를 고찰했는데 모두 뛰어난 역사 지리학 저작으로 꼽힌다. 명ㆍ청 두 조대는 모두 나라의 일통지(一統志)를 편찬했다. 성, 구, 부, 주, 현을 단위로 행정기구의 변화발전과 국경, 호적, 부역, 물산을 기록했다. 성지와 부지, 주지, 현지는 각지의 지방관이 편찬했는데 모두 현지의 상황을 기록했다.

3. 문학예술

소설 명나라 나관중(羅貫中)이 진수(陳壽)의 《삼국지(三國志)》와 배송지(裴松之) 《주(注)》의 역사자료를 바탕으로 하고 평화, 잡극 속에서 이야기 소대를 얻어 역사소설 《삼국연의(三國演義)》를 창작해냄으로써 장회체(章回體) 장편소설을 창조했다. 시내암(施耐庵)이 집필한 장편소설 《수호전(水滸傳)》은 양산박(梁山泊) 108명의 영웅호걸이 관부에 저항하는 이야기를 다루었다. 오승은(吳承恩)이 완성한 《서유기(西遊記)》는 당현장(唐玄奘)이 불경을 구해오는 이야기를 다뤘는데 그 영향이 아주 컸다.

청나라 포송령(蒲松齡)이 지은 단편소설집 《요재지이(聊齋志異)》는 도깨비, 여우와 사람 간의 사랑이야기로 염원을 표현함으로써 사회의 추악한 현상을 심층 차원에서 파헤쳤다. 오경재(吳敬梓)가 쓴 《유림외사(儒林外傳)》에는 지식인에 대한 과거제도의 독해, 시험장의 부패현상과 벼슬길에서의 험악함을 집중적으로 폭로했다. 조설근(曹雪芹)의 《홍루몽(紅樓夢)》은 가보옥(賈寶玉)과 임대옥(林黛玉)의 연애 비극을 중심으로 가(賈), 사

(史), 왕(王), 설(薛) 4대 가족 간의 여러 가지 모순과 투쟁을 끄집어내고 성리학윤상과 과거시험에서의 팔고문 등을 반대하는 내용을 소설 줄거리에 자연스럽게 융합시켰다. 소설의 구상과 글 구성 부분에서 전에 없는 예술성과를 이뤄 획기적인 거작으로 꼽힌다.

희곡 명나라 희곡은 송나라와 원나라의 남극을 계승해 전기로 발전시켰다. 해염 (海鹽), 익양(弋陽), 여요(餘姚), 곤산(昆山) 등 4대 곡이 있었다. 그중 곤강(昆腔)으로 부르는 경우가 많았다. 건륭과 강희 연간, 희곡은 아부(雅部)와 화부(花部)로 나뉘었다. 아부는 곤강을 가리키는데 지식인이 참여하면서 사회 상층분야에서 전해졌다. 화부는 곤강 이외의 지방 희곡을 가리키는데 민간에서 전파됐다.

명나라 때, 탕현조(湯顯祖)의 《목란정(牡丹亭)》이 획기적인 희곡 대표작으로 꼽힌다. 두려낭(杜麗娘)과 유몽매(柳夢梅)의 사랑이야기를 통해 사람들에게 해가 되는 윤상 예교에 대해 예리하게 비난했다. 이야기 줄거리의 변화가 다양한데다 곡문이 부드럽고 감동적이어서 널리 전해졌다. 《목란정》은 그 당시 희극 창작의 발전을 촉진시켰다.

명나라 초기 홍승(洪升)이 지은 《장생전(長生殿)》은 당명황(唐明皇)과 양귀비(楊貴妃)의 이야기를 통해 명나라가 멸망한 슬픔을 은유적으로 표현했다. 공상임(孔尚任)이 지은 《도화선(桃花扇)》은 '복사(複社)' 지식인 후방역(侯方域)과 진회(秦淮)의 유명한 기생 이향군(李香君)의 이야기를 통해 남명의 쇠락역사를 재현했다. 이야기가 백성들이 겪은 사실이기 때문에 공연 후 많은 사람들의 감명을 이끌어냈으며 오랜 세월이 지나도 여전히 환영받는 명작으로 꼽힌다.

회화 명나라 궁정에 화원을 설립했다. 청나라 때, 내정 공봉 등 관직을 설립하여 왕의 업적을 그림으로 표현했는데 《강희남순도(康熙南巡圖)》등 그림은 공적과 은덕을 높이 칭송했다. 명나라 미술계는 가경제 이전을 전기라 한다. 대진을 위수로 한 절파 (浙派) 산수화가 주를 이뤘는데 고풍스러우면서도 소박한 느낌이 강했다.

융경부터 만력까지의 시기를 중기라 부르는데 문징명(文徵明)과 당인(唐寅)을대표로 하는 오파 회화가 널리 유행됐다. 문징명의 회화는 독특한 필묵과 개성적인화풍을 성취했으며 당인의 산수화는 생동감이 강했다. 천기 이후를 후기라 한다. 동기창(董其昌)이 가장 대표적인데 그의 화법은 필묵과 사상이 하나로 어우러져 기풍이 생생하여 생동적이었다. 청나라 초기, 4대 고승(홍인[弘仁], 곤잔[髡殘], 팔대산인[八大山人], 석도[石濤])의 그림은 해방과 혁신을 강조했다. 그중에서도 팔대산인 탑(朱耷)은 파괴된 산하를 그려 적막한 정감을 강조했으며, 산하가 파괴된 망국의 슬픔을 그림에 의탁했다. 명나라는 화조화가 공필 화법에서 수묵 화법으로 과도하는 시기였다. 명나라 초기, 공필 화법의 대표자로는 변문진(邊文進)과 여기(呂紀)이다. 이들의 필묵이 정연하고 색깔이 화려했다. 가경제 이후로 진순(陳淳), 서위(徐渭)를 대표로 한 수묵화가 독창적인 발전을 가져왔으며, 자유분방하고 대범하면서도 자연스러우며 생동적인 경지를 표현하여 많은 사랑을 많았다. 청나라 화조화를 보면 운격(惲格)을 위수로 한 상주파와 훗날의 양주(揚州)팔괴의 영향력이 가장 컸다. 이들의 화법은 형식에 얽매이지 않고 자체의 독창적인 풍격을 갖췄다. 명나라 인물화 대가로는 당인·구영(仇英)·정운붕(丁雲鵬)·진홍수(陳洪綬) 등이 있다. 청나라 인물화 화가로는 고기패(高其佩)·정고(丁皋) 등이 있다.

4. 과학기술

천문학·수학과 측량 서방 과학기술이 중국으로 유입되면서 천문학을 둘러싼 학술 논쟁이 야기됐다. 따라서 학자들이 부득이하게 천문 역법 이론을 연구, 토론하게 됐으며 전통 천문학이 새롭게 바뀌는 국면이 나타났다. 명나라 때는 '대통력(大統曆)'을 시행했다. 숭정연간에는 서광계(徐光啟), 이천경(李天經)이 전교사를 청해 서양의 저작을 번역해 서양의 천문 역법으로《숭정역서(崇禎曆書)》를 만들어냈는데 정밀도가 중법(中法)보다 높았다. 청나라가 건립된 후《시헌력(時憲曆)》으로 개칭했다. 왕석천(王錫闡)이 숭정역서를 통해 서양 역법을 배우고《역법(曆法)》·《역표(曆表)》등을 저술해 널리 전해졌다. 비록 정통사상이 강했지만 서양법의 장점을 선별해내 그들의 장점을 받아들였다.

명나라 때 상품경제가 발전하고 주산이 한층 보편화됐다. 그 당시 수학 저술로는 오경(吳敬)의《구장산법비류대전(九章算法比類大全)》·정대위(程大位)의《산법통종(算法統宗)》등이 있다. 명나라 상업 수학의 수준을 반영했으며 일본, 조선과 동아시아, 서아시아 여러 나라에 전파됐다. 서방 수학이 중국으로 들어온 후 매문정(梅文鼎)이 저술《방정론(方程論)》·《기하통해(幾何通解)》등을 통해 고대 산학 유산을 정리해냄으로써 서방의 수학을 중국화 시켰으며 이로써 중서 산학의 융합과 협력에 유익한 토대를 마련했다. 그의 손자인 매곡(梅穀)과 공동 집필하여 《수리정온(數理精蘊)》을 써냈고, 《증삭산법통종(增刪算法統宗)》 등을 집필해 서양 산법을 전면적으로 소개하는 한편, 청나라 초기 중국 산학을 전면적으로 종합함으로써 수학 역사상 중요한 지위를 차지하고 있다.

천문학과 수학의 발전은 지리 측정의 진보로 이어졌다. '중러 네르친스크 조약(尼布楚條約)'이 체결된 후 강희제는 지도가 정확하지 않음으로 하여 생기는 위해성을 깊이 깨닫고 각 성과 구에 대해 측량할 것을 명했다. 그 후 프랑스 전교사 두덕미(杜德美)의 지휘 아래 측량 결과를 바탕으로 《황여전도(皇輿全圖)》를 제작했다. 천산(天山)지역의 전쟁이 끝나지 않았기 때문에 서부의 하미(哈密)까지만 측량했다. 건륭제 때, 명안도(明安圖), 하국종(何國宗)을 천산으로 두 차례나 파견해 천산에 대해 보충 측량을 진행했으며 최종 《서역도지(西域圖志)》를 제작했다. 프랑스 전교사 장우인(蔣友仁)이 《황여전도》와 《서역도지》를 바탕으로 하고 러시아와 몽골 문헌을 참고로 해 《황여전람도(皇輿全覽圖)》를 제작해냈는데 이는 당시 세계적으로 가장 정밀한 지도로 손꼽힌다.

의학과 본초학 중국의 특유한 전통의학과 본초학은 명나라 때 상당한 발전을 가져왔으며 의학 저서도 대거 나타났다. 명나라 때 이시진(李時珍)이 저술한 《본초강목(本草綱目)》은 1,892종의 약재와 11,151개의 처방이 망라돼 있고 1,109폭의 약물도안이 그려져 있어 아주 진귀한 자료이다. 건륭 때, 조학민(趙學敏)이 지은 《본초강목습유 (本草綱目拾遺)》에는 명나라 말기부터 전해들어온 서약이 보충돼 중의가 서약의 응용을 주목하기 시작했다는 점을 반영했다.

농학과 기술 명나라 서광계가 지은 《농정전서(農政全書)》는 농본(農本) · 구황(救荒) 등 12개 분야가 포함된다. 전서는 고대 농서의 기록을 주로 종합하고 저자의 경력과 논평을 덧붙였다. '구황'만 전서의 3분의 1을 차지했다. 《전서》에는 고구마의 재배 및 저장방식과 가공법, 그리고 목면 재배 경험과 메뚜기를 없애는 방법 등 다양한 분야의 내용이 상세하게 기록됐다. 한편 수리를 아주 중시했는데, 농업이 발달하지 못한 원인이 바로 '수리시설을 수리 개량하지 않았기 때문'이라고 지적했다. 저서에 《태서수법 (泰西水法)》을 수록해 용미차(龍尾車), 항승차(恒升車) 등 급수도구를 소개했으며 농촌에서 널리 보급됐다.

명나라 말기 송응별(宋應星)이 지은 《천공개물(天工開物)》은 세계적으로 가장 이른 수공업 생산기술 저서로 꼽힌다. 방직과 염색, 제염, 제당, 도자기와 주물업, 농산물 가공 등 분야의 선진적인 생산기술을 기록했으며, 외국에서 전해들어온 왜단(倭緞. 일본에서 생산된 비단, 후에 중국 복건성에서 모방해 만들어 왜단이라 불리었음) 직조법, 홍이포(紅夷炮) 제련주조법 등도 수록했다. 이로부터 사람들이 해외기술을 알고 있고 이를 자기화했다는 점을 엿볼 수 있다.

제 6 장
청(淸)의 멸망

제1절
도광제(道光帝)의 통치와 영국의 침략

가경(嘉慶)25년(1820년) 7월 가경제(嘉慶帝)가 열하(熱河)의 행궁에서 병으로 숨졌다. 임종을 앞두고 태자 책봉 관련 밀서를 뜯어 차남 면녕(綿寧)을 황태자로 책봉하고 제위를 잇도록 했으며 황태자의 이름자 중 "면(綿)"자를 "민(旻)"자로 고쳤다. 8월 민녕(旻寧)이 즉위하고 그 이듬해 연호를 도광(道光)으로 바꾸었으며 가경제의 묘호를 인종(仁宗)이라고 붙였다. 도광제는 즉위할 때 나이가 39살이었는데 궁에서 태어나 궁에서 자라나니 바깥세상의 경험을 많이 겪지 못했다. 그는 선왕이 이룩한 성과를 지켜낼 수 있는 황제가 되는 것이 소원이었다. 그러나 "이미 이룩한 성과를 지켜내기란 쉽지 않다는 것"을 스스로도 잘 알고 있었으므로 부지런히 노력하면서 전전긍긍했지만 여전히 난항이었다.

1. 서북 변경지역의 평정과 동남 연해지역의 아편 금지

(1) 서부 변경지역의 평정

도광제 즉위 초기 서북 변경지역(오늘날 신강[新疆] 남부지역)에서 장격이(張格爾)가 반란을 일으켰다. 회부(回部. 위구르족[維吾爾族])의 화탁(和卓) 곽집점(霍集占)과 그의 형 파라니도(波羅尼都)가 건륭(乾隆) 24년(1759년)에 청나라에 대항하다 패해 목숨을 잃었다. 가경제 때 파라니도의 손자인 장격이가 코칸트(浩罕)과 포로특(布魯特. 키르기즈부[柯尔克孜部]]일대에서 활동하면서 카슈가르(喀什噶爾)로 돌아가려고 시도했다.

코칸트는 페르가나(費爾干納) 분지에 위치했으며 원래는 웨지베(月卽別. 우즈베키[烏茲別克]) 명격부(明格部)의 영지였다. 가경 16년(1811년)에 애마르칸(愛瑪爾汗)이 코칸트한국(浩罕汗國)을 세웠다. 코칸트한국의 영역은 북으로 시르다리야 강(錫爾河) 하류의 아크미체크(阿克美切克)에 이르렀고 서쪽으로 부하라한국(布哈拉汗國)과 인접해 있으며 동으로는 청나라 회강(回疆)의 카슈가르지역까지 닿고, 남으로는 알라이령(阿賴嶺)에 이르렀다. 동부의 변경도시 안집연(安集延)에서 서쪽으로 가면서 나무간(那木干)·타슈간(塔什干) 등 무역도시가 있었는데 청나라와 부하라 사이의 상업로였다. 코칸트한국의 많은 상인들이 회강 카슈가르 등지에서 무역을 행했다. 청조정은 코칸트의 상인들로부터 30분의 1이라는 가벼운 세금을 징수할 뿐이었다. 카슈가르의 아치무(阿奇木) 버크(伯克. 만족어로 '호대달[呼岱達]' 즉 상인의 두목을 가리킴)가 세수 등 사무를 관리했다. 가경 25년(1820년) 정월에 애마르가 스스로 세수관원을 카슈가르에 파견, 상인 두목을 대신해 상업 업무를 관리하도록 했다가 청조정으로부터 강제 송환됐다. 그 때문에 코칸트의 애마르가 청조정과 척지고 장격이를 도와 변경지역을 침범했다.

장격이의 반란은 가경 25년(1820년) 8월에 시작됐다. 그 이전에 장격이는 코칸트 남쪽 변경의 포로특부와 연계를 취해 포로특의 거주지역을 거쳐 카슈가르를 침범했지만 대란은 일으키지 못했다. 도광 6년(1826년) 6월 장격이는 국경 검문소를 돌아 아투슈(阿圖什)를 침범했다. 카슈가르 참찬(參贊)대신 경상(慶祥)이 군대를 파견해 막았다. 전쟁에서 패한 장격이는 군대를 나누어 잉지사르(英吉沙爾)·예얼창(葉爾羌)·허톈(和闐)을 공격했으며 직접 군대를 이끌고 카슈가르성 인근까지 침범했다. 그는 스스로 신성한 후손 화탁이라 자칭하면서 조상에게 제를 지내고 전단지를 살포하며 카슈가르성 이슬람교도들을 선동했다. 청나라 관군의 포위 공격을 뚫고 장격이는 밤을 틈타 도주하면서 도중에 여러 민족 교민들을 선동해 카슈가르성을 포위 공격했다. 6월 말부터 7월 초까지 카슈가르·잉지사르·예얼창·허톈 등 서부의 네 개 성이 모두 반란군의 포위 공격을 받았다. 청나라 관군이 조정에 소식을 전하지 못하자 조정은 흔들리기 시작했다.

도광제는 섬감(陝甘)지역의 총독 양우춘(楊遇春)에게 흠차(欽差)대신으로 섬감 지역의 5500명의 군대를 이끌고 신강(新疆)으로 달려가 지원할 것을 명했다. 그리고 산동(山東) 순무(巡撫) 무륭아(武隆阿)에게 흠차대신으로 군사지휘를 협조할 것을 명했다. 이리

(伊犁)장군 장령(長齡)에게 양위(揚威)장군이라는 호를 하사하고 지휘에 따르도록 했다. 또한 영하(寧夏)·우루무치(烏魯木齊)·이리 등 지역의 만족과 한족 관병들과 길림(吉林)·흑룡강(黑龍江) 등 지역의 정예군 총 2만 명을 출동시켰다. 각 지역의 대군이 아커쑤(阿克蘇)에 집결해 필승의 각오를 다졌다.

장격이의 군대가 카슈가르의 회성(回城)을 점령한 뒤 이어서 한성(漢城, 한족과 회족이 두 개의 성에 갈라져 살았음)을 공격했으나 오랫동안 꾸준히 공격했음에도 취할 수 없었다. 후에 청조정의 대군이 집결한 사실을 알고 코칸트에 지원군을 요청했다. 코칸트의 칸(汗. 두령)인 매매디리(邁買底里)는 네 개의 성에서 대량의 금은 보물을 얻을 수 있다는 것을 알고 파병하기로 마음먹었으며, 장격이를 대체해 전반 카슈가르 지역을 차지하려는 터무니없는 생각을 했다. 7월에 매매디리는 5천 명의 군대를 이끌고 바로 카슈가르성에 이르렀다. 코칸트의 군대는 카슈가르성을 점령하지 못하게 되자 고군분투하다가 뒤에서 적을 맞을까 걱정되어 재물을 약탈해서 군대를 돌려 돌아가 버렸다. 7~8월 사이 신강 서부 세 개 성이 잇따라 장격이의 군대에 함락되었다. 카슈가르 한성(漢城)도 70일간 사수 끝에 결국 함락되었다. 청조정의 참찬대신 경상은 스스로 목을 베 순직하고 장격이는 한성에 입성해 '산단(算端, 왕)'을 자칭했다.

장격이의 군대가 서부지역 세 개의 성을 점령한 뒤 군대를 이동해 북상해 아커쑤를 공격했다. 8월 아커쑤 사무대신 장청(長淸)이 아커쑤 남쪽으로 약 40리 떨어진 혼바슈하(渾巴什河)에서 불의의 습격을 가해 승리를 거두고 반란군을 약 2천 명 섬멸했다. 8~9월 사이 청조정은 지원군을 총 66,000명으로 늘려 잇따라 아커쑤에 집결시켰다. 10월에 장령이 양방(楊芳)을 파견해 청나라 관병을 이끌고 아커쑤 서남의 커얼핑(柯爾坪)에 이르러 반란군 3천 명을 섬멸했다. 도광 7년(1827년) 2월 장령·양우춘이 이끄는 2만여 명 대군이 카슈가르를 향해 진군했다. 그들은 파죽지세로 내달려 6월 1일 카슈가르성을 되찾았다. 장격이는 도주하고 그 가솔들은 포로로 잡혔다. 이어 잉지사르·예얼창·허톈 등의 성도 수복했다.

네 개의 성이 청나라 군대에 수복된 뒤 장격이는 도주해 행방을 알 길이 없었다. 도광제가 토벌해 잡으라는 엄명을 내렸다. 12월 장령은 장격이가 또 포로특에서 병력을 모으고 있다는 소식을 접하게 되었다. 그래서 청나라 군대가 퇴각한다는 소문을 퍼뜨려 적을 경내로 유인했다. 장격이는 5백 명의 군대를 이끌고 개제산(開齊山) 산길로 도주해 들어갔다가 청군(청나라 군사)에게 포위 토벌되었다. 장격이가 국경검문소를 빠져 도주하자 장령은 급히 양방에게 불판령을 내려 국경을 넘어 추격하게 해 반란군 5백 명을 모조리 섬멸했다. 장격이는 10여 명을 데리고 철개산(鐵盖山) 산정까지 도망쳤지만 청군에 붙잡혔으며 도광 8년(1828년) 5월에 북경으로 압송되어 처형당했다.

장격이가 회강을 침범해 소란을 피운 세월이 모두 합쳐 7년이 넘었다. 청조정은 카슈가르 참찬대신 경상으로부터 시작해 그 아래로 10여 명 회강대신이 그 반란 사건에서 목숨을 잃었으며 장군과 병사의 사상자는 수천 명에 달했다. 1827년 대군을 일으켜 마초와 군량 등 군수품은 각 지역에서 호송하도록 했는데 군용 물품 조달 자금이 은 1,100여 만 냥에 달했다. 도광제는 막중한 부담을 감내하면서 막대한 병력과 재력을 들여 회강을 평정했다.

장격이의 난 당시 코칸트의 칸(汗. 두령)인 매매디리가 군대를 이끌고 국경을 침입해 어지러운 틈을 타 재물을 약탈해서는 중도에서 물러갔다. 그 뒤 코칸트는 통상을 금지당했으며 청나라와 점차 대립하는 상황에 이르게 된다. 도광 10년(1830년) 가을, 코칸트는 대규모의 군대를 집결해 불시에 대대적인 침략을 감행해 카슈가르와 잉지사르 두 곳의 회성(回城)을 잇따라 점령했다. 이에 청조정은 지원군을 잇따라 동원해 아커쑤에 집결시켰다. 10월 말 코칸트의 주력 부대가 예얼창을 포위 공격했다. 청나라의 지원군은 적진의 포위를 뚫고 예얼창을 곤경에서 벗어나도록 했다. 코칸트군은 11월에 국경 밖으로 퇴각했다. 코칸트와 회강은 국경이 서로 닿아 있었는데 회강에 주둔한 청군의 군력이 부족해 사천(四川)·섬서(陝西) 등 멀리 떨어져 있는 지역으로부터 군대를 이동시켜야 했으므로 군대가 지치고 군량이 낭비되는 등 군력 소모가 엄청났다. 도광 8년 전에 회강의 군수 비용이 매년 7만 7천 여 냥에 달했었는데 2년 뒤에는 40만 여 냥으로 늘어났다. 도광제는 조정 대신들의 의견을 모아 통상 금지령을 풀어 변경지역을 안정시키기로 했다. 도광 12년 2월 코칸트의 사신이 매매디리의 보고문을 전했는데 스스로 칸(汗)이라 부르지 않고 버크(伯克. 상인의 두목)라고 자칭했다. 보고문에서는 네 가지 요구를 제기했다. 첫째, 코칸트와 장격이를 따라 반란을 일으켰다가 청조정에 의해 추방 당한 카슈가르 회부(回部) 사람들을 사면시키고 회성으로 돌아올 수 있도록 허락하라는 요구이고, 둘째는 그 이전에 몰수했던 안집연(安集延) 무슬림들의 토지와 가옥, 찻잎을 되돌려 달라는 요구이며, 셋째는 국경 밖에서 회강에 들어온 인원에 대한 관리권과 상업세 징수권을 요구한 것이고, 넷째는 무역세 면제 요구였다. 도광제는 어명을 내려 모든 요구를 들어주도록 했다. 청군은 전쟁에서 승리를 거둔 뒤 병력과 재력의 막중한 부담을 이길 수가 없어 타협하고 양보하는 것으로써 서북 변경지역의 일시적인 평정과 바꿔왔던 것이다.

(2) 동남 연해지역의 아편 금지

명(明)조 말기 포르투갈의 상인들은 마카오를 기반으로 인도에서 나는 아편을 중국으로 운송해다 팔았다. 청나라 건륭제 때 영국이 설립한 동인도식민지의 동인도회사가 주요 아편상이 되었다. 아편은 마카오를 거점으로 황포(黃埔)를 거쳐 광동(廣東)으로 수입되었다. 가경(嘉慶)제 때 거듭 조서를 내려 금지시켰으나 막지 못했다. 도광제는 엄명을 내려 여러 통상구에서 조사 금지토록 했다. 그로 인해 아편 거래는 광동 호문(虎門) 통상구 밖의 링딩양(零丁洋. 伶仃洋)으로 옮겨졌다. 링딩 섬을 거쳐 해상운송을 통해 복건(福建)·절강(浙江)·천진(天津) 등지의 항구로 운송한 뒤 내지로 옮겨 판매됐다.

도광제가 잇따라 아편 금지조서를 발표했음에도 아편의 수입량은 해마다 늘어만 갔다. 도광 원년에 아편 수입량이 7천 상자로 늘었고 도광 4년에 1만 2천여 상자로 늘어 도광제 즉위 전의 3배에 달했다.

중·영 양국의 상품무역 중에서 청나라는 원래 견사와 찻잎의 수출이 줄곧 절대적 우위를 차지해 왔었다. 그런데 아편의 밀반입으로 인해 국내로 유입되던 백은이 도광 6년(1826년) 후부터는 해외 유출로 방향이 바뀌었다. 해외로 유출되는 백은이 1년에 많을 때는 수백만 냥에 달했다. 청나라의 화폐는 원래 동전과 은을 병용했는데 동전 1000문(文)이 백은 한 냥에 해당했다. 백은이 대량으로 유출되는 바람에 은 가격이 높이 뛰었다. 백은 한 냥이 1500에서 1600문까지 달했다. 청나라 조세의 명맥인 세곡과 염과(鹽課)는 원래는 동전으로 납부한 뒤 지방관청이 백은으로 바꾸어 주달(奏達)하도록 규정되어 있었다. 그런데 백은 값이 끊임없이 올라 지방 관청에서는 주달을 할 수가 없어 결손이 생겼다. 그러니 또 납세자들에게 전가하는 수밖에 없었다. 백은이 해외로 대량 유출됨에 따라 전 사회에 막대한 손해를 끼쳤다.

아편이 내륙으로 깊숙이 유입되어 점점 널리 퍼졌다. 아편을 흡입하는 자가 위로는 종실 귀족·내시 환관·조정 명관에 이르고, 아래로는 벼슬아치·하급 관리·군졸·평민에 이르기까지 모든 계층이 포함됐다. 각 지역마다 아편 밀매 집단이 나타나 서로 결탁해 사리를 채우기에 여념이 없었다. 아편이 중국사회 오장육부에 점점 깊이 스며들어 막심한 해를 끼쳤다.

영국은 그때 당시 세계에서 가장 발달한 자본주의 산업강국으로서 문명왕국으로도 불리었다. 그럼에도 왕국 정부는 자국의 영국 인도기관과 사영업자들의 아편 밀수활동을 제지시키기는커녕 오히려 여러 방면으로 지원했으며 심지어 무력까지 동원해 보호해주면서 거액의 이윤과 세수 소득을 챙겼다. 도광 13년(1833년) 영국 의회가 동인도회사의 독점권을 폐지한다는 법안을 통과시킴으로써, 장장 266년간 이어온 이 회사의 아시아 무역 특권을 끝냈다. 그 뒤 항각(港脚) 상인의 동양무역이 아무런 구속도 받지 않고 발전하기 시작했으며, 그들이 중국에 대한 아편 밀수 또한 구속에서 벗어나 전개됐다. 아편상의 최대 회사는 이화양행(怡和洋行)이었는데 아편 거상 자딘(W.Jardine)과 마티슨(J.Matheson) 두 사람이 경영했다. 그 다음으로 보순양행(寶順洋行)인데 역시 아편 밀매가 주업이며 행상 댄디(L.Dent)는 중국어에 능통한 최대 아편 거상이었다. 도광 13년에 아편 밀매에 종사하는 크고 작은 상사가 약 60여 개에 달했는데 도광 17년에 156개로 급증했으며 밀매 수량도 급증했다. 도광 15년에 중국으로 판매되는 아편이 3만 상자가 넘어 도광제 즉위 당시의 8.5배에 이르렀다. 아편이 밀물마냥 전국을 휩쓸었다.

동인도회사의 독점권이 폐지된 후 영국의 대 중국무역은 런던의 연방외교부가 직접 관리했다. 영국 외교대신 파머스턴(H.I.T.Palmerston)은 청조정의 허락도 받지 않고 멋대로 해군군관 나피어(W.J.Napier)를 상무감독으로 임명해 광주(廣州)에 주둔시켰다. 도광 14년(1834년) 6월 나피어는 영국 군함을 타고 마카오에서 광주로 와 직접 양광(兩廣) 총독 노곤(盧坤)에게 공문서를 전했다가 노곤에게 거절당했다. 나피어가 두 척의 군함을 지휘해 호문(虎門)을 거쳐 내하(內河)로 밀고 들어오려 하자 청나라 군대가 대포를 쏘아 막았다. 영국의 군함이 앞으로 나갈 수 없게 되자 나피어는 마카오로 되돌아가는 수밖에 없었다. 그로부터 얼마 지나지 않아 나피어는 병으로 죽었다. 노곤은 무역을 회복할 것을 명했다.

영국 정부가 아편 밀수를 감싸고 보호하고 있었으므로 도광제가 거듭 아편 금지령을 내렸지만 금지되지 않았으며 아편 밀수가 갈수록 성행했다. 도광 16년(1836년)에 3만 4

천 여 상자의 아편이 밀반입되고 도광 18년에는 4만 상자가 넘어 도광제 즉위 당시의 10배에 달했다.

도광 18년(1838년)에 홍려사경(鴻臚寺卿) 황작자(黃爵滋)가 밑 빠진 항아리를 단단히 막아 나라의 근본을 지켜야 한다고 상주하면서 아편 흡연자들이 점점 늘고 있어 해마다 해외로 유출되는 백은이 늘어나고 있는 심각한 상황을 예리하게 짚어냈다. 황작자의 상주문이 하달된 뒤 호광(湖廣) 총독 임측서(林則徐)가 상소를 올려 황작자의 견해에 동감을 표한 뒤 이어 또 다음과 같이 사리에 맞게 진언했다. "아편독이 온 세상에 널리 퍼지기에 이르면 그 위해가 막심하므로 마땅히 법으로 엄히 다스려야 한다고 사려되옵니다. 만약 계속 좌시할 경우 수십 년 뒤에 중원에는 적에 대항할 수 있는 군사가 몇 안 될 것이며 게다가 군수물자에 쓰일 은조차도 남지 않을 것이옵니다. 여기에 생각이 미치게 되면 어찌 두 다리가 떨리지 않을 수 있겠사옵니까?"《임측서집(林則徐集)》상소문 중책[中册]) 도광제는 상소문을 보고 깜짝 놀라 바로 임측서에게 흠차대신 관인(關防. 조인[條印])을 주어 광동으로 가 아편과 순은 유출사건을 맡아 조사 처리하도록 했다. 청나라가 세워진 뒤로 만족과 한족 대신에 대한 관직과 작위 수여와 경계는 매우 분명했다. 임측서가 한족 호광총독의 신분으로 파격적으로 흠차대신에 봉해진 것은 전례가 없던 일이었다. 도광제는 임측서를 신뢰하거 임용해 아편을 엄히 금하려 했던 것이다. 이로써 치열한 아편 금지투쟁이 벌어졌다.

도광 19년 정월(1839년 3월) 임측서가 광주에 이르러 외국상인들에 명해 영국과 미국 등의 아편 상인들에게 금지 규정을 어기고 배에 실어 반입하려던 생아편을 전부 바치고 앞으로 아편을 반입시키지 않겠다는 서약서를 제출하도록 했으며, 만약 어길 시에는 법에 따라 처리할 것이라고 전하게 했다. 그리고 사흘 기한을 주어 보고하도록 했다. 사흘 뒤 임측서는 보순양행의 마약 거상 댄디가 이를 방해하고 파괴하고 있다는 사실을 조사해내고 바로 광주 지부(知府)에게 서찰을 보내 꾸짖는 한편 영국의 관계자에게 빠른 시일 내에 댄디를 넘겨 심판을 받도록 하라는 지시를 전하게 했다.

영국의 주중 무역감독관 찰스 엘리엇(C.Elliot 중국명은 의율[義律])은 소식을 접하자 2월 10일 마카오에서 광동으로 와 댄디의 도주를 도우려고 꾀하는 한편, 영국 아편상인들에게 아편을 바치는 것을 거부할 것을 통보했다. 임측서는 즉시 영을 내려 황포에 정박해 있는 외국 화물선 창구(艙口)를 봉쇄하고 무역을 중단시키는 한편 상관(商館) 주변의 통로에 대한 계엄령을 내렸다. 엘리엇과 30여 명의 영국 마약 상인들은 상관 안에 갇히는 신세가 됐다. 2월 16일 엘리엇은 하는 수 없이 여왕정부의 명의로 영국상인들에게 아편을 바칠 것을 명했으며 이를 중국정부에 넘겼다. 임측서와 등정정(鄧廷楨) 등이 직접 호문 사각(沙角) 포대에 와 검수 과정을 감독했다. 4월 초엿샛날까지 생아편을 총 19,187상자와 2,119봉지(약 한 상자에 해당함) 차압했다.

4월 22일 호문에서 '호문소연(虎門銷煙 호문에서 아편을 소각하다)'의 장거가 시작됐다. 생아편 양이 막대했으므로 구덩이를 파고 아편을 소각하는데 20일간이나 걸렸다. 아편 소각 과정에 수많은 상인들이 나와 구경하면서 손뼉을 치며 쾌재를 불렀다. 임측서는 또 여러 나라 상선들에 무역 서약서를 제출하라는 어명을 전했다. 5월 미국 상선들이 잇따라 서약서를 제출하고 황포에 들어와 무역을 시작했다. 영국상인들도 서약서를 제출하려고 했으나 엘리엇이 제지시켰다. 5월 27일 영국 선박의 선원이 구룡(九龍) 첨사저(尖沙咀)에 상륙해 술에 취해 사단을 일으켜 현지 농민 임유희(林維喜)를 때려 죽였다. 임측서가 관리를 파견해 마카오에 가서 엘리엇에게 살인범을 내놓을 것을 요구했으나 거절당했다.

엘리엇은 서약서 제출과 살인범 인도를 질질 끌면서 무장침략을 꾀했다. 7월 23일 영국 군함 볼리지(Volage)호가 홍콩에 이르고 이어 히아신스(Hyacinte)호도 중국해역에 도착했다. 그 뒤 수개월 동안 엘리엇이 무력에 의지해 수차례나 무장 침략을 발동했으나 청나라 군대가 모두 물리쳤다. 도광제는 영국과의 무역을 중단한다는 조서를 발표했다. 임측서는 어명을 받들어 12월 초하룻날 항구를 봉쇄한다고 공식 선포하고 영국 상선을 쫓아내고 모든 무역을 중단시켰다.

세계의 정세에 어두웠던 청조정은 줄곧 스스로 '천조(天朝)'라고 자처하면서 다른 나라를 야만국으로 간주해왔다. "천조에는 없는 것이 없다"고 여겼으며 대외무역은 외국인에게 '은혜'를 베푸는 것으로서 "만약 순종하지 않으면 바로 통상을 끊어버리곤 하며" 통상을 중단시키는 것을 제재의 수단으로 삼아왔다. 청조정은 영국이 상업 이익에서 손해를 보면 굴복할 줄 알았다. 그런데 그때 영국 정부가 이미 대군을 파견해 중국을 무장 침략하기로 결정했을 줄은 미처 몰랐던 것이다.

2. 영국의 무력침략

도광 20년(1840년) 5월 영국 여왕의 명의로 파견된 영국 군함이 중국 해역에 당도해 중국에 대해 무력 침입을 시작했다.

도광 19년 3월 임측서가 광주로 가 아편을 몰수할 때 당시 엘리엇은 이미 영국 외무대신 파머스턴에게 모든 사실을 보고하고 영국이 무력으로 주산(舟山)을 점령하고 광주를 봉쇄할 것을 요구했다. 8월(1839년 10월) 영국정부가 중국에 해군함대를 파견키로 결정했다. 도광 20년 3월(1840년 4월) 영국 하원은 이 안건을 두고 변론을 벌였다. 반대당은 집권당이 제기한 중국 침략방안에 강력 반대했다. 결국 다섯 표가 앞선 미약한 우세로 출병원정 작전계획이 통과됐다.

(1) 영국 원정군의 침략

영국 침략군은 군함 16척에 무장 기선 4척, 병력수송함 1척, 운반함 27척, 다병종 육군 4천 명, 그리고 방글라데시 연합팀 한 개 팀과 두 개의 공병단(團)을 동원했다. 5월에 광동해역에 이르러 주강(珠江) 해구를 봉쇄할 것을 명했다. 침략군 주력부대는 바다를 따라 북상했다. 파머스턴이 중국 대신에게 보내는 서한을 지닌 채…… 서한에는 임측서가 영국상인의 이익을 침해했다고 비난하면서 이를 빌미로 협박해 재물을 갈취할 계획이 들어 있었다.

6월 초나흗날(서양력 7월 2일) 원정군 총사령관 조지 엘리엇(George Elliot. 중국명은 의율[懿律])이 영국군을 이끌고 하문(夏門) 해역에 당도했다. 영국 군함이 포를 쏘며 위협하자 청나라 수군이 반격을 가해 영국 함대를 물리쳤다. 영국의 다른 한 침략군은 해군사령관 브레머(Bremer)의 인솔 하에 6월 8일(7월 6일) 아침에 절강(浙江)의 정해(定海)를 점령했다. 7월 영국 군함 웰즈리호(威里士厘号. Wellesley)가 주산(舟山)에서부터 북상해 산동반도를 지나 곧장 천진(天津)으로 향했으며, 직예(直隷) 총독 기선(琦善)에게 문서를 전했다. 문서에서 청조정에 다섯 조항의 협박적인 요구를 제기했다. 첫째 아편값을 배상할 것, 둘째 영국 관원을 서양의 관례에 따라 접대할 것, 셋째 섬을 영국에 할양할 것, 넷째 상행(商行)에 진 빚을 깨끗이 청산할 것, 다섯째 영국 원정군의 모든 경비를 변상할 것. 도광제는 그 문서를 읽은 뒤 기선에게 비밀리에 명을 내려 아편 금지사건의 책임을 임측서가 "적절하게 처리하지 못한 탓"으로 돌리고 "마땅히 자세하고 명백하게 조사해 그 죄를 엄히 묻도록 했다." 그리고 영국이 제기한 여러 요구에 대해서는 이치에 따라 거절했다. 기선은 광동으로 돌아가 상담하자고 엘리엇을 설득했다. 엘리엇은 청정부가 전쟁을 극구 피하고자 한다는 것과 저들이 제기한 요구가 받아들여질 것이라는 것을 확인하자 함대를 돌려 남하했다. 이어 도광제는 명을 내려 기선을 흠차대신에 임명하고 광동으로 가서 사건을 처리하도록 하는 한편 임측서와 등정정에게 조서를 내려 북경으로 돌아올 필요가 없음을 알리고 그들의 관직을 박탈했다.

10월 27일 엘리엇이 영국 함대를 이끌고 마카오에 당도했다. 보름 뒤 기선이 광주에 도착했다. 조지 엘리엇(懿律)은 병으로 사직하고 찰스 엘리엇(義律)이 전권대사에 임명됐다. 찰스 엘리엇은 기선과 직접 만나 회담할 것을 요구했으나 기선이 받아들이지 않았다. 12월 13일 엘리엇이 기선에게 공문서를 보내 파머스턴의 훈령에 따라 무력으로 해결할 것이라고 통보했다. 12월 15일(1841년 1월 7일) 영국 군이 영정양(零丁洋)의 호문(虎門) 출해구와 마주한 사각(沙角)포대와 대각(大角)포대를 점령하고 도광 21년 정월 초사흗날(1841년 1월 25일)에는 또 홍콩을 강점했다.

영국 원정군이 점점 더 깊이 밀고 들어옴에 따라 통상을 윤허하는 것으로 변경지역의 전쟁이 일어나는 것을 막을 수 있기를 바랐던 도광제의 환상이 무너졌다. 영국이 사각 포대와 대각 포대를 공격하자 도광제는 군사를 동원해 맞서 싸울 결심을 내렸다. 그는 흠차대신 양강 총독 이리포(伊里布)에게 출병해 절강의 정해를 수복하라고 명했다. 한편 또 어전대신(御前大臣) 겸 영시위내대신(領侍衛內大臣) 혁산(奕山)을 정역(靖逆) 장군에 임명하고 광동(粵)으로 가서 적을 제거하고 홍콩을 회수하라고 명했다.

그때 당시 영국은 정해에 오래 머무르는 것이 적합하지 않다고 판단하고 정해를 포기하고 남하하기로 결정했다. 찰스 엘리엇은 기선에게 각서를 보내 정해를 되돌려주는 조건으로 홍콩을 떼어줄 것을 요구했다. 이리포는 기선의 공문을 받아본 즉시 인원을 파견해 정해에 주둔해 있던 영군과 연계를 취하게 했다. 영군은 재차 포로 석방을 요구했고 이리포는 포로를 영국 군영으로 보내주었다. 2월 초닷샛날 영군 함대가 정해를 떠나 광동으로 남하했다. 도광제는 이리포가 "관망하며 시일을 지체하고 융통성 없이 수개월간 시간만 허비했다"고 꾸짖었으며, 양강 총독 직에서 혁직유임(革職留任)시켰다.

영군이 홍콩에 침입한 뒤 찰스 엘리엇은 기선에게 호문에서 만나 협정을 맺자고 청했었다. 기선은 병을 핑계 삼아 시일을 늦췄다. 엘리엇은 "중국 황제의 비준을 거쳐 홍콩 섬을 영국 국왕에게 양도한다"라는 등 조항이 들어있는 초안을 일방적으로 작성, 제출해 기선에게 서명할 것을 명했으며 그렇게 하지 않을 경우, 전쟁을 일으킬 것이라고 위협했다. 기선은 거듭하여 병을 핑계 삼았으며 병이 나으면 다시 의논하겠다는 의향을 밝혔으나 엘리엇은 무시해버렸다. 2월 초사흗날 영국 함대가 마카오 포대를 향해 공격을 개시했다. 호문구(虎門口)는 주강 입구에 위치했는데 대호산(大虎山)과 소호산(小虎山) 두 섬 사이에 위치했다 하여 얻어진 이름이다. 호문구는 영정양에서 사자양(獅子洋)으로 들어가는데 반드시 거쳐야 하는 길목이며 광주의 해상 관문이기도 했다. 초닷샛날 영국 군함이 청나라 군대의 포대를 모조리 부숴버렸으며 수군 제독(提督) 관천배(關天培)는 전사했다. 청 정부의 광동 수군 주력 부대가 섬멸 당했으며 막중한 손해를 당했다.

영국 함대는 계속 내하(內河)로 깊이 쳐들어왔고 광주를 지키던 포대가 잇따라 함락되었다. 영국 포함이 성 아래까지 쳐들어왔고 광주는 위기일발의 시각에 처했다. 2월 27일 엘리엇이 광주 지부 여보순(余保純)에게 비망록을 전해 광주의 통상을 회복하면 영군이 성을 공략하는 것을 멈출 것이라고 제안했다. 참찬대신(參贊大臣) 양방(楊芳)·광동 순무(巡撫) 겸 양광(兩廣) 총독 이량(怡良)은 위기에 처한 성을 필사적으로 지켜도 적을 물리치기가 어렵다는 것을 알고 엘리엇의 제안을 받아들였다. 양방은 황제에게 감히 사실대로 아뢸 수 없어 광동에 있는 외국인들이 영국을 대신해 무역 회복을 간절히 청하고 있다고만 보고했다. 사실을 알지 못하는 도광제는 여전히 오로지 싸움만 고집하며 양방, 이량을 혁직유임한다는 어명을 내렸다.

윤삼월 초닷샛날 정역장군 혁산이 광주에 당도했다. 엘리엇은 혁산이 싸울 준비를 하고 있다는 소식을 접하고 명을 내려 홍콩 등지에 주둔해 있던 영군을 집결시켜 광주로 진군했다. 그런데 바다에 거센 바람과 조수가 이는 바람에 진군이 지체됐다. 혁산은 엘리엇이 군대를 동원해 공격하려 한다는 소식을 접하고 선제공격함으로써 "진군 토벌하라"는 어명을 받들려 했다. 그러나 혁산은 첫 전투에서 승리를 거두지 못하고 도광제에게는 승리를 거뒀다고 전과를 거짓 보고했다.

4월 초나흗날 영군이 광주를 향해 대공격을 펼쳤다. 그리고 그 이튿날 성 북쪽의 포대를 점령했다. 초엿샛날 혁산이 광주 성 내에 백기를 올려 화해를 청했다. 엘리엇의 원 계획은 홍콩에서 북상해 청조정을 협박해 여러 조항의 이익을 갈취하려는 것이었다. 광주에 대해서는 점령하려는 데 목적을 두지 않고 통상이익을 보호하기 위한 수단이었을 뿐이다. 여보순에게 성 내에 주둔시킨 여러 성의 지원군을 성 밖으로 철수시키고 이른바 "군대 경비" 6백만 원을 배상하되 7일 내에 깨끗이 청산하고 나면 영군이 포대를 되돌려주고 국경 밖으로 퇴출할 것이라고 제안했다. 그 다음날 혁산 등 이들은 엘리엇의 조건을 전부 받아들였다.

영국 원정군이 중국에 침입한 지 1년이 가까워오지만 파머스턴이 제기한 협박 갈취 요구가 받아들여지지 않고 있었으므로 파머스턴이 엘리엇에 대한 불만은 갈수록 커져갔다. 도광 22년 3월 20일(1842년 4월 30일) 영국 내각은 찰스 엘리엇을 귀국 조치시키고 동인도회사 육군소장 헨리 포틴저(H.Pottinger)를 주중 전권대사로 임명했으며 중국 주재 영사로 임명했다. 7월 초닷샛날(8월 10일) 포틴저가 런던에서 마카오에 당도하자 즉시 홍콩에 집결돼 있는 해군을 동원해 대거 북상해 침략전쟁을 펼쳤다. 7월 11일 영군이 하문을 점령했다. 8월 26일 영군이 또 다시 정해를 점령했으며 총병(總兵) 왕석붕(王錫朋)·정국홍(鄭國鴻)·갈운비(葛云飛)가 잇따라 전사했다. 관병들도 적에 맞서 용감히 싸웠지만 사상이 막심했다.

영군은 정해를 점령한 7일 뒤 주력군이 바다를 건너 진해(鎭海)를 침략했다. 흠차대신 겸 양광 총독인 유겸(裕謙)이 진해 현성에서 전투를 진두지휘했다. 청나라 군대가 또 한 번 패하고 유겸은 자살해 순국했다. 영군 군함이 영파(寧波)까지 곧장 밀고 들어왔다. 절강(浙江) 제독(提督) 여보운(余步云)과 영파 지부(知府) 등정채(鄧廷彩)는 영군이 습격해 오자 잇따라 성을 버리고 도주했다. 영군은 전투도 치르지 않고 쉽게 영파 성에 입성했으며 성 안 국고의 자금과 창고에 저장된 물자는 모두 영군이 약탈해 갔다.

절강 동부 3개의 성이 함락되었다는 상주문이 수도에 전해졌다. 도광제는 상주문을 읽고 "분노와 증오가 사무친다"라고 썼다. 9월 초 이부상서(吏部尚書) 혁경(奕經)을 양위(揚威)장군에 임명하고 절강으로 가 군 사무를 처리하게 했다. 혁경은 명을 받고 황제와 작별을 고한 뒤 9월 16일 북경을 떠나 도광 22년 정월 초하룻날에야 항주에 당도했다. 그 동안 영국 침략군은 여전히 절강 동부 3개의 성에 주둔해 있었다.

혁경은 청나라 군대를 세 갈래로 나누어 각각 3개의 성을 공격하게 했다. 정월 29일 새벽 영파 공격 임무를 맡은 군대가 밤을 틈타 영국 군함을 기습했으나 실패하고 막심한 손해를 당했다. 진해와 정해를 공격한 다른 두 곳의 군대마저 실패하자 혁경은 항주로 도주했다.

(2) 장강(長江) 침입과 강녕평화조약(江寧和約)의 체결

영국정부는 영군이 영파를 점령한 뒤에도 여전히 청조정이 요구를 받아들이지 않자 3월에 대군을 증파해 중국을 대거 침략하기로 결정지었다. 그리고 섬을 점령하려던 원 작전 전략을 군사력을 집중해 장강을 침범하는 것으로 바꿨다.

도광 22년 4월~7월(1842년 5월~8월) 잇따라 세 차례의 전투를 발동해 작포(乍浦)·오송(吳淞)·진강(鎭江)에 침입했다.

사포는 절강성(浙江省) 가흥부(嘉興府) 평호(平湖)현에 속하며 청나라가 방어 시설을 설치한 중요한 진(鎭)이었다. 4월 10일 영군이 공격을 감행했는데 여전히 해군이 정면으로 공격하고 육군이 측면으로 상륙하는 전술을 폈다. 영국 육군은 작포 성 남쪽의 천존묘(天尊廟)에 이르렀을 때 청군의 완강한 저항에 부딪쳤다. 만주 수비군 2백여 명이 전사하고 군 가솔 중 생존자들 대다수가 물에 뛰어들어 자살했다. 영군도 심각한 타격을 받았다. 흠차대신 지영(耆英)과 수행한 이리포는 가흥(嘉興)에 이르러 작포가 이미 함락되었다는 소식을 접하고 영군에 공문서를 보내 통상과 휴전 사안에 대해 의논했다. 4월 17일 영국 해·육군 사령관이 공문서에 대한 회답을 전하며 전권대사를 파견해 협상할 것이라고 밝히고 파머스턴과 포틴저가 제기한 여러 가지 요구를 전면적으로 실현해야 한다고 밝혔다. 그 다음날 영군이 작포에서 철수, 북상해 장강의 오송(吳淞)을 공격하기 시작했다.

오송은 강소성(江蘇省) 송강부(松江府) 상해(上海)현에 속하는데 청군의 해상 방위 요충지였다. 5월 초여드렛날 이른 아침 영군 함대가 오송에 대한 총공격을 발동했다. 강남 제독 진화성(陳化成)이 직접 전선에 나서 작전을 지휘하다가 장렬하게 전사했다. 새로 부임된 양강 총독 우감(牛鑒)은 보산(寶山)으로 해서 북쪽의 가정(嘉定)으로 도주해버리고 영군은 상해에 침입했다. 5월 19일 영군이 명을 받고 상해 등 지역에서 퇴출해 오송구(吳淞口)에 집결한 뒤 진강(鎭江)으로 대거 침입했다.

진강은 장강과 대운하의 합수목에 위치해 있었으며 청조정이 남방의 식량을 북으로 수송하는 중추 역할을 하는 곳이었다. 영군이 진강을 점령하고 조운 통로를 차단하게 되면 청조정에 군사적 위협을 조성할 뿐 아니라 경제적인 위협으로도 되었다. 6월 21일 아침 영군은 군사를 세 갈래로 나누어 북·서·남 세 방향에서 진강을 포위 공격했다. 진강에 주둔해 수비하던 만주의 기병(旗兵)들은 필사적으로 적에 맞서 싸웠다. 부도통(副都統) 해령(海齡)의 온 가족이 자살 순국하고 진강은 함락되었다. 진강전투는 영군이 침략전쟁을 발동한 뒤 가장 치열한 전투였다. 영군 측의 통계에 따르면 사상자가 170여 명에 달했고, 영(校)·위(尉)관 여러 명이 부상을 당했거나 전사했으며, 그동안의 전투에서 사상자가 가장 많이 나온 전투였다. 진강전투는 또 청나라 관병들, 주로 만주 관병들이 외부 침략에 맞서 가장 용감하고 결사적으로 싸운 전투였다. 황제에게 올린 상주문에 따르면 경구(京口. 진강의 옛칭) 주둔 만주 관병은 170명이 전사하고 161명이 다쳤으며, 청주(靑州) 주둔 만주 관병 사상자는 120명에 이르렀다. 도광제는 상주문을 보고나서 그 위에 "짐의 만주 관병으로 손색이 없다. 깊은 애도의 뜻을 표한다"라고 썼다.

영군은 진강을 점령한 뒤 10일간 휴전했다가 바로 양강 총독 주둔지인 강녕부(江寧府. 현재의 남경)을 향해 진군했으며, 청조정에 위협을 가해 항복을 받아내려고 했다. 6월 28일 영국 군함이 강녕성 아래에 이르렀다. 해·육군 사령관 윌리엄 파커(William Parker)와 휴 고프(Hugh Gough)는 우감에게 공문서를 보내 성을 되돌려 받는 값으로 3백만 원을 요구했다. 그 돈을 내놓으면 성 안까지 공격해 들어가지 않을 것이며, 그러지 않을 경우에는 전쟁을 피할 수 없을 것이라고 협박했다. 우감은 영군의 공문서에 회답하며 황제가 이미 흠차대신 지영과 작포 부도통 이리포에게 모든 것을 맡아 처리하라는 명확한 어명을 내렸다고 밝히고, 성을 되돌려 받는 비용으로 먼저 30만원을 보낸 뒤 이어서 30만원을 보내기로 한다는 내용을 적어 보냈다.

지영은 강녕에 당도한 뒤 인원을 파견해 영국 측 대표와 협상을 진행했다. 영국측 은 배상, 영토 할양, 5개 항구 통상, 행상(즉 공행과 같은 독점 상인) 폐지, 교섭 시 평행례를 행할 것 등 8항 요구를 제기했다. 지영과 이리포는 가타부타 말이 없었다. 영국 측은 무력으로 해결할 것이라고 협박했고 지영과 이리포 등은 밤새 의논한 끝에 모두 받아들이기로 했다. 7월 24일(8월 29일) 지영과 이리포는 영국이 제출한 조약문서에 관인을 찍었다. 이 조약은 강녕에서 체결했다 하여 '강녕조약'이라고도 부른다. 조약의 요점은 첫째 광주(廣州)·하문(廈門)·복주(福州)·영파(寧波)·상해(上海) 등 5개 항구를 상업도시로 개항하고, 영국이 영사를 두고 영국 상인이 거주하는 것을 허용한다. 둘째 홍콩을 영국에 할양한다. 셋째 군비·차압당한 아편 보상금·상업 배상금의 세 가지 항목으로 2,100만 원을 영국에 지불한다. 넷째 영국 상인의 경영 납세는 모두 공인하는 공정한 기준에 따라 의논 결정하는 칙례에 따라 세율을 정해야 한다. 이 강화조약에는 파머스턴이 전쟁을 발발할 때 제기한 영토 할양 배상금, 항구 개항 등 모든 요구가 포함됐으며, 또 관세 통제와 영국 포로·수감된 매국노·아편 매판 범죄자 즉 이른바 "영국 국가사무를 위해 감금된 수난자"를 석방하라는 등의 조항이 추가됐다. 영국이 일으킨 이번 중국 침략 전쟁은 시작에서 끝까지 3년간 지속됐다. 이 전쟁은 영국의 아편 밀매로 인해 일어난 것이므로 '아편전쟁'이라고 불리는데 더 정확히 말하면 '아편 확장 전쟁'이었다.

중·영강화조약이 체결된 후 영국은 계속해서 청조정과 새로운 조약의 체결에 대해 협상해 더 많은 이익을 챙겼다. 《오구통상장정(五口港通商章程)》의 부록 "세관세칙(海關稅則)"에는 그때 당시 국제 최저 세율을 기준으로 해서 수출입 화물에 세액을 제정했다. 그로 인해 중국은 세관 관세수입에서 손실을 보았을 뿐 아니라 관세 자주권도 상실했다. '오구통상장정'은 또 영국인에게 '영사재판권'과 무장 선박을 포함한 영국 정부 선박이 5개의 항구에 정박해 머무를 수 있는 특권을 부여했다. 《선후사의부첨화약(善後事宜附粘和約. 사후 사항 관련 추가 강화 조약)》제5조항에는 영국인이 내륙으로 들어가 유람할 경우 영국 관계자에게 넘겨 법에 따라 죄를 묻도록 한다는 규정이 있다. 이는 실제로 영사의 재판권을 개항한 5개 항구에서 내지로 확대한 것이었다. 제7조항에는 "앞으로 대황제가 새롭게 여러 국가에 은혜를 베풀게 될 경우 영국인도 함께 균등하게 혜택을 받을 수 있도록 허용해야 한다"는 규정이 있다. 이 규정에 따르면 앞으로 그 어느 외국이 중국을 침략해 이익을 얻을 경우 영국은 모두 "함께 균등하게 혜택을 받을 수 있다"는 의미였다.

미국·프랑스 등 여러 국가들도 청조정을 협박해 조약을 체결함으로써 여러 가지 이익을 챙기기 시작했다. 미국은 가경(嘉慶)제 때부터 중국에 아편을 반입하기 시작했는데 도광제 중엽에 이르러 반입량이 영국 다음이었다. 중·영 강화조약이 체결된 후 미국은 하원 의원인 쿠싱(C.Cushing)을 파견해 국서를 가지고 중국으로 와 영국과 대등하는 여러 가지 권리를 줄 것을 청조정에 요구했다. 도광 24년(1844년) 5월 초엿샛날 흠차대신 지영이 마카오 국경의 망하(望廈) 마을에서 쿠싱과 중·미《오구통상장정》세관세칙 43조를 체결했다. 역사학자들은 이를 가리켜 '중미망하조약'이라고 부른다. 미국은 손쉽게 영국이 얻은 모든 통상 권익을 챙겼으며 장정의 제정을 통과시키고 여러 가지 새로운 특권을 얻었다.

중·영, 중·미 조약이 체결된 뒤 프랑스도 이익을 꾀할 수 있다는 것을 알고 라그르네(Merie de Lagrene)를 전권대사로 중국에 파견했다. 담판은 중·영, 중·미 통상장정을 원본으로 삼아 순조롭게 진행됐다. 도광 24년 9월 13일 광주 황포에서 중·프《오구통상장정》세관세칙이 공식 체결됐다. 역사학자들은 이를 '중·프황포조약'이라고 불렀다. 조약은 총 35조항으로 되었으며 중·미 장정의 규정에 좇아 통상구에 예배당을 설립할 수 있도록 했다. 프랑스 대표는 담판 과정에서 또 천주교에 대한 "금지령을 해제하라"는 요구를 제기했다. 이에 따라 도광제는 성지를 내려 천주교를 전면 개방한다고 발표했다.

벨기에·스웨덴·노르웨이·포르투갈·네덜란드·스페인·덴마크 등 나라들도 잇따라 몰려와 권리를 도모했다. 청조정은 "어느 나라에 대해서도 차별을 두지 않는다"는 원칙에 따라 각각 그들 국가들과 조약을 맺거나 협의를 달성했다. 침략적인 조약이 늘어남에 따라 중국은 더 많은 이권을 상실했으며 반식민지의 길에 들어서기 시작했다.

제2절
태평천국과 영·프 연합군의 침략

1850년 정월 14일 도광제가 원명원(圓明園)에서 69세를 일기로 병으로 숨졌다. 그의 묘호(廟號)는 선종(宣宗)이고, 시호(諡號)는 성황제(成皇帝)이다. 그의 뒤를 이어 그의 넷째 아들인 19세가 아직 안 된 혁저(奕詝)가 유조를 받들어 즉위했으며 그 이듬해 연호를 함풍(咸豊)으로 바꾸었다. 함풍제는 즉위 후 기세 드높은 농민봉기와 외국 침략의 심각한 위협을 마주하지 않을 수 없었다.

1. 태평천국

강녕조약이 체결된 후 동남지역의 여러 성에서는 아편 독이 재차 만연하고 백은이 해외로 유출되었으며 은 가격이 오르기 시작했다. 농촌의 조세(賦稅)와 지조(地租)의 급격한 인상으로 인해 대량의 농민들이 파산했다. 5개 항구를 개항한 후 상해가 광주를 대체해 주요 통상 항구가 되었다. 상업 통로의 변화로 인해 상공업에 종사하던 평민 중에서 대규모의 실업자가 나타났다. 도광 말기에 일어난 태평천국의 봉기는 여러 지역 민중의 봉기와 저항을 최고조로 이끌었다.

(1) 봉기의 발발

도광 30년 12월(1851년 1월) 광서(廣西) 계평(桂平)현 금전(金田) 마을에서 홍수전(洪秀全)이 이끄는 배상제회(拜上帝會)에 의한 농민봉기가 일어났다.

광동(廣東)성 화(花)현 사람인 홍수전은 가경(嘉慶) 18년 12월(1814년)에 농민 가정에서 태어났다. 7세 때부터 마을의 서당에서 경서(經書)를 읽었으나 그 뒤 여러 차례 과거 시험에서 실패했다. 도광 16년(1836년)에 광주(廣州)에서 과거시험을 보러 가던 중 기독교 설교서《권세양언(勸世良言)》을 얻게 되었다. 홍수전은 그 설교서를 열중해 읽은 뒤 집안의 아우인 홍인간(洪仁玕)·서당의 학우 풍운산(馮云山)과 함께 최초의 종교결사를 창립하고 '배상제회'라 칭했다.

홍수전·풍운산·홍인간 등은 짝을 무어 광동·광서 일대를 돌아다니며 포교활동을 펼쳤다. 풍운산은 광서 계평현 북부의 자형산(紫荊山) 산간지역에 들어가 포교활동을 벌였다. 홍수전은 화현으로 돌아와 잇따라《원도구세가(原道救世歌)》·《원도성세훈(原道醒世訓)》·《백정가(百正歌)》·《개사귀정(改邪歸正)》을 써내 "세상 사람들 모두가 형제이며 상제는 모든 사람을 갓 태어난 아기로 간주한다"라는 평등 사상을 주장했으며 서로 깔보고 서로 빼앗으며 서로 싸우고 죽이는 낡은 세상을 강력히 비난했다. 그는 또《예기·예운편(禮記·禮運篇)》에서 묘사한 대동사회사상을 빌어 이상사회에 대한 갈망을 기탁했다. 숯을 구워 팔아 생계를 유지하던 광서 계평 사람 양수청(楊秀淸)·광서 무선(武宣) 사람 소조귀(蕭朝貴, 장족[壯族])와 그의 처 양선교(楊宣嬌) 등이 잇따라 종교에 입문했다.

양수청은 도광 28년(1848년)에 천부(하나님)가 속세에 내려왔다고 사칭해 많은 사람들을 모으고 소조귀 역시 천형(天兄. 스스로 예수와 같이 하나님의 아들이라 하여 예수의 형제로 자칭함)이 속세에 내려왔다고 사칭하며 천형 대신 말을 전한다고 했다. 양수청과 소조귀는 홍수전을 신으로부터 군권(君權)을 받은 천하만국의 하나님으로 섬겼으며, 홍수전은 양수청과 소조귀, 풍운산을 개국 군사(軍師)로 삼았다. 그들은 상제의 아들인 예수를 맏형으로 삼고, 홍수전을 둘째 형, 풍운산을 셋째 형, 양수청을 넷째 형이라고 불렀다. 금전 마을의 부자 위정(韋正, 창휘[昌輝])은 풍운산의 설득에 의해 입회했는데 상제의 다섯 번째 아들이라고 하였고, 양선교는 상제의 딸이라 하여 항렬이 여섯 번째였으며, 소조귀는 그녀를 매부라고 불렀다. 귀(貴)현의 부자 석달개(石達開)는 모든 가산을 다 털어 입회해 상제의 일곱 번째 아들이 되었다. 이로써 배상제회의 지도핵심이 형성되었다.

도광 30년(1850년) 2월 홍수전은 태평천왕을 자칭했다. 그때 당시 광서 경내에서는 계평에서 시작해 서쪽으로 귀현에 이르고 동쪽으로는 등(藤)현·평남(平南)에 이르며, 북쪽으로는 상주(象州)·무선에 이르고 남쪽으로는 옥림(玉林)·육천(陸川)·박백(博白)과 광동 경내의 신의(信宜) 등지에 이르기까지 배상제회는 이미 발전을 거두었으며 신도의 수가 갈수록 늘어났다. 12월 초열흘은 마침 홍수전의 38살 생일이었다. 계평 금전 마을에 집결한 신도들이 봉기할 것을 선포하고 태평군(太平軍)이라 칭했다. 봉기자들은 의복을 바꾸고 머리를 길렀으며 더 이상 만주족의 풍속에 따라 머리를 깎고 머리채를 땋지 않고 머리를 길게 길러 쪽머리를 올리거나 그대로 늘어뜨렸다. 그래서 청조정에서는 그들을 가리켜 욕된 말로 '발역(發逆)'이라고 불렀으며 민간에서도 '장모(長毛)'라고 불렀다.

태평군은 금전(金田)에서 봉기를 일으킨 뒤 자형산(紫荊山)에서부터 서쪽의 무선을 향해 진군했는데 도중에 광서 제독 향영(向榮)과 광서 순무 주천작(周天爵)이 거느린 청의 관군을 연패시켰다. 도광 31년 2월 21일 홍수전이 무선의 동향(東鄕)에서 정식으로 태평천국이라는 국호를 세웠다. 홍수전은 태평천국의 국왕으로 등극하고 천왕이라고 호칭했다. 이어 세 살짜리 어린 아들 천귀(天貴)를 어린 군주로 옹립하고 양수청을 중군 주장(主將, 사령관)으로, 석달개를 좌군 주장으로 임명했다.

(2) 승리의 진군

태평군은 상주(象州)·평남(平南) 등지를 전전했다. 윤8월 초하룻날 북상해 영안주(永安州) 성을 공격해 점령했다. 그리고 영안에서 여러 가지 새로운 정령을 실행했다.

제왕을 분봉하다 – 홍수전은 조령을 발표해 양수청을 동왕(東王)에, 소조귀를 서왕(西王)에, 풍운산을 남왕(南王)에, 위창휘를 북왕(北王)에, 석달개를 익왕(翼王)에 각각 봉했다. 그리고 양수청을 좌보정군사(左輔正軍師)에 임명하고 분봉된 여러 왕들이 모두 그의 지휘와 통솔에 따르도록 했다.

천력(天曆)을 반포하다 – 태평천국은 연호를 정하지 않고 간지(干支)로 연대를 기재했다. 단 지지(地支)의 '해(亥)'를 '개(開)'로 고치고, '추(丑)'를 '호(好)'로, '묘(卯)'를 '영(榮)'으로 고쳤다. 또 태평천국의 새 역서를 창제해 천력이라고 칭했다. 7일을 일주일로 하고, '예배(禮拜)'로 기록하도록 했다.

예제(禮制)를 제정하다 - 《태평예제》를 반포 시행해 천왕 이하 제왕·장수 및 자녀의 호칭을 규정지었다.

함풍 2년(1852년) 2월 태평군이 영안 성을 둘러싼 청나라 관군의 포위망을 뚫고 계림(桂林)을 목표로 곧장 진군했다. 청군이 뒤쫓아와 습격을 가했다. 양 군은 선회령(仙回嶺) 천산(千山)에서 치열하게 격돌했는데 청군의 총병이 전사했다. 태평군은 계림을 포위 공격한 지 한 달이 넘었으나 점령하지 못하게 되자 봉기군을 철수, 북상해 전주(全州)를 공격 점령했다. 그 과정에서 남왕 풍운산이 전사했다.

태평군은 광서의 전주에서 호남(湖南)으로 진입, 도주(道州, 현재의 도[道]현)·강화(江華)·영명(永明)·가화(嘉禾)·계양(桂陽)·빈주(彬州)를 잇따라 점령해 명성과 위엄을 크게 떨쳤다. 8월에 서왕 소조귀가 군대를 이끌고 장사(長沙)를 공격하던 중 포탄에 맞아 숨졌다. 홍수전은 대군을 이끌고 장사로 달려가 지원했는데 여러 차례 성을 공략했으나 점령하지 못하자 10월에 장사에서 철수했다. 태평군은 북상하면서 익양(益陽)과 악주(岳州)를 잇따라 점령하고 12월 초나흘날에는 무창(武昌)을 공격해 점령하는데 성공했다. 이에 청조정은 크게 놀랐다. 무창은 장강 중류지역에 위치했으며 네 개 성으로 통하는 큰 길목이기 때문에 매우 위급한 상황이었다. 함풍제는 흠차대신이며 호광(湖廣) 총독 대행인 서광진(徐廣縉)의 관직을 박탈하고 그 죄를 묻는 한편 향영을 흠차대신에 임명해 모든 군영 문무대신들이 모두 그의 지휘와 통솔에 따르도록 했다.

함풍 3년(1853년) 정월 태평천국의 50만 명 규모인 것으로 알려진 수군·육군이 무한(武漢)에서부터 장강을 따라 동으로 이동했다. 태평군은 "천명을 받들어 오랑캐를 성토한다"는 격문을 발표하고 만주족을 반대할 것을 호소함으로써 한족 사회 각 계층의 폭넓은 지지를 얻고자 했다. 태평군은 파죽지세로 내달려 구강(九江)과 안경(安慶)을 잇따라 공격 점령하고 2월 초열흘날 강녕(江寧)을 공격해 점령한 뒤 군대를 두 갈래로 나누어 진강(鎭江)과 양주(揚州) 두 부(府)를 점령해 군사적 위엄을 크게 떨쳤다.

흠차대신 향영과 기선이 청나라 관군을 이끌고 강녕(江寧) 성 밖에 당도했다. 향영의 부대는 효릉위(孝陵衛) 일대에 주둔해 '강남대영(江南大營)'을 세우고, 기선의 부대는 모아돈(帽兒墩)·뇌당집(雷塘集)·사도묘(司徒廟) 등에 주둔해 '강북대영(江北大營)'을 세웠다.

태평군은 계속 진군하며 강녕을 점령하고 수도를 세우고 제도를 제정함으로써 전 중국을 들썩했다. 이에 청조정은 급히 각 지방 관군을 동원해 수도의 방위를 강화하는 한편 각 지방에 지시해 지방 단련(團練)을 조직하도록 했다. 단련은 원래 지방 보갑(保甲)과 장정을 가리키는데 향촌 수비를 위해 지주들이 조직한 지방 자체 무장 조직이다. 가경제 때 청조정은 각 지방에서 단련을 조직하도록 창도해 관아에서 급료를 내주어 백련교(白蓮敎)의 봉기를 진압했다. 함풍제는 단련을 강화해 태평천국의 봉기를 진압하기 위해 잇따라 구경(九卿)·독무(督撫) 등 대 관리들을 임명해 각 성에 내려 보내 사무를 돌보게 했다. 단련의 책임은 향촌을 수비하는 것이다. 이외에 '향용(鄕勇)'이라는 지방 자체의 향병(鄕兵)이 있었는데 국경 전쟁에 동원되기도 했다. 호남성 신녕(新寧)의 강충원(江忠源)이라는 사람은 원래 본 고장에서 향병을 훈련시켰었는데 함풍 원년(1851년)에 향용 5백 명을 인솔해 명을 받고 광서로 태평군을 진압하는데 동원되었으며 '초용(楚勇)'이라고 칭했다. 호남에서 단련 조직 보좌에 나선 증국번(曾國藩)은 고향인 상향(湘鄕)에서 병사 천여 명을 훈련해 장사에 집결시켜 세 개의 영(營)으로 편입시켰다. 이듬해 6월에는 3천 여명으로 확대시켜 '상용(湘勇)'이라고 칭했다.

(3) 건도(建都)와 건제(建制)

태평군은 금전에서 봉기를 일으켜서부터 2년간 광동·광서·호남·호북(湖北)·강소·강서(江西)·안휘(安徽) 등을 전전하면서 무창(武昌)·안경(安慶) 등의 성 소재지를 잇따라 점령했다. 그리고 봉기한 지 막 2년이 되는 시간에 또 강소성의 소재지인 강녕부를 점령해 큰 승리를 거두었다.

천경(天京)에 수도를 세우다 - 태평군이 강녕을 점령한 후 양수청은 천부가 속세에 내려와 천지를 내렸다고 사칭하면서 강녕에 수도를 세우고 천경이라고 개명했다. 수도를 세운 것은 태평천국이 이미 청나라에 대립하는 '천조(天朝)'가 되었음을 표명한 것이다.

군정제도를 제정하다 - 홍수전 등은 배상제회를 창립하고 기독교의 교리를 채납한 뒤 그 내용을 많이 바꾸었다. 기독교의 교리에 따르면 예수는 상제의 외아들이며 세인들에게 하사하는 것은 신교자의 영생이라 했다. 배상제회는 홍수전을 상제의 차남, 예수의 아우이며 인간 세상에 와서 천왕이 되었다고 했다. 천왕은 배상제회의 교주이고 또 태평천국의 군주로서 신권과 왕권이 결합된 최고의 원수라는 지위를 가지는데, 천왕은 조정에 나오지만 국정에 관여하지는 않으며, 모든 명령은 정군사인 양수청이 발표했다. 그 아래로 승상(丞相)·검점(檢點)·지휘·장군 등 직을 설치했다.

태평군의 편제는 군 이하 사(師)·여(旅)·졸(卒)·양(兩)을 설치했는데 이는 《주례(周禮)》에 따른 것이다. 한족 《주례(周禮)》의 건제(建制) 명칭을 채용한 것은 만족 통치하의 청나라 병제와 다르다는 것을 나타내기 위한 취지에서였다. 《태평조규(太平條規)》·《십관천조(十款天條)》·《행군총요(行軍總要)》를 잇따라 인쇄 발표해 태평군의 건제와 행군 규율에 대해 규정지었다.

왕후(王侯)를 봉하고 수여하다 – 태평천국은 영안주에서 다섯 왕을 분봉할 때 《주례》를 본 따 천(天)·지(地)·춘(春)·하(夏)·추(秋)·동(冬)의 6개의 관직을 설치했는데 일종의 직위 등급으로서 실제상에서는 '작(爵)'과 같았다. 천경에 수도를 세운 뒤 장수들에게 왕작·후작을 봉하고 수여했다. 작위에 봉해진 자는 자손 대대로 특권을 세습할 수 있도록 되어 있었다. 그들은 태평군의 지도자이며 또한 봉기 농민 중 새로운 귀족이기도 하다. 천조는 왕후에 봉하는 것으로 장수들을 격려했기 때문에 배상제회가 선전하는 모든 사람은 평등하다는 교리와는 더욱 멀어지지 않을 수 없었다.

천조의 전답제도 – 태평천국은 천경에 수도를 정한 뒤 《천조전답제도(天朝田畝制度)》를 반포해 "온 천하가 천부상주황상제의 큰 복을 함께 누릴 수 있도록 해야 한다. 다 같이 밭을 경작하고 다 같이 음식을 먹으며 다 같이 옷을 입고 다 같이 돈을 써야 한다. 모든 사람이 평등하고 모든 사람이 배 불리 먹고 따뜻하게 살 수 있어야 한다"라고 선전했다. 이는 농민의 공동의 염원을 표현한 것이며, 또 태평천국의 혁명 이상을 표현한 것이다. 논밭을 9등으로 나누도록 규정지었다. 남녀를 막론하고 모든 가구에 대해 인구에 따라 논밭을 나누어 주도록 했다. 또 농민은 25가구를 한 개의 '양(兩)'으로 삼아 두 명의 사마(司馬)가 감독 관리하도록 했는데, 이는 주민의 기층조직이었다. 한 개의 '양(兩)'에 국고 하나씩을 설치해 수확철이 되면 매 가구 매 인당 충분한 양의 심을 곡식만 남기고 여분의 밀·콩·모시·닭·개 등 여러 물품과 은전은 모두 국고로 들어갔다. 그리고 "천하의 모든 사람은 사사로이 선물을 받지 않고 모든 물품은 상주(上主)에게 바쳐" "천하의 모든 사람이 평등하게 나눌 수 있도록 해야 한다"라고 선언했다. 이는 물론 실현 가능성이 없는 공상일 뿐이었다.

상공업 화폐제도 – 태평천국이 천경에 수도를 정한 뒤 천경 경성 안과 천경 밖 점령구의 상공업에 대해 각기 다른 제도를 실행했다. 천경 성 안의 수공업은 모두 천조에서 직접 경영했으며, 여러 업종의 수공업자들은 각각 제장영(諸匠營)과 백공아(百工衙)에 편입시키고 군사 건제에 따라 관리했다. 천경 성 안에서는 상업을 경영하지 못하게 했다. 천경 밖의 여러 점령구에서는 기본상 여전히 구제(舊制)에 따라 상공업을 경영했다.

시험 임관 제도 – 천경에 수도를 정한 그해 개과취사(開科取士)라 하여 과거시험을 통해 인재를 선발 등용했다. 시험에 합격한 자에 대해서는 여전히 장원(壯元) · 진사(進士)와 같은 예전의 명칭을 그대로 썼다. 태평천국은 유학(儒學)을 요언(妖言)이라고 일컬어 시험 시제를 사서오경(四書五經)에 따르지 않고 배상제회의 기독교《성경》과 천조에서 판각 인쇄한 공문서와 여러 서적에 의거했다.

이 모든 것은 태평천국이 오로지 노역을 줄이고 세금을 낮추는 것을 쟁취하기 위한 농민봉기와는 달리 혁신에 뜻을 둔 농민혁명이 되었음을 보여준다. 그러나 태평천국의 이상적인 사회제도는 여전히 봉건제도 하의 농민 소생산자들이 토지를 평등하게 나눠가지려는 염원에 국한되었을 뿐이었다. 천조가 제정한 정치제도는 비록 낡은 것을 없애고 새것을 일으킨 것이 많지만, 여전히 등급 세습 특권의 낡은 관습을 답습한 것이다. 따라서 그것이 규모가 방대하고 한 때 세상을 들썩였던 농민혁형명이기는 했지만 제반 사회제도와 사회형태를 바꿀 수 있는 사회혁명이라고는 할 수 없었다.

(4) 태평군의 북벌과 서부 정벌

태평천국은 천경에서 2개월 남짓한 설립과 정돈 과정을 거친 뒤 대규모의 정벌을 시작했다. 함풍 3년(1853년) 4월 태평군은 두 갈래로 나뉘어 북벌과 서부 정벌에 나섰다.

북벌군 2만 명은 천관(天官) 부승상(副丞相) 임봉상(林鳳祥)과 지관(地官) 정승상(正丞相) 이개방(李開芳) 등의 통솔 하에 북상해 곧장 수도로 향해 청나라의 통치를 일거에 뒤엎으려고 시도했다. 북벌군은 강소 · 안휘 · 하남(河南) · 산서(山西) 등 성을 거쳐 빈틈을 타 진군해 곧장 직예(直隸)에 진입했다. 몽골의 과이심(科爾沁) 군왕(郡王) 승격림심(僧

格林沁)이 정예부대를 이끌고 북경을 나와 정정(正定)으로 회군한 승보(勝保)의 군대와 협동작전을 폈다. 9월 태평군은 정해(靜海)를 정복하고 양류청(楊柳靑)을 정복한 뒤 천진(天津)을 공격하기 시작했다. 그런데 물난리 때문에 길이 막혀 앞으로 나갈 수가 없었다. 깊이 침투해 고군작전 중이던 태평군은 원군이 따라주지 않은데다 남방인이 북방 겨울의 혹한에 적응하기 어려워 풍찬노숙의 고통이 심각한 상황에서 수개월 동안 전투를 겪다 보니 손실이 막심했다. 그 이듬해 연초 전전하던 중 직예의 동광현(東光縣) 연진(連鎭)까지 후퇴했다. 그때 승격림심이 뒤쫓아와 길게 해자를 파고 연진을 에워쌌다. 승보 등도 당도해 합류했다. 5월 이개방이 기마 부대 약 1천 명을 이끌고 연진을 출발해 직예성 경계를 벗어나 산동(山東)성 경내에 진입해 고당주(高唐州)를 점령했으나 청나라 관군에게 포위되었다. 그때부터 북벌군은 두 곳으로 갈라졌다. 임봉상의 부대는 연진을 사수하고 이개방은 고당을 사수 중이었다.

함풍 5년(1855년) 정월 승격림심의 부대가 연진을 공격해 함락시켰다. 태평군은 사상자를 빼면 거의 남지를 않았다. 임봉상은 포로가 되어 함거로 북경에 압송돼 처형당했다. 이개방은 고당의 태평군을 이끌고 포위망을 뚫고 남하하다가 임평(荏平)현 풍관둔(馮官屯)에서 포위되었다. 승격림심이 운하의 물을 끌어다 풍관둔을 물에 잠기게 하자 이개방은 투서를 보내 항복하고 북경으로 압송되어 처형당했다.

북벌군은 깊이 침투해 비록 용감하게 싸웠지만 결국 실패를 피할 수가 없었다. 훗날 태평천국의 명장 충왕(忠王) 이수성(李秀成)이 '천조의 10대 실수(天朝十誤)'에 대해 기록했는데, "동왕(東王)이 이개방과 임봉상에게 북벌할 것을 명했다가 패망한 것은 나라를 망하게 한 제일 큰 실수"라고 기록했다.

함풍 3년 4월 태평군이 출병해 북벌에 나선 며칠 뒤에 천조는 또 춘관(春官) 정승상(正丞相) 호이황(胡以晃)과 하관(夏官) 부승상(副丞相) 뢰한영(賴漢英) 등을 파견해 전함 천여 척과 보병 2만여 명을 인솔해 천경에서 출병해 서부를 정벌하도록 했다. 서부 정벌군은 장강을 따라 서부로 진군해 천경을 공고히 하고 기지를 전개하려고 시도했다.

태평군은 강을 따라 진군해 안휘성을 거쳐 강서성에 들어섰다. 남창(南昌)을 93일간 포위 공격했으나 점령하지 못하자 8월에 천조가 명을 내려 철수시켰다. 뢰한영을 불러들이고 익왕(翼王) 석달개를 파견해 안경에 주둔시켜 지방의 군정을 관리하게 했다. 태평군은 원 진군 노선을 바꿔 남창으로 해서 북상해 호북(湖北)성과 안휘(安徽)성으로 진군했다. 12월 여주(廬州)를 점령했다. 함풍 4년(1854년) 정월 태평군은 한구(漢口)·한양(漢陽)을 잇따라 점령한 뒤 군대를 두 갈래로 나누어 한 갈래는 북상해 황피(黃陂)에 이르고, 한 갈래는 서북으로 진군해 효감(孝感)·한천(漢川)까지 공격해 무창(武昌)을 크게 포위하는 형국을 이루었다. 호북 순무 숭륜(崇綸)이 청조정에 위급함을 알리자 함풍제는 호남의 증국번(曾國藩)에게 군사를 이끌고 서둘러 호북으로 달려가라는 어명을 내렸다.

증국번은 단련(團練) 대신으로서 장사(長沙)에서 상용(湘勇)을 통솔하고 있었다. 어명을 받고 출병할 때 이미 2만여 명 규모의 수군과 육군 군대를 거느리고 있었으며 신군을 형성해 상군(湘軍)이라고 칭했다. 증국번은 형주(衡州)에서 출발해 상담(湘潭)에 이르러 부름을 받고 호북을 지원하려고 급히 달려오는 귀주(貴州)성 귀동도(貴東道) 호림익(胡林翼, 호남 익양[益陽] 사람)이 거느린 검용(黔勇)과 상담에서 집결했다. 4월 증국번이 직접 수군을 이끌고 장사에서 출격해 정항(靖港)을 공격했으나 크게 패하고 강물에 몸을 던져 자살하려고 시도했지만 구조되었다. 부장(部將) 탑제포(塔齊布)가 상군을 인솔해 태평군과 상담에서 싸워 이겼다. 6월 태평군이 무창을 점령하자 호북 순무 청린(青麟)이 성을 버리고 도주했다. 함풍제는 그 소식을 전해 듣고 대노해 청린의 목을 베 처형하라는 어명을 내렸다. 8월 청군이 무창을 점령했다. 증국번은 병부시랑(兵部侍郎)의 직함으로 명을 받아 군대를 통솔해 동으로 출정했다. 12월 파양호(鄱陽湖) 전투에서 태평군은 상군의 수군을 외강(外江)과 내호(內湖) 두 갈래로 갈라놓았다. 증국번은 또 물에 몸을 던져 자살하려 했지만 구조되었다. 그리고 나서도 그는 유서로 상주문을 써놓고 순국하려 했으나 부하의 권고로 단념했다.

함풍 5년 2월 태평군이 세 번째로 무창을 점령하자 순무 도은배(陶恩培)가 물에 몸을 던져 자살했다. 청조정은 형주(荊州) 장군 관문(官文)을 호광총독에 임명했다. 9월 석달개가 무창을 포위한 청군의 압력에서 벗어나고자 군대를 이끌고 남하해 강서성에 진입했다. 그 이듬해 정월 강서성 13개 부(府) 중에서 8개 부의 40여개 현(縣)을 태평천국이 점령했다. 3월에 석달개가 천조의 명령을 받고 회군해 천경을 수비하러 갔다.

태평천국은 천경에 수도를 정하고 양주(揚州)·진강(鎮江)을 점령해 뿔 모양의 형국을 이루었다. 청군의 강남대영과 강북대영은 강의 양 기슭에 각각 주둔하고 공격할 기회를 노리고 있었다. 태평군과 청군은 이 지역에서 밀고 당기기 식의 쟁탈전을 펼쳤다. 함풍 6년 2월 진옥성(陳玉成)의 부대가 진강에 진입해 수비군과 안팎으로 협공해 청군을 대패시켰다. 태평군은 그 기세를 몰아 강을 건너 청군 강북대영의 크고 작은 군영 120여 채나 짓밟아버렸다. 5월 석달개·진일강(秦日綱)·진옥성·이수성 등이 병력을 모아 강남대영에 대한 총공격을 개시했다. 향영(向榮) 등은 순화(淳化)에서 단양(丹陽)까지 후퇴했다. 태평군이 단양을 공격하고 향영은 군영에서 죽었다(자살했다는 설도 있다). 태평군은 청군의 강북대영, 강남대영을 잇따라 무찌름으로써 큰 승리를 거두었다.

(5) 천경의 분열

　　태평천국이 천경을 수도로 정하고부터 3년 동안 북벌전쟁에서 크게 실패해 심각한 손실을 입었고 서부 정벌 전쟁에서는 승리와 실패를 거듭하면서 무한·안경을 점령하고 강서성을 차지해 성과를 거두었다. 청군의 강남과 강북 두 대 군영을 격파하고 천경을 포위에서 구출해 국도를 공고히 했다. 반면에 천조의 지도자들은 심각한 분열 상황에 빠져들었다.

　태평천국은 수도를 정하고 제도를 제정한 후 형제자매 사이에 모든 사람이 평등하다는 교리를 점차 포기하기 시작했다. 등급 특권제도의 수립이 지도자와 군민들 간의 거리를 점차 확대시켰으며 각 급 지도자들 사이의 권력과 이익 다툼의 모순이 갈수록 깊어졌다. 천왕 홍수전은 교주이자 국왕임에도 조정에 나오기만 하고 국정을 처리하지 않았으며 동왕 양수청이 군사의 신분으로 군정 대권을 장악하고 있으면서 천왕의 뜻을 받드는 한편 천부를 대신해 입언(立言)도 할 수 있었다. 이러한 교(教)권과 정(政)권의 특수한 규정은 심각한 모순을 안고 있었으며 건도 3년간 모순이 갈수록 격화됐다. 함풍 6년(1856년) 7월 천관 정승상 좌천후(佐天侯) 진승용(陳承瑢)이 홍수전에게 몰래 상주문을 올려 동왕이 천왕을 시해하고 찬위하려는 마음을 품었다고 고하면서 명을 내려 사특한 자를 제거할 것을 권했다. 홍수전은 강서성의 위창휘에게 상경해 양수청을 죽이라고 밀령을 내렸다. 8월 초사흗날 밤 위창휘 등이 군사를 이끌고 천경성 밖에 당도했으며 진승용의 호응을 받았다. 다음날 새벽 재빨리 동왕부(府)를 에워싸 양수청과 그 온 가족을 죽였다. 이어 동왕부에 소속된 관리와 평민에 대해 대대적인 학살을 감행했는데 천경성 내의 희생자가 2만 명이 넘었다.

　석달개가 무창에서 변고 소식을 전해 듣고 총망히 상경해 위창휘에게 무차별 살육의 잘못을 꾸짖었다. 위창휘가 이를 무시하자 두 왕은 서로 반목하게 되었다. 석달개가 밤을 도와 천경을 떠나 서둘러 안경으로 돌아가자, 위창휘는 천경에 있는 석달개의 가족을 모조리 살해했다. 홍수전은 포상금을 내걸고 석달개를 잡아들이라고 명했다. 석달개는 안경에서 무창을 수비 중이던 수비군 4만여 명을 집결시켜 난을 평정시키고자 군사를 일으켰다. 한편 천왕에게 상주문을 올려 위창휘를 죽일 것을 청하면서 그렇게 하지 않을 경우 군대를 이끌고 천조로 돌아가 천경을 멸할 것이라고 밝혔다. 홍수전은 하는 수 없이 10월 초닷샛날 위창휘를 죽일 것을 명한다. 홍수전은 명을 내려 위창휘를 죽인 뒤 위창휘의 수급을 석달개 군 중에 보내는 한편 포상금을 내걸고 석달개를 잡아들이라고 한 조령을 거둬들이고 석달개를 천경으로 불러들여 국정을 보좌하도록 했다. 석달개는 천경으로 돌아와 국정을 보좌하면서 크게 떠받들리게 되었다. 이에 따라 천조는 위기에서 벗어나 다시 안정을 회복하게 되었다.

석달개는 천경에서 반 년 동안 집권하면서 그 성망이 갈수록 높아갔다. 천왕은 그에게 군사(軍師)라는 관직을 주지 않고 더욱이 천부를 대신해 입언할 수 있는 교직(敎職)도 주지 않았으며, 오직 익왕(翼王)의 신분으로 국정을 보좌할 수만 있도록 했다. 홍수전은 군사(軍師)의 집정 대권을 거둬들여 스스로 천왕 겸 군사를 맡을 생각이었다. 그는 또 맏형 인발(仁發)을 안왕(安王)에 봉하고 둘째 형 인달(仁達)을 복왕(福王)에 봉해 홍씨 가족이 국정에 참여할 수 있게 함으로써 석달개를 여러 모로 견제했다. 석달개는 양수청과 같은 특권과 높은 지위를 가지지 못한 반면 의심 받고 시기 당하는 처치에 빠진 것은 양수청과 비슷했기 때문에 불안했다. 4월 그는 군대를 이끌고 천경을 떠나 안경으로 향했다. 천조에서 그를 떠받드는 문무관원들 대다수가 그를 따라 갔다.

천조는 내부에서 자기편끼리 죽이기를 한 데다 또 익왕과 훌륭한 장수, 그리고 정예 병사까지 잃고 나니 조정의 병력이 허약해졌다. 홍수전은 홍인발, 홍인달 두 형의 왕의 작위를 회수하고 '의왕(義王)'이라는 금인(金印)을 새겨 안경으로 보내 또 한 번 석달개에게 조정으로 돌아올 것을 정중히 부탁했다. 그러나 석달개는 금인을 거절하고 군대를 이끌고 강서로 가 태평천국을 이탈했다. 이로써 태평군은 분열의 국면을 맞이하게 되었다.

2. 영·프의 무력침략과 제정러시아의 영토 약탈

청나라가 태평천국의 맹렬한 충격을 받고 있을 무렵 영국·프랑스·미국 등 국가들도 여러 가지 구실을 만들어 위협을 일삼았다. 함풍 7년(1857년) 영·프연합군이 광주를 강점하고 그 이듬해 북상해 천진에 침입했는데 대고(大沽)에서 청군이 그들을 격파했다. 함풍 10년(1860년) 양국은 더 큰 규모의 무장침략을 발동해 청나라의 수도 북경을 점령하며 전 중국을 들썩였다. 영·프연합군의 이번 침략은 실제상에서 영국이 발동한 아편전쟁의 연속으로 제2차 아편전쟁이라 불린다. 그 동안 북방의 러시아도 기회를 틈타 중국에 대한 약탈을 감행해 중국 북방변경의 대 면적의 영토를 강점했다.

(1) 영·프 등 국가가 상해를 침략하고 광주를 강점하다

특권을 탈취 5개의 항구를 개항한 뒤 영·프·미 등 국가의 대사들이 상해 성북에 체류하며 조계(租界, 조계지)를 소유하고 있었다. 상해가 광주를 대체해 중요한 상업 항구로 되었으며, 또 외국대사들이 정치활동에 종사하는 기지로도 되었다. 태평천국이 천경을 수도로 정한 뒤 상해의 정세는 더욱 엄중해졌다.

함풍 3년(1853년) 8월 상해에서 천지회(天地會)의 한 지파인 소도회(小刀會)가 조직한 무장봉기가 일어났다. 봉기의 수령인 유여천(劉麗川)은 정교(正敎)를 통합 정리하고 대원수를 토벌해야 하며 태평천국의 연호와 제도를 따라야 한다고 주장했다. 유여천 봉기는 청조정을 다시 깜짝 놀라게 했다. 청군이 상해를 에워싸고 공격하며 봉기자와 연일 대치하는 틈을 타서 영국과 프랑스 등 국가들이 협박 등의 수단으로 일련의 특권을 탈취해갔다.

조계의 장정을 제정 – 도광 25년(1845년) 상해 도대(道臺, 상해 지방 최고행정장관 명칭) 궁모구(宮慕久)가 영국 영사와 협상을 거쳐 제정한 장정 23조를 발표함에 따라 영국은 조계 내의 건물과 땅 임대업무와 지방행정사무 관리권을 얻었다. 그 뒤 영·프·미 3국이 취득한 조계가 대대적으로 확장되어 서로 이어져 상해 성의 북쪽 경계를 통제하기에까지 이르렀다. 상해 소도회의 봉기가 일어난 뒤 상해 도대 오건창(吳健彰)이 성북 외국 조계로 도주했다. 영·미·프 3국 영사는 그 기회를 틈 타 공동으로 "상해조계

장정" 14조 및 부록 2건을 작성해 오건창에게 서명 발표하도록 했다. 새 장정은 과거 10년 전 영국과 체결한 조계 관련 옛 장정에 비해 중국의 주권을 한층 더 침범했다.

공부국(工部局)을 설치 – 3국은 '상해조계장정'을 제정한 후 바로 공부국을 설립하고 3국의 통치기관으로 삼았다. 공부국은 조계 내 행정관리권, 사법관할권, 세수권 등 여러 가지 권력을 획득했으며 외국이 중국 땅에 불법 정부기관을 설립한 것이다.

세관을 통제 – 상해 소도회는 봉기를 일으킨 후 곧바로 청조정의 상해 세관 관서를 부숴버렸기 때문에 청조정의 관세 징수 업무가 중단되었다. 함풍 4년 6월 영·미·프 3국 영사가 상해 도대 겸 세관 감독관 오건창과 상해 세관협정 8조를 체결했다. 그 협정에 따라 영·미·프 3국은 각각 사세관(司稅官) 한 명씩 파견해 세무서를 설립해 상해 세관의 세수 업무를 관리하게 되었다. 청나라의 대외 무역과 세수를 관리하는 세관이 그렇게 외국인의 조종을 받게 됐다.

소도회 봉기군은 현성을 점령한 지 한 해가 넘지만 태평천국의 원군이 당도하지 않으므로 성 내 민중은 북로를 통해 외부로부터 물자를 조달 받는 수밖에 없었다. 그러다 북로가 끊기자 외딴 성을 사수하고 있으면서 갈수록 어려움을 겪게 됐다. 그 무렵 프랑스가 청군을 도와 상해 현성을 포위 공격했다. 함풍 5년 정월 초하룻날 유여천이 밤새 무리를 거느리고 상해 현성을 빠져나오다가 청군과 맞닥뜨려 장렬히 전사했다.

광주를 강점 함풍 4년(1854년) 중·영 강녕조약을 맺은 지 12년이 지나자 영·미·프 등 국가는 중국에서의 권익을 확대하기 위해 조약에 대해 수정할 것을 청조정에 거듭 요구했다. 그러나 교섭해도 효과를 보지 못하자 영국 대사 존 바우링(J. Bowring)은 말만으로는 아무런 이익도 볼 수 없음을 알고 오로지 "대포로 말을 해야 한다"고 주장했다. 9월에 발생한 '애로호'사건에서 영국 침략자들은 무장 도발의 명분을 얻었다.

애로호는 중국 내륙에서 제조한 돛단배인데 홍콩 식민정부에서 등록했으나 등록 유효기한이 이미 지나 있었다. 함풍 6년(1856년) 9월 초열흘날 청나라 광동 수군이 강 위에서 애로호에 대해 검사를 진행하면서 밀수 혐의가 있는 12명의 중국 선원을 체포했다. 영국 대사 바우링과 광주 영사 파하례는 그 기회를 틈 타 사태를 확대시켜 양광(兩廣) 총독 엽명침(葉名琛)에게 서한을 보내 사과할 것과 선원을 석방할 것을 요구했다. 사건 교섭 중에 영국 군함 3척이 9월 24일 홍콩을 출발해 호문을 지나 광주 외곽 여러 곳에 설치된 포대를 돌파했다. 엽명침은 대외무역을 중단하라는 명을 내렸다. 9월 30일 영국군

백여 명이 무너진 성벽의 구간으로 광주 성 안에 침입했으나 병력의 부족으로 그날 밤은 성에서 퇴각했다.

애로호사건이 일어나기에 앞서 프랑스의 선교사 샤드렌느(A.Chapdelaine)가 몰래 대외에 개방하지 않은 광서성 서림(西林)현에 잠입해 선교활동을 펼치다가 함풍 6년 정월에 현지 정부에 의해 처형을 당한 사건이 있었다. 5개월 뒤 소식이 전해지자 프랑스 주중 관원은 여러 차례 엽명침과 교섭해 서림 지현(知縣)을 파면하고 변방으로 유배를 보내 군졸로 충당할 것을 요구하는 한편 황제가 명을 내려 앞으로 이러한 사건이 다시 발생하게 되면 똑같은 처벌을 적용할 것이라고 밝힐 것을 요구했다. 그 사건을 마신보사건(馬神甫事件) 혹은 서림교안(西林敎案)이라고 부른다. 엽명침은 그들의 요구를 회피하거나 거절했다. 프랑스 정부는 그 상황을 알고 전쟁을 적극 주장했으며 영국정부와 의견 일치를 보고 연합 출병하는 것으로 조약을 수정하도록 청정부에 압력을 넣었다.

바우링과 파하례가 광주 일대에서 전쟁을 벌인 것은 영국정부로부터 권한을 부여받기도 전이었다. 애로호사건 소식이 런던에 전해지자 이미 마신보사건을 이용해 간섭할 계획이었던 영국정부는 바우링과 파하례의 결정을 전격 지지했다. 그때 당시 영국의 수상은 아편전쟁 때 영국 외무대신이었던 파머스턴이었다. 중국에 무력으로 위협을 가하는 것을 극구 주장해온 파머스턴인지라 바로 원래 캐나다 총독이었던 엘진(Lord Elgin) 백작(伯爵)을 중국과의 조약 수정 전권대표로 임명해 원정군을 인솔시켜 중국으로 파견했다. 프랑스도 그로(Gros) 남작(男爵)을 전권특사로 파견했다.

함풍 7년 10월 27일 엘진과 그로가 각각 엽명침에게 공문서를 보내 세 가지 조건을 제기했다. 1. 광주에 들어가는 것을 허용할 것, 2. 애로호사건과 마신보사건의 모든 손실을 배상할 것, 3. 청나라 정부가 평의대신(平儀大臣)을 파견해 영·프와 조약 수정 협상을 진행할 것. 그 공문서에서는 엽명침이 10일 안에 앞 두 가지 조건을 먼저 받아들여야 하며 그렇지 않으면 광주를 공격할 것이라고 했다. 엽명침은 공문서에 대해 답장을 보내 영·프의 요구를 거절했다. 11월 13일 영·프 연합군이 군함 20척과 지면부대 5,700여 명을 동원해 광주를 공격했다. 그 다음날 영·프연합군이 성 안으로 침입했으며 광주가 함락되었다. 영·프연합군은 엽명침을 체포해 영국 군함으로 압송했다. 그 뒤 그는 인도로 압송되어 이국 타향에서 옥사했다.

(2) 러시아의 흑룡강(黑龍江) 침략과 아이훈조약(璦琿條約)

영·프 등 국이 조약 수정을 요구하기 위해 광주를 무력으로 침략했을 무렵 러시아는 흑룡강 유역에서 중국 변경의 영토를 몰래 조금씩 강점해오면서 새롭게 국경을 획분할 것을 요구해왔으며, 더 나아가 영·미·프 등 국가들과 공모해 침략을 꾀하고 있었다.

도광제 시기부터 러시아는 이미 꾸준히 자국인을 흑룡강유역에 잠입시켜 정찰과 탐사 활동을 펼쳤다. 도광 27년(1847년)에 러시아는 무라비요브(N.N.Muravyev)를 동시베리아 총독에 임명해 자바이칼 코사크군을 조직해 침입할 기회를 엿보고 있었다. 29년에 러시아 해군 탐사대가 사할린 섬과 흑룡강 바다 입구에 대한 탐사를 통해 흑룡강이 러시아가 점령한 시베리아에서 태평양에 흘러드는 큰 강이라는 것과 사할린 섬이 반도가 아니라 섬이라는 사실을 알아내고 그때부터 흑룡강 유역에 대한 강점의 발걸음을 재촉했다.

도광 30년(1850년) 러시아 해군이 흑룡강 바다 입구 북쪽지역에 첫 군사거점을 설립했으며 그 후 또 묘가(廟街)에 초소를 세웠다. 그 이듬해 '탐사대'가 흑룡강 바다 입구 남쪽지역과 사할린 섬에 침입했으며 외흥은령(外興安嶺) 남쪽, 흑룡강 북쪽, 그리고 타타르 해협지역이 "러시아에 속한다"고 떠벌였으며 상기 지역에다 초소를 세웠다. 그로 인해 흑룡강 하류지역의 중요한 항구와 전력적 요충지가 모두 러시아의 통제 범위에 들어갔다. 그러나 그때 당시 청나라 관청은 이를 미처 눈치 채지 못했다. 청나라가 러시아에 대한 군사방어는 주로 흑룡강 중류와 에르군 강(額爾古納河) 일대에 배치했다. 침입지역은 인구가 극히 적었기 때문에 침입자들이 쉽게 발각될 리 없었다. 러시아가 설치한 주둔지와 초소가 이 지역을 통솔하는 삼성(三姓) 부도통(副都統) 관아 소재지(흑룡강 의란[依蘭])와 거리가 매우 멀었기 때문에 오랜 세월 동안 발견되지 않았다.

함풍 5년(1855년) 9월 중·러가 회담을 진행했다. 무라비요브가 흑룡강은 양국의 '천연 국경'이라면서 그 북쪽지역은 러시아에 귀속시켜야 한다고 주장했다. 청나라 관원은 《네르친스크조약》에 의거해 외흥안령이 중·러 국경이라며 다만 우다강 일대만 국경을 획분하지 않았을 뿐이라고 강력히 주장했다. 회담은 아무런 결과도 보지 못했다.

러시아정부는 영·프 연합군이 광주를 점령했다는 사실을 알게 된 후, 즉각 파리에서 휴가를 보내고 있던 무라비요브를 불러들여 중국 측과 담판하라고 파견했다. 함풍 8년

(1858년) 3월 무라비요브가 군대를 이끌고 아이훤에 이르러 청나라의 흑룡강 장군인 혁산(奕山)과 회담할 것을 요구했다. 4월 초열흘날 중·러 담판이 러시아군의 위협 하에서 진행됐다. 혁산은 청조정으로부터 권한도 부여받지 않은 상황에서 4월 16일(5월 28일) 무라비요브와 중·러 아이훤조약(璦琿條約, 아리훤성화약[璦琿城和約]으로 번역되기도 함)을 체결했다. 조약의 규정에 따르면 중·러 동쪽 국경은 흑룡강을 국경으로 한다고 되어 있다. 이로써 중국은 60여 만 ㎢에 이르는 토지를 잃고 말았다. 이 조약에는 또 우수리강 동쪽으로 40여 만 ㎢에 이르는 토지를 "양국이 공동 관할한다"고 규정지었다.

(3) 영·프의 북경 침입과 3국의 재계약

함풍 8년 정월 영·프·미 3국의 주 상해 영사가 강소성 순무에게 공문서를 제출해(러시아의 공문서는 미국 대사가 대신 제출함) 조약을 수정하자는 요구를 재차 제기했으며 청정부가 흠차대신을 파견해 상해에서 담판을 진행할 것을 요구했다. 2월 4개국 대사가 상해에 도착해 청정부가 상해에서 담판하는 것을 거절했음을 알고 북상해 청조정과 교섭했다. 3월에 4개국 공사가 천진 해하(海河) 어귀 밖에 당도해 청조정에 고급 관료를 파견해 대고(大沽)에서 담판할 것을 요구한다. 영·프가 잇따라 군함을 백하(白河)어귀까지 몰고 들어와 청조정이 대답하도록 협박했다.

4월 초여드렛날 영·프 연합군이 대고 포대를 함락시키고 천진을 점거했다. 4개 국 대사가 청정부에 공문서를 보내 '전권편의행사(全權便宜行事)' 대신을 파견해 천진으로 와 담판할 것을 요구하면서 그렇게 하지 않을 경우에 북경으로 진군하겠다고 위협했다. 함풍제는 대학사(大學士) 계량(桂良)과 이부상서(吏部尙書) 화사납(花沙納)을 파견해 천진으로 가 담판하도록 했다. 계량과 화사납은 영국과 프랑스의 기고만장한 기세 앞에서 속수무책이었다. 그들은 러시아와 미국이 나서서 조정해 줄 것들 거듭 청구했다. 러시아와 미국은 저들이 제기하는 조건을 먼저 받아들여야 대신 '중재'를 서주겠다는 요구를 해왔다. 계량은 우선 중·러 천진조약과 중·미 화해조약을 체결한 다음 이어서 또 중·영조약과 중·프화약장정을 체결했다.

4개국 조약은 명칭이 서로 다르지만 일방적 최혜국대우의 규정으로 인해 한 나라가 얻을 수 있는 이익이면 다른 나라들도 두루 이익을 챙길 수 있게 돼 있었다. 주요 내용으로는 1, 대사는 북경에 체류하며 중국 황제를 알현할 때는 서양의 예절에 따른다는 것, 2, 우장(牛庄. 훗날 영구[營口]로 개칭)·등주(登州. 훗날 연대[烟臺]로 개칭)·대남(臺南)·담수(淡水)·조주(潮州. 훗날 산두[汕頭]로 개칭)·경주(瓊州. 현재의 해구[海口])·진강(鎭江)·강녕(江寧)을 추가로 개항하고 태평천국을 평정한 뒤에 장강 중·하류지역에 또 3개의 도시를 통상항구로 개방할 것을 약속할 것, 3, 외국인이 허가증을 소지하고 중국 내륙지역을 유람할 수 있고 통상과 포교 활동에 종사할 수 있도록 허용할 것, 4, 세관세 칙을 수정하고 상선의 선초(船鈔. 즉 톤세, 항만시설사용료를 가리킴)를 줄일 것, 5, 영국에 은 4백만 냥, 프랑스에 은 2백만 냥을 각각 배상할 것 등이다. 그 외에도 여러 조약들에서 일방적인 최혜국대우, 영사 재판권, 협의 관세, 선교 활동에 대한 청 정부의 보호 등 조항에 대해 기존의 조약보다 내용을 더 확대했다.

함풍 9년(1859년) 5월 영·프·미 3국 대사는 또 조약 변경을 핑계 삼아 홍콩에서부터 북상해 상해를 거쳐 대고(大沽) 어귀에 이르렀다. 함풍제가 직예 총독 항복(恒福)에게 어명을 내려 여러 국의 대사에게 대고에 들어서지 말고 북당(北塘)으로 해서 육로를 통해 북경에 들어오라고 전하게 했다. 영·프 대사는 기어이 대고를 거쳐 백하를 거슬러 북경에 들어가겠다고 고의적으로 도발했다. 5월 25일 영·프연합군의 군함이 함부로 해하(海河)에 침입해 대고를 공격하기 시작했다. 이에 과이심(科爾沁) 친왕 승격림심이 청군을 이끌고 분연히 일어나 저항했다. 그들은 영국과 프랑스의 포함 3척을 공격해 가라앉히고 그 외 3척에 큰 타격을 주었으며 적군 484명을 죽이거나 다치게 했다. 영군 사령관 하백(본명은 제임스 호프, J.Hope)도 중상을 입었다.

대고 포격전에서 패한 영국과 프랑스는 분한 나머지 화가 나서 분연히 남하해 버렸으며 조약을 변경하자는 것도 거절했다. 함풍제는 분개해 예전 조약에 대한 협상을 중단해 버렸다. 이에 양측은 날카롭게 대립하는 국면이 형성됐다. 영·프 양국은 본토에서 막강한 연합군을 중국으로 파견해 보복을 감행했다.

함풍 10년(1860년) 봄 영·프 연합군이 잇달아 중국 연해지역에 당도해 주산(洲山)·대련(大連)·지부(芝罘)를 속속 점령했다. 6월 15일 영·프 연합군은 군함 2백여 척과 육군 17,000명을 각각 대련과 지부에서 출발시켜 청군이 치밀한 방어진을 친 대고를 공격하지 않고 방향을 바꿔 청군이 방어진을 치지 않은 북당을 먼저 공격했다. 그들은 북당으로 순조롭게 상륙한 뒤 방어가 약한 대고의 측면과 뒷면에서 공격을 가했다. 7월 초닷샛날 영·프 연합군은 대고 포대를 점령하고 바로 수비군이 없는 천진으로 진군해 점령했다.

함풍제는 대학사 계량에게 천진으로 가 영·프와 담판을 재개할 것을 명했다. 영·프가 각박한 조건을 제기하자 계량은 황제에게 아뢰고 어명을 받아야 한다며 기한을 늦춰 말미를 줄 것을 요구했다. 그러자 영·프는 담판이 결렬됐음을 선포했다. 7월 24일 영·프 연합군이 천진을 거쳐 북경으로 진군했다. 함풍제가 이친왕(怡親王) 재원(載垣)을 흠차대신으로 임명하고 병부상서(兵部尙書) 목음(穆蔭)과 함께 통주(通州)로 파견해 담판하게 했다. 그러나 담판은 재차 결렬됐다. 8월 초나흘날 승격림심이 명을 받고 영·프 담판인원인 파하례 등 39명을 체포해 북경으로 압송했다.

같은 날 승격림심의 부대 2만여 명이 영·프연합군의 선두부대 4,000여 명과 장가만(張家灣)에서 격전을 치렀다. 청군은 패해 통주 남쪽의 팔리교(八里橋)까지 퇴각했다. 초이렛날 청군 주력 부대 3만 명이 영·프연합군 5천여 명과 팔리교에서 접전했는데 청군이 또 패했다. 그 다음날 함풍제가 원명원(圓明園)에서 열하(熱河)로 황급히 도주해 황제(皇弟)인 공친왕(恭親王) 혁흔(奕訢)을 "흠차편의행사전권대신(欽差便宜行事全權大臣)"에 임명해 국도에서 국면을 평정시키게 했다.

영·프 연합군은 계속 침입해 8월 11일 통주를 점령하고 13일 수도 조양문외(朝陽門外)에 이르렀다. 20일 영·프연합군은 덕승문외(德勝門外)에서 또 한 번 청군을 격파하고 곧장 북으로 진군해 청조정의 황실 궁정인 원명원에 뛰어들어 닥치는대로 약탈을 감행했다. 그들은 원 내 궁전에 소장됐던 진귀한 보물들을 모조리 약탈해갔다. 공친왕 혁흔은 만수사(萬壽寺)에서 노구교(盧溝橋)로 피해 가면서 파하례를 석방하자고 주청을 올려 8월 29일 파하례를 안정문(安定門)으로 내보냈다. 엘진 경은 파하례 등이 가혹하고 포악한 대우를 받았기 때문에 청나라 황제에게 보복과 징벌를 내려야 한다는 이유로 병사들에게 명을 내려 원명원을 불사르게 했다. 9월 초나흘날 영군 제1사(師)가 원명원 네 곳에 불을 질렀는데 큰 불이 정자와 원림으로 번졌다. 90여 년을 걸쳐 건설한 '만원지원(萬園之園. 만 개의 원림 중의 으뜸)'으로 불리던 원명원이 잿더미로 되었다.

영국 대사 엘진 경·프랑스 대사 그로가 북경에 들어와 청나라와 담판을 시작했다. 청나라의 흠차대신 혁흔은 원래부터 "국면을 평정시키라"는 명을 받은 터라 담판 과정에 영·프가 제기한 요구를 모조리 다 들어주었다. 9월 혁흔은 청정부를 대표해 각각 영·프 대사와 《천진조약》 비준서를 서로 교환하고 또 각각 중·영, 중·프가 《속증조약(續增條約. 추가조약이라는 뜻으로 《북경조약》을 말함)》을 체결했다. 속증조약의 주요 내용에는 1, 청나라가 영·프에 지불해야 하는 배상금을 각각 은 8백만 냥까지 늘릴 것, 2, 중·영, 중·프 천진조약을 전적으로 인정할 것, 3, 천진을 통상 항구로 추가 개방할 것, 4, 구룡(九龍)을 영국에 할양할 것, 5, 청 정부가 과거에 선교활동을 금지하는 동안 몰수했던 종교재산을 모두 변상해 주어 프랑스 대사에게 맡겨 각 지역의 교민들에게 전하도록 할 것, 6, 대사가 북경에 체류할지 여부는 전적으로 영국이 스스로 결정할 수 있도록 할 것 등이 포함되었다. 중·영, 중·프와 체결한 북경조약과 이에 앞서 체결한 4개국 천진조약, 3국 통상 사후장정세관세칙은 서양 열강들이 중국에 무력으로 침입해 강압적으로 맺은 또 한 차례 침략적 조약으로서 중국은 이로 인해 더 많은 권익을 상실했으며, 반 식민지화의 처지로 또 한 걸음 깊이 빠져들었다.

혁흔은 또 러시아 대사의 공갈과 협박 하에 중·러 북경 속증조약(추가조약)을 체결했다. 조약의 핵심 내용은 다음과 같다. 1, 중·러 동부는 흑룡강·우수리강을 국경으로 한다. 아이훈조약을 인정해 흑룡강 북쪽의 60여 만 ㎢의 영토를 러시아에 할양해야 할 뿐 아니라, 조약에 규정된 우수리강 동쪽의 "양국 공동 관할구역"인 40만 ㎢ 영토까지도 러시아에 할양해야 한다. 2, 중·러 서부 국경은 산맥의 방향과 큰 강이 흐르는 방향에 따르고, 또 청군이 설치한 잡륜(卡倫)의 노선에 따라야 한다면서 원래 청나라의 서부 국경을 전면 부정했다.

3. 농민봉기와 황실의 정쟁(政爭)

(1) 태평천국의 진군

영·프연합군이 중국을 무력으로 침입했던 몇 년 동안 태평천국은 천경 분열을 거친 뒤 진용을 재정비해 청나라에 맞서 새롭게 진군을 시작했다.

양수청과 위창휘의 사건을 겪은 뒤 홍수전은 천왕이 국정에 관여하지 않는 낡은 제도를 바꿔 원래 군사(軍師)가 재결하던 군정과 국정을 천왕이 직접 맡아 처리했다. 그리고 산하에 6부를 설치해 일상 사무를 처리하도록 했다. 전투에서 공을 세운 장수에 대해서도 더 이상 왕에 봉하지 않고 다만 왕작보다 낮은 6개 등급의 작위를 설치해 의(義)·안(安)·복(福)·연(燕)·예(豫)·후(侯)로 칭했다. 이 제도가 수립된 후 무절제한 봉작으로 인해 작위에 봉해지는 자가 수백 명 심지어 천 명에 이르렀다. 그리 되니 장수들이 전공과 작위를 서로 다투게 되어 심각한 후과를 초래했다.

5군 주장을 임명해 각각 군사를 통솔해 출전하도록 했다. 진옥성(陳玉成)을 전군(前軍) 주장에 임명하고, 이수성을 후군(後軍) 주장에, 이세현(李世賢)을 좌군(左軍) 주장에, 위지준(韋志俊)을 우군(右軍) 주장에 각각 임명해 군을 나눠 통솔하도록 했다. 몽득은(蒙得恩)은 중군(中軍) 주장에 임명하고 정장솔(正掌率)을 겸하게 해 국정을 맡아 돌보게 했다.

함풍 9년(1859년)에 홍수전의 집안 아우 홍인간(洪仁玕)이 천경에 옴으로써 천국의 건제가 또 한 번 바뀌었다. 홍인간은 홍콩에 있었기에 서양 국가에 대해 비교적 많이 알고 있었으며 지식면이 넓었다. 그가 천경에 오자 천왕은 기뻐서 어쩔 줄 몰라 하며 특별히 그를 개조정충군사정천부조강간왕(開朝精忠軍師頂天扶朝綱干王)에 봉했다. 그로 인해 이미 폐지했던 군사제(軍師制)와 봉왕제(封王制)가 다시 새롭게 실행됐다. 홍인간이 천왕의 집안 아우인 이유로 대중의 비난을 모면하기 위해 몽득은·진옥성·이수성·이세현 등 장수들도 각각 왕에 봉했다. 그 후 왕에 봉해지는 자가 점점 많아져 6등급의 작위와 마찬가지로 넘쳐났다.

홍인간은 왕에 봉해진 후 한 가지 중요한 조치를 내놓았는데 천왕에게《자정신편(資政新編)》이라는 제목의 만 마디 책략을 제안한 것이다. 홍인간은《자정신편》에서 네 개 부분으로 나누어 논점을 밝혔다. 1, 용인찰실류(用人察失類, 당파를 금하라[禁朋黨]), 2, 풍풍류(風風類, 풍속 교화와 습속), 3. 법법류(法法類, 제도 조치), 4, 형형류(刑刑類, 집법). 네 부분 중에서 법법류의 내용이 가장 많고 가장 중요하다. 홍인간은 서양의 "기술을 갖춘 사람"이 "우리나라에 들어와 우리 국민을 가르치고 이끌게 하고", 외국의 준매신문(準賣新聞, 민간신문사)을 본받으며, 교통(선박을 이용한 편리)·은행·공예·광산업(지하 자원 개발)·우편·시진공사(市鎭公司)·사민공회(士民公會, 서민업체협회)·병원 등을 발전시키는 것 등을 포함한 여러 가지 책략을 제안했다.《자정신편》에서 진술한 여러 가지 책략은 청정부에 대항하는 전쟁이 치열했던 그때 시대에는 있을 리도 없고 또 하나씩 실행해나갈 길도 없었다. 그러나 그 저작이 발표된 후 태평군의 시야를 넓혀 새 점령구에서 상공업과 도시경제의 발전을 보호하는 등 방면에서는 적극적인 영향을 일으켰다.

함풍 7년(1857년)에 석달개가 떠나고 천경이 분열되자 함풍제는 절호의 기회라고 여겨 진강(鎭江)을 공격하라는 조령을 내렸다. 태평군이 5년 동안이나 사수해온 진강·과주(瓜洲)가 잇따라 적군에게 점령당했다. 12월 청군 강남대영의 흠차대신 강녕장군(江寧將軍) 화춘(和春)과 강남군무 보좌관 장국량(張國梁)이 해자를 파고 담을 쌓아 천경을 포위 고립시켰다. 그 이듬해 4월 태평천국의 장수들인 이수성·진옥성·이세현 등이 안휘 종양(樅陽)에 모여 의논한 결과 결전을 벌여 천경의 포위를 뚫기로 합의했다. 7월 진옥성·이세현 등이 여주(盧州)를 공격 점령하고 8월에는 이수성·진옥성·이세현이 힘을 모아 포구(浦口)를 공격해 또 한 번 청군의 강북 대영(大營)을 격파했다. 10월에 진옥성·이수성이 강서 여주 삼하진(三河鎭)에서 청군을 대패시키고 천경 서부의 병번(屛藩)을 공고히 했다.

함풍 10년(1860년) 정월 천경이 포위되어 위급한 상황에 처하게 되자 이수성은 무호(蕪湖)에서 여러 장수들을 불러 모아 의논을 거쳐 "위(魏)나라를 포위하여 조(趙)나라를 구원하는" 책략을 쓰기로 결정하고 안휘에서 절강으로 진군했다. 2월 이수성이 항주를 공략해 점령했다. 그러자 제독 장옥량(張玉良)이 강남대영의 정예 부대를 이끌고 구원하러 달려왔다. 이때 이수성은 청나라 관군이 방비하지 않는 틈을 타 몰래 항주에서 퇴각해 천경으로 돌아가 지원했다. 윤 3월 진옥성·이수성·이세현·양보청(楊輔淸) 등이 병력을 모아 강남대영을 격파했다. 대영의 주장 화춘은 소주(蘇州)의 호서관(滸墅關)으로 도주해 독약을 먹고 자살했다. 이로써 천경은 포위에서 벗어났다.

천경이 분열된 후부터 청군은 해마다 천경을 포위 공격했다. 호림익(胡林翼)·증국번(曾國藩)이 통솔하는 상군(湘軍)은 양호(兩湖, 호남성과 호북성의 통칭)를 거점으로 삼고 태평군과 강서·안휘를 두고 오랜 세월 동안 치열한 쟁탈전을 벌였다. 태평천국은 강소에서 천경 한 곳만 차지했을 뿐 동부의 넓은 지역은 여전히 청나라의 통치 하에 있었기 때문에 위협을 느끼고 있었다. 그래서 여주에서 승리를 거두고 천경이 포위에서 벗어나자 바로 군대를 동으로 이동해 강소 여러 성을 취하려고 공격에 나섰다.

함풍 10년 4월 이수성이 태평군을 이끌고 상주(常州)에 이어 소주(蘇州)까지 정복했다. 5월 초에 태평군이 남하해 절강으로 쳐들어갔다. 그들은 군대를 나누어 한 갈래는 강소성의 태창(太倉)·가흥(嘉興)·가정(嘉定)·청포(青浦)·송강(松江)을 잇따라 정복하고 상해로 접근했다. 이에 영·프 대사는 의논을 거쳐 각자의 조계를 지키는 한편 병력을 동원해 성을 지키기로 했다. 미국인 건달 워드(F.T.Ward)는 청 정부에 고용 당해 외국인 유민들을 불러 모아 "서양총부대(洋槍隊)"를 결성하고 태평군 "토벌을 도왔다". 이수성은 상해를 공격했지만 황포강(黃浦江) 위의 영·프 군함의 포격을 받아 하는 수 없이 철군했다.

태평천국의 다른 한 갈래의 동진(東進, 동부로 진군) 대군은 진옥성의 통솔 하에 절강을 공격해 안길(安吉)·어잠(於潛)·임안(臨安)·여항(余杭)을 정복하고 항주에 접근했는데 진옥성이 병 때문에 군대를 퇴각시켰다. 청조정은 증국번을 흠차대신으로 임명하고 실제로 양강(兩江, 강남성[오늘날 강소·안휘·상해]과 강서성을 가리킴) 총독 직위를 부여해 강남의 군무를 맡아 장강 남북의 수군과 육군을 통솔하게 했다.

태평군이 동으로 진군하는 도중에 증국전(曾國荃. 증국번의 아우)이 이끄는 상군이 기회를 틈 타 안경을 포위 공격했다. 홍수전 등은 북으로는 호북을 정복하고 서로는 안경을 지원하기로 전략을 세웠다. 이수성이 명을 받고 강서에서 호북으로 진군하고 진옥성은 환북(皖北, 안휘성 북부지역을 가리킴)에서 호북으로 진군했는데 군사를 두 갈래로 나누어 동시에 진군했다. 이듬해 2월 진옥성 군대가 황주(黃州)에 들어서 무창에 접근했다. 그러나 영국 참찬 파하례(H.S.Parkes)의 간섭으로 진옥성은 한구(漢口)에 대한 공격을 멈추는 수밖에 없었다. 3월에 증국번이 직접 군대를 지휘해 안경을 포위 공격하자 진옥성의 군대가 악북(鄂北, 호북 북부)에서 되돌아와 태평군을 지원했다. 양군은 사투를 벌인 끝에 진옥성이 패전하고 안경은 위기에 빠졌다. 7월에 진옥성이 원군과 연합해 안경을 구원하고자 보루를 쌓고 사수했다. 양군이 격전을 벌였지만 포위가 뚫리지 않았다. 안경은 연 며칠 포위되어 성 안에 식량이 다 떨어졌다. 증국전은 구덩이를 파고 지뢰를 묻어 터뜨려 성을 공략하기 시작했다. 8월 초하룻날 안경성이 함락되고 태평군 16,000여 명이 전몰했다. 진옥성은 여주로 퇴각해 수비하기 시작했다. 안경을 얻느냐 잃느냐에 청조정의 안위가 달렸을 뿐 아니라 태평천국의 안위도 달렸다. 태평천국은 안경을 잃고 강적을 만나 형세가 갈수록 준엄해졌다.

태평천국 혁명기간에 염군(捻軍)은 안휘·하남·산동에서, 천지회(天地會)는 양광(兩

廣, 광동과 광서를 합친 지역)에서 군사를 일으켜 청정부를 반대했다. 호북과 강남의 여러 성에서도 여러 차례의 농민봉기를 잇따라 일으켜 관청에 저항했다. 이러한 봉기는 그 규모의 크기가 각기 다르며 잇따라 청군에 의해 진압됐다.

(2) 청조의 리금(厘金. 상품 지방 통과세) 징수와 단련(團練)에 대한 관리

함풍제가 즉위한 뒤 10년간 태평천국혁명과 여기저기서 벌떼처럼 일어나는 농민봉기를 진압하느라 재력과 병력 양대 난제에 부딪쳤다. 지방에서 실제로 실행하는 방법에 따라 리금(厘金. 상품 지방 통과세)을 징수하고 단련을 강화하는 두 가지 대책을 취했다.

리금의 설치 실행 청조정의 재정수입은 주로 토지세·염세(소금세)·관세, 그리고 무역 중개·찻잎·술 등 업종에 대한 세수 수입에 의지했다. 재정 지출은 주로 황실 소비와 관봉 군사비용으로 사용됐는데 대체로 수입에 맞춰 지출했다. 건륭제 시기에 수년간 전쟁을 치르고 가경제 시기에 백련교(白蓮敎)의 봉기를 진압했으며 도광제 때 외부 침략에 따른 군비 배상금 지출로 인해 수입이 지출을 당할 수 없는 곤경에 갈수록 깊이 빠져들었다. 함풍제 시기에는 태평천국 점령구역의 확대와 각지 농민봉기의 빈번한 발발로 인해 조정의 조세수입이 갈수록 줄어드는 반면에 봉기군 진압에 들어가는 군비는 갈수록 늘어났다. 함풍 3년(1853년) 7월에 호부(戶部)가 상주해 보고하기를 군비지출이 은 2,963만여 냥에 달해 은고에 정규 지출 가능한 금액이 은 227,000냥밖에 남지 않았다고 했다. 이해 8월 내무부의 은 재고가 고작 41,000냥밖에 안 되어 군비지출이 어려운 건 물론 국도 안의 관봉과 군용 물자·급료조차 지급할 수 없을 정도로 심각한 재정위기에 빠졌다. 청조정은 하는 수 없이 관병의 급료와 급양 물자를 줄이고 벼슬을 팔며(연례[捐例]라고 함), 대전(大錢)을 주조하고 지폐를 발행하는 등 응급조치를 대는 수밖에 없었다.

이러한 구급조치는 다만 당분간 조정의 재정위기를 완화했을 뿐 여러 성에서 봉기군 진압에 들어간 군비는 여전히 해결할 방도가 없었다. 조정에서 은냥을 대줄 수 없으니 지방의 총독과 순무는 군비를 지원하지 못한다는 이유로 조정으로 호송해야 할 조세를 멋대로 억류하곤 했다. 일부 성에서는 여러 가지 명목으로 가렴잡세를 받아들이곤 했다.

지방 군비의 다른 한 주요 원천은 벼슬을 파는 것이었다. 각 지방의 관리들은 "벼슬을 살 것을 극구 권장했는데" 심지어 군사를 끌고 가서 협박해 벼슬을 사도록 했다. 가렴잡세의 증가가 사회 여러 계층의 원망과 한탄을 불렀지만 갈수록 늘어나는 군비의 수요는 만족시킬 수 없었다. 이러한 배경에서 리금(厘金. 상품 지방 통과세)이 등장하고 실행되기 시작한 것이다.

리금은 또 '리연(厘捐)'이라고도 하는데 헌납의 변종이다. 함풍 3년(1853년)에 형부시랑(刑部侍郞) 뇌이함(雷以諴)이 양주(揚州) 강북대영의 군무를 보좌하면서 군비 때문에 어려움을 겪게 되자 관병을 파견해 여러 수로와 육로 요충지에 관문을 설치하고 화물을 통과시킬 때마다 화물의 가치에 따라 강제로 세금을 물렸다. 이는 실제상에서 상품 통과세로서 그때 당시에는 '행리(行厘)'라고 불렀다. 그리고 또 점포를 설치해 물품을 파는 여러 상인들에 대해서는 판매액에 따라 세금을 물렸는데 실제로 상업세에 해당했으며, 그때 당시는 '좌리(坐厘)'라고 불렀다. 그렇게 하여 반년 내에 세금으로 은전을 총 2만 관(串)을 거둬들였다. 그 뒤로는 여러 성에 잇따라 퍼졌다. 각 성의 총독과 순무는 본 성의 리금 수지 숫자를 분기별로 호부(戶部)에 보고했으며, 호부에서는 징수방법과 그 용도에 대해서 간섭하지 않았다. 리금은 각 성의 총독과 순무가 관리할 수 있는 거대한 재원이 되었다. 호북성에서는 함풍 7년(1857년)부터 매년 리금 3~4백만 냥씩을 징수했고, 호남성에서는 약 2백만 냥, 강서성에서는 약 1백 60~70만 냥에 달했으며, 강소성 송강부(松江府) 산하의 상해에서는 1백만 냥이 넘었다. 태평천국을 진압한 상군(湘軍)과 강남·강북대영은 매 달 수십만 냥에 이르는 군비의 대부분이 리금으로 해결했다.

리금제가 널리 시행됨에 따라 실제로 상업세 징수를 늘린 셈이 되었다. 지방의 재정 세수도 그로부터 농업에서 상업으로 방향을 바꿨다. 그러나 리금제의 제정과 실행으로 인해 징세기구가 번잡하고 명목이 번다해졌으며 리금을 징수하는 관문이 너무 많이 설립되어 중복 징수하는 바람에 상인들이 많은 어려움을 겪게 되어 상업의 발전에 여러 가지 불리한 후과를 가져다주었다.

상군(湘軍)과 단련(團練) 함풍제가 즉위하자마자 광서(廣西) 등지에 조령을 내려 단련을 창설할 것을 명했다. 태평천국이 진군해 들어옴에 따라 각 지방의 단련이 큰 발전을 가져왔다. 함풍 3년 증국번(曾國藩)이 상용(湘勇)을 이끌고 형주(衡州)로 이동해서 반년도 채 안 된 사이에 수군과 육군을 모두 갖춘 만 명 규모에 이르는 상군을 조직했다. 상군은 편성된 후 관병의 낡은 제도를 답습하지 않고 일부 새로운 제도를 창설했다.

모용(募勇) – 상군은 모병제(募兵制)를 실행해 민간에서 병사를 모집했다. 육군 모병은 주로 농민을 대상으로 했으며, 특히 빈곤한 산간지역의 농민들이었으며, 또 대장장이, 광부와 같은 수공업 노동자들도 있었다. 수군은 대부분 배를 다루는 데 능숙한 사공이나 선원들로 모집했다. 녹영(綠營)의 병사들은 늘 군량이 부족하고 군기가 해이한 탓에 백성을 약탈하기까지 했다. 상군은 군량을 후하게 주었으므로 가난한 농민들은 흔쾌히 모병에 응하곤 했다.

군영 건설 – 증국번은 장사(長沙)에서 단련을 창설한 후로 제도를 건설하고 꾸준히 보완해 왔다. 함풍 3년 겨울 형주에 주둔한 상군은 병력이 만 명에 달했는데 수군과 육군이 각각 5천 명이었으며, 각각 10개의 군영으로 편성됐으며, 한 개의 군영에는 5백 명씩 배속되었다. 증국번은 전 군의 통수(統帥)이고 산하에 통령(統領)과 영관(營官)을 설치했다. 각 군영에는 병사 백 명에 초관(哨官) 한 명씩, 병사 10명에 십장(什長) 한 명씩을 두었다. 새로 창설된 상군은 한 고향 사람·종족·사제 등 관계를 유대로 결성되어 짙은 향토적 색채를 띠었다.

증국번은 상군을 결성한 후 태평군과 여러 해 동안 전쟁을 계속하는 가운데 점차 청조정이 태평군을 진압하는 주요 역량이 되어갔다. 함풍 10년(1860년)에 태평군이 강남대영을 공격해 무너뜨리자 함풍제는 또 높은 관리를 여러 성에 파견해 단련을 조직하는 것을 관리하게 했으므로 단련 조직이 절정을 이루었다. 단련이 전국 16개 성에 창설되어 전례 없이 방대한 한인(漢人) 지주 무장이 형성됐다.

상군과 단련의 발전은 청나라가 점차 한인 지주의 역량에 의지해 만주귀족의 통치를 수호해나가야 했음을 반영했다. 이에 따라 한인 군벌의 권세가 팽창하기 시작했으며 사회정치적 지위가 따라서 올라가 훗날 역사의 발전에 심원한 영향을 일으켰다.

(3) 두 황태후의 권력 다툼

함풍 10년(1860년) 8월 함풍제가 원명원에서 열하로 도주할 때, 황후와 후궁·황자가 동행했다. 9월 북경조약을 맺은 뒤 영·프연합군은 북경에서 물러갔다. 조정 대신들이 주청을 올려 환궁할 것을 청했으나 함풍제는 거절하고 여전히 열하에서 지냈다. 어전대신(御前大臣) 재원(載垣)·단화(端華)·경수(景壽) 등이 군과 나라의 극비사무를 처리하는 것을 보좌했다. 숙순(肅順)은 함풍제가 가장 의지하고 신뢰하는, 실제로 가장 중요한 위치를 차지하는 대신이었다.

함풍 11년(1861년) 7월 17일 겨우 31살의 함풍제 혁저(奕詝)가 열하 행궁에서 병으로 사망하고 6살짜리 황자 재순(載淳)에게 제위를 잇도록 하라는 유조를 남긴다. 함풍제가 구술하고 대신이 붉은 필로 조령을 받아 적기를 "재원·단화·경수·숙순(肅順)·목음(穆蔭)·광원(匡源)·두한(杜翰)·초호영(焦祐瀛)에게 모든 정무를 보좌하도록 하라." 그리고 또 황후 뉴호록씨(鈕祜祿氏)에게 '어상(御賞)'이라는 두 글자를 새긴 어인(御印)을 하나 하사하고, '동도당(同道堂)'이라고 새겨진 어인 하나를 의귀비(懿貴妃) 엽혁나랍씨(葉赫那拉氏)에게 주어 황태자를 대신해 보관하도록 했다. 양찬정무대신(襄贊政務大臣, 정무 보좌 대신)이 황제 대신 조서를 작성할 경우 조서 위와 아래에 상기 두 개의 인감을 찍어 증명했다. 다음날 황후와 의귀비는 각각 황모황태후(皇母皇太后)와 성모황태후(聖母皇太后)로 추존되었다. 그리고 월말에 정무보좌 왕대신(贊襄政務王大臣)이 연호를 '기상(祺祥)'이라고 정했다.

유조가 발표되자 공친왕(恭親王) 혁흔(奕訢)이 북상해 열하로 와 제사를 지냈다. 그가 8월 초하룻날 행궁에 당도하자 두 태후가 불러 밀담을 나눴으며 8월 초이렛날 북경으로 돌아갔다.

두 황태후와 공왕(恭王) 혁흔·순왕(醇王) 혁현(奕譞, 자희태후[慈禧太后]의 제부) 두 황숙과 밀모해 권력 찬탈을 꾀했다. 9월 23일 선제의 관을 모시고 북경으로 돌아가는데 두 황태후와 어린 황제가 샛길로 먼저 떠나 9월 29일 북경 덕승문외(德勝門外)에 당도했다. 혁흔과 북경에 남아 있던 왕대신 등이 마중을 나왔다. 두 태후는 이어 조령을 발표해 찬양정무대신의 직무를 해제하고, 재원·단화·숙순의 관직을 박탈하고 문죄했다. 조서에 따라 재원·단화에게는 은혜를 베풀어 스스로 목숨을 끊을 것을 명하고 숙순은 당장에서 목을 벴다. 목음은 관직을 박탈하고 좌천시켜 군대(軍臺, 청나라 군사 정보를 전하는 기구)에 보내 근무하도록 했다. 경수·광원·두한·초호영은 관직을 박탈했으나 귀양살이는 면하도록 했다. 두 황태후는 일거에 황제의 유언을 폐지하고 황권을 장악했다.

함풍제가 죽은 뒤 내각 정부는 황모황태후인 뉴호록 씨에게 자안(慈安)이라는 휘호를 추가로 수여하고 성모황태후인 엽혁나랍 씨에게는 자희(慈禧)라는 호를 수여했다. 당시

자안 태후는 25살이고 자희태후는 26살이었다. 두 황태후는 바로 대사들을 배치하면서 수렴청정에 대해 상의했다.

두 태후가 황권을 찬탈한 것은 공친왕 혁흔의 모략에 따른 것이기 때문에 수렴청정도 혁흔의 보좌에 의지해야 했다. 따라서 혁흔은 의정왕(議政王)에 봉해지고 군기(軍機) 대사를 도맡아 보며 조정을 이끌었다.

10월 초아흐렛날 어린 황제 재순이 태화전(太和殿)에서 황제로 등극하고 두 태후가 친정했으며 조서를 발표할 때는 여전히 황제의 명의로 발표했다.

재순이 즉위한 날 조서를 발표해 연호를 동치(同治)로 정하고 이듬해(1862년)를 동치 원년으로 정했다. 기상이라는 연호는 2개월 남짓이 사용되다가 폐지되었다.

두 황태후는 황제의 명의로 수렴청정 사안에 대해 뭇 신하들에게 모여서 의논할 것을 명했다. 명분은 '청정(聽政)'이라고 하지만 실제로는 모든 사무를 두 태후가 "직접 재결하였다".

한 달간의 준비과정을 거쳐 11월 초하룻날부터 어린 황제가 두 황태후를 모시고 양심전(養心殿)에서 정식 수렴청정을 시작했다. 이로부터 만족과 청나라의 전례 없는 새로운 정치체제가 창립 실행되기 시작했다.

제3절
태평천국의 실패와 동치제(同治帝)의 신정(新政)

1. 태평천국의 패망

　　청나라는 동치로 연호를 바꾼 뒤 계속 한족 군벌에 의지해 농민봉기를 진압했다. 증국번(曾國藩)은 양강(兩江) 총독의 직위에서 흠차대신에 임명되어 강소·안휘·강서·절강(浙江) 등 4개 성의 군사업무를 맡아 태평천국을 진압하는 총사령관이 되었다. 증국번은 또 좌종당(左宗棠)을 절강순무로, 이홍장(李鴻章)을 강소순무로 천거했다.

　　태평군의 진옥성(陳玉成) 부대는 안경(安慶)을 잃은 뒤 여주(廬州)로 퇴각했다. 동치 원년(1862년)에 안휘성의 수주(壽州) 단련(團練)의 두목 묘패림(苗沛霖)이 태평천국에 항복해 주왕(奏王)에 봉해졌으나 암암리에 승보(勝保)와 밀모해 진옥성을 유인해 잡을 계략을 짰다. 진옥성은 수주에 이르자 묘패림에게 잡혀 승보의 군영으로 압송되었다가 희생되었으니 그때 나이 겨우 26세였다.

　　함풍 11년에 충왕(忠王) 이수성(李秀成)이 항주를 점령한 뒤 소남(蘇南)으로 진입해 다시 상해를 공격했다. 동치 원년(1862년) 정월에 상해를 공격한 태평군이 영·프 해군의 포격을 받았다. 3월에 이홍장이 이끄는 회군(淮軍)이 영국의 기선에 탑승해 상해에 당도했다. 청군과 영·프 군대, 워드의 서양총부대(洋槍隊, 상승군[常勝軍])이 연합해 상해 인근 여러 현(縣)의 태평군을 공격했다. 이수성은 소주에서 군대를 이끌고 와 전투를 치르는데 청군과 영·프연합군을 연패시켰다. 이때 증국번·증국전(曾國荃)이 통솔하는 상군이 안휘에서 천경을 향해 진군 중이었다. 천왕 홍수전이 이수성에게 조령을 내려 군대를 이끌고 회군해 지원할 것을 명했다. 동치 3년 4월에 이르기까지 태평천국이 통제하던 소남(蘇南)지역은 천경과 진강(鎭江)을 제외하고 모두 이홍장의 회군(淮軍)에 의해 점령당했다.

절강 전장의 국면도 급격히 나빠졌다. 동치 원년 정월에 좌종당이 상군을 이끌고 무원(婺源)에서 출발해 절강성에 들어가 개화(開化)·수안(遂安)을 점령했다. 이듬해 청군이 금화(金華)·포강(浦江)·제기(諸曁)·소흥(紹興)을 잇따라 점령했다. 태평천국은 점령했던 절강 동부지역을 전부 잃었다. 상군은 부양(富陽)으로 진군한 뒤 곧장 항주로 향했다. 3월 2일 항주성이 함락되었다. 청군이 무강(武康)·덕청(德淸)·호주(湖州)를 점령했고 태평천국은 절강 전장에서 완패했다.

동치 원년 2월에 증국전이 강소성 포정사(布政使)에 임명됐다. 5월에 증국전이 상군 2만 명을 통솔해 말릉진(秣陵鎭)·대승관(大勝關)을 공격 점령하고 우화대(雨花臺)에 군대를 주둔시켜 천경 성 아래까지 바싹 다가갔다. 홍수전은 강소의 이수성, 절강의 이세현(李世賢)의 군대를 움직여 천경을 지원하도록 했다. 이수성·이세현은 태평군을 인솔해 우화대의 증국전의 대영을 향해 맹공격을 퍼부었다. 증국전은 태평군의 지하 갱도 일곱 곳과 견고한 보루 수십 곳을 잇따라 격파했다. 46일간 팽팽한 대결 끝에 결국 태평군이 포위를 뚫었다.

동치 2년 5월에 상군이 천경 주변의 강포(江浦)·포구(浦口)·하관(下關)·연자기(燕子磯) 등지를 공격 점령했다. 천경은 식량 운송이 갈수록 어려워졌다. 홍수전은 태평군을 파견해 출격했으나 패해 퇴각했다. 상군이 천경을 에워쌌다. 이수성이 홍수전에게 성을 버리고 도주할 것을 권했으나 홍수전은 따르지 않았다. 이듬해 4월 19일 천왕 홍수전이 천경 성 내에 포위돼 곤경에 빠진 상태에서 병으로 죽었다. 그해 나이가 52세였다. 홍수전의 아들인 어린 천왕 홍천귀복(洪天貴福)이 등극해 제위를 잇자 국정은 간왕(干王) 홍인간(洪仁玕)이 관장하고 군사는 충왕(忠王) 이수성이 담당했다. 5월 16일 증국전이 상군을 인솔해 지뢰를 터뜨려 태평문 성벽을 무너뜨리자 장수들이 여러 갈래로 병사를 나누어 이끌고 성 안으로 돌격해 들어가 태평천국의 천경을 점령해 버렸다. 충왕 이수성이 어린 군주 귀복·홍인간 등과 함께 천경 성을 빠져나갔다. 이수성은 산 아래에서 체포되어 강녕(江寧)에서 증국번에게 처형당했다. 그때 그의 나이가 40세였다. 홍인간과 귀복은 강서로 도주했으나 체포되어 남창(南昌)으로 압송되어 처형당했다.

태평천국이 패망하기 1년 전, 즉 동치 2년 4월에 석달개가 이끄는 태평군이 이미 사천

(四川) 전장에서 진압 당해 패망했다.

　　태평천국 농민혁명은 금전(金田)봉기로 시작돼 천경이 함락되고 어린 군주가 패망하기까지 14년 동안 10여 개 성을 전전했으며, 봉기에 참가한 대중이 무려 백 수십만 명에 이르렀다. 그 방대한 규모와 장기간의 지속 시간은 역대 농민봉기에서 있었던 적이 없었다. 봉기를 거친 지역은 원래의 통치질서와 통치제도가 정도가 다르게 파괴되어 청나라의 통치에 심각한 타격을 주었다. 종합적으로 말해서 태평천국 농민혁명은 중국의 농민전쟁사에 장렬한 한 단락을 남겼다고 하겠다.

2. 동치제의 신정

　　함풍(咸豊)제 때에는 영·프 연합군의 침략과 태평천국혁명의 충격을 받아 청조정의 통치가 위태위태하고 불안했다. 동치 초년에는 한인(漢人) 군벌의 세력을 빌어 태평천국과 각지의 농민봉기를 진압해 불안정하던 정세가 일시적인 안정세를 보이기도 했다. 대외전쟁에서 전패한 경력과 봉기 진압의 교훈은 청조정이 여러 가지 새로운 정치를 실행하도록 추진했다.

(1) 각 국 사무 총관 아문(衙門)의 업무

　　청나라의 대외 사무는 원래 국내 여러 민족 사무를 관리하는 이번원(理藩院)이 통일 관리했었다. 함풍 10년(1860년) 12월에 각국의 사무를 총관하는 아문을 설립한 후부터 외교 사무전담 기구가 생긴 셈이다. '각국사무총관아문'을 간략해 '총리아문(總理衙門)' 혹은 '총서(總署)'라고 불렀으며 대신을 두어 총괄하도록 했다. 그리고 산하에 영국고(股)·프랑스고(네덜란드 등 국가 겸장)·러시아고(일본 등 국가 겸장)·미국고(독일·이탈리아·포르투갈 등 국가 겸장)를 설치하고 장경(章京, 관직명)을 두고 부서를 나누어 업무를 담당하도록 했다.

　　총리아문의 관리 권한은 갈수록 확대되었다. 이른바 '이무(夷務, 외국 사무)' 혹은 '양무(洋務)' 관련 모든 방면의 사무를 종합적으로 관리했다. 이들 사무에는 수교·조약·

통상·포교 및 외사인재의 양성·외국 선박과 대포의 구매·외국기술을 도입한 선박제조·광산개발·병장기제조·신군훈련 등이 포함된다. 명의상에서 군기처(軍機處)에 예속되었지만 총서 대신은 군기대신이 겸했으며 점차 군기처와 동등하게 되었다. 총리아문은 원래 혁흔이 주청을 올려 설립됐다. 두 황태후가 청정하고 혁흔이 수석 군기대신이되어 총서를 통솔했다. 그러나 중대한 정책결정은 두 태후에게 상주해 황제의 조령을 받아야 했으므로 대권은 두 태후가 장악하고 있었다.

각 국 사무를 총괄하는 아문이 설립된 후 여러 방면에서 과거에 이무(夷務)를 처리하던 낡은 제도를 바꿔 여러 가지 새 정책을 실행했다.

국기(國旗)를 제정 – 중국역사에는 역대로 군기(軍旗)·도기(都旗)만 있었을 뿐 국기는 있은 적이 없었다. 총리아문이 설립된 후 외국 선박들이 모두 국기를 꽂아 식별하기 편리하게 한 것을 알고 양강(兩江) 총독 증국번 등이 삼각모양의 황룡기(黃龍旗)를 설계했는데 이것이 중국 최초의 국기였다.

동북 통상대신 – 함풍제 때에 영·프연합군이 광주(廣州)를 점령한 후 5개 항구통상사무를 양강 총독이 담당했으며 흠차대신의 직함을 수여받았다. 총리아문이 설립된 후 산하에 5개 항구 통상대신을 두었으며 상해에 상주시키고 양강 총독에게 겸임하도록했으며, 남양통상대신(南洋通商大臣)으로 칭했다. 그리고 또 천진(天津)에 3개 항구의 통상대신을 두었는데, 후에 북양통상대신(北洋通商大臣)으로 개칭했으며 직예(直隸) 총독이 겸하고 직예·봉천(奉天)·산동 3개 성의 통상사무를 관리하도록 했다.

세관총세무사서(海關總稅務司署) – 함풍 9년(1859년)에 중·영통상장정 추가조약에 따라 양강 총독 하계청(何桂淸)이 원 영국 국적의 세무사(稅務司) 이태국(李泰國. 영국명 H.N.Lay)을 중국 세관 총세무사에 임명하고 상해에 상주하게 했다. 총리아문이 설립된 후 혁흔은 원 광주 세관 부세사(副稅司)인 영국인 로버트 하트(R.Hart 중국명은 혁덕[赫德])를 총세무사에 임명했다. 동치 4년 총세무사가 북경으로 이주해 체류했으며 총리아문의 부속기구가 되었다.

북경 주재 외국공사관 – 도광(道光)제 때에 영국이 중국을 무역으로 침략한 후부터 청나라는 외국대사의 북경 주재 요구를 줄곧 거절해왔다. 그 뒤 체결한 조약에서 청조정은 강박에 못 이겨 외국 대사가 북경에 상주하는 것을 허락했다. 총리아문의 배치에따라 영국·프랑스·러시아·미국·독일·벨기에·스페인·이탈리아·포르투갈·덴마크·오스트리아·일본·네덜란드가 잇따라 대사를 파견해 북경에 공사관을 설립했다. 숭문문내(崇文門內), 오늘날 동교민항(東交民巷) 일대가 공사관이 집중된 지역이 되었다.

동문관(同文館) − 동치 원년(1862년)에 혁흔 등이 북경에 동문관을 설립해 외국어 인재를 전문 양성하는 데 대해 주청을 올렸다. 동치 6년 동문관에 천문산학관(天文算學館)을 증설했다. 동치 8년에는 상해·광주 두 곳에 잇따라 현지 동문관을 설립하고 외국인을 초빙해 영어·프랑스어·일본어·러시아어 혹은 독일어를 가르치게 했으며, 만족(滿族)과 한족(漢族)의 학생을 받아 공부시켜 공부를 마치면 통역관으로 근무하게 했다.

외국으로 사절을 파견 − 동치 5년(1866년) 정월에 총세무사 하트가 휴가를 내 귀국하려 하자 혁흔이 빈춘(斌春, 정백기 한군[正白旗 漢軍])을 총리아문 부총판관(副總辦官)의 명의로 하트와 함께 영국을 두루 돌아다니며 답사하라고 파견했다. 빈춘 등은 유럽 여러 국가를 두루 돌아다니며 구경하고 돌아왔다. 그 후《승사필기(乘槎筆記)》라는 책을 써 해외에서 보고 들은 것들을 요약해서 기술했다. 동치 7년 10월에 청조정은 임기가 끝난 미국 대사 포안신(蒲安臣, 미국명 앤슨 벌링게임[Anson Burlingame])을 외국인 본국 관리로 임명해 중외 교섭 사무대신을 담당해 중국의 외교사절단을 이끌고 미국과 유럽 여러 국가를 방문하게 했다. 사절단 단원인 지강(志剛)은 귀국 후《초사태서기(初使泰西記)》를 써서 바쳤다. 동치제 때 아직 외국 주재 중국대사를 파견한 적은 없지만, 외국으로 사절단을 파견한 것은 청조정이 "외국과의 왕래를 중시하지 않고" "아무것도 몰랐던" 오랜 폐단에 대해 알게 된 것이며 국문을 나서 세계로 향하기 시작했음을 의미하는 것이었다.

유학생 파견 − 동치 10년에 상해에 출양국(出洋局)을 설립해 첨천우(詹天佑) 등 아동 30명을 선발해 반년간의 양성을 거친 뒤 상해를 출발해 미국으로 가게 했다. 이들은 최초로 정부가 파견한 유학생들이다. 그 뒤 매년 한 차례씩 유학생을 파견했는데 동치조에 총 3차례 유학생을 미국에 파견해 공부시켰다.

동치제 때에 비록 외국의 무력 침략과 같은 전쟁은 더 이상 일어나지 않았지만 외국의 침략활동은 멈춘 적이 없었다. 여러 나라의 사무를 총괄하는 아문에서는 십 여 년간 다음과 같은 일부 중요한 사건들을 잇달아 처리했다.

중·러 국경의 확정 − 함풍 11년(1861년)에 중국과 러시아가《감분동계약기(勘分

東界約記, 동쪽 국경 확정 조약)》을 체결한 후 러시아는 또 서북국경을 확정하자는 요구를 제기했다. 러시아정부는 과거에 동부국경을 선제 강점한 계략을 다시 써 시베리아 주둔군을 여러 갈래로 나누어 탑성(塔城) 동북·호브드(科布多)·재상호(齋桑湖)지역에 각각 침입시켰다. 동치 3년 9월 7일(1864년 10월 7일), 중·러《감분서북계약기(勘分西北界約記)》가 체결됐다. 러시아는 조약을 곡해하고 무력적 위협에 의지해 탑성·이리(伊犁) 서부지역의 약 14만 ㎢의 중국 영토를 강점했다.

중·영 조약 수정 — 함풍 8년에 체결한 중·영 천진조약에는 원래 10년 기한이 차면 조약을 새롭게 수정해야 한다고 규정되어 있다. 동치 8년(1869년)에 중·영 양국이 여러 차례의 담판을 거쳐 《신정조약(新定條約)》및 《신수선후장정(新修善后章程)》과 《신수세칙(新修稅則)》이라는 부칙을 작성했다. 영국상인은 아편 증세 적용을 반대하고 나섰다. 영국정부는 상인들의 압력에 못 이겨 새로 수정한 조약을 비준하지 않았기 때문에 정식 조약으로 바꾸지 못했다.

중·프 종교사건 — 청조정이 러시아·미국·영국·프랑스 등 국가와 천진조약을 맺은 후 여러 국가의 전도사들이 끊임없이 중국으로 와 각지에 교회당을 설립하면서 많은 중국 신도들이 생겨났다. 그 과정에서 중국의 관민과 분규도 많이 생겼다. 동치제 때 각 지역에서 종교사건이 끊이지 않았다. 그중에서도 중국과 프랑스 사이의 종교사건이 가장 빈번하게 발생했으며 또 가장 심각했다. 그중의 중요한 사건으로는 귀양(貴陽)종교사건, 남창(南昌)종교사건, 중경(重慶)종교사건, 유양(酉陽)종교사건, 천진(天津)종교사건이 있었다. 매번 종교사건이 발생할 때마다 청조정이 굴복해 프랑스의 강압적인 요구를 받아들이고 터무니없이 평민을 살해하는 것으로서 사건을 종말 짓곤 했다.

일본의 대만(臺灣) 침략 — 동치 9년(1870년)에 일본은 청조정과 외교관계를 수립한 지 얼마 지나지 않아 바로 류큐(琉球)와 대만에 대한 침략을 감행했다. 류큐는 명초부터 중국의 속국이었으며 조공을 바쳐왔다. 동치 12년(1873년)에 류큐 국왕 상태(尚泰)는 여전히 사절을 파견해 표를 올리고 조공을 바쳤다. 류큐를 노리고 있은 지가 오랜 일본은 동치 11년에 제멋대로 류큐가 일본의 속국이라고 선포하고 류큐의 어민이 대만에서 조난당한 사건을 빌미로 청조정에 교섭을 제기했다.

동치 13년(1874년) 4월에 일본정부가 육군 중장 사이고 주도(西鄉從道)을 대만 번지(番地) 사무 도독에 임명해 군함을 인솔해 대만으로 향하게 했다. 일본군은 대남(臺南)으로 상륙해 번사(番社, 고산족[高山族]의 촌사[村社])에 불을 질렀다. 현지 고산족들은 적과 맞서 용감히 싸웠다. 일본군은 현지 기후와 풍토에 적응하지 못해 일사병이 돌아 사상자가 많았다. 8월에 일본 전권대사 오쿠보 도시미치(大久保利通)가 북경으로 와 담판을 진행해 사태 마무리를 위한 방법 3개 조항을 체결했다. 1, 일본의 출병은 "민중을 보호하기 위한 의거"라는 것을 인정할 것, 2, 위로금으로 은 10만 냥을 내놓고 도로·가옥 배상금으로 40만 냥을 내놓을 것, 3, 일본군이 전부 퇴각한다는 것이었다. 청조정은 싸움을 피하기 위해 또 다시 그들의 요구를 들어줌으로써 사태를 수습했다.

여러 나라의 사무를 총괄하는 아문은 중국과 외국간의 여러 가지 교섭 안건을 처리함에 있어서 과거의 외국사무를 처리하던 낡은 관례를 바꿔 국제관례에 따라 평등하게 담판하는데 주력했다. 그러나 외국이 무력을 이용해 허장성세를 부리고 위협해오면 이치에 맞건 틀리건 막론하고 머리를 조아려 굴복했다. 청나라는 국력이 쇠하고 병력이 허약했으므로 총리아문이 처리하는 대외 사무는 여전히 굴욕적인 외교일 수밖에 없었다.

(2) 기기국(機器局)과 선정국(船政局)의 설립

함풍제와 동치제의 조대가 바뀌면서 그 이후의 상군(湘軍)과 회군(淮軍)은 모두 외국으로부터 신식무기를 구매해 들였으며 그것을 모방해 제조하기 시작했다. 태평천국이 패망한 뒤 청조정은 각 지역에 기기제조국을 잇따라 설립하고 정규적인 무기 제조를 시작하면서 관영 신식 군사산업을 발전시켰다.

강남(江南) 기기제조총국 - 동치 4년(1865년)에 강소 순무 이홍장이 상해 홍구(虹口)에 미국 상인이 설립한 기기(旗記) 기계철공장을 구입해 상해에 있던 두 서양 대포국과 합병해 강남제조총국을 설립할 것에 대한 주청을 올렸다. 그래서 제조국이 비준을 받아 설립된 후 2년이 지나 상해 고창묘(高昌廟)로 자리를 옮겼다. 제조국 산하에 공장을 두고 강철을 제련해 총과 대포, 탄약을 제조하고 기선을 제조함으로서 청조정의 최대 신식 병장기공장이 되었다.

금릉(金陵)기기국 - 전신은 이홍장이 설립한 소주(蘇州) 서양대포국인데 강남 제조총국이 설립된 후 강녕(江寧)으로 자리를 옮겨 금릉기기국으로 칭하고 여전히 대포를 위주로 제조했다.

복주(福州) 선정국 – 동치 5년(1866년) 절민(浙閩, 절강과 복건을 합친 지역) 총독 좌종당이 복주(福州)의 마미(馬尾)에 부지를 정해 복주선정국를 설립했다. 그리고 복주에 또 선정학당을 설치해 항해할 수 있는 인재를 양성하기 시작했다. 좌종당이 섬감(陝甘) 총독으로 전근된 뒤 원래의 강서(江西) 순무 심보정(沈葆楨)을 선정총괄대신에 임명해 관련 사무를 맡도록 했다. 동치 13년에 이르기까지 복주선정국은 총 15척의 군함을 제조했으며 군함 제조와 이를 조종할 수 있는 인원도 많이 양성해냈다.

천진 무기기기국 – 동치 5년 8월에 총리아문 대신 혁흔이 직예(直隷) 연병의 수요에 따라 가까운 천진에 공장을 세우고 무기와 탄약을 제조해야 한다고 주청을 올려, 세 개 항의 통상대신인 숭후(崇厚)에게 명해 기획 건설하도록 해 이듬해 4월에 설립됐다. 동치 9년에 세 개 항 통상대신을 폐지하고 직예총독에게 그 직무를 맡기고 천진 기기제조국이라고 칭했다.

광주 기기국 – 동치 13년 4월에 양광 총독 서린(瑞麟)의 주청에 의해 설립됐으며 강소 시용도(試用道, 관직명) 온자소(溫子紹)가 업무를 담당했다. 같은 해 9월에 서린이 병으로 죽었다. 무기 제조 규모는 크지 않았다.

청조정이 온 힘을 다해 기기국과 기선국을 설립한 사실에서 당국자들이 더 이상 낡은 제도에 얽매이지 않고 서양식 무기를 제조하는 것을 배우기 시작했으며 신식 군사산업을 발전시켰음을 알 수 있다. 그렇게 제조한 무기와 기선은 자연히 구식 총칼과 활을 훨씬 능가했지만, 그때 당시 서양의 선진 군함과 대포와 비교하면 여전히 낮은 수준에 머물렀다.

(3) 동치제 정부의 결말

함풍 11년 10월 두 황태후가 수렴청정을 시작하기 전에 의지(懿旨)를 반포해 "수렴하는 것은 스스로 원해서 하는 것이 아니며" "황제가 공부를 다 마치기를 기다렸다가 즉시 권력을 이양할 것"이라고 밝혔다. 동치 11년(1872년) 9월 동치제 재순이 17세가 되어 몽골 정람기(正藍旗)의 아로특씨(阿魯特氏, 대학사[大學士] 새상아[賽尙阿]의 손녀이자 한림원[翰林院] 시강[侍講] 숭기[崇綺]의 딸)를 맞아들여 황후로 세웠다. 그 이듬해 정월 26일(1873년 24일) 두 태후가 정식으로 재순에게 권력을 이양했다. 이로써 동치제가 친정을 하기 시작했으나, 이는 곧 동치제 접우가 결말을 맞이하게 되는 것을 의미하는 것이었다.

대사의 알현 – 도광제 때부터 외국의 대사들이 황제를 알현하게 해달라는 요구를 거듭 제기했었지만, 모두 청조정에 거절당했다. 동치제에 이르러 외국대사들은 허락을 받고 북경에 상주하면서 또 다시 황제 알현을 요구하기 시작했다. 총리아문은 황제가 친정할 때 다시 의논하자면서 또 다시 거절했다. 동치제가 친정한 후 6월 초닷샛날, 동치제는 자광각(紫光閣)에서 여러 나라의 대사를 접견하고 국서를 받았는데 무릎 꿇고 엎드려 절하는 예는 면하게 했다. 오랜 기간 쟁의가 끊이지 않았던 대사의 황제 알현이 그로부터 해결됐다.

국정에 태만하다 – 동치제 재순이 즉위해서부터 그 생모인 자희태후는 엄하게 교육했으며, 그에게 홍덕전(弘德殿)에서 책 읽기를 명했다. 친정한 후에도 자희태후는 여전히 그에게 반나절씩 책을 읽도록 명했다. 동치제는 책을 읽는 것도 좋아하지 않았고 조정에 나가 정무를 보는 것도 좋아하지 않았다. 기껏해야 한 두 명의 대신을 불러 만나서 몇 마디 묻고는 곧바로 퇴청하곤 했다. 동치제가 정무를 게을리 했으므로 조정 안팎의 정무는 대부분 왕대신 혁흔·이홍장·이홍조(李鴻藻) 등이 의논을 거쳐 처리했다.

원명원 재건을 둘러싼 논쟁 – 두 황태후가 권력을 이양한 후 자희태후는 원명원 옛터로 이주하고 싶어 했다. 동치 12년(1873년) 9월 동치제는 생모의 의지을 받들어 영·프 연합군에 의해 불 타 훼손된 원명원 궁전을 재건하라는 조서를 내렸다. 이듬해 정월에 정식 착공했다. 그때 당시 내무부는 궁중의 심각한 지출 때문에 수지가 맞지 않는 상황이었다. 원명원 재건 공사가 시작된 후 왕공 대신들은 거듭 공사를 중단시키라는 주청을 올렸다. 7월 공친왕 혁흔, 순친왕 혁현(奕譞)이 제일 먼저 상소를 올려 천명은 두려운 것, 제왕 조상의 제도를 따라야 한다는 것 등 8가지를 열거했다. 동치제가 큰 불만을 표하며 공친왕, 순친왕을 "모자 사이에서 이간질하며 정무를 쥐고 흔든다"며 엄히 질책하면서 공친왕의 모든 직무를 박탈할 것을 명했다. 두 황태후가 나서서 제지시키고 동치제에게 조령을 다시 반포할 것을 명하여 공친왕의 세습 지위만은 불변하도록 되돌려주었다. 한 차례의 거대한 풍파가 이로써 잠잠해졌다.

재순의 죽음 – 동치 13년 10월 초열흘날 자희태후의 40세 생일을 맞아 연일 뭇 신하들에게 연회를 베풀고 동치제가 왕대신들을 거느리고 하례를 치렀다. 그로부터 열흘 뒤 동치제가 병으로 몸져누웠으며 병세는 갈수록 악화되었다. 어의가 천연두라는 진단을 내렸다. 11월 19일부터 부스럼이 생겨 떨어지고 허리가 붓고 통증이 심하며 고름이 나고 곪은 상처자국이 사발만큼 컸다. 결국 12월 초닷샛날(1875년 1월 12일) 양심전(養心殿)에서 병으로 죽었다. 그때 나이가 19세였다. 그의 묘호는 목종(穆宗)이고 시호는 의(毅)황제였다.

동치제가 병으로 죽은 후 두 황태후는 즉시 여러 대신들을 불러 모아 순친왕 혁현의 4살 난 어린 아들 재첨(載湉)을 문종 함풍제의 아들로 삼아 제위를 잇게 하고 연호를 광서(光緖)로 바꾼다고 선고하며 두 황태후는 재차 수렴청정을 시작했다. 광서 7년(1881년)에 자안태후가 병으로 죽고 자희태후가 조정의 권력을 독차지했다. 13년 정월 재첨이 친정의식을 거행하지만 여전히 황태후가 정무를 훈시했다. 광서 15년 정월에 광서제가 혼례를 치르고 자희태후의 조카딸 엽혁나랍씨(葉赫那拉氏)를 맞아들여 황후로 세웠다. 2월 황태후가 "권력을 이양한다"는 의지를 발표하고 광서제가 "직접 대권을 장악했다" 그러나 조정의 대사는 여전히 자희태후에게 주청을 올려 재결해야 했다.

1. 변경의 사변과 조치

광서 초년에 신강(新疆) · 운남(云南) · 서장(西藏) · 몽골 · 대만 등지가 잇따라 외국 침략세력의 침략을 받았다. 청조정은 강박에 못 이겨 영국 · 러시아 등 국가와 조약을 체결해 많은 주권과 변방지역의 땅을 잃었다. 신강과 대만은 침략세력을 물리친 후 잇따라 행성(行省, 중앙정부 관할하의 1급 행정구역)을 설립하고 정치체제를 개혁했다.

(1) 코칸트(浩罕)의 침략과 신강지역에 성(省)의 설립

신강지역에서는 도광제 때 일곱 화탁(和卓)의 난을 진압한 후 함풍제 시기에는 일곱 화탁 중의 하나인 왜리한(倭里罕) 화탁이 계속 코칸트의지지 하에 끊임없이 카슈가르 등지에 침입해 소란을 피웠다. 함풍 7년(1857년)에 한때는 카슈가르 회성(回城)을 점령한 적도 있으나 청군이 대거 출격해 왜리한군을 격퇴시켰다. 동치 초년에 신강 우룸치(烏魯木齊)·이리(伊犁)·쿠처(庫車)·허텐(和闐) 등지의 영주들이 분분히 일어나 청나라에 반기를 들고 스스로 정권을 수립하면서 동란이 끊이지 않았다. 카슈가르지역 회족 수령 금상인(金相印)과 포로특(布魯特)부의 두령 사적극(思的克)이 코칸트로 사람을 파견해 지원을 청하며 화탁의 후예를 세워 카슈가르로 들어와 줄 것을 청했다. 코칸트는 버크(伯克, 관직명) 아고백(阿古柏, 타지크인, 우즈베키인이라는 설도 있음)을 파견해 장격이(張格爾)의 아들 포소로극(布素魯克)을 호송해 카슈가르에 침입한 뒤 포소로극을 칸(汗, 군주)으로 세우도록 했다. 한 차례 대규모의 침략전쟁이 펼쳐졌다.

동치 4년(1865년)에 아고백이 군사를 이끌고 잉지사르(英吉沙爾)와 카슈가르의 한성(漢城)을 공격해 점령했다. 그 이듬해 아고백은 바르추크(巴爾楚克)를 점령하고 아크수(阿克蘇)와 예얼창(葉爾羌)의 교통을 차단시킨 뒤 바로 예얼창과 허텐을 공격 점령했다. 동치 7년(1868년) 3월 남강(南疆)지역에 저더사르한국(哲德沙爾汗國, 7개 성 한국[汗國]이라는 뜻으로 7개 성은 카슈가르·잉지사르·허텐·예얼창·아크수·쿠처·우스[烏什]를 가리킴)을 세우고 포소로극 칸을 신강에서 쫓아낸 뒤 스스로 "파다우라이트 칸(畢調勒特汗, 홍복지왕[洪福之王])"으로 자처했다. 아고백은 천산(天山) 북로로 확장해 우룸치·마나스(瑪納斯) 등지를 점령했다. 남강의 전부와 북강(北疆)의 일부 지역이 모두 그의 통제 범위에 들어갔다.

아고백이 사자를 파견해 인도에 이르자 인도 주재 영국 총독이 아고백에게 대량의 총기와 탄약을 주었다. 동치 13년(1874년)에 영국은 아고백의 저더사르한국을 "합법적인 독립 왕국"으로 인정했다. 영국은 남강에 대한 영사 주재·통상·저세율·영사재판권 등의 특권을 얻었다.

아고백이 신강에 침입해 카슈가르를 점거했던 시기에 러시아가 기회를 틈타 출병해 신강 서부의 이리지역을 강점했다. 신강에서 청군의 통제지역은 고작 타르바하타이(塔爾巴哈臺)·고성(古城)·바리곤(巴里坤)·하미(哈密)일대의 좁은 지역일 뿐이었다.

동치 13년(1874년)에 일본이 대만을 침략한 후 청조정 내부에서 해상방위를 강화하느냐 아니면 서북을 회복하느냐는 두 전략의 결정을 놓고 분기가 생겼다. 직예 총독 이홍장은 신강을 포기하고 군사와 군비 공급을 중단하고 동남의 해상방위를 강화할 것을 주장했고, 섬감 총독 좌종당은 출병해 신강을 수복해야 한다고 상소문을 올렸다. 광서제가 즉위하고 두 태후가 청정을 시작한 광서 원년(1875년)에 신강을 수복하자는 의견을 받아들여 섬감 총독 좌종당을 흠차대신에 임명해 신강의 군사 사무를 맡겨 섬감에서 신강으로 진군하도록 했다. 좌종당은 상군(湘軍)을 주력으로 78만의 대군을 집결시켜 서부 정벌에 나섰다.

그때 당시 아고백의 군대는 주로 남강에 집결해 있고, 북강은 백언호(白彦虎)의 부대가 차지하고 있었다. 백언호는 원래 섬서(陝西) 회민(回民)봉기군 두령으로서 숙주(肅州)를 차지하고 지키고 있다가 후에 가욕관(嘉峪關)을 나가 아고백에게 의지했다. 좌종당은 전반적으로 국면을 고려해 북쪽을 먼저 공격하고 후에 남쪽을 공격한다는 '선북후남(先北後南)'의 작전방안을 짰다. 광서 2년(1876년) 5월 청군이 대거 관문을 나서 바리곤에 이르렀다. 6월말 우룸치 동북 관문인 고목지(古牧地, 오늘날의 미천[米泉])을 정복한데 이어 바로 우룸치를 수복했다. 9월까지 북강에서 아고백의 모든 거점을 제거했다.

아고백은 남강을 사수하면서 다반(達坂)·퇴커쉰(托克遜)·투루판(吐魯番) 세 개의 성을 각으로 삼고 방어선을 구축했다. 광서 3년(1877년) 3월 초 상군 장수 유금당(劉錦棠)이 우룸치에서 출발, 천산을 넘어 남하해 다반 성을 기습하고 곧바로 퇴커쉰·투루판 등 여러 성을 수복했다. 이로써 드디어 남강의 관문이 뚫렸다.

아고백은 주변 사람들에게 버림을 받고 고립된 처지에서 퇴커쉰을 빠져나가 쿠얼러(庫爾勒)로 도주했지만 이미 대세가 기울었음을 알고 독약을 먹고 자살했다(부하에게 살해됐다는 설도 있음). 그의 아들 버크(伯克, 관직명) 호리(胡里)는 카슈가르를 점거하고 스스로 왕을 자칭했다. 그해 가을 청군이 남강 전 지역을 수복하자 버크 호리와 백언호가 잔여 부대를 이끌고 러시아 경내로 도주했다. 아고백에게 10여 년간 강점당했던 신강지역이 전부 청군에 의해 수복되고 이리지역만 여전히 러시아군에 점령당해 있었다.

광서 4년(1878년) 5월에 총리아문대신이며 이부시랑(吏部侍郎)인 숭후(崇厚)가 어명을 받들어 외교사절의 신분으로 러시아로 가 이리 반환에 대해 교섭했다. 이듬해 9월 숭후가 크림반도의 리바디아(즉 얄타)에서 독단적으로 러시아와 《이리 반환 조약(역사적으로 '리바디아조약'이라고 함)》을 체결했다. 이 조약에 따라 청조정은 이리 동부지역만 반환 받을 수 있으며 이리의 보호벽이 되는 코르고스강 서쪽지역과 이리 남부 터크스 계곡 일대는 모두 러시아의 소유가 되었다. 러시아는 또 배상금과 여러 가지 추가 이익을 챙겼다. 소식이 국내에 전해지자 조정 대신들이 술렁이기 시작했으며, 상소문을 올려 나라가 주권을 잃고 치욕을 당하게 한 숭후를 탄핵할 것을 요구했다.

청조정은 조약 거부에 대해 교섭하고 숭후의 관직을 박탈하고 죄를 묻기로 결정했다. 이어 영국 주재 중국대사인 증기택(曾紀澤, 증국번의 장자)을 흠차대신에 임명해 러시아에 사절로 파견해 조약 수정에 대해 교섭했다. 광서 7년(1881년) 정월 26일 증기택이 러시아와 《중러 개정 조약(中俄改訂條約, '상트페테르부르크조약'이라고도 함)》과 《개정 육로 통상 장정(改訂陸路通商章程)》을 체결했다. 《개정 조약》에 따라 러시아는 이리 전역을 반환해야 하지만, 여전히 코르고스강 서부지역을 분할 점거하고 또 거액의 배상금과 많은 침략적 특권을 얻었다.

광서 8년에서 10년 사이 러시아는 또 국경을 '측량 수정', '측량 확정'한다는 명분으로 청나라를 압박해 《이리계약(伊犁界約)》등 5가지 국경 측량 협의서를 체결했으며 신강지역의 국경을 분단 측량하고 획분하면서 탑성(塔城) 동북과 이리·카슈가르 서쪽의 7만여 km² 영토를 러시아에 합병시켰다.

청조정은 건륭조 때부터 시작해 신강에서 장기간 실행해온 군·정 합일의 군부(軍府) 제도가 새로운 국제와 국내 정세에 적응할 수 없었기 때문에 이리를 수복한 후 광서 10년(1884년) 9월에 신강에 행성(行省)을 설립하고 성 소재지를 우룸치로 정했으며, 산하에 도(道)·부(府)·청(廳)·주(州)·현(縣) 등 행정기구를 설치했다. 신강에 성을 설치한 후 둔정(屯政, 둔전을 토대로 한 정책조치)을 대대적으로 실행해 내지인의 신강 이주 규제를 없앴다. 내지인이 서부지역으로 이주하면서 경제가 발전하고 인구가 빠르게 늘어났다. 청나라 말기에 이르러 신강 인구가 2백 여 만 명에 달했는데 그중 75%이상이 위그루족이었다.

(2) 운남(云南) 전안(滇案)조약

1852년 영국은 원래 청나라의 속국이었던 버마 남부(하 버마)를 침범했다. 그리고 북상해 버마 전역을 집어삼킨 다음 운남에 침입하려고 꾀하면서 여러 차례나 사람을 파견해 '유람', '탐험' 등의 명의로 전(滇, 운남성의 약칭)·천(川, 사천성의 약칭)·장(藏, 서장[西藏]의 약칭) 등 지역에 들어와 경로를 모색했다.

동치 13년(1874년) 초 영국정부는 대령 군관 브라운(H.A.Browne)을 파견해 무장한 탐사팀을 이끌고 버마 신가(新街)에 이르러 정탐하면서 운남에 침입하려고 꾀했다. 북경 주재 영국 공사관은 통역관 마가리(A.R.Margary)를 운남 국경으로 파견해 호응하게 했다. 광서 원년(1875년) 정월 마가리 등이 영창부(永昌府, 오늘날 보산시[保山市]) 만윤(蠻允, 오늘날의 영강[盈江]현 만윤[曼允])에 이르렀을 때 현지 경파족(景頗族) 민중들이 그 앞길을 가로막았다. 마가리가 그중 한 사람을 총으로 쏴죽이자 경파족 민중들은 분노해 마가리를 죽여버렸다. 마가리 뒤를 따라 운남에 당도한 브라운은 하는 수 없이 영국 군대를 이끌고 버마로 퇴각했다. 이 사건을 '마가리 사건' 혹은 '전안(滇案)'이라고 한다.

마가리 사건이 있은 후 중국 주재 영국 대사 토머스 웨이드(T.F.Wade)는 그 기회를 틈타 청나라 총리아문에 일련의 지나친 요구를 제기했다. 세관 세무사 하트가 상해·천진 사이를 오가며 중재를 맡았다. 광서 2년(1876년) 6월에 청조정은 이홍장을 흠차대신에 임명해 연대(烟臺)로 가 토머스 웨이드와 회담을 진행케 했다. 7월 26일 협의를 맺었는데 그 주요 내용에는, 청조정이 전안(滇案)의 "누명을 벗겨줄 것, 특별 외교사절을 영국에 파견해 사과할 것, 위로금으로 은 20만 냥을 배상할 것, 인도 관원이 운남에 주재하도록 허용할 것, 영국의 영사재판권을 확대할 것, 의창(宜昌)·무호(蕪湖)·온주(溫州)·북해(北海)를 통상 항구로 추가 개항할 것, 여러 통상 항구 조계의 외국 화물에 대한 리금(厘金, 상품의 지방 통과세)을 면제하고 서양약(아편)에 대해서만 일정 수준의 리금을 적용할 것" 등의 규정이 포함됐다. 이 조약은 원래 '전안조약(滇案條約)'이라고 칭했었는데 근대 역사학자들은 '중·영 연대조약(烟臺條約)'이라고도 부른다. 영국은 전안을 빌미로 마구 협박 갈취하는 한편 또 기회를 틈타 외교·통상 방면의 많은 특권을 갈취했다.

(3) 영국의 서장(테비트) 침략

전안조약이 체결된 후 영국은 "별도 의논 조관(另議條款)"에 의해 서장에 진입해 '경로를 모색'할 수 있는 권리를 얻어냈다. 그런 뒤 바로 인원을 파견해 사천을 거쳐 서강(西康, 서장 자치구 동부에서 사천성 서부에 걸친 지역)·서장 등지에 이르러 '탐방'을 진행했는데, 장족(藏族)과 서장 지방정부에 의해 저지당했다. 서장 지방정부(상상[商上], 청대에 서장 지방 관아에 대한 호칭)는 영국인이 국경지역을 침범하는 것을 제지시키기 위해 장족 병사를 파견해 시킴 인근인 열납종(熱納宗)의 룽투산(隆吐山) 위에 보루와 포대를 쌓고 장족 병사들을 주둔시켜 지키게 했다. 광서 14년(1888년) 봄, 영군이 거리낌 없이 출병해 룽투산의 장족군을 공격했다. 장족군은 하는 수 없이 퇴각하기 시작했으며 아동(亞東)·낭열(朗熱) 등 요새가 잇따라 무너지고 장족군은 패전해 뿔뿔이 흩어졌다.

광서 16년(1890년) 2월 주장대신(駐藏大臣) 승태(升泰)가 영인 총독 랜스다운(Lansdowne)과 중·영 회의를 거쳐《장인조약(藏印條約)》을 체결하고 시킴이 영국의 보호국임을 인정했으며, 서장과 시킴의 국경을 다시 확정했다. 이로써 중국은 룽투산에서 강파종(崗巴宗) 남부에 이르는 대면적의 목장과 요충지대를 잃었다. 3년 후 또 장인조관(藏印條款, 혹은 속약[續約], 재계약이라고도 함)을 체결했는데 통상·교섭·유목 관련 세 가지 조항이 포함됐다. 또 아동을 상업도시로 개방해야 한다는 내용도 들어 있었다. 영국은 서장에 대한 무역 관문을 연 후 값싼 인도 찻잎을 서장에 덤핑 판매하기 시작하면서 '변경지대의 찻잎' 시장에 점차 침입해 들어갔다.

(4) 프랑스군의 대만 침략, 대만 성(省)의 설립

광서 10년(1884년) 봄, 프랑스군이 베트남을 무력으로 침략하는 한편 또 해군을 파병해 대만을 침략했다. 4월에 프랑스 해군 함대 사령관 쿠르베(A.A.P.Courbet)가 함대를 인솔해 중국 영해에 침입했다. 청조정은 회군(淮軍) 장수인 유명전(劉銘傳)을 제독으로 등용해 대만에 대한 군사 업무를 맡게 하고 복건(福建) 순무의 직함도 수여했다. 6월부터 8월까지 프랑스가 여러 차례 대만을 공격했으나 모두 실패했다. 이듬해 4월 쿠르베가 팽호(澎湖)에서 병으로 죽자 중·프 양국은 정전했다.

그 다음해 9월 청조정은 원래 복건성에 소속됐던 대만을 행성(行省)으로 변경한다고 선포하고, 대만에 순무를 두고 대북(臺北)를 수부로 정했으며, 원래의 2개 부(府), 4개 청(廳), 8개 현(縣)을 3개 부, 1개 주(州), 3개 청, 11개 현으로 확대했다. 그리고 유명전을 대만 순무에 임명해 대만에 대한 뒤처리를 맡도록 했다. 유명전은 대만에서 대규모의 개발을 진행했다. 그는 방위를 강화하고 교육을 발전시켰으며 상공업을 발전시키고 철도

를 부설했다. 상공업 발전을 제고시키기 위해 많은 정부기구를 창설하거나 확대 건립함
으로서 유황·탄광·장뇌·소금·금광 등 주요 공업을 관리하도록 했다. 싱가포르에 외
자 유치국도 설치했다. 정부가 감독하고 상인이 경영하는 해상항로를 개척해 대외무역
을 발전시키고, 찻잎·사탕·장뇌의 생산을 제고토록 했다. 광서 15년(1889년)에 대만
은 장뇌 수출 한 가지만으로도 백은 8만 5천여 냥의 수입을 올렸다. 여러 항목의 대외무
역이 빠르게 확대되어 광서 16년에는 대외무역 수입이 363만 냥에 이르렀다. 대만의 개
발과 건설이 뚜렷한 성과를 거두었다.

2. 중국의 주변 국가에 대한 열강의 침략

자본주의 열강들은 중국 변방지역을 침략한 동시에 중국의 주변 국가도 침략하기
시작했다.

(1) 일본의 류큐(琉球) 침략

류큐 제도는 중국의 동해와 태평양 사이에 위치해 있는데 36개의 섬으로 구성되
었으며 둘레가 약 3백여 리에 이른다. 명(明)조 홍무(洪武)5년(1372년)에 류큐왕 찰도
(察度)가 중산왕(中山王)의 명의로 표를 올려 신하라 자칭하며 조공을 바쳤다. 명조정은
중산왕을 류큐왕에 봉하고 상(尙)이라는 성씨를 하사했다. 청나라가 세워진 후에도 줄곧
봉공관계(封貢, 중국 조정이 속국에 왕을 봉하고 속국이 조정에 조공을 바치는 종속 관
계)를 이어왔다.

명만력(萬曆) 19년(1591년)에 일본의 도요토미 히데요시(豊臣秀吉)가 출병해 조선을
침략하고 류큐에는 조공을 바칠 것을 강요했으며, 만력 34년에는 또 출병해 류큐를 침략
했다. 만력 37년에 일본의 사쓰마 번(薩摩藩, 현재의 일본 가고시마[鹿兒島]에 있음)이
또 다시 무력으로 류큐를 점령하고 조공을 바치도록 압박했다. 청나라 동치 11년(1872
년)에 일본 메이지 천황이 친정하고 류큐왕을 번왕으로 이름을 바꿔 봉한 후 류큐를 '내
번(內藩)'으로 칭한다고 선포함으로써 류큐를 합병하려고 꾀했다.

광서 원년(1875년) 2월에 류큐의 마지막 조공사신이 북경에 이르자 일본정부가 파병해 류큐의 나하(那覇, 현재의 일본 오키나와[沖繩] 현(縣)의 현청 소재지)에 주둔시키고 중국에 조공을 바치는 것을 중단하고, 중국의 책봉을 받지 말며, 복주(福州)에 설치한 류큐관을 철수하고 중국과의 교류와 무역을 중지하며 일본 외무성에 귀속할 것을 류큐에 강요했다. 그리고 또 연호를 일본의 연호로 바꿔 사용할 것을 강박했다. 다음해 일본은 또 류큐에 사법기구와 경찰기구를 설립하고 엄밀하게 통제했다. 광서 5년(1879년) 3월 일본이 멋대로 출병, 류큐국왕이 거주하는 나하를 점령하고 국왕과 왕자를 도쿄로 잡아갔으며 류큐국을 멸망시켰다. 그리고 그 곳에 오키나와 현을 설치하고 통치했다.

(2) 프랑스의 베트남 침략과 중·프 대전

베트남은 운남·광서 두 성에 닿아 있다. 순치 17년(1660년) 베트남의 여씨(黎氏)국이 사절을 파견해 조공을 바쳤으며, 청조정은 여유기(黎維祺)를 안남(安南)국왕에 봉했다. 가경제 때 안남을 월남(越南, 베트남)국으로 개칭하고 청조정이 사신을 파견해 베트남 국왕 원복영(阮福映)을 책봉하고 2년에 한 번씩 조공을 바치고 4년에 한 번씩 청나라 황제를 알현하도록 제도를 정해, 오랜 세월 동안 봉공(封貢)관계를 유지했다.

프랑스는 도광제 때 베트남에서 점차 세력을 확장해나갔다. 함풍 연간에 이르러 파병해 베트남 남부를 침략했다. 동치 원년(1862년)에 베트남 원복시(阮福時)의 나라를 압박, 사이공조약을 체결해 비엔호아(邊和)·쟈딘(嘉定)·딩샹(定祥) 3개 성을 프랑스에 할양하고 프랑스인이 메콩강을 운항할 수 있도록 허용했으며, 베트남에서 선교활동을 벌이는 것을 허용했다. 통킹(北圻)을 개항하고 통상구 세 곳을 개방했으며 4백만 원을 배상하게 했다. 프랑스는 또 강제로 캄보디아에 보호를 받을 것을 요구해 메콩강 하류의 넓은 지역에 대한 통제를 확대했다.

동치 12년(1873년)에 프랑스가 베트남 북부를 합병하려고 꾀하며 가니에(Garnier)를 파견해 군대를 이끌고 하노이 등지를 공격 점령했다. 베트남 국왕은 베트남 경내 바오탕(保勝, 라오까이(老街))에 주둔한 중국 농민봉기군 흑기군(黑旗軍)에게 지원을 청했다. 흑기군 수령 유영복(劉永福)은 프랑스군과 하노이 성 교외에서 접전했는데 프랑스군이 패하고 가니에는 총에 맞아 죽었다. 프랑스군은 하는 수 없이 북베트남에서 퇴각했다.

광서 원년(1874년)에 베트남이 압박에 못 이겨 프랑스와 프·베 화친조약('제2차 사이 공조약'이라고도 함)을 체결했다. 조약에 따라 프랑스는 베트남의 독립국 지위를 인정하고 프랑스가 베트남의 외교를 주관하며 푸량강에서 항운사업을 할 수 있고, 하노이와 동경만(현재의 북부만)의 두 통상구에서 무역을 진행할 수 있게 됐다. 프랑스는 이 조약과 관련해 중국 총리아문에 알리는 공문서를 보냈으며, 총서는 베트남이 줄곧 중국의 속국이었기 때문에 그 조약의 내용을 거부한다는 내용의 답변 문서를 보냈다.

광서 6년(1880년) 프랑스가 재차 푸량강에 출병했다. 8년 초 봄 사이공 주재 프랑스 총독이 흑기군을 몰아내고 프랑스 국민을 보호한다는 핑계로 해군 대령 앙리 리비에르(H.L. Rivière)에게 명해 하노이를 공격 점령하도록 했다. 그리고 또 하노이를 베트남에 돌려주고 군함을 푸량강으로 몰고 들어와 북상해 바오탕의 흑기군을 소멸하려고 꾀했다. 이에 청조정은 파병해 베트남의 통킹에 군대를 주둔시켰다. 프랑스는 청조정과의 교섭에서 실패하자 베트남으로 군사를 증파했다.

광서 9년(1883년) 4월 13일 유영복이 흑기군을 지휘해 하노이 근교 카우자이(紙橋, 베트남어로 Cầu Giấy)에서 프랑스군을 대파했다. 총사령관 리비에르와 그 이하 크고 작은 두목 30여 명, 병사 2백여 명이 모두 전사했다. 프랑스와 청조정의 담판이 재차 결렬됐다. 프랑스군은 두 갈래로 나누어 공격했는데 한 갈래는 프랑스군 총사령관 부에(Bouet)의 지휘 하에 푸량강을 따라 흑기군을 공격하였고, 다른 한 갈래는 해군 소장 쿠르베의 지휘 하에 남으로 베트남 중부를 공격하며 수도인 후에(順化)로 곧바로 돌진했다. 쿠르베가 지휘하는 해군은 후에로 공격해 들어갔으며 7월 23일 베트남의 새 국왕 완복승(阮福昇)을 압박해 《후에조약(順化條約)》을 체결했다. 조약에는 베트남이 프랑스의 보호를 인정하고 받아들여야 한다는 내용이 들어있다. 이에 따라 베트남은 프랑스의 식민지로 전격 전락했다.

같은 해 11월 프랑스군이 선떠이(山西, 베트남어로 Sơn Tây)를 점령하고 박닌(北寧, 베트남어 Bac Ninh)을 향해 진군했다. 청조정은 베트남 전선에 계(桂, 광서)·전(滇, 운남)·회군(淮軍)과 흑기군 4만여 명을 집결시키고 운남 총독 잠육영(岑毓英)이 통솔하도록 했다. 이듬해 정월 프랑스군은 밀로(Millot)가 쿠르베를 대체해 프랑스원정군 총사령관에 임명되어 박닌을 공격했다. 청군은 패하고 프랑스군이 중·베 국경으로 접근했다.

4월 17일 프랑스 전권대표 푸르니에(Fournier)가 중국 전권대표 이홍장(李鴻章)과

《간명나라약(簡明條約, '이(李)·푸르니에 협정'일고도 함》을 체결하고 프랑스 남쪽 변경이 베트남의 통킹이라는 것을 인정하도록 했으며, 중국은 통킹에서 퇴각해 군대를 주둔시켰다. 프랑스는 또 베트남과 조약을 맺고 청조정이 베트남 국왕에게 준 책봉 옥새를 불태워버림으로써 베트남에 대한 침략과 통치를 실현했다.

광서 10년(1884년) 윤 5월 초하룻날, 프랑스군이 북쪽의 랑선(諒山, 양산, 베트남어 Lạng Sơn)을 향해 진군하기 시작했으며, 관음교(觀音橋, 박레, 북려[北黎], 베트남어 Bắc Lê) 인근까지 들어왔다. 그때까지 퇴각 명령을 받지 못한 청나라 수비군은 프랑스군에게 인수하는 것을 거부했으며, 그로 인해 쌍방 간에 무력적인 마찰이 일어났다. 이를 '관음교사변', 혹은 '박레사건(북려사건)'이라고 한다. 6월 15일 프랑스 극동군함이 해군 중장 쿠르베의 인솔 하에 대만의 기륭(基隆) 포대를 포격했다. 유명전(劉銘傳)은 수비군을 통솔해 분연히 반격해 프랑스군의 공격을 물리쳤다. 이어 프랑스 의회가 중국에 대한 전쟁을 확대하기로 결정했다. 7월 초사흗날 프랑스군이 갑작스레 복건 수군기지 마미항(馬尾港)에 대한 습격을 감행했다. 복건의 수군이 황급히 응전했지만 손실이 막중했다. 항구 내 복주조선소도 습격을 받아 대부분 훼손되었다. 7월 초엿샛날 청조정이 조서를 발표해 선전포고를 했다. 이때부터 전쟁은 해상과 육로 두 전장에서 펼쳐졌다.

해상전장 – 프랑스 함대는 마미전투에 이어 여러 차례나 대만의 기륭과 호미(滬尾, 담수[淡水])·동남연해를 공격했으나 모두 실패했다. 쿠르베 본인도 총을 맞고 부상을 당해 팽호까지 퇴각해 머무르다가 얼마 뒤 섬에서 죽었다.

육로전장 – 프랑스군은 육로전장에서 서부를 지키고 동부를 공격하는 전술을 써 서부전선은 뚜옌꽝(宣光[선광], 베트남어 Tuyên Quang)·홍화(興化)를 사수하는 한편 동부전선은 병력을 집중해 랑선을 탈취하려고 꾀했다. 광서 10년 12월 프랑스군이 랑선을 점령하고 그 여세를 몰아 진남관(鎭南關, 현재의 광서 우의관[友誼關])을 점령했다. 이에 광서 전 경내가 들썩였다. 11년 신임 양광 총독 장지동(張之洞)이 베트남 경내에서 전투를 한 적이 있던 전임 제독(提督)인 칠순에 가까운 노장 풍자재(馮子材)를 등용해 병력을 모집해서 광서를 지원하도록 했다. 2월 풍자재가 군대를 이끌고 진남관을 되찾고 랑선에서 대승을 거두었다. 프랑스군은 전군이 패하고 총사령관 네게르(De Négrier)도 중상을 당했다. 이는 전국의 정세에 변화를 두었다. 패전보가 파리에 전해지자 쥘 프랑수아 카밀 페리(Jules François Camille Ferry) 내각은 하는 수 없이 사직했다.

청조정은 원래부터 강화를 요청해왔고 하는 수 없어 선전포고를 냈던 터라 진남관·랑선에서 대승을 거두자 이홍장은 총리아문에 "여세를 몰아 수복하고" 빠른 시일 내에 조약을 맺을 것을 주장했다. 광서 11년(1885년) 2월 19일 중·프는 파리에서 평화조약을 체결했다. 청조정은 베트남에 진입했던 청군을 2개월 내에 계속해서 철퇴시킬 것을 명했다. 4월 27일 중·프 양국 대표가 천진에서 《베트남조관(越南條款, 중·프 신약[中法新約]이라고도 함》을 체결했다. 주로 다음과 같은 내용이 포함되었다. "베트남 통킹과 중국의 국경선 이내 지역에 대해서는 프랑스가 종전과 같이 선무작업을 맡고, 프랑스와 베트남 사이에 맺은 조약에 대해 중국은 모두 따르며, 중·프 양국이 중국과 베트남 통킹 간의 경계를 측량하여 확정 짓고, 운남·광서의 중·베 국경지역에서 두 곳을 지정해 통상 무역을 전개하며, 중국은 앞으로 철도를 부설할 경우 프랑스와 의논해서 정하고, 프랑스군은 기륭과 팽호에서 퇴출한다". 조약은 실제로 프랑스의 베트남 강점을 인정하고 중국과 베트남 간의 봉공관계를 포기한 셈이 되었다. 프랑스는 이 조약으로 원래 요구했던 여러 가지 협박 사항을 실현했을 뿐 아니라, 더 많은 통상 특권을 얻었다. 전쟁에서 승리를 거둔 청 정부는 오히려 권력을 상실하는 조약을 맺은 탓에 전국적으로 비난이 빗발쳤다.

(3) 영국의 버마 강점

건륭 54년(1789년) 버마 국왕 맹운(孟雲)이 사신을 파견해 건륭제의 팔순 생신을 축하하고 국왕에 봉해줄 것을 청구했다. 그 이듬해 청조정은 사신을 버마로 파견해 맹운을 버마 국왕에 봉하고 10년에 한 차례씩 조공하도록 규정지었다. 그 후 양국은 줄곧 봉공관계를 이어왔다.

영국 군대는 1823년(도광 3년)에 버마에 침입했으며, 1862년(동치 원년)에 영국은 강점한 버마 남부지역을 영국령 미얀마성(省)으로 합병하고, 양곤을 성 소재지로 정했다. 광서 11년(1885년) 중·프 《베트남조관》이 체결된 후 영국군대는 재빨리 북버마(상 버마)를 점령했다. 이어 또 버마의 수도 만달레이를 점령하고 버마를 인도의 한 성이라고 선포했다. 청조정이 영국 파견 대신 증기택(曾紀澤)에게 명해 교섭했지만 아무런 결과도 얻지 못했다.

광서 20년(1894년)에 중·영은 거듭된 교섭 끝에 런던에서 운남·버마 국경 사무 및 상무 관련 후속 의논 조관을 체결하고 첨고산(尖高山) 남쪽의 중국·버마 사이 경계선의 한 구간을 확정 짓고 영국군이 강점했던 야인산(野人山) 일대를 중국 영토로 확정 지었다. 이로써 중국 상선들이 이라와디강 운항권을 얻게 되었다. 이에 대한 교환조건으로 중국은 더 이상 영창(永昌)·등월(騰越) 경계선 밖의 빈 터를 요구하지 못하게 됐다. 영국은 또 프랑스와 대체로 비슷한 무역특권을 얻어갔다.

(4) 일본의 조선 침략

청 태종(淸太宗)이 천총(天聰) 원년 조선에 출병해 '강도지맹(江都之盟)'을 맺았다. 숭덕(崇德) 원년에 재차 출병해 조선을 침범하고 조선국왕에게 명해 두 아들을 인질로 보낼 것을 강요했으며, 청의 황제가 주는 정삭(正朔)을 받아들여 연호로 사용하고 매년 한 차례씩 조공하도록 했다.

동치 7년(1868년 일본 메이지[明治] 원년)에 일본정부가 대마번(對馬藩) 번주를 파견해 조선에 국서를 전하려 했지만 조선왕조로부터 거절당했다. 그 이듬해에 재차 사절을 파견했다가 또 거절당했다. 동치 10년(1871년) 중·일이 《우호조규(友好條規)》를 체결하고 서로 간에 영토 불가침을 확인했다.

광서 2년(1876년) 일본이 재차 군함을 파견해 강화도에 이르러 조선에 조약을 체결할 것을 강요했다. 이에 조선정부는 일본과 《강화조약》을 체결했다. 조약에서는 "조선은 자주권을 가진 국가로서 일본과 평등한 권리를 갖는다"라고 규정했다. 그리고 조선은 일본에 부산·원산·인천항구를 개항하고 조선에 대한 일본의 영사 재판권(치외 법권)과 무관세무역을 인정하며 조계를 확정했다.

광서 8년(1882년) 일본은 조선 군인과 민간인이 일본영사관을 공격 파괴했다는 이유로 조선에 출병, 조선정부를 압박해 인천에서 《제물포조약》을 체결했다. 조약에 따라 조선은 일본에 배상금을 지불하고, 사건을 빚은 흉악범을 징벌하며, 일본 공사관에 경비원으로 몇 명의 군인이 주재하는 것을 허용했다. 이로써 일본 군인이 장기적으로 조선에 주둔할 수 있는 근거를 제공했다.

광서 10년(1884년) 10월 조선정부 내부의 친일 '개화당'이 정변을 일으켜 일본 병사들을 궁으로 끌어들여 그때 당시 임금이었던 이희를 위협해 새 정부의 설립을 선포하고 조선과 중국 간의 종속관계를 폐지시켰다. 조선 주재 청군 영무처회판(營務處會辦) 동지(同知) 원세개(袁世凱)가 병사를 인솔해 정변을 평정하고 임금의 왕위를 회복시켰다. 이듬해 3월 중·일 쌍방은 천진협정을 체결했다. 협정에 따라 "앞으로 조선국에 변란과 같은 중대한 사건이 일어날 경우 중·일 양국 혹은 한 국가가 파병해야 할 경우 사전에 먼저 공문을 보내 알리도록 했다." 청군은 규정된 기한 내에 조선에서 철수하고 일본은 공사관에 주둔시켰던 군사를 철수하도록 했다. 이로써 청조정은 속국에 대한 출병 권리를 상실하고 일본이 조선에 출병할 수 있는 특권을 인정한 셈이 됐다.

그때 당시 일본의 해·육 군인들은 분분히 "청국을 응징해야 한다"고 주장하고 있었으며, 적극적인 전투 준비를 시작했다. 1887년 일본 참모본부는 청국에 대한 토벌전략을 제정해 "통일된 중국은 일본이 확장계획을 실현하는데 가장 큰 걸림돌이기 때문에 중국이 쇠약해진 기회를 틈 타 공격할 것"을 제안했다. 1892년에 일본은 군사 확장계획을 완성했는데 상비군 63,000명에 후비군 23만 명을 소유한 신식 육군을 건설했으며, 해군 군함은 50여 척에 달했다. 청나라는 일본 침략자가 점점 접근해오는 심각한 위협에 직면하게 됐다.

3. 관영산업의 확장

광서제가 즉위한 뒤 20년간 관영 산업과 해군 건설 두 방면에서 새로운 발전을 이룩했다.

(1) 관영산업의 확장

관영 기계산업의 확장은 무기와 탄약을 제조하는 군사산업에서 채광과 야금·전신·교통·면방직업 등 민용 산업분야로 발전했으며, 기계기술을 이용해 공장과 광산을 개설했다. 운영방식을 보면 원래의 단순한 관영방식에서부터 정부가 민간 상인의 자금을 모으고 노동자를 고용해 일을 시키며 손익을 스스로 책임지는 방향으로 확장되었다. 즉 이른바 '관독상판(官督商辦, 정부가 감독하고 상인이 경영하는 민수기업의 운영방식)'이었다.

신식산업의 창설에는 외국 기계의 구입이 필요하고, 외국의 생산기술을 배워야 했으므로 '양무(洋務)'라고 불렀다. 이홍장·좌종당·장지동 등을 비롯해 신식산업을 창도한 많은 관리들을 역사학자들은 '양무파 관료'라고 부른다.

중국의 채광과 야금업은 역사가 유구했다. 그러나 역대로 내려오면서 모두 수공업생산 방식을 이용했다. 광서제 때부터 당산(唐山) 개평(開平) 광무국(礦務局)과 호북(湖北) 철정국(鐵政局)이 잇따라 설립되었으며 구입한 기계를 이용해 채광하기 시작하면서 신식 채광과 야금산업이 발전하기 시작했다.

교통사업은 산업건설과 상업경영이 포함됐다. 광서제 즉위 초기 기선 외자유치국이 외국기선을 구매해 수상 항운을 운영하기 시작했다. 개평 광무국이 설립된 후 광서 6년(1880년)에 당산(唐山)에서 서각장(胥各庄)에 이르는 철도가 부설되어 기차로 석탄을 실어 나르기 시작했다. 이는 중국 최초로 건설된 철도 구간이며 또 최초로 증기기차를 사용하기 시작한 것이다. 그 뒤로 철도가 천진·산해관(山海關) 등지까지 연장됐으며 육로 교통이 발전하기 시작했다.

청정부가 공문을 전송하려면 원래는 정부가 설치한 역참을 거쳐야 하고, 연해 상가의 민간통신은 원래 민간 통신국(民信局)을 거쳐야 했다. 도광제 때부터 외국인이 통상항구에 우편국을 잇따라 개설하기 시작했는데, 청조정은 이를 가리켜 '객우(客郵)'라고 불렀다. 광서 4년에 세관 세무사(稅務司)에서 세관 우정국(郵政局)을 설립하고 여러 통상항구의 우정업무는 통일적으로 세관 우정국에서 운영 관리했다. 이에 따라 전신·전보사업이 중국 각지에서 빠르게 발전하도록 추진했다. 1876년(광서 2년)에 미국이 전화를 사용하기 시작했다. 그로부터 5년 뒤 상해 조계 내에 최초의 전화업무가 나타났다. 광서 8년에 영국상인이 상해에서 상해전기(電氣)회사를 창설하고 상해의 주요 거리에 조명용 전등을 설치했다. 광서 14년에 북양대신(北洋大臣) 이홍장이 황궁 서원(西苑)에 전등공소(電燈公所)를 세우고 자희태후의 침궁에 북경 성내 최초의 전등을 설치했다. 광주 성내에도 전등 조명이 나타나기 시작했다.

오랜 세월 동안 중국의 방직업은 농업과 서로 결합된 가정 수공업이었으므로 효율이 아주 낮았다. 서양의 직기가 수입되면서 사람들의 시야를 넓혀주었다. 식견이 있는 사람들은 기계를 사용해 천을 짜고 자체 공장을 설립해야 하는 필요성을 점차 인식하게 되었다. 광서 15년에 호광총독 장지동의지지 하에 호북(湖北) 직포국(織布局)이 설립되고 무창(武昌)에 방직공장이 건설됐다. 광서 16년(1890년)에 이홍장의지지 하에 상해 기계직포국이 생산을 가동했으며 순조롭게 운영되어 큰 이익을 창출했다(한 달에 이윤이 12,000냥에 달했다).

채광과 야금 · 교통 · 우전 · 방직 등 분야와 같은 신식산업의 창설은 하나의 발전이었다. 그런데 여러 신식산업 모두 관독상판이라는 공통적인 특징을 띠어 관아의 통제와 조종이 심하고 관료사회의 사리사욕을 채우기 위해 부정행위를 저지르며 연고자를 임용하는 등 부정부패의 오랜 습관이 이들 산업에까지 파고들어 이들 산업의 순조로운 발전을 심각하게 저애했다.

(2) 신식 해군의 창설

도광제 시기에 임측서가 광동에서 서양의 배와 대포를 구입해 수군을 무장시켜 영국인의 침략에 저항했다. 동치제 시기에는 신정을 실행해 계속 서양의 선박을 사들이는 한편 복주 선정국에서 자체로 기선을 제조하기 시작했다. 광서제 때는 해상 방위를 강화하기 위해 광동(廣東) · 복건(福建) · 남양(南洋) · 북양(北洋) 네 갈래의 수군을 잇따라 창설했다.

광동 수군은 동치 연간에 건설하기 시작했는데 양광총독 서린(瑞麟)이 광동 동부 해역의 해적들을 토벌하기 위해 영 · 프 양국에서 군함 6척을 구매했다. 광서 원년(1875년)에 유곤일(劉坤一)이 양광총독에 임명되자 대형 기선의 자체 제조에 착수하는 한편 외국에서 구입해 들이기 시작했다. 광동 수군은 군함 수량이 많고 톤수가 작으며 쾌속 순양함과 철갑함이 없어 근해에 대한 순항과 방어에만 사용되었다.

동치제 때 민절(閩浙) 총독 좌종당이 복주 선정국을 설립하고 수군을 무장시키기 위해 선박을 제조하기 시작했으며 군함의 자체 제조에 성공했다. 복건 수군은 선정국이 자체 제조한 선박이 있었으므로 빠르게 발전했다. 광서 10년(1884년)에 선정국이 군용과 상업용 기선 총 24척을 제조했는데 그중 12척을 복건 수군에 편입시켰다. 거기에 외국에서 구입한 4척과 전쟁에서 포획해 충군한 한 척까지 합쳐 군함이 총 17척에 달했다.

중·프전쟁 중에 복주 조선소가 프랑스 군함의 포격을 당해 막중한 손실을 입었으며 복원해 생산을 가동했으나 줄곧 전쟁 전의 수준으로 회복되지 못했다.

동치제 때에 이르러 상해 강남 제조국에서 선박을 제조하기 시작했다. 광서 원년(1875년)에 5척의 군용 기선을 잇따라 제조했다. 같은 해 심보정(沈葆楨)이 양강 총독 겸 남양대신으로 승진한 뒤 남양 수군을 조직하기 시작했다. 수군의 군함은 주로 강남 제조총국에서 자체 제조한 것이었다. 광서 10년(1884년)에 이르러 남양수군은 이미 17척의 선박을 갖추어 초보적으로 규모를 형성했다.

광서 원년(1875년)에 이홍장이 명을 받고 북양 해양방위를 맡아 북양수군을 건설하기 시작했다. 일본은 류큐를 합병한 후 영해지역 정세가 긴박해졌다. 청조정은 잇따라 영·독 등 국가들로부터 군함 15척을 구입해 들였으며 그중 8척은 북양수군에 편입시켰다. 독일에서 주문 제조한 철갑함 2척은 '정원(定遠)호'와 '진원(鎭遠)호'라고 이름을 지었다. 이 두 척의 철갑함은 그때 당시 세계에서 가장 선진적인 군함 기술수준을 대표한다. 북양수군은 네 부류의 수군 중에서 장비 수준이 가장 높고 전투력이 가장 강한 부류였다.

광서 11년(1885년) 9월에 자희태후가 의지(懿旨)를 반포해 '해군사무총관아문('해군아문'으로 약칭)'을 설립하고 순친왕 혁현을 임명해 해군사무를 총관하게 하고 모든 연해의 수군을 통솔하게 했다. 자희태후가 순친왕을 해군사무 총관직에 임명한 것은 만주족으로 한족을 견제하려는 목적이 분명했다. 그러나 북양해군의 실권은 여전히 직예총독 겸 북양대신인 이홍장이 쥐고 있었다. 이홍장은 북양수군을 토대로 서둘러 군함을 구입하고 병사들을 훈련시켰으며 위해위(威海衛)군항과 여순(旅順) 조선소를 건설했다. 광서 14년(1888년)에 북양해군은 이미 크고 작은 군함 25척을 갖추었으며, 근해 해군의 규모를 기본적으로 갖추어 영·미·러·독·프·스페인·이탈리아 7개 국에 버금가는 세계 8번째 해군으로 불리었으며, 그 실력은 일본을 초과했다.

그런데 광서 14년(1888년)부터 해군예산이 대폭 줄어들어 해군건설이 침체기에 빠졌다. 경비를 대폭 줄이고 건설을 중단한 원인은 주로 황하(黃河)의 치수와 이화원(頤和園)의 수축공사 때문이었다. 광서 13년 9월 황하의 정주(鄭州) 구간에서 둑이 터졌다. 호부(戸部)가 정주 황하 공사에 쓴 비용이 1천 2백만 냥에 달했다. 그 때문에 해군 아문의 경비를 대폭 삭감했다. 경비가 대폭 줄어든 탓에 광서 14년부터 외국으로부터의 군함 구매를 중단했다. 동치제가 자희태후를 위해 원명원을 복구하는 일은 여러 왕공 대신들의 반대로 공사를 중단하는 수밖에 없었다. 순친왕은 해군사무를 총괄한 후 또 서원(西苑)에 청의원(淸漪園, 후에 이화원頤和園]으로 개칭)을 수축해 자희태후의 휴양소로 삼을 것을 제창했다. 전후 10년이 걸렸는데 매년 평균 3백만 냥의 비용이 들어갔다. 비용이 모자라게 되자 해군건설을 위한 경비를 유용했던 것이다.

중국 해군건설이 정체기에 처한 사이에 일본은 거액을 투입해 군함을 대대적으로 구매하고 제조했는데 광서 20년(1894년)에 이르러 군함 70여 척을 갖추게 되었다. 원래 실력이 일본보다 앞섰던 중국해군은 일본에 훨씬 뒤처지게 되었다.

제5절
중일전쟁과 청의 변법

1. 일본의 조선침략과 중일전쟁

(1) 중 · 일의 조선 출병

　　광서 20년(1894년) 정월 초열흘, 조선에서 동학당이 이끄는 농민봉기가 일어났다. 발표한 봉기 격문에는 "왜놈을 이 땅에서 축멸(逐滅)해 성도(聖道)를 밝힐 것, 군사를 거느리고 입경하여 권귀(權貴)를 모두 멸할 것"을 선포했다. 봉기군은 4월 28일 전라도의 수부인 전주를 점령했다. 조선정부는 정세가 위급해지자 조선 주재 청나라 교섭통상총관 대신인 원세개에게 청군을 출병해 지원할 것을 요청했다. 북양대신 이홍장이 해군 제독 정여창(丁汝昌)에게 명해 군함을 파견해 인천 · 한성으로 상인을 호위하도록 하고 직예 총독 엽지초(葉志超)를 파견해 태원진(太原鎭) 총병(總兵) 섭사성(聶士成)과 함께 회군(淮軍)의 정예 부대 1천 5백 명을 이끌고 배를 타고 조선으로 향하게 했다. 이홍장은 광서 11년(1885년) 체결한 중일 천진조약에 따라 일본 주재 공사에게 명해 일본 외교부에 알리도록 했다. 일본정부는 절호의 기회라고 여겨 조약을 빌미로 기회를 틈타 대대적인 조선 침략을 감행했다. 5월 초이튿날 '전시대본영'을 구성했는데 천황이 직접 통솔했다. 조선 주재 일본 대사 오토리 게이스케(大鳥圭介)가 명을 받고 일본으로 돌아갔다가 군함을 타고 인천으로 상륙했다. 5월 초엿샛날에 육군 작전부대 약 4백 여 명을 이끌고 조선의 수도인 한성에 입성을 강행했다. 5월 13일 일본군 주력부대 4천여 명이 인천을 거쳐 상륙해 한성으로 진군했다. 조선정부가 항의하며 일본군이 한성에서 철수할 것을 요구했지만 일본군은 무시했다. 청조정이 대신을 파견해 청나라 주재 일본공사와 군대를 철수시킬 것에 대해 교섭했지만 결과를 보지 못했다. 이홍장은 전쟁을 피하고 화해를 도모해 북양의 실력을 보존하기 위해 또 영국과 러시아에 요청해 중재했지만 역시 아무런 결과도 얻지 못했다.

6월 15일 일본 대본영이 청나라를 상대로 전쟁을 개시했다. 한성에 입성한 일본군이 곧바로 조선왕궁을 포위하고 호위군의 무장을 해제시켰으며 조선의 임금 이희를 감금하고 청조정에 붙잡혔다가 풀려난 대원군 이하응을 강제로 입궁시켜 집권하게 하면서 모든 것을 일본의 명령에 따르게 했다. 일본군은 대원군을 압박해 중·조무역조약을 폐지한다고 선포하고 일본군에게 청군을 쫓아내도록 '위탁'하게 했다.

6월 23일 청나라가 고용한 3척의 영국 군사운송선이 청나라 병력을 운송해 아산에 주둔한 청군을 지원했다. 그리고 귀항 도중에 한반도 해역에 이르러 일본 군함의 포격을 당했다. 군사운송선 고승호(高升號)가 일본 군함에 의해 차단되었고 관군이 항복하기를 거부하자 포격을 당해 침몰되었다. 군사와 선원 8백여 명이 물에 빠져 희생됐다. 일본 육군 4천 명은 청군이 주둔한 아산으로 진군했다. 청군 엽지초·섭사성 부대는 평양으로 퇴각했다. 아산전투가 있은 뒤 광서제가 7월 초하룻날 조서를 반포해 이홍장에게 각 군에 공격 토벌하라는 명을 내리도록 했다. 같은 날 일본의 메이지 천황이 명령을 내려 선전포고를 했다.

(2) 중일 전쟁의 발발, 일본군의 침입

평양 전투 – 광서제가 공격 토벌하라는 명령을 반포한 뒤 여러 갈래의 군대가 계속 평양에 집결했다. 광서제는 엽지초를 총수에 임명하고 여러 군을 통솔하도록 했다. 일본군 16,000명이 8월 16일 아침 남·북·서 세 방향에서 평양을 포위 공격했다. 양군은 하루 동안 치열하게 싸웠으며 서로 이기고 패하기를 반복하며 좀처럼 승부가 갈리지 않았다. 그러자 총수 엽지초가 퇴각 명령을 내렸다. 일본군이 군대를 여러 갈래로 나누어 요격하는 바람에 청군은 막중한 손실을 입었다.

황해(黃海)전투 – 일본 육군이 평양을 손쉽게 점령하자 해군이 곧바로 청나라 해군에 대한 공격을 개시했다. 16일 해군 제독 정여창이 군함 12척과 포함·어뢰정 등을 인솔해 지원군을 호송해 조선 대동구에 이르러 상륙시켰다. 이튿날 아침 해상에서 운항 중이던 일본 군함이 중국 군함을 발견하고 항로를 바꿔 중국 군함을 향해 돌진했다. 정오 무렵 양국 함대가 접근해 치열한 해상전투가 펼쳐졌다. 이번 해상 전투는 반나절 격전 끝에 승부가 갈리지 않고 끝났다. 그러나 청군의 손실이 일본군보다 컸다. 일본 해군 사상자는 약 3백 명이었지만 청군 사상자는 1,200명에 달했다. 일본 군함은 4척이 파괴되었으나 침몰하지는 않았지만 청군의 군함은 5척이나 침몰하고 나머지 6척도 포격을 당해 거의 파괴되었다. 그 한 번의 전투로 북양 해군의 병력은 심각하게 약화되었다.

요동(遼東)전투 ─ 청군은 평양 전투에서 패한 뒤 여러 부대가 계속 의주를 거쳐 강을 건너 조선에서 철수해 압록강가에 이르러 방어에 들어갔다. 엽지초는 철직 당하여 처분을 대기 중이었고 그가 거느리던 부대는 엽사성이 통솔하게 됐다. 일본군 대본영은 조선을 강점한 뒤 곧바로 군사를 두 갈래로 나누어 중국의 요동을 향해 침입해왔다. 9월 26일 일본군 한 갈래가 의주로 압록강을 건너 구련성(九連城)을 공격했으며 봉황성(鳳凰城)으로 북상했다. 청군의 방어선은 순식간에 무너졌다. 다른 한 갈래는 해상으로 진군해 요동반도 화원구(花園口)로 상륙해 남하하면서 금주(金州)·대련(大連)·여순(旅順)을 점령했다.

위해(威海)전투 ─ 일본군은 여순을 점령한 뒤 대본영이 곧바로 산동반도를 공략하며 북양해군을 섬멸하려는 작전계획을 짰다. 북양해군은 황해전투에서 막중한 손실을 당한 뒤 정돈을 거쳐 장갑함 7척에 포함 5척, 훈련함 2척을 갖추었으며 제독 정여창의 통솔 하에 위해에 주둔하며 방어하고 있었다. 해구 남북 양쪽에 각각 포대 3채씩 건설해 놓았다. 산동 순무 이병형(李秉衡)은 연대에 주둔해 지키면서 기마병과 보병을 배치해 위해의 뒷길을 방어하고 있었지만 병력이 약했다. 12월 20일 일본군 연합함대의 군함 20척이 산동 작전군 2만여 명을 호송해 산동 영성만(榮成灣)으로 상륙했다.

광서 21년(1895년) 정월 초닷샛날 일본군은 해군과 육군을 병행해 위해를 포위 공격했다. 위해위(威海衛) 성과 남북 포대가 잇따라 함락했다. 북양해군의 군함은 유공도(劉公島)에 주둔해 방어하면서 일본군 연합함대와 결사적으로 싸웠다. 정여창은 연일 이어진 전투 중에 여러 번 크게 부상을 당했으며 17일 밤 독약을 마시고 자살했다. 다음날 여러 장수들이 정여창의 명의로 일본 해군사령관 이토 스케유키(伊東祐亨)에게 항복을 받아줄 것을 간청하고 북양 군함 4척에 포함 6척, 모든 무기를 몰수당했다.

요동(遼東) 결전 — 일본군은 봉황성과 수암(岫岩)을 점령한데 이어 요양(遼陽) 동로(東路)와 남로(南路)에 침입했으며 11월 17일은 해성(海城)을 점령했다. 청군은 잇따라 4차례나 해성을 공격했지만 모두 적을 당할 수 없어 실패하고 말았다. 일본군 주력부대는 곧바로 요동반도로 향했으며 우장(牛庄)·영구(營口)·전장대(田庄臺)를 잇따라 공격해 점령해버렸다. 청군 장수와 병사들은 사상이 막심했으며 요남(遼南)평원 전역이 무너졌다.

(3) 청의 항복과 대만·팽호의 할양

일본 침략군은 요남평원을 점령한 후 계획한대로 남하해 팽호열도(澎湖列島)와 대만을 침략했다. 광서 21년(1895년) 2월 19일 일본군 전시 대본영은 국내에서 후비군 6천여 명을 동원해 연합함대 8척 군함의 호송 하에 팽호로 향했다. 청조정은 이홍장을 흠차 최고 전권대신에 임명하고 평화 담판을 진행하게 했다. 2월 24일 이홍장이 일본 수상 이토 히로부미(伊藤博文)·외상 무쓰 무네미쓰(陸奥宗光)와 마관(馬關)에서 회담을 시작했다. 3월 23일 양국 전권대신이 마관에서 11개 조항의 조약을 체결했다. 주요 내용에는 다음과 같은 네 가지 방면이 포함된다. (1) "중국은 조선이 완전한 자주 독립국임을 인정한다", "예전에 규정한 공헌의식 등을 앞으로 전면 폐지한다." (2) 중국은 요동반도·대만 섬 전체와 그 부속 도서·팽호열도를 일본에 할양한다. (3) 중국은 일본에 군비 배상금으로 은 2억 냥을 지불한다. (4) 호북(湖北)의 사시(沙市)·사천(四川)의 중경(重慶)·강소(江蘇)의 소주(蘇州)·절강(浙江)의 항주(杭州)를 통상구로 추가 개항하고 여러 통상구에 대한 일본 기선의 자유 통항을 용인하며, 일본인이 여러 통상구에서 여러 가지 특권을 누리는 것을 인정한다는 것 등이다.

마관조약은 1842년 중·영강녕조약에 이어 외국 침략자의 협박과 갈취가 가장 크고 중국 국토의 할양과 배상금이 가장 많았던 침략성 조약이었다.

마관조약을 맺고 서로 교환한 후 청조정은 대만의 크고 작은 문무관원들에게 귀환명령을 내렸다. 구봉갑(邱逢甲) 등 관료와 지방 유지들은 의논을 거쳐 스스로 적에 대항하기로 결정하고 대만민주국을 창립하고 대만 순무 당경숭(唐景崧)을 총통으로 추대했다. 5월 초이튿날 당경숭이 임명을 받고 연호를 영청(永淸)으로 칭하고 여러 성에 통보했다. 원 흑기군 수령이었던 총병 유영복이 대남에 군대를 주둔시켜 지키며 군사사무를 맡고 구봉갑이 의군 통솔자가 되었다. 초엿샛날 일본 군함이 기륭(基隆, 계롱[鷄籠])항에 당도해 항구 남쪽의 오저(澳底)로 상륙했다. 그리고 곧바로 기륭을 점령하고 대북(臺北)을 공격했다. 당경숭은 순무 아문을 빠져나와 배를 타고 하문(廈門)으로 도주했다. 구봉갑은 대중(臺中)까지 퇴각해 광주로 돌아왔다. 일본군은 대북을 강점하고 대만총독부를 설치하고 통치를 시작했다.

일본군은 대북에서 남하해 신죽(新竹)·묘율(苗栗)·창화(彰化)·운림(雲林) 등 대중의 여러 현을 잇따라 점령했다. 유영복은 대남부에 주둔해 지키며 계속 일본군에 대항했다. 8월 중순 일본군이 해·육군 4만여 명을 집결시켜 대거 남침해오자 흑기군은 패퇴했다. 일본군이 가의(嘉義)를 점령했다. 9월초 대남이 함락되었다. 유영복과 그 수하 장령들은 밤을 틈타 성을 빠져 나와 배를 타고 하문으로 돌아갔다. 이틀 뒤 일본군이 대남부(府) 성안에 주둔했다. 대만 전체 섬이 결국 일본군에 강점당하고 말았다.

마관조약의 체결은 국제사회에 강렬한 반향을 일으켰다. 러시아는 오래 전부터 여순·대련 등 항구를 주시하면서 극동의 출항구로 삼으려고 노리고 있던 차라 일본이 여순과 대련에 발을 붙이는 것을 가만히 앉아서 보고만 있을 리가 없었다. 러시아는 독일과 프랑스 두 나라에 공문을 보내 함께 간섭할 것을 제안했다. 3월 29일(서양력 4월 23일) 러·독·프 3국의 일본주재공사가 일본 외무성에 비망록을 제출해 일본이 요동반도를 점령해 중국의 수도를 위협하고 극동의 평화에 장애가 되고 있다며 점령을 포기할 것을 일본에 권장했다. 러·독 양국 공사는 일본이 마땅히 양보해야 한다고 직접적으로 경고하면서 그렇게 하지 않으면 전쟁을 일으키겠다고 위협했다. 러시아는 블라디보스토크에 병력까지 배치해 전쟁도 불사하겠다는 의지를 밝혔다.

일본 정부는 스스로 실력이 부족하다는 것을 알고 4월 11일(서양력 5월 5일) "요동반도에 대한 영구적인 점령을 포기한다"는 성명을 발표했다. 중일 양국은 여러 차례 의논을 거쳐 9월 22일 북경에서 요남(遼南)조약을 체결했다. 그 주요 내용은 중국이 백은 3천만 냥을 일본에 배상하고 일본은 3개월 내에 요동반도에서 철수한다는 것이었다.

(4) 열강의 침략

중·일전쟁이 있은 몇 년간 러·프·독·영 등 국가들이 중국 경내에 철도를 부설하고 항구를 차지하겠다는 요구를 잇따라 제기하면서 한때 영토 할양의 붐을 이루었다.

　　러시아 – 중일전쟁 중에 이홍장은 "러시아의 힘을 비러 일본에 대항할 것"을 극구 제창했다. 러시아의 간섭으로 요동반도를 되돌려 받은 후 유곤일·장지동 등 요원들도 러시아와 손잡자는 제안에 찬성했다. 광서 22년(1896년) 4월 이홍장이 흠차대신으로 러시아로 가 러시아 황제 니콜라이 2세의 대관식에 참가해 축하의 뜻을 전했다. 그는 모스크바에서 러시아와 적을 막기 위해 서로 도울 것을 약속하는 조약을 비밀리에 체결했다. 이를 중러밀약이라고 부른다. 조약의 주요 내용은 만약 일본이 러시아와 중국 혹은 조선 영토를 침범하게 되면 양국이 파병해 서로 지원한다는 것이다. 중국은 전시에 러시아의 군함이 모든 항구에 진입하는 것을 허용하고 흑룡강(黑龍江)·길림(吉林) 지방에 러시아 블리디보스토크까지 직통하는 철도를 건설하는 것을 허용했다. 그 밀약에 따라 중국은 일본에 대항할 때 러시아가 지원할 것이라는 유명무실한 승낙을 얻은 반면에 러시아는 중국 경내에서 철도를 건설할 수 있는 실제적인 이권을 얻었다. 광서 24년(1898년) 3월 중·러가 북경에서 여순과 대련의 영토를 조차(租借)한다는 체결했다. 청조정은 여순항과 대련만, 그리고 인근 수역을 러시아에 빌려주는 것을 용인했다. 원래 일본으로부터 돌려받은 여순과 대련이 이로서러시아의 조차 점용지로 변했다.

　　프랑스 – 마관조약을 교환한 후 프랑스정부는 총리아문에 프랑스가 나서 중재할 것이니 통상조약과 국경협정조약을 다시 체결하자고 요구했다. 5월 28일 중·프가 조약을 체결해 중국이 운남 차리(車里)지역의 맹오(猛烏)·오득(烏得) 두 곳을 프랑스령 베트남에 할양하고, 운남의 사모(思茅)를 통상항구로 추가 개항했다. 이듬해 프랑스는 또 광서성 용주(龍州)에서 국경의 진남관(鎭南關)에 이르는 철도를 건설해 베트남 랑선 철도와 서로 잇도록 하자는 요구를 제기했다. 프랑스는 또 광주만(廣州灣)을 조차해 프랑스 회사가 베트남에서 운남성 소재지 곤명(昆明)까지 통하는 철도를 건설하도록 허락해 달라는 요구도 제기했다. 상기의 요구에 대해 청나라 정부는 모두 허락하고 그대로 따라주었다.

　　독일 – 마관조약이 체결된 후 독일은 즉시 중국을 협박해 천진(天津)·한구(漢口)에서 영구적인 조계를 갈취했다. 광서 23년(1897년) 10월 독일은 또 산동 거야(巨野)현의 독일인 신부 피살사건을 빌미로 출병해 산동 교주만(膠州灣)을 강점하고 청조정을 협박해 교오조계조약(膠澳租界條約)을 체결했다. 조약내용은 교주만을 독일에 조차하는 것을 허락하고 독일이 교주에서 제남(濟南)까지 통하는 철도 두 갈래를 건설하는 것을 허용하며, 또 독일상인이 철도 인근 30리 범위 내에서 석탄을 채굴하는 것을 허용한다는 것 등이었다.

영국 – 중국이 프랑스와 베트남의 국경을 확정하는 사무에 대해 다시 의논한 후 영국도 중·버마 국경을 다시 확정지을 것을 제기했다. 광서 23년(1897년) 정월에 양국은 "**후속 버마조약 추가조항(續議緬甸條約附款)**"을 체결하고 국경을 다시 확정 지었는데 공륭(工隆)·맹륜(孟侖) 등 지역을 영국령 버마에 넘겨주었다. 그리고 또 광서 오주(梧州)·광동 삼수(三水) 등지를 통상구로 추가 개항했다. 이듬해 영국은 홍콩 영국 경계를 확장할 것을 요구했으며, 청조정을 협박해 구룡(九龍)과 대붕만(大鵬灣)·심수만(深圳灣)을 새로운 조차지역으로 삼았다. 영국은 또 청조정을 협박해 "위해위 조차 전문 조약(訂租威海衛專條)"을 맺고 유공도(劉公島)·위해만 여러 섬과 연안 십 마일 지역을 영국정부에 임대해 주었다. 영국은 또 공문을 보내 중국에 "양자강(揚子江) 연안 여러 성을 다른 나라에 세를 주거나 저당 잡히거나 혹은 기타 명의로 양보하지 않을 것임을 담보할 것"을 요구했다. 다시 말하면 영국의 독점 세력범위임을 확실히 인정하라는 것이었다. 그리고 청조정의 총리아문에 상기 공문에 대해 허락하고 승낙한다고 답할 것을 요구했다.

일본 – 일본은 마관조약을 맺은 후 이듬해 6월에 청조정과 중일 통상선박운행조약을 체결해 서방 열강과 같은 일방적인 최혜국 대우와 중국에서의 영사재판권을 얻었다. 일본은 소주·무주(撫州)·사시·중경·한구·천진·복주·하문 등 상업도시에서 잇따라 전적으로 일본만이 관할하는 조계를 얻었다. 청조정은 또 복건지방을 다른 나라에 양도하거나 임대하지 않을 것을 승낙한다는 내용의 공문서를 보냄으로써 일본의 세력범위를 묵인했다.

그 이외에 벨기에와 미국이 각각 자금을 빌려 노한(盧漢)철도(노구교[盧溝橋]–한구[漢口] 구간)와 월한(粤漢)철도(광주–한구 구간)에 대한 경영권을 얻었다.

중·일전쟁 후 3년간 열강들은 다양한 수단으로 여러 가지 특권을 갈취했으며 외국 조계가 중국 내지의 여러 대도시에 널리 분포되었다. 북쪽의 흑룡강에서부터 남쪽의 운남·광서·광동 변경에 이르는 철도교통도 열강들의 통제 하에 들어갔으며 북부지역의 여순·대련, 중부지역의 위해위·교주만, 남부지역의 광주만과 대만 팽호·홍콩에 이르기까지 잇달아 여러 나라에 강점당했다.

2. 청의 변법과 정변

(1) 혁신 여론의 흥기

중일전쟁이 일어나기 전에 일부 유지인사들이 이미 자신들의 저술을 통해 변법을 거쳐 강성해져야 한다고 호소한 바 있었다. 중일전쟁 후 국가대사가 갈수록 긴박한 상황에서 단호하게 혁신을 주장하는 각지 인사들이 혹자는 청조정에 상주문을 올려 진언하고 혹자는 단체를 결성해 간행물 창간을 통해 변법유신을 선전하는 등 거센 변법주장의 물결을 이루었다.

수도 – 광동 남해(南海)인 강유위(康有爲)는 광서 19년(1893년)에 향시(鄕試)에 급제해 거인(擧人)이 되었으며 21년 봄 수도에 상경해 회시(會試)를 보았다. 그때는 조야가 분분히 상주해 마관조약을 거부해야 한다는 주청을 올리던 때였다. 강유위는 황제에게 올리는 글을 작성해 마관조약 거부와 변법에 대해 요청했다. 함께 응시하러 온 양계초(梁啓超)가 각지에서 회시를 보러 온 거인들과 연명으로 '공차상서(公車上書, 거인은 관용차량을 타고 회시를 보러 상경했음)'로 불리는 글을 작성했다. 공차상서는 결국 황제에게까지 전해지지는 못했다. 강유위는 진사(進士)에 급제해 공부주사(工部主事)에 임명됐으나 몇 차례 상주문을 올려도 모두 전해지지 않자 6월 27일 북경에서 《만국공보(萬國公報)》를 창간해 세계 각국의 상황을 소개하기 시작했다. 또 각 계의 인사들에게 연락해 강학회(强學會, 강학서국[强學書局]이라고도 함)를 조직하고 서양학을 소개하고 시정을 논했다.

상해 – 북경에서 강학회가 창설된 후 강(康)씨는 상해로 가서 강학회를 조직하고 회보를 발행해 "학식이 깊은 지사"들에게 강학회에 가입해 함께 "자강의 학문을 탐구할 것"을 호소했다. 12월 북경 강학회가 탄핵을 당하고 상해 강학회와 《강학보》도 정간됐다. 이듬해 7월에 황준헌(黃遵憲)과 왕강년(汪康年) 등이 상해에서 《시무보(時務報)》를 창간해 청조정에 기회를 놓치지 말고 스스로 변법을 실행할 것을 호소했다. 광서 23년(1897

년) 9월에 양계초가 《지치학회서(知恥學會序)》를 발표해 청나라 황제에게 만약 빨리 강성해지지 않으면, 하(夏)의 걸(桀) 임금과 주(周)의 여왕(厲王)처럼 귀양을 가게 될 것이라고 경고했다. 장지동은 "너무나 터무니없는 말이라 듣는 이들 모두가 놀랄 것이며 큰 화를 부를까 걱정"이라며 그 신문의 발행을 금지시킬 것을 명했다.

천진 – 천진의 주요 유신인사는 엄복(嚴復)이었다. 엄복은 1879년 영국 해군대학을 졸업하고 귀국한 뒤 차례로 복주선정학당(福州船政學堂)과 천진 북양수사학당(北洋水師學堂)에서 교직을 맡았다. 1895년 천진 《직보(直報)》에 《세상 변고의 시급함을 논함(論世變之亟)》·《원강(原强)》·《벽한(闢韓)》·《구국결론(救亡決論)》등의 글을 발표해 군주 전제제도와 낡은 문화를 비판하고 변혁을 요구했다. 중일전쟁 후 엄복은 분연히 영국 생물학자 헉슬리(J.Huxley)의 저작《진화와 윤리(Evolution and Ethics)》를 번역해 '천연론(天演論)'이라는 제목으로 출간했으며 편집자의 부연 설명을 통해 "물경천택(物競天擇, 세상 만물은 생존 경쟁을 하게 되어 있고, 하늘은 경쟁에서 이긴 자를 택한다)"·"우승열태(優勝劣汰, 강한 자는 살아남고 약한 자는 도태된다)"의 사상을 선양하면서 국민들이 일어나 나라를 구하고 민족의 생존 권리를 쟁취할 것을 호소했다.

호남(湖南) – 호남 순무 진보잠(陳寶箴)은 호광 총독 장지동의 지지와 영향 하에서 신정을 실천했다. 《상학보(湘學報)》의 최초 이름은《상학신보(湘學新報)》였는데 광서 23년(1897년)에 변법을 극구 제창했던 문인 당재상(唐才常)이 주필을 맡았던 호남 최초의 유신 간행물이었다. 진보잠이 창도해 설립한 시무학당(時務學堂)은 양계초를 총교사로 초빙했다. 양계초는 학생들에게 서양학 서적을 읽도록 격려했으며 늘 과제물의 평어를 달 때 민주사상을 선전하곤 했다. 그는 학당에서 교직을 담당한 시간이 길지 않지만 많은 젊은 신예들을 양성해냈다. 광서 24년(1898년) 2월에 호남 유양(瀏陽) 사람 담사동(譚嗣同)이 남학회(南學會)를 창설했다. 담사동은 《인학(仁學)》이라는 책을 써 군주제도를 맹렬하게 비난하고 일본의 변법유신을 본받아야 한다고 주장했다. 《상학보》·시무학당·남학회는 초창기에 모두 보편적으로 환영을 받았었지만 얼마 지나지 않아 언론이 격하다는 평판을 받아 정부의 간섭을 받았다.

호북 – 호북은 광서 15년(1889년)에 양광총독 장지동이 호광총독으로 전근된 후부터 대대적으로 신정을 펴 신식기업을 설립하고 학당을 창설했으며 서양의 방식으로 신병을 훈련시켰다. 호북은 신정 보급의 가장 효과적인 지역이 되었다. 장지동은 강유위와 양계초가 학회를 설립하고 신문을 출간하는 등 활동에 대해 지지와 자금의 지원을 보내기도 했지만 강유위·양계초 등의 급진 이론과는 대립했다.

　　광동 - 장지동이 양광총독을 맡았을 때, 신형기업을 창설해 좋은 효과를 거두었다. 그리고 또 광주에 광아서원(廣雅書院)과 광아서국(廣雅書局)을 창설했다. 광서 21년(1895년) 말 강유위가 광동으로 돌아가 학술강연을 하고 책을 쓰기 시작했다. 광동은 강유위가 변법유신사상을 전파하고 유신인재를 양성하는 기지가 되었다.

　강유위는 변법유신을 주장하는 대중의 함성소리 속에서 책을 저술하여 이론을 정립했고, 신문 간행물을 출간했으며 이리저리 뛰어다니는 바람에 점차 유명해지기 시작했다. 그는 변법을 호소하는 데 가장 적극적이고 가장 활동적인 대표인물이 되었다. 광서 23년(1897년) 10월 독일이 교주만을 강점한 뒤 강유위는 광서제에게 상소문을 올려 세 가지 책략을 제기했다. 1, 러시아와 일본의 방식을 본받아 국가의 기본 방침으로 삼을 것, 2, 인재들을 많이 모집해 변법정치를 도모할 것, 3, 강신(疆臣, 고급 지방 관리)들이 각자 변법을 하도록 내맡길 것 등이었다. 이듬해 정월 초여드렛날 강유위는 또 광서제에게 일본의 메이지유신을 본받을 것을 진언하며 세 가지 책략을 제기했다. 1, 뭇 신하들에게 낡은 것을 개혁하고 새로운 것을 제창하도록 맹세할 것. 온 세상의 여론을 받아들이고 세계 각국의 훌륭한 방법을 받아들일 것. 2, 궁에 제도국을 설립하고 천하의 인재 20명을 모집해 모든 정사와 제도를 새롭게 상의 확정할 것. 3, 대초소(待招所)를 설치해 천하 모든 사람이 상소할 수 있도록 허용할 것 등이다. 광서제는 그 상주문을 읽고 나서 왕대신들에게 "타당성 있게 의논해 문서로 작성해 보고하라"는 명을 내렸지만 결과는 없었다. 여러 측의 지지를 얻어내기 위해 강유위는 어사 이성탁(李盛鐸)과 함께 북경에서 보국회(保國會)를 설립하고 보국(保國, 나라 정권을 보호하고 영토를 상실하지 않도록 보호하는 것)·보종(保種, 민족종류의 자립을 보호하는 것)·보교(保敎, 공교[孔敎]를 잃지 않도록 보호하는 것)를 취지로 삼을 것을 제기하고 변법을 통해 강성해져야 한다는 사상을 선전했다.

　중·일전쟁 후 2~3년간 변법을 통해 강성해질 것을 요구하는 목소리가 갈수록 높아졌다. 통계에 따르면 광서 21년에서 24년 사이에 전국 각지에 학회와 학당·신문을 창설한 숫자가 약 3백여 개에 달했다. 한동안 학회·신문 등이 분분히 변법유신에 대해 의론을 펼치면서 강대한 여론이 형성됐다. 조정과 지방의 큰 관리들도 이 기간에는 분분히 상소를 올려 변법을 실행할 것을 청원했다.

(2) 광서제가 조서를 내려 변법을 명하다

젊은 광서제는 친정한 후 바로 열강들의 분할 위기에 맞닥뜨렸다. 그는 조야에 변법유신의 목소리가 높은 영향을 받아 낡은 제도를 개혁하고 새로운 인재들을 등용하며 신정을 펴 나라를 구하고 강성해져야 함을 절박하게 느꼈다. 4월 23일 광서제가 태후에게 여쭌 뒤 《정국시조(定國是詔)》를 반포해 강유위를 각국사무아문을 총괄하는 장경(章京)에 임명하고 황제에게 특별 상주하도록 명했다.

《정국시조》가 반포된 백일 내에 광서제가 명을 내려 실행한 신정에는 주로 학당 개설 · 과거 개혁 · 실업 창립 · 신군 조련 · 정치체제 혁신 등의 내용이 포함되어 있었다. 정치체제 혁신에는 불필요한 관리의 삭감 · 언로 개방 · 신인 등용 등 내용이 포함되었으며, 많은 만족과 한족 관원의 권리 이전 관련 내용이 포함되었기 때문에, 만족 귀족 중 수구세력의 반대를 받았다. 광서제는 변법을 추진하기 위해 많은 신인을 등용할 것을 명했다. 내각 후보 시독(侍讀) 양예(楊銳) · 형부 후보 주사(主事) 유광제(劉光第) · 내각 후보 중서(中書) 임욱(林旭) · 강소 후보 지부(知府) 담사동(譚嗣同) 등에게 모두 4품의 직함을 하사하고 군기장경에 임명해 신정 사무에 참여하도록 했다.

(3) 자희태후가 정변을 일으키다

광서제가 변법 실행조서를 선포한 지 얼마 지나지 않아 자희태후가 영록(榮祿)에게 직예총독 직을 대행하라 명한 데 이어 실제로 임명하고, 또 북양대신을 겸하게 해 북양 수군과 육군을 지휘 통솔하게 했다. 자희태후와 영록이 북양 군권을 전면적으로 장악하자 광서제는 제약을 받는 경지에 빠졌다. 광서제가 변법을 추진해 만주 특권에 손해를 끼치게 되면서 자희태후와의 모순이 점점 격화됐다.

원세개(袁世凱)는 중일전쟁 후 병부상서 영록의 추천으로 북양 군무를 맡아 천진의 소참(小站)에서 신군을 편성 훈련시켰는데, 그야말로 북양육군의 중요한 장수였다. 원세개가 유신 경향이 있었으므로 광서제는 의지할 수 있다고 여겨 8월 초하룻날 원세개를 북경으로 불러 황제를 알현하도록 하고 파격적으로 시랑후보(侍郎候補)에 등용해 연병의 사무를 전담하도록 했다. 강유위는 오래 전부터 태후를 제거하고 황제를 지지할 구상이 있었던 차라 광서제가 원세개를 소견하고 등용한 사실을 알게 되자 일을 성사시킬 수 있을 줄로 기대했다. 그래서 강광인(康廣仁)·양계초·담사동 등과 밀모해 영록을 죽여 태후를 제거한 뒤 황제를 옹립하려고 꾀했다. 초사흗날 밤 담사동이 원세개를 찾아가 영록을 죽이고 군사를 이끌고 북경에 들어와 이화원을 포위할 것을 설득했으나 원세개가 승낙하지 않았다.

이러한 정보를 들은 자희태후와 영록이 선제공격을 가해 황권을 찬탈하는 정변을 일으켰다. 8월 초하룻날 광서제가 원세개를 소견한 뒤인 초이튿날 경왕(慶王) 혁광(奕劻)과 단왕(端王) 재의(載漪)가 함께 이화원으로 가 자희태후와 탈권훈정(奪權訓政, 정권을 빼앗고 훈정[訓政, 황제가 태상황으로 퇴위한 뒤 어린 황제가 여전히 그 훈시에 따라 정무를 처리하거나 혹은 황태후가 수렴청정하는 것을 말함])에 대해 모의했다. 초사흗날 오후 자희태후가 갑자기 이화원에서 황궁으로 돌아와 광서제에게 서원(西苑, 현재의 중남해[中南海])의 영대(瀛臺)에서 지낼 것을 명했다. 실제로 연금을 한 것이다. 초닷샛날 자희태후가 황제의 명의로 황태후에게 훈정을 요청한다는 내용의 조서를 작성할 것을 명했다. 그 다음날 자희태후와 광서제가 대신들을 소견했으며 광서제가 조서를 선포해 태후가 다시 훈정한다고 선포했다.

변법이 실패하자 강유위와 양계초는 해외로 망명하고 강광인·양심수(楊深秀)·양예·임욱·담사동·유광제 등은 대역무도한 죄인이 되어 처형당했다. 후세 사람들은 이들을 '육군자'라고 부른다.

광서 24년(1898년) 4월 23일 광서제가 변법 조서를 선포하고서부터 8월 초엿샛날 자희태후가 훈정하기까지 103일간이 걸렸으므로 이를 '백일유신(百日維新)'이라고 부른다. 광서제가 백여 일간에 거쳐 추진한 신정이 자희태후 훈정 20일 만에 전면 폐지됐다. 각 지역의 학회와 신문도 금지 당했다. 오직 신군의 편성 훈련과 각 성에서 창설한 학당, 그리고 각 성 상무국이 창도하는 기업 등 몇 가지 정무만 계속 전개될 수 있었다. 광서 24년은 간지기년(干支紀年)으로 무술(戊戌)년이었으므로 사람들은 광서제가 추진한 이 신정을 '무술변법'이라고 부르며 자희태후의 탈권훈정을 '무술정변'이라고 부른다.

자희태후는 조정에 나와 훈정하게 되면서 스스로의 의지에 따라 조서를 내리거나 혹은 황제의 명의로 조령을 발표해 조정의 모든 사무를 처리했다.

영록에 대한 신뢰 – 자희태후가 훈정한 후 영록이 상경해 대학사(大學士) 겸 군기대신 신분으로 병부를 관리했으며, 특히 흠차대신에 임명해 북양 여러 군을 지휘 통솔하도록 했다. 이처럼 군정대권을 한 사람에게 집중시킨 것은 청나라 건국 이래 전례가 없었으므로 권세가 가장 센 관료와 군관이 되었다.

황태자(大阿哥)의 옹립 – 자희태후는 조정에 나와 훈정하게 되자 바로 광서제를 폐위시키고 새 황제를 옹립하려고 획책했다. 광서제가 4세에 즉위할 때 두 태후의 의지를 받들어 함풍제 문종의 양자로 왕위에 등극했으며, 그가 아들을 낳으면 동치제 목종의 양자로 삼아 대통을 잇도록 할 계획이었다. 그런데 광서제가 혼인한 후 줄곧 아들이 없었으므로 자희태후는 단군왕(端郡王) 재의(載漪) · 군기대신 강의(剛毅) 등과 모의해 재의의 어린 아들이자 자희태후의 조카딸 나랍씨(那拉氏)의 소생인 부준(溥儁)을 황자로 삼아 목종의 양자로서 대통을 잇도록 폐립(廢立)을 준비했다. 그리고 미리 각국의 공사에게 통보해 축하를 보내도록 했다. 각국의 공사들은 자희태후의 폐립 음모를 알고 일제히 거절했다. 유곤일 · 이홍장 등의 지방의 고급 관리들도 강력하게 반대했다. 중국 국내외의 반대 목소리가 높은 가운데 자희태후는 부준을 황태자로 옹립하고 목종의 양자로 대통을 잇도록 했다. 단 폐립을 행하지 않는 것으로 당시의 위기상황을 만회했다.

조정 종실의 귀족 – 단왕 재의와 그 형 재렴(載濂) · 아우 재란(載瀾)은 8월 정변 과정에서 자희태후에게 붙어 자희태후의 총애를 얻었다. 황태자를 옹립한 후 재의의 권세가 더 커져 수도 신군 호신영(虎神營)을 통솔하는 임무를 맡았다. 이듬해 5월에는 또 각국 사무아문을 총괄하는 임무를 맡았다. 재의 등 만족 종실 귀족과 영록이 함께 조정에서 자희태후가 신뢰하는 세도가가 되었다.

강남의 총독과 순무 · 선비와 상인 – 강남지역은 역대로 조정의 재정과 조세 수입의 주요 원천이었다. 동치제 이후 창설한 신식공업과 광산업 기업의 대다수가 강남에 있었다. 강남의 세수가 조정 재정의 주요 원천이 되었다. 이홍장이 양광(兩廣) 총독으로 임명된 후 양강(兩江)총독 유곤일 · 호광(湖廣)총독 장지동 등 셋이 각각 강남의 한 지역씩 차지했으며 막대한 경제적 실력을 갖추게 되었다. 자희태후가 훈정을 시작한 후 조정과 북양 군정은 만족 종실 귀족이 장악하고, 강남의 경제는 이홍장 · 유곤일 · 장지동을 대표로 하는 총독 · 순무와 선비 · 상인이 통제하고 있어 북과 남이 만족과 한족의 대치 국면을 이루게 되었다.

　자희태후가 조정에 나와 훈정하면서 태후와 황제 사이, 수구와 혁신, 만족 신하와 한족 신하, 조정과 지방 사이의 모순이 첨예화 되었다.

1. 8개국 연합군의 침략

(1) 의화단(義和團)의 반(反)양교(洋敎) 투쟁

서양의 기독교는 중국에 전파되어 온 후 서양의 과학·문화가 중국에서 전파되는 데 기여를 했었다. 아편전쟁 후, 청조정은 옹정제 때의 선교 금지령을 폐지하고 내륙 포교를 허용했다. 동치제 때부터 각지에서 반(反) '양교(洋敎, 그리스도교, 기독교)' 종교사건이 잇따라 발생했다. 이러한 운동이 의화단으로 발전했고, 그 규모가 점차 커져 산동에서 직예(直隸), 천진, 북경 등 지역에까지 확산되며 큰 물결을 이루었다.

산동 – 의화단의 원 명칭은 의화권(義和拳)이며 권봉과 무술을 익히는 민간단체였다. 가경제, 도광제 때 그 세력이 산동 각지로 널리 확대됐다. 청조정은 여러 차례 금지령을 내렸지만 금지시키지 못했다. 광서 24년(1898년) 동창부(東昌府) 관(冠)현에서 의화권 수령 염서근(閻書勤) 등이 2~3백 명을 모아 '조청멸양(助淸滅洋, 청조정을 도와 양교를 소멸하자)'의 기치를 내세워 반(反)양교 운동을 벌이기 시작했다. 청조정은 육현(毓賢)을 산동순무로 파견해 종교사건을 조사 처리하고 권민(拳民)들을 진압하도록 했다.

의화권 수령 주홍등(朱紅燈)은 원래 장청(長淸)현에서 사람들을 모아 권단(拳壇)을 설치하고 권술을 익혔으며 '흥청멸양(興淸滅洋, 청나라를 흥하게 하고 양교를 멸하자)'의 구호를 내걸고 의화권 권민들을 거느리고 현지 교회당을 습격하곤 했다. 그 후 청조정의 진압으로 치평(茌平)으로 옮겼다. 그해 가을, 주홍등이 치평(茌平), 장청(長淸), 고당(高

唐) 등지의 권민들을 집결시켜 평원(平原)에 들어가 교회당을 불태웠다. 청조정은 군대를 파견해 의화권을 진압하고 주홍 등을 체포했다.

의화단의 활동이 끊임없이 확대되자 청조정은 천진(天津) 소참(小站)에서 신군을 통솔하는 원세개(袁世凱)에게 산동순무 직을 대행하도록 하고 산동 경내의 의화단을 엄히 진압하도록 했다. 그로 인해 산동에서 활동하던 일부 권민들이 직예성 경내로 옮겨 활동했다.

직예 – 산동에서 활동하던 의화단이 직예성으로 옮긴 후 노단(老團)으로 불리었으며 각지에서 신단(新團)을 조직해 신속히 발전했다. 광서 26년(1900년) 봄 대명부(大名府), 광평부(廣平府), 기주(冀州), 조주(趙州), 정주(定州), 정정부(正定府), 보정부(保定府) 등 산하 현의 촌민들이 잇따라 의화단을 조직해 교회당을 불태우고 교민을 징벌하는 등 다양한 형식의 반 양교운동을 일으켰다. 4월 의화단의 1만 명 대군이 탁주(涿州) 성을 점령했다. 부근 주(州) 현(縣)의 단민들이 점차 탁주로 집결했다. 의화단 활동은 기세가 드높아졌으며 반 양교운동이 철도와 통신시설을 포함해 무릇 서양에서 들어온 것으로 간주되는 사물은 닥치는 대로 파괴했다.

의화단은 일정한 교리가 없었다. 외래 침략에 반대하는 호연지기(浩然正氣)와 봉신신주(奉神信咒)의 우매사상을 융합시키고 교회의 기만과 억압에 대한 저항과 외래 선진 사물을 배척하는 것을 혼동했다. '양교를 소멸하고' 또 '청나라를 일으키는 것'을 주장하는 의화단은 농민봉기와는 달리 민간에서 자발적으로 형성된 조직이나 기율이 해이한 반 양교 무장조직이었다.

천진 – 천진은 대외통상항구이며 서양 열강들이 교회당을 설치해 선교하는 거점 중의 하나이기도 했다. 동치 9년(1870년) 천진 종교사건이 터졌는데 천진 민중들의 반 양교 투쟁이 잔혹하게 진압 당했다. 그래서 천진 민중들은 양교에 대해 줄곧 깊은 원한을 품고 있었다. 광서 26년 초 산동·직예의 일부 의화단 지도자들이 천진부 산하 현 및 현 관청 소재지 성안의 근교에서 잇따라 권단을 설치하고 의화단을 조직했으며 천진 현성으로 입주해 신속히 발전했다.

수도 – 수도 성안에서는 광서 26년 초부터 의화단 활동이 시작됐다. 산동·직예의 일부 의화단 단원들이 계속 수도로 들어왔으며 갈수록 많은 수도 주민들이 의화단에 가입하여 그 수가 5월 중순에는 약 10만 명에 육박한 것으로 알려졌다. 성안 거리마다

단구가 설치됐는데 약 1천개 정도에 달했다. 단왕(端王) 재의(載漪)는 의화단의 법술을 높이 평가하면서 진압하는 것을 반대하고 불러들여 귀순시킬 것을 주장했으며 왕부 내에 의화단이 단구를 설치하는 것을 허용했다. 대략 5월 초 순천부(順天府) 경기(京畿) 각 현에서는 교회당을 불태우고 교민들을 내쫓는 운동이 잇따라 일어났다. 5월 17일 수도의 의화단은 성안의 천주교회당을 불태우기 시작했다. 3일 동안에 동당(東堂), 서당, 남당이 모두 불에 탔으며 서십고(西什庫)에 있는 북당만 공략하지 못했다. 의화단은 교회당을 불태우는 동시에 중국 교민들의 주택도 불사르고 그들의 재물을 약탈했다.

(2) 8국 연합군의 침입

의화단의 반 양교운동이 갈수록 확대되자 열강들이 이를 침략의 구실로 삼았다. 프랑스는 영국 · 미국 · 독일 · 이탈리아 등 나라와 연합해 광서 26년 3월 군함을 대고구(大沽口) 밖(독일 군함은 교주만[膠州灣]에 정박)에 정박하고 무력으로 위협하면서 의화단을 전면 진압할 것을 청조정에 요구했다. 5월 초 영국 · 미국 · 프랑스 · 이탈리아 · 러시아 · 일본 등 국이 각국의 군함에 있던 수병들을 북경에 파견해 공관을 지키도록 했다. 이어 영국 극동함대 사령관 세이무어(E.H.Seymour)를 지휘관으로 연합군을 편성해 기차로 천진을 떠나 베이징으로 향했다. 약 1천 명에 달하는 침략군이 랑방(廊坊)까지 왔을 때 의화단과 일부 청나라 군대에 가로막혀 하는 수 없이 천진으로 물러났다. 5월 21일 지원을 받은 연합군이 대고(大沽) 포대를 함락시키고 당고(唐沽), 신하(新河) 등 진(鎭)과 마을을 점령했다.

수도 성안의 정세는 갈수록 혼란해졌다. 5월 15일 일본대사관 서기관 스기야마(杉山彬)가 영정문(永定門) 밖에서 일본군을 영접하다가 성문을 지키고 있던 동복상(董福祥)이 거느린 감군에 의해 살해당했다. 5월 24일 독일 공사 클레멘스 폰 케텔러(de:Clemens von Ketteler)가 총서(總署)로 공무를 보러 가던 길에 신기영(神機營) 순찰병과 맞닥뜨려 총을 맞고 피살됐다.

청조정은 의화단에 대한 처리 문제에서 '토벌하기도 무마하기도 어려운' 상황이었고 외래 침략자와 화친하기도 전쟁을 선언하기도 어려운 곤경에 처했다. 5월 20일 부터 자희태후는 연일 왕공 대신 · 6부 9경이 모인 어전회의를 소집하여 대책을 논의하였다. 재의(載漪)를 비롯해 강의(剛毅)·계수(啓秀) 등 만주 귀족들은 '연합하여 열강을 물리치자'고 강력히 주장했다. 즉 의화단과 연합하여 열강들과 싸우자는 주장이었다. 태상시경(太常侍卿) 원창(袁昶)과 총리아문 대신 허경징(許景澄) 등은 의화단을 철저하게 토벌하고 외래 침략자들과 화해해 전쟁을 피할 것을 주장했다. 25일 자희태후는 광서제 명의로 조서를 내려 의화단과 연합해 서양 열강에 맞서 싸울 것을 결정했다.

청조정이 조서를 내린 후, 또 각 성의 총독과 순무들에게 "의화단 단민들을 모집해 외래 침략을 물리치라"는 어명을 내렸다. 그러나 양광총독 이홍장(李鴻章)·양강총독 유곤일(劉坤一)·호광총독 장지동(張之洞) 등은 명령에 따르지 않았다. 그들은 상해 주재 각국 영사들과 회의를 열고 《중외호보장정(中外互保章程)》을 제출했다. 주요 내용은 장강(長江) 및 소주(苏州)·항주(杭州) 등 지는 각 총독 순무들이 각국 상인과 선교사들의 생명과 재산을 보호하고 각국의 함대가 장강에 들어오는 것을 금지한다는 것이다. 그때 당시는 '동남호보(東南互补)'라고 했다. 절강(浙江)·광동(廣東)·산동(山東) 등 성의 한인(漢人) 총독 순무들도 잇따라 '동남호보'에 가담했다. 사천(四川) 총독 규준(奎俊)·섬서(陝西) 순무 단방(端方)·신임 양광 총독 덕수(德壽) 등 만족 총독 순무들도 이에 찬성했다. 자희태후를 비롯한 종실 귀족 핵심세력들은 고립 당했다.

각국 연합군은 대고(大沽)를 점령한 후, 곧바로 천진으로 진군했다. 6월 13일 천진 수비 장군 섭사성(聶士成)이 전사하고 17일 천진이 함락되었다. 7월 초열흘날 연합군 18,000명 군대가 천진을 출발해 수도로 향했다. 12일 연합군이 양촌(楊村)을 점령했다. 직예총독 유록(裕祿)은 스스로 총을 쏴 자살했다. 13일 청조정이 이홍장에게 전권을 부여해 그날로 각국의 섭외부로 전보를 보내 정전과 화해에 관한 의논을 청했다. 그러나 연합군은 진군을 멈추지 않았다. 20일 새벽, 북경 동편문(東便門)이 함락되었다. 러시아군이 그날 오후 2시 성안으로 침입했다. 일본군이 조양문(朝陽門)을 들이닥쳤는데 저항을 받아 저녁 무렵에야 조양문을 점령했다. 영군은 광거문(廣渠門)으로 입성했고 미국, 프랑스 군도 잇따라 입성했다. 이로 하여 성안의 만족 한족 군이 모두 패배했다.

이튿날 새벽, 자희태후와 광서제는 밤을 도와 서직문(西直門)으로 북경성을 떠나 피신했다. 재의(載漪), 부준(溥儁) 부자, 군기대신 조서교(趙舒翹)·총리대신 혁광(奕劻), 그리고 명을 받고 의화단을 통솔하는 종실 재훈(載勛), 군기 강의 등이 수행했다.

연합군이 입성한 후 군사들에게 3일간 약탈을 허용했다. 연합군은 북경에서 미친듯이 살육하고 약탈했다. 호부 창고에 보관해 둔 은전 3백만 냥은 일본군이 선참(船站)으로 약탈해갔다. 연합군은 청조정 각 관청에서도 약탈을 감행했다. 한림원(翰林院)에 소장돼 있던 《영락대전(永樂大典)》 3백여 권과 4만 6천여 권의 도서가 불에 타거나 유실됐다. 연합군은 자금성 금지구역에까지 침입해 들어가 황궁에 수장돼 있던 역대 진귀한 문물·서화·고서적 등을 모두 강탈해감으로써 막대한 손실을 입혔다. 연합군은 또 이화원을 침략하고 의화원의 진귀한 보물들을 모두 운반해 갔다.

자희태후와 광서제는 수도를 탈출한 후, 화해 항복을 추진하는 돌파구를 마련하고자 서둘렀다. 자희태후는 26일 이른바 '죄기지조(罪己之詔)'를 반포해 "근일 의화단과 기독교가 불화를 빚었으며 갑작스레 변고가 생겼다", "지금부터 위태로운 국면을 만회하는 데 있어서 우리 황제와 대신 모두가 책임을 회피해서는 안 된다"고 밝혔다.

8월 14일 자희태후는 산서(山西) 대주(代州) 원평진(原平鎭)에 이르러 직예성에 조서를 내려 지방 관리들이 의화단을 탄압하고 엄하게 조사 처리할 것을 명령했다.

혁광, 이홍장은 전권대신으로 청조정을 대표해 열강의 각국 공사와 담판했다. 열강들은 "의화단을 지지한 장본인을 엄벌할 것"을 주장했으며, 청조정은 압박에 못 이겨 재훈, 영년(英年), 조서교 등 왕공 대신 11명을 처형했거나 또는 사형에 처한다고 판결했다. 재의, 재란(載瀾)에게는 사형에 처한다고 판결하고 집행유예에 해당되는 참감후(斬監候) 판결을 내렸다. 그러나 황실 종친임을 고려해 신강(新疆)으로 보내 감금시켰다. 이어 열강들은 또 양교를 반대하는 각 성 관리들을 엄벌할 것을 요구했으며 청조정은 잇따라 3차례나 조서를 내려 1백여 명을 처벌했다.

7월 25일 북경에서 '화약(화해조약) 12조'을 체결했다. 주요 내용은 ① 각국에 사과하고 비석을 세운다. 청조정은 독일과 일본에 특사를 파견해 청나라 황제를 대표하여 외교인원 피살과 관련해 사죄한다. 독일 공사 클레멘스 폰 케텔러가 피살된 자리에 비석을 세우고 각지에서 파헤친 각국 인사의 무덤에 비석을 세우고 억울함을 벗겨 준다. ② 의화단을 지지한 장본인을 처벌한다. 조약에서는 청조정이 처벌해야 하는 왕공대신들의 이름을 열거하고 유죄를 인정한 각 성의 관리들을 제각기 처벌해야 한다고 밝혔다. ③ 배상문제. 청조정은 각국에 백은(白銀) 4억 5천만 냥을 배상해야 한다. 39년간 다 갚아야 하며 연간 이자율은 4리로 정한다. ④ 경계를 나누고 각국의 군대를 주둔시킨다. 수도 각국 대사관의 관할구역을 획분하고 각국 군대를 주둔시켜 지키도록 하며, 중국 국민은 관할구역 내에 거주하지 못한다. 북경과 산해관(山海灸) 사이의 천진을 포함한 12개 성(城)과 진(鎭)에 각국의 군대가 주둔 수비하도록 한다. 청조정은 대고포대(大沽炮台) 및 해구(海口)에서 북경에 이르기까지 연선 각 곳에 있는 포대를 모조리 해체한다. ⑤ 각국이 원래 체결한 통상조약에서 협상 수정해야 할 부분이 있다고 여길 경우 청조정은 협상을 허락해야 한다. ⑥ 각국사무총괄아문(總理各國事務衙門)을 외무부(外務部)로 고치고 6부의 앞순위에 배열해야 한다. 조약에는 또 조약체결 후 각국이 군대를 철수한다고 규정했다.

광서 27년(1901년)은 간지 기년으로 신축(辛丑)해였기에 역사학자들은 습관적으로 이 조약을 신축조약(辛丑条約)이라 부른다. 이 조약은 마관조약(馬關条約)에 이은 또 하나의 굴욕적인 투항서였으며, 이 같은 재난을 겪은 후 청조정의 통치는 전례 없이 쇠퇴해졌다.

2. 열강의 변경침략

8개국 연합군이 북경·천진을 점령하고 청나라 황제가 도주한 기회를 노려 러시아가 군대를 파견해 중국의 동북3성을 점령했다.

광서 26년(1900년) 6월 중·러 변경 흑룡강(黑龍江) 기슭에 주둔한 러시아군은 러시아령 해란포(海蘭泡)에서 장사를 하는 중국 주민들을 마구 살해했는데 3일간 5천명이 피살됐다. 한편 또 흑룡강의 청나라 령인 강동(江東)의 64개 마을에 침입해 살인, 약탈을 감행했는데 주민 7천여 명을 살해했다.

8개국 연합군이 천진을 점령한 후, 러시아는 총 11만 6천여 명에 달하는 침략군을 파견해 4갈래로 나누어 중국 동북에 침입했다. 7월 해란포에서 출발한 러시아 침략군은 아이훈(璦琿)을 공략한 후 치치하얼(齊齊哈爾)로 침입했다. 청나라 흑룡강 장군 수산(壽山)이 자살하고 8월 초나흘날 치치하얼이 함락됐다. 하바로프스크에서 출발해 진군한 러시아군은 국경도시 동강(同江)을 거쳐 삼성(三姓)과 하얼빈(哈爾濱)을 공략했다. 블라디보스토크에서 출발한 러시아군은 국경도시 훈춘(琿春)을 거쳐 8월 초이렛날 영고탑(寧古塔)을 점령했다. 청나라 길림(吉林) 장군 장순(長順)이 투항하고 길림이 함락됐다. 다른 한 갈래 러시아군은 주둔지 여순(旅順)에서부터 우장(牛庄), 해성(海城)을 공략 점령했다. 윤 8월에는 요양(遼陽), 봉천(奉天, 심양[沈陽])을 점령하자 성경(盛京) 장군 증기(增祺)가 도주했다. 흑룡강·길림·봉천 3개 성을 전부 러시아군에 점령당했다.

각국이 청조정과 화약(신축조약)을 체결한 후에도 러시아는 여전히 동북3성에서 군대를 철수시키지 않았다. 국제적 압력 하에 그 다음해 3월 초하루, 동북3성을 청정부에 반환하는 조약을 체결했지만 러시아군은 여전히 심양 등지를 점령하고 군대를 철수하는 것을 거부했다.

일본과 러시아는 일찍부터 중국의 동북3성을 침략할 음모를 꾸미고 있었다. 러시아가 군대 철수를 거부하자 일본정부가 직접 나서 러시아와 권리 분할 담판을 벌였다. 1904년 양력 2월 5일 일본이 러시아에 담판 중단을 선고했다. 10일 러·일 양국이 정식 선전포고를 했다. 이로써 중국 침략 권익 쟁탈전이 중국 경내에서 벌어졌다.

일·러 양국 전쟁이 시작된 후 러시아군은 연패해 막강한 손실을 보았다. 일본은 비록 이기기는 했지만 역시 사상자를 많이 내어 큰 피해를 보았다. 이때 미국이 중재에 나섰다. 9월 5일 일·러 양국은 미국의 포츠머스에서 평화조약을 체결했다. 조약에 따라 러시아는 여순(旅順), 대련(大連)의 조차(租借)권과 장춘 이남의 철도와 광산을 일본에 양도했다. 여순, 대련 이외 동북3성 각지의 양국 군대를 18개월 내 계속 철수시키고 각국 관할 철도연선에만 1킬로미터를 간격으로 철도 수비군 15명씩 주둔시키도록 했다. 이밖에 러시아는 일본의 조선에 대한 통치와 사할린 섬 남부의 점령을 인정했다. 조약에 따라 일본은 러시아 수중에서 여순, 대련 조계지와 동북3성 남부의 철도와 광산을 갈취하고 러시아는 북부의 철도 경영권을 여전히 보유했다. 이로써 중국 동북3성에 대한 양국의 침략권리 분할이 비로소 완성됐다.

일본과 러시아가 동북을 분할할 무렵 영국군은 서장(西藏)에 침입했다. 광서 29년(1903년) 가을, 영국 인도 총독은 국경분쟁을 핑계 삼아 침략군 2천여 명을 파견해 인도와 서장의 국경을 넘어 춘비(春丕)와 아동(亞東)을 점령했다. 이듬해 3월 영군이 간체(江孜)를 공격했다. 장족 군민들이 용감하게 맞서 싸웠지만 무기가 낙후한데다 전술에 약해 실패했다. 6월 22일 영군이 라싸(拉薩)에 침입했으며 달라이 13세는 라싸를 탈출해 도주했다.

영군은 라싸에서 서장 주재 청나라 대신과 서장 지방정부에 자신들이 초안한 강화조약에 인장을 찍고 사인할 것을 강요했지만 목적을 이루지 못했다. 그 후 중·영 대표가 여러 차례 담판을 했지만 결과를 보지 못했다. 광서 32년(1906년) 4월 중영 양국정부는 북경에서 정식 조약을 체결했는데 이 조약이 바로 '장인연장조약(续订藏印条約)'이다. 연장조약은 서장에 대한 중국의 영토 주권은 지켰지만 청조정은 추가 조약에서 제기된 무역도시 개방, 배상 등에 관한 요구는 어쩔 수 없이 받아들였다.

광서 34년(1908년) 9월 중영 양국은 '장인통상장정수정조약'을 체결하고 간체(江孜) 등 통상구 및 연선의 관련 사항에 대해 비교적 상세하게 규정했다. 이로써 영국은 서장 통상에서 많은 특권을 얻었다.

3. 청의 제2차 변법

열강이 침입하고 황제가 도주함에 따라 청조정의 통치는 매우 위태로운 지경에 처했다. 산산조각이 난 영토 앞에서 자희태후를 비롯한 만주황실은 청조정의 통치를 되살리기 위해서는 변법 혁신의 요구를 받아들이지 않을 수 없었으며, 이로써 여야의 지지를 얻는 것으로 멸망의 위기에 처한 청나라의 생기를 되찾고자 했다.

광서 26년(1900년) 12월 초열흘, 청조정은 서안(西安)에서 광서제의 명의로 '변법'에 대한 자문을 구한다는 조서를 반포했다. 이듬해 3월 원세개가 솔선해 '변법지의(变法之議) 10조'를 상주했다. 6월 원래 '신법'을 실행하던 유곤일(刘坤一), 장지동(張之洞)이 연명으로 변법삼절(变法三折)을 회주하여 신식학당 설립·중국 법의 정돈·서양 법의 도입 등 27조 건책을 제기했다. 8월 자희태후는 의지(懿旨)를 반포해 "변법만이 자강할 수 있고 나라를 구하는 명맥이며 중국 국민이 살 수 있는 기회이다. 나와 황제가 종묘사직을 위하고 국민을 위함에 있어서 이보다 더 나은 대안은 없다"라고 밝혔다. 이로써 이번 변법은 그 자신의 주장임을 만천하에 명시했으며 변법 실시에 착수했다.

광서 27년(1901년) 11월 자희태후와 광서제가 수도로 돌아왔다. 북경으로 돌아오기 전과 후 한동안 여러 가지 움직임을 보여 제도를 철저히 개혁할 것임을 보여주었다.

정무처 설립 – 조령을 내려 정무처를 설립하고 변법의 총괄기구로 삼았다. 그리고 혁광, 이홍장, 영록(榮祿) 등을 정무대신으로 임명했다.

외교부 개건 – 각국사무아문을 외무부로 개칭하고 서열을 6부의 앞자리에 두었다. 경친왕 혁광을 선발 파견해 외무부 사무를 총괄하도록 했다.

황태자(大阿哥) 폐위 – 자희태후는 광서제를 폐위시키려고 재의의 아들 부준(溥儁)을 황태자로 책봉했었다. 재의는 의화단 난의 원흉으로 지목되어 작위를 박탈 당하고 신강으로 유배를 갔다. 뭇 대신들은 황태자 책봉에 불만이 많았다. 자희태후와 광서제는 북경으로 돌아오는 도중에, 10월 20일 개봉에 당도해 조서를 내려 황태후의 의지에 따라 부준의 황태자 명호를 취소하고 바로 출궁시킬 것을 명했다.

군기처 정돈 – 연합군이 침입하고 황제와 태후가 도주했을 때 당시 군기대신이 총 7명 있었다. 그중에는 만족 대신 5명과 한족 대신 2명이 있었다. 예친왕 세탁(世鐸)은 지병을 이유로 수행하지 않아 바로 파직 당했다. 강의(剛毅)는 수행 도중에 병으로 죽었다. 재의는 전쟁이 끝난 후 감금되고 계수(啓秀), 조서교(趙舒翹)는 처형당했다. 군기의 옛 대신들 중에서 영록과 왕문소(王文韶) 두 사람만이 남았다. 광서 19(1903년) 영록이 병으로 죽고 경친왕 혁광이 수석 대신으로 임명됐다. 신임 양광 총독 녹전림(鹿傳霖), 공부상서 구홍기(瞿鴻禨), 호부상서 영경(榮庆) 등이 잇따라 군기에 봉직했다.

고위급 지방관리 선발 임용 – 청조정은 변법 조서를 반포한 후, 바로 온화한 말로 동남지역의 고위급 관리들을 칭찬했다. 자희태후와 광서제는 북경으로 돌아가는 도중에, 황태후의 명의로 의지를 내려 여러 공신들에게 상을 내렸다. 유곤일에게는 태자태보(太子太保)라는 직함을, 장지동, 원세개에게는 태자태소(太子少保)라는 직함을 내렸다. 동남지역 보호에 대해 최초로 제창한 원 철도총공사 책임자 성선회(盛宣懷)가 상해에서 상업세무대신으로 임명된 후 유곤일 장지동과 함께 '상약세칙(商約稅則)초안'을 의논해 작성했다.

광서 27년 9월 직예총독 북양대신 이홍장이 병으로 죽었다. 원세개가 산동순무로서 직예총독 겸 북양대신에 선발 임용됐다(그 이듬해에 실직했다). 자희태후와 광서제가 북경으로 돌아온 후 원세개에게 명해 정무처 사무에 참여해 변법 실행에 협조하도록 했다. 또 상무 대신 직을 맡아 장지동과 회동해 상무를 처리하는 한편 각국과 통상조약을 협상할 것을 명했다. 원세개는 이홍장에 이어 북양의 수장이 됐다. 같은 해 9월 양강 총독 유곤일이 병으로 사망했다. 호광 총독 장지동이 양강 총독 겸 남양대신을 맡아 상무를 주관하며 중추정무처 변법 정무에 참여했다. 이로써 북양대신 원세개와 남양대신 장지동이 청조정 변법의 주요 대신이 됐다.

변법을 선포해서부터 광서 32년(1906년) 7월 예비입헌조서를 반포할 때까지 청조정은 일련의 신정을 실행했다.

신군의 편성 훈련 – 8개국 연합군이 침입한 후 청조정이 정예부대라고 의지했던 여러 갈래의 무위군(武衛軍)이 잇따라 패했다. 이에 청조정은 신축조약을 맺자 바로 조서를 내려 군대를 정돈하도록 했다. 원세개가 직독(直督)에 임명되어 정무처 사무에 참여하고 명에 따라 군대를 훈련시켰다. 그리고 보정(保定)에 직속 군정사(軍政司)를 설립해 군정을 통솔하고 그 산하에 병비(兵備), 참모, 교련(敎練) 3개의 처(處)를 설치했다. 각지의 원 주민들 가운데서 사병들을 모집하고 현지에서 등록시켜 엄한 기율로 관리했다. 독일·일본 등 나라의 신식 무기들을 사들여 장비를 갖추고 외국 군대의 조련법으로 훈련시켰다. 1년 후 첫 신군을 모집하고 훈련을 완성해 1진(一鎭)을 편성했는데 보병, 기병, 포병, 공정병, 치중병 등 병종을 포함한 총 25개 영으로 이루어졌다. 그 후 해마다 군대를 늘리고 훈련시켰다.

청조정은 북양 신군 모집 조련에 일가견이 있는 것을 보고 8기(旗)의 사병 가운데서 3천명을 선발해 원세개한테 맡겨 새로운 조련법으로 훈련시키도록 명령했다. 훈련이 끝난 이 사병들을 '경기(京旗)상비군'으로 불렀다.

광서 29년 10월 청조정이 원세개의 제안을 받아들여 중추기관에 연병처를 설립해 각 성의 연병사무를 감독 관리하도록 했다. 그리고 경친왕 혁광에게 명해 원세개를 회동 처리 연병대신을 맡게 하라고 했다. 연병처는 실제로 원세개가 주관했다.

북양신군은 여러 해 동안 증가 모집해 광서 31년(1905년)에 이르러 이미 6개 진으로 늘어났으며 8만여 명에 달하는 사병을 수도 부근 및 천진·보정·산동 등지에 나눠서 주둔시켰다.

과거제를 폐지하고 학당을 설립 – 광서 27년에 과거시험에서 팔고문(八股文)형식을 폐지하고, 중국 정치사 사론·각국 정치 예학(藝學) 등의 시험을 추가한다는 내용의 조서를 내렸다. 북경 대학당을 회복하고 학당 장정을 제정했다. 각 성에서 잇따라 대·중·소 학당을 설립했으며 서양법을 받아들여 학제를 개혁했다. 광서 31년(1905년) 학부(學部)를 설립해 각지의 학당을 통일 관리하도록 했다. 이어 여자학당과 사범학당·무비(武備)학당, 경무(警務)학당 등 여러 가지 전문학당을 설립했다.

상공업의 진흥 - 광서 29년(1903년), 청조정은 상부(商部)를 설치했다. 상부는 상업무역을 관리하는 것 외에도 공업 광산, 철도, 금융 및 농목업 등 여러 분야 산업을 관리했다. 상부는 상업적 이익을 보호하고 주식공모회사를 장려하며, 도로광산장정을 제정하고 회사법에 해당하는 공사율(公司律)과 상표권 등록 장정을 반포 실행하는 등 일련의 조치를 취해 상공업의 발전을 지지했다. 상공업을 진흥시키는 것에 대한 신정은 뚜렷한 성과를 거두었다.

법률의 수정 - 광서 28년(1902년), 청조정이 형부좌시랑(刑部左侍郎) 심가본(沈家本)과 외교사절로 미국에 파견됐던 오정방(伍廷芳)을 임명해 각국의 법률을 참조하여 청률(淸律)을 제정하도록 했다. 광서 30년 법률수정관(修訂法律館)이 정식 개관해 외국 법률을 번역해 참고했다. 그 이듬해 심가본과 오정방은 능지(凌遲), 효수(梟首), 육시(戮屍), 자자(刺字) 등 중형과 혹형을 폐지하도록 주청을 올리는 한편 경범죄에 대해서는 고문을 금지하고 태장(笞杖)을 벌금형 혹은 노역형으로 바꿀 것을 제안해 청조정의 허락을 받았다. 심가본과 오정방은 또《형사민사소송법》을 시행하고 배심원 및 변호사를 설치하도록 주청을 올렸다. 청조정은 대리사(大理寺)를 대리원(大理院)으로 고치고 심가본을 대리원 정경(正卿) 겸 법률 제정대신에 임명했다. 심가본은 서양 법률을 참조해《대청신형률(大淸新刑律)》을 주관 완성했으며 선통 원년(1909년)에 이《대청신형률》을 반포 시행됐다.

자희태후와 광서제가 수년간 신정을 실행한 후 점차 성과가 나타나기 시작했는데 이는 사실 '무술신법'의 지속이었고 발전이었다. 그럼에도 청나라의 멸망을 만회하기에는 이미 늦은 일이었다.

8개국 연합군이 중국에 침입한 후 10년 동안 만족 황실 통치의 쇠락과 신정의 실시에 따라 사회경제에 새로운 현상이 나타나기 시작했다.

1. 열강의 경제세력 확장

중·일 전쟁 후, 중국에서 외국의 경제세력은 점차 확장됐다. 8개 국 연합군의 침입과 일·러 전쟁 뒤, 여러 제국주의 국가들은 갈취한 특권에 힘입어 중국에서의 경제세력이 더욱 확장됐다. 금융업 확장이 중국 금융시장을 더한층 통제했으며 청나라에 외채대출을 풀어 청조정의 세수를 통제했다. 또한 상공업자들에 대출을 제공하는 것을 통해 민영기업을 통제했다. 여러 열강 국가들은 철도 부설과 광산 채굴 등 특권을 둘러싼 쟁탈전을 벌였는데 이는 그 시기 외국의 경제세력이 확장된 뚜렷한 특징이 되었다. 항운업은 중국의 내하까지 확장됐다.

은행업 – 아편전쟁 후, 영국 본토의 은행들이 중국에 거점을 설립하기 시작했는데 동치·광서시기에 새로운 발전을 가져왔다. 중·일 전쟁 전, 중국에 설립된 외국 은행 중 영국의 회풍(匯豐)은행이 선두 지위를 차지했었다. 전쟁 후 10여 년간, 영국·프랑스·독일·일본·러시아·미국 등 국가가 잇따라 중국에서 은행기구를 증설했다. 영국의 회풍은행과 프랑스의 동방회리(東方匯理)은행은 실력이 갈수록 커졌다. 독일의 덕화(德華)은행·일본의 정금(正金)은행·러시아의 도승(道勝)은행·미국의 화기(花旗)은행

등도 각지에 분행을 늘리고 빠르게 업무를 확장해 나갔다. 중국에 설립한 각 국 은행의 업무범위가 확장됨에 따라 경제분야에 더 깊이 침투했다.

중·일전쟁 후, 청조정은 거액의 배상금 부담 때문에 하는 수 없이 기타 국가들에서 대차해야 했다. 세 건의 거액 차관을 은냥으로 환산하면 총 3억 냥에 달했다. 러시아·프랑스·영국·독일 등 국가의 은행들이 맡아 처리했는데, 각국정부의 조종을 받았다. 4개국 정부는 이로써 여러 가지 특권을 얻고 청조정 세수의 일부를 통제했다.

청조정은 신축조약에 따른 거액의 배상금 부담을 각 성에 분담시켜 매년 상환하도록 했다. 각국의 중국 진출 은행은 또 직접 지방정부에 대출을 제공했다. 각 지방정부는 거액의 대출을 제공 받을 때 대부분 현지의 세수 또는 자산을 담보로 제출했다. 각국 은행은 차관을 통해 많은 이자와 여러 가지 권익을 챙겼으며 열강 국가들은 각지의 재정세수를 통제했다. 각국 은행은 또 공채를 매입·부동산 투자 등 수법으로 금융업무를 확장했다. 자본 수출이 갈수록 열강들이 중국에서 경제세력을 확장하는 중요한 수단으로 되었다.

해상운수 – 도광 25년(1845년), 영국 대영선박회사의 화물선이 홍콩에 들어오면서 매달 한 차례씩 중국과 영국을 오가는 항로를 개척했다. 이는 중국을 상대로 정기적으로 운행하는 첫 외국 해상운수기업이었다. 동치·광서제 시기, 영국에 이어 프랑스·미국·일본·독일·캐나다 등이 잇따라 중국을 상대로 하는 원양해운기업을 설립하고 해상 상업운수 이익 쟁탈전을 벌였다. 중·일 전쟁 후 10여 년간, 영국·일본·독일·프랑스·러시아 등 국가들이 중·일 전쟁 후와 8개국 연합군 침략 후 체결한 일련의 조약에 따라 중국에서의 항운업을 빠르게 확장해 나갔으며 중국의 내륙 하천, 특히 장강유역에까지 점점 더 깊이 침투해 들어갔다. 중국 내륙 하천의 각 통상항구를 오가는 외국선박의 톤수는 중국 상업선박의 몇 배에 달했다. 중국의 항운업은 매년 약 80%가 외국인들에게 장악되어 있었다. 돛배를 포함한 중국의 상업선박 자영업 업무는 고작 20% 정도에 불과했다.

여러 열강 국가들은 중국 내지에서의 수상운수 경영 이익을 갈취함으로써 중국의 상업무역과 수상교통을 통제할 수 있게 됐다. 수상운수에 대한 침략을 통해 각국은 중국 각지의 자원을 약탈하고 중국 시장을 확장하는데 필요한 조건을 마련했다.

탄광 – 중·일 전쟁 후, 영국·독일·러시아·일본 등 열강들은 앞 다투어 다양한 수단으로 중국 각지에서 탄광을 채굴하는 특권을 갈취했다. 중국의 탄광자원을 약탈하고 저임 노동력을 이용하여 탄광 채굴에 투자하는 것은 각국이 자본을 수출하는 주요 수단으로 되었다. 영국인이 통제하는 직예성 개평(開平)탄광, 영국과 이탈리아가 합자 경영하는 하남(河南) 교작(焦作)탄광, 독일인이 투자 경영하는 산동 위(潍)현·치천(淄川) 탄광, 러시아인이 갈취한 봉천(奉天)·무순(撫順)·요양 탄광(일·러전쟁 후 또 일본에 점령당함) 등은 모두가 유명한 탄광이었다.

　　　철도 – 중·일 전쟁 후, 여러 열강들은 앞 다투어 철도 부설 권익을 쟁탈했는데 이는 이들 열강이 중국에서 세력을 확장하는 한 가지 새로운 수단이 되었다. 러시아는 요양을 반환하는 대가로 청조정에 보상을 요구했는데, 이른바 "땅을 빌려 도로를 건설하겠다"는 것이었다. 즉 러시아 경내의 시베리아 철도를 중국의 동북을 거쳐 블라디보스토크까지 연장한다는 것이었다. 이 철도는 동성(東省)철도(후에는 또 동청[東淸]철도, 중동[中東]철도라고도 칭함)로 불리었다. 그 후 러시아는 또 간선(干線)에서 여대(旅大, 지금의 대련)까지 지선철도를 부설했는데, '동성철도 남만주 지선'이라고 불렀다. 일·러전쟁에서 러시아가 전패하고 장춘에서 여순까지의 철도 및 지선의 모든 권익을 무상으로 일본에 할양했다. 광서 32년(1907년), 일본은 대련에 '남만주철도주식회사(만철[滿鐵]로 약칭함)'를 설립하고 남만주철도 및 탄광, 수상운수, 전기 등 사업을 경영했는데, 이는 일본이 동북에서 세력을 확장하는 대리기구가 되었다. 한편 독일은 산동에서 교제(膠濟)철도를 부설하고 영국은 하남에서 도청(道淸)철도를, 프랑스는 운남(雲南)에서 전월(滇越)철도를 부설했다.

여러 열강국들은 교통, 탄광 권익을 쟁탈하는 한편 또 통상항구에서 수력발전, 궐련, 면방직 등의 공장을 세웠다.

2. 중국 자본주의기업의 발전

　　일종의 새로운 생산방식으로서 자본주의의 기본 특징은 대규모 기계생산을 토대로 하며 생산자료를 소유한 기업주가 노동자를 고용해 생산하고 잉여가치를 얻는 것이었다. 이러한 의미에서 말하면 동치·광서제 시기, 관리들이 창립한 이른바 '양무(洋務)'라고 하는 일부 신식산업은 이미 자본주의 색채를 띠고 있었다. 중·일전쟁 후, 신정이 실행됨에 따라 민간모금은 모두 민영 자본주의 공업 기업에 의해 초보적으로 발전했다.

　　은행 – 중국의 금융업은 원래 구식 어음점포(票號錢庄)가 경영했었다. 중·일 전쟁 후에야 중국에는 비로소 자본주의 경영방식을 모방한 본국의 은행이 나타나기 시작했다. 광서 23년(1897년), 선박유치국 책임자 성선회(盛宣懷)가 투자를 유치하고 주식을 모아 상해에서 중국통상은행을 창설했는데 이는 중국 제일은행으로 불렸다. 그 후 호부(戶部)은행(대청[大淸]은행)·교통은행·절강흥업(浙江興業)은행 등이 생겨났다. 통계에 따르면 통상은행이 설립돼서부터 청나라가 멸망하기 전까지 10여 년간 본국 자본으로 창설한 크고 작은 은행이 총 30개에 달했다. 그중에서 관영은행과 정부·민간인 공동경영 은행이 약 13개, 민영은행이 17개였다.

　　항운 – 중·일 전쟁 후, 민간에서 경영하는 소형 선박 운항이 금지됐었다. 광서 21년(1895년), 청조정이 각 성의 총독 순무에게 전보를 통해 내륙 하천에서 소형 선박 운항을 허용해 외국 선박들이 이익을 갈취하는 것을 막도록 하라는 조서를 내렸다. 그해 소형 민영선박회사가 3개 생겼다. 광서 24년 청조정은 영국의 협박에 못이겨《내륙항구선박운항장정(內港行船章程)》을 제정하고 등록한 외국 선박의 내륙 항구무역을 허용했다. 이후 대량의 외국 선박이 내륙 하천에 들어왔으며 이와 더불어 중국의 소형 민영 선박운항업도 비교적 빠른 발전을 가져왔다. 비공식통계에 따르면 광서 21년 이후 16년간 창설된 소형선박회사가 약 500개에 달했다. 이 기간, 영소(宁紹)상업선박회사·선박투자유치국 등 비교적 큰 규모의 민영항운회사도 나타났다.

　　광산업 – 중·일 전쟁 후, 여러 열강 국가들이 중국 각지의 광산을 앞 다투어 착취해 신식기계를 이용해 광산을 채굴했다. 중국의 인력에 의한 수공업식 광산채굴은 신식기계를 이용한 '외국광산업(洋鑛)'과 경쟁할 수 없게 됐다. 오직 호북(湖北) 한야평(漢冶萍)회사가 경영하는 탄광·철광과 직예성의 란주(灤州)탄광만이 기계 장비를 갖추고 신식 채굴수단을 이용했는데 제법 규모를 갖추고 있었다. 그 외의 기타 지역의 일부 민영 탄광들에서도 신식 채굴수단으로 석탄을 채굴해 철도운수업에 공급하고는 있었지만 효과가 크지는 않았다.

　　철도 – 중·일·전쟁 후 10여 년간, 외국 열강들이 중국에서 철도를 부설하는 동시에 중국도 자주적인 철도운수사업을 발전시키기 시작했다. 광서 24년(1898년) 청조정은 광산철도총국을 설립했고, 광서 32년에는 철도행정을 우전부(郵傳部)에 귀속시켜 관할하도록 했으며, 별도로 철도총국을 설치해 대출을 받아 철도를 부설하는 등의 업무를 맡도록 했다.

자주적인 철도부설은 주로 3가지 경로를 통해 실현했다. 첫째는 외부의 힘을 빌리는 것이고, 둘째는 자주적으로 건설하는 것이며, 셋째는 민간의 역량에 의거하는 것이었다. 외국의 돈을 빌려 부설한 철도로는 노한(蘆漢)철도·변락(汴洛)철도·호녕(沪宁)철도·진포(津浦)철도·정태(正太)철도·관내외(關內外)철도·광구(廣九)철도 등이 있다. 정부가 자주적으로 부설한 철도로는 진고(津沽)철도·평주(萍株)철도·경장(京張)철도 등이 있다.

중·일 전쟁 후, 열강들이 중국에서 철도를 부설하거나 또는 대출을 제공하는 대가로 특권을 얻고 있는 상황에서 민간에서 철도를 부설하는 것으로 이권을 지키고 상공업을 진흥시키자는 목소리도 높았다. 광서 24년 청조정이 광무철도장정(礦務鐵路章程)을 반포 시행했다. 광서 29년에는 또 철도간명장정(鐵路簡明章程)을 제정해 민간에서 장정에 따라 철도를 부설하는 것을 허용했다. 그 뒤 수년간, 14개 성에서 민영 철도회사를 설립해 본 성의 철도 부설을 계획했다. 순조롭게 완공된 철도로는 호항용로(沪杭甬路) 등이 있다. 통계에 따르면 청나라가 멸망할 때까지 각지에서 중국인 자체로 부설한 철도의 연장길이는 약 5천Km에 달했다.

방직 – 방직업 가운데서 견사(繅絲)와 방적공업 기업이 중·일전쟁 전에 이미 여러 곳이 있었다. 선진적인 기계로 생산하는 공장이 민족자본주의 기업의 선도적 지위를 차지했다. 중·일 전쟁 후에 강소, 절강, 광동지역에 집중됐다. 공장주가 자본을 모아 기계설비를 구입하고 노동자를 고용해 집체생산을 함으로써 비교적 큰 발전을 가져왔으며 이는 민족자본주의 기업들의 중심과 근거지로 됐다.

상해는 신흥 상업도시이자 잠사(蠶絲)의 무역중심이기도 했다. 광서 20년(1894년)에 중국 상인들이 자주적으로 경영하는 명주공장이 이미 5개나 있었으며 선통(宣統) 원년(1911년)에는 48개로 늘어났다. 광동 주강(珠江) 삼각주 지역은 잠사업의 유명한 산지이기도 했다. 동치제 때에 남해(南海)현에 이미 견사공장이 생겼다. 그 뒤 순덕(順德), 번우(番禺), 삼수(三水) 등지에 잇따라 견사공장이 생겼다. 선통 2년에 삼각주지역 각지에 견사공장이 109개 생겼으며 견사공업이 가장 집중된 지역으로 됐다.

면방직업에는 방적(紡紗, 실을 뽑는 것)과 직포(織布, 천을 짜는 것) 두 개 부분이 망라된다. 광서 3년(1877년) 상해기계직포국이 설립됐다. 새로 창립된 민영기업들은 방적 경영이 자본이 적게 들고 판로가 비교적 넓기 때문에 대부분 방적공장을 경영하고 직포는 경영하지 않았다. 중 · 일 전쟁 후 수 년 간, 강소 · 절강지역에 새로 창설된 민영 면방직기업들은 대부분 신형 기계장비를 갖춘 방적공장이었다.

광서 31년(1905년) 이후, 기계를 이용한 면방직업이 회생하기 시작했으며 면방직공장 창설이 고조됐다. 이후 수 년 간, 남부지역의 광주로부터 북부지역의 북경에 이르기까지 강소, 절강, 안휘, 복건 등의 성을 포함해 모두 기계 직포공장을 창설했다. 문헌기록에 있는 것만 총 23개에 달했다.

청말 민영기업은 밀가루 가공, 궐련, 성냥, 기계제조, 시멘트 생산, 양주(釀酒) 등 신흥업종에서 활력을 보였다. 중국 자본주의 기업의 발전은 아래와 같은 특징과 약점을 보였다.

(1) 중국 자본주의 기업은 사회 생산력 특히 공업생산이 서방 자본주의 국가에 비해 훨씬 뒤처진 상황에서 발전하기 시작했다. 따라서 외국에서 도입한 기계설비와 생산기술에 의존해야 했을 뿐만 아니라 외국에서 침입한 경제세력의 배척도 받아야 했는데, 이는 중국 자본주의 기업의 뚜렷한 특징과 약점이다.

(2) 중국 자본주의 기업은 민간에서 생겨난 것이 아니라 외래 침략을 막고자 강대해져야 한다는 차원에서 비롯된 것이다. "관영기업", "정부 감독하의 민영기업", "정부와 민간 합자 경영기업" 등 다양한 신형기업이 나타났는데 모두 관청이 직접 통제했다. 따라서 나라의 지지에 의존해야 할 뿐만 아니라 관청의 통제도 감내해야 했는데, 이는 중국 자본주의 기업의 또 하나의 특징이다.

(3) 청 말의 이른바 자본주의는 주로 몇몇 신형기업의 생산방식을 가리키는 것이지, 사회제도를 가리키는 것은 아니며 국가제도는 더더욱 아니다. 자본주의 기업은 줄곧 본국 봉건세력과 외국 침략 세력의 억압 하에 있었으며 어느 정도 발전할 수는 있었지만 순조로운 발전은 어려운 형국이었다.

3. 자산계급의 형성 및 노동자의 투쟁

　　자본주의 기업의 발전에 따라 대·소 기업주들이 새로운 계급인 자산계급을 형성했다. 그들은 기업의 소유자이자 경영자이며 사회적 지위와 신분은 대체로 관리·문인·양행매판(洋行買辦)·귀국 화교상인·각지의 상공업자들이었다. 중국 자본주의 기업이 자체의 특징과 약점이 있기 때문에 중국 자산계급의 형성도 이에 상응하는 자체적 특징과 약점을 갖고 있었다.

(1) 신생 중국 자산계급은 청조정의 압박과 외국 침략세력의 배척을 감당해야 할 뿐만 아니라 청나라 관청·외국기업과 여러 면으로 밀접한 연관이 있었다.
(2) 투자 경영하는 자산계급 업주들은 거의가 한(漢)족이었다. 통치지위에 있던 만주 귀족들 중에도 비록 신형기업의 창설을 지지하는 이들이 있기는 했지만, 정작 직접 투자해 기업을 창설하는 사람은 한 사람도 없었다. 한인 자산계급 재력이 갈수록 강대해지는 것과 청조정의 재정이 갈수록 곤경에 빠지는 것이 선명한 대조를 이루었다.
(3) 자산계급 대기업주들 중에서 강소, 절강, 광동 등 성의 출신이 가장 많았고 자본실력도 가장 막강해 신생 자산계급의 핵심역량이 되었다. 동남기업집단과 북양군정집단이 각각 남방과 북방의 2대 세력을 형성했다.

　　전통 수공업과 상업 경영자들은 각기 다른 업종별로 업계 협회를 구성해 본 업계의 이익을 보호하고자 했다. 청나라 말기(晚淸)에 각지 상공업자들은 업종과 경영자의 본적이 다름에 따라 동종 업계 혹은 같은 고향 사람끼리 사무소와 회관을 설립해 서로 연락하고 업무를 처리하는 거점으로 삼았다. 자본주의 기업의 발전과 자산계급의 형성에 따라 중국 각지에 신형 상회가 나타나기 시작했다.

　　광서 28년(1902년), 회판상약대신(會辦商約大臣)으로 임명된 성선회가 대외 교섭의 수요에 비추어 황제에게 주청을 올려 허락을 받아 상해상업회의사무소를 기획 설립했으며, 양상(洋商)총회장정을 모방해 '잠정장정6조'를 제정했다. 이어 천진에서도 상업회의사무소를 설립했다. 그 이듬해, 청조정이 상부(商部)를 설립하고 《상회간명장정(商会簡

明章程)》을 반포 시행했다. 수도, 하문(厦门), 소주, 항주 등 19개 대도시에서 잇따라 상회를 설립했다. 청조정이 멸망하기 전까지 전국 각지에 크고 작은 규모의 상회가 약 1천여 개 설립됐다. 상회는 지역별로 설립되었는데 업종과 경영자의 본적에 대한 제한이 없던 상공업자들의 연합단체였다. 상회의 취지는 상업정보를 서로 교류하고 상업 지혜를 깨우치며 상업의 발전을 추진하고 상업 이익을 보호하는 것이었다.

동치 연간부터 청조정이 신형 공업기업을 세우고 외국 경제세력이 중국에서 공장을 세우기 시작해서부터 중국과 외국 기업에 고용되어 기계화 생산에 종사하는 산업노동자 군체가 나타났다. 중·일 전쟁 전에 전국 각지의 산업노동자 인원수가 약 10만 명에 달했다. 중·일 전쟁 후, 외국 열강이 중국에서 경제세력을 확장하고 중국 자본주의 기업이 발전함에 따라 산업노동자 대오가 급속이 확대되었다.

산업 노동자는 주로 생계가 어려워 품팔이를 하는 농민·수공업자들이었다. 노동자들은 노동시간이 길고 노임이 매우 적었으며 노동환경이 열악하고 인신권리가 보장되지 않았다. 따라서 중국과 외국기업의 산업 노동자들이 잇따라 파업 등 투쟁을 벌였다. 파업의 목표는 여전히 주로 학대를 반대하고 합리적인 임금을 보장 받기 위한 경제투쟁이었고, 범위도 본 공장 내에 국한되었으며 여러 공장과 광산 간 연합은 실현하지 못했다. 때문에 전반적으로 청나라 노동자들의 파업투쟁은 자발적이고 분산된 행위였다. 중국의 노동자계급은 그 시기에 아직 본 계급의 이익을 대표하는 공회조직을 결성하지 못했다.

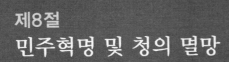

1. 민주혁명의 흥기와 동맹회의 설립

(1) 손문(孫文)의 혁명 발동

청나라 통치가 갈수록 쇠락하고 열강의 침략이 갈수록 심해지는 배경 하에서 민주주의 혁명이 일어났다. 혁명의 지도자는 외국유학을 다녀왔으며 구국의 큰 뜻을 품고 이때 나타난 정치가가 손문(孙文)이었다.

손문은 자가 덕명(德明), 호는 일선(逸仙)이다. 동치 5년 10월 6일(1866년 11월 12일) 광주 향산(香山)현(현재 중산[中山]시) 취형촌(翠亨村)에서 태어났다. 서양 국가들에서는 그를 손일선(孫逸仙)이라고 많이 부른다. 중국인들은 그가 중산초(中山樵)라는 가명을 썼기 때문에 중산 선생이라고 높여서 부른다.

손문은 10살 때 고향의 서당에서 글을 배웠다. 12살 때 하와이로 가 단향산(檀香山, 호놀룰루)에서 영·미 기독교회가 창설한 학교에서 공부했다. 1883년에 고향으로 돌아온 후 홍콩, 광주 등지에서 공부했다. 1892년 홍콩서양의학원을 졸업했다. 1885년 중·프 전쟁 이후 "청조정을 무너뜨려야 한다"는 생각이 손문의 머릿속에서 이미 싹 트고 있었지만 그는 여전히 청조정의 자력자강에 희망을 걸고 있었다. 1893년 천진으로 가서 이홍장에게 상소문을 올려 '치국지책'을 건의했다. 광서 20년 10월 27일(1894년 11월 24일) 손문이 단향산에서 흥중회(興中會)를 설립하고 "만주족을 몰아내고 중국을 회복한 뒤 합중국(合衆國)을 창립하자"라는 혁명목표를 명확히 제기했다. 그 이듬해 정월 손문은 홍콩으로 돌아와 홍중회 홍콩분회를 설립하고 광주봉기를 계획했다. 그러나 발각되어 실패하고 일본 요코하마로 망명해 현지 화교들을 조직해 홍중회 요코하마분회를 설립했다. 1896년 가을 손문은 영국에서 청조정의 영국 주재 공사관 공조애(龔照瑗)에게 유인되어 체포되었다. 그 후 구출되어 이듬해 다시 일본으로 돌아갔다.

광서 24년(1898년) 자희태후가 정변을 일으킨 후, 강유위(康有为)·양계초(梁啓超) 등이 일본으로 망명해 해외에서 황제보위 선전활동을 벌였다. 손문은 강유위·양계초와 정치적 견해가 달랐다. 손문은 혁명을 주장했고 강유위와 양계초는 황제 보위를 주장했다. 그래도 그때 당시는 모두 자희태후가 집권하는 청조정에 반대하는 것이 목표였다.

일본은 청나라 말기 유학생이 가장 많은 곳이었다. 일본으로 유학 간 학생들은 혁명사상을 전파하는 군체였다. 손문이 혁명을 일으킨 후 일본에 유학 간 학생들은 단체를 조직하고 간행물을 발간해 혁명을 선전했다. 광서 27년(1901년) 진력산(秦力山)이《국민보(國民報)》를 창설해 장병린(章炳麟)의 〈정수만론(正仇滿論)〉을 발표해 만주의 황실 통치에 반대할 것을 명확히 창도했다. 1903년 동북 3성에 침입한 러시아 침략군이 군대를 철수하기로 한 조약을 이행하지 않았다. 동경의 중국인 유학생들이 집회를 열고 러시아에 저항하는 의용대를 결성했다. 황흥(黃興) 등 130여 명이 서명을 거쳐 의용대에 가입하고 동북으로 들어가 러시아 침략군과 결전을 벌이겠다는 의사를 밝혔다.

사천(四川) 바(巴)현 사람인 추용(鄒容)은 유학기간에《혁명군》이란 책을 써냈다. 추용은 "혁명군에서의 선봉"이라고 자칭하면서 통속적인 언어로 혁명을 열렬히 고취했다. 손문은 이를 '만주족 황실을 배척하는 가장 격렬한 언론'이라고 말했다. 호남(湖南) 신화(新化) 출신인 진천화(陳天華)는 1903년 일본 동경에서《맹회두(猛回头)》라는 글을 발표했는데, 열강들이 중국을 분할하는 위급한 형세를 탄사(彈詞, 설창 문예의 일종)의 형식으로 진술해 청조정을 "서양인의 조정"이라고 질책하면서 동포들에게 일어나 나라를 구하자고 호소했다. 1905년 겨울 일본 문부성은《청국(淸國)인의 일본 공사립 학교 입학 허가 관련 규정》을 발표해 중국인 유학생에 대해 여러 면으로 입학을 제한했다. 중국인 유학생들은 동경에서 집회를 열고 항의했다. 일본 신문매체들에서는 중국인 유학생들을 "방종하고 비열하다"고 모욕했다. 진천화는 크게 자극을 받고 자살하는 것으로써 항의를 표했다.

상해(上海)는 자본주의 기업이 집중된 지역이며 애국 유신인사가 집결된 곳이기도 했다. 광서 29년(1903년) 채원배(蔡元培)는 《소보(蘇報)》라는 신문사에서 일하면서 원고를 써 학생들의 애국활동을 지지하고 혁명을 공개적으로 제창했다. 장사소(章士釗)도 《소보》의 주필로 있었는데 발표한 사설 논평들은 어느 하나 혁명을 논하지 않은 것이 없었다. 윤 5월 조계지 순경이 《소보》를 폐쇄하고 장병린·추용 등은 수감되어 형을 선고 받았다. 추용은 옥중에서 사망했는데 당시 나이가 겨우 27세였다. 그 이듬해 장병린이 형기가 차 출옥한 후 일본 동경으로 갔다. 《소보》가 압수 수색 당한 후 장사소 등은 계속해서 《국민일일보(國民日日報)》를 설립하여 주로 구문화에 대해 비판하는 것으로 방향을 돌렸다. 그리고 《잠노예(箴奴隷)》·《혁천(革天)》·《도통변(道統辨)》 등의 문장을 발표했는데 얼마 지나지 않아 역시 폐간됐다.

(2) '중국동맹회'의 혁명 활동

혁명 형세가 발전함에 따라 각지에서 혁명단체를 잇따라 결성해 혁명을 선전하고 청나라 만주족 황실의 통치를 뒤엎을 것을 획책했다. 혁명단체로는 주로 황흥(黃興)이 창설한 화흥회(華興会)·호영(胡瑛)·여대삼(呂大森)·유정암(劉靜庵) 등이 설립한 과학보습소(科學補習所)와 일지회(日知会)·도성장(陶成章) 등이 조직한 광복회(光復会)가 있었다. 분산된 혁명역량이 연합 행동하는 것은 이미 역사발전의 한 경향이 되었다.

손문은 청정부의 지명 수배를 받고 있었으므로 일본·단향산·베트남 등지를 오가며 혁명활동을 벌였다. 광서 29년(1903년) 7월 손문은 동경에서 혁명군사학교를 창설했다. 손문은 서약을 주재했는데 서약문에서 "구제달로, 회복중화, 창립민국, 평균지권(즉 만주족 황실과 청나라를 몰아내고 중화를 회복하며 민국을 창립하고 토지 소유 권리를 균등화하는 것)"을 주장했다. 9월에 또 단향산으로 가 "중화혁명군"을 조직하였고 수십 명으로 발전시켰다.

광서 30년(1904년)에서 31년까지 손문은 구미를 오가며 혁명을 선전했다. 그리고 곧바로 프랑스를 거쳐 동양으로 되돌아와 일본에 이르러 황흥 등 이들과 동경에서 만났다. 6월 28일에는 국내 10개 성의 혁명 지사 십여 명과 집회를 갖고 "구축달로, 회복중화, 건립민국, 평균지권"을 취지로 하는 '중국동맹회'를 설립하기로 결정했다. 7월 20일 동맹회가 설립회를 열었는데 회의에서 회칙을 통과시키고 손문을 총리로 선거했다. 동맹회

본부를 동경에 설치하고 집행·사법·평의 등 3개 부를 설치했다. 본부 아래 9개 지부를 설치했는데 그 중 5개는 국내에 설치하고 4개는 국외에 설치했다. 동맹회의 설립은 민주혁명이 새로운 단계에 진입했음을 의미했다.

광서 31년(1905년) 10월 20일 동맹회는 동경에서 《민보월간(民報月刊)》을 창간했다. 손문은 《민보》의 '발간사'에서 동맹회의 강령을 민족·민권·민생 3대주의로 서술했는데 후에 '삼민주의'라고 칭했다. 민족주의의 주요 내용은 "구축달로(만주족 황실과 청 정부를 몰아내는 것)"이고, 민권주의 주요 내용은 "건립민국(민국을 건립하는 것)"이었다. 민생주의의 주요 내용은 "평균지권(토지 소유 권리를 균등화하는 것)이었다.

중국동맹회의 민주공화국을 창립하자는 혁명 목표와 삼민주의 학설은 널리 전파되었으며 갈수록 많은 사람들의 호응을 얻었다. 동맹회가 설립될 때 회원은 약 4백여 명이었는데 광서 33년(1907년)에 이르러 해내외 회원이 이미 1만 명이 넘었다.

중국동맹회는 설립된 후 바로 무장봉기를 일으키기 위한 준비에 착수했다. 손문의 봉기에 관한 발상은 먼저 광동(廣東)을 점령한 후 광서(廣西)·운남(云南)으로 밀고 나가 남방 7개 성을 점령한 뒤 장강 이북으로 올라가는 것이었다. 중국동맹회가 조직한 규모가 비교적 큰 봉기로는 광서 32년(1906년) 상감변계(湘贛邊界)의 평유례(萍瀏醴)봉기·같은 해 7월 광서 흠주(欽州)봉기·같은 해 10월 광서 진남관(鎭南關)봉기·광서 34년(1908년) 2월 흠주 봉기와 염주(廉州)봉기·같은 해 3월 운남(云南) 하구(河口)봉기 등이 있었다. 광서 33년(1907년) 4월 추근(秋瑾)과 서석린(徐錫麟)이 소흥(紹興) 안경(安慶)봉기를 계획했다. 5월 26일 서석린이 안휘(安徽) 순무(巡撫) 은명(恩銘)을 사살했다. 봉기가 실패한 후 서석린과 추근도 잇따라 희생되었다.

중국동맹회가 무장봉기를 일으켰지만 직속 군대가 없었으며 주로 민간비밀결사조직의 성격을 띤 회당(會黨)에 의지했다. 각지 회당의 상황은 서로 달랐지만 단체 인원 대부분이 군사훈련과 정치 소양이 부족하고 기강이 해이하며 전투력이 강하지 못한데다 무기 군비까지 부족하여 오래 지속되기 어려운 상황이었다. 각지에서 봉기를 일으킨 후 얼마 지나지 않아 잇따라 청나라 관군에게 진압되어 실패로 돌아갔다.

2. 청의 '예비입헌'과 부의(溥儀)의 즉위

(1) 청의 '예비입헌'

청조정이 신정을 실행한 후, 한인(漢人) 고급 지방관리와 유신(維新) 인사들은 군주입헌제를 실시하고 국회를 설치해 만주족 황실의 전제권력을 제한할 것을 요구했다. 광서 30년(1904년) 봄 프랑스·러시아·영국·벨기에 등에 외교사절로 각각 파견된 손보기(孫宝琦)·호유덕(胡惟德)·장덕이(張德彝)·양조류(楊兆鋆) 등 대신들은 영국·독일·일본 등 나라들이 군주입헌을 실행하는 것을 본 따 입헌정체를 제정하자는 내용의 상소문을 올렸다. 광서 31년(1905년), 호광총독 장지동·양강총독 주복(周馥)·양광총독 잠춘훤(岑春煊)·직예총독 원세개 등은 외국에 대신을 파견해 외국 헌정을 고찰할 것을 요구하는 주청을 올렸으며 자희태후는 그들의 건의를 받아들였다. 재택(載澤) 등 5명의 대신을 선발해 동서양 각국으로 파견했다. 이들은 돌아온 후 청조정에 입헌에 대해 건의했다. 그 이듬해 7월 자희태후는 순친왕 재풍(載灃)과 군기대신·정무처 대신·내각 대학사 및 북양대신 원세개에게 명을 내려 고찰 대신들의 상주문을 검열하고 처리하도록 했다. 여러 대신들은 모두 입헌에 찬성했다. 광서제는 자희태후의 의지에 따라 예비입헌을 수년간 선행했다.

청조정은 조령을 내려 먼저 관제부터 개혁했다. 관제 편찬관을 설치하고 선비들을 모아 새로운 제도 초안을 작성했다. 9월 20일 청조정은 새로운 제도를 심의 결정하고 여러 건의 사항을 채납 혹은 거부했는데 주로 세 가지 방면이 포함된다. ① 내각, 군기는 여전히 구제를 실행한다. ② 각 부서를 11개 부와 1개 원(院)으로 개정한다. 외무부, 이부(吏部)는 그대로 둔다. 순경부(巡警部)를 민정부로 바꾸고 호부(戶部)를 탁지부(度支部)로 바꿨으며, 예부(禮部)에 태상(太常)·광록(光祿)·홍려(鴻臚) 3사(寺)를 합병시킨다. 학부(學部)는 그대로 두고 병부(兵部)는 육군부(陆軍部)로, 형부(刑部)는 법부(法部)로 개정했으며, 대리사(大理寺)는 대리원(大理院)으로 개정하고, 우전부(郵传部)를 신설하며, 이번원(理藩院)은 이번부(理藩部)로 개정한다. 각 부 상서(尚書)·시랑(侍郞)은 만족과 한족을 구별하지 않는다. ③ 자정원(资政院)을 설치하고 건의를 널리 받아들여 입법 및 의원 설립을 준비한다. 자희태후는 또 혁광 등에게 명을 내려 각 성의 지방관제를 작성하도록 했지만 각 성 총독들의 의견이 일치하지 않아 관제개혁은 잠시 중단되었다.

청조정이 헌정을 모방 실행한다고 선고했지만 입헌이 기약 없이 지체되어 갔고 관제 개혁도 여러 사람들의 기대를 만족시키지 못했다. 각지에서는 입헌을 주장하는 인사들이 분분히 단체를 조직해 헌정을 선전하고 청조정에 입헌을 서두를 것을 독촉했다. 헌정강 습회 등 단체가 결성되고 각지에서 의원을 설치하고 헌정을 실행하자는 청원운동이 일어 났다.

광서 33년(1907년) 청조정은 해외고찰을 위해 설치한 고찰정치관을 헌정조사관으 로 고쳤다. 새로 제정한 관제에 따라 자정원을 설치해 입의원(立議院)의 기반으로 삼았 다. 또 각 성에 자의국(諮議局)을 설치해 앞으로 자정원의 의원선거를 준비하도록 명령 했다. 청원운동이 곳곳에서 일어나자 자희태후는 헌정편사관(憲政編査館), 자정원 왕대 신 혁광·부륜(溥倫) 등에게 명해 헌법대강·입헌 기한, 선거방법 및 사전처리 사항 등 을 작성해 올리도록 했다. 광서 34년 8월 초하루, 헌법대강과 의원을 개설하기 전, 매년 준비사항 명세서를 반포하고 광서 34년에 준비를 시작해서부터 9년째 되는 해에 헌법을 정식 선포하며, 상·하원 의원을 선거하도록 결정했다. 예전 광서제가 변법을 반포하기 전, 조야에서는 이미 의원 개설과 관련해 논의한 적이 있었다. 이 같은 변화는 조상의 가 법을 철저하게 고집해온 자희태후가 10여 년간 저지해오다가 결국 마지막에 물러선 셈 이며, 그의 전제통치도 최후의 시각에 이르렀음을 의미하는 것이었다.

(2) 부의의 즉위, 재풍의 섭정

광서 34년(1908년) 10월 20 광서제의 병세가 위독해지자 자희태후는 결단을 내 려 순친왕(醇親王) 재풍의 아들 부의(溥儀)에게 입궁해 교를 받도록 명하고 재풍을 섭정 왕(攝政王)에 봉했다. 21일 광서제 재첨(載湉)이 병으로 죽었다. 당시 나이가 38세였고 묘호는 덕종(德宗), 시호(諡号)는 경(景)황제였다. 22일 자희태후도 병으로 죽었다. 당시 나이가 74세였다. 휘호(徽號) 자희를 시호로 하고 묘호는 효흠현황후(孝欽顯皇后)로 추 존했다. 11월 9일 겨우 3살인 부의가 즉위를 선고하고 섭정왕 재풍이 감국을 맡았다. 그 이듬해 연호를 선통(宣统)으로 바꿨다. 광서제의 황후 엽혁나랍(叶赫那拉)씨를 '겸조모 후(兼祧母后)'로 칭하고 휘호를 융유(隆裕)로 정했으며 황태후로 추존했다. 자희태후는 죽기 전 의지를 내려 군국대사를 섭정왕이 황태후의 의지를 받아 시행하도록 명했다. 섭정왕 재풍은 광서제의 친아우로서 광서 33년(1907년) 5월 군기에 입직했는데 당시 26세였다. 그 이듬해 명에 따라 섭정하고 어린 아들을 보좌했으며 바로 여러 가지 조치를 실행해 새로운 조정의 통치를 수립했다.

원세개를 파면시켰다 – 원세개는 '무술변법' 때부터 자희태후와 영록의 신임을 얻었다. 광서 29년(1903년), 영록이 병으로 죽었다. 원세개는 수석군기대신 경친왕(慶親王) 혁광에게 의탁해 자희태후와 혁광이 의지하고 믿는 권신이 되었다. 원세개는 '무술정변' 때 자희태후와 영록에게 의탁해 발탁 임용되었으며 그때부터 광서제의 미움을 받았다. 재풍을 비롯한 만주족 대신들도 모두 원세개의 특권에 불만이었다. 재풍은 원세개의 죄를 물어 파면시키려 했으나 혁광 · 세속(世續) · 장지동 등 군기대신들이 북양군사정변이 일어나는 것을 막기 위해 제지시켰다. 광서 34년(1908년) 12월 11일 조령을 반포해 병을 핑계로 원세개를 파면시키고 책임은 묻지 않았다. 원세개는 파면된 후 하남(河南)으로 돌아가 한가로이 보냈다.

군권을 집중시켰다 – 재풍은 섭정한 후 군권을 대대적으로 집중시켰으며 황족이 군대를 장악함으로써 새로운 조정의 통치를 수호했다. 12,000명을 선발해 직속 친군인 '금위군'을 편성하고 친아우 재도(載濤)와 육군 통령 패륵(貝勒, 청나라 귀족의 칭호) 육랑(毓朗)을 '금위군' 훈련대신으로 임명했다. 선통 원년(1909년)에는 해군편성준비사무처를 설립하고 친아우 재순(濤洵)을 해군편성준비대신에 임명했다. 그리고 황제를 전국해 · 육군 대원수로 하고 황제가 친정하기 전에는 섭정왕이 직권을 대행한다고 선포했다. 군사자문처(軍咨处)를 증설하고 재도 · 육랑을 군사자문처 사무대신에 임명했으며 직책은 육군부보다 위였다.

의원을 준비 설립했다 – 광서제와 자희태후는 죽기 전, 조령을 내려 9년 안으로 자정원을 개설하고 각 성에 자의국(諮議局)를 설치해 의원 설립을 준비하도록 했다. 선통제가 즉위한 후, 원년 정월에 각 성에 조령을 내려 입헌을 준비하고 제기한 시기 내에 지체 없이 자의국을 설립하도록 했다. 3월부터 각 성에서 잇따라 자의국 의원 선거를 시작했다. 선거를 통해 각지에서 입헌을 제창하던 강소의 장건(張謇) · 호남의 담연개(譚延闓) · 호북의 탕화룡(湯化龍) · 사천의 포전준(蒲殿俊) 등이 본 성의 자의국 의장으로 당선되었다. 선통 원년(1909년) 7월 '자정원 장정' 전문이 정식 발표됐다. '자정원 장정'에는 조정에서 지명 파견한 의원과 각 성 자의국에서 선발 추천한 의원 각각 100명으로 규정했다. 선통 2년 4월 청조정은 의원 명단을 발표했다. 9월 초하루, 자정원은 정식 회의를 열고 회의기간을 100일로 예정해 각 현안을 심의하도록 했다.

(3) 대중들의 청원과 내각제도 개혁

각지 헌정단체와 입헌을 청원하는 인사들이 청조정에 실행할 것을 요구하는 헌정에는 헌법 제정·선거를 통해 당선된 의원 즉 국회를 개설하고, 책임내각을 구성하는 등의 내용이 망라되었다. 선통황제가 즉위한 후, 섭정왕 재풍은 전조(前朝) 조서(詔准)에 적혀있는 9년 동안 해야 할 사항들을 하나하나씩 준비해 나갔다. 각지의 자의국과 민간단체들은 하루 빨리 국회를 열어 책임내각을 구성할 것을 요구했으며 대중적인 청원활동을 일으켰다. 청원활동은 각 성의 일부 총독 순무 대신들의 지지를 받았다. 그러나 청조정이 청원활동을 백방으로 제압하는 바람에 원래 군주입헌을 지지하는 사람들이 혁명으로 방향을 바꿨으며 따라서 멸망해가는 청조정은 더욱 고립되었다.

청나라 초기 명나라의 제도를 답습해 내각을 구성했는데, 전각대학사는 보좌직이었다. 옹정조 시기에 군기처를 설치해서부터 대신을 선발 입직시켜 황제를 보필하게 했으며 기밀사무에 참여하도록 함으로써 권세가 점차 커졌다. 역대로 내려오면서 이를 답습했다. 청조정의 예비 입헌과정에 관제 편찬관(編纂館)이 책임내각제 제정 방안을 작성했다가 자희태후에게 거부당했다. 재풍은 조야 관민들이 책임내각 구성을 요구하는 청원의 목소리가 높아지자 선통 3년(1911년) 4월 초열흘날, 헌정편사관과 회의정무처가 작성한 《내각관제》와 《내각판사장정》을 반포하고 조령을 내려 책임내각을 구성하도록 함으로써 조야의 압력에 대처하고 황족의 통치를 유지하려 했다.

내각은 국무대신들로 구성되었으며 총리대신을 수반으로 내세웠다. 원래 각 부 상서를 대신으로 개칭하고 국무에 참여시켰다. 일본의 군주입헌제를 본 따 책임내각이 군주에 대해서만 책임지고 의원에 대해서는 책임지지 않도록 했다. 군주가 국무대신 임명 해임권을 장악했다. 의원은 탄핵 권리만 있고 파면 권리는 없었다. 청조정은 조서를 내려 내각관제를 반포함과 동시에 원래 내각·군기처 및 회의정무처를 폐지하고 황제의 명의로 임명한 내각대신 명단을 선포했다. 원 수석군기대신 경친왕 혁광을 내각총리대신에,

내각 대학사이며 군기대신인 나동(邢桐, 만주족 양황기[鑲黃旗]사람)과 서세창(徐世昌, 한족, 천진 사람)을 협리(協理)대신에 임명했다. 내각 대신 13명 중 한인 대신이 4명이고 만주족이 9명이었으며, 그 중 황족 종실(직계) 각라(覺罗, 방계 친족)가 7명이었다. 군자(军谘)대신 2명도 모두 종실이었다. 내각 관제와 내각 인원 명단이 발표되자 즉시 각 성 의원들의 강렬한 불만을 자아냈으며 상서와 청원활동이 잇따랐다.

재풍이 섭정한 청조정은 책임내각을 구성한다는 명의로 황족 전제를 실행해 만족 황권의 통치를 공고히 하려는 데 목적이 있었다. 그 결과는 역효과를 낳았다. 황족 내각의 구성은 만주족 황권의 종말이 다가왔음을 예시했다.

3. 무창(武昌)봉기와 평화 담판(議和)

(1) 동맹회 혁명운동의 발전

중국동맹회는 광서 31년(1905년) 부터 본부를 동경에 설치했다. 청조정은 거듭 명령을 내려 손문을 지명 수배했으며 일본정부에 교섭을 제기했다. 광서 33년(1907년) 정월 일본정부가 손문에게 일본을 떠날 것을 권고했다. 손문은 일본을 떠나 베트남, 싱가포르, 쿠알라룸푸르, 피낭 섬 등지를 전전하며 계속 혁명활동에 종사했으며 동맹회 남양(南洋)지부를 설립했다. 그 후 동맹회 본부 회원들 사이에 의견 차이와 조직의 분화가 끊임없이 나타났다. 총리로서의 손문은 정돈 진흥을 도모하는 것이 시급했다. 선통 2년(1910년)1월 18일 손문은 샌프란시스코로 가 동맹회 분회를 세우고 동맹서(盟書) 내용 중의 중국동맹회 회원을 중화혁명당 당원으로 개칭했다.

광서제와 선통제 시기 교체 후, 중국동맹회 회원 및 기타 혁명단체들이 계속해서 청조정을 반대하는 무장봉기를 일으켰다. 손문은 봉기의 중심을 여전히 광동에 두었지만 예전과 달리 봉기 대오의 주력을 더는 민간회당과 연락하는 데만 의거하지 않고 청조정 각지의 신군들 속에 있는 동맹회 회원과 혁명사상을 받아들인 관병들에게 의지했다. 그 시기의 주요 무장봉기로는 광서 34년(1908년) 10월 웅성기(熊成基) 등이 이끈 안경(安慶) 신군봉기·선통 2년 정월 예영전(倪映典) 등이 이끈 광주신군봉기, 선통 3년 3월 황흥

(黃興) 등이 이끈 광주봉기 등이 있다. 광주봉기가 실패한 후 72구 혁명열사의 유해가 백운산(白云山) 황화강(黃花崗)에 안장됐다. 후세 사람들은 이를 '황화강 72열사'로 높여 부르고 있다. 선통 3년은 간지기년으로 신해(辛亥)이므로 그 전해의 봉기와 구별하기 위해 신해 광주봉기라고 불렀다.

(2) 보로(保路)운동 및 무창(武昌)봉기

청조정이 신정을 실시한 후 철도 부설은 열강들의 대출에 의한 부설·청나라의 관영 부설·민간기업의 부설 등 몇 가지 유형이 있었다. 열강들은 돈을 빌려주고 여러 가지 특권을 갈취하면서 각지로 세력을 뻗쳤다. 사천에서는 외국세력의 침입을 저지하기 위해 영국 등 열강들이 제기한 대출을 받아 철도를 부설하라는 요구를 거절하고 상소문을 올려 허락을 받고 상인들이 스스로 '주식'을 모아 사천성(四川省) 천한(川漢)철도회사를 설립했다. 선통 3년(1911년) 4월 11일 즉 '황제내각'이 구성된 이튿날, 청조정은 조서를 내려 민간에서 설립한 회사를 거둬들여 국유로 한다고 밝혔다. 그 다음날 호남(湖南) 자의국은 즉시 각 성 자의국에 전보를 보내 "국유화"를 취소시키기 위해 공동으로 노력할 것을 건의했다.

4월 20일 청조정이 단방(端方)을 월한(奧漢)·천(川) 철도 감독 대신에 임명해 호광·양광·사천 등지로 가 철도 국유화 사무를 처리하도록 했다. 22일 성선회(盛宣懷)가 영국·프랑스·독일·미국 등 4개국 은행단 대표들과 북경에서 《호북·호남 두 개 성 경내의 월한철도, 호북성 경내의 천한철도 건설 차관계약》을 체결했다. 계약에 따라 4개국 은행에서 6백만 파운드를 빌리고 영국·프랑스·미국 등 3개국이 공정사를 파견해 철도 부설을 주관하도록 했다.

5월 21일 사천 각계가 성도(成都)에서 집회를 열고 보로(保路)동지회를 설립하고 자의국 의장 포전준(蒲殿俊)을 회장에, 부의장 나륜(羅綸)을 부회장에 각각 임명하고 회의가 끝난 뒤 총독 아문에 가서 청원하기로 결정했다. 보로동지회가 설립된 후 각 가도·업계에서 잇따라 보로동지분회를 설립했다. 성도 외에 중경(重慶) 등지에서도 잇따라 분회를 설립했다. 7월 9일 천로(川路)회사 이사회는 조곡을 납부하지 않고 헌납을 하지 않으며 논밭과 가옥 매매를 하지 않고 외채 차관을 승인하지 않기로 결정하고 전국에 통보했다.

사천 총독 조이풍(趙爾豊)은 조령을 받은 후 즉시 진압대책을 세웠다. 15일 조이풍이 보로동지회의 수장인 포전준, 나륜 등을 체포하고 총으로 32명을 소아 죽였으며 수많은 부상자를 냈다.

보로운동이 발생한 후, 동맹회원 성의원(省議員) 용명검(龍鳴劍) 등은 천서 가로회(哥老会) 수령과 밀모해 봉기를 일으키고 동지군을 조직했다. 성도유혈사태가 일어난 후 여러 갈래 동지군 약 20만 명이 잇달아 성도 교외에 몰려와 청군과 접전했다. 청조정은 한구(漢口)에 있는 월한, 천한철도 감독 관리 대신 단방에게 호북의 악(鄂)군을 이끌고 사천으로 들어가 진압할 것을 명했다. 단방이 진압군을 이끌고 사천성의 자주(資州)에 이르렀을 때 그가 이끌던 악군이 봉기에 호응해 그를 찔러 죽였다.

사천보로운동은 청나라의 통치의 멸망을 알리는 종소리였고 호북 신군의 무창봉기를 위한 진군의 나팔소리이기도 했다. 호북 신군 속에는 오래 전에 이미 활동하면서 조직을 발전시켜온 혁명가들이 있었다. 동맹회와 일지회(日知會)·공진회(共進會)·문학사(文學社) 등 혁명단체들이 군에서 혁명을 선전하고 조직을 발전시켜 총 1만 5천명 신군 관병 중 약 3분의 1이 이미 각 혁명단체에 가입했다. 기층 군관과 사병들이 유신사상과 혁명사상을 받아들여 동맹회 등 혁명당인들이 장악하고 의지할 수 있는 혁명대오가 형성됐다.

선통 3년(1911년) 7월 단방이 어명을 받들어 보로운동을 진압하기 위해 호북 신군을 이끌고 사천으로 향했다. 공진회와 문학사 대표들이 집회를 열고 봉기를 일으킬 절호의 기회라고 의견 일치를 보고 신군을 동원해 봉기를 일으키기로 결정했다. 8월 초사흗날, 두 단체가 연합해 대회를 열고 15일 중추절을 봉기일로 정하고 봉기행동계획을 제정했다. 지휘본부를 세우고 장익무(蔣翊武)를 임시 총사령관으로, 손무(孫武)를 참모장으로, 유공(劉公)을 군정부 총리로 추대했다. 그 후 봉기 지휘본부는 봉기 날짜를 8월 20일로 미루기로 결정했다.

8월 18일 손무(孫武)가 러시아 조계지에 있는 봉기지휘기관에서 폭탄 조립 시험을 하다가 부주의로 폭발하는 바람에 봉기 계획이 누설됐다. 장익무가 그날 오후 5시에 명령을 내려 밤 12시 남호포대(南湖炮队)의 발포를 신호로 성 안팎에서 동시에 봉기를 일으킬 것을 지시했다. 지휘본부가 군대와 경찰에 포위당했다. 장익무·유복기(劉復基)·팽초번(彭楚藩) 등이 체포됐다. 이튿날 (양력 10월 10일) 새벽, 호광총독 서징(瑞澂)이 유복기·팽초번·양굉승(楊宏勝) 등 3명을 처형하고 또 30여 명을 체포했다. 장익무는 체포됐다가 후에 탈출했다. 그날 저녁 7시, 혼성협(混成協) 제21영(營) 치중대·공정대 사병들이 먼저 봉기를 일으켜 성 안으로 돌진했다. 공진회 공정영 총대표 웅병곤(熊秉坤)이 마침 당도해 봉기군을 거느리고 초망대(楚望台) 군무기 창고를 습격해 무기고를 지키던 병사들과 합류해 무기고를 점령했다. 그날 밤 10시 반쯤, 여러 갈래의 봉기군이 호광총독아문과 신군 팔진 군부를 합동 공격했다. 서징(瑞澂)과 제8진 통령 장표(張彪)가 도주했다. 날이 밝을 무렵, 봉기군이 호광총독부를 점령하고 승리를 거두었다. 20일 밤과 21일 새벽, 봉기군은 또 한구(漢口), 한양(漢陽)을 점령했다.

8월 20일 자의국은 회의를 열고 호북군정부를 설립해 여원홍(黎元洪)을 도독으로 임명하고 군정부에 참모부·군무부·정무부·외교부 등 4개 부를 임시 설치하기로 상정했다. 회의에서는 또 중국을 중화민국으로 개칭하고 정체를 5개 민족공화로 하며 황제(黃帝) 기원 4609년을 기년으로 하기로 결정했다.

호북 신군이 무창봉기를 일으킨 후 내지 13개 성에서 잇따라 봉기에 호응했다. 호남·섬서·강서·산서·운남·절강·귀주·안휘·광서·복건·광동·사천·강소 등 성에서 잇따라 봉기를 일으켰거나 또는 독립을 선고하고 청조정의 통치에서 벗어났다. 각 성의 독립은 모두 동맹회 등 혁명단체의 책동과 영향 하에 신군의 무장봉기를 통해 실현됐다. 광서는 무장봉기를 거치지 않았지만 역시 동맹회 회원들의 발동으로 평화적으로 독립했다. 손문이 지도 설립한 중국동맹회는 5년간의 힘든 투쟁을 거쳐 끝내 중대한 승리를 거두었다. 내지 14개 성에서 잇달아 청조정의 통치에서 벗어났으며 위기에 빠졌던 청나라는 이로써 철저하게 무너졌던 것이다.

(3) 내각 개편 및 평화 담판

무창봉기 후 각 성에서 잇따라 독립의 폭풍이 몰아쳤다. 9월 11일 경친왕 혁광을 비롯한 황족 내각이 스스로 물러났다. 청조정은 다시 원세개를 내각 총리대신에 임용해 책임내각을 구성하고 봉기를 진압하게 했다. 원세개는 자신을 쫓아낸 재풍에게 원한이 깊었으므로 섭정왕의 감국을 용납할 수가 없었다. 결국 섭정왕의 감국과 내각책임제가 어울리지 않는다는 이유로 섭정왕을 해임시키고 재풍을 압박해 감국섭정왕직에서 사퇴시키고 더 이상 정사에 관여하지 못하게 했다. 이어 또 재도의 금위군 통령 직무를 해임시키고 서세창(徐世昌)에게 통솔 훈련시키도록 했다. 어린 황제가 재위한 청조정에는 융유후(隆裕后)만 남아 청정하며 조서를 내렸으며 군정의 실권은 모두 원세개가 장악했다.

원세개는 복귀 초기 "평화적으로 해결하자"는 내용의 서한을 여원홍에게 보내 그의 마음을 떠보려 했으나 여원홍은 상대하지 않았다. 10월 초이렛날, 원세개의 부장 풍국장(冯国璋)이 청군을 거느리고 한양을 함락시켰다. 여원홍은 한구(漢口) 주재 영국 총영사 고페(葛福)를 통해 원세개에게 정전담판을 제안했다. 원세개는 즉시 당소의(唐紹儀)를 전권대표로 위임해 무창(武昌) 군정부와 담판하도록 했다.

10월 10일 호북·호남·절강·강소·안휘·복건·광서·사천 등 성과 아직 독립하지 못한 산동·직예·하남 등 11개 성의 대표들이 무창에서 회의를 열었다. 회의에서 호남 대표 담연개(譚延闓)를 의장으로 추대하고 임시정부가 설립되기 전까지 호북 군정부가 중앙군정부 직권을 대행하도록 결정했다. 그리고 만약 원세개가 총부리를 거꾸로 돌리고 귀순한다면 즉시 공중 선거를 거쳐 그를 임시 대총통으로 추대한다고 결의했다. 회의에서는 또 '중화민국임시정부 조직대강'을 통과시켰다. 12일 강소·절강 연합군이 강녕(江寧)을 정복했다. 13일 대표들은 임시정부를 강녕에 설치하기로 결의하고 강녕을 남경(南京)이라 칭했다.

11개 성 대표는 원세개가 파견한 당소의가 무창으로 오고 있다는 소식을 접한 후 상해의 오정방(伍廷芳)을 민군대표로 공개 추대해 당소의와 담판하도록 했다. 10월 28일 쌍방은 전국 각지에서 정전협의를 달성했다. 11월 초하룻날 쌍방은 제2차 회의를 열고 국가체제 문제에 대해 논의했다. 쌍방 대표는 북경의 국민대회에서 군주제를 실행할지 아니면 공화제를 실행할지 여부에 대해 결정하기로 찬성했다. 그때 민주혁명의 발기자이자 지도자이며 중국 동맹회 총리인 손문이 해외에서 상해로 돌아오자 혁명 정세는 급격한 발전을 보였다.

4. 민국의 창립과 청의 멸망

손문은 상해에 온 후, 함께 온 호한민(胡漢民) 그리고 상해 동맹회 지도자 황홍(黃

興)・송교인(宋敎仁)・진기미(陳其美) 등과 모여 즉시 임시정부 설립과 총통제를 실행에 대해 상정하고 손문을 임시대총통으로 추천했다. 11월 11일 17개 성의 대표들이 남경에 모여 손문을 임시대총통으로 추대하고 임시정부를 설립했다. 손문은 대총통에 취임한 후 공화국 국호를 중화민국으로 정한다고 선포했다. 그리고 연호를 세우는 낡은 제도와 황제(黃帝) 기원을 폐지하고 중화민국으로 기념하기로 했다. 양력으로써 중국의 전통적인 음력 역법을 교체했는데 이것이 바로 세계에서 통용하고 있는 서양 역법이었다. 대총통 취임 날인 하력(夏曆) 신해(辛亥)년 11월 13일을 중화민국 원년(1912년) 원단(1월1일)으로 정했다. 중국 역사상 최초로 공화정체의 민국이 탄생된 것이다. 대표회의에서는 홍・황・남・백・흑 5가지 색깔로 이루어진 기를 중화민국 국기로 정했는데 이는 '5개 민족의 공화'를 의미했다.

손문은 임시 대총통에 취임한 후 원세개에게 전보를 보내 청조정에 반기를 들고 청나라 정권을 뒤엎으면 대총통 자리를 자발적으로 내놓겠다고 밝혔다. 원세개는 손문이 민국을 설립하고 대총통에 당선되었다는 사실을 알고 나서 손문이 원래의 협의와 약속을 어긴 것이라고 주장했다. 원세개의 옛 부하 단기서(段祺瑞)・풍국장(馮國璋) 등 북양 고급 장교 40여 명이 연명으로 청조정에 전보문을 보내 군주입헌을 강력히 주장하고 공화를 반대하면서 소수인의 의견에 따라 공화를 강행한다면 결사적으로 반대할 것이라고 공언했다.

원세개와 북양 고급 장교들이 공화를 결사적으로 반대하자 손문은 황흥과 북벌 계획을 세웠다. 그러나 각 성 혁명군의 역량이 고르지 않고 재정이 부족하여 대규모 군대를 동원하기 어려운 상황이었다. 손문은 혁명 경비를 모으기 위해 백방으로 뛰어다녔다. 그러나 모은 현금으로는 여전히 태부족이었다. 손문은 북벌계획을 실현하기 어렵게 되자 부득이하게 각 성 대표대회에서 달성했던 의견에 따라 계속해서 원세개를 자기편으로 끌어들이려 했다. 그래서 임정방을 통해 "청나라 황제를 퇴위시키고 공화정을 선포한다면 임시정부가 한 약속은 반드시 지키겠다. 손문이 즉각 해임을 공식 선포하고 공로와 능력에 따라 원세개를 대총통으로 추대하겠다"라고 원세개에게 전했다. 원세개는 손문으로부터 대총통 자리를 양보하겠다는 보증을 재차 얻게 되자 청조정 황제에게 압력을 가해 제위에서 물러나도록 했다.

1월 16일 원세개와 내각대신들이 연명으로 상소를 올려 "군민이 공화를 주장하고 있고 대세가 위급하며 군량을 마련할 수가 없어 군대를 관리하기가 어렵다"다면서 "민주는 요·순 임금이 제위를 선양하는 것과 같다", 융유(隆裕) 황태후에게 "하루 빨리 민중들이 원하는 바에 따를 것"을 제안했다. 그 이튿날 융유 황태후가 종실 왕공 회의를 소집했다. 혁광·부륜(溥倫)은 청나라 황제가 스스로 제위에서 물러나도록 하고, 또 청조정이 공화를 선포하도록 할 것을 주장했다. 그러나 재택·부위(溥偉)는 이를 반대하며 여전히 군주입헌을 주장했다. 융유 황태후가 우유부단한 바람에 결론을 짓지 못했다.

26일 동맹회 회원 팽가진(彭家珍)이 귀가 중인 원 금위군 통령 겸 종사당(宗社党) 수령인 양필(良弼)에게 폭탄을 던져 양필은 중상을 입고 이틀 후 죽었다. 팽가진은 당장에서 희생되었다. 이에 공화를 반대하던 대신들은 크게 놀라 일부 대신들은 수도에서 도주했다. 단기서는 고급 장교 46명과 연락해 연명으로 청조정에 상소를 올려 "조령을 내려 국내외에 알리고 공화정체를 수립할 것"을 요구했다. 원세개는 계속해 병을 핑계로 조정에 나가지 않고 융유 황태후에게 압력을 가했다. 융유 황태후는 하는 수 없이 원세개에게 전권을 부여해 민국정부와 조건을 협상하도록 했다. 원세개는 즉시 남경민국정부와 청나라 황제 퇴위 우대조건 및 퇴위 조서 작성 등 사항에 관해 협상했다.

민국 원년 2월 12일 청나라 선통 3년 12월 25일 융유 황태후가 선통제를 데리고 제위에서 물러나고 공화정체를 실행한다고 선포했다. 청나라의 268년 통치가 이로써 무너졌으며 제왕전제제도의 결말도 종말을 고했다. 청나라 황제가 퇴위한 후 손문은 원래의 약속대로 대총통직을 사퇴했다. 3월 10일 원세개가 북경에서 중화민국 임시대총통에 취임했다.

손문이 발기하고 지도한 민주혁명은 1894년 홍중회 설립을 시작으로 18년간의 힘겨운 노력을 거쳐 끝내 청나라를 전복시키고 민국의 혁명목표를 이룩한 위대한 업적을 쌓았다. 무창봉기는 간지 기년으로 신해년에 일어난 것이기에 '신해혁명'이라고도 불린다.

1. 이학(理學)과 경학 및 서학(西學)

청(淸)대에 경학은 모두 세 차례 변화가 있었다. 청나라 초기에는 한(漢)·송(宋) 시기의 경학을 모두 겸했고, 건륭 이후에는 한학(漢学)이었으며, 가경·도광 이후에는 서한(西漢)의 금문(今文) 경학이었다. 오랫동안 침체됐던 금문경학이 가경·도광 이후에 한동안 부흥했지만 한·송시기를 대체하지는 못했다. 송학(宋学)에서 비롯된 성리학은 여전히 통치 지위에 있는 공식 학술이었을 뿐만 아니라 사회에 깊이 침투됐으며 그 영향은 아주 광범위했다. 한학은 점차 말로에 이르렀지만 도광 이후 총정리 단계에 접어들어 종합적이고 평론적인 경학 저술들이 나타났으며 계속 성과를 얻었다. 금문경학은 학술적으로 영역이 좁지만 경세치용(經世致用)·변법유신(変法維新)을 창도해 한때 성행했다. 변법이 실패하자 금문지학도 말로에 접어들어 발전하기가 어려워졌다. 청나라 말기(晩淸) 학술에 나타난 새로운 현상은 서양 학술사상이 전파되어 들어온 것이다. 대량의 서양 학술저서가 중문으로 번역돼 널리 전파되었다. 따라서 중·서양이 융합된 새로운 학술이 흥기하기 시작했다.

(1) 성리학의 유포

송유(宋儒)의 성리학에는 윤상(倫常)과 성리(性理) 두 개 방면의 내용이 망라되어 있었는데 특히 성리론으로 윤상을 논증했다. 청나라 초기에는 성리학을 강력하게 제창하면서 통치를 수호하는 사상무기로 삼았다. 건륭 이후 한학이 번성했으며 대부분 학자들은 경서의 주소(注疏)와 고증(考證)에 주력했다. 성리학은 공식 철학으로서 여전히 통치적 지위를 차지했지만 배우는 학자들 속에서는 점차 소외되었다. 함풍 이후 태평천국 혁명이 폭발하자 증국번(曾國藩)이 상(湘)군을 편성해 태평군을 진압한 공으로 고위관직에 올라 재차 성리학을 창도하면서 관료사회와 문인들 속에서 영향을 일으켰다.

증국번이 논하는 성리학의 여러 가지 이론은 모두 '예'가 핵심이며, 예는 황실에 충성하고 봉기를 진압하는 '사람을 다스리는' 도리이며, 벼슬과 체세 · 명철보신하는 "자신의 도를 닦는" 도리가 그 핵심 내용이었다. 그러나 학술적으로는 별로 공적을 쌓지 못했다. 상계(湘系) 관료들은 거의 높은 관직에 있었는데 제자와 옛 부하들은 모두 증국번의 성리학 이론을 준칙으로 삼았으므로 한때의 영향력은 컸다. 성리학이 학술 영역에서는 점차 쇠퇴됐지만 윤상의 도리는 관료사회와 일반사회에서 여전히 통치적 지위를 차지하는 통치사상이었다.

(2) 경학의 변화 발전

청나라 말기의 경학에는 한학과 금문경학이 포함되어 있었는데 양자는 치학방법과 취지는 서로 달랐다.

한학의 연속 한학은 가경 · 도광시기에 이미 번창하던 데서 쇠퇴하기 시작해 번거로운 고증의 곤경에 빠졌다. 도광 이후 한학은 총정리 단계에 들어섰다. 첫째는 전문 경학에 대한 해석과 고증인데 건륭 · 가경 시기 한학의 성과를 총 정리하고 송학을 겸해 집대성한 저술들이 나타났다. 둘째는 한학의 득과 실을 돌이켜 사색하고 종합적으로 평했다.

유문기(劉文淇)의 《춘추좌씨전 구주소증(春秋左氏傳舊注疏証)》과 《좌전구소고증(左傳舊疏考証)》은 한(漢)대 이후 《좌전(左传)》주소에 대해 체계적으로 정리하고 종합했다. 유보남(劉寶楠)의 《논어정의(論語正義)》는 《논어》의 주해 중에서도 집대성한 정합서이다. 진환(陳奐)의 《시모씨전소(詩毛氏傳疏)》는 청대 문인들이 《시경(詩經)》을 연구한 대표적인 저술이다. 진풍(陳澧)은 만년에 평생 경학을 연구해 얻은 이론으로 《동서독서기(東塾讀書記)》를 편찬해 건륭 · 가경제 시기의 한학에 대해 전면적으로 평론했다.

손이양(孫詒讓)은 청나라 말기에 성과가 가장 뛰어난 한학(漢學)의 대가였다. 대표작 《주례정의(周禮正義)》는 정현(鄭玄)의 구주(舊注)의 본의를 설명하고 각항 제도에 대해 세밀하게 고증했다. 장병린은 경학 분야에서 고문경을 숭상했으며 대량의 평론글로 경학의 신비스런 베일을 벗겨 공자와 6경의 학술통치를 부정함으로써 청대 경학을 위한 비판적인 종합서를 저술했다. 장병린은 만년에 소주에서 강의를 했으며 근대학술의 발전에 중대한 영향을 미쳤다.

금문경학의 발전 가경 시기에 장존(庄存)과 유봉록(劉逢祿) 등이 금문공양학을 창도함으로써 오랫동안 몰락해 있던 금문경학이 회생하기 시작했다. 도광제 시기부터 유지들이 '공양학설'에 의거해 경세를 공언하거나 시사 정치를 논했다. 도광 시기, 공자진(龔自珍)과 위원(魏源)이 상주(常州)학파 유봉록 등 이들의 학설을 널리 알리고 금문경학을 극구 제창했다. 광서재 시기 사천 사람 요평(廖平)이 동한(東漢)시기의 금문과 고문의 구별점을 논하고 저서 《지성편(知聖篇)》·《벽류편(辟劉篇)》을 써냈으며 후에 제목을 《고학고(古學考)》로 고쳤다.

광서 15년 강유위가 요평의 《금고학고(今古學考)》를 읽은 후 금문경학에 대해 연구하고 《신학위경고(新學偽經考)》를 써냈다. 또 요평의 견해를 명백히 밝혀 속편으로 《공자개제고(孔子改制考)》를 써냈다. 강유위는 이 두 저서를 변법 창도의 이론적 의거로 삼았다. 그러나 학술적으로는 제멋대로 해석하고 억지로 끌어다 붙였으므로 학자들의 비난을 받았다.

(3) 서학과 신학

청나라 말기에 일반적으로 호칭한 서학에는 주로 (1) 서방 각국의 정치제도와 정치사상 (2) 서양의 자연과학과 생산기술 (3) 서방 각국의 철학과 학술(인문·사회 학설) 등이 포함되었다. 그 중 서양철학과 학술은 주로 두 가지 경로를 거쳐 중국에 전파되었다. 한 가지 경로는 중국의 지식인들이 서양의 저작들을 중문으로 번역 발행해 전파된 것이고, 다른 한 가지 경로는 중국의 학자들이 자신의 저술에 서양학술을 소개하거나 또는 서양의 학술 관점·방법을 중국학술과 서로 융합시켜 이른바 신학을 형성한 것이었다.

서양 저술에 대한 번역　대략 도광 시기 전에 중국인들은 해외 여러 나라의 상황에 대해 아는 것이 매우 적었다. 동치 이후 동문관(同文館)·제조국과 외국 전교사들이 일부 과학기술 서적들을 계속 중문으로 번역했지만 학술 저작은 간혹 한 단락씩 소개했을 뿐이었다. 서양 학술저작들에 대한 체계적이고 온전한 번역은 광서 말기부터 시작되었다. 서양 학술저작들을 직접 번역하는데 있어서 공헌이 가장 큰 학자는 엄복(严復)이었다. 일본어로 번역된 서양 학술저작을 중국어로 간접 번역한 선도자는 양계초(梁啓超)였다.

1895년 중·일전쟁이 발발한 후, 엄복은 군주전제를 반대하고 변법유신을 찬동하는 정론을 여러 편 발표해 "민심을 격려하고 국민들의 지혜를 발굴하며 새로운 민덕을 쌓을 것"을 제기하면서 "국민들의 지혜를 발굴하려면 서학을 중시하지 않으면 안 된다"고 주장했다. 1896년 영국 학자 올더스 헉슬리(J.Huxley)의 《진화와 윤리(Evolution and Ethics, (중국어 번역본 이름은 《천연론(天演論)》)》를 중문으로 번역했다. 이 책은 주로 영국 학자 다윈(C.R.Darwin)의 《종의 기원, (중국어 번역본의 이름은《물사유래(物史由來)》혹은 《물종기원(物種起源)》)》에서의 진화론 관점을 의거로 '물궁(物兢)' '천택(天擇)'의 "자연 진화 발전법칙(혹은 '우승열패, 적자생존[优勝劣敗, 適者生存]으로 번역됨)을 논증했다. 엄복은 서언에서 또 특별히 '자강보종(自强保種)'의 뜻을 밝혔다. 출판 발행된 후 몇 년 사이에 전국에 널리 퍼졌다. 엄복은 또 잇달아 영국 학자 애덤 스미스(Smith, Adam)의 《국부론(The Wealth of Nations)》, 스펜서(U.Spencer)의 《사회학 연구(The Study of Sociology)》, 젠크스(E.Jenks)의 《정치학 약사(A Short History ofPolitics)》, 존 스튜어트 밀(J.s.Mill)의 《자유론(On Liberty)》과 《논리학체계(A System of Logic)》 및 프랑스 몽테스키외(Montesquien)의 《법의 정신(De l'esprit des Iois)》등 일련의 명작들을 번역 간행했다. 서학 저술의 번역은 민주사상의 발전을 촉진시켰으며 그 공헌은 자못 컸다.

양계초는 광서제가 변법을 실시하기 전에 벌써 서양 저작을 번역할 것을 제창했었다. 1897년 상해에서 대동역서국(大同譯書局)을 창설해 저작들을 번역했는데 "동양문(일본어) 저작의 번역을 위주로 하고 서양문 저작의 번역을 부차적으로 했다". 번역 간행한 저작들로는 《영국인의 아편강제판매기(英人强賣鴉片記)》·《스위스정변(瑞士政变)》·《러시아 영토 전쟁기(俄土戰記)》등이 있는데 주로 서방 여러 나라의 역사와 현황에 대해 소개한 도서들이며 학술저작에 대해서는 아주 적게 취급했다. 변법이 실패한 후 양계초는 일본에 피신해 거주하면서 일본에서 번역된 서양 저작들을 읽을 것을 극구 제창했다. 그는 이는 서양언어를 모르는 독자들이 서학을 배울 수 있는 지름길이라고 여겼다. 양계초의 선도 하에 20세기 초 일본 저작 혹은 일본어로 번역된 저작을 다시 중국어로 번역하는 현상이 성행했다.

2. 학술저술

(1) 역사학 저술

전대 역사 – 청대 이전 고대사에 대한 연구는 편년기전체(編年紀傳体) 구사체례(舊史體例) 및 집일교주(輯佚校注)에 관한 학설을 계승해 새로운 성과를 거두었다. 가경·도광 연간 학의행(郝懿行)·진봉형(陳逢衡)·임춘부(林春溥)·뇌학기(雷學淇) 등 이들이 《죽서기년(竹書紀年)》에 대한 집고(輯考)는 상고 3대의 역사학과 연대학에 대한 연구를 추동했다. 하섭(夏燮)이 《명통감(明通鑒)》을 써냈는데 전서에서 《통감(通鑒)》의 법식에 따라 명나라의 역사를 기록했다. 왕선겸(王先謙)이 쓴 《한서보주(漢書補注)》와 《후한서집해(后漢書集解)》(문인 황산이 보충 완성)는 양한(兩漢) 역사 연구에서 필독서로 되었다.

홍균우(洪鈞于)는 유럽에 외교사절로 가 있는 동안 다양한 외국 역사자료들을 수집해 《원사역문증보(元史譯文証補)》를 써냄으로써 《원사(元史)》의 잘못된 부분을 지적하고, 《원사(元史)》의 부족한 부분을 보충했다. 이 저서는 최초로 외국의 역사자료를 번역해 국민들에게 소개한 것이며, 또 처음으로 외국 역사서적을 응용해 중국의 《정사(正史)》를 보충한 것이기도 하므로, '원사(元史)' 연구에서 시야를 넓혀주었을 뿐만 아니라 중국 역사학의 발전을 촉진하는 데도 기여했다.

변강 민족사 – 가경·도광 시기부터, 학자들은 복잡한 변강문제와 외국의 침략 상황과 마주하면서 변강지역과 소수민족의 역사와 현황에 점차 관심을 갖게 되었다. 따라서 변강역사, 지리 및 사회 상황을 종합적으로 고찰한 저술들이 나타났다. 변강 민족고

대사 연구도 새롭게 개척했다. 그 대표작으로는 서송(徐松)이 편찬한 《신강식략(新疆識略)》· 장목(張穆)이 쓴 《몽골유목기(蒙古游牧記)》· 하추도(何秋濤)가 쓴 《삭방비승(朔方備乘)》· 황패교(黃沛翹)가 편찬한 《서장도고(西藏圖考)》· 이문전(李文田)이 쓴 《원나라 비사주(元朝秘史注)》· 오광성(吳廣成)이 쓴 《서하서사(西夏書事)》등이 있다.

세계사 – 도광제 때부터 학자들은 세계를 알아야 할 필요성에 대해 점점 더 깊이 느끼게 되었으며, 따라서 세계 역사 관련 저서 및 번역서들이 나타났다. 주로 임측서(林則徐)가 쓴 《러시아국기요(俄罗斯國紀要)》· 위원(魏源)이 편찬한 《해국도지(海国图志)》· 서계여(徐繼畬)가 쓴 《영환지략(瀛寰志略)》· 왕도(王韬)와 황준헌(黃遵宪)이 쓴 《일본국지(日本國志)》등이 있다.

번역서 – 청나라 말기 중국인이 외국을 알아야 하는 절박한 수요를 만족시키기 위해 중국의 지식인과 중국에 있는 외국 선교사들이 대량의 외국 역사서를 번역해 간행했다. 이는 중국인들이 시야를 넓히고 세계를 알아가는 데 적극적인 역할을 했다. 그 중에서 비교적 영향력이 있는 저서로는 북경 동문관(同文館)이 번역한 《세계사강(世界使綱)》· 광주 익지학회(益智學会)가 번역한 미국 셰필드(D.Z.Sheffield)의 저서 《만국통감(萬國通鑒)》· 영국 선교사 티모시 리처드가 영국 로버트 매킨지(Mzckezie)의 책 《19세기의 역사(History of the Nineteenth Century)》를 번역한 저서 《태서신사람요(泰西新史揽要)》· 설복성(薛福成)과 그의 아들 설영(薛瑩)이 편역한 《영·프·이·벨 지역략(英法意比志譯略)》등이 있다.

(2) 고고학 발견

광서 연간에 하남(河南) 안양(安阳)의 갑골과 감숙(甘肃) 돈황 유서(敦煌遺書)· 신강(新疆) 유적간독(遺址簡牍) 등이 잇달아 발견돼 세계의 주목을 받았으며 중국 근대 고고학의 서막을 열었다.

은허(殷墟) 갑골 – 광서제 연간 중엽에 하남 안양의 작은 마을에서 문자가 새겨져 있는 귀갑수골(龜甲獸骨)이 발견됐는데 북경의 국자감제주(國子監祭酒) 왕의영(王懿榮)이 매입했다. 광서 29년(1903년) 유악(刘鹗, 자 철운[鐵云])이 갑골 탁본을 편찬해 《철운장귀(鐵云藏龟)》라는 책을 인쇄 발행했다. 선통 2년(1910년) 나진옥(罗振玉)이 《은상 정복문자고(殷商貞卜文字考)》를 써냄으로써 출토된 갑골이 상(商)대 정복문자라는 것을 고증했다. 《철운장귀(鐵云藏龜)》가 출판된 후, 손이양(孫詒讓)이 쓴 《계문거례(契文擧例)》는 갑골학 최초의 문자학 저술이다. 청나라가 멸망한 후 10년간, 나진옥·왕국유(王國維) 등은 갑골에 대해 더 깊이 연구했다. 갑골학은 점차 고고학·역사학·문자학을 포괄한 종합적인 전문학으로 되었다. 중국고대사와 고대 문자에 대한 연구도 은허 갑골이 발견됨으로 인해 새로운 단계에 들어서게 되었다.

돈황 유서(遺書) - 감숙 돈황 명사산(鳴沙山)은 진(秦)조 때부터 막고굴(莫高窟) 석굴(石窟)을 뚫고 불상을 공봉하기 시작한 뒤로 수(隋)·당(唐)·송(宋)·원(元)의 역대를 거치며 계속해서 건설돼 그 규모가 매우 웅대했다. 광서 26년(1900년) 막고굴 도사 왕원록(王圓祿)이 제16굴 동굴에서 고대 경전과 문자 그리고 여러 가지 문물을 발견했는데 4만여 종에 달했다. 내용이 광범위하고 대부분 보기 드문 진귀한 문물들로서 고대 문헌의 보물고를 이루었다. 세간에서는 굴을 장경동(藏經洞)이라 부르며 돈황 석실(石室)이라고도 부른다. 1907년 영국 고고학자 스타인(A.stoin)이 돈황에 와 왕 도사한테서 석실 유서 및 채색 비단 깃발 등 문물을 사취해 갔는데 총 24상자에 담아 운반해 갔다. 그 이듬해 프랑스 동방학자 펠리오(P.Pellict)가 돈황에 와 유서 가운데서 정품 5천여 건을 몰래 훔쳐 자국으로 운반해 갔다. 그 후에도 적지 않은 진귀한 문물들이 해외로 유실되었다.

1909년 나진옥이 유서 중에서 당사본(唐寫本) 고적 13종을 골라서 그 내용을 《돈황석실유서(敦煌石室遺書)》란 책에 수록해 출판 발행했다. 같은 해, 왕인준(王仁俊)이 펠리오가 발표한 보고를 의거로 그중 6종의 고적에 대해 발문을 쓰고 고증하고 해석한 다음 또 관련 비석의 탁본을 복사해 확인 정정을 거쳐 《돈황석실진적록(敦煌石室真迹录)》을 간행했다. 청나라가 멸망한 후, 돈황유서와 돈황석굴예술에 대한 연구가 점차 학자들의 중시를 받았으며 신흥 종합성 학술 "돈황학(敦煌學)"이 흥기했다.

신강 간독(新疆簡牘) - 청나라 말기, 신강 지역에서 니야유적(尼雅遺址)과 고대 누란유적(古楼蘭遺址)이 발굴되고 대량의 문서와 목간이 출토했다.

니야유적은 신강 니야 강 북쪽의 타클라마칸(塔克拉瑪干)사막에 위치해 있다. 광서 26년(1900년)에서 광서 32년(1906년)까지 스타인이 여러 차례 이 곳을 고찰하는 과정에 남아있는 당대 벽화와 고대 인도문자가 적혀있는 종이 조각, 목독(木牘), 양피서(羊皮

書) 그리고 한자목간(漢子木簡) 등 진귀한 문물들을 발견하고 모조리 훔쳐 귀국했다.

누란유적은 신강 뤄부호(罗布泊) 서북쪽 약강현(若羌縣) 경내에 위치해 있다. 학자들은 고증을 거쳐 위진(魏晋)시기 서역장사부(西域長史府)[선선(鄯善)유적이라는 설도 있음] 관아가 설치된 곳임을 밝혀냈다. 1900년 이후 스웨덴 지리학자 스벤 헤딘(S.S.Hedin)이 3차례나 이 유적지에 와 발굴작업을 거쳐 한자목간·문서·종이 조각·명주 및 고대인도 간독문서 등을 발굴해 해외로 가져갔다. 간독에서 발견된 가장 이른 연대 기록은 위가평(魏嘉平) 4년(252년)이고 가장 늦은 연대 기록은 전량(前凉) 나라의 건흥(建興) 18년(330년)이다. 이는 서역의 역사를 연구하는 진귀한 문헌이다.

(3) 언어문자학

도광·함풍 시기부터 전통적인 음운(音韵), 훈고(訓詁)와 문자학이 계속해서 새로운 성과를 거두었다. 서양의 언어지식을 참조로 한어문법 연구의 새로운 영역을 개척했으며 한자 병음 창제에 대해 모색하기 시작했다.

주준성(朱駿声)의 《설문통훈정성(說文通訓定声)》에는 총 17,240자가 수록돼 있는데 배열방법은 고운(古韵) 18부에 의거해 1,137모(母, 성부声符])를 석출해 차례로 배열했다. 첫 줄에는 검자(檢字)를 배열해 검색하기 편리하도록 했다. 이 책은 상세한 예를 들어 증명하고, 정확하고 세밀하게 고증하여 수정한 것으로서 음운훈고학의 종합적인 거작이고 고음고의(古音古義)를 연구하는 신형 고대 한어자전이기도 해 한어사 연구에 중대한 기여를 했다.

수(隋)대 육사(陸詞)가 편찬한 《절운(切韵)》은 한어음운학의 토대로 되는 거작으로서 원 서적은 오래 전에 이미 실전했다. 진풍의 《절운고(切韵考)》는 《절운(切韵)》에서 비롯된 송(宋)대 진풍년(陳彭年)의 《광운(廣韵)》을 의거로 삼았다. 《광운》의 반절 발음 표기의 계연(系聯) 현상에 대해 세밀하게 분석해 《절운(切韵)》의 음운체계를 규명함으로써 음운사 연구에 기여했다.

오대징(吳大澂)이 편찬한 《설문고주보(說文古籀補)》는 상주(商周)시기의 동기에 새겨져 있는 문자와 기타 고대 기물에 새겨져 있는 고주(古籀)[대전(大篆)]문자를 널리 수록해 《설문해자(說文解字)》를 원본으로 각 문자 아래 본떠서 적어놓았다. 사실은 《설문(說

文)》에 의거해 순서를 배열한 첫 고대 문자총집이다.

마건충(馬建忠)이 편찬한 《마씨문통(馬氏文通)》은 서양 문법을 참고해 한문 문법을 체계적으로 연구한 첫 이론저작이다.

도광제 때부터 서양 선교사들이 잇달아 중국에 와 포교했다. 각지 천주교회에서는 각지 방언을 로마자로 표기한 간행물들을 잇따라 출판했는데 이를 '교회 로마자'라고 불렀다. 영국인 토머스 프랜시스 웨이드(T.F.Wade)가 잇따라 《심진록(尋津錄)》과 《언어자이집(語言自邇集)》 두 책을 써냈다. 이 두 책은 라틴자모로 한자에 발음을 표기하고 유기부(送氣符) 등 부호를 붙여놓았는데 이로써 라틴자모 병음법이 형성되었다. 그 후 오랫동안 서방 각국은 토머스 프랜시스 웨이드의 병음법으로 중국인의 인명과 지명 등 고유명칭을 음역했다.

3. 문학예술

(1) 시문(诗文)

시사(**诗词**) 구체(舊體)로 된 시사는 청나라 말기의 문단에서 계속 성행했다. 수구파는 여전히 당송의 시를 본보기로 삼았다. 유신·혁명 인사들의 창작은 구체재(舊體裁)에 새로운 사상을 주입시켰다. 예술풍격도 여러 차례 변화 발전을 거쳤다.

경세시(경世经) - 도광제 시기의 '경세시' 작품은 공자진(龔自珍)의 작품이 대표적이다. 그리고 위원(魏源)은 시문에서 경세치용(經世致用)을 극구 제창했다. 문단에서는 공자진과 위원이 '공위(龔魏)'로 나란히 불렸다. 혁신을 통한 나라 부흥의 포부를 시로써 표현했으므로 풍부하고 깊은 의미가 있었다.

종송시(宗宋经) - 공위가 시문에서 경세를 선도한 시기와 거의 같은 시기에 시단에는 종법(宗法) 송시(宋经)의 흐름이 나타났는데 그 선도자는 바로 정은택(程恩澤)과 세 조대에 걸쳐 재상을 지낸 기준조(祁寯藻)였고, 그를 따른 이는 하소기(何紹基)였다. 이른바 종송은 성당(盛唐)시기의 시풍에 구애되지 않고 송나라 시인들의 시풍을 모방했는데, 소식(蘇軾)과 황정견(黃庭堅)이 그 본보기였다. 이 유파의 시인들을 후세 사람들은 '송시파(宋詩派)'라고 불렀다. 동치·광서 연간에 이 유파의 시풍이 꾸준히 발전했다. 그러나 문구를 지나치게 수식해 심오하면서도 간략함을 추구하는 방향으로 변화 발전해 '동광체(同光体)'로도 불렀다.

신파시(新派詩) – 구체시(舊體詩)에 새로운 내용을 주입시킨 유신파 시인으로는 황준헌(黃遵憲)이 첫째로 꼽힌다. 그는 젊은 시절에 시를 지을 때부터 이미 "입으로 말하는 그대로 손으로 쓰자(我手寫我口)"고 주장하면서 산문필법으로 시를 지었는데 특히 연작시(組詩)와 장시(長詩)가 특색이다. 생전에 쓴 《인경려시초(人境廬詩草)》가 전해지고 있으며 청나라 말기 시인들 가운데서 공인 받는 거장이다.

'시단의 혁명'을 공개적으로 제창했던 양계초마저도 황준헌만은 진심으로 탄복했으며 '선도자'라고 칭송했다. 신체시(新体詩)는 새로운 경지와 새로운 어구를 사용해야 하며 반드시 고대인의 풍격도 있어야 한다는 양계초의 주장도 황준헌의 이론과 일치했다.

청나라 말 동맹회 시인들이 조직한 동인시사(同人詩社)인 남사(南社)가 소주(蘇州)에 설립됐다. 그 발기자는 진거병(陳去病)·고욱(高旭)·유아자(柳亞子)이다. '남사'라고 이름 지은 것은 "청조정에 대항해 북쪽을 쓸어버리고 남쪽의 목소리를 다시 떨치자(反淸掃北, 重振南音)"는 뜻에서였다. 그들은 《남사총각(南社叢刻)》을 편찬했다.

사(詞) – 청나라 말의 시인들은 대부분 사(词)를 많이 지었다. 성과를 남긴 시인들도 '사'를 최고의 작품으로 여겼다. 공자진은 스스로 4가지 종류의 《사선(词选)》을 편찬했다. 황준헌의 사는 전해지고 있는 것이 많지 않지만 독특한 풍격을 띠었다. 《남사총각(南社叢刻)》에는 시와 사가 다 수록되었는데 모두가 훌륭한 작품들이었다. 가경제 때 상주(常州) 장혜언(張惠言)이 창설한 상주사파(常州詞派)가 도광제 시기에 어느 정도 발전했다. 상주사파의 담헌(譚献)은 청나라 시인들의 사를 수집해 《협중사(篋中辭)》10권을 편찬했다.

정문작(鄭文焯)은 《사원율(辭源律)》을 편찬해 사의 악률에 대해 탐구했다. 황주신(況周頤)의 《혜풍사화(蕙风詞話)》는 사학 관련의 종합적 논저였다.

(2) 산문

경세문 – 가경·도광 시기에 공자진·위원은 경세의 시를 제창했을 뿐만 아니라 경세문도 제창했다. 위원이 편집한《황조경세문편(皇朝經世文)》은 세무(世務)에 관심을 갖고 있는 사람이라면 모두 갖고 있었으며 매우 큰 영향을 불러 일으켰다. 유신인사 풍계분(冯桂芬)의《교빈려항의(校邠廬抗議)》에서는 신체 산문으로 유신주의 정치 견해를 진술했다.

　　동성체(桐城체) – 함풍·동치제 시기 충격을 받은 동성파 문체가 재차 성행하기 시작했다. 그 선도자는 증국번(曾國藩)이었다. 증국번은 성리학 윤상의 도리를 극구 제창하면서 동성문체가 가장 적합한 매개물이라고 주장했다. 막료관리(幕僚故吏)들은 증국번을 '문장의 수령(文章領袖)'으로 떠받들면서 너도나도 그를 본받았다. 이에 따라 동성체가 다시 성행하기 시작했다. 증국번은《경사백가잡초(經史百家雜鈔)》의 편집을 주관했다.

　　신문체(新文體) – 동치·광서 시기, 신문사업이 흥기함에 따라 동성체와 전혀 다른 신문체가 나타났는데 '보장문체(報章文体)'라고도 불렀다. 왕도(王韜)는 홍콩에서《순환일보(循环日報)》의 편집을 주관하면서 쉽고 읽기 편리한 신체 산문으로 유신파의 정치 견해를 논술했다. 양계초도 선후하여《시무보(時務報)》·《신민총보(新民叢報)》등 간행물의 편집을 주관하면서 보장문체가 또 어느 정도 발전을 가져왔다.

　　백화문 – 명나라 초기, 화본(話本)에서 비롯된 장회(章回)소설은 이미 그때 당시의 구어체로 창작됐으며, 청나라 말기 장회소설도 백화를 많이 사용했다. 그러나 정부와 민간의 문서는 여전히 문어(文言)를 사용했으며, 정론문장은 더욱이 백화를 사용하지 않았다. 1898년 유신인사 구정량(裘廷梁)이《소보(蘇報)》에〈백화를 유신의 근본이라 함을 논함(論白話为維新之本)〉이라는 문장을 발표해, "백화를 숭상하고 문어를 폐지할 것"을 주장했다. 청나라 말기 일부 혁명당 인사들이 백화문을 사용해 민중들에게 혁명을 선전하고 격정을 토로하기 시작했다.

(3) 소설

　　명나라 초기 이전의 장회체(章回體) 소설은《홍루몽》이 세상에 나타나면서 이미 절정기에 이르렀다. 도광제 이후 인쇄가 편리해지자 장회소설 창작이 속출했는데 예술적 성과 면에서는 선현(前修)에 비길 수 없었지만, 사상 내용면에서는 다른 측면으로 청나라 말기의 암흑과 부패를 폭로했으며, 청나라가 쇠락에서 멸망에 이르는 진실한 면모를 집중적으로 묘사했다.

협의공안(俠义公案) – 널리 성행한 작자 이름이 없는 《시공안(施公案)》· 저자 이름을 '탐람도인(貪婪道人)'이라고 밝힌 《팽공안(彭公案)》 등이 있다. 당시 유행한 또 하나의 협의공안소설에는 《삼협오의(三俠五義)》가 있는데 '석옥곤술(石玉昆述)'이라는 서명이 있다. 석씨(石氏)는 천진의 소리꾼(說書艺人)이었다. 석씨의 설창(說唱) 각본을 문인들이 수정을 거쳐 《삼협오의》라는 제목으로 간행했다. 만주 기인 문강(文康)의 《아들 딸 영웅전(儿女英雄傳)》은 여성협객을 묘사한 장회소설이다. 문강은 당시 만주족들 가운데서 보편적으로 사용됐던 북경 한(漢)어 방언을 채용해 구두어로 창작한 것인데 매우 특색이 있었다.

비판소설(谴责小说) – 사회의 암흑상과 관료사회의 부패상을 질책하는 것을 주요 내용으로 한 청나라 말기의 소설인데, 노신의 《중국소사략(中国小史略)》이 비판소설로 불리 운다. 8국 연합군이 침략한 후 비판소설의 창작이 특히 왕성했다. 가장 대표적인 작품으로는 이보가(李寶嘉)의 《관장현형기(官场現形記)》·《문명소사(文明小史)》· 오옥요(吳沃尧)의 《20년 목격한 괴이한 현황(二十年目睹的怪現狀)》· 유악(劉鶚)의 《노잔유기(老残游記)》 등이 있다.

사사연의 – 역사 이야기를 과장 수법으로 연의하는 것은 장회소설의 전통이다. 청나라 말기에도 고대의 역사를 연의한 작품들이 있었는데 선인들의 작품을 모방해 종류가 대체로 평범했다. 그중에서 칭찬 받은 소설로는 당대 역사사실을 서술한 《얼해화(孽海花)》와 《홍수전연의(洪秀全演義)》가 있다.

번역소설 – 청나라 말기 서학이 중국에 들어오면서 이와 더불어 서방 각 국의 소설작품도 대량으로 한문(漢文)으로 번역돼 중국에서 널리 유행했다. 통계에 따르면 청나라 말기 출판된 소설 중 번역 작품이 3분의 2나 차지했다. 가장 일찍 출판된 번역소설로는 1873년에서 1875년까지 간행물 《영환쇄기(瀛寰鎖記)》에 연재된 영국소설 《청석한담(聽夕閑谈)》이다. 임서(林紓)· 주수규(周树奎)· 서념자(徐念慈)· 진경한(陳景韩)· 마군무(馬君武) 등은 소설 번역으로 세상에 이름을 알렸다.

(4) 희극

구체극(舊體劇) – 원(元)대의 북곡(北曲)인 '잡극(雜劇)'과 명·청 두 대의 남곡(南曲)을 위주로 한 '전기(傳奇)'는 전통 희극의 구체(舊體)였다. 청나라 말기에도 일부 창작가들은 여전히 구체를 문학창작의 한 형식으로 삼았다. 근대 사람 아영(阿英)이 편찬한 《만청희곡소설목(晚 淸戏曲小說目)》에 따르면 54종의 전기와 40종의 잡극이 있다고 기록되어 있는데, 대다수가 세상에 널리 퍼지지 못했으며 무대에서 널리 공연되지도 못했다.

경극 – 건륭 55년(1709년) 휘반(徽班, 휘극을 공연하는 극단)이 북경에 전해진 뒤를 이어 호북(湖北) 전통극 한조(漢調, 초조[楚调]라고도 함)도 북경에 전해졌다. 도광제 시기, 희곡과 한조가 융합하고 거기에 곤강(昆腔)과 경강(京腔, 익양강(弋陽腔)이라고도 함)을 받아들여 새로운 극종이 형성되었는데, 피황극(皮簧劇, 호북의 서피조[西皮調]와 안휘의 이황조[二黃調])이라고 불렀다. 동치·광서 연간에 피황극이 꾸준히 발전해 새로운 극종이 형성되었다. 상해에 전해진 후 현지에서 '경조(京調)'혹은 '경희(京戲)'라 불렸다. 경희가 점차 번영함에 따라 더 나아가 전국에 널리 전파돼 전국적으로 널리 유행된 주요 극종이 되었다.

지방극 – 경극이 흥기한 후 오래 된 곤강·익양강과 휘조·한조가 계속해서 전국 각지에서 유행했다. 서북의 진강(秦腔)·서남의 천극(川劇)과 동남의 광강(廣腔)·조주희(潮州戲) 등이 각 지역에서 유행되면서 갈수록 크게 발전했다. 각지 향촌에서는 각종 채차희(采茶戲)·화고희(花鼓戲)·앙가희(秧歌戲)·화등희(花灯戲) 등 소규모 희극이 널리 전해졌다.

연극(話劇) – 1907년 일본에 유학 간 중국인학생 증효곡(曾孝谷) 등이 임서(林紓)가 번역한《톰 아저씨의 오두막 (黑奴吁天錄)》을 7막의 유럽 연극으로 연출해 동경에서 중문으로 공연했다. 이는 중국인이 스스로 각본을 쓰고 연출한 최초의 연극이다.

영화 – 1895년 연말 프랑스 파리에서 서양의 새로 발명한 영화기로 단편 영화를 방영하기 시작했는데 이로써 영화사업이 첫 시작으로 인정받았다. 그 이듬해 8월 프랑스 영화가 상해에서 방영되었으며 '서양영희(西洋影戲)'로 불렸다. 중국이 자체적으로 영화를 찍기 시작한 것은 1905년부터이며 첫 영화는 임경풍(任景豊)이 촬영한 희극영화 '정군산(定軍山)'이었다.

4. 과학기술

청나라 말의 과학기술은 서방 여러 나라에 비해 훨씬 뒤처졌다. 서양의 과학지식을 배우고 응용기술을 도입한 것이 그 시기의 특징이었다. 이를 토대로 중국에서도 선진 지식을 갖춘 신형 과학자들이 나타났다.

(1) 기초과학

수학 – 중국의 수학은 비교적 발전한 학과였으며 자체적인 사유체계와 연산체계가 형성되어 있었다. 청나라 말기 학자들은 전통 수학에 대해 더한층 정리하고 서양의 수학을 번역 소개했으며, 독립적인 과학연구 방면에서도 뚜렷한 성과를 거두었다. 절강(浙江)성 해녕(海宁) 사람 이선란(李善蘭)이 전통 수학에 대해 깊이 연구하고 서양의 새로운 성과를 숙지해 수학 연구에서 뚜렷한 성과를 거두었으며 중국 근대 수학의 일인자로 불렸다.

천문학 – 천문학은 수학과 밀접한 연관이 있다. 수학가 이선란은 천문학도 통달했다. 1859년 이선란(李善蘭)과 알렉산더 와일리(偉烈亞力)는 영국 천문학자 허셜(J.Herschel)의 저작 《천문학강요(天文學綱要)》를 중문으로 번역해 《담천(談天)》이라는 제목으로 출판했다. 그리고 일부 지식적인 천문학 보급 분야의 도서들을 계속 중문으로 번역 출판했다. 따라서 서양의 천문학이 중국에 널리 전파되었다.

지학(地學) – 청나라 말기 지학의 발전은 주로 자연지리 연구에 대한 전개와 지질학의 전파에서 반영된다. 1854년 영국 머헤드(W.Muirhead)가 중문으로 편찬한 《지리전지(地理全志)》가 상해 묵해서관(墨海書館)에서 출판됐다. 1908년 장상문(張相文)이 간행한 저서 《지문학(地文學)》은 중국학자가 쓴 첫 자연지리학 전문 저작이다. 그 이듬해 장상문이 천진에서 중국지학회 설립을 발기하고 《지학잡지(地學雜誌)》를 창간했다. 이는 중국의 첫 지학전문 간행물이다.

물리학 – 청나라 말기 과학 번역서들은 대부분 중국과 외국 학자들이 합작 편찬한 것이었다. 외국인이 통역하고 중국인이 집필한 것이다. 그 시기 서방국가의 역학, 광학, 전기학, 성학이 점차 중국에 전파되기 시작했다. 1900년 일본의 한학자 후지타 도요하치(藤田豊八)가 일본의 이이모리 테이조(飯盛挺造)의 《물리학》이라는 제목의 교과서를 중문으로 번역 출판했다. 이로써 중국 물리학이라는 학과의 명칭을 확립했다. 중국 과학자 정복광(鄭復光)의 《경경영치(鏡鏡泠痴)》와 추백기(鄒伯奇)의 《격술보(格術補)》이 두 권의 저서는 비교적 일찍 출판된 수준이 높은 광학 저작이다.

화학 – 독립 학과로서의 화학은 18세기에야 서양에서 발전하기 시작했다. 이선란과 알렉산더 와일리 등이 함께 번역한 과학 저작 중에 '화학'이란 중국어 번역 명칭이 등장한다.

1868년 북경 동문관이 미국 선교사 정위량(丁韙良)의 《격치입문(格致入門)》을 출판했다. '격치'란 단어는 《대학(大學)》의 '격물치지(格物致知)'에서 비롯된 것으로, 당시 이 단어로 자연과학을 개괄하여 일컬었는데 주로 물리학과 화학이었다. 이후, 서양 화학저술을 번역 전파한 중국학자들 가운데서 탁월한 성과가 있는 학자로는 서수(徐壽), 서건연(徐建寅) 부자를 꼽을 수 있다.

(2) 농학, 식물학

전통 농학은 줄곧 중시를 받아온 학과였으며 청나라 말기에 또 일부 새로운 저서들이 나왔다. 양수원(楊秀元)의 《농언저실(農言著实)》·기준조(祁寯藻)의 《마수농언(馬首農言)》·양장거(梁章鉅)의 《농후잡점(農候雜占)》·장진복(張震福)의 《농가언(農家言)》 등은 각각 본 지역 농업생산의 실제 지식을 기술했다. 1896년 나진옥(罗振玉) 등이 발기해 상해에서 상해농학회를 설립하고 그 이듬해 《농학보(農學報)》를 창간해 유럽·미국·일본 등 나라의 여러 가지 농학논저를 번역해 등재했다. 서양의 농학 관련 논저는 이로부터 전파되기 시작했다.

오기잠(吳其濬)의 《식물명실도고(植物名實圖考)》·《식물명실도고장편(植物名實圖考長編)》은 비교적 완벽한 중국 식물지이다. 이선란과 영국 알렉산더 윌리엄슨(韋廉臣)이 공동 번역한 영국 린들리(J.Lindley)의 저작 《식물학(植物學)》이 출판됨으로써 '식물학' 학과가 명명되고 관련 명사 술어의 중문 번역명이 확립돼 후세 사람들이 답습할 수 있게 되었다.

식물학은 이로부터 독립적인 학과로서 점차 보급되었다.

(3) 의약학

전통 의학 – 전통의학은 경학·철학과 서로 통한다. 의원들은 왕왕 경사를 겸해 배웠으며 경사학자들도 흔히 의학을 섭렵했다. 청나라 말기 학자와 의원들은 교감(校監) 훈고(訓詁)의 방법으로 고전 의학 명작을 탐구해 뚜렷한 성과를 거두었다. 《내경(內經)》·《난경(难經)》·《상한론(伤寒論)》·《금궤요략(金匮要略)》 등 고전 의학서적에 대해 교감·주석·집일·고정한 서적들이 수십 종에 달해 한때 학풍을 형성했다. 진염조(陳念祖)의 《남아당의학전집(南雅堂医學全集)》·육이첨(陸以湉)의 《냉재예화(冷斋艺話)》·조렴(趙濂)의 《의문보요(医門補要)》·주학해(周學海)의 《주씨의학총서(周氏医學叢書)》 등은 모두 매우 널리 전해져 내려온 의학 서적들이다.

서양의학 – 청나라 말기 유입된 서방의 의학을 그때 당시는 서양의학이라 불렀으며 서의라고 약칭했다. 중국의 전통의학은 중의(中医)로 약칭했다. 1835년 미국 선교 의사 백가(伯駕)가 광주에서 안과병원을 개설했는데 이는 외국 선교사가 중국에서 개설한 최초의 병원이다. 그 후 전국의 각 대도시에서 외국 의사들이 잇따라 병원을 개업했다. 일부 병원은 또 산하에 서양의학의 인재를 양성하는 학교까지 두었다. 그 뒤 또 청조정에서 서양의학 인재를 양성하는 관영학교까지 나타났다. 서양의학의 의약을 번역 소개한 서적·간행물이 점차 늘어나고 이에 대한 지식도 점차 보급됐다. 명의 당종해(唐宗海)가 《중서회통의경정의(中西匯通医經精義)》를 편찬함에 따라 중·서의 결합에 대한 탐구가 시작되었다.

(4) 인쇄 출판

중국의 인쇄업은 청나라 가경 시기까지 줄곧 목판 조각인쇄가 위주였는데, 도광 시기부터 활자인쇄·석판인쇄·기계인쇄가 잇따라 도입되면서 인쇄술이 꾸준히 발전하면서 간행물 출판사업의 발전을 촉진했다. 따라서 수천수만에 달하는 거작들이 빠르게 출판될 수 있었다. 각지 서국들에서도 잇따라 새로운 기술을 도입해 여러 가지 도서를 인쇄했다. 원래 목판 서적 출판으로 이름난 소엽산방(掃葉山房)·천경당서국(千顷堂書局) 등도 석판인쇄 기술을 도입했다. 동문서국이 창립된 후 상해에는 또 전문 석판인쇄를 주업으로 하는 서국이 5곳이나 나타났을 뿐만 아니라 컬러 석판인쇄도 나타났다.

　대량의 외국 과학서적이 번역 출판되었는데, 이는 청나라 말기 출판업의 또 하나의 뚜렷한 성과였다. 통계에 따르면 함풍 3년(1853년)부터 선통 3년(1911년)까지 자연과학 번역 서적은 총 468부가 출판됐다. 청나라 말기 신형 출판사업은 상해를 중심으로 빠르게 발전했다. 1906년에 20여 개 민간 출판기업이 모여 상해서업상회를 설립했다.

　송나라 이후, 수도에 주재하는 지방 관저에서는 조정의 조서와 상소문 등을 필사하여 각지에 전달하곤 했는데, 이를 저보(邸報)라고 불렀다. 청대에 수도의 상인들이 보방(報房, 신문방)을 개설하고 저보를 복사 인쇄해 발행했는데 이를 '경보(京報)'라고 칭했다. 1901년 천진에서 《북양관보(北洋官報)》가 창간되고 이어서 일부 성에서도 잇따라 각 성의 관보를 창간했다. 1907년 청조정이 관영 《정치관보(政治官報)》를 창간했으며 선통 시기에 《내각관보(內閣官報)》로 개칭했다.

　도광제 때부터, 외국상인과 선교사들이 중국 각지에서 중문과 외국문 뉴스신문을 창간하기 시작했는데 광서제의 변법 전까지 이미 약 200종에 달했다. 중국 각지의 유신인사·혁명당인들도 잇따라 신문을 출간하기 시작했다. 1872년부터 1902년까지 각지에서 출간된 신문이 약 150종에 달했다. 각지에서는 또 다양한 정기간행물과 학술성 잡지를 발행했는데 과학문화의 발전에 새로운 활동무대를 개척했다.

　중문과 외국문 신문의 창간과 발행은 중국 사회정치 생활의 신생 사물이며, 중국과 외국 정보의 전파와 새로운 지식의 보급, 그리고 민주혁명의 선전에 모두 대체할 수 없는 중대한 역할을 했다.